植物生理学

（第二版）

张立军　刘　新　主编

科学出版社

北　京

内 容 简 介

本书按照细胞生理—代谢生理—生长与生殖—抗性生理的体系，共分为13章，包括细胞的结构与功能、水分生理、矿质营养、呼吸作用、光合作用、同化物的运输与分配、基因表达和细胞信号转导、生长物质、生长生理、成花与生殖、成熟与衰老、抗性的生理基础、理化逆境生理。本书注重基本概念、基本知识、基本理论以及理论与实践的结合；内容详尽，实例丰富，具有先进性、完整性和实用性；尤其是从生理机制和分子及细胞机制两个方面阐释植物激素的作用、春化作用和光周期诱导，以及植物抗逆性的机制，更便于理解和掌握；全书章节编排合理，便于教学和自学。

本书可作为高等院校的教科书，也可供其他教学科研人员参考。

图书在版编目(CIP)数据

植物生理学/张立军，刘新主编. —2版. —北京：科学出版社，2011.2
ISBN 978-7-03-030176-5

Ⅰ.①植… Ⅱ.①张…②刘… Ⅲ.①植物生理学-高等学校-教材
Ⅳ.①Q945

中国版本图书馆CIP数据核字(2011)第017096号

责任编辑：吴美丽 丛 楠 刘 晶 / 责任校对：张 林
责任印制：赵 博 / 封面设计：耕者设计工作室

科学出版社 出版
北京东黄城根北街16号
邮政编码：100717
http://www.sciencep.com

北京华宇信诺印刷有限公司印刷
科学出版社发行 各地新华书店经销

*

2007年8月第 一 版 开本：787×1092 1/16
2011年2月第 二 版 印张：22
2025年8月第十二次印刷 字数：518 000

定价：79.80元

（如有印装质量问题，我社负责调换）

《植物生理学》（第二版）编审人员

主　编　张立军　刘　新

副主编　韩建民　孔祥生　蔚荣海
　　　　　樊金娟　阮燕晔　刘洪庆

编写人员（以姓氏笔画为序）

孔祥生　河南科技大学
王瑞刚　内蒙古农业大学
刘　新　青岛农业大学
刘洪庆　青岛农业大学
朱延姝　沈阳农业大学
阮燕晔　沈阳农业大学
张立军　沈阳农业大学
张玉霞　内蒙古民族大学
李志刚　内蒙古民族大学
陈展宇　吉林农业大学
苏　杰　内蒙古农业大学
邵艳军　河北农业大学
姜述君　黑龙江八一农垦大学
易现峰　河南科技大学
殷　红　西北大学
曹小勇　陕西理工学院
韩建民　河北农业大学
蔚荣海　吉林农业大学
樊金娟　沈阳学业大学
戴凌燕　黑龙江八一农垦大学

主　审　张宪政　沈阳农业大学

第二版前言

《植物生理学》自2007年出版以来，在三年时间里，已经重印三次，被很多兄弟院校选用，得到了同行的认可。但在使用过程中，我们发现了一些错误和不足，使用单位也提出了一些很好的建议和改进意见。同时，植物生理学作为植物科学的重要组成部分，也呈现出很多新的进展和成果，有必要进行介绍。所以，在科学出版社高等教育出版中心和沈阳农业大学的大力支持下，我们对本书进行了修订。

本次修订在章节安排、编写单位、人员分工和内容上做了一些调整，去掉了第十四章，全书共分十三章。绪论和第十二章仍由沈阳农业大学张立军编写；第一章由沈阳农业大学张立军、樊金娟和阮燕晔重新编写；第二章由内蒙古民族大学张玉霞和李志刚编写，对蒸腾作用的内容体系进行了调整；第三章由河南科技大学孔祥生和易现峰编写；第四章由吉林农业大学蔚荣海编写；第五章由陕西理工学院曹小勇和河北农业大学韩建民编写，丰富了植物单细胞内 C_4 光合作用的内容；第六章由西北大学殷红和沈阳农业大学朱延姝编写，增加了植物蔗糖转运蛋白方面的内容；第七章由内蒙古农业大学王瑞刚和苏杰编写；第八章由黑龙江八一农垦大学姜述君和戴凌燕编写，加强了对植物激素作用机理分子进展的介绍；第九章题目改为植物的生长生理，去掉种子休眠，将其放到第十一章，由沈阳农业大学朱延姝和吉林农业大学陈展宇编写；第十章题目改为植物的成花与生殖，由河北农业大学邵艳军编写；第十一章由沈阳农业大学樊金娟和阮燕晔编写，重写植物的休眠；第十三章题目改为植物的理化逆境生理，由青岛农业大学刘新和刘洪庆编写。初稿完成后由张立军、刘新和樊金娟统稿，张宪政审定。

在本书再版过程中得到了科学出版社高等教育出版中心和沈阳农业大学的大力支持，同时在编写中引用了国内外许多教材、相关著作及论文的内容和图表，在此一并表示感谢。

我们力求本书修订后在体系上更加合理，内容上更加充实，语言上更加简练。但由于编者的水平有限，书中难免有疏漏、错误和不妥，敬请各位同行和读者批评指正。

编　者

2010年11月

第一版前言

植物生理学是研究植物生命活动及调节机理的学科，是植物科学的一个重要分支，也是高等院校植物生产类专业的重要专业基础课。近年来植物生理学研究发展迅速，与其他学科的研究交叉渗透，研究领域不断扩展和深化，在植物生理学课程讲授和学习上对其他学科知识和进展有了更大的依赖性。这就需要教材不断地调整、充实。本书作者根据学科的现状和发展趋势，以及多年来的教学实践，对植物生理学教学的内容体系进行了调整，增加了植物逆境的生理基础一章，将植物逆境生理共性的主要内容归入本章；同时在各章中尽可能地融入新的研究进展和其他学科的必要知识。例如，在植物细胞信号转导一章增设基因表达一节以作为植物激素作用的分子机理内容的基础，并将植物激素的作用机理分为生理机制和分子与细胞机制，将植物的环境胁迫抗性机制分为生理发育机制和分子细胞机制；在介绍 C_4 植物叶片的“花环结构”时，也介绍了一些植物在单一细胞中也能同时进行 C_4 和 C_3 途径的研究进展。

本书共分为十四章。绪论和第十二章植物抗性的生理基础由沈阳农业大学张立军编写；第一章植物细胞的结构与功能由吉林农业大学张治安编写；第二章植物的水分生理由西北农林科技大学梁宗锁编写；第三章植物的矿质营养由河南科技大学孔祥生编写；第四章植物的呼吸作用由云南农业大学叶尚红编写；第五章植物的光合作用由陕西理工学院曹小勇和河北农业大学韩建民编写；第六章植物同化物的运输与分配由西北大学殷红编写；第七章植物基因表达和细胞信号转导由内蒙古农业大学王瑞刚和苏杰编写；第八章植物的生长物质由福建农林大学魏道智和黑龙江八一农垦大学戴凌燕编写；第九章植物的生长与运动由西北农林科技大学胡景江编写；第十章植物的生殖与成花由河北农业大学邵艳军编写；第十一章植物的成熟与衰老由沈阳农业大学樊金娟和阮燕晔编写；第十三章植物的理化逆境生理由青岛农业大学刘新和刘洪庆编写；第十四章植物的生物逆境生理由青岛农业大学刘洪庆编写。初稿完成后由张立军和梁宗锁统稿，并由张立军根据出版社的要求对部分章节进行了补充和修改，最后由张宪政审定。

本书的编写得到了科学出版社高等教育出版中心和沈阳农业大学的大力支持，本书引用了国内外许多教材和相关著作及论文的内容和图表，在此一并表示感谢。

作者期望本书能与其他现行的国内外植物生理学教材互补，满足高等院校本科教学的需要。但由于编者的水平有限，书中肯定存在不妥之处。敬请各位同行和读者批评指正。

编　者

2007 年 5 月

目　录

绪　论

一、植物生理学的研究内容和任务

植物生理学（plant physiology）是研究植物生命活动规律及其调节机理的学科，其主要任务是研究和阐明植物体及其组成部分所进行的各种生命活动及其规律以及调节机理，同时研究环境变化对这些生命活动的影响。

植物生命活动的过程是十分复杂的，可人为划分为三个部分，即物质与能量代谢、生长发育与形态建成、信息传递和细胞信号转导。

代谢（metabolism）是指维持生物机体生命活动所必需的各种化学过程的总称。根据反应方向，代谢可分为同化作用（assimilation）/合成代谢（anabolism）和异化作用（dissimilation）/分解代谢（catabolism）；根据与能量的关系又可分为产能代谢（energy-yielding metabolism）和耗能代谢（energy-consuming metabolism）。植物的物质与能量代谢包括光合作用、呼吸作用、水分代谢、矿质营养、有机物质的转化、有机物质的运输与分配等。绿色植物区别于其他生物的最大特点是自养性，即具有光合作用的能力，因此植物的光合作用是植物生理学研究的核心内容之一。对光合作用机理的阐明将使人类能够更有效地促进光合作用，也为利用常规育种技术和基因工程技术提高植物光合作用的效率提供理论依据；同时，还有助于人工模拟光合作用来开发新的能源。植物生理学家在研究代谢过程中所面临的问题是非常复杂的，不仅需要阐明植物各个代谢的过程及其调节规律，而且需要阐明各个代谢活动之间复杂的相互作用及其调节机制。

植物的生长发育和形态建成是植物生命活动的外在表现。在物质与能量代谢的基础上，植物通过细胞分裂和分化、组织和器官的发生及形成，使植物个体由小变大，从营养生长转向生殖生长，从而完成生活史。具体来讲，发育过程包括种子的萌发，根、茎、叶的生长和运动，开花、受精、结实、成熟、衰老、脱落和休眠等过程。在这个领域，植物生理学研究的任务是揭示植物发育的规律及其与代谢和环境因子的关系。

植物的代谢和生长发育过程无论在时间还是空间上都是有序进行的。这种有序性不仅受控于遗传信息，还受环境因子的影响，如植物需光种子的萌发、向光性反应、向重力性反应、春化作用、光周期现象、光形态建成等。因此，植物具有"感知"和传递环境信号并影响遗传信息表达的能力。植物内源和外源的物理或化学信息（或信号）通过在植物整体水平和细胞水平上的传递来调节植物的代谢和发育，前者通常称为信息传递，而后者则称为细胞信号转导。植物所具有的信息传递系统不仅使植物体不同部分的代谢和发育相互联系和协调，而且也与环境条件的变化相一致。揭示植物信息传递的机制，探索出调节或改变植物代谢或发育的物理、化学或生物的方法和技术，将会极大地提高植物生产效率，拓展植物的应用领域，造福于人类。

植物生活在不断变化的环境中，经常会受到不利于生存和生长的环境因子（即逆境）的影响。在逆境条件下，植物的生命活动有别于适宜环境下的特殊规律，揭示其规律将有助于建立在逆境条件下的植物栽培体系和改善植物抗逆性的育种途径，因此植物逆境生理也是植物生理学研究的一个重要领域。

植物生理学的研究领域也可以按植物的结构进行划分，即划分为分子水平→亚细胞水平→细胞水平→组织水平→器官水平→个体水平→群体水平。

二、植物生理学的产生与发展

（一）植物生理学的孕育与诞生

植物生理学是在生产实践中孕育产生的。人类对植物生命活动的研究开始于对植物营养来源的探究。公元前 3 世纪，我国战国时期的《荀子·富国篇》中，就有“多粪肥田”的记载；同一时期，古希腊学者亚里士多德认为植物从土壤的腐烂物质中获得营养，即腐殖质学说。公元前 1 世纪，西汉农学家氾胜之指出“凡耕之本，在于趣时、和土、务粪泽、早锄早获”。

诸如此类的论述在国内外古代文献中还有许多，主要是对生产实践的描述和经验的总结，不是来自于有意识实验的结果，也没有形成系统理论。有记载的第一个设计实验定量研究植物生长的人是荷兰学者 van Helmont（1577～1644），他将一个重 2.27kg 的柳树枝条栽植在一个盛有 90.8kg 干燥土壤的陶钵中，此后只浇雨水或蒸馏水，而且防止灰尘进入土壤中。5 年后，柳树重达 76.8kg，土壤只减少约 56.7g，由此，van Helmont 认为植物是靠水来构成躯体的。但由于当时的化学知识尚处在比较原始的阶段，不知道水是由什么构成的，因此 van Helmont 不能从他的实验结果中得出正确的结论。

我国明末清初的宋应星（1587～1660?）最早提出植物生活需要空气的观点。英国的 Stephen Hales（1677～1761）提出植物能够吸收和释放气体，空气在植物生长中具有重要作用。1771 年，英国化学家，即氧气的发现者 Joseph Priestley（1733～1804）发现了光合作用。在光合作用研究取得重大进展的同时，科学家们对植物矿质营养的研究也获得了突破。早在 1804 年，de Saussure 在其著作中指出“植物从空气中吸收碳素，以无机盐的形式从土壤中吸收氮素”。利比希（Justus von Liebig，1803～1873）在 1840 年出版的《化学在农学和生理学上的应用》一书中提出了植物的矿质营养学说，指出植物只需以无机物为养分来源便可维持正常的生活，除碳素营养来自空气外，所有的矿物质都是从土壤中获得的。植物光合作用和矿质营养理论的建立明确了植物不同于动物的自养模式，这也标志着植物生理学作为一门学科的诞生。

von Sachs 和 Wilhelm Pfeffer（1845～1920）在植物生理学成为系统学科的过程中作出了重大贡献。Sachs 于 1865 年出版了《实验植物生理学手册》，1882 年出版《植物生理学讲义》，并在大学开设植物生理学课程。Pfeffer 于 1897～1904 年出版了多卷本《植物生理学》巨著，总结了 19 世纪植物生理学的研究成果，这标志着植物生理学已达成熟阶段。至此，植物生理学脱离植物学和农学，成为一门独立系统的学科。

（二）植物生理学的迅速发展

20 世纪是植物生理学迅速发展的阶段。Garner 和 Allard 在 1920 年发现了植物的光周期现象。1928年荷兰学者Went鉴定出植物中存在促进生长的物质，随后植物激素研究得到了深入发展，相继确定了生长素、赤霉素、细胞分裂素、乙烯和脱落酸等植物激素。这些研究成果促进了植物发育及其调节机理研究的迅速发展。在20世纪40年代后期和50年代初期，Melvin Calvin领导的研究小组将刚问世不久的^{14}C示踪技术和层析技术相结合，在光合作用领域获得新的突破，破解了CO_2固定还原的生化途径之谜。Robert Emerson（1903～1959）等发现的"红降现象"（1943）和"双光增益效应"（1956），导致了两个光反应和两个光系统概念的提出。光系统Ⅰ、光系统Ⅱ和其他光合电子传递体的成功分离，使人们能够描绘出光能所驱动的电子在类囊体膜上的传递路径，并揭示了光合磷酸化的机理，从而将光合作用研究推向一个新的发展阶段。

与此同时，植物的组织培养技术也取得了飞速的进展。1902年，德国植物学家Haberlandt在细胞学说的基础上提出细胞全能性（totipotency）学说，他认为，高等植物的组织、器官可以不断分割，直到单个细胞。如果每个细胞都有与植物个体一样的性质和能力，那么，可以通过植物细胞培养使单个细胞发育成为一个新个体。以后的研究证实，花粉和原生质体在适宜的培养条件下也可分化发育成一个完整的植株。植物细胞和组织培养的研究进展不仅在植物发育机理研究、农业生产和次生代谢物质生产等领域发挥了重要作用，也为后来的植物基因工程发展铺平了道路。

三、植物生理学面临的机遇和挑战

（一）现代研究手段的飞速发展为深入阐释植物生命活动提供了可能

在植物生理学的发展过程中，每一个重大成果的取得都与研究手段的进步密不可分。我们知道，植物生理学的先驱者们利用化学分析技术阐明了光合作用气体交换的本质。矿质营养学说的建立不仅有赖于化学分析技术，还有赖于无土栽培技术的应用。正是由于同位素示踪技术和层析技术的应用，Calvin等才得以阐明光合碳还原循环途径。植物光敏素的发现则归功于双波长分光光度技术的建立。酶联免疫技术和质谱分析技术的应用使我们能够以更精确、更快捷的方式对植物激素展开研究。由于快速荧光光谱技术和激光技术的应用，将光合作用原初反应研究的时间跨度从毫秒级（ms，10^{-3}s）一直缩短为皮秒（ps，10^{-12}s）和飞秒（fs，10^{-15}s）级。

（二）学科间的交叉渗透对植物生理学研究者和学习者提出了更高的要求

随着现代科学技术的迅猛发展，学科间的交叉渗透不断加强。在植物生理学的孕育和产生阶段，自然科学的三大发现——细胞学说、能量守恒定律、进化论的观点，为植物生理学的发展提供了良好的基础。化学分析理论和技术的应用对于植物生理学的创立功不可没。在植物生理学的快速发展阶段，植物生理学家汤佩松与理论物理学家王竹溪合作，提出了水分化学势的概念。光敏素的发现则要归功于植物生理学家、生物物理家、化学家和工程师的紧密合作。英国生物化学家Peter Mitchell（1920～1992）提出线粒体ATP生物合成的化学渗透学说，促进了植物光合作用机理、有机物质的跨膜转运、植物细胞的离子吸收等研究。植物突变体的应用，分子生物学、细胞信号转导的研究进展，对植物生长发育调节研究的促进作用是不言而喻的。所以，具有对相关学科研究进展的敏感性，同时能够将相关学科知识应用于植物生理学，并且能够将植物生理学知识整合，对植物生理学研究者至关重要。

（三）植物生理学如何在更高层次上服务于生产实践

植物生理学的理论和研究成果广泛应用于生产实践。例如，光周期理论、低温春化理论、种子休眠机理、组织培养技术、植物激素、抗性锻炼等对作物生产都产生了重要的推动作用。当前农业上许多亟待解决的问题，如提高作物光合效率与产量、扩大生物固氮的应用和改善效率、改良作物品种和改善品质、提高作物的营养吸收效率、提高作物的抗逆性、控制植物发育的激素调节等也都属于植物生理学的研究范畴。在农业生产的许多领域，植物生理学都有巨大的应用空间。例如，传统育种方法中的“优中选优”法，是通过作物“工厂”的产量和品质来选择工厂，育种者对工厂内部的结构和生产程序无力干预；突变育种虽然人为制造了工厂内部结构和生产程序的变化（变异），但是无法进行事先设计，变化毫无方向性，从众多突变中选出有利于提高工厂效率的突变谈何容易；杂交育种较前两种方式优越，可以凭经验半定向地制造变异，但仍然是被动的，在作物产量和品质方面将很难超过大自然的恩赐；基因工程技术为人类开启了有目的地改造植物生产效率的大门，但是这项技术的应用将有赖于人类对植物工厂内部结构和生产程序的了解，只有如此，才能有的放矢，才能创造出具有更高生产效率和能够生产更高质量产品的作物工厂来。如何使植物生理学研究服务于基因工程育种，是植物生理学发展的又一机遇和挑战。植物生理学与生物信息学、系统生物学、计算生物学、生物各种功能组学等新兴学科知识的整合或许是克服目前研究中的障碍、较全面阐述植物产量形成和调节机理的途径，这将使我们能够从对植物生理过程的阐述跨越到设计我们所需要的生理过程并利用基因工程等方法实现我们的设计方案。

四、植物生理学研究的一般科学方法

简单来说，科学方法是指通过各种手段从客观世界中获取原始的第一手材料，并对这些材料进行整理、加工，从中找出规律性的东西。科学研究大致包含三个基本环节：发现问题、提出假说、检验假说并得出结论，其基本特征是客观性、探索性和理论指向性（建立理论）。

（一）发现问题

科学研究的过程是从提出问题开始的。植物生理学研究的问题有的直接来自于生产实践，有的来自于正在进行的研究过程。发现问题的基本方法是观察和实验，其基本要求是客观地反映所研究的事物，结果必须是可以重复出来或者说是可以检验的。观察和实验需要具有相应的科学知识。例如，在电子显微镜下观察植物细胞，如果观察者是一位没有植物细胞知识的人，他除了看到细胞内分布各种结构外，不会发现什么问题。如果让一位训练有素的植物生理学家来观察，他就可以根据细胞的来源判断出细胞可能发生了哪些变化。需要注意的是，观察和实验切不可为已有的知识所束缚，当原有知识与观察和实验得到的结果发生矛盾时，只要观察和实验的结果是客观的而非主观臆测的，那就说明原有知识不完全或有错误，此时就应修正原有的知识而不应囿于原有知识而“抹杀”事实。例如，早期利用电子显微技术研究植物筛管细胞的筛孔时，发现筛孔是堵塞的，这直接影响了人们对有机物质通过筛孔运输机理的认识。后来通过改进植物材料的固定方法发现，在正常情况下筛孔是开放的，只有当韧皮部受伤时筛孔才是堵塞的。这些实例说明，进行科学观察时既要尊重已有的成果，又不能受已有成果的限制。只有不断地修改观察和实验的错误，才能使认识更接近事实。

（二）提出假说和进行检验

根据观察和实验发现的问题或现象提出某种可能的解释，也就是提出设想或假说，再根据假说推导出一个可以用实验加以检验的预测，然后设计实验和实施实验来验证这个设想或假说。最后根据实验的结果得出结论。如果由于种种原因，直接用研究对象进行实验非常困难或简直不可能时，可用模式植物代替研究对象来进行实验。拟南芥、水稻、金鱼草等是植物生理学研究中常用的模式植物。需要注意的是，在植物生理学研究已经深入到细胞和分子水平的今天，学科之间的交叉无处不在，所以从提出设想、设计实验到得出结论，都需要多学科的知识。

五、学习植物生理学的方法和要求

植物生理学的初学者应该认真阅读教材，掌握好植物生理学的基本概念、基本理论及实验技术方法。在此基础上，独立提出问题、批判性地分析问题和解决问题。作为一门自然科学的独立学科，植物生理学既有与其他学科相似的性质，也有不同于其他学科的特性，对这些性质的了解将有助于对植物生理学知识的掌握和应用。

（一）植物生理学知识的整体性

植物的生命活动具有整体性的特点。植物的各个器官之间、各种功能之间、各个结构水平之间、植物与环境之间，存在着相互协调又相互制约的关系，并处于不断变化之中。所以在学习中应该掌握植物生理学知识的整体框架，并将各个生理过程联系起来学习，做到融会贯通，才能学到真正有用的知识。

（二）植物生理学知识的实践性

植物生理学属于基础理论学科，也是一门实验学科，其主要研究方法是观察和实验。所以在学习植物生理学时应注意观察植物的生长发育变化，获得感性认识，还要学会应用植物生理学知识分析解释所观察到的现象及尝试解决实际问题。同时还要特别注重对植物生理学实验方法、技术和原理的学习，这不仅有利于对理论知识的掌握，还为研究植物生理学和在生产实践中应用植物生理学知识打下坚实的基础。

（三）植物生理学知识与相关学科知识的交叉性

植物生理学是现代自然科学中与其他学科交叉渗透比较强的学科之一。学习和掌握好植物生理学需要有较好的植物学、化学、生物化学等学科的知识，在部分领域还涉及细胞生物学和分子生物学等学科的知识。所以对相关学科知识的掌握和积累对学习植物生理学知识是非常有益的。

（四）植物生理学知识的发展性

植物生理学同其他学科一样，处于不断发展中，而教科书总是落后于科学研究，不能及时反映最新的研究成果，再加上课堂教学时数有限，许多内容需要自学，这就要求学习者具有较强的自学能力，并且能够自己查阅国内外科技文献和利用网络上的学习资源。

总之，我们在学习过程中，不仅要努力理解掌握有关的科学知识，而且要从科学方法论角度去思考这些知识是怎么样得来的，了解知识产生的背景和过程。这样，我们才能在科学思维方面得到锻炼。

小　结

植物生理学是研究植物生命活动规律及其调节机理的学科。植物的生命活动可划分为物质与能量代谢、生长发育与形态建成、信息传递和细胞信号转导三个方面。植物生理学的研究领域可以划分为分子水平→亚细胞水平→细胞水平→组织水平→器官水平→个体水平→群体水平。植物生理学研究的任务是：阐明植物各代谢过程及其调节规律，以及各代谢活动之间复杂的相互作用及其调节；揭示植物发育的规律及其与代谢和环境因子的关系；阐明植物的信息传递和细胞信号转导途径和机制；揭示植物逆境下的特殊发育和代谢规律。

植物生理学的初学者应该认真阅读教材，掌握好植物生理学的基本概念、基本理论及实验技术方法；注意植物生理学知识的整体性、实践性，以及植物生理学与相关学科知识的交叉性。

复习思考题

1. 什么是植物生理学？植物生理学的主要研究内容是什么？
2. 研究植物生理学有什么理论和实践意义？
3. 植物生理学发展史对我们的学习和工作有什么启发？
4. 如何在学习植物生理学的过程中提高科学思维能力？
5. 如何学习好植物生理学？

第一章　植物细胞的结构与功能

高等植物是多器官生物，尽管种类繁多、形态各异，但都是由细胞构成的。细胞是除病毒和噬菌体以外的生物体结构与功能的基本单位。在植物体内，来源相同的细胞形成执行特定功能的组织，而多种组织又集合成执行复杂功能的器官。在组织和器官之间存在着复杂的相互联系、相互依赖和相互协调的关系。所以，掌握植物及细胞结构和功能的有关知识是学习植物生理学的基础。

第一节　植物细胞的基本结构

构成生物的细胞大小不一，形态各异，但却有着共同的基本特性。所有细胞都具有相似的化学组成，如都含有蛋白质、核酸、脂类和糖类等；它们都具有由磷脂双分子层与蛋白质构成的细胞质膜；它们都以 DNA 和 RNA 作为遗传信息复制与转录的载体；除个别特化细胞外，都具有合成蛋白质的细胞器——核糖体；所有细胞的增殖方式都是一分为二。根据细胞的进化程度，可将其分为两大类型：原核细胞（prokaryotic cell）和真核细胞（eukaryotic cell）。植物细胞属真核细胞。

真核细胞是构成高等植物体的基本单位，其体积较大，直径约 10～100μm。真核细胞的主要特征是细胞结构的区域化，即存在被膜包裹的细胞核，以及多种结构与功能不同的细胞器（cell organelle）。真核细胞的染色体由线状 DNA 和蛋白质组成，细胞增殖以有丝分裂（mitosis）为主。由真核细胞构成的生物体称为真核生物（eukaryote），包括绝大多数单细胞生物和全部的多细胞生物。

植物体中不同器官组织的细胞在大小、形态及内部细胞器分化程度、数目等方面都存在差异。下面以薄壁细胞为例（图 1-1）介绍植物细胞的结构。

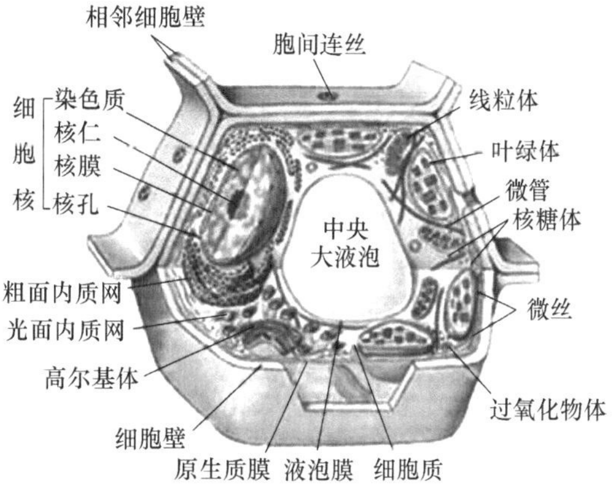

图 1-1　植物细胞的模式图

典型的植物细胞由原生质体和包围在外的细胞壁两部分组成。成熟的薄壁细胞（如叶肉细胞）中央往往是一个大液泡，其周围的物质称为细胞质，其中透明的浆状物为细胞浆（cytosol）或称为细胞基质。细胞浆中悬浮着一个体积较大的圆球状细胞核，数十至数百个椭圆形、呈绿色的叶绿体，还有数目更多、体积更小的线粒体及其他各种形状的有膜或无膜的细胞器。在细胞质中还分布着网状结构的内质网。细胞壁内所有部分合称为原生质体（protoplast）。在植物组织内还可观察到胞间连丝，它是相邻细胞的原生质膜向外延伸突出，穿过细胞壁使两个细胞的原生质膜连在一起的管状通道。

植物细胞含有液泡、叶绿体和细胞壁，是其有别于动物细胞的三大结构特征。

第二节　细胞膜的结构与功能

细胞膜也称为生物膜，是细胞所有膜的总称。细胞膜是由脂类双分子层及镶嵌其中和附着其上的蛋白质所构成的膜状结构。按其所处位置可分为两类：一类是包围细胞原生质的外膜，称为质膜（plasma membrane）或原生质膜；另一类是细胞质中构成各种细胞器的膜，称为内膜（endomembrane）。细胞的物质代谢、能量转换和信息传递等都与细胞膜有关。

一、细胞膜的组分

在真核细胞中，膜结构占整个细胞干重的70%～80%。细胞膜由蛋白质、脂类、糖、水和无机离子等组成，蛋白质占60%～65%，脂类占25%～40%，糖占5%。这些组分，尤其是脂类与蛋白质的比例，因不同细胞、细胞器而相差很大。需要说明的是，由于脂类分子的体积比蛋白质分子的体积小得多，因此细胞膜中脂类分子的数目远多于蛋白质分子的。

（一）膜脂

1. 膜脂的种类　在植物细胞中，构成细胞膜的脂类主要是复合脂类，包括磷脂、糖脂、硫脂和固醇。

（1）磷脂（phospholipid）。磷脂约占总膜脂的50%以上。植物细胞膜中的磷脂主要是甘油磷脂，它以甘油为骨架，连接2分子脂肪酸、1分子磷酸和1分子其他物质（如胆碱、乙醇胺、丝氨酸等）构成磷脂酰胆碱（卵磷脂，phosphatidylcholine，PC）和磷脂酰乙醇胺（脑磷脂，phosphatidylethanolamine，PE），还有磷脂酰丝氨酸（phosphatidylserine，PS）、磷脂酰甘油（phosphatidylglycerinele，PG）和磷脂酰肌醇（phosphatidylinositol，PI）等。

磷脂分子含有一个极性的“头部”（磷脂酰基部分）和一个非极性的“尾部”（碳氢脂酰链），既具有亲水性，又具有疏水性。这种特性使它在生物膜结构的形成中起着关键的作用。

（2）糖脂（glycolipid）和硫脂（sulpholipid）。糖脂是指甘油酯中甘油分子上有1个羟基以糖苷键与1分子六碳糖结合的产物。硫脂是糖脂分子中的六碳糖上再连接上1个硫酸根基团。糖脂和硫脂也具有极性的“头部”和非极性的“尾部”，这两种脂类在叶绿体膜中的含量较多，甚至超过了磷脂的数量。

（3）固醇。植物细胞膜的固醇含量低于动物细胞。在高等植物中质膜的固醇含量高于内膜。细胞膜含有的固醇主要是β-谷甾醇和豆甾醇。固醇对细胞膜脂类的物理状态有一定的调节作用。在一定温度下，生物膜会发生相变，即细胞膜发生液相与液晶相、液晶相与凝胶相（固相）之间的转变。在温度升高时，固醇可抑制脂肪酸链的旋转异构化运动，降低膜的流动性；在温度降低时，固醇又可以阻止脂肪酸链结晶态的出现。

2. 膜脂的理化性质 构成生物膜的脂类几乎都是两性分子。两性的脂类分子在水相中可自发地排列成双分子层。在脂双层结构中，脂类的亲水头部向外处于水相，疏水尾部向内，这种自发的排列过程称为脂类的自我装配。而且，脂双层即使破损也能自我闭合。在脂双层中，脂类分子还能在单分子层内快速地侧向移动，使膜具有流动性。脂类分子一般不容易“翻转”，即不容易从一个单分子层颠转到另一个单分子层。脂双层的自我装配、自我闭合及具有流动性的三大特点决定了它是构成生物膜的理想骨架。

脂类分子中的脂肪酸分为饱和脂肪酸和不饱和脂肪酸。不饱和脂肪酸分子含有双键，其顺式和反式的互变使其易于弯曲或转动，从而使膜结构比较松弛。

膜脂中的不饱和脂肪酸与植物的抗逆性有关。通常耐寒性强的植物膜脂中不饱和脂肪酸含量较高，而且不饱和程度也较高（双键数目多），有利于保持膜在低温时的流动性；而抗热性强的植物膜脂饱和脂肪酸含量较高，有利于保持膜在高温时的稳定性。因此植物可以通过控制不饱和脂肪酸与脂饱和脂肪酸的比例来控制生物膜的流动性。

（二）膜蛋白

由于膜蛋白是膜功能的主要承担者，而各种细胞器所表现的特异功能又都是由膜完成的。因此，凡是膜的功能越复杂，它所含膜蛋白种类与数量也越多。根据它们在膜中所在的位置，可分为内在蛋白和外在蛋白两类（图 1-2）。

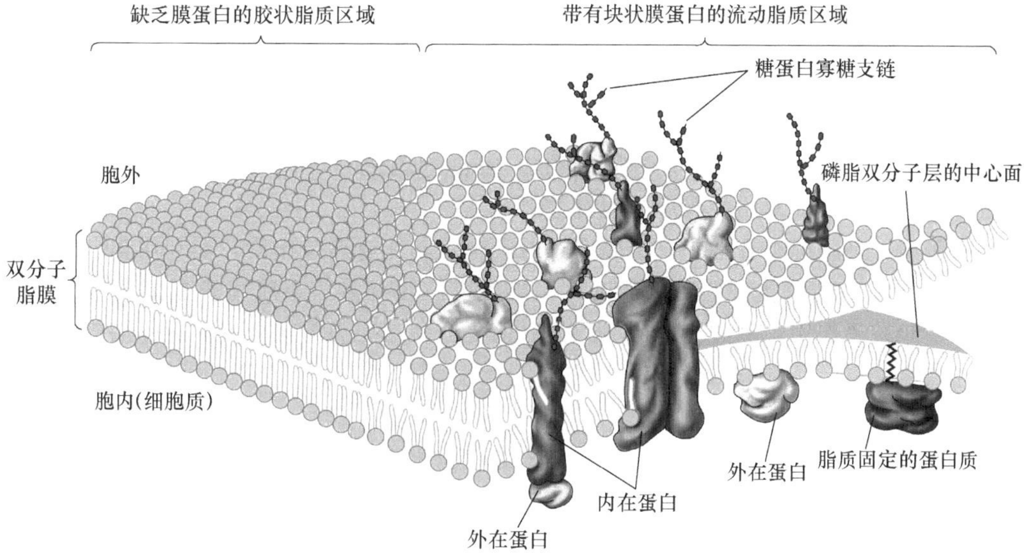

图 1-2 细胞膜的构造

(1) 内在蛋白（intrinsic protein）。内在蛋白亦称嵌入蛋白或整合蛋白（integral proteins），占膜蛋白总量的 70%～80%。这类蛋白质含有较多的疏水性氨基酸，或者其亲脂性基团分布于分子表面，因此分子的部分结构域（domain）或整个分子表面与膜脂的疏水部分紧密结合，不易分离，只有利用去污剂或有机溶剂破坏膜脂双层结构才能使其分离。内在蛋白的排列有多种方式：有的横跨脂双层，称为跨膜蛋白（transmembrane protein）；有的全部埋入疏水区；有的部分嵌入脂双层，其膜脂双层外面的部分通常与外在蛋白结合。

（2）外在蛋白（extrinsic protein）。外在蛋白亦称外周蛋白（peripheral proteins），占膜蛋白总量的20%～30%。它们通过静电作用及离子键等非共价键与膜脂或膜内在蛋白相连，分布在膜的内外表面。这种结合很不牢固，很容易用盐溶液从膜上分离出来。一些外在蛋白具有收缩与伸展的能力，从而引起细胞的变形运动。细胞的吞噬作用、胞饮作用与外在蛋白的收缩活动有关。

（三）膜糖

细胞膜中的糖类物质是具分枝的低聚糖（寡糖），由不超过15个单糖残基所构成。它们大多与膜蛋白共价结合，少部分与膜脂结合，分别形成糖蛋白和糖脂。在糖蛋白中，糖类主要是中性糖（D-半乳糖、阿拉伯糖）和氨基糖（D-半乳糖胺）。糖的残基一般与蛋白质的丝氨酸、苏氨酸、天冬酰胺、赖氨酸或羟脯氨酸结合。大多数细胞膜都含有糖脂，主要是单半乳糖甘油二酯、双半乳糖甘油二酯和三半乳糖甘油二酯。

通常，膜糖分布在质膜的外表面，而且糖链向外伸展，好像细胞的“触角”。由于单糖彼此间的结合方式、排列顺序、种类、数量及有无分枝等差异，构成多种多样的组合，形成多种细胞表面的特异图像。这是各种细胞具有各自抗原性的分子基础，也是各种细胞之间相互识别的标记。

（四）水与金属离子

植物细胞膜含有一定量的水和金属离子。水约占膜质量的30%。其中，大部分是呈液晶态的结合水。膜表面水层的厚度约2.2μm，其黏度为纯水的39倍。水分的存在与蛋白质和磷脂极性基团的有序排列有关。

金属离子是膜的组分之一。金属离子对膜生理功能有调节作用，如利用螯合剂去除膜中的Ca^{2+}，将会增大细胞膜的通透性，导致电解质外渗。金属离子在蛋白质与脂类的结合中起桥梁作用。例如，Mg^{2+}对ATP酶复合体与脂类的结合有促进作用。

二、细胞膜的结构

关于生物膜结构人们提出了多种模型，如单位膜模型、流动镶嵌模型、晶格镶嵌模型、板块镶嵌模型等，但其核心都是以脂类双分子层为基本骨架。下面将目前广为接受的具有代表性的膜结构模型做一介绍（图1-2）。

1. 生物膜以脂类双分子层为骨架　在脂双层中，脂类分子的疏水基团向内、亲水基团向外。

2. 膜中存在内在蛋白和外在蛋白　内在蛋白，有的部分嵌入磷脂分子层中，有的埋入脂双层，有的贯穿脂双层。内在蛋白的疏水部分与脂类的脂肪酸侧链结合，亲水部分露出脂双层，伸向水相。外在蛋白吸附在脂双层的两侧，与脂类分子的极性部分和内在蛋白外露的亲水部分结合。脂层与镶嵌其中和附着其上的蛋白质所形成的结构，也称为单位膜。

3. 膜不对称性　膜的不对称性主要是由脂类和蛋白质分布的不对称造成的。在脂双层的两个单分子层中，所含有的脂类分子在种类和数量上存在差异；在脂双层两侧的外在蛋白的种类和数量也不相同，对于贯穿脂双层的蛋白质，其结构也是不对称的；细胞膜不同区域的脂类分子和蛋白质的组成也不相同。另外，寡糖链的分布也是不对称的，大多分布于质膜的外表面。

4. 膜具有流动性　在生理状态下，膜处于液晶态，既具有固体的一定形状，又具有液体的流动性。脂类分子在单分子层中可以快速地侧向移动，但两层中脂类分子的种类和排列不同，流动性大小也不同。分布于膜脂双层中的蛋白质也是可移动的，即在脂双层中或外表面侧向扩散，但不能翻转。

生物膜不同区域的流动性存在差异。生物膜可以看成由组织结构、大小、性质、流动性不同的可移动的“板块”所组成，高度流动性的区域和流动性比较小的区域同时存在，随着生理状态和环境条件的改变，这些“板块”之间可以彼此转化。这些板块的形成与膜组分在不同区域分布的不对称性有关。

脂双层的流动性保证了生物膜能够经受一定程度的形变而不破裂，而且可使膜中各种组分依据需要进行调整或组合，使之合理分布，有利于膜行使多种功能。更重要的是这种流动性允许膜互相融合而不失去对通透性的控制，确保膜组分在细胞分裂时均等地分配给子代细胞。

三、细胞膜的功能

1. 分室作用　细胞的质膜作为屏障将细胞与外界环境隔离开，为细胞内的生命活动提供相对稳定的内环境；细胞的内膜系统还把细胞内的空间分隔，形成各种细胞器，使各个细胞器能够维持特定的pH、电位、离子强度和酶系等，使细胞代谢活动能够“按室分工”，互不干扰。

2. 物质代谢和能量转换的场所　生物膜具有巨大的表面积，为各种酶提供附着场所。细胞内的许多物质代谢和能量转换反应都是在膜上进行的。例如，许多催化蛋白质合成的核糖体就附着在内质网上，催化脂肪酸分解的多酶复合体吸附在线粒体膜上；光合作用的光能吸收、电子传递和光合磷酸化，呼吸作用的电子传递及氧化磷酸化过程分别在叶绿体的类囊体膜和线粒体内膜上进行。

3. 转运功能　在生物膜中含有多种转运蛋白，能够有选择性地跨膜转运物质，控制膜内外的物质交换，并且能够消耗代谢能量逆电化学势梯度吸收或输出物质，如质膜可通过离子通道、载体和离子泵与外界交换物质。一些特化细胞，如转运细胞的质膜形成很多皱褶，扩大表面积，进行高通量的物质转运。细胞膜的选择性转运作用，使各个细胞和细胞器的代谢活动在“按室分工”的基础上，相互联系，协同完成复杂代谢反应，从而满足植物整体生理功能的需要。

4. 信号识别和转换功能　细胞膜上存在多种受体（receptor)，能够感应外界刺激，并通过膜上的信号转换系统转变为胞内信号，调节胞内代谢和基因表达。许多质膜上的受体都含有寡糖链，这些糖链分布于膜的外表面，似“触角”一样识别外界物质和感受外界的刺激或信号。例如，花粉粒外壁的糖蛋白与柱头细胞质膜的蛋白质之间进行的识别反应。

5. 细胞间的连接功能　相邻细胞之间通过质膜的延伸突出，形成管状通道（胞间连丝），将相邻细胞连接在一起，具有物质运输和信息传递的功能。

6. 参与细胞表面特化结构的形成　例如，植物细胞质膜参与细胞壁的形成。

第三节　细　胞　器

植物细胞除细胞壁、质膜、细胞核外，还含有大小和形状各异的细胞器。它们各自具有特定的生理功能，并协同完成许多复杂的代谢反应和生理过程。

一、液泡

液泡是由单层膜包裹的囊泡，起源于内质网或高尔基体的小泡。随着细胞的生长，分生组织细胞中较小且分散的液泡逐渐融合、增大，最后形成大的中央液泡（central vacuole）。液泡通常占细胞体积的30%。在成熟细胞中，液泡几乎占据细胞体积的90%，细胞质和细胞核则被挤压到细胞的周边靠近细胞壁处。

许多植物细胞含有两种不同类型的液泡：一类是中性的蛋白贮存液泡（蛋白体）；另一类是酸性的溶解液泡（lytic vacuole）。贮存液泡可能通过与溶解液泡融合或输入特异的分解酶，使其所含的物质被再利用。

液泡的主要功能有：①贮存功能；②调节细胞水势和维持细胞的膨压；③调节细胞质的pH和离子稳态；④消化作用；⑤隔离有毒物质；⑥保护作用；⑦赋予细胞不同颜色。

二、溶酶体

溶酶体（lysosome）是单层膜围绕成的囊泡状细胞器，内含多种酸性水解酶类，包括酸性磷酸酶、核糖核酸酶、糖苷酶、蛋白酶和脂肪酶等几十种酶。

溶酶体的主要功能有：①消化作用；②吞噬作用；③自溶作用。

三、内质网

内质网（endoplasmic reticulum，ER）分布于整个细胞质中，是由单层膜构成的扁平囊状、管状或泡状膜结构相互交织连通的网膜系统，通常可占细胞膜系统的一半左右，膜厚约5nm。内质网内与细胞核外被膜和其他细胞器膜相连，外与质膜相连，由此构成细胞的内膜系统，还可通过胞间连丝与邻近细胞的内质网相连。

内质网的形态及数量随细胞类型、代谢活性和发育阶段而异。一般在细胞静止期，内质网少；在细胞分裂期，内质网增多。内质网本身也在不断更新，是个动态系统。

内质网分为粗面内质网（rough endoplasmic reticulum，RER）和光面内质网（smooth endoplasmic reticulum，SER）两种类型，前者有核糖体附着，后者没有。粗

面内质网大多为扁平囊状，靠近细胞核部位。这两种内质网可以互相转变，如形成层细胞的内质网，冬季是光面的，夏季则是粗面的。

内质网的主要功能有：①物质的合成、加工和修饰；②协助蛋白质分子的折叠；③运输、贮藏和通讯功能；④蛋白质分选和加工；⑤参与调节细胞质的 Ca^{2+} 浓度；⑥为肌动蛋白纤维束提供锚定位点。

四、高尔基体

高尔基体（Golgi apparatus）是由单层膜包围的扁状囊（flattened sac）垛叠而成的结构（图 1-3）。囊的中央扁平，周边稍变曲。通常一个高尔基体由 3～12 层囊构成。高尔基体向外凸出的一面对着内质网，称为形成面或顺面（*cis* face），是物质的输入端；向内凹入的一面对着质膜，称为成熟面或反面（*trans* face），是物质的输出端，位于该端的囊的边缘，可分离出许多小泡——高尔基体小泡。

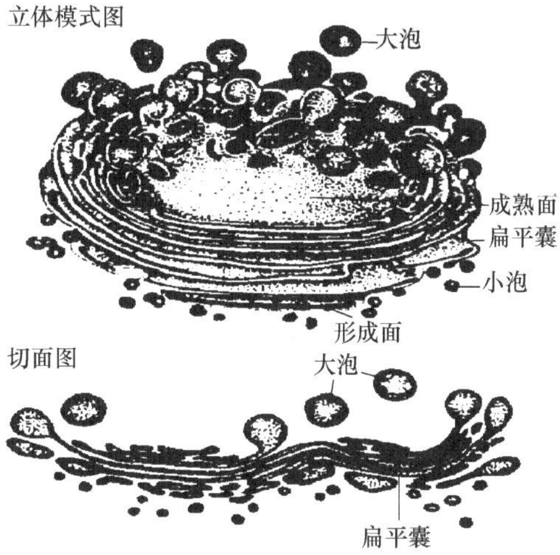

图 1-3　高尔基体的结构

高尔基体的主要功能有：①生物大分子的集运；②参与生物大分子的合成和装配；③参与细胞壁的形成；④分泌物质。需要指出的是，高尔基体与内质网在功能上具有非常密切的关系，许多生理功能都是由二者协同完成的。

五、线粒体

线粒体是进行有氧呼吸作用的细胞器，呈球状、棒状或细丝状等，一般直径为 0.5～1.0μm，长 2μm 左右。不同种类细胞中的线粒体数目相差很大，一般为 100～3000 个。通常在代谢旺盛的细胞中线粒体数目较多，如衰老、休眠或缺氧环境下的细胞，线粒体数目明显减少。细胞中的线粒体既可随细胞质运动，也可自主运动到需要能量的部位。

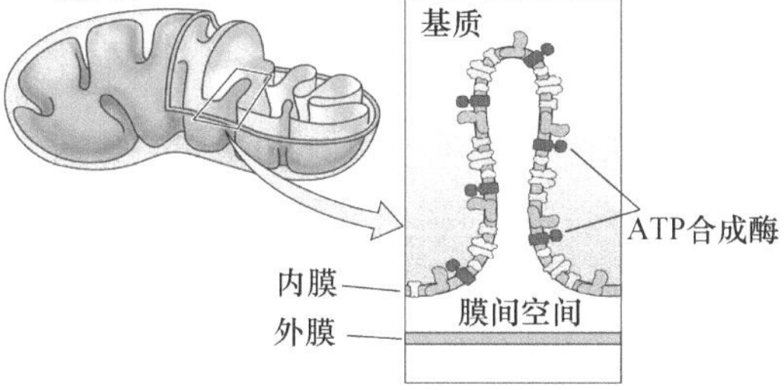

图 1-4　线粒体的结构模式图

线粒体由内、外两层膜组成，每层厚约 5～7nm。外膜（outer membrane）较光滑，含磷脂较多，磷脂与蛋白质的质量比约为 0.82，通透性较大，有利于线粒体内外物质的交换。内膜（inner membrane）在许多部位向内凹陷，形成皱褶（图 1-4），称为嵴（cristae）。嵴的存在使内膜的表面积增大，有利于呼吸作用，是 ATP 合成的场所。呼吸电子传递链和 ATP 合成酶存在于线粒体内膜上。一般需要能量多的细胞，线粒体的数量较大，嵴的数目也多。内膜含蛋白质较多，磷脂与蛋白质质量比约为 0.27，通透性小，可维持膜内环境的稳定。

线粒体内膜的内侧空间充满着透明的胶体状基质（matrix），其中含有三羧酸循环和多种物质合成的酶系统，是呼吸作用中底物氧化脱氢的场所。基质还含有少量裸露的、没有组蛋白的 DNA，以及自我繁殖所需要 RNA、DNA 聚合酶、RNA 聚合酶、核糖体等。

线粒体内膜与外膜之间的空隙约为 8nm，称为膜间空间（intermembrane space），内含许多可溶性底物和辅助因子。线粒体的功能将在第四章“植物的呼吸作用”中介绍。

六、质体

植物细胞特点之一就是含有双层膜的质体（plastid）。质体是由前质体（proplastid）分化发育而成的，根据色素的有无，可分为无色体和有色体。前者包括白色体（即造粉体）和黄化体，后者包括杂色体和叶绿体。不同类型的质体能够相互转化。

（1）白色体。白色体不含色素，存在于胚细胞及根部和表皮等组织，内贮淀粉，又称造粉体。

（2）杂色体。杂色体含有胡萝卜素和叶黄素，故为橙红色，分布于花瓣和果实的外表皮。

（3）叶绿体。叶绿体是植物光合细胞所特有的一种细胞器，它的结构和功能将在第五章“植物的光合作用”中介绍。

七、微体

微体（microbody）外有单层膜包裹，直径为 0.2～1.5μm，膜内基质或均一无结构，或呈颗粒状，通常被认为起源于内质网。微体包括过氧化体和乙醛酸体。

过氧化体（peroxisome）含有乙醇酸氧化酶、过氧化氢酶等，参与光呼吸过程。高光呼吸的 C_3 植物叶肉细胞中含有较多的过氧化体，而低光呼吸的 C_4 植物过氧化体大多存在于维管束鞘细胞中。

乙醛酸体（glyoxysome）中含乙醛酸循环酶类、脂酰 CoA 合成酶、过氧化氢酶、乙醇酸氧化酶等，参与脂类代谢和将脂肪转化为糖的异生作用。

八、圆球体

圆球体（spherosome）为球形，直径约 0.4～3.0μm，又称油体（oil body），通常含有 40%以上的脂类，故也常称为拟脂体（lipid body），为油脂积累和代谢所必需。圆球体膜由单层磷脂构成，磷脂的疏水基团与内部脂类基质相互作用，而亲水头部基团则面向细胞基质。膜中镶嵌有蛋白质，主要是油体蛋白（oleosins），为圆球体所独有，主要是一些低分子质量的碱性疏水蛋白。圆球体通常含甘油三酯。

圆球体存在于谷物的胚和糊粉层、蓖麻种子的胚乳、向日葵和花生的子叶等细胞中。油料作物的种子含圆球体较多。在种子成熟时，粗面内质网以出芽的方式形成圆球体，其中甘油三酯来自于磷脂双层膜，油体蛋白来自于内质网上的多聚核糖体，形成的圆球体被释放到细胞基质中。当种子萌发时，游离的多聚核糖体合成脂肪酶，圆球体经脂肪分解作用后与液泡膜融合在一起，其中的脂肪酸被释放出来参与代谢。圆球体具有溶酶体的某些性质，也含有多种水解酶。

九、细胞核

在植物中，除成熟的筛管细胞外，所有活的细胞都含有细胞核，其形状和大小因物种和细胞类型而有很大差异。分生组织细胞的核一般呈圆球状，占据细胞的大部分空间。在成熟细胞中，由于受中央大液泡的挤压，核常呈扁平状并贴近质膜。

细胞核是遗传物质 DNA 存在的场所，又是遗传信息复制和转录的场所，因此它控制生物的遗传、基因表达，调节细胞的代谢、生长和发育，是细胞遗传与代谢的调控中心。

十、核糖体

核糖体（ribosome）又称为核糖核蛋白体，无膜包裹，由大致等量的 RNA 和蛋白质组成，多数分布于细胞质中，呈游离状态或附着于粗面内质网上，少数存在于叶绿体、线粒体及细胞核中。

核糖体由大小两个亚基组成。高等植物细胞质中核糖体的沉降系数为 80S，大亚基 60S，小亚基 40S，大小亚基各由多种蛋白质和相应的 rRNA 组成。

核糖体是蛋白质生物合成的场所。核糖体依靠其特定部位的蛋白质和 rRNA 与 mRNA 识别并结合，识别和选择参与多肽链的起始、延长、终止的蛋白质因子，以及多肽链合成所需要的 AA-tRNA。

第四节　细 胞 骨 架

细胞骨架（cytoskeleton）是指真核细胞中的蛋白质纤维网架体系，包括微管、微丝和中间纤维等。它们都由蛋白质组成，没有膜结构，互相联结成立体的网络，也称为细胞内的微梁系统（microtrabecular system）。

细胞骨架不仅在维持细胞形态、保持细胞内部结构的有序性方面起重要作用，而且还与细胞运动、物质运输、能量转换、信息传递、细胞分裂和分化、基因表达等生命活动密切相关。植物的许多生理过程，如极性生长、叶绿体运动、保卫细胞分化、卷须弯曲等也有细胞骨架的参与。

一、微管

微管（microtubule）是由 α-微管蛋白（tubulin）与 β-微管蛋白构成的异二聚体，这些二聚体头尾相连组成念珠状的原纤丝（protofilaments），13 条原纤丝围成一个中空的微管。微管粗细均匀，可弯曲，不分支，直径 20～27nm，长度变化很大，有的可达数微米。微管壁上生有突起，通过这些突起（或桥）使微管相互联系，或与质膜、核膜、内质网等相连。

微管的主要功能有：①控制细胞分裂和细胞壁的形成；②保持细胞形状；③参与细胞运动与细胞内物质运输。

二、微丝

微丝（microfilament）比微管细而长，直径为4～6nm。微丝由收缩蛋白构成，它类似于肌肉中的肌动蛋白（actin），呈丝状，同时还与肌球蛋白、原肌球蛋白等构成复合物质。微丝通常成束地存在于细胞质中，其走向一般平行于细胞长轴；有的疏散成网状，与微管一起形成一个从核膜到质膜的辐射状网络体系。

微丝的主要功能是为胞质运动提供动力：①参与胞质运动；②参与物质运输和细胞感应。

三、中间纤维

中间纤维又称为中间丝（intermediate filament），直径介于微管和微丝之间，是一类柔韧性很强的蛋白质丝，其成分比微丝和微管复杂，由丝状亚基（fibrous subunits）组成。中间纤维的基本结构特征是，中部有一个α螺旋杆状区，两端则是大小和化学组成不同的端区。端区的多样性决定了中间纤维外形和性质的差异和特异性。不同组织中的中间纤维有特异性，其亚基的大小、生化组成变化都很大。

中间纤维的主要功能有：①支架作用；②参与细胞发育与分化；③使细胞具有张力和抗剪切力。

第五节　细胞壁和胞间连丝

一、细胞壁

植物细胞质膜的外围一层具一定弹性和硬度，可固定细胞形状和大小的结构，称为细胞壁（cell wall）。细胞壁除具有固定细胞形状和大小及保护作用外，还含有多种具有生理活性的蛋白质，对植物生命活动具有重要意义。

（一）细胞壁的结构

典型的细胞壁由胞间层（intercellular layer）、初生壁（primary wall）及次生壁（secondary wall）组成。

细胞在分裂时，两个子细胞之间最初形成一层由果胶质组成的细胞板（cell plate），它把两个子细胞分开。细胞板就是胞间层，又称中层（middle lamella）。随着子细胞的生长，原生质体向外分泌纤维素，定向交织成网状，而后分泌的半纤维素、果胶质及结构蛋白填充在网眼之间，形成质地柔软的初生壁。一些细胞只有初生壁，如分生组织细胞、胚乳细胞等。但是，某些特化的细胞，如纤维细胞、管胞、导管等在生长接近定型时，在初生壁内侧沉积纤维素、木质素等物质，形成次生壁。不同类型的细胞，如薄壁细胞、厚壁细胞、石细胞等在次生壁组成、厚薄和形状上存在差异。

（二）细胞壁的功能

每一类细胞的细胞壁功能都是由其特定的组成和结构决定的，各种类型的细胞壁的主要功能有：①维持细胞形状，控制细胞生长；②物质运输与信息传递；③防御与抗性；④代谢、贮存和识别功能。

二、胞间连丝

构成植物体的各个细胞不是孤立存在的，而是相互连通、紧密联系在一起的。植物生活细胞原生质体通过胞间连丝形成一个连续的整体，称为共质体（symplast）；细胞质膜以外的胞间层、细胞壁及细胞间隙也形成一个连续的整体，称为质外体（apoplast）。共质体和质外体构成植物体物质交换和信息传递的两大通道，从而使植物在结构上和机能上成为连续的统一体。这里介绍胞间连丝的结构与功能。

（一）胞间连丝的结构

胞间连丝（plasmodesma）是指贯穿细胞壁、连接相邻细胞原生质体的管状通道，是植物细胞的特征结构。胞间连丝有内外两层分隔的通道：外层是由相邻两个细胞质膜相互连接而形成的管腔，内部是从相邻细胞内质网衍生的管状结构，称为连丝微管（desmotubule）（图 1-5）。胞间连丝的数量和分布与细胞的类型、所处的位置密切相关。筛管分子与转运细胞（transfer cell）之间的胞间连丝数量非常多，一般 1μm^2 面积的细胞壁上有 1～15 条胞间连丝。

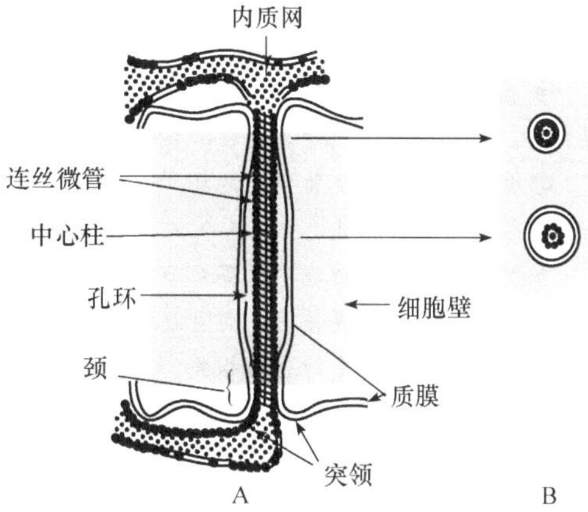

图 1-5　胞间连丝的超微结构

A. 两个相邻细胞的胞壁电子显微图，显示胞间连丝；B. 具有两种不同形状胞间连丝的细胞壁示意图

（二）胞间连丝的功能

（1）物质交换。相邻细胞的原生质可通过胞间连丝进行交换，使可溶性物质（如电解质和小分子有机物）、生物大分子物质（如蛋白质、核酸、蛋白核酸复合物），甚至细胞核发生胞间转移。植物根部吸收的水分和矿质元素，在通过已经形成凯氏带的内皮层时，也需要进入共质体，经过胞间连丝到达维管束组织。

（2）信息传递。通过胞间连丝可进行体内信息传递，物理、化学信号则可通过共质体传递，包括转录因子、参与防御有关的小 RNA 及韧皮部筛管分子所需要的 RNA 等。

小　结

细胞是生物体结构和功能的基本单位，分为原核细胞和真核细胞两大类。植物细胞属真核细胞。真核细胞含有细胞核和高度分化的细胞器。植物细胞的细胞壁、质体和液泡是其区别于动物细胞的三大结构特征。

生物膜是由脂类双分子层及镶嵌其中和附着其上的蛋白质所构成的膜状结构，其结构特点是：脂类构成双分子层骨架，内在蛋白镶嵌其中，外在蛋白附着其外，膜在结构和组成上是不对称的，在正常生理状态下，膜处于液晶态，具有流动性。生物膜的功能包括：分室作用、提供物质代谢和能量转换的场所、物质转运、对外部信号的识别和转换、细胞间的连接及参与细胞表面特化结构的形成等功能。

液泡分为中性的蛋白贮存液泡和酸性溶解液泡，主要的功能有：贮存、细胞水势和膨压调节、细胞质 pH 和离子稳态的维持、消化回收细胞内含物质、隔离有毒物质、防御和赋予细胞各种颜色等。溶酶体（lysosome）是单层膜围绕成的囊泡状细胞器，内含多种酸性水解酶类，具有消化、吞噬和自溶作用。

高尔基体是由单层膜包围的扁状囊（flattened sac）垛叠而成的结构，主要进行生物大分子的集运，参与生物大分子的合成和装配、细胞壁的形成及向细胞外分泌物质。

线粒体是进行有氧呼吸作用的细胞器。内膜向内皱褶成嵴，是呼吸电子传递链和 ATP 合成酶存在的场所，是 ATP 合成的场所，膜内基质含有三羧酸循环的酶系，是底物氧化脱氢的场所。

质体是由前质体分化发育而成的，分为无色体和有色体。微体（microbody）外有单层膜包裹，包括过氧化体和乙醛酸体。过氧化体参与光呼吸过程。乙醛酸体参与脂类代谢和将脂肪转化为糖的异生作用。圆球体膜由单层磷脂构成，是贮存脂肪的细胞器。

细胞核是遗传物质 DNA 存在的场所，又是遗传信息复制和转录的场所，它控制生物的遗传、基因表达，调节细胞的代谢、生长和发育，是细胞遗传与代谢的调控中心。

核糖体是蛋白质生物合成的场所。在细胞质中，一条 mRNA 链可以同时指导多条同样多肽链的合成，形成多聚核糖体。

细胞骨架是真核细胞中的蛋白质纤维网架体系。细胞骨架不仅在维持细胞形态、保持细胞内部结构的有序性方面起重要作用，而且还与细胞运动、物质运输、能量转换、信息传递、细胞分裂和分化、基因表达等生命活动密切相关。

细胞壁由胞间层、初生壁、次生壁所构成。细胞壁不仅是细胞的骨架与屏障，而且在物质运输、抗病抗逆、细胞识别等方面起重要作用。

胞间连丝是贯穿细胞壁，连接相邻细胞原生质体的管状通道，执行细胞间的物质交换和信息传递功能。

复习思考题

1. 学习植物细胞结构和功能对了解植物体的生命活动有何意义？
2. 说明植物各种类型组织的功能和相互之间的关系。
3. 绘图说明植物各个器官的功能和相互之间的关系。
4. 说明细胞、组织、器官与植物整体的结构和生命活动之间的关系。
5. 绘图说明细胞各个组成部分的功能和相互关系。
6. 典型的植物细胞与动物细胞之间的最主要差异是什么？这些差异对植物细胞的生理功能有什么影响？
7. 生物膜有哪些结构特征和功能？
8. 从细胞壁中酶的发现，谈谈对细胞壁功能的认识。

第二章　植物的水分生理

地球上的生命起源于水，植物也不例外。植物在水中起源后，一部分逐渐进化为陆生植物，但其正常的生命活动必须在一定的水分状况下才能进行，否则其生命活动就会受阻，直至死亡。在农业生产上，水是决定收成有无的重要因素之一，所以农谚说："有收无收在于水"。

陆生植物利用根系从土壤中吸取水分，但所吸收的水分除极少部分参与体内的代谢反应外，绝大部分不可避免地通过地上部分的蒸腾作用散失到周围环境中。为保持正常的含水量，植物需要不断从土壤中吸水，所以，植物体内的水分处于不断的运动中。

植物对水分的吸收、运输、利用和散失的过程，称为植物的水分生理或水分代谢（water metabolism），其基本规律是农业生产中合理灌溉的生理基础。通过合理灌溉可以为植物提供良好的生长环境，满足植物生长发育对水分的需要，对农作物的高产和优质具有重要意义。

第一节　水分在植物生命活动中的作用

一、植物的含水量

水是植物体的重要组成部分，其含量常常是植物生命活动强弱的决定因素。植物的含水量一般占组织鲜重的70%～90%。但含水量并不是固定不变的，它随植物种类、植物组织及外界环境条件而变化。水生植物的含水量在90%以上，中生植物一般为70%～90%，而在干旱环境中生长的旱生植物和地衣、藓类等低等植物则更低，如地衣可低达6%。

同一植物的不同器官和组织的含水量差异也很大。凡是生命活动较活跃的组织和器官，如嫩梢、根尖、幼叶、幼苗、发育的种子或果实含水量都比较高，为70%～85%；凡是趋于衰老的组织和器官，含水量都比较低，在60%以下；一些生命活动较弱器官的含水量更低，如树干为40%～55%，休眠芽为40%，风干种子为8%～14%。同一植物生长在不同环境中，含水量存在差异。凡是生长在荫蔽、潮湿环境中的植物，其含水量比生长在向阳、干燥环境中的植物含水量高。

二、植物体内水分的存在状态

水在植物体内的作用，不但与其数量有关，也与其存在状态有关。植物体内的水分可分为自由水和束缚水两种形式。

水是由两个氢原子和一个氧原子构成的，氧原子中心与两个氢原子中心连线的夹角约为105°。由于其结构的不对称性而产生极性，即氧偏向带有负电荷而氢偏向带有正电荷。极性水分子中的氢原子能够与亲水基团中电负性强的原子靠静电引力形成非共价键，而极性水分子中的氧原子能够与亲水基团中电正性强的原子靠静电引力形成非共价键，即氢键（hydrogen bond）。因此亲水物质可通过氢键吸附大量的水分子，这种现象称为水合作用（hydration）（图 2-1）。

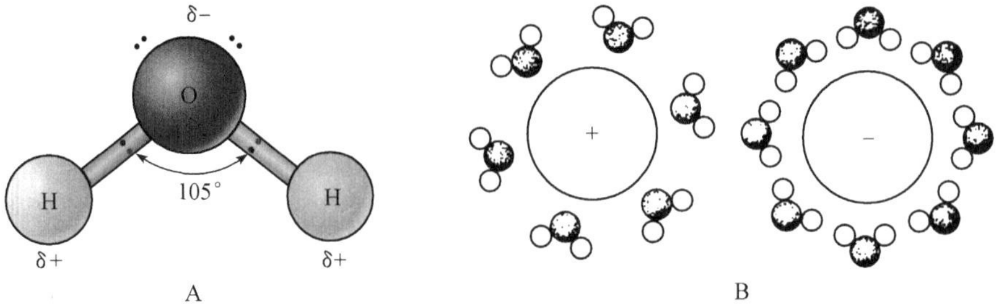

图 2-1　水分子的结构（A）和亲水胶粒吸附水分子（B）示意图

植物细胞的原生质体和细胞壁含有大量的蛋白质、核酸和纤维素等生物大分子。这些大分子的表面有大量的亲水基团，能与水分子发生水合作用。在细胞中被蛋白质等亲水大分子组成的胶体颗粒或渗调物质所吸附的不易自由移动的水分称为束缚水（bound water）。束缚水在温度升高时不易蒸发，温度降低时也不易结冰，且难于参与细胞内的代谢反应，其含量相对恒定。

距离胶体颗粒或渗透调节物质远，不被吸附或受到的吸附力很小而能自由移动的水分是自由水（free water）。自由水含量变化很大，它的主要作用是供给蒸腾、参与代谢反应、作为营养物质运输的溶剂、维持植物体紧张度等。事实上，两种状态的水划分是相对的，它们之间并没有一个明显的界限。

细胞内自由水/束缚水的比值影响植物的代谢活性和抗逆性强弱。自由水占总含水量的比率越高，则代谢越旺盛。当植物处于不良环境如干旱、寒冷等时，一般束缚水的比率较高，代谢强度变弱，植物抵抗不良环境的能力增强。越冬植物的休眠芽和干燥的种子内所含的水基本上是束缚水，植物以其低微的代谢强度维持生命活动，并且度过不良的环境条件。因此，常以自由水/束缚水的比率作为衡量植物代谢强弱的指标之一，而以束缚水/自由水的比率作为衡量植物抗性强弱的指标。

三、水分在植物生命活动中的作用

水分在植物生命活动中有极其重要的作用，主要表现在以下几个方面。

（1）水是植物细胞原生质的重要组分。通常，植物细胞原生质的含水量为 70%～90%。例如，活跃生长的根尖和茎尖等部位的细胞含水量常在 90%以上。细胞原生质只有呈溶胶状态时，才能保证代谢活动正常地进行，如果含水量降低，原生质便可能从溶胶状态变为凝胶状态，生命活动低微，如休眠的种子。如果细胞失水过多，将使细胞受伤害到而导致死亡。

（2）水是植物体内代谢反应的参与物质。水不仅是光合作用的直接原料，而且是呼吸作用的产物，有机物质的合成与分解等许多生化反应都有水分子的参加。

（3）水是代谢反应和物质吸收运输的良好介质。植物体内绝大多数代谢反应都是在水介质中进行的，因为这些反应的参与物质都溶于水，而且，催化反应的酶类也都是亲水性的。例如，光合作用中的碳代谢、呼吸作用的底物分解代谢、蛋白质和核酸代谢都是在水介质中进行的。在植物所需的各种营养物质只有溶于水中才被植物吸收和运输，植物光合作用制造的同化产物同样溶解在水中才能被运输到达需要的任何部位。

（4）水能保持植物固有的姿态。植物各器官中的机械组织有一定的支持作用，但植物维持固有姿态还需要依靠细胞的膨压，特别是在幼嫩组织中更是如此。只有当细胞中含有足够的水分，保持一定的紧张度，才能使植物枝叶挺立，便于充分接受光照和交换气体，同时使花朵张开，有利于授粉。

（5）水的理化性质给植物的生命活动带来了各种有利条件。与植物生理活动有关的水的理化性质如下。①化学特性：由于水分子具有明显的极性，使溶于水中的生物大分子（如蛋白质）呈现水合状态，均匀地分散在水中，所以，水具有稳定细胞原生质胶体的作用。②力学特性：由于水分子具有明显的极性，使水分子之间具有很强的内聚力和对其他物质的附着力，这非常有利于水分在植物体内的长距离运输。植物体内的水分流动，把整个植物体联系在一起，成为一个有机整体，在这个体系内有机物和无机离子以水溶状态到达任何需要的部位。③热学特性：水具有很高的比热与气化热，利于植物散发热量和保持体温，从而调节植物体的温度，以适应外界环境条件。④光学特性：水能吸收红外光，并能透过可见光和紫外线，对植物的光合作用和生长发育等有重要意义。

第二节　植物细胞对水分的吸收

细胞是植物水分吸收的基本单位，而细胞吸收水分的根本动力是细胞与外部环境的水势差。

一、水势

根据热力学原理，系统中物质的总能量分为束缚能（bound energy）和自由能（free energy）两部分。束缚能不能用于做功，而自由能是在恒温恒压条件下用于做功的那部分能量。在化学中把 1 偏摩尔物质所具有的自由能定义为该物质的化学势（chemical potential）。物质的化学势越大，化学反应速度或物质转移速度越快。化学势的绝对值不能测定，所以通常以给定状态和人为规定的标准状态的差值来表示，度量单位是每摩尔的能量（J/mol）。

水的运动方向也可以用体系中水的化学势来表示。但在植物生理学中常用的水势（water potential，Ψ_w）概念并没有定义为“水的化学势”，而是指每偏摩尔体积（partial molar volume，$\bar{V}_w$）水的化学势，度量单位为压力，这也是水势与水的化学势的差别。

水势可用公式表示：

$$\Psi_w = \frac{\mu_w - \mu_w^0}{\bar{V}_w} = \frac{\Delta\mu_w}{\bar{V}_w}$$

即溶液中水的化学势（μ_w）与同温同压下纯水的化学势（μ_w^0）之差（$\Delta\mu_w$）除以水

的偏摩尔体积所得的商。式中，$\bar{V}_w$ 是指恒温恒压下，在无限大的多组分体系中加入 1mol 水，该体系体积的增量。实际应用时常以纯水的摩尔体积（1.8×10^{-5} m^3/mol）代替偏摩尔体积。

在植物生理学中，人为地将标准状况下（1 个大气压下，引力场为 0，与体系同温度）纯水的自由能和化学势规定为 0。因为纯水的化学势最大，并规定为 0，溶液中水的化学势就是负值。化学势的度量用能量单位 J/mol（J＝N · m），偏摩尔体积的单位为 m^3/mol，所以根据上面的公式，水势的度量为压力单位 Pa（Pascal，N · m^{-2}）。水势单位一般用兆帕（MPa，1MPa＝10^6 Pa）来表示。过去曾用大气压（atm）或巴（bar）作为水势单位，它们之间的换算关系是 1MPa＝10bar＝9.87atm。

二、渗透作用与渗透势

如图 2-2 所示，将半透膜（只允许溶剂分子透过而不允许溶质分子透过的膜）紧紧缚在漏斗大口上，并向内注入蔗糖溶液，然后浸入纯水中，使漏斗内的液面与外液的液面相等，整个装置就是一个渗透系统。

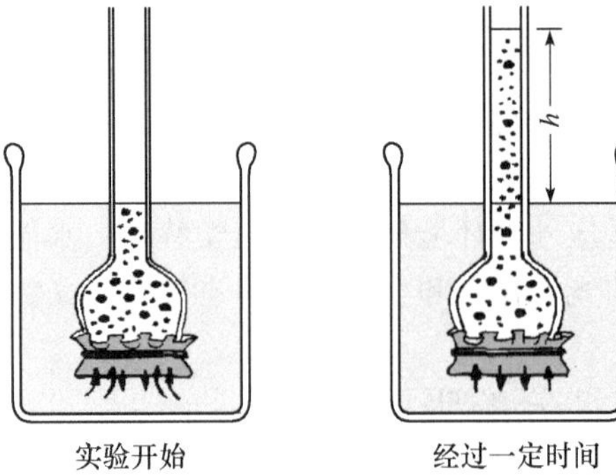

图 2-2　渗透系统示意图

开始时半透膜内蔗糖溶液的液面与外面的水面是相等的，经过一段时间后蔗糖溶液的液面明显升高。产生这种现象的原因是由于外面纯水的水势高，半透膜内蔗糖溶液的水势低，因此水分子通过半透膜不断进入蔗糖溶液，使溶液的体积增大，液面上升。这种水分子（或其他溶剂分子）通过半透膜由高势能区域向低势能区域转移的现象称为渗透作用（osmosis）。溶液浓度越大（溶质越多）、水势越低，液面上升得越高。

在渗透过程中，当溶液的液面上升到一定高度时不再升高，进出半透膜的水分子相等，处于动态平衡，表明半透膜两侧水势相等。这是由于半透膜内溶液液面的升高使得高出水面的溶液对下面产生一个静水压力，这个压力能提高水势，阻止外面的水分向半透膜内转移。如果在溶液的上方施加一个压力，其大小恰好阻止水分子的净渗入，这个外压及其数值就是该溶液在该浓度下的渗透压（osmotic pressure），溶液的浓度越大，其渗透压就越大。渗透压的大小可用渗透计测定，或用渗透平衡时高出水面的溶液对下部产生的静水压力表示：

$$\pi = h \times s \times 比重 = 体积 \times 比重$$

对于稀溶液也可用 Vant Hoff 公式计算：

$$\pi = iCRT\ (\pi\ 的单位是\ atm)$$

式中，C 为溶液的摩尔浓度；i 为等渗系数；R 为气体常数［8.314J/(mol · K)］；T 为绝对温度（K）。

在纯水中加入溶质导致水势降低，这种由于溶质的存在而使水势降低的作用称为溶质势（solute potential）或渗透势（osmotic potential），用 Ψ_s 表示，为负值，Ψ_s 的绝对值与渗透压相等。

$$\Psi_s = -\pi = -iCRT$$

在没有外压存在的条件下，溶液的水势就等于其渗透势。

三、植物细胞对水分的吸收

（一）渗透性吸水

1. 植物细胞构成的渗透系统 成熟的植物细胞具有一个大液泡，其细胞壁主要是由纤维素分子组成的微纤丝构成，是水和溶质都可以通过的透性膜（permeable membrane）；而质膜和液泡膜则为选择性膜，水易于透过，对其他溶质分子或离子具有选择性。这样，在一个成熟的细胞中，原生质层（包括原生质膜、原生质和液泡膜）就相当于一个半透膜。如果把此细胞置于水或溶液中，则液泡内的细胞液、原生质层及细胞外溶液三者就构成了一个渗透系统。

如果把具有液泡的细胞置于比较浓的蔗糖溶液（其水势低于细胞液的水势）中，细胞内的水向外扩散的速度大于外界水分子向内扩散的速度，整个原生质体收缩。开始时，细胞壁与原生质体一起收缩，整个细胞的体积缩小，若细胞内水继续向外流动，原生质体继续收缩，然而细胞壁收缩性有限，不再收缩，这时，原生质体便开始和细胞壁慢慢地分开，起初只是细胞的各个角上稍有分离，随着细胞的持续失水，分离的区域逐渐扩大，最后原生质体与细胞壁完全分离。原生质体收缩成球状小团，细胞壁和原生质体之间充满蔗糖溶液。植物细胞由于液泡失水而使原生质体和细胞壁分离的现象，称为质壁分离（plasmolysis）（图 2-3）。这个现象证明，原生质体具有半透膜的性质，植物细胞与外外部环境构成渗透系统。如果把发生了质壁分离的细胞浸在水势较高的溶液或纯水中，外界的水分子便进入细胞，液泡变大，整个原生质体慢慢地恢复原状，这种现象叫质壁分离复原（deplasmolysis），或去质壁分离。由于原生质层不是一个典型的半透膜，溶质可以透过，只是透过速率较慢。因此，发生质壁分离的细胞如果较长时间放在溶液中，溶质也会逐渐通过扩散或细胞的吸收进入细胞，细胞液浓度提高，水势降低，细胞吸水，最后也会产生质壁分离的复原现象。

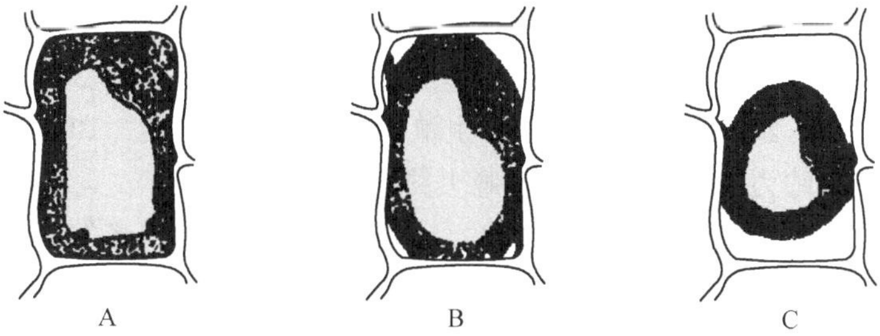

图 2-3 植物细胞质壁分离现象示意图

A. 正常细胞；B、C. 发生质壁分离的细胞

质壁分离现象是生活细胞的典型特征。质壁分离现象可用于植物生理学研究：①判断细胞的死活，死细胞的膜破坏不发生质壁分离现象；②测定细胞的渗透势，将植物组

织或细胞置于已知水势级差相同的系列溶液中，当细胞处于初始质壁分离状态时溶液的水势值等于该组织或细胞的渗透势；③利用质壁分离复原的速度来判断物质透过细胞膜的难易程度。

2. 植物细胞的水势构成 植物细胞由于能发生渗透现象，所以能和外界进行水分交换。细胞吸水除与细胞液的渗透势（Ψ_s）有关外，还与细胞壁对内容物产生的压力势（pressure potential，Ψ_p）、原生质是亲水胶体对水分子的吸附产生的衬质势（matric potential，Ψ_m）及重力势（gravity potential，Ψ_g）等因素有关，因此一个典型植物细胞的水势（Ψ_w）可用以下公式表示：

$$\Psi_w = \Psi_s + \Psi_p + \Psi_m + \Psi_g$$

Ψ_p 为压力势，是指由于细胞壁压力的存在而引起的细胞水势增加的值。当细胞的原生质体吸水膨胀时，对细胞壁产生一种压力（膨压，turgor pressure），细胞壁则产生出一个数值相等、方向相反的对原生质体的压力（胞壁压），这一压力的作用是使细胞内的水分向外移动，即等于提高了细胞液的水势。压力势往往是正值。

Ψ_m 是由细胞胶体物质亲水性和毛细管对水束缚（吸附）而引起的水势降低值，以负值表示。

Ψ_g 是水分因重力下移而引起水势降低的力量，其大小取决于参考状态下水的高度（h）、水的密度（P_w）和重力加速度（g）：

$$\Psi_g = P_w gh$$

对已形成中央大液泡的成熟植物细胞来说，由于原生质仅为一薄层，液泡内的大分子物质又很少，Ψ_m 和 Ψ_g 一般忽略不计。因此，细胞水势可表示为：

$$\Psi_w = \Psi_s + \Psi_p$$

而干燥种子的 Ψ_m 可达－100MPa，则 Ψ_s 和 Ψ_p 可忽略不计，细胞水势可表示为：

$$\Psi_w = \Psi_m$$

对处于分生区的细胞来说，中央液泡未形成，水势也可表示为：

$$\Psi_w = \Psi_m$$

不同生境下植物叶片的 Ψ_w、Ψ_s、Ψ_p 范围如下。

完全吸水膨胀时叶片的 Ψ_w＝0MPa；土壤供水充足、生长迅速叶片 Ψ_w＝－0.2～0.8MPa；水分亏缺、生长缓慢时 Ψ_w＝－1.5～－0.8MPa；中生植物干旱伤害时 Ψ_w＝－3.0～－2.0MPa；沙漠灌木干旱生长停止生长时 Ψ_w＝－6.0～－3.0MPa；温带作物组织渗透势一般在－2.0～－1.0MPa；旱生植物叶渗透势可低达－10MPa；草本作物叶片细胞压力势下午约为 0.3～0.5MPa，晚上约为 1.5MPa。

细胞含水量不同，但体积会发生变化，渗透势和压力势也随之发生变化。图 2-4 给出了细胞体积变化时细胞水势各个组分之间的变化趋势。其中垂直于横轴的虚线Ⅰ及其与三条曲线相交点的数值，表示一个常态下细胞的体积和与之相应的 Ψ_w、Ψ_p、Ψ_s。如果把细胞放到纯水中，细胞吸水，体积增大，Ψ_p 随之增高，虚线向右移动。随着细胞含水量的增加，细胞液浓度降低，Ψ_s 增高，Ψ_w 也随着升高，细胞吸水能力下降。当细胞吸水达紧张状态，细胞体积最大，Ψ_w＝0，Ψ_p＝－Ψ_s（Ⅱ）。如果把细胞放到低水势溶液中，细胞失水，体积缩小，虚线向左移动，Ψ_w、Ψ_p、Ψ_s 相应降低。达到初始质壁分离时（Ⅲ），$\Psi_p=0$，$\Psi_w=\Psi_s$，细胞相对体积为 1.0。当蒸腾很强烈时，细胞失水，体积缩小，但并不发生质壁分离现象，细胞壁会产生一个张力，增加细胞吸水的趋势，这时 Ψ_p 为负值，$\Psi_w<\Psi_s$（Ⅳ）。这里顺便指出，用小液流法测定水势时测定的是细胞原状（图中垂直虚线Ⅰ处）的水势，质壁分离法测定的是处于初始质壁分离状态时（Ⅲ）的水势，也就是 Ψ_s。

以上表明，细胞 Ψ_w 及其组分 Ψ_p、Ψ_s 与细胞相对体积间的关系密切，细胞的水势不是固定不变的，Ψ_s、Ψ_p、Ψ_w 随含水量的增加而增高，植物细胞颇似一个自动调节的渗透系统。

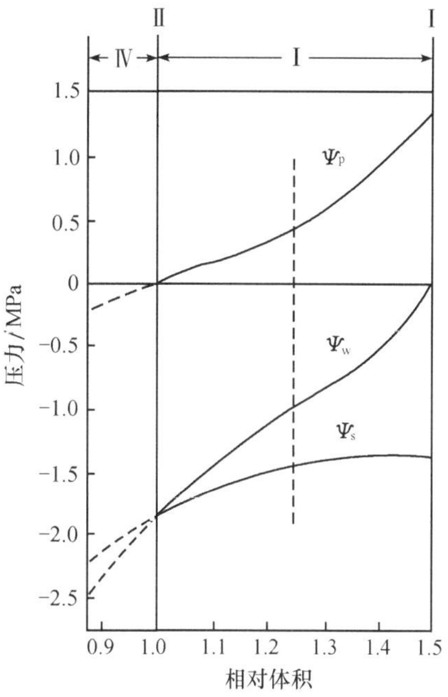

图 2-4　细胞水势、渗透势、压力势与体积的关系（Höfler，1920）

3. 细胞之间的水分移动　水总是从高水势区域向低水势区域移动，因而水分进出细胞由细胞与周围环境之间的水势差决定。若环境水势高于细胞水势，细胞吸水；反之，水从细胞流出。对两个相邻的细胞来说，它们之间的水分移动方向也是由二者的水势差决定的。如图 2-5 所示，相邻的两个细胞 A、B，经计算可知，A 的水势 Ψ_{w_A} 为 −0.9MPa，B 的水势 Ψ_{w_B} 为 −0.5MPa，$\Psi_{w_A}<\Psi_{w_B}$，则水从细胞 B 向细胞 A 移动。水势差不仅决定水流的方向，而且影响水分移动的速度。而细胞间水势梯度（water potential gradient）越大，水分移动越快；反之则慢。当有多个细胞连在一起时，如一排薄壁细胞间的水分转运方向，也完全由它们之间的水势差决定。

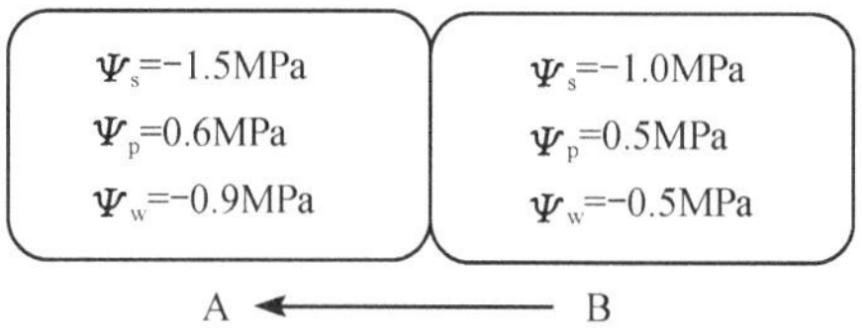

图 2-5　两个相邻细胞之间水分移动

植物细胞的水势变化很大，一方面不同器官或同一器官不同部位的细胞水势大小不同；另一方面，环境条件对水势的影响也很大。一般来说，在同一植株上，地上器官和组织的水势比地下组织的水势低，生殖器官的水势更低；就叶片而言，距叶脉越远的细胞，其水势越低。这些水势的差异对水分进入植物体内和在体内的移动有着重要意义。

（二）植物细胞吸胀吸水

未液泡化细胞的吸水为吸胀性吸水。试验表明，干燥的种子极易吸水。这是因为，构成种子细胞的细胞壁（由纤维素、果胶物质，半纤维素组成）、细胞质（主要由蛋白质构成）和贮藏物质（蛋白质、淀粉等）都是亲水性物质，其亲水性基团如—NH_2、—SH、—OH、—COOH 可通过氢键与水结合，于是亲水性胶体尤其是构成原生质胶体的蛋白质由凝胶状态转变为溶胶状态，使细胞膨胀。亲水胶体吸水膨胀的现象，叫做吸胀作用（imbibition）。一般来说，细胞形成中央液泡之前主要靠吸胀作用吸水。例如，干燥种子的萌发吸水，果实、种子形成过程中的吸水，分生区细胞的吸水等，主要是吸胀吸水。吸胀过程中的水分移动方向，也是从水势高的区域流向水势低的区域。细胞内亲水物质通过吸胀力而结合的水称为吸胀水，它是束缚水的一部分。

（三）水孔蛋白与水分的跨膜运动

水分在两个相邻植物细胞间及细胞内不同区域间移动时，主要通过两种方式跨过膜系统（图 2-6）。一种是单个水分子通过扩散的方式跨过膜。由于膜脂排列紧密，水扩散较慢，许多细胞膜扩散水透性值小于 0.01m/s，而且具有很高的表面激活能，单靠扩散来完成水分快速跨膜是较困难的。另一种是水分子以水集流（bulk flow）形式通过膜上水孔蛋白（aquaporin，AQP）中的水通道（water channel）跨过膜。

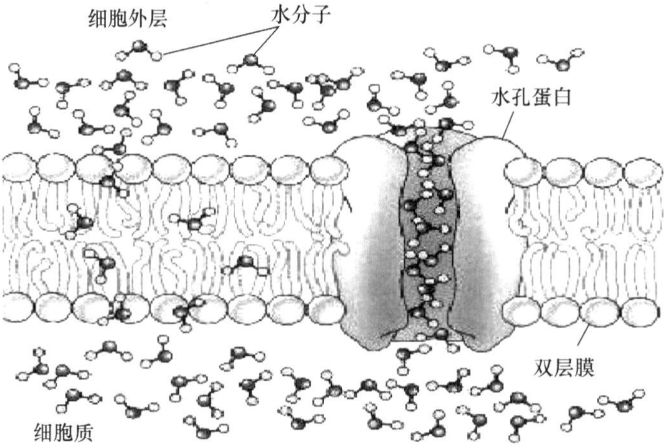

图 2-6　水分跨过细胞膜途径（Taiz and Zeiger，2002）

植物细胞质膜及液泡膜上存在有一类膜内在蛋白，分子质量为 25～30kDa，其多肽链穿越膜并形成孔道，特异地允许水分子通过，称之为水通道蛋白或水孔蛋白（water channel protein or aquaporin）。水通道蛋白是一类有选择性、高效转运水分的跨膜通道蛋白，该蛋白质是中间狭窄的四聚体，呈“滴漏”模型，分子内部形成狭窄的水分子通道。通道的半径大于 0.15nm（水分子半径），小于 0.2nm（最小溶质分子半径），因此只允许水分子通过，不允许溶质（分子或离子）通过。

第三节　植物根系对水分的吸收

陆生植物吸水主要是通过根系。根系在土壤中分布很广，其在土壤中的总面积远远大于地上部的总面积，这大大增强了土壤中根系的吸水能力。因此，根系是陆生植物吸水的主要器官。

一、根系吸水的部位

根系虽然很庞大，但并不是根的各部分都能吸水。事实上，表皮细胞木质化或栓质化的根段吸水能力很小，根的吸水主要在根尖进行。根尖中，以根毛区的吸水能力为最强，伸长区、分生区和根冠吸水能力较小。后三部分由于原生质浓厚，输导组织尚欠发达，对水分移动阻力大。根毛区有许多根毛，增大了吸收面积（图 2-7）。据测定，根毛使玉米根吸收面积增加 5.5 倍，大豆增加 12 倍。同时根毛细胞壁的外部由于果胶物质覆盖，黏性强，亲水性好，有利于与土壤颗粒黏着和吸水；而且根毛区输导组织发达，对水分的移动阻力小。所以，根毛区吸水能力最大。根毛区随着根的生长不断前进，老的不断死亡，新的不断产生，根毛的寿命一般只有几天。

由于根系主要靠根尖端部分吸水，所以，移栽苗木时为了避免损伤根尖，采用带土移栽能够提高成活率。

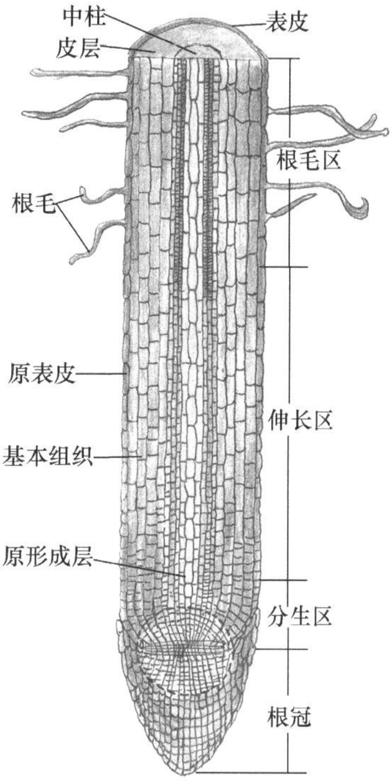

图 2-7　根尖解剖结构图

二、根系吸水的途径

土壤中的水分移动到根的表面后，会以渗透和扩散的方式径向运输到根内。从表皮向根内的径向运输过程中，可以通过三条途径：质外体途径（apoplast pathway）、共质体途径（symplast pathway）和越膜途径（transmembrane pathway）（图 2-8）。质外体和共质体的概念是德国人 Munch 于 1930 年提出的。质外体（apoplast）是指没有原生质的部分，主要包括细胞壁、细胞间隙和木质部导管分子等。质外体途径是水分完全通过细胞壁和细胞间隙移动，不越过任何膜。质外体被内皮层凯氏带分隔为不连续的两部分，其一部分在内皮层外，包括表皮及皮层的细胞壁、细胞间隙；另一部分在中柱内，包括成熟的导管。

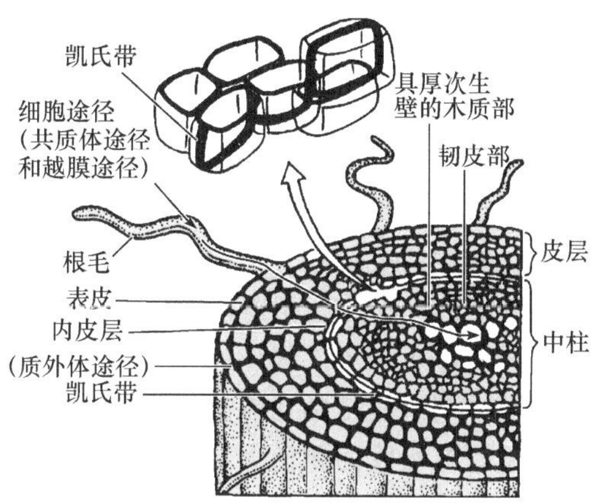

图 2-8　根系吸水的途径
（Taiz and Zeiger，2002）

共质体途径是指水分依次从一个细胞经过胞间连丝进入另一个细胞。共质体（symplast）包括所有细胞的细胞质，由于胞间连丝将相邻细胞的原生质体连在一起，一个植物体的共质体是一个连续的整体。水分进入共质体后，即可通过胞间连丝，从一个细胞到相邻细胞，并通过内皮层而达中柱，通过中柱薄壁细胞再进入导管。液泡由于有液泡膜和原生质体分隔开，所以液泡既不属于共质体，也不属于质外体。

由于内皮层凯氏带的分隔，由质外体途径移动的水分必须越过内皮层细胞的质膜，进入细胞质共质体，最后才能进入中柱（stele）。水分在质外体中移动受到的阻力小，所以移动速度较快。越膜途径是指水分从一个细胞的一端进入后从另一端流出时要越过质膜，也有可能要通过液泡膜。水分从一个细胞的一端进入，从另一端流出后再进入下一个细胞，并依次进行下去。在这条途径中，每通过一个细胞水分都要进入细胞和流出细胞，所以至少都要两次越过膜，有的还要通过液泡膜。水分通过共质体途径和越膜途径的移动速度较慢。

内皮层凯氏带的存在使水和溶质通过内皮层时只沿着共质体的途径运输，所以内皮层起着选择透性膜的作用，对水分及溶质的吸收运转起着调节作用。

三、根系吸水的方式和动力

植物根系吸水有两种方式：主动吸水和被动吸水。主动吸水的动力是根系自身的生理活动，被动吸水的动力是植物地上部分蒸腾作用所产生的蒸腾拉力（transpiration pull）。无论哪种方式，吸水的根本动力仍然是水势差。

（一）主动吸水

由于根系自身的生理代谢活动所引起的吸水过程称为主动吸水（active absorption of water）。

如图 2-8 所示，在根的内部结构中，由于凯氏带（高度栓质化）不透水，因此当水分自由扩散至内皮层时，必须经共质体向中柱内转移。这样整个根系就构成了一个渗透系统。

根系通过消耗呼吸作用产生的能量不断向根部导管积累有机和无机溶质（主动吸收矿质离子，可逆着浓度梯度进行，要消耗代谢能量），使导管溶液的浓度升高，水势降低，土壤及周围细胞的水分向根部导管流动，导致此处溶液体积增大，溶液沿导管上升，将水分向地上输送。根内导管溶液的浓度越大，其渗透势越低，吸水的速度越快。由于这一吸水过程需要代谢能量，故称为主动吸水。

伤流现象可以证明根系主动吸水的存在。从植物茎的基部切断植株，则有液滴不断地从切口溢出。从受伤或折断的植物组织流出液体的现象叫伤流（bleeding），流出的汁液叫伤流液（bleeding sap）。如果在切口处套上橡皮管与压力计相连，就可测出伤流的压力，即根压，也就是根系主动吸水在导管中形成的静水压力。根压的大小可以衡量根系主动吸水能力的强弱。各种植物的伤流程度不同，葫芦科植物伤流液较多，禾本科植物的较少。同一种植物中，根系活动的强弱、根系有效吸收面积的大小等，都直接影响伤流液的量。伤流液中含有各种无机盐、有机物和植物激素等。无机盐是根系从土壤中吸取的，有机物和植物激素则是由根部代谢形成的。所以，伤流液的数量和成分可作为根系活动强弱的生理指标。

吐水现象也是由根系主动吸水所引起的。没有受伤的植物如果处于土壤水分充足、天气潮湿的环境中，植物叶尖或叶缘也有液体外泌，这种现象称为吐水（guttation），水分是通过叶尖或叶缘的水孔（hydathode）排出的。

（二）被动吸水与蒸腾拉力

被动吸水是指由地上枝叶的蒸腾作用所引起的吸水过程。被动吸水的动力是蒸腾拉力，蒸腾拉力是由于叶片的蒸腾作用产生的一系列水势梯度而形成的向上拉水的力量。

植物进行蒸腾作用时，靠近气孔下腔的叶肉细胞水分丢失，含水量减少，水势降低，向相邻细胞吸取水分。当相邻细胞水势下降后同样从下一个相邻细胞吸水，由此形成一系列水势梯度，叶肉细胞便从叶脉导管吸水，由此传至茎导管、根导管，最后促使根系从土壤中吸水。这种吸水完全是由于蒸腾失水使植物体内产生一系列的水势梯度所引起的，是由枝叶传到根部的力量引起的被动吸水。如果将正在进行蒸腾的植株的根用高温或毒物杀死，植物仍可从环境中吸水，并且根部细胞死亡之后对水分子扩散的阻力减小，反而使被动吸水的速度更快。由此可见，在蒸腾引起的吸水过程中，根只作为水分从土壤进入植物体的被动吸收表面，是植物地上部分与土壤之间水分吸收的通道。

根压和蒸腾拉力在根系吸水过程中的比重取决于植株的蒸腾速率。通常叶片展开后蒸腾作用逐渐加强，蒸腾拉力所占比重也越来越大，强烈蒸腾的植株其吸水的速率几乎与蒸腾速率一致。只有当蒸腾速率很低时（如春季叶片未展开时），根压才成为主要吸水动力。

四、影响根系吸水的因素

影响根系吸水的因素有植物自身因素（生理因素）、气象因素和土壤因素等。其中气象因素是通过影响蒸腾作用而影响根系吸水的，将在蒸腾作用一节中讨论。这里主要讨论根系自身因素和土壤因素的影响。

（一）根系自身因素

根系的有效性取决于根系的范围和总表面积及表面的透性，透性又随根龄和发育阶段而变化。根系密度（root density）越大，根系占土壤体积越大，吸收的水分就越多。根系密度是指每立方厘米土壤内根长的长度（cm/cm^3）。据测定，高粱根系密度从 $1cm/cm^3$ 增加到 $2cm/cm^3$ 时吸水能力大为增加。

根系的生理活动也直接影响根系吸水。根系生理代谢越旺盛，主动吸水的能力越强。

（二）土壤因素

土壤因素主要通过影响土壤水势和根系的生理活动来影响植物对水分的吸收。

1. 土壤水势　根系吸水的根本动力是根系与土壤之间的水势差，当根系水势一定时，根系能否吸水就取决于土壤水势。土壤水势受土壤含水量、土壤水分存在状态、土壤性质和土壤溶液浓度影响。

（1）土壤含水量。对于相同类型的土壤，随着含水量增大，水势升高，有利于根系吸水。

（2）土壤水分存在状态。土壤中的水分有三种存在状态。①束缚水：被土壤胶体颗粒紧紧吸附着的水；②毛管水：保持在土壤毛细管中的水；③重力水：存在于土壤空隙中的水，只在雨后短时间存在。水势大小依次是重力水＞毛管水＞束缚水。束缚水水势过低，植物很难利用；重力水水势最高，根系最易吸收，但存在时间很短，主要存在于雨后 1～2d，如果长时间存在影响土壤的通气状况，不利于植物的呼吸和生长；毛管水水势适中，在土壤中存在时间最长，数量较大，是植物吸收最多的水分。

(3) 土壤性质。土壤类型大致可分为黏土、壤土和砂土。黏土土壤胶体颗粒多，含束缚水多；壤土毛细管多，含毛管水多；砂土含束缚水、毛管水、重力水都少。在相同土壤含水量下，不同类型土壤的水势依次是黏土＜壤土＜砂土。根系在砂土中更容易吸水，但由于砂土保水能力弱，通常含水量很低，水势也很低，并不是植物生长的适合土壤；黏土保水能力强，但水势偏低，也不利于植物生长；只有壤土既具有较强的保水力，也具有较高的水势，才有利于植物生长。

(4) 土壤溶液浓度。当土壤类型相同、含水量相同时，决定土壤水势的因素是土壤溶液的溶质浓度。土壤溶液浓度过高，其水势降低，若土壤溶液水势低于根系水势，植物不能吸水，反而丧失水分。土壤溶液渗透势不低于－0.1MPa，对根吸水影响不大，但当施用化肥过多或过于集中时，可使根部土壤溶液浓度急速升高，阻碍了根系吸水，引起“烧苗”。盐碱地土壤溶液浓度太高，植物吸水困难，形成生理干旱。如果水的含盐量超过 0.2％，就不能用于灌溉植物。

2. 土壤通气状况　在通气良好的土壤中，根系吸水能力强；土壤透气状况差时，吸水受抑制。试验证明，用 CO_2 处理根部，以降低呼吸代谢，小麦、玉米和水稻幼苗的吸水量降低 14％～15％，尤以水稻最为显著；如通以空气，则吸水量增大。

土壤通气不良造成根系吸水困难的原因主要是：①根系环境内 O_2 缺乏，CO_2 积累，呼吸作用受到抑制，影响根系主动吸水；②长期缺氧下根进行无氧呼吸，产生并积累较多的乙醇，根系中毒受害，吸水更少；③土壤处于还原状态，加之土壤微生物的活动，产生一些有毒物质，这对根系生长和吸收都是不利的。

作物受涝，反而表现出缺水症状，其主要原因也是土壤通气不良，抑制根部吸水。土壤水分饱和或土壤板结会造成通气不良；水田长期保持水层，也会降低土壤中的氧分压，产生各种有毒物质，引起“黑根”或“烂根”。农业生产中的中耕耘田、排水晒田措施就是为了增大土壤的透气性。

长期生活在沼泽地带或水分饱和的土壤中的植物，其结构和生理功能上形成了一套适应机制。例如，根内具有较大的细胞间隙和气道，与茎叶的细胞间隙和气道相通，便于 O_2 从叶茎中向下传递；同时，水稻根部具有较强的乙醇酸氧化途径，放出 O_2，用于呼吸。水稻幼苗在缺氧情况下，细胞色素氧化酶仍保持一定的活性。

3. 土壤温度　土壤温度不但影响根系的生理生化活性，也影响土壤水的移动性。因此，在一定的温度范围内，随土温提高，根系吸水加快，反之则减弱，温度过高或过低，对根系吸水均不利。

低温影响根系吸水的原因是：①原生质黏性增大，对水的阻力增大，水不易透过生活组织，植物吸水减弱；②水分子运动减慢，渗透作用降低；③根系生长受抑，吸收面积减小；④根系呼吸速率降低，离子吸收减弱，影响根系吸水。高温加速根的老化过程，使根的木质化部位几乎到达根尖端，根吸收面积减小，吸收速率也下降。

第四节　植物的蒸腾作用

一、蒸腾作用及其生理意义

蒸腾作用（transpiration）是植物体内的水分以气态方式从植物的表面向外界散失的过程。陆生植物吸收的水分，只有约1%用来作为植物体的构成部分，绝大部分都是通过地上部分散失到大气中去了。一株玉米在生长期消耗的水量约200kg，作为植株组成的水不到2kg，作为反应物的水约0.25kg，通过蒸腾作用散失的水量达总吸水量的99%。

水分从植物体内散失到大气中的方式有两种：一种是以液态逸出体外，如吐水；另一种方式是以气态逸出体外，为蒸腾作用，这是植物失水的主要方式。

蒸腾作用是一种受植物生命活动控制的生理活动，它在植物生命活动中具有重要的生理意义。

（1）蒸腾作用失水所造成的水势梯度是植物吸收和运输水分的主要驱动力，特别对于高大的植物，如果没有蒸腾作用，吸水便不能进行，植物较高的部分很难得到水分。

（2）蒸腾作用能够降低植物体和叶片温度。蒸发1g水需要的能量，在20℃时是2449.3J，30℃时是1590.1J。叶片在吸收光辐射进行光合作用的同时，不可避免地吸收了热能，若叶片没有降温能力，叶温过高，叶片会被灼伤。

（3）蒸腾作用引起的上升液流，有助于根部吸收的无机离子以及根中合成的有机物转运到植物体的各部分，满足生命活动需要。当然，无机离子在体内的吸收和分配并不与蒸腾强度成正比。

二、植物蒸腾作用的部位及度量

（一）蒸腾部位

植物体的各部分都有潜在的对水分的蒸发能力。当植物幼小的时候，暴露在地面上的全部表面都能蒸腾；植物长大以后，茎枝形成木栓质，这时，茎枝上的皮孔可以蒸腾，这种通过皮孔的蒸腾叫皮孔蒸腾（lenticular transpiration），木本植物具有这种现象。但是皮孔蒸腾的量非常小，约占全部蒸腾量的0.1%，所以，植物的蒸腾作用绝大部分是在叶面上进行的。

叶片的蒸腾有两种方式：①通过角质层的蒸腾叫角质蒸腾（cuticular transpiration）；②通过气孔的蒸腾叫气孔蒸腾（stomatal transpiration）。角质层本身不透水，但其在形成过程中有些区域夹杂有果胶，同时角质层也有孔隙，可使水汽通过。角质蒸腾和气孔蒸腾在叶片中所占的比重与植物的生态条件和叶片年龄有关，实质上就是与角质层厚度有关。例如，生长在潮湿环境的植物，角质蒸腾往往超过气孔蒸腾；水生植物的角质蒸腾也很强烈；遮阴叶片的角质蒸腾能达到总蒸腾的1/3；幼嫩叶片的角质蒸腾能达到总蒸腾量的1/3～1/2。但是除上述情况外，对一般植物的成熟叶片，角质蒸腾仅占总蒸腾量的5%～10%，因此，气孔蒸腾是植物叶片蒸腾的主要形式。

（二）蒸腾作用的度量指标

常用的衡量蒸腾作用的定量指标如下。

（1）蒸腾速率（transpiration rate）。植物在一定时间内，单位叶面积上散失的水量称为蒸腾速率，常用 $g/(dm^2 \cdot h)$ 表示。大多数植物白天的蒸腾速率为 $0.5 \sim 2.5g/(dm^2 \cdot h)$，夜间在 $0.1g/(dm^2 \cdot h)$ 以下。

（2）蒸腾比率（transpiration ratio）。植物在一定时间内干物质的累积量与同期所消耗的水量之比，或者说植物每消耗 1kg 水所生产干物质的克数，称为蒸腾比率或蒸腾效率。一般植物的蒸腾比率（干物质 g/kg 水）是1～8，大部分农作物是2～10。

（3）蒸腾系数（transpiration coefficient）。植物制造 1g 干物质所消耗的水量（g）称为蒸腾系数（或需水量，water requirement），它是蒸腾比率的倒数，一般植物的蒸腾系数为125～1000。

表2-1列出了几种常见作物的蒸腾系数，表中的数据是各作物不同生育期的平均值。事实上，植物在不同生育期的蒸腾是不同的，在旺盛生长期，由于干重增加快，所以蒸腾系数小，而在生长较慢，特别是温度较高时，蒸腾系数变大。研究植物的蒸腾系数或需水量，对农业区划、作物布局及田间管理都有一定的指导意义。

表2-1　常见作物的蒸腾系数

作　物	蒸腾系数	作　物	蒸腾系数
水稻	211～300	油菜	277
旱稻	309～433	大豆	307～368
小麦	257～774	蚕豆	230
大麦	217～755	马铃薯	167～659
高粱	204～298	向日葵	290～705
玉米	174～406	甘蔗	125～350
甘薯	248～264		

三、气孔蒸腾作用

气孔（stomata）是植物叶片与外界进行气体交换的主要通道。通过气孔扩散的气体主要有 O_2、CO_2 和水蒸气。植物在光下进行光合作用，经由气孔吸收 CO_2，所以气孔必须张开，但气孔开张又不可避免地发生蒸腾作用。气孔可以根据环境条件的变化来调节自己开度的大小使植物在损失水分较少的条件下获取最多的 CO_2。当气孔蒸腾旺盛、叶片发生水分亏缺时，或土壤供水不足时，气孔开度减少以至完全关闭；当供水良好时，气孔张开，以此机制来调节植物的蒸腾失水。

（一）气孔的大小、数目、分布和类型

气孔是植物叶表皮组织上的两个特殊的小细胞即保卫细胞（guard cell）所围成的一个小孔，不同植物气孔的类型大小和数目不同（表2-2）。气孔的分布与植物长期适

应生存环境有关。例如，浮在水面的水生植物，气孔分布在叶上表面，有利于气体交换及蒸腾作用，禾谷类植物叶片较直立，叶片上下表面光照及空气湿度等差异很小，都可以进行气体和水分交换，故其上、下表皮的气孔数目较为接近。

表 2-2　几种植物叶面气孔的大小、数目及分布

植　物	气孔数/(个/mm^2)		下表皮气孔大小（长×宽）/nm
	上表皮	下表皮	
小麦	33	14	38×7
玉米	52	68	19×5
燕麦	25	23	38×8
向日葵	58	156	22×8
番茄	12	130	13×6
苹果	0	400	14×12
莲	40	0	

气孔数目很多，但直径很小，所以气孔所占的总面积也很小，一般不超过叶面积的1%。而通过气孔的蒸腾量却相当于与叶面积相等的自由水面蒸发量的15%～50%，甚至达到100%，也就是说，气孔扩散比同面积的自由水面快几十到100倍，这是什么道理呢？

（二）经过气孔的扩散——小孔扩散律

气体通过多孔表面的扩散速率，不与小孔的面积成正比，而与小孔的周长成正比，这就是小孔扩散律（small pore diffusion law）。因为气体分子通过气孔扩散，孔中央水蒸气分子彼此碰撞，扩散速率很慢；在孔边缘，水分子相互碰撞的机会较少，扩散速率快。对于大孔，其边缘周长所占的比例小，故水分子扩散速率与大孔的面积成正比，但如果将一大孔分成许多小孔，在面积不变的情况下，其边缘总长度大为增加，将孔分得越小，则边缘所占比例越大，即通过边缘扩散的量大为提高，扩散速率也提高。因此，如果若干个小孔之间有一定的距离，则能充分发挥其边缘效应，扩散速率会远远超过同面积的大孔（图 2-9）。叶表面的气孔正是这样的小孔，所以在气孔张开时，通过气孔的蒸腾速率很高。

图 2-9　水分通过多孔的表面（A～C）和自由水面（D）蒸发情况的图解

A. 小孔分布稀疏；B. 小孔分布过密，彼此干扰大；

C. 小孔分布适当，总蒸发量接近于自由水面；D. 自由水面的蒸发量

气孔蒸腾分为两步进行：首先是水分在细胞间隙及气孔下室周围叶肉细胞表面上蒸发成水蒸气，然后水蒸气分子通过气孔下室及气孔扩散到叶外。气孔蒸腾速率的大小与蒸发和扩散都有关系。水蒸气扩散是气孔蒸腾的关键步骤，扩散的快慢取决于通过气孔

的阻力及叶表面界面层阻力。扩散阻力的大小由气孔阻力（气孔开度大小）和叶片表面水蒸气界面层阻力（界面层厚度）来决定。在这两种阻力中，气孔阻力是主要的。气孔开度对蒸腾有着直接的影响，用气孔导度（stomatic conductance）表示（其单位为 $\mu mol/(m^2 \cdot s)$），也有用气孔阻力（stomatic resistance）表示的（其单位为 s/cm），它们都是描述气孔开度的量。气孔导度使用与测定更方便，直接与蒸腾作用成正比。气孔导度与气孔阻力呈反比关系。

（三）气孔运动

大多数植物气孔一般白天张开，夜间关闭。当保卫细胞吸水膨胀时，迫使两保卫细胞相邻的内壁彼此分开。气孔运动是由保卫细胞特殊的细胞壁解剖结构决定。高等植物保卫细胞的细胞壁具有不均匀加厚的特点，单子叶植物如水稻、小麦的保卫细胞呈哑铃形，中间部分细胞壁厚，两端薄。双子叶植物如棉花、烟草的保卫细胞呈新月形，靠近气孔一侧的内壁厚，背对气孔一侧的外壁薄。在保卫细胞壁上有许多以气孔口为中心呈辐射状横向周围缠绕排列的微纤丝，由于这些微纤丝难以伸长，就限制了保卫细胞沿短轴方向直径的增大（图 2-10），便于对内壁施加作用力。双子叶植物保卫细胞吸水膨胀时，其直径不能增加多少，而保卫细胞的长度可以增加，特别是外壁在压力作用下沿纵轴方向伸展，表面积增大，同时有向外扩展（膨胀）的趋势，但由于微纤丝的限制，使向外的扩展受到阻碍，这时作用在外壁上的向外的压力通过微纤丝传递到内壁，成为作用于内壁的指向气孔口外方的拉力，内壁同时受到指向气孔口的压力和背离气孔口的拉力。由于通过相同数量微纤丝联系的外壁的表面积大于内壁的表面积，这样外壁受到的总压力就大于内壁受到的总压力，通过微纤丝的传导，就使得内壁受到的拉力大于压力，于是内壁被拉离气孔口，气孔张开。单子叶植物保卫细胞吸水时，微纤丝限制了细胞纵向伸长，细胞两端的薄壁区横向膨大，就将两个保卫细胞的中部推离开，于是气孔张开。当保卫细胞失水时，以上过程逆转，气孔关闭。很明显，保卫细胞壁上辐射状径向排列的微纤丝结构是气孔运动的关键性结构基础。气孔的开关受到保卫细胞膨压的调节，保卫细胞体积比其他表皮细胞小得多，只要有少量的渗透物质积累，即可使其渗透势明显下降，降低水势，促进吸水，改变膨压。

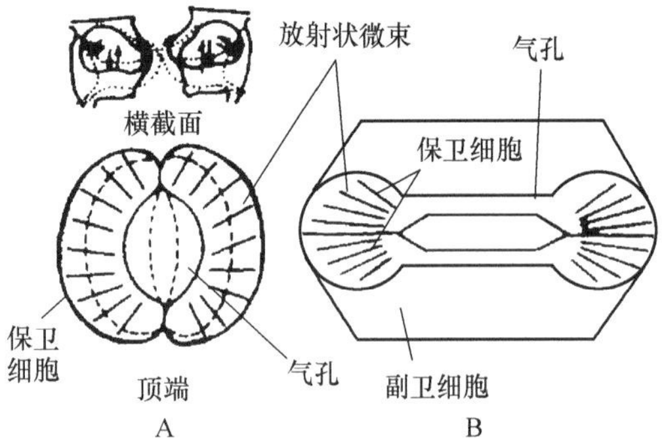

图 2-10 两种类型的气孔及其辐射状微纤丝
A. 双子叶植物气孔；B. 单子叶植物气孔

（四）气孔运动的控制机理

气孔运动实质上是由于两个保卫细胞内水分得失引起的体积或形状变化，进而导致相邻两壁间隙的大小变化。气孔运动与保卫细胞特点密切相关，与其他表皮细胞相比，保卫细胞具有如下特点：①细胞体积很小并有特殊结构，有利于膨压迅速而显著地改变；表皮细胞大而无特别形状；②细胞壁上有横向辐射状微纤束与内壁相连，便于对内壁施加作用；③细胞质中有一整套细胞器，而且数目较多；④叶绿体具明显的基粒构造，其中常有淀粉的积累，其淀粉的变化规律是白天减少、夜晚增多，表皮细胞无叶绿体。

关于气孔运动的控制机理，目前主要有以下三种学说（图 2-11）。

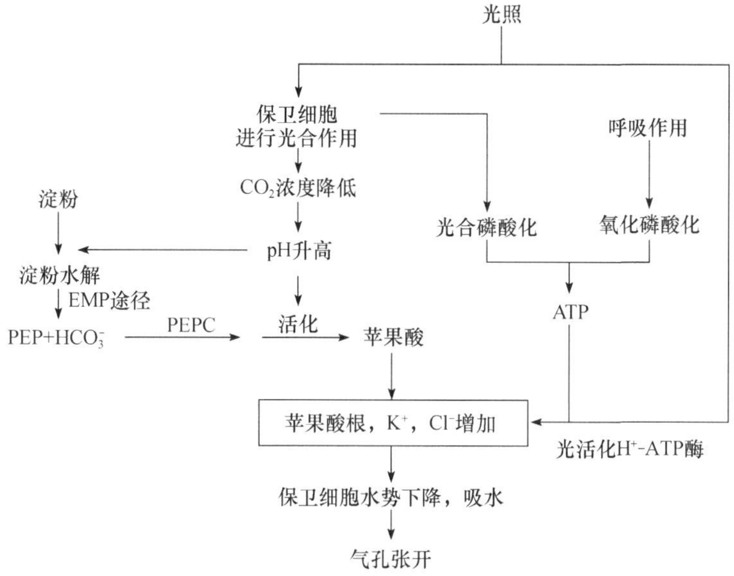

图 2-11 光下气孔开启机理

1. 淀粉与糖转化学说 在光下，光合作用消耗了 CO_2，于是保卫细胞细胞质 pH 增高到 7，淀粉磷酸化酶催化正向反应，使淀粉水解为葡萄糖-1-磷酸，引起保卫细胞渗透势下降，水势降低，从周围细胞吸取水分，保卫细胞膨大，气孔张开。在黑暗中，保卫细胞光合作用停止，而呼吸作用仍进行，CO_2 积累，pH 下降到 5 左右，淀粉磷酸化酶催化逆向反应，使葡萄糖-1-磷酸转化成淀粉，溶质颗粒数目减少，细胞渗透势、水势增大，细胞失水，膨压丧失，气孔关闭。

2. K^+ 累积学说 近年来研究发现在保卫细胞中并未检测到糖的存在，相反却发现 K^+ 在保卫细胞中大量积累。20 世纪 70 年代观察到，当气孔开放后，保卫细胞内含有大量 K^+，气孔关闭后这些 K^+ 消失；在气孔开放期间，保卫细胞的液泡内积累的 K^+ 高达 0.5mol/L，可使渗透势降低至－2.0MPa。同时证明，在任何已研究过的情况中（如光、温、CO_2 浓度等），气孔开放和 K^+ 向保卫细胞的转运都是极相关的。例如，光照引起 K^+ 在保卫细胞或分离的保卫细胞原生质体中积累；无 CO_2 的空气亦有同样的效果，经脱落酸（abscisic acid，ABA）处理，气孔关闭，同时保卫细胞中的 K^+ 也丧失。因此，几乎所有证据都证明 K^+ 从副卫细胞转运到保卫细胞中引起渗透势下降，气孔张开；K^+ 反向转运，则气孔关闭。为解释 K^+ 转运的机理，依据以上事实，提出了气孔开张的 K^+ 积累学说，即在光下保卫细胞质膜上存在的 H^+-ATPase 被激活，能水解保卫细胞中由光合磷酸化和氧化磷酸化生成的 ATP，产生的能量将 H^+ 从保卫细胞转运到周围细胞中，保卫细胞 pH 升高，质膜内侧电势变得更低，周围细胞的 pH 降低。它

驱动 K^+ 从周围细胞经保卫细胞质膜上内向 K^+ 通道（inward K^+ channel）进入保卫细胞，保卫细胞 K^+ 浓度增加，水势降低，保卫细胞吸水，气孔张开。在 K^+ 进入保卫细胞的同时，还伴随着等量负电荷的阴离子进入，以维持保卫细胞电中性，这也具有降低水势的效果。在暗中，光合作用停止，H^+-ATPase 得不到所需的 ATP 而停止做功，保卫细胞质膜去极化（depolarization），驱使 K^+ 经外向 K^+ 通道（outward K^+ channel）向周围细胞转移，并伴有阴离子的释放，保卫细胞水势升高，保卫细胞失水，气孔关闭。图 2-12 标明了开放和关闭的气孔复合体各细胞中 K^+ 和 pH 的变化情况。

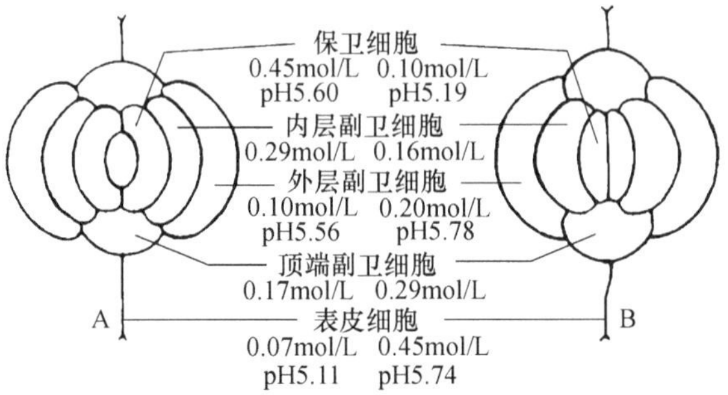

图 2-12 鸭跖草（*Commelina cammunis*）气孔开放（A）或关闭（B）状态气孔复合体各细胞中 K^+ 浓度和 pH 变化

3. 苹果酸代谢学说 20 世纪 70 年代初以来，人们发现苹果酸在气孔开闭运动中起着某种作用。在光照下，保卫细胞内部分 CO_2 被利用时，pH 就上升至 8.0～8.5，从而活化了 PEP 羧化酶，它可催化由淀粉降解产生的 PEP 与 HCO_3^- 结合形成草酰乙酸，并进一步被 NADPH 还原为苹果酸。苹果酸解离为 $2H^+$ 和苹果酸根，在 H^+/K^+ 泵驱使下，H^+ 与 K^+ 交换，保卫细胞内 K^+ 浓度增加，水势降低；苹果酸根进入液泡和 Cl^- 共同与 K^+ 在电学上保持平衡。同时，苹果酸的存在还可降低水势，促使保卫细胞吸水，气孔张开。当叶片由光下转入暗处时，过程逆转。近期研究证明，保卫细胞内淀粉和苹果酸之间存在一定的数量关系，即淀粉、苹果酸与气孔开闭的关系更为密切，而糖与气孔开闭的关系相对较弱。

$$\text{PEP} + HCO_3^- \xrightarrow{\text{PEP 羧化酶}} \text{草酰乙酸} + \text{磷酸}$$

$$\text{草酰乙酸} + \text{NADH(或 NADPH)} \xrightarrow{\text{苹果酸还原酶}} \text{苹果酸} + NAD^+ \text{（或 } NADP^+\text{）}$$

（五）环境因子对气孔运动的调节

1. 二氧化碳 叶片内部低 CO_2 分压可使气孔张开，高 CO_2 分压则使气孔关闭，在光下或黑暗中都可以观察到这种现象。其他外界环境因素（光照、温度等）很可能是通过影响叶内 CO_2 浓度而间接影响气孔开关的。

2. 光 一般情况下，光照使气孔开放，黑暗使气孔关闭。光诱导气孔开张的过程需要 1h 左右，而暗诱导关闭则比较快。但一些肉质植物例外，落地生根属和仙人掌类等植物气孔白天关闭，夜晚开放。光质对气孔运动的影响研究较多。一般认为不同波长的光对气孔运动的影响与对光合作用过程的影响相似，即蓝光和红光最有效。这证明光下气孔开放是由于光合作用降低了叶内 CO_2 浓度。光也可能通过在细胞内转化为化学能，这些化学能促进邻近细胞内的离子进入保卫细胞，离子浓度增高而使水分以渗透方式进入保卫细胞。

3. 温度　气孔开度一般随温度升高而增大。在 25℃时气孔开度达最大，但 30℃以上的高温会引起气孔关闭。低温下长时期光照也不能使气孔张开。温度对气孔开度的影响可能是通过影响呼吸作用和光合作用，改变叶内 CO_2 浓度而起作用的。

4. 水分　叶片的水势对气孔开张有着强烈的控制作用。当叶片水势下降时，气孔开度减少或关闭。缺水对气孔开度的影响比光、温和 CO_2 尤为显著，它的效应是直接的，即由于保卫细胞失水所致。

5. 风　高速气流（风）可使气孔关闭。这可能是由于高速气流下蒸腾加快，保卫细胞失水过多所致。

四、蒸腾作用的调节

一方面，植物通过根系不断地从土壤中吸取水分；另一方面，地上枝叶又不可避免地以蒸腾方式散失水分，因此植物一生都面临着水分收支平衡的问题。通常情况下导致植物水分收支不平衡的主要原因是枝叶的蒸腾速率大于根系的吸水速率。因此在维持水分平衡过程中，降低蒸腾速率是主要的方面。陆生植物在长期适应干旱的过程中形成了一套调节蒸腾速率机制，主要是通过调节气孔的开度来实现的。

气孔是植物进行气体交换的重要门户，气孔调节包括前馈式（feed forward manner）和反馈式（feed back manner）两种方式。

前馈式调节机制，相当于气孔的预警系统，在植物叶片严重缺水之前能够避免水分过量散失。例如，当空气湿度和土壤水分下降后，叶片水势并未发生变化，气孔已经关闭，这对植物有效利用土壤水分具有重要的意义。根据近年来对根源信号传递理论的研究发现，气孔运动与根系发生的根源信号物质有关。在土壤含水量逐渐减少，部分根系处于脱水状态，地上部叶片水分状况尚未表现出任何可检测性变化之前，脱水根系产生根源信号物质 ABA，可通过木质部运到地上部，促进保卫细胞膜上外向 K^+ 通道向外运送 K^+ 的量增加，而抑制内向 K^+ 通道活性，减少 K^+ 向内流动量，水势提高，保卫细胞失水，因而膨压下降，气孔导度减小。

反馈式调节是指当叶片水势降到某一临界值以下时气孔开始关闭，以减少水分的进一步散失，使叶片水势复原。气孔开始关闭时的叶片水势称为临界水势（critical water potential），临界水势可以表示植物对土壤干旱的忍受程度。各种植物的临界水势不同，一般而言临界水势低则耐旱性强，经过周期性干湿交替后临界水势值比原来降低。

在生产实践上也可以采取这一方法来调节蒸腾作用，维持植物的水分平衡。人们试图寻找到一些能降低蒸腾速率的物质，用以保持植物的水分平衡，这类物质称为抗蒸腾剂（antitranspirant）。根据其性质和作用方式分为三类。

（1）代谢型抗蒸腾剂。这类物质能减少保卫细胞的膨胀，使气孔开度变小，如黄腐酸、甲草胺、阿特拉津等；也有一些物质能改变保卫细胞膜透性，如苯汞乙酸、烯基琥珀酸等。

（2）薄膜型抗蒸腾剂。这类物质施于植物叶面后，形成单分子薄层，阻碍水分散失，如长链醇类、硅酮、丁二烯丙烯酸等。

（3）反射性抗蒸腾剂。这类物质能反射光，喷施于植物叶面后增加叶片对光的反射，减少光能的吸收，降低叶温，从而减少蒸腾量，如高岭土等。

抗蒸腾剂已经有了一些研究报道，但还未能在生产中使用，主要原因是不论哪一类抗蒸腾剂，其效果均不够理想，往往会产生一些副作用。理想的抗蒸腾剂应既能降低蒸腾速率，又不影响光合作用，而且还能促进根系生长，既能“开源”，也能“节流”。

五、影响蒸腾作用的因素

气孔蒸腾的整个途径可以分为三个部分：叶内空间（air space）、气孔口（stomatal pore）和由叶表面附近的一层相对静止的空气构成的界面层（boundary layer），水蒸气在这些部位以扩散的方式进行运动。蒸腾速率主要由气孔下室内水蒸气向外扩散的力量和扩散途径中的阻力来决定。扩散力就是气孔下室中水蒸气分压（C_L）和大气水蒸气分压（C_a）之差，扩散阻力主要包括界面层（叶表皮滞留的一层水蒸气分子）阻力（r_A）和叶中阻力（r_L）。叶中阻力以气孔阻力（r_S）为主，叶肉细胞壁等部分对水分传导的阻力很小，可以忽略。

$$\text{蒸腾速率} = \frac{\text{扩散力}}{\text{扩散阻力}} = \frac{C_L - C_a}{r_L + r_A}$$

凡是能改变水蒸气分子的扩散力或扩散阻力的因素，都可对蒸腾作用产生影响。

（一）内部因素对蒸腾作用的影响

影响蒸腾作用的内部因素包括气孔频度（stomatal frequency，每平方厘米叶片的气孔数目）、气孔大小及暴露于叶内空间的叶肉细胞湿润细胞壁面积（称为内表面）的大小等。凡是能减小内部阻力的因素，都会促进蒸腾速率。

气孔的构造特征是影响气孔蒸腾的主要内部因素。气孔下室体积大，内蒸发面积大，水分蒸发快，可使气孔下室保持较高的相对湿度，因而提高了扩散力，蒸腾较快。有些植物（如苏铁）气孔内陷，气体扩散阻力增大；有些植物内陷的气孔口还有表皮毛，更增大了气孔阻力，有利于降低气孔蒸腾。叶片内部面积（指内部细胞间隙的面积）增大，细胞壁的水分变成水蒸气的面积就增大，细胞间隙充满水蒸气，叶内外蒸汽压差大，有利于蒸腾。因此，叶片内部面积比外表面积越大时，蒸腾速率也越大。这些差别随植物种类不同而异，就是同一植物，生长在不同环境中，它们的差别也不一样。一般来说，蒸腾旺盛的旱生植物的叶片内部面积是外部面积的 20～30 倍，中生植物是 12～18 倍，阴生植物则仅为 8～10 倍。

叶面蒸腾强弱与供水情况有关，而供水多少在很大程度上取决于根系的生长分布。根系发达，深入地下，吸水就容易，供给苗系的水也就充分，间接有助于蒸腾。

（二）环境因素对蒸腾的影响

1. 光照 光照对蒸腾起着决定性的促进作用。太阳光是供给蒸腾作用的主要能源，叶片吸收的辐射能只有少部分用于光合，而大部分用于蒸腾。另外，光直接影响气孔的开闭。大多数植物，气孔在暗中关闭，故蒸腾减少；在光下开放，蒸腾加强。光照还可通过提高温度而影响蒸腾。

2. 大气湿度 湿度可用蒸汽压值和相对湿度表示。蒸汽压值即水蒸气在大气中的分压，其大小直接反映了水汽分子的活动性，并与水汽分子的活动性呈正比关系。因而，蒸汽压表示法对于分析蒸腾的问题来说具有直接意义。在一定温度下，大气所具有的最大蒸汽压值称为“饱和蒸汽压”，它随温度的增高而增大（表 2-3），其单位是 MPa。

表 2-3 不同温度下的饱和蒸汽压

温度/℃	饱和蒸汽压/10^{-3}MPa	温度/℃	饱和蒸汽压/10^{-3}MPa
10	1.22	30	4.20
15	1.69	35	5.57
20	2.32	40	7.30
25	3.14		

相对湿度是反映大气饱和程度的指标，为实际蒸汽压占当时温度下饱和蒸汽压的百分比，它在生理研究中用处不大，是因为同样的相对湿度，在不同温度下可代表很不相同的实际蒸汽压；而同样的实际蒸汽压，在不同温度下却相当于不同的相对湿度。只要气孔开着，水汽从叶面向外扩散的速率在很大程度上取决于细胞间隙的蒸汽压与外界大气的蒸汽压之差。大气的蒸汽压越大，蒸腾就越弱。

3. 大气温度 植物组织内水汽经常接近于饱和，而大气则亏缺很大。假定细胞间隙中蒸汽压始终处于饱和状态，大气的蒸汽压为当时温度下饱和蒸汽压的一半，在20℃时，蒸汽压差为 $2.32-2.32/2=1.16\times10^{-3}$MPa；当气温及叶温升到 30℃时，叶内外蒸汽压差则变为 $4.20-4.20/2=2.10\times10^{-3}$MPa。可见，在 30℃时，虽然大气的蒸汽压未变（变化甚微，忽略），但叶内外蒸汽压差几乎达 3 倍，蒸腾也加速到接近 2 倍。

事实上，气温和叶温常不会相同，尤其在太阳直射下，叶温较之气温一般高 2～10℃，厚叶更显著。例如，叶温为 25℃，相对湿度为 100%；气温为 20℃，相对湿度为 50%，则二者蒸汽压差为 $3.14-2.32/2=1.98$MPa。温度再升高，相差更大，蒸腾也就更强。可见，气温增高时，气孔下室细胞间隙的蒸汽压的增大多于大气蒸汽压的增大，所以叶内外的蒸汽压差加大，有利于水分从叶内逸出，蒸腾加强。

4. 风 风对蒸腾的影响比较复杂，微风能将气孔边的水蒸气吹走，补充一些蒸汽压低的空气，边缘层变薄或消失，外部扩散阻力减小，蒸腾速度就加快。另外，刮风时枝叶扭曲摆动，使叶片细胞间隙被压缩，迫使水汽和其他气体从气孔逸出，但在强光下，风可明显降低叶温，不利蒸腾。尤其强风使保卫细胞迅速失水，导致气孔关闭，内部阻力加大，使蒸腾显著减弱。含水汽很多的湿风和蒸汽压很低的干风，对蒸腾的影响不同，前者降低蒸腾，而后者则促进蒸腾。

5. 土壤条件 植物地上蒸腾与根系的吸水有密切的关系。因此，凡是影响根系吸水的各种土壤条件，如土温、土壤通气、土壤溶液浓度等，均可间接影响蒸腾作用。

影响蒸腾的上述因素并不是孤立的，而是相互影响、共同作用于植物体。一般在晴朗无风的夏天，土壤水分供应充足，空气又不太干燥时，作物 1d 的蒸腾变化情况是：清晨日出后，温度升高，大气湿度下降，蒸腾随之增强；一般在 14:00 前后达到高峰；14:00 以后由于光照逐渐减弱，作物体内水分减少，气孔逐渐关闭，蒸腾作用随之下降，日落后蒸腾迅速降到最低点。

第五节　水分在植物体内的向上运输

一、植物体内水分运输的途径

植物的根部从土壤吸收水分，通过茎转运到叶片及其他器官，少部分参与代谢和构建植物体，绝大部分通过蒸腾作用以水汽状态散失到外界大气中。水分在整个植物体内运输的途径为：土壤水→根毛→根皮层→根中柱鞘→中柱薄壁细胞→根导管→茎导管→叶柄导管→叶脉导管→叶肉细胞→叶细胞间隙→气孔下室→气孔→大气（图 2-13）。

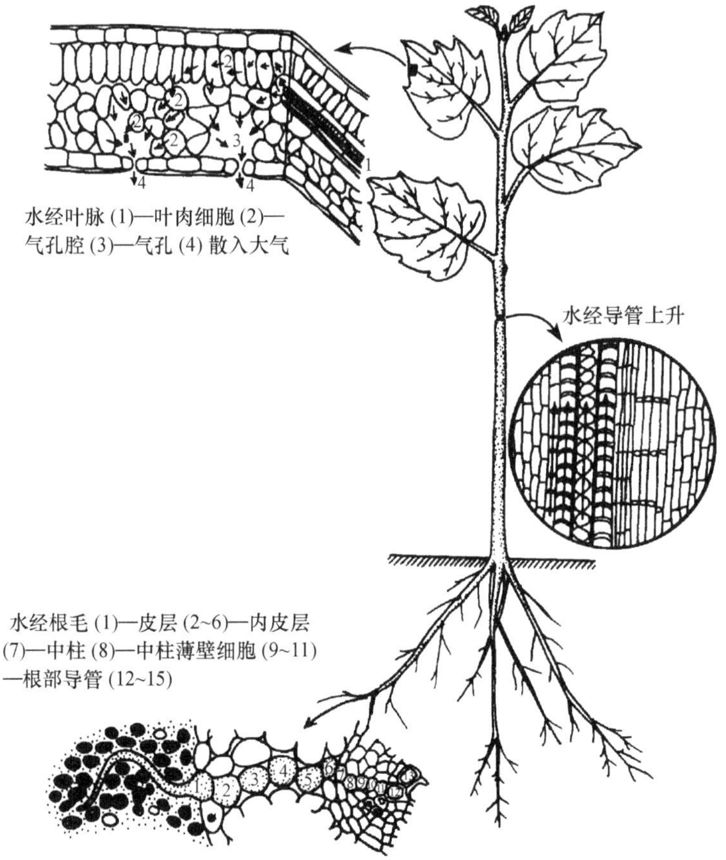

图 2-13　植物对水分吸收、运输和散失的途径

水分从根向地上部运输的途径可分为两个部分：一部分是经过维管束中的死细胞（导管或管胞）和细胞壁与细胞间隙进行长距离运输，即所谓的质外体部分；另一部分与活细胞有关，属短距离径向运输，包括根毛→根皮层→根中柱及由叶脉导管到叶肉细胞→叶细胞间隙，即共质体运输。径向运输距离短，但运输阻力大，因为水分要通过生活细胞，这一部分是水分传导的制约点。沿导管或管胞的长距离运输中，水分主要通过死细胞，阻力小，运输速度快。

二、水分运输的速度

植物种类不同，水分运输的速度也不相同。例如，裸子植物水流速度慢些，约0.6m/h；被子植物中桉树和白蜡树等木本植物水分运输速度较快，通常在12～20m/h，最高时达45m/h；草本植物体内水流速度慢些，如烟草茎中水流速度为1.3～4.6m/h。

水分在植物体内运输途径不同，运输速度也不同。例如，共质体运输，由于活细胞的原生质是亲水性胶体，故运输速度很慢，约为1×10^{-3}cm/h。质外体运输，水分受到的阻力较小，因而速度较快；尤其在导管或管胞中运输就更快，如散孔材的导管短且横隔多，水流速度为5m/h，而环孔材的导管长且横隔少，水流速度为45m/h。

环境因子也影响植物体内水分运输的速度。同一株植物，夜间水流速度最低，白天最高，这可能与植物的生理活动强弱有关。白天蒸腾作用强烈，叶片急需补充水分，蒸腾拉力大，因而导管内的水流速度很快。土壤供水状况也直接影响水分运输的速度。例如，当土壤可利用的水和树干木质部的含水量降至33%～36%时，水流上升的速度可高达18～25m/h。

三、水分向上运输的机制

植物细胞的水势变化很大，一方面不同器官或同一器官不同部位的细胞水势大小不同；另一方面，环境条件对水势的影响也很大。一般说来，在同一植株上，地上器官和组织的水势比地下组织的水势低，生殖器官的水势更低；就叶片而言，距叶脉越远的细胞，其水势越低。这些水势差异对水分进入植物体内和在体内的移动有着重要意义。植物体内水分向上运输的根本动力是水势差，根据水势差形成的原因，水分向上运输的动力又分为根压和蒸腾拉力。

1. 水分向上运输的动力

（1）根压。根压（root pressure）是指由于根系自身生理代谢活动导致吸水在导管中所产生的正压力，是植物自下而上水分运输的动力。根压的大小一般为0.1～0.2MPa。

（2）蒸腾拉力。蒸腾拉力是植物水分向上运输的主要动力，特别是高大树木，更是依靠蒸腾拉力向上运输水分。

2. 内聚力学说 由于蒸腾拉力是自上而下的力量，它能否在水分向上运输中起作用，取决于在蒸腾拉力下，木质部中能否形成连续的水柱。根据爱尔兰植物学家Dixon提出的内聚力学说，即蒸腾拉力-内聚力-张力学说（cohesion-tension theory），水流在木质部中可形成连续不断的水柱。

该学说认为导管内水柱受到两种力的作用。一种是内聚力，就是水分子之间相互吸引的力量，可达 30MPa；另一种力是张力，就是将水柱拉断的力，是蒸腾拉力与水柱的重力相互作用所产生的力，蒸腾拉力向上拉水柱，重力向下拖水柱，产生张力，大小约为 0.5～3.0MPa。

四、土壤-植物-大气连续体系

水分经由土壤到达植物根表皮，进入根系后，通过植物茎到达叶片，再由叶气孔扩散到空气层，最后参与大气湍流交换，形成了一个统一的、动态的相互反馈连续系统，即土壤-植物-大气连续体系（soil plant atmosphere continuum，SPAC）。在 SPAC 中，水分运动的驱动力是水势梯度，即从水势高处向水势低处流动，其流动速率与水势梯度成正比，与水流阻力成反比。由于在 SPAC 中各个部位的水流阻力和水势并非是恒定不变的，因而严格来说 SPAC 中的水流是非稳定流。但在实际中，忽略植株体内贮水量的微小变化，认为 SPAC 中的水流是连续的稳定流时，为分析提供了较大的方便，其水流通量 q 可以用电学中的欧姆定律来模拟：

$$q=\frac{\Psi_s-\Psi_r}{R_{sr}}=\frac{\Psi_r-\Psi_L}{R_{rL}}=\frac{\Psi_L-\Psi_a}{R_{La}}$$

式中，Ψ_s、Ψ_r、Ψ_L、Ψ_a 分别是土水势、根水势、叶水势与大气水势；R_{sr}、R_{rL}、R_{La}分别是通过土壤到达根表皮、越过根部通过木质部上升到叶气孔腔、通过气孔蒸腾扩散到周围空气中各段路径的水流阻力。

蒸腾植株的根部四周土壤的水势通常在－1.0～0MPa，叶水势通常为－2.0～－0.2MPa，作物在严重水分胁迫下可达－3.0MPa，某些耐旱植物可能低至－5.0MPa。若用方程 $\Psi_a=RT_k\ln(e/e_s)$（R 为气体常数；T_k 为绝对温度；e/e_s 为相对湿度）把空气相对湿度换算成相等的水势，则相对湿度为 48%～98%，相当于大气水势约为－100～－10MPa，在干旱半干旱地区空气相对湿度往往低于 48%，因此其大气水势还会低于－100MPa。由此可知，从土壤到叶片的水势约为－1.0MPa 或更少，但从叶片到大气则降低几十甚至达 100MPa。这表明水分在 SPAC 中的流动是自发进行的过程。

水分是干旱半干旱地区农田生态系统良性运转和农作物产量提高的主要限制因素。在干旱半干旱地区水资源不足，灌溉水量有限，此时不能追求单位面积产量最高，要实行有限水量条件下的非充分灌溉，做到节水增产。因此，在干旱半干旱地区定量研究 SPAC 中的水分传输和调控机制，对于当地的农业生产和农业水资源合理利用具有重要的意义。

第六节 合理灌溉的生理基础

一、植物的水分平衡

在正常情况下，植物一方面蒸腾失水，另一方面不断地从土壤中吸收水分，这样就在植物生命活动中形成了吸水与失水的连续运动过程。一般把植物吸水、用水、失水三者的动态关系称为水分平衡。

植物对水分的吸收和散失是相互联系的矛盾统一过程。当失水小于吸水时，可能出现吐水现象，或在阴雨连绵的情况下，植物体内水分达到饱和状态，这种情况对作物生长并不利，容易造成作物的徒长或倒伏，降低产量。当蒸腾大于吸收时，植物体内出现水分亏缺，组织内含水量下降，叶片萎缩下垂，呈现萎蔫状态，体内各种代谢活动如光合、呼吸、有机物质的合成、矿质的吸收与转化等都受到影响，植物的生长受到抑制。只有植物吸水与失水维持动态平衡（即失水与吸水相等）时，植物才能进行旺盛的生命活动。

二、植物的需水规律

植物一生当中需要大量的水分，这些水分一方面用来满足自身的生命活动需要，另一方面作为维持和调节植物正常生长发育所必需的环境需水。植物所需的水分分为生理需水和生态需水。

生理需水就是直接用于植物生命活动和保持植物体内水分平衡所需要的水，分为组成水与消耗水。组成水用于：①参与原生质、生物膜和细胞壁组成；②参与光合、呼吸、有机物质合成与分解等生化反应；③作为各种物质的溶剂。消耗水是指植物根系所吸收的通过叶片散失到大气中的水。

作为一种生态因子，为维持植物正常生长发育所必需的体外环境消耗的水叫生态需水。这部分水不仅能调节大气的温度与湿度，还能调节土壤的量度、通气、供肥、微生物区系等。由此可见，植物在完成生活史过程中，生态需水和生理需水同样重要。

（一）植物的需水量

需水量即蒸腾系数，反映植物水分利用的效率。不同种类植物的需水量是不同的。需水量小的作物相对来说可以利用较少的水分制造较多的干物质，因而受干旱的影响较小。C_4 植物的光呼吸很低，就利用相同数量的水分所积累的干物质而言，C_4 植物比 C_3 植物高 1～2 倍，因而 C_4 植物需水量大大低于 C_3 植物。例如，C_4 植物中玉米的需水量为 349，苏丹草为 304，狗尾草为 285；C_3 植物中小麦为 557，油菜为 714，紫花苜蓿为 844。因此，光合效率高的植物，其需水量相对比较低。

同一作物在不同生育时期对水分的需要量也有很大差别，作物从幼苗到开花结实，各个生育时期中需水情况发生着变化。以小麦为例，在苗期由于蒸腾面积较小，水分的消耗量不大，此时需水量也较小。随着作物生长、分蘖，蒸腾面积不断扩大，同时气温也逐渐升高，水分消耗量就明显增多。到孕穗开花期蒸腾量达到最大值，对水分的需要量也最多。如果这个时期缺水，将抑制穗分化及将来结实率的提高。生长发育后期随着植株的逐渐衰老，部分叶片衰老变黄，根系活力降低，蒸腾与根系吸水量都下降，需水量也就逐渐减少。

植物的需水量还受环境因素制约。例如，空气相对湿度降低，促进蒸腾失水，提高植物的需水量；气温升高时，降低叶片内水蒸气扩散阻力，有利于蒸腾，使需水量相对提高；而增加光强，光合速率提高，有利于干物质积累，因而需水量相对降低。

植物的需水量可以作为灌溉用水量的一种参考，但是植物的需水量并不等于灌水量。因为灌水不仅要满足植物的生理需水，而且要满足植物的生态需水，同时尚需考虑土壤蒸发、水分流失和向土壤深层渗透等因素。因此，在农业生产上灌水量常是需水量的 2～3 倍。

（二）植物的水分临界期与最大需水期

水分临界期（plant criticle period of water）是指植物生活周期中对水分缺乏最敏感、最易受害的时期。在临界期内，供水充足与否对植物的产量形成产生极为明显的影响，一般说来，植物的水分临界期是花粉母细胞四分体形成期。在这一时期植物体内各种代谢活动旺盛，细胞原生质黏性与弹性均下降，细胞液浓度很低，吸水力也小，抗旱能力最弱。如果这个时期供水不足，则导致生殖器官发育不良。例如，水稻此时缺水，易使颖花退化，严重影响产量。在水分临界期，作物不但对缺水最敏感，而且还由于生长较快，使水分利用率较高。由于水分临界期对作物产量形成影响非常大，所以应特别注意保证水分临界期的水分供应。

植物的最大需水期是指植物生活周期中需水最多的时期。不同植物最大需水期出现的时期不同。例如，大豆的最大需水期是开花-鼓粒期，约占其一生总需水量的 45％～50％。这一时期是大豆营养生长与生殖生长同时并进的时期，光合作用、呼吸作用、蒸腾作用、物质吸收转化与运输分配均达到高峰，干物质积累迅速增加。这一时期田间持水量应保持在 80％左右。对于小麦，最大需水期是从灌浆开始到乳熟末期。在这个时期，营养物质从母体运入籽粒，而株体内的物质运输又与水分状况密切相关。如果此时供水充足，不但能延长旗叶寿命、提高光合速率，而且能促进光合产物的运输；如果供水不足，就会导致灌浆困难，籽粒瘦小，产量低下。

三、合理灌溉的指标

灌溉除满足植物正常的生理需水外，还能改善栽培环境的土壤条件和气候，间接地对作物产生影响。维持植物良好生长的环境水分条件的需要称为“生态需水”，区别于维持正常生理活动的“生理需水”。灌溉不但防止土壤干旱，还能改善地上部分微气候状况，这一点在旱害时特别重要。灌溉后，株间气温可降低几度，相对湿度提高很多，这对植物正常生长是极为有利的。盐碱地灌水，有洗盐压碱作用；旱地施肥后灌水，可起溶肥作用；灌水对水稻还有保温防寒作用；灌川水（长流水）还有供氧作用。

合理灌水对农作物的正常发育和生理生化过程有着重要的影响。当发生大气干旱或土壤干旱时，及时灌水可以使植株保持旺盛的生长和光合作用，光合面积增大，叶片光合时间延长；还可消除光合作用的午休现象；茎叶输导组织发达，提高水分和同化物的运输速率，改善光合产物的分配利用，提高产量。合理灌溉是指适时适量地给植物提供水分。作物是否需要灌水？什么时候灌水？灌水量多大最适宜？这些问题都必须以当时的植物水分状况及土壤和气候情况来决定，以下介绍几种参考指标。

1. 土壤含水量　农业生产上有时是根据土壤含水量来进行灌溉，即根据土壤墒情决定是否需要灌水。一般作物生长较好的土壤含水量为田间持水量的 60％～80％，但这个值不固定，常随许多因素的改变而变化。这种方法有一定的参考意义，但灌溉的目的是作物而不是土壤，所以根据土壤含水量灌溉只是一种间接的方法。要使灌溉符合作物生长及农业生产的需要，最好以作物本身情况为依据。

2. 作物形态指标

（1）生长速率下降。有经验的农民往往根据作物的长势、长相进行灌溉。作物枝叶生长对水分亏缺甚为敏感，较轻度缺水时光合作用还未受到影响，但这时生长就已严重受抑。

（2）幼嫩叶的凋萎。当水分供应不足时，细胞膨压减小，因而发生萎蔫。

（3）茎叶颜色变深或变红。当缺水时植物生长缓慢，叶绿素浓度相对增加，叶色变深。茎叶变红可能是由于干旱时碳水化合物分解大于合成，细胞中积累较多的可溶性糖转化成花青素所致。

3. 作物生理指标

（1）叶水势。叶水势是一个灵敏反映植物水分状况的指标。当植物缺水时，叶水势下降。

（2）细胞汁液浓度或渗透势。干旱情况下细胞汁液浓度常比正常水分含量的植物高，而浓度的高低常常与生长速率成反比。当细胞汁液浓度超过一定值后，就会阻碍植株生长。冬小麦功能叶的汁液浓度，拔节到抽穗期以 6.5%～8.0%为宜，9.0%以上表示缺水，抽穗后以 10%～11%为宜，超过 13% 时应灌水。

（3）气孔状况。水分充足时气孔开度较大，随着水分的减少，气孔开度逐渐缩小；当土壤中的可用水耗尽时，气孔完全关闭。因此，气孔开度缩小到一定程度时就要灌溉，如小麦气孔开度达 5.0～6.0μm、甜菜气孔开度达 5.0～7.0μm 就应该灌水。

小　　结

没有水就没有生命，水分对植物生命活动具有重要的生理和生态作用，植物的正常生命活动必须在一定的水分状况下才能进行。一般植物组织含水量占鲜重的 70%～90%，水分在体内以自由水与束缚水形式存在，两者的比值变化能够反映代谢活性与抗性强弱。

植物水分代谢包括对水分的吸收、运输和散失过程。植物对水分的吸收是以细胞吸水为基础的。细胞吸水有三种方式，即渗透吸水、吸胀吸水和代谢性吸水，以渗透吸水为主。植物细胞是否吸水取决于细胞与环境的水势差。水势是指水溶液化学势与纯水化学势差值与偏摩尔体积的比值。典型的植物细胞水势为 $\Psi_w=\Psi_s+\Psi_p+\Psi_m$，具有液泡的细胞水势为 $\Psi_w=\Psi_s+\Psi_p$，分生组织细胞、风干种子水势为 $\Psi_w=\Psi_m$。植物体内细胞与细胞之间水分移动是顺着水势梯度进行的。植物细胞质膜及液泡膜上含水孔蛋白，具有高效、有选择性转运水分的功能。水孔蛋白的存在减小了水跨膜运动的阻力，使细胞间水分顺水势梯度迁移的速率加快。

根系是吸水的主要器官，吸水主要区域为根毛区。根系吸水有主动吸水和被动吸水两种方式，前者的动力是根压，后者的动力是蒸腾拉力。根压与根系生理活动有关，蒸腾拉力与蒸腾有关，所以，影响根系生理活动和蒸腾作用的内外因素都影响根系吸水。影响根系吸水的土壤因素主要有土壤水分、土壤温度、通气性和土壤溶液的浓度。

植物的蒸腾作用有皮孔蒸腾、角质层蒸腾和气孔蒸腾三种方式，其中气孔蒸腾是陆生植物的主要失水方式。气孔蒸腾符合小孔扩散律，气孔运动主要取决于保卫细胞膨压大小的变化：保卫细胞吸水膨压增大，气孔开放；保卫细胞失水膨压变小，气孔关闭。解释气孔动力机理有三种学说，其中主要的是“K^+累积学说”和“苹果酸代谢学说”。一切影响气孔开闭的因素（如光照、温度、水分、CO_2浓度及风等）都会影响蒸腾作用。

水分从根向地上部运输的途径可分为两个部分：一部分是共质体运输。径向运输距离短，但运输阻力大，因为水分要通过生活细胞，这一部分是水分传导的制约点。沿导管或管胞的长距离运输中，水分主要通过死细胞，阻力小，运输速度快。

植物在一定含水量基础上的水分平衡是植物正常生命活动的关键。维持水分平衡一般从减少蒸腾和增加供水两个方面入手。后者是主要的、积极的途径。目前关于土壤-植物-大气连续体系中水分运动关系的研究已经比较清楚，现已将这些研究成果应用于农田灌溉及节水农业的水分调控之中，合理灌溉是维持植物水分平衡最可靠的方法。作物需水量因不同种类而异，同一作物不同生育期对水分需求以生殖器官形成期和灌浆期最敏感。

复习思考题

1. 典型细胞水势由哪些部分组成？种子水势主要由什么组成？
2. 质壁分离及其复原在植物生理学上有什么意义？
3. 一个细胞放在纯水中，其体积和水势及渗透势、压力势如何变化？
4. 何谓根压？根压是如何产生的？其在植物水分代谢中有何作用？
5. 把一株大树的枝叶剪去一半，对树木蒸腾有何影响？
6. 简述蒸腾作用的部位及其生理意义。
7. 试述气孔运动的机制及其影响因素。
8. 哪些因素影响植物吸水和蒸腾作用？
9. 试述水分进出植物体全部经过及其动力。
10. 孤立于群体之外的单个树木与森林中的树木相比，哪个蒸腾失水更快？为什么？
11. 植物在纯水中培养一段时间后，如果给水中加入一些盐，植物会发生暂时萎蔫，为什么？
12. 干旱时不宜给植物施肥，为什么？
13. 为什么夏季晴天中午不能用井水浇灌作物？
14. 为什么要维持植物的水分平衡？怎样维持植物的水分平衡？
15. 如何区别主动吸水与被动吸水？
16. 光照如何影响植物根系吸水？

第三章　植物的矿质营养

植物在维持自身的生命活动过程中，不仅需要从外界吸收水分，而且需要从周围环境摄取矿质元素。植物体内这些矿质元素具有各自不同的功能，对植物的生长发育十分重要。根系吸收矿质元素是植物从外界环境中摄取养分的主要方式。矿质元素一旦进入植物体内，或者运输分配，或者同化利用，或者暂时贮存。植物对矿质元素的吸收、运转与同化的过程，称为矿质营养。

由于土壤中所含的矿质元素，无论从种类上还是从数量上往往不能完全及时地满足植物生长发育的需要，因此必须进行施肥。合理施肥与合理灌溉一样，是现代化农业生产中极为重要的措施，是增加产量和改善品质的营养基础。

第一节　植物的必需元素及生理作用

一、植物体内元素的种类和含量

将植物材料在105℃下烘干称重，蒸发的水分占植物组织的10％～95％，干物质占5％～90％。将干物质在600℃灰化灼烧时，发现构成植物体的元素有两类：一类是挥发性元素，包括碳、氢、氧和部分的氮与硫等，燃烧时以气态的CO_2、H_2O、N_2、NH_3或氮的氧化物、SO_2、H_2S等扩散到大气中；另一类是灰分元素，燃烧时以氧化物或盐的形式存在于灰分之中，包括部分的氮、硫、全部的磷和氯等非金属元素，以及钾、钠、钙、镁、铁、铜、锌、锰、钼等金属元素。灰分元素最初都是地球矿物岩石的成分，所以称为矿质元素。

植物的灰分含量因植物种类、器官、年龄、生长环境等内外因素的不同有很大幅度的变化。水生植物灰分含量一般只有干重的1％左右，大多数中生植物是5％～15％，盐生植物最高可达45％以上。从不同器官和组织看，木材灰分含量约为1％，种子约为3％，草本植物的茎和根为4％～5％，叶为10％～15％。从年龄和生长环境看，老龄植株和细胞的灰分含量大于幼嫩植株和细胞，气候干燥、土壤通气良好、土壤含盐量高等环境条件，都能使植物灰分含量增加。

二、植物的必需元素

（一）植物必需元素的标准

必需元素是指植物生长发育必不可缺少的元素。通过化学分析，只能确定植物所含元素的种类与数量，但并不能以此作为判断它们是否为植物必需元素的依据。这是因为有些元素在植物生活中不大需要，但在某些植物体内却大量积累，如铝、氟等，迄今尚未证明是植物必需元素；而有些元素在植物体内含量很低，如硼和钼，却是植物绝对必需的。为此，国际植物营养学会规定了植物必需元素的三条标准：①缺乏该元素，植物生长发育受阻，不能完成其生活史；②缺乏该元素，植物表现出专一的病症，这种缺素病症可用加入该元素的方法预防或恢复正常；③该元素在植物营养生理上能表现直接的效果，而不是由于土壤的物理、化学、微生物条件的改善而产生的间接效应。

因此，对于某一种元素来说，如果完全符合上述三条标准，就是植物的必需元素。

（二）植物必需元素的确定方法

确定某种元素是否为植物所必需，最好的办法就是采用溶液培养法（简称水培法）或砂基培养法（简称砂培法）。水培法就是把各种无机盐按照生理浓度，以一定的比例、适宜的 pH 配制成溶液用以培养植物的方法；而砂培法则是以洁净的石英砂或细玻璃球代替土壤，再加入上述营养液培养植物的方法。利用这两种方法研究植物是否需要某种元素，必须严格控制化学试剂的纯度和营养液的元素组成，有目的地提供或缺少某一种元素，然后按照上述三条标准进行对照检查，即可确认该种元素是否为植物必需。自从 1859 年 Sachs 和 Knop 创立水培法以来，溶液培养法被用于判断植物的必需元素和观察植物的缺素症状，现在已成为一种切实可行的农业手段，受到各国的重视。20 世纪 70 年代以来，还发展了气培法和营养膜法，并用计算机控制，用于蔬菜与花卉的栽培。

对植物的水培至关重要。营养液一定要含有各种必需元素，保持适宜的浓度和 pH，各种盐类的阴、阳离子总量之间必须平衡，并且无毒害作用。同时，在培养过程中由于植物根系的选择吸收会使溶液中各种成分的比例及 pH 发生变化，应该定期更换营养液。此外，培养时必须保持培养液中足够的 O_2，应该通气。

随着试剂纯度和分析精确度的提高，植物必需元素相继被发现，迄今已被确认的有 17 种元素：碳、氢、氧、氮、磷、钾、钙、镁、硫、铁、锰、硼、锌、铜、钼、氯和镍。这些元素的含量相差悬殊（表 3-1）。前 9 种元素含量很高（占干重的 0.1%以上），称为大量元素；后 8 种元素含量很低，称为微量元素。

表 3-1　17 种必需元素及其在植物体内的浓度

元　素	化学符号	植物利用的形式	原子质量/Da	干重/%	与钼相比较的相对原子数量
大量元素					
氢	H	H_2O	1.01	6	60 000 000
碳	C	CO_2	12.01	45	35 000 000
氧	O	O_2，H_2O	16.00	45	30 000 000
氮	N	NO_3^-，NH_4^+	14.01	1.5	1 000 000
钾	K	K^+	39.10	1.0	250 000
钙	Ca	Ca^{2+}	40.08	0.5	125 000
镁	Mg	Mg^{2+}	24.32	0.2	80 000
磷	P	$H_2PO_4^-$，HPO_4^{2-}	30.98	0.2	60 000
硫	S	SO_4^{-2}	32.07	0.1	30 000

续表

元 素	化学符号	植物利用的形式	原子质量/Da	干重/%	与钼相比较的相对原子数量
微量元素					
氯	Cl	Cl^-	35.46	0.010	3 000
铁	Fe	Fe^{2+}，Fe^{3+}	55.85	0.010	2 000
硼	B	H_3BO_3	10.82	0.002	2 000
锰	Mn	Mn^{2+}	54.94	0.005 0	1 000
锌	Zn	Zn^{2+}	65.38	0.002 0	300
铜	Cu	Cu^{2+}，Cu^+	63.54	0.000 06	100
镍	Ni	Ni^{2+}	58.69	0.000 01	2
钼	Mo	MoO_4^{2-}	95.95	0.000 01	1

三、植物必需矿质元素的生理作用和缺素症状

（一）植物必需矿质元素的一般生理作用

必需矿质元素在植物体内的一般生理作用有以下几个方面。

1. 细胞结构物质的组分 例如，氮、磷、硫等是脂类、蛋白质和核酸等有机物质的组分。

2. 生命活动的调节者 许多金属元素参与酶的活动或者是酶的组分（以一种螯合的形式并入酶的辅基中）通过自身化合价的变化传递电子，完成植物体内的氧化还原反应（如铁、铜、锌、锰、钼等）；或者是酶的激活剂，提高酶的活性，加快生化反应的速度（如镁）。必需元素还是内源生理活性物质（如内源激素和其他生长调节剂）的组分，调节植物的生长发育。

3. 参与植物体内的醇基酯化 例如，磷与硼分别形成磷酸酯与硼酸酯，前者对植物体内的能量转换起重要作用，后者（如硼酸与甘露醇形成的酯）则可能有利于有机物质的运输。

4. 电化学作用 例如，某些金属元素，如钾、镁、钙等元素能维持细胞的渗透势，影响膜的透性，保持离子浓度的平衡和原生质的稳定及电荷的中和等。

5. 缓冲作用 当加入强酸或强碱时，溶液具有制止酸碱度强烈变化，即维持 pH 不变或变化较小的作用，称为缓冲作用。例如，许多金属离子如 Ca^{2+}、Mg^{2+}、K^+ 等和有机酸、碳酸、磷酸等构成缓冲系统。细胞液就是很强的缓冲系统，对维持细胞的一定 pH 条件、保证生命活动的正常进行具有重要的作用。

（二）植物必需矿质元素的生理作用及缺素症状

1. 大量元素的生理作用

（1）氮。在植物体内氮的含量占干物重的 1%～3%。植物吸收的氮素以无机氮为主，即硝态氮（NO_3^-、NO_2^-）和铵态氮（NH_4^+ 或 NH_3）；也可吸收有机氮，如尿素 [$CO(NH_2)_2$]、氨基酸等。

氮在植物生命活动过程中占据首要地位，堪称生命元素。因为它是植物体内许多重要化合物的成分，如核酸（DNA、RNA）、蛋白质（包括酶）、磷脂、叶绿素、光敏素、维生素（B_1、B_2、B_6、PP）、植物激素（IAA、CTK）、生物碱等；同时也是参与物质代谢和能量代谢的ADP、ATP、CoA、CoQ、FAD、FMN、NAD、NADP、铁卟啉等物质的组分。上述物质有些是生物膜、原生质和细胞核的结构与功能物质，有些是调节生命活动的生理活性物质。

氮肥充足时枝多叶大，生长健壮，籽粒饱满；氮肥过多时导致茎枝徒长，容易倒伏，延迟成熟，抗逆性低；但供氮不足时，较老的叶片首先退绿变黄，严重时脱落，植株矮小，产量低下。缺氮时某些作物（如玉米）的茎叶变红是由于部分糖转变为花色素积累于液泡中所致。

（2）磷。植物以 $H_2PO_4^-$ 和 HPO_4^{2-} 的形式吸收磷素。环境pH制约着这两种离子存在的数量，pH低时以 $H_2PO_4^-$ 居多，pH高时以 HPO_4^{2-} 为主。

磷在植物体内的作用极为重要。①磷是核酸、磷脂的组分，参与生物膜、原生质和细胞核构成。②磷是许多辅酶的组分，因而参与物质的合成、分解与转化等过程。③磷是AMP、ADP、ATP的组分，在能量代谢中起着特殊的作用，直接参与氧化磷酸化和光合磷酸化，使 $ADP+Pi \longrightarrow ATP$，这是植物体内能量暂存和再利用的最好形式。④磷与糖能形成糖的磷酸酯，便于糖在植物体内的运输。⑤液泡内含有磷酸盐，一方面维持细胞的渗透势，另一方面缓冲pH。⑥磷能形成植酸钙镁，作为磷的一种贮备形式存在于种子中，萌发时供幼苗生长需要。

施磷能使植物生长发育良好，促进早熟，并能提高抗旱性与抗寒性。缺磷时代谢过程受阻，植株瘦小，茎叶由暗绿色渐变为紫红色；分枝或分蘖减少，延迟成熟，果实与种子小且不饱满；但施磷过多影响植物对其他元素的吸收，如阻碍硅的吸收，水稻易患稻瘟病；水溶性磷酸盐可与锌结合，从而减少土壤中有效锌的含量，故施磷过多植物易产生缺锌症。

（3）钾。钾是植物必需的唯一的一价金属离子，也是植物体内含量最高的金属元素，呈离子状态，只有极少部分在细胞质中处于被吸附状态。钾主要集中于生长最活跃的部位，如生长点、形成层、幼叶等。

钾的生理功能是多方面的。①调节水分代谢：钾在细胞中是影响渗透势的主要因素。在根内钾从薄壁细胞运至导管，降低其水势，使水分从根表面沿水势梯度向上运转；钾能影响气孔运动，从而调节蒸腾作用。②酶的激活剂：钾可作为60多种酶的激活剂，如谷胱甘肽合成酶、琥珀酸脱氢酶、苹果酸脱氧酶、果糖激酶、丙酮酸激酶等，因而在糖类与蛋白质代谢及呼吸作用中具有重要功能。③能量代谢：这是一种间接作用。在线粒体中 K^+ 与 Ca^{2+} 作为 H^+ 的对应离子作反向运转，使 H^+ 从衬质向膜外转移，造成膜内外 H^+ 浓度差，促进氧化磷酸化；在叶绿体中 K^+ 与 Mg^{2+} 作为 H^+ 的对应离子，使 H^+ 从叶绿体间质向类囊体转移，促进光合磷酸化。④提高抗性：在钾的作用下原生质的水合度增加，细胞保水力提高，抗性也提高。⑤参与物质运输：钾不仅促进新生的光合产物的运输，而且对贮藏物质（如贮于茎叶中的蛋白质）的运转也有影响。

供钾不足的症状是：最初生长速率下降，以后老叶出现缺绿症，叶尖与叶缘先枯黄，继而整个叶片枯黄，即所谓缺钾赤枯病。缺钾时抗逆性降低，易倒伏。严重缺钾时蛋白质代谢失调，导致有毒胺类（腐胺与鲱精胺）生成。供钾过多，果实出现灼伤病或苦陷病，并且在贮藏过程中易腐烂。

（4）硫。植物所需的硫源，一是土壤中的 SO_4^{2-}，二是大气中的 SO_2。在供硫充分的条件下，硫在各个器官中的分布比较均匀。

硫的作用，一是含硫氨基酸（半胱氨酸、胱氨酸和甲硫氨酸）和硫脂分别参与蛋白质和生物膜的组成；二是硫参与各种生化反应。①硫作为 CoA 的组分而参与物质（糖与脂肪）代谢和能量代谢。②硫是铁氧还蛋白、硫氧还蛋白与固氮酶（酸性可变硫原子）的组分，能够传递电子，因而在光合、固氮、硝态氮还原过程中发挥作用。③硫作为谷胱甘肽和维生素 B_1 的成分参与氧化还原反应。④硫作为巯基（—SH）的组分而起作用，一方面是某些酶类的活性中心；另一方面，由于两个—SH 与二硫基（—S—S—）可相互转化，不仅参与氧化还原反应，参与酶活性调节，而且具有稳定蛋白质空间结构的作用。

供硫不足影响蛋白质的合成，细胞分裂受阻，植株矮小，叶片小而黄，易脱落。供硫过多对植物产生毒害作用，叶片常呈暗绿色，植株生长缓慢。

（5）钙。植物以离子（Ca^{2+}）形式吸收。植物体内的钙有三种存在形式：离子形式、盐的形式及与有机物结合的形式。

钙的生理生化功能十分重要。①钙是细胞某些结构的组分。例如，钙与果胶酸形成果胶酸钙，构成细胞壁的胞间层；钙作为磷脂中磷酸与蛋白质羧基联结的桥梁，提高膜结构的稳定性；钙参与染色体的组成并保持其稳定性。②在液泡中 Ca^{2+} 常与草酸形成草酸钙结构，避免草酸的伤害。③钙能降低原生质的水合度，提高植物适应干旱与干热的能力。④钙是某些酶类（如 ATP 水解酶、琥珀酸脱氢酶等）的活化剂。⑤钙与磷和镁形成植酸钙镁存在于种子中，供萌发时利用。⑥钙与钙调蛋白（CaM）结合成 Ca^{2+}-CaM 系统行使第二信使功能。由 Ca^{2+}-CaM 激活的酶类很多，如腺苷环化酶、磷酸二酯酶、磷酸激酶、蛋白质激酶、蛋白质磷酸解酶，还有起钙泵作用的 Ca^{2+}-ATP。有人认为，Ca^{2+}-CaM 可以调节 DNA 的生物合成。此外，Ca^{2+} 和 K^+ 一起作为 H^+ 的对应离子参与氧化磷酸化。

缺钙时，茎与根的生长点及幼叶首先表现出症状，生长点死亡，植株呈簇生状；缺钙植株的叶尖与叶缘变黄，枯焦坏死，植株早衰，结实少甚至不结实。

（6）镁。镁以 Mg^{2+} 形式被植物吸收。镁的主要生理作用如下。①参与光合作用：镁是叶绿素的组分，在光能的吸收、传递、转换过程中起重要的作用；Mg^{2+} 与 K^+ 一起作为 H^+ 的对应离子促进光合磷酸化；Mg^{2+} 进入叶绿体间质活化 RuBP 羧化酶，促进光合碳循环的运转。②酶的激活剂或组分，尤其是转移磷酸基酶类的活化剂。由镁所活化的酶类关系到糖类、脂类、蛋白质、核酸等的物质代谢与能量转化。③促使核糖体亚基间的结合，有利于蛋白质合成。④植酸钙镁的组分。

在植株中镁是较易移动的元素。供镁不足，叶脉仍绿而脉间变黄，有时呈紫红色；严重缺镁时，形成坏死斑点。

2. 微量元素的生理作用

（1）铁。铁主要以 Fe^{2+} 螯合物的形式被植物吸收。铁的作用与其自身的特性分不开，一是能形成螯合物，二是化合价可变（Fe^{2+}/Fe^{3+}）。例如，铁能与卟啉形成铁卟啉，成为过氧化物酶、过氧化氢酶、抗氰氧化酶和细胞色素氧化酶的辅基，也是各种细胞色素类物质的主要成分，在呼吸与光合中起着重要作用。同时，铁是叶绿素合成（形成原叶绿素酸酯）的必需因子和铁氧还原蛋白（ferredoxin，Fd）的组分，因而参与光合作用。此外，铁作为固氮酶中铁蛋白与钼铁蛋白的组分而参与生物固氮。

在植株中铁不易移动。缺铁时幼叶叶脉间失绿黄化，但叶脉仍为绿色；严重时整个新叶变为黄白色，在石灰性土壤上易发生果树等的缺铁失绿“黄叶病”病症。

（2）铜。铜以 Cu^{2+} 形式被植物吸收。铜化合价的可变性（Cu^{+}/Cu^{2+}）是其参与氧化还原反应的基础。铜是细胞色素氧化酶、抗坏血酸氧化酶和多酚氧化酶的成分，参与呼吸作用中 H^{+} 氧化成 H_2O 的过程。铜还是质蓝素（PC）的组分，参与光合电子传递。质蓝素是一种含铜的蛋白质，通常铜与蛋白质肽链的氮端结合，形成螯合物。此外，铜也是超氧化物歧化酶（SOD）的组分，参与消除超氧自由基（O_2^-）的伤害作用。例如，铜对叶绿素的稳定作用可能就是通过超氧化物歧化酶实现的。

缺铜时，禾谷类作物分蘖增多，植株丛生，叶尖发白，叶片卷曲，易得“白瘟病”。果树缺铜，不但叶片失绿，而且夏季顶梢枯死，易得“顶枯病”。

（3）锌。锌主要以 Zn^{2+} 形式被植物吸收，它在植物体内的含量较低。锌是色氨酸合成酶的组分，能催化丝氨酸与吲哚形成色氨酸。而色氨酸又是生长素（IAA）合成的前体物质，所以，缺锌时 IAA 合成受阻，植株矮小。锌是碳酸酐酶的组分，催化 CO_2 的水合作用，该酶存在于叶绿体内，可能与光合作用的 CO_2 供应有关。锌还是羧肽酶等十多种酶类的辅基和多种脱氢酶、激酶的活化剂，锌对酶的作用可能有三种方式：一是维持酶蛋白的结构，二是使酶蛋白与辅基结合，三是使酶与底物结合。

缺锌时，植物生长缓慢，植株矮小，叶片小且呈簇生状；玉米易得“花白叶病”，果树易得“小叶病”。

（4）锰。锰主要以 Mn^{2+} 形式被植物吸收，并优先运到分生组织，叶绿体中含锰较多。锰参与光合作用的光反应，从叶绿体中已分离出两种含锰组分：一种与膜结合松散，可能与放 O_2 有关；另一种与膜结合牢固，可能与光系统Ⅱ（PSⅡ）的电子供体有关。锰还是维持叶绿体结构所必需的。由于锰化合价的多变性，因而成为植物体内十分重要的氧化还原剂。锰可激活多种酶类，如某些转移磷酸基的酶类、多种脱氢酶类、硝酸还原酶和某些二肽酶，其作用是充当底物与酶配合的桥梁。

缺锰的症状是：叶片脉间失绿，有坏死斑点，根系不发达，开花结实少。燕麦易得“灰斑病”，甜菜易得“黄斑病”。

（5）硼。硼以硼酸（H_3BO_3）形式被植物吸收。硼在植物体内含量很低，并且分布不均匀，以花中含量最高，花中又以柱头和子房为最多。

硼的功能是多方面的：①硼对生殖过程产生重要作用，能促进花粉萌发与花粉管伸长，缺硼时花药与花丝萎缩，绒毡层组织破坏，花粉发育不良；②硼参与尿嘧啶的生物合成，进而影响 RNA（尤其是 rRNA）与蛋白质的合成，尿嘧啶又是尿苷二磷酸葡萄糖（UDPG）的前体物质之一，因而进一步影响碳水化合物的代谢；③硼能以硼酸的形式与游离态的糖形成带负电性的复合体，因此容易透过质膜，促进糖的运输；④硼能抑制酚酸（如咖啡酸、绿原酸）的形成，保护根尖与茎尖不受这类物质的伤害；⑤硼对植物激素含量也有一定的影响，缺硼时 CTK 合成受抑，而 IAA 却在组织中积累。

缺硼时，油菜“花而不实”；大麦、小麦“穗而不实”；棉花“蕾而不花”；块根内部形成褐斑，如甜菜的“心腐病”、萝卜的“褐心病”等。

（6）钼。钼以 MoO_4^{2-} 形式被植物吸收，其含量极低。关于钼的功能，目前最清楚的是参与氮素代谢，它是硝酸还原酶和固氮酶的组分。在生物固氮过程中 N_2 的还原自始至终是在钼铁蛋白上进行的。钼也与磷酸代谢有关，缺钼时，不利于无机磷向有机磷的转化。钼还可能增强植物抵抗病毒病的能力。例如，施钼能使烟草对花叶病具有免疫力，使遭受病毒感染而患萎缩病的桑树恢复健康。缺钼一般发生在豆科、十字花科植物上，禾本科植物很少缺钼。缺钼时，植株中下部叶片呈现黄绿色，叶子边缘向上卷曲，叶面变小并带有坏死斑点。故柑橘易患“黄斑病”；花椰菜易患“尾鞭病”。

（7）氯。氯是植物必需元素中唯一的一价非金属元素，以 Cl^- 形式被植物吸收，并且速度很快，数量也多，但植物对氯的生理需要量却很少。氯参与光合过程中水的光解放氧，在光合电子传递中 Cl^- 与 H^+ 作为 K^+ 与 Mg^{2+} 的对应离子从叶绿体间质向类囊体腔转移，起到电荷平衡作用。此外，氯作为液泡中的成分也影响渗透势，并与 K^+ 一起参与气孔的开闭运动。

缺氯时，植物生长发育不良，严重时会出现典型病症。例如，番茄叶尖首先发生凋萎，接着叶片失绿，进一步变为青铜色并坏死，由局部遍及全叶，最后植株不能结实。甜菜则发生叶片脉间失绿，严重时出现镶嵌状坏死斑点。

（8）镍。镍以 Ni^{2+} 形式被植物吸收，其含量在植物体内很低。镍最明确的生理作用是对维持脲酶的结构和功能是必需的。镍还能提高过氧化物酶、多酚氧化酶和抗坏血酸氧化酶的活性。镍能够增加植株叶片中的叶绿素和类胡萝卜素含量。低浓度镍亦可以增强萌芽种子对氧气的吸收，加速种子贮藏蛋白质的转化，促进幼苗的生长。Ni^{2+} 还可以替代某些酶中的 Cu^{2+}、Mg^{2+}、Mn^{2+}。此外，镍对防治禾谷类作物的锈病具有十分明显的效果。

大田情况下，植物极少发生缺镍症，但常易发生镍过多中毒。镍毒害浓度范围为 0.5～3000mg/L。镍中毒首先表现为叶片失绿，继而在叶脉间出现褐色坏死。

3. 植物缺乏必需矿质元素的症状　植物缺少任何一种必需矿质元素都会引起特有的生理症状，而且症状出现的部位与元素是否易于运转，即能否参与循环或再利用有关。例如，氮、磷、钾、镁（尤其是磷）等元素在植物体内易于运转（参与循环），可多次利用，缺素症状首先表现在较老的叶片；而钙、铁、硼、锰、铜、钼（尤其是钙）等元素在植物体内易于被固定（不参与循环），不能再利用，缺素症首先发生在幼嫩叶片。以此可以作为大田植物缺素病症初步诊断的依据。现将植物缺乏营养元素的症状列成检索表（表 3-2），以供参考。

表 3-2　部分必需元素缺乏的主要症状检索表

1. 较老的组织先出现病症——易重复利用的元素	
2. 整个植株生长受抑制	
3. 较老叶片先缺绿	N
3. 叶暗绿色或紫红色	P
2. 失绿斑点或条纹以及坏死	
3. 脉间缺绿	Mg
3. 叶缘失绿或整个叶片有失绿或坏死斑点	
4. 叶缘失绿以及坏死，有时叶片上也有失绿以及坏死	K
4. 整个叶片有失绿及坏死斑点或条纹	Zn
1. 较幼嫩组织先出现病症——不易或难以重复利用的元素	
2. 生长点枯死	
3. 叶缺绿	B
3. 叶缺绿，皱缩，坏死；根系发育不良；果实极少或不能形成	Ca
2. 生长点不枯死	
3. 叶缺绿	
4. 叶脉间缺绿以及坏死	Mn
4. 不坏死	
5. 叶淡绿色至黄色	S
5. 叶黄白色	Fe
3. 叶尖变白，叶细，扭曲，易萎	Cu

第二节　植物细胞对矿质元素的吸收

植物细胞对矿质元素的吸收是植物体吸收矿质元素的基础，细胞既可从外界环境中吸收物质，也可从植物的内环境（即从一个细胞周围的其他细胞）吸收物质。

一、细胞吸收溶质的特点

（一）积累现象

活细胞从周围环境吸收必需元素，最终使其在细胞内的浓度远远高于细胞外的浓度，这种现象称为积累。内部浓度与外部浓度之比称为积累比。例如，将马铃薯块茎的切片放在培养液中，在 12d 内，切片内部 K^+ 的浓度将比培养液中 K^+ 的浓度高 1000 倍。通常植株中的 K^+ 浓度大约为 25mmol/L，即使在肥沃土壤中，处于溶解状态的 K^+ 浓度也不超过 0.1mmol/L，这表明植株 K^+ 的积累比为 250∶1。这样高的积累是不能用扩散来解释的。

（二）选择性吸收

将离体根培养在营养液中，发现 K^+ 的吸收不受 Na^+ 的影响，对 K^+ 的吸收也不受其他许多一价或二价离子的影响。根对氯化物的吸收不受氟化物、碘化物等卤化物的影响，也不受 NO_3^-、SO_4^{2-} 等的影响。这都说明根对溶质的吸收具有选择性吸收的特点。

但在某些情况下 K^+ 的吸收并不表现出这种高度的选择性。例如，对 K^+ 的吸收受到 Rb^+ 的竞争性抑制；在 Cl^- 和 Br^-、Ca^{2+} 和 Sr_4^{2+}、SO_4^{2-} 和 SeO_4^{2-} 之间也有竞争性的抑制。这说明细胞对这些离子的吸收机制是相似的。这种选择性及存在竞争性抑制现象都与酶促反应相似，这可能是膜上存在蛋白类的载体帮助溶质进入细胞。

（三）分阶段吸收

当根细胞内的溶质浓度较低，从外部溶液吸收溶质时，首先有一个溶质迅速进入的阶段（第一阶段），然后速度变慢并保持恒定（第二阶段）。在第一阶段溶质通过扩散作用进入细胞质外体的部分，第二阶段才进入原生质及液泡。如果将实验材料从溶液中取出放入水中，进入组织的溶质只有很少一部分会很快地泄漏出来，这就是原来进入质外体中的部分。第一阶段的吸收基本上不受无 O_2、低温条件和呼吸抑制剂的影响，而第二阶段的吸收则被抑制（图 3-1），这说明溶质进入质外体与跨膜进入细胞质和液泡的机制是不同的，前者以被动吸收（passive absorption）为主，后者以主动吸收（active absorption）为主。

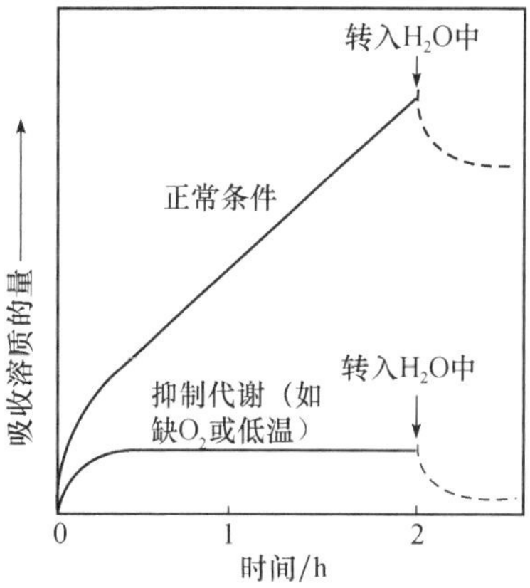

图 3-1　植物组织对矿质元素的吸收

（四）吸收速率随溶质浓度而变化

离体根细胞从低浓度培养液中吸收溶质的速率，在开始时随溶质浓度的增加而迅速增加，然后吸收速率变慢，最后虽然外界溶质的浓度继续升高，但吸收速率不再增加，达到饱和，即出现饱和效应，这符合底物浓度对酶促反应初始速率影响的酶促反应动力学原理。离子吸收的饱和效应说明有膜蛋白参与运转。

二、细胞吸收溶质的方式

植物细胞吸收矿质元素的方式主要有三种类型：被动吸收、主动吸收和胞饮作用。

（一）被动吸收

被动吸收是指细胞对矿质元素的吸收不需要代谢能量直接参与，离子顺着电化学势梯度转移的过程。被动吸收主要包括单纯扩散和协助扩散，后者又包括通道运输和载体运输。

1. 单纯扩散　单纯扩散是指分子或离子沿着化学势或电化学势梯度跨膜转移的现象。这是最简单的一种转运方式，既不需要消耗代谢能，也不需要专一的载体分子，对于分子，只要在膜两侧保持一定的浓度差（化学势差）就可发生这种运输。疏水性溶质通过膜的速度与其脂溶性成正比，脂溶性越强的物质通过膜脂层的速度越快。不带电荷的水分子和溶于水中的气体等小分子物质可通过无蛋白的脂质双分子层区或通过水孔进入膜内。带电荷的离子，不管多小，均难于穿过膜的脂质双分子层，但可以通过膜转运蛋白进行扩散转运，即协助扩散。

2. 协助扩散　协助扩散是小分子溶质经膜转运蛋白顺浓度梯度或电化学梯度跨膜的转运，不需要细胞提供能量。膜转运蛋白可分为两类：一类是通道蛋白，另一类是载体蛋白。

（1）通道蛋白。通道蛋白简称通道或离子通道，它是细胞膜中一类由内在蛋白构成的孔道，横跨膜两侧，是离子顺着电化学势梯度被动单方向跨膜运输的通道。孔的大小及孔内表面电荷等性质决定了通道转运离子的选择性，即一种通道通常只允许某一种离子通过，离子的带电荷情况及其水合规模决定了离子在通道中扩散时通透性的大小。通道蛋白中有感受蛋白或感受器，它可能通过改变其构象对适当刺激作出反应，并引起“孔”的开闭。

根据通道开闭的机制，可将通道分为两类：一类对跨膜电势梯度产生响应，另一类对外界刺激（如光照、激素等）产生响应。目前已知有 K^+、Cl^-、Ca^{2+}、NO_3^- 等通道。从保卫细胞中已鉴定出两种 K^+ 通道，一种是允许 K^+ 外流的通道，另一种是 K^+ 吸收的内流通道。两种通道都受膜电位控制。一个开放的离子通道，其跨膜运转离子的速率每秒高达 10^7～10^8 个离子。

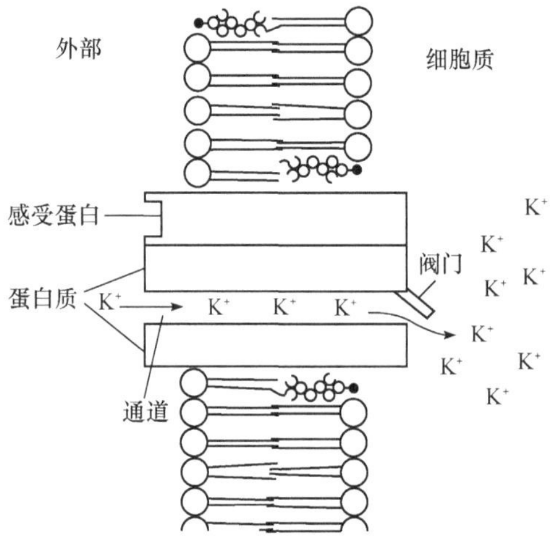

图 3-2　离子通道的假想模型

图 3-2 是一个假想的离子通道模型。跨膜的内在蛋白中央孔道允许离子（K^+）通过。在这里，K^+ 顺其电化学势梯度但逆着浓度梯度从通道左侧（外部）移向右侧（细胞质）。感受蛋白可对细胞内外由光照、激素或 Ca^{2+} 引起的化学刺激作出反应。通道上的阀门（gate）可以通过一种未知的方式对膜两侧的电势梯度或由环境刺激产生的化学物质作出开或关的反应。

（2）载体蛋白。载体蛋白又称载体、透过酶或运输酶，它是一类跨膜运输物质的内部蛋白，在跨膜区域不形成明显的孔道结构。当运输物质时，首先在膜一侧有选择地与离子（分子）结合，形成载体-离子（分子）复合物，载体蛋白构象发生变化，透过膜把离子（分子）释放到膜的另一侧。

载体蛋白有三种类型（图 3-3）：单向运输载体、同向运输载体和反向运输载体。单向运输载体又可分为被动单向运输载体和主动单向运输载体（如 PM H^+-ATPase，质膜 ATPase）。同向运输载体和反向运输载体都参与主动运输。

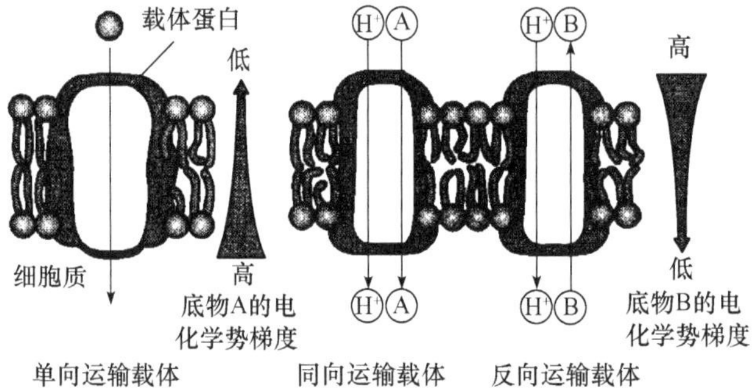

图 3-3　载体蛋白的类型

被动单向运输载体在运输物质时，是携同分子或离子顺着电化学势梯度被动、单方向跨膜运输，如 Fe^{2+}、Cu^{+} 等的载体，它是协助扩散的一种。载体蛋白对被转运物质的结合及释放，与酶促反应中酶与底物的结合及对产物的释放情况相似。通过动力学分析，可以区分溶质是经通道还是经载体进行运输，经通道进行的运输是一种简单的扩散过程，没有饱和现象，经载体进行的运输则依赖于溶质与载体特殊部位的结合，因结合部位的数量有限，所以有饱和现象。通过载体蛋白的被动运输，其运送离子的速率为 $10^4 \sim 10^5$ 个/s，比离子通道慢 1000 倍。

（二）主动吸收

主动吸收是指植物细胞利用代谢能量逆电化学势梯度吸收矿物质的过程。这种运输要直接消耗细胞的代谢能（ATP）来启动和维持。

1. ATP 酶　通过载体的主动转运需要 ATP 提供能量。1970 年霍奇（Hodge）等用离体质膜小泡证实，在高等植物根细胞质膜上存在着 ATP 酶。ATP 酶又称为 ATP 磷酸水解酶，它可催化 ATP 水解生成 ADP、磷酸，并释放能量，其反应如下：

$$\mathrm{ATP} + \mathrm{H_2O} \xrightarrow{\text{ATP 酶}} \mathrm{ADP} + \mathrm{Pi} + 32\mathrm{kJ}$$

ATP 酶是膜内在蛋白，它利用 ATP 水解释放的能量转运离子。图 3-4 是一种 ATP 酶运送阳离子到膜外去的假设步骤。ATP 酶上有一个与阳离子 M^+ 相结合的部位，还有一个与 ATP 的 Pi 结合的部位。当未与 Pi 结合时，M^+ 的结合部位对 M^+ 有高亲和性，它在膜的内侧与 M^+ 结合，同时与 ATP 末端的 Pi 结合（称为磷酸化），并释放 ADP。当磷酸化后，ATP 酶处于高能态，其构象发生了变化，将 M^+ 暴露于膜的外侧，同时对 M^+ 的亲和力降低，而将 M^+ 释放出去，并将结合的 Pi 释放回膜的内侧，这样 ATP 酶又恢复至原先的低能态构象，开始下一个循环。

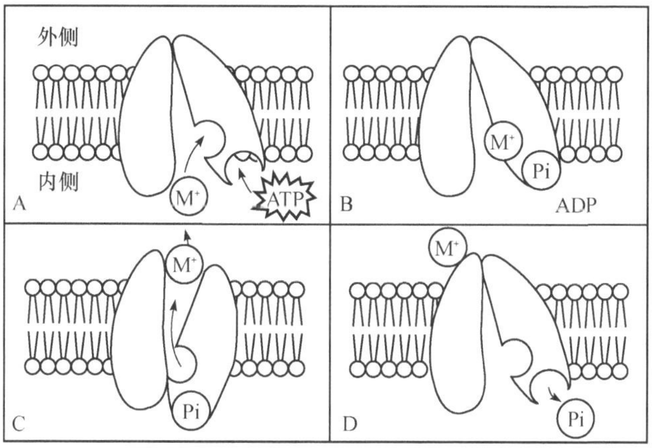

图 3-4　ATP 酶逆电化学势梯度转运阳离子的可能机制

A、B. 酶与细胞内的离子结合并被磷酸化；C. 磷酸化导致酶的构象改变，将离子暴露于外侧并释放出去；D. 释放 Pi，恢复原构象

由于这种转运造成了膜内外正、负电荷的不一致，形成了跨膜的电势差，这种现象称为致电，所以 ATP 酶也称为致电泵，它包括质子泵和离子泵。质子泵（H^+ 泵）主

要有质膜、液泡膜、叶绿体和线粒体 H^+-ATP 酶等，离子泵有 Ca^{2+}-ATP 酶等。

（1）质膜 H^+-ATP 酶。质膜 H^+-ATP 酶是植物生命活动过程中的主宰酶，对植物许多生命活动起着重要调控作用，它的分子质量约为 10^6Da，其底物为 Mg^{2+}-ATP，最适 pH 为 6.5，最适温度 30～40℃，K^+ 是其激活剂，比较专一的抑制剂为邻钒酸盐和己烯雌酚（DES）。质膜 H^+-ATP 酶在矿质元素转运中的主要作用表现在三方面。①使细胞质的 pH 升高，但由于细胞质较强的缓冲作用，这种升高并不显著。细胞质的 pH 通常为 7.0～7.5；②使细胞壁的 pH 降低。由于胞壁的缓冲能力较小，其 pH 通常降到 5.0～5.5；③使细胞质相对于细胞壁表现电负性。由于将阳离子运出细胞质而保留阴离子，就使质膜从内到外形成负的电势差。

（2）液泡膜 H^+-ATP 酶。液泡膜 H^+-ATP 酶的分子质量约为 6.5×10^5Da，其催化部分在细胞质一侧。在水解 ATP 过程中，它将 H^+ 泵入液泡，使液泡的电势通常比细胞质高 20～30mV，而 pH 则为 5.5。一些植物液泡的 pH 可能更低，如柠檬（主要是液泡液）的 pH 为 2.5，而海中的褐藻液泡的 pH 可低于 1.0。

液泡膜 H^+-ATP 酶与质膜 H^+-ATP 酶的区别是：①其转运 H^+ 时不与 ATP 末端 Pi 结合；②每水解一分子 ATP 运送两个 H^+ 进入液泡；③不依赖于 K^+ 的启动，可被 Cl^- 刺激，对钒酸盐不敏感，被 NO_3^- 抑制。

（3）叶绿体和线粒体膜上的 H^+-ATP 酶。这类 H^+-ATP 酶的分子质量约为 4×10^5Da，其 H^+/ATP 计量约为 3，它们参与合成 ATP。

（4）Ca^{2+}-ATP 酶。Ca^{2+}-ATP 酶也称钙泵，它催化 Ca^{2+} 逆电化学势梯度从细胞质转运到胞壁或液泡中。Ca^{2+}-ATP 酶的底物为 Ca^{2+}-ATP，最适 pH7.0～7.5，受 CaM 等多种因素的调节。Ca^{2+}-ATP 酶可能只转运 Ca^{2+}，也可能将 1 个 Ca^{2+} 转运出细胞质的同时，将 2 个 H^+ 运入细胞质，保持细胞质的电中性。

2. 原初主动运输和次级主动运输

（1）原初主动运输。质膜 H^+-ATP 酶利用 ATP 水解产生的能量，把细胞质内的 H^+ 向膜外"泵"出。如果质膜外没有离子存在或没有经质膜扩散的离子，质膜 H^+-ATP 酶这样不断转运的结果是：①膜两侧形成 H^+ 化学势差（ΔpH）；②膜外正电荷堆积，产生了膜内外两侧的电势梯度差（ΔE），使膜电位超极化（增大）。跨膜的 H^+ 梯度和膜电位的增加，产生了跨膜离子的自由能差，这种自由能差为质子的电化学势梯度，以 $\Delta\mu H^+$ 表示，所以：

$$\Delta\mu H^+ = \Delta pH + \Delta E$$

Mitchell 将此称为质子驱动力（PMF）。质子驱动力是离子运转的能量来源，是各种离子进入细胞的驱动力。

质膜 H^+-ATP 酶直接利用 ATP 水解产生的能量，逆着电化学势梯度把细胞质内的 H^+ 向膜外"泵"出，产生质子驱动力的过程，称为原初主动运输。

（2）次级主动运输。次级主动运输也称为共转运，即两种离子同时被跨膜运输的过程，是以质子驱动力为动力的分子或离子的转运，又称次级共转运。原初主动运输和次级共转运的区别是：原初主动运输在能量形式的转化上是把化学能转为渗透能，而离子的次级运转使质膜两边渗透能增加或减小，前者的能量来源是 ATP，而后者的能量来源是前者活动的结果，即质子驱动力（图 3-5）。

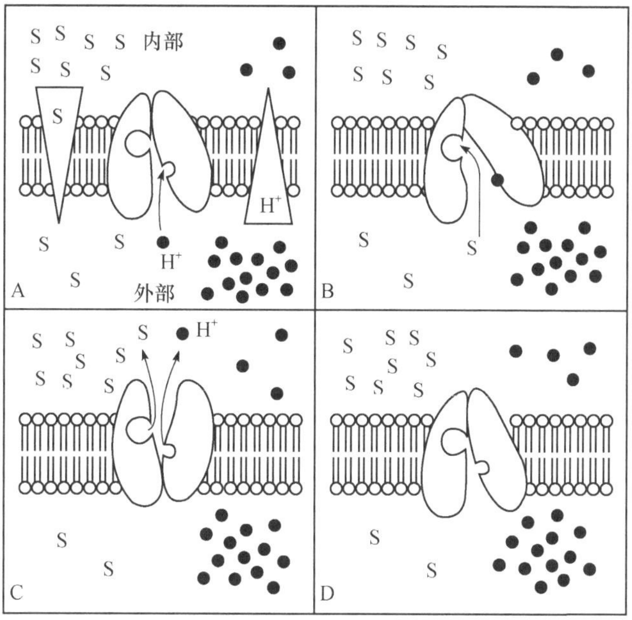

图 3-5 次级主动运输模式图

A. 最初的蛋白构象，载体蛋白的结合部位朝向外侧的环境，可以结合 H^+；B. 结合 H^+ 后，导致蛋白构象发生改变，使蛋白质能结合被运输的物质 S；C. 结合了 S 后，又引起蛋白构象进一步的变化，蛋白质与被运输物质 S 结合部位暴露在细胞膜内侧；D. 将 H^+ 和 S 释放在细胞质内侧，蛋白质构象恢复到原来的状态，开始新的运输物质的循环

驱动此过程的能量是质子驱动力，驱动力使被运输物质 S 逆浓度梯度而运输。当有水合层的无机离子跨膜进入细胞时，由于膜的疏水特性，除需要质子驱动力的驱使外，还需借助质膜上的载体蛋白。载体蛋白中的共向运输体、反向运输体参与此过程。共向运输体在与 H^+ 结合的同时又与另外的分子或离子结合，这些分子或离子主要是阴离子（如 Cl^-、NO_3^-、PO_4^{3-}、SO_4^{2-} 等）和中性分子（如蔗糖、氨基酸）。反向运输体是与 H^+ 结合后再与其他分子或离子结合，二者跨膜运输的方向相反，反向运输体主要转运阳离子（图 3-6）。

液泡膜上也存在着类似质膜上的离子通道、载体及离子泵。图 3-6 所示为质膜和液泡膜上的各种转运功能蛋白。

（三）胞饮作用

这是细胞类似于变形虫吞饮食物的一种特殊的摄取物质方式。细胞摄取的物质首先被吸附在膜的外表面，而吸附物质的那一部分质膜感应某种刺激向内凹陷成为囊泡，并向细胞内部转移，从而将外界物质吞饮到细胞中，细胞这种吸收物质的方式叫胞饮作用。吞饮囊泡把物质转移给细胞的方式有两种：一是在移动过程中，囊泡逐渐溶解消失，把物质留在细胞质内；二是囊泡一直向内转移，直至液泡，并与其融合，将摄取的

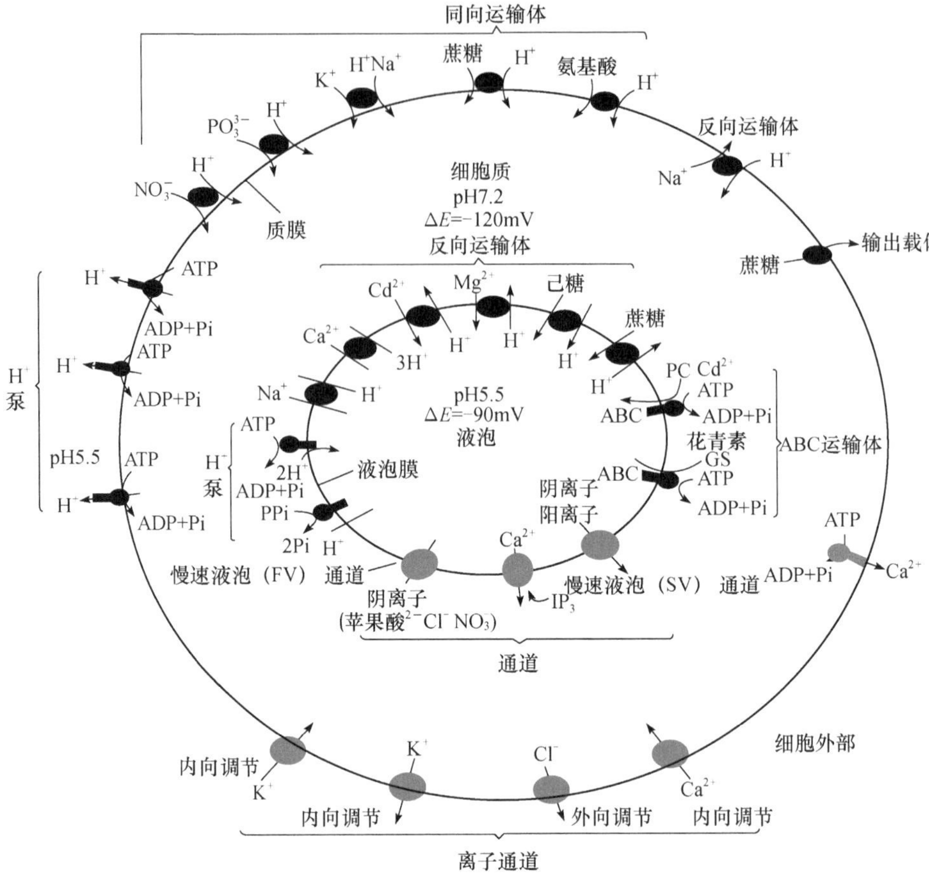

图 3-6　植物细胞质膜和液泡膜上的转运蛋白

物质释放于液泡中。目前已知，南瓜和番茄的花粉母细胞、蓖麻和松树的根尖细胞均有这种现象。

第三节　植物根系对矿质元素的吸收

一、根系吸收矿质元素的特点

（一）根系对矿质元素吸收和对水分吸收的相互关系

大量研究表明，根系对矿质元素和水分的吸收并不是同步进行的。例如，在溶液培养时，如果培养液的浓度低，则根系吸收矿物质相对比水多，使营养液的浓度越来越低；相反，当营养液的浓度较高时，根吸收水分相对比矿质元素多，使营养液的浓度越来越高，所以并不呈比例关系。根系对矿质元素和水分的吸收既相互依赖又相互独立。矿质元素要溶解在水中才能被吸收，吸收矿质元素后根部的水势下降，又能促进根系吸水。被吸收的矿质元素在导管中随水以集流方式（蒸腾流）运往地上部，又有利于根系吸收矿质元素。由此可以看出二者的相互依赖性。但根系吸收水分和矿质元素的机制不同，水分是以被动扩散方式进入根部的，而矿质元素则是以消耗代谢能的主动吸收为主，需要通过载体或通道运转，有选择性和饱和效应。另外，二者的分配方向不同，矿质元素大都优先运入生长最旺盛或呼吸最旺盛的部位，而水则运往蒸腾最旺盛的部位。所以对二者的吸收是相互独立的。

（二）根系对矿质元素吸收的选择性

由于根系吸收矿质元素要通过载体，而不同离子的载体数量和活性不同，这就使根系吸收矿质元素具有选择吸收的特点。选择吸收是指植物对同一溶液中不同离子或同一盐的阳离子和阴离子吸收的比例不同的现象。例如，供给 $(NH_4)_2SO_4$，植物对其阳离子（NH_4^+）的吸收大于阴离子（SO_4^{2-}）。由于植物细胞内总的正负电荷数必须保持平衡，因此就必须有 H^+ 排出细胞。植物在选择性吸收 NH_4^+ 时，环境中会积累 SO_4^{2-}，同时也积累了 H^+，从而使介质 pH 下降，故称这种盐类为生理酸性盐，如多种氨盐。同理，如供给 $NaNO_3$，植物对其阴离子（NO_3^-）的吸收大于阳离子（Na^+），根细胞会向外释放 OH^- 或 HCO_3^-，因此在环境中积累 Na^+ 的同时，也大量地积累 OH^- 或 HCO_3^-，使介质 pH 升高，故称这种盐类为生理碱性盐，如多种硝酸盐。如供给 NH_4NO_3，则会因为根系吸收其阴、阳离子的量很相近，而不改变介质的 pH，所以称其为生理中性盐。如果在土壤中长期施用某一种化学肥料，就可能引起土壤酸碱度的改变，从而破坏土壤结构，所以施化肥应注意肥料类型的合理搭配。

（三）单盐毒害与离子拮抗

将植物培养在单一盐溶液中（即溶液中只含有一种金属离子），不久便会呈现不正常状态，最后整株死亡，这种现象称为单盐毒害。在单盐溶液中若加入少量其他盐类，单盐毒害现象就能减弱或消除，离子间能够相互消除毒害的现象，叫做离子拮抗。一般说来，同价金属离子不能产生拮抗作用，即 K^+ 不能拮抗 Na^+，Ba^{2+} 不能拮抗 Ca^{2+}；只有异价离子间才有拮抗作用（如 K^+ 与 Ca^{2+} 互为拮抗）。选择几种必需矿质元素按照一定的浓度和比例混合，使植物生长发育良好，这样的溶液叫平衡溶液。前面介绍的营养液是平衡溶液；对陆生植物来说，绝大多数的土壤溶液是平衡溶液；对海洋植物而言，海水也是平衡溶液。

二、根系吸收矿质元素的部位

从根的尖端到其后许多厘米的区域都可以吸收矿质元素。用放射性同位素 ^{32}P 做试验，将萌发 57d 的小麦初生根浸在 ^{32}P 溶液内，过一段时间测定各部切段的脉冲数，发现 ^{32}P 积累在两个区域，第一区是根冠和分生区，第二区是根毛区。但因根冠和分生区无输导系统，所吸收的离子不易运出而积累较多。根毛区因木质部已分化，所吸收的离子能很快运出，所以积累较少，结合积累和运出量的分析可以确定，根毛区是植物吸收矿质元素的主要部位。

三、根系吸收矿质元素的过程

根系吸收矿质元素要经过以下步骤。

（一）离子被吸附在根系细胞的表面

根部细胞在吸收离子的过程中，同时进行着离子的吸附与解吸附。这时，总有一部分离子被其他离子所置换。由于细胞吸附离子具有交换性质，故称为交换吸附。

1. 根对土壤溶液中离子的吸收　根部细胞呼吸产生的 CO_2 溶于水后可形成 H^+、HCO_3^- 等离子，这些离子可以和土壤溶液中的阴阳离子如 K^+、Cl^- 等发生离子交换，使土壤溶液中的离子被转移到根表面。

2. 根对吸附在土壤胶体上离子的吸收　对于被土壤胶体吸附着的矿质元素，根部细胞可通过两种方式进行交换吸附。

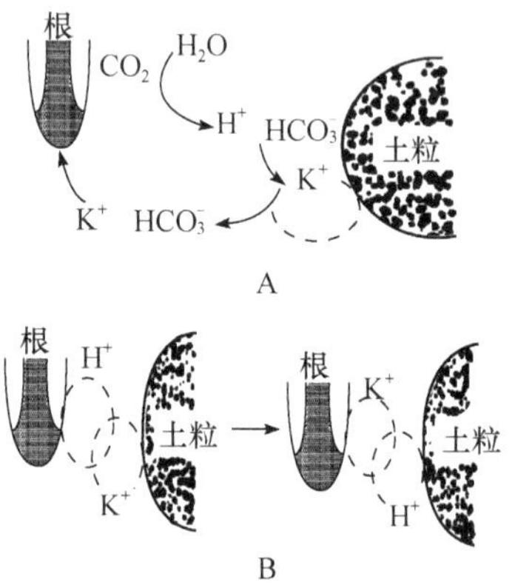

图 3-7　根系对离子的吸收

A. 间接交换；B. 直接交换

（1）间接交换。根部呼吸释放出的 CO_2 与土壤中的 H_2O 形成 H_2CO_3，H_2CO_3 从根表面逐渐接近土粒表面，土粒表面吸附的阳离子（如 K^+）与 H_2CO_3 的 H^+ 进行离子交换，H^+ 被土粒吸附，K^+ 进入土壤溶液（形成 $KHCO_3$），当 K^+ 接近根表面时，再与根表面的 H^+ 进行交换吸附，K^+ 即被根细胞吸附。K^+ 也可能连同 HCO_3^- 一起进入根部（图 3-7A）。

（2）直接交换。根部和土壤颗粒表面上的离子是在吸附位置上不断振动着的。如果根部和土壤颗粒之间的距离小于离子振动的空间，土壤颗粒上的阳离子和根表面的 H^+ 便可以不通过土壤溶液而直接交换，根部从而得到阳离子（图 3-7B）。这种方式的交换也称为接触交换。

3. 根对难溶于水的矿质元素的吸收　植物不仅能吸收溶于水的矿质元素，而且能吸收难溶于水的矿物质。这是因为，根除呼吸产生 H_2CO_3 外，在生命活动过程中还向周围介质分泌苹果酸、柠檬酸等有机酸。在上述酸类物质作用下，难溶性矿物质逐渐被溶解，经溶解释放出的矿质元素或者存在于土壤溶液中，或者被吸附于土粒表面上，然后再被根交换吸收。

（二）离子进入根内部

上述被根表面吸附的离子可通过共质体和质外体途径进入根内部（图 3-8）。

1. 共质体途径　离子由质膜上的载体或离子通道运入细胞质，通过内质网在细胞内移动，并由胞间连丝进入相邻细胞。进入共质体内的溶质也可运入液泡而暂存起来。溶质经共质体的运输以主动运输为主，也可进行扩散性运输，但速度较慢。

2. 质外体途径　质外体是指植物体内由细胞壁、细胞间隙、导管等所构成的允许矿物质、水分和气体自由扩散的非细胞质开放性连续体系，又称自由空间。自由空间的大小不易直接测得，但可由表观自由空间（AFS）间接衡量。AFS 为自由空间占组织总体积的百分比，可通过对外液和进入组织自由空间的溶质数的测定加以推算，AFS 一般为 5％～20％。计算公式如下：

$$AFS = \frac{\text{自由空间体积}}{\text{根组织总体积}} \times 100\% = \frac{\text{进入组织自由空间的溶质数}(\mu mol)}{\text{外液溶质浓度}(\mu mol/mL) \times \text{组织体积}(mL)} \times 100\%$$

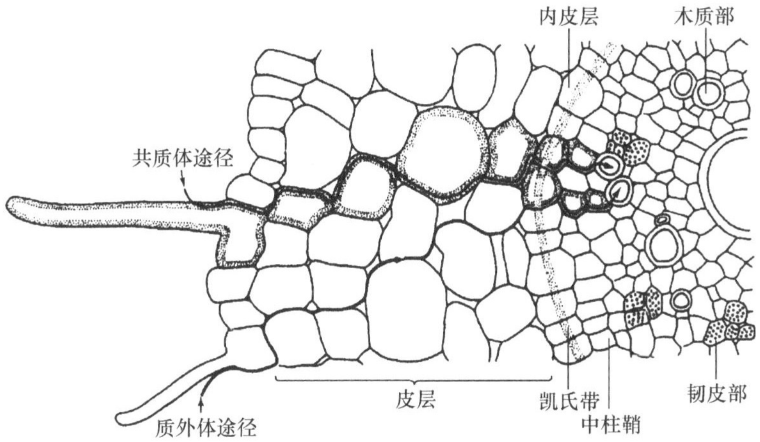

图 3-8　根毛区吸收的离子经共质体和质外体到达输导组织

离子通过质外体扩散到达内皮层时，由于凯氏带的存在，必须转入共质体才能继续向内运送至导管。不过，在幼嫩的根中，内皮层尚未形成凯氏带之前，离子和水分可经质外体到达导管。另外，在内皮层中有个别胞壁不加厚的通道细胞，可作为离子和水分扩散的途径。凯氏带的存在，使离子转运时必须通过共质体。在离子进入或运出共质体时必然有载体的参与，这就使根系有选择地吸收离子，维持各种离子内外浓度差，保证正常的生理状态。

（三）离子进入导管

离子经共质体途径最终从导管周围的薄壁细胞进入导管，其机理尚不明确。目前有两种相反的观点：一种观点认为，导管周围薄壁细胞中的离子以被动扩散的方式随水分流入导管；另一种观点则认为，导管周围薄壁细胞中的离子通过主动转运进入导管。

四、影响根系吸收矿质元素的土壤因素

（一）土壤温度

在一定的范围内，根系吸收矿质元素的速率随土壤温度的升高而加快。土温过高（超过 40℃）或过低（低于 0℃），根系吸收矿质元素的速率均下降。因为温度影响呼吸速率，进而影响主动吸收。在适宜的温度下，各种代谢加强，需要矿质元素的量增加，根吸收也相应增多。同时，原生质黏性降低，透性增加，对离子的吸收加快。温度过高，酶钝化，影响根部代谢，使根吸收矿质元素的速率下降；高温加速根的木质化进程，减少吸收面积；高温还能引起细胞透性增大，导致矿质外流。温度过低，酶活性下降，代谢减弱，主动吸收变慢；细胞质黏性增大，离子难以进入。例如，水稻生育期最适水温为 28～32℃，高于或低于这个温度都会妨碍水稻根系对矿质盐的吸收。其中，以对 K^+ 和硅酸（H_2SiO_3）吸收的影响最为明显。

（二）土壤通气状况

土壤通气状况对根系吸收养分有重要影响，通气良好，一方面提高土壤 O_2 分压，另一方面降低土壤 CO_2 分压，十分有利于根的呼吸，促进根对矿质元素的吸收。试验表明，当 O_2 分压低于3%时水稻离体根的吸 K^+ 量随 O_2 浓度的提高而不断增加；番茄根在5%～10% O_2 分压时吸 K^+ 量达到最大值。在农业生产中，开沟排水降低地下水位，中耕及稻田落水晒田，增施有机肥，增加土壤团粒结构，均是增进土壤通气、提高 O_2 分压的有效措施。

（三）土壤溶液浓度

当土壤溶液浓度很低时，根系吸收矿质元素的速度随着浓度的增加而增加，但达到某一浓度时，再增加离子浓度，根系对离子的吸收速度不再增加；浓度过高，会引起水分的反渗透，导致“烧苗”。所以，向土壤中施用化肥过度或叶面喷施化肥及农药的浓度过大，都会引起植物死亡，生产实践中应注意避免。

（四）土壤 pH

土壤 pH 对矿质元素的吸收有直接和间接两种影响。

直接影响：由于构成原生质的蛋白质是两性电解质，会直接影响根系对土壤溶液中阴阳离子的吸收。在弱酸性条件下根细胞蛋白质的氨基酸带正电荷，因而易于吸收外液的阴离子；在弱碱性条件下氨基酸带负电荷，所以易于吸收外液的阳离子。

间接影响：土壤溶液碱性反应加强时，Fe^{2+}、PO_4^{3-}、Ca^{2+}、Mg^{2+}、Cu^{2+}、Zn^{2+}等离子逐渐变为不溶状态，不利于植物的吸收；土壤酸性反应逐渐加强时，K^+、PO_4^{3-}、Ca^{2+}、Mg^{2+}等离子易溶解，植物来不及吸收就被雨水淋溶掉；在酸性土壤中重金属盐溶解度加大，导致植物中毒。同时，不适宜的 pH 影响土壤微生物的活动，酸性反应导致根瘤菌死亡，失去固氮能力；碱性反应促使反硝化细菌生长，使氮素发生损失，对植物营养不利。pH 高低的间接影响远大于直接影响。大多数作物生长最适 pH 在6～7，但也有极少数植物适于在偏酸或偏碱的条件下生长。

（五）土壤微生物活动

土壤中有许多微生物，如各种真菌和细菌等。其中，固氮菌、根瘤菌等有固氮能力，而反硝化细菌等对植物矿质营养不利。

在土壤中，植物的根（一般是幼根）常常被真菌浸染而形成菌根。菌根是非病原的或弱病原的真菌，与根的活细胞间形成一种互惠共生体。真菌从植物体中获取所需要的有机营养，植物根系则通过真菌增强了对矿质元素（特别是磷酸盐、硝酸盐、铵盐、钾、铜、锌等）和水的吸收。

第四节　矿质元素在植物体内的运输与分配

根系和叶片从外界所吸收的矿质元素，只有一部分留在根系或叶片中，大部分被运到植物体的其他部位。

一、矿质元素在植物体内的运输

(一) 矿质元素运输的形式

不同的矿质元素在植物体内运输的形式不同。金属元素以离子状态运输，非金属元素既可以离子状态运输，又可以小分子有机化合物形式运输。例如，根吸收的无机氮化合物绝大部分在根中柱薄壁细胞转化为有机氮化物，再运往地上部，也有一部分 NO_3^- 运至叶片进行还原，并同化为氨基酸。有机氮化物主要是氨基酸（如天冬氨酸、谷氨酸，还有少量丙氨酸、甲硫氨酸等）和酰胺（如谷酰胺、天冬酰胺）。磷主要以正磷酸形式运输，但也有一部分在根内转变为有机磷化物（如磷酰胆碱等）再向上运输。硫元素主要以 SO_4^{2-} 形式进行运输，但也有少部分转化为甲硫氨酸和谷胱甘肽向上运输。

(二) 矿质元素运输的途径

矿质元素主要是通过木质部向地上部运输，也可以横向运输到韧皮部。

将一株双分枝的柳树苗，在两枝的对应部位把茎中的一段木质部与韧皮部分开，并在其中的一枝夹入蜡纸（处理Ⅰ），而另一枝不插蜡纸，让韧皮部与木质部重新接触（处理Ⅱ），并以此作为对照。然后在根部施入 $^{42}K^+$，5h 后测定 $^{42}K^+$ 在茎中分布状况。结果表明，在韧皮部与木质部间隔以蜡纸的部位，木质部内存在大量的 $^{42}K^+$，而韧皮部内几乎没有，这说明根系吸收的 $^{42}K^+$ 是通过木质部的导管向上运输的；而在韧皮部与木质部未分开部位或已分开但未夹蜡纸的部位，韧皮部中反而存在较多的 $^{42}K^+$，这说明 $^{42}K^+$ 可以从木质部活跃地横向运输到韧皮部。

利用 ^{32}P 证明，叶片吸收的矿质元素可进行双向运输，但不管是向上运输还是向下运输，均以韧皮部的筛管为主；同时，还可从韧皮部活跃地横向运输到木质部，然后再向上运输。

矿质元素在植物体内运输的速率与植物种类、植物生育期及环境条件等因素有关，一般为 30～100cm/h。

二、矿质元素在植物体内的分配

矿质元素在植物体内的分配因离子是否参与体内离子循环而异。有些元素（如氮、磷、镁）主要形成不稳定的化合物被植物利用，这些化合物不断分解，释放出的离子可转移到其他部位而被再利用。有些元素（如钾）在植物体内始终呈离子状态。上述两类元素属于参与循环的元素，也称为可再利用元素。据测定，就水稻而言，在各生育期吸收的总磷中，有 60%～80%运入籽粒。另有一些元素（如钙、铁、锰、硼）在细胞中一般形成难溶解的稳定化合物，是不能参与循环的元素，也称为不可再利用元素。可再利用元素中以氮、磷最为典型，不可再利用元素中以钙最为典型。

第五节 植物对氮、磷、硫的同化

高等植物的特点之一就是把从周围环境中吸收的简单无机物转化为复杂的有机物，

这一过程叫同化作用。许多元素只有被同化之后才能更加充分地被植物利用，发挥其特有的生理生化功能。本节主要介绍无机物氮、磷、硫同化为有机物的过程。

一、氮的同化

大气中含有约78%的氮气，植物不能直接利用，只有某些微生物（包括与高等植物共生的固氮微生物）才能利用大气中的氮气。植物所利用的氮源，主要是土壤中的含氮化合物。土壤中的有机含氮化合物主要来源于动物、植物和微生物躯体的腐烂分解，其中小部分形成氨基酸、酰胺、尿素等而被植物直接吸收（尿素也可迅速分解为NH_3和CO_2），大部分则通过土壤微生物转化为无机氮化合物（主要是NH_4^+和NO_3^-）后被植物吸收。但吸收的NH_4^+和NO_3^-必须同化成有机氮化合物才能被植物体进一步利用。

（一）硝态氮的还原

硝酸盐（NO_3^-）中的氮呈高度氧化状态，而氨基酸和蛋白质中的氮则呈高度还原状态。因此，被植物吸收的硝酸盐必须经过代谢还原之后才能被利用。

一般认为，硝酸盐还原为氨（NH_3）基本上可分为两个阶段：一是在硝酸还原酶（NR）作用下，由硝酸盐还原为亚硝酸盐（NO_2^-）；二是在亚硝酸还原酶（NiR）作用下，将亚硝酸盐还原为氨。全过程可用下式表示：

$$\overset{+5}{NO_3^-} \xrightarrow[\text{硝酸还原酶}]{+2e} \overset{+3}{NO_2^-} \xrightarrow[\text{亚硝酸还原酶}]{+6e} \overset{-3}{NH_3}$$

据研究，硝酸盐还原既可在根内进行，又可在叶中完成，二者所占比例与植物种类及环境条件有关。对同一植物，若NO_3^-供应较少，其还原主要在根中进行；若大量供给时，则上运到叶中还原。

1. 硝酸盐还原为亚硝酸盐 这一过程是在细胞质中进行的，催化这一反应的硝酸还原酶为钼黄素蛋白，含有FAD、Cytb和Mo，还原力为$NADH+H^+$，其还原过程是：FAD从供氢体$NADH+H^+$接受H^+及电子（e）而被还原，然后将e依次传给Cytb及Mo，最后传至NO_3^-使其还原为NO_2^-（图3-9）。

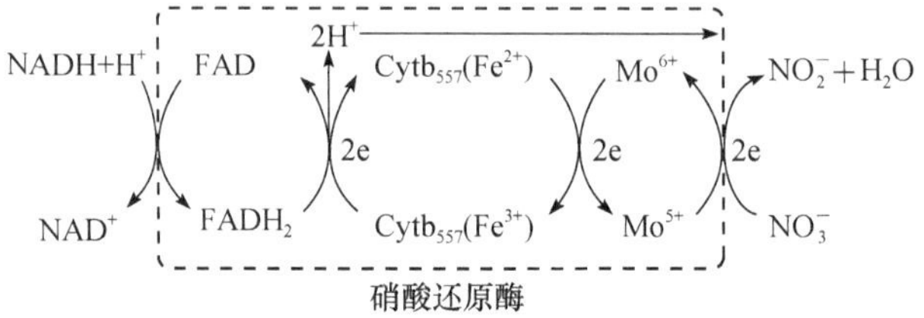

图3-9 硝酸还原酶催化硝酸盐还原的过程

由于硝酸还原酶含有Mo，所以当植物缺Mo时，植物体内积累大量的硝酸盐。例如，缺Mo时番茄植株积累的硝酸盐占植株干重的12%，供Mo后24h内积累的硝酸盐下降至1%。由于缺Mo而积累的NO_3^-不能被还原，植物依然呈现出缺氮的症状。业已查明，硝酸还原酶是一种诱导酶，亦称为适应酶。所谓诱导酶或适应酶是指植物本来不含某种酶，但在特定的外来物质的影响下，可以生成这种酶，这一现象称为酶的诱导形成或适应形成，而所形成的酶叫诱导酶或适应酶。例如，水稻幼苗体内本无硝酸还原酶，但培养在含 NO_3^- 的溶液中其体内即形成硝酸还原酶；如把幼苗再转入不含 NO_3^- 的溶液中，硝酸还原酶又逐渐消失。

研究表明，绿叶中的 NO_3^- 还原与光合作用的关系极为密切，即光合作用为 NO_3^- 还原提供还原力。但是，硝酸还原酶定位于细胞质，专需 $NADH+H^+$ 作为还原力，而在光合链中形成的 $NADPH+H^+$ 却在叶绿体内，怎样才能透过叶绿体内膜而运至细胞质，即光合过程所产生的还原力如何进入细胞质供硝酸盐还原利用呢？许多学者推测，在叶绿体膜上存在着“穿梭”式反应。经苹果酸-草酰乙酸穿梭使叶绿体内的 $NADPH+H^+$ 转化为细胞质的 $NADH+H^+$，以供 NO_3^- 还原利用（图 3-10）。

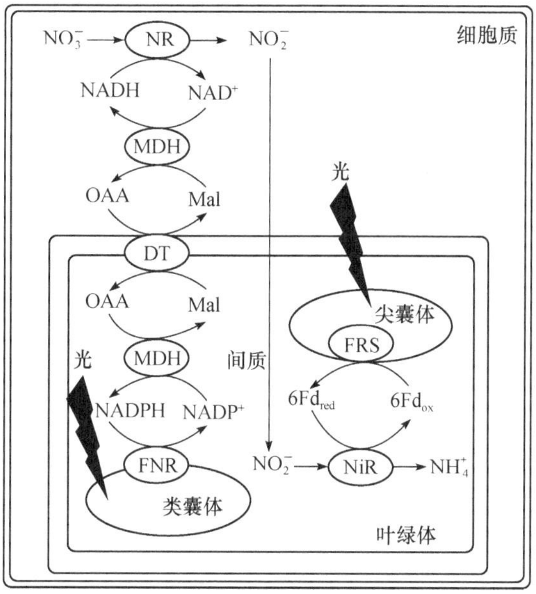

图 3-10　在叶中的硝酸还原

DT. 双酸酸转运器；MDH. 苹果酸脱氢酶；FNR. Fd-NADP 还原酶；FRS. Fd 还原系统

2. 亚硝酸盐还原为氨　NO_3^- 还原为 NO_2^- 后，NO_2^- 被讯速运进质体即根中的前质体或叶中的叶绿体，并进一步被亚硝酸盐还原酶还原为 NH_3 或 NH_4^+。在叶绿体中，还原所需的电子来自于还原型铁氧还蛋白（Fd_{red}），它由叶绿体通过非环式光合磷酸化电子传递反应产生。在非绿色组织（如根）的质体中，NO_2^- 还原所需的 Fd_{red} 来源于 PPP 呼吸途径产生的 NADPH，经黄素蛋白 $NADP^+$ 还原酶催化将氧化态的 Fd_{ox} 还原为还原态（Fd_{red}）。

（二）氨态氮的同化

植物吸收铵盐中的 NH_3 或 NO_3^- 代谢还原后产生的 NH_3 立即被同化。因为游离 NH_3 的含量稍高就会伤害植物，即抑制呼吸电子传递体（NAD^+）。据研究，NH_3 在植物体内的同化途径有多条，其中最主要的就是用于氨基酸的合成。

植物体内 NH_3 被同化为氨基酸主要是通过谷氨酰胺合成酶（GS）-谷氨酸合酶途径。而且谷氨酰胺合成酶对 NH_3 的亲和力很高，这表现在 K_m 值上（10～39μmol/L）。这两种酶催化的反应如下：

$$\text{L-谷氨酸} + ATP + NH_3 \xrightarrow[Mg^{2+}]{\text{谷氨酰胺合成酶}} \text{L-谷氨酰胺} + ADP + Pi$$

$$\text{L-谷氨酰胺} + \alpha\text{-酮戊二酸} + NAD(P)H \text{ 或 } Fd_{red} \xrightarrow{\text{谷氨酸合酶}} 2\text{L-谷氨酸} + NAD(P)^+ \text{ 或 } Fd_{ox}$$

从上述反应式可以看出，NH_3 与谷氨酸结合，需要 ATP 提供能量，同时转氨基过程尚需还原力，这与植物体的部位有关：在叶片中需要还原型 Fd，与光合作用有关；在根系中需要 $NAD(P)H+H^+$，与呼吸作用有关。

（三）生物固氮

在一定条件下，N_2 可与其他物质进行化学反应，固定形成氮化物，这个过程称为固氮作用。在自然固氮中，约有 10%是通过闪电完成的，其余 90%是通过微生物完成的。某些微生物把空气中的游离氮固定转化为含氮化合物的过程，称为生物固氮。生物固氮对农业生产和自然界中的氮素平衡具有十分重大的意义。

生物固氮是由两类微生物来实现的：一类是自生固氮微生物，包括细菌和蓝绿藻；另一类是与其他植物（宿主）共生的微生物，如与豆科植物共生的根瘤菌、与非豆科植物共生的放线菌及与水生蕨类红萍（亦称满江红）共生的蓝藻（鱼腥藻）等，其中以根瘤菌最重要。生物固氮就是通过微生物的作用，把空气中游离的氮素转变成含氮化合物（NH_3 或 NH_4^+）的过程。

固氮微生物体内含有固氮酶，它具有还原分子氮为氨的功能。一般认为固氮酶是由钼铁蛋白和铁蛋白构成的复合物，两者都是可溶性蛋白质。氨是生物固氮的最终产物，分子氮被固定为氨的总反应式如下：

$$N_2 + 8e + 8H^+ + 16ATP \xrightarrow{\text{固氮酶}} 2NH_3 + H_2 + 16ADP + 16Pi$$

在整个固氮过程中，以铁氧还蛋白为电子供体去还原铁蛋白，后者进一步与 Mg-ATP 结合，形成还原型的 Mg-ATP 铁蛋白，电子接着流到钼铁蛋白，还原型的钼铁蛋白接着还原 N_2，最终形成 NH_3（图 3-11）。

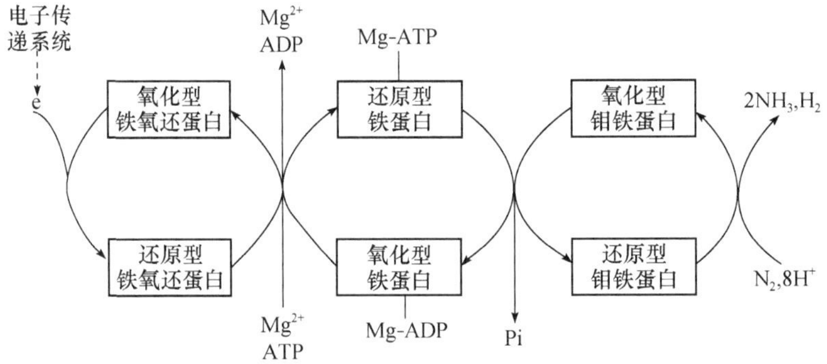

图 3-11　固氮酶的催化反应

固氮酶也可以还原质子（H^+）而放出氢（H_2）。氢在氢化酶作用下，又可还原铁氧还蛋白，这样氮的还原就形成一个电子传递的循环。生物固氮虽然可以利用固氮酶作用得到可利用的氮来满足作物需要，但是从上述固氮反应式可见，固氮酶固定 1 分子 N_2 要消耗 8 个 e 和 16 个 ATP。据计算，高等植物固定 1g N_2 要消耗有机碳 12g。看来，如何减少固氮所需的能量投入量是生物固氮研究中亟待解决的问题。

二、磷的同化

无机磷酸盐被植物吸收之后，迅速向生长最活跃的分生组织转移和积累，并且绝大部分以氧化态形式存在的磷酸被同化为有机化合物，如磷酸核苷、磷酸酯等含磷化合物，其中最主要的同化过程就是通过光合磷酸化、氧化磷酸化及底物水平磷酸化，与 ADP 形成 ATP。

$$ADP + Pi \longrightarrow ATP + H_2O$$

三、硫的同化

高等植物体内硫酸盐的同化既可在根部，又可在茎叶，凡是生长活跃的细胞与组织均有这种过程。硫酸盐的同化大致可分为两个阶段。

1. 活化阶段 硫酸盐的代谢还原，首先需要活化。活化分为两步：①在 ATP-硫酸化酶催化下，SO_4^{2-} 与 ATP 反应，生成腺苷酰硫酸（adenosine-5′-phosphosulfate，APS）和焦磷酸（PPi）；②在 APS 激酶催化下，APS 又与 ATP 反应，生成 3′-磷酸腺苷-5′-磷酰硫酸（3′-phosphoadenosine-5′-phosphosulfate，PAPS）。APS 和 PAPS 都是活化的硫酸盐，二者可以相互转化。

$$ATP + SO_4^{2-} \xrightarrow[Mg^{2+}]{\text{ATP-硫酸化酶}} APS + PPi$$

$$\updownarrow$$

$$APS + ATP \xrightarrow[Mg^{2+}]{\text{APS-激酶}} PAPS + ADP$$

2. 还原阶段 活化硫酸盐 APS 的还原基本上有两条途径。

（1）在高等植物中，APS 首先将其磺酰基转移给含一个硫氢基的载体，而生成的载体-硫代硫酸加氧化物可被铁氧还蛋白还原，所生成的还原产物可用于半胱氨酸的合成：

$$\text{载体-SH} + AMP\text{-}O\text{-}SO_3H \longrightarrow \text{载体-S-}SO_3H + AMP$$

$$\text{载体-S-}SO_3H\text{+}AMP \xrightarrow[\text{还原酶}]{6Fd_{red} \curvearrowright 6Fd_{ox}} \text{载体-S-SH}$$

$$\text{载体-S-SH} + \text{O-乙酰丝氨酸} \longrightarrow \text{载体-SH} + \text{半胱氨酸} + \text{乙酸}$$

（2）APS 将磺酰基转移给含两个硫氢基的载体，其生成物发生自身氧化还原反应而放出 H_2SO_3，后者在还原酶作用下被 $NADPH + H^+$ 还原为 H_2S，并用于半胱氨酸的合成。

需要指出的是，半胱氨酸不仅是构成蛋白质的组分，而且是从无机硫转变为有机硫的重要媒介。例如，由半胱氨酸可转变为胱氨酸和蛋氨酸，也可转变为磺基丙氨酸，后者又可转化为硫酸酯或胆碱。

第六节　合理施肥的生理基础

由于土壤的矿质元素不断地被植物吸收利用而逐渐减少，因此在农业生产中常需要人为地给予补充，以满足植物生长发育的需要。为提高产量、改善品质，不仅需要供给充足的肥料，而且应根据植物的需肥规律合理施肥，这是植物栽培中极为重要的一项措施。

一、植物需肥的规律

（一）不同植物需肥不同

各种植物都要求有全面的营养，需要各种必需元素。但不同的植物对肥料要素，特别是对氮、磷、钾三要素的要求比例是不一样的。栽培叶菜类，如白菜、菠菜等，要多施氮肥，促进叶片生长肥嫩。栽培浆果、瓜果、水果类，如番茄、西瓜、甜瓜、各种木本水果等，要多施氮磷肥并配合钾肥，以利糖分形成和积累。收获块根、块茎的薯芋类，如甘薯、马铃薯、芋头等，宜多施钾肥和磷肥，促进更多的光合产物运往块根或块茎合成淀粉。栽培以收获茎秆为主的黄麻、甘蔗，要多施氮、钾肥，配合施磷肥，以利茎伸长加粗，使黄麻纤维层发达，甘蔗含糖量增高。以收获淀粉为主的禾谷类作物，如水稻、小麦、玉米、高粱、谷子等，要特别注意氮、磷、钾肥适当配合，既要促进营养器官生长，又要保证后期光合产物充分，籽粒饱满。

（二）不同生育时期需肥不同

同一植物在不同生育时期对营养要求不同。叶菜类蔬菜，自始至终要求较高水平的氮。豆科植物仅苗期要求有适当的氮，此后根瘤形成可固氮，主要要求磷肥和钾肥。禾本科的玉米，一般 5 片叶以前对氮、磷、钾需要量很少，拔节至抽雄对氮、钾肥要求量很大（约占一个生长周期的 70%），抽雄之后要求量下降，主要需要磷肥（约占一个生长周期的 60%）。水稻三叶期以前不大需要外部营养，而分蘖期需要较多的氮（约占一个生长周期的 30%）；至抽穗期，已完成对氮、磷、钾吸收量的 70%以上。

一般说来，禾本科植物苗期需肥量较少，但很敏感不能缺，要促壮苗为后期打基础；分蘖至开花，需肥量最多，开花后逐渐减少，因此，施肥应着重在前期及中期。对某些植物如烟草，在后期不可再施肥，而对棉花、油菜等营养生长与生殖生长同时并进的植物，后期仍需保持适当养分，故应注意适当追肥。植物最需要营养的时期或缺乏营养减产最敏感的时期，称为植物的营养临界期。水稻、小麦的营养临界期是分蘖-抽穗期。

（三）生长中心需肥量最大

事实上，即使处于同一生育期，不同部位的需肥量亦不同，其中必定有一个生长快、需肥量较大的部位，这就是生长中心。例如，小麦和水稻各个时期的生长中心，分蘖期是腋芽，拔节孕穗期是小穗分化、发育与形成，开花结实期是种子的发育。一般说来，生长中心代谢强烈，生长迅速，需肥量大。因此，不同生育期施肥对作物生长的影响不同，增产效果也不一样。其中有一个时期施肥的营养效果最好，被称为最高生产效率期或植物营养最大效率期。通常，植物的营养最大效率期是生殖生长期，此时正是植物处于生殖器官分化或退化的关键时刻，需要养分最多。如能适时予以加强营养，既可促进颖花的分化形成，又可防止颖花与花梗的退化，可获得较高的经济效益。例如，小麦与水稻的营养最大效率期是幼穗形成期。

二、合理施肥的指标

合理施肥包含两层意思：一是满足植物对必需元素的需要，二是使肥料发挥最大的经济效益。确定植物是否需要施肥，施什么肥，施多少肥，有各种指标。例如，土壤的营养水平、植物的长势、植物体内某些物质的含量，均可作为施肥的指标。现在介绍追肥时的两种指标。

（一）形态指标

通常把能够反映植株需肥状况的外部形态称为追肥的形态指标。

1. 长相　植物的长相是指植物的外部形态。例如，氮肥过多时植株生长过快，叶长而软，株型松散；氮肥不足时植株生长缓慢，叶短而直，株型紧凑。因此，可以把植物的长相作为追肥的一种指标。

2. 叶色　叶片的颜色也是一个重要的追肥指标。这是因为：叶色反应快，敏感，追肥 3～5d 后叶色即发生变化，比生长反应还快。叶色是反映作物的营养状况（尤其氮素）最灵敏的指标。例如，叶色深，表明氮素与叶绿素含量高；叶色浅，表明两者含量均低。叶色是反映植物代谢类型的良好指标，叶色深的植株以氮素代谢即扩大型代谢为主，叶色浅的植株以碳素代谢即贮藏型代谢为主。前者大多数光合产物用于新生器官的形态建成，后者则主要分配到贮藏器官中去。

（二）生理指标

所谓生理指标就是根据植物的生理活动与某些养分之间的关系，确定一些临界值，然后再进行追肥。当然，这些临界值依植物的种类、生育时期、栽培措施和土壤营养水平而呈现出一定的差异，只有经过多次试验才能获得。目前采用的生理指标主要有以下几种。

1. 叶片中元素含量　叶片营养元素诊断是一种应用较广的植物营养分析方法。该方法就是在不同施肥水平下，分析不同作物或同一作物的不同组织、不同生育期中营养元素的浓度与作物产量之间的关系。通过分析，可在严重缺乏与适量浓度之间找到一临界浓度，即植物获得最高产量时组织中营养元素的最低浓度。如果叶中养分浓度低于临界浓度，就预示着应及时补充肥料。

2. 叶绿素含量　叶绿素形成及其含量与矿质元素供给状况有关，特别与氮的水平有关。研究表明，南京地区的小麦返青期功能叶的叶绿素含量占干重的 1.7%～2.0%为宜，低于 1.6%表示缺肥；拔节期以 1.2%～1.5%为正常，低于 1.1%为缺肥，高于1.7％则表示过多，要控制拔节肥；孕穗期以2.1％～2.5％为正常。

3. 酰胺和淀粉含量　植物能够以酰胺的形式将体内过多的氮素贮存起来，避免氨毒害。顶叶内如含有酰胺，表示氮素营养充足；若不含酰胺，说明氮素营养不足。这一指标特别适合水稻等作物作为施用穗肥的依据。

水稻、小麦叶鞘中的淀粉含量，也可作为氮素丰缺的指标，氮肥不足往往会使淀粉在叶鞘中积累，因此也可采用碘试法测定叶鞘中淀粉的含量。当叶鞘中淀粉含量高时，就应追施氮肥。

4. 酶活性　一些矿质元素可作为某些酶的激活剂或组成成分，当缺乏这些元素时，相应的酶活性就会下降。例如，缺铜时抗坏血酸氧化酶和多酚氧化酶的活性下降；缺锌时碳酸酐酶和核糖核酸酶活性减弱；缺锰时异柠檬酸脱氢酶活性下降；缺钼时硝酸还原酶活性下降；缺铁时过氧化物酶和过氧化氢酶活性下降等。还有些酶在缺乏相关元素时其活性会上升，如缺磷时，酸性磷酸酶活性会提高。根据这些酶活性的变化，便可以推测植物体内的营养水平，从而指导施肥。

小　结

通过水培和砂培方法，现已明确碳、氢、氧、氮、磷、钾、钙、镁、硫、铁、锰、硼、锌、铜、钼、氯、镍这17种元素为植物的必需元素。除碳、氢、氧、氮外，其余13种元素均为植物所必需的矿质元素。根据植物对元素需要量的多少，这些元素又可分为大量元素和微量元素。

植物必需矿质元素的生理作用为：细胞结构物质的组分；生命活动的调节者；参与植物体内的醇基酯化；具有电化学作用和缓冲作用。必需矿质元素缺乏时植物表现出专一的缺素症。

植物细胞对矿质元素的吸收有被动吸收、主动吸收和胞饮作用三种类型。矿质元素顺电化学势梯度扩散进入细胞属于被动吸收，包括单纯扩散与协助扩散。矿质元素逆其电化学势梯度进入细胞，为主动吸收。主动吸收消耗代谢能量，并依赖于质膜上的ATP酶和运输体，是细胞吸收矿质元素的主要形式。

根系是植物体吸收矿质元素的主要器官。根尖的根毛区是吸收离子最活跃的部位。根系对矿质元素吸收的特点是：对矿物质和水分的相对吸收；离子的选择性吸收；单盐毒害和离子拮抗。

根系吸收矿质元素的过程是：首先通过交换吸附将离子吸附在根部细胞表面；离子再通过质外体或共质体途径进入根内部；最终离子经共质体途径进入导管。土壤条件（温度、通气状况、pH等）影响根系对矿质元素的吸收。

根部吸收的矿质元素，一部分留在根中，大部分通过木质部向上运输，也可从木质部横向运输到韧皮部再向上或向下运输。矿物质在植物体内的分配以离子是否参与体内循环而异。参与循环的元素如氮、磷、钾、镁等多分布于代谢旺盛的幼嫩部位，不能参与循环的元素如钙、铁、锰等多分布于老组织中。

矿质元素必须同化才能被植物利用。氮素同化包括生物固氮、硝态氮和铵态氮的同化等过程。氮素同化形成氨基酸即可参加蛋白质等含氮物质的代谢。

施肥是农业生产中一项重要栽培措施，为满足植物对矿质元素的需要，使肥料发挥最大的经济效益，应根据植物特性、生产目的、生育期等情况，结合土壤肥力与植物营养指标进行合理施肥。

复习思考题

1. 植物体内灰分含量与植物种类、器官及环境条件关系如何？

2. 植物进行正常生命活动需要哪些矿质元素？其确定标准和方法是什么？

3. 溶液培养法有哪些类型？用溶液培养植物时应注意哪些事项？无土栽培技术在农业生产上有哪些应用？

4. 植物必需的矿质元素有哪些生理作用？

5. 试述矿质元素在光合作用中的生理作用。

6. 如何诊断植物缺素症状？

7. 试分析植物失绿（发黄）的可能原因。

8. 植物细胞吸收矿质元素的方式有哪些？

9. 为什么说主动吸收与被动吸收都有膜转运蛋白的参与？

10. 试述植物细胞被动和主动吸收矿质元素的机理。

11. ATP 酶是如何参与矿质元素的主动转运的？

12. 原初主动运输和次级主动运输的区别是什么？

13. 试述根系吸收矿质元素的特点和主要过程。

14. 土壤因素是如何影响根系吸收矿质元素的？光对根系吸收矿质元素有何影响？

15. 为什么植物缺钙、铁等元素时，缺素症最先表现在幼嫩器官上？而缺氮、磷、钾时缺素症最先表现在老器官上？

16. 硝态氮进入植物体之后是怎样运输的？如何同化成氨基酸？

17. 在农业生产中如何进行合理施肥？

第四章　植物的呼吸作用

植物呼吸代谢集物质代谢与能量代谢为一体，是植物生长发育得以顺利进行的物质、能量和信息的源泉，没有呼吸就没有生命。呼吸作用释放的能量供给植物各种生理活动的需要，它的中间产物在植物体各主要物质之间的转变中起着枢纽作用。因此，了解植物呼吸作用的规律，对于调控植物的生长发育，指导农业生产有着重要的理论意义和广泛的实践意义。

第一节　植物呼吸作用概述

一、植物呼吸作用的概念

植物的呼吸作用是指植物生活细胞内的有机物，在酶的参与下，逐步氧化分解并释放能量的过程。呼吸作用的产物因呼吸类型不同而有差异。根据呼吸过程中有无 O_2 的参加，可将呼吸作用分为有氧呼吸和无氧呼吸两大类型。

（一）有氧呼吸

有氧呼吸是指生活细胞在 O_2 的参与下，把某些有机物质彻底氧化分解，放出 CO_2 和 H_2O，同时释放能量的过程。一般来说，葡萄糖是呼吸作用最常利用的物质，因此有氧呼吸可用下式表示：

$$C_6H_{12}O_6 + 6O_2 \longrightarrow 6CO_2 + 6H_2O + \text{能量}(2870\text{kJ})$$

上式是目前通常使用的反应式。但有氧呼吸的整个过程中，O_2 不直接与葡萄糖作用，而是需要 H_2O 和 H_3PO_4 参与到葡萄糖降解的中间产物里，再由中间产物的 H 与 O_2结合，还原为 H_2O。为了更准确地说明有氧呼吸的生化变化，可用下列反应式表示：

$$C_6H_{12}O_6 + 2H_2O + 6O_2 \xrightarrow{4H_3PO_4} 6CO_2 + 12H_2O + \text{能量}(2870\text{kJ})$$

有氧呼吸是高等植物呼吸作用的主要方式。一般所说的呼吸作用就是指有氧呼吸。但是，在某些条件下，植物也被迫进行无氧呼吸。

（二）无氧呼吸

无氧呼吸指在无氧条件下，生活细胞把某些有机物质分解为不彻底的氧化产物，同时释放能量的过程。在微生物中称为发酵。无氧呼吸可以产生乙醇，也可以产生乳酸。例如，甜菜块根、马铃薯块茎、玉米种胚等在无氧呼吸时产生乳酸。这两种类型无氧呼吸的反应式如下：

$$C_6H_{12}O_6 \longrightarrow 2C_2H_5OH + 2CO_2 + \text{能量}(226\text{kJ})$$

$$C_6H_{12}O_6 \longrightarrow 2CH_3CHOHCOOH + \text{能量}(197\text{kJ})$$

无氧呼吸的主要特征是呼吸时没有 O_2 的参与，底物氧化不彻底，释放的能量比有氧呼吸少。但至今，高等植物仍然保留无氧呼吸，这是植物适应多变环境的表现。

二、植物呼吸作用的生理意义

植物生命活动过程中，呼吸作用具有重要的生理意义，主要表现在以下几个方面。

（1）提供植物生命活动所需要的大部分能量。植物进行生命活动（如原生质运动、水分和矿质的吸收、有机物的合成和运输、细胞的增殖与生长等）均需要消耗能量。这些能量主要由呼吸作用产生的 ATP 提供。有氧呼吸是植物体内产生 ATP 的主要途径，因此植物体中凡是生命活动旺盛的部位，呼吸作用就强烈。呼吸产生的部分能量也以热能散失，这可提高植物的体温，促进代谢。

（2）提供其他有机物合成的原料。呼吸作用氧化分解有机物质经历了一系列的中间过程，同时产生一系列的中间产物，这些中间产物不稳定，成为合成植物体内多种重要物质（如氨基酸、蛋白质、核苷酸、核酸、脂肪等）的原料，而各种物质的代谢也通过这些中间产物建立起联系。

（3）提供还原力。呼吸过程中，伴随着物质的降解，不断地进行脱氢反应，生成 $FADH_2$、$NADH+H^+$、$NADPH+H^+$ 等，它们是细胞内生物合成的还原力。例如，硝酸盐的还原与氨基酸的合成、脂肪酸的合成就分别以 $NADH+H^+$ 和 $NADPH+H^+$ 作为还原力。

（4）提高抗病免疫能力。病菌侵入时，首先分泌水解酶类，使植物组织受到破坏而侵入，而植物本身的呼吸作用可以抑制病菌水解酶的活性，并将病菌放出的毒素分解破坏。另外，植物还可利用呼吸的能量和中间产物形成某些隔离组织以阻止病斑的扩大。植物被昆虫咬伤或受到机械损伤时，伤口周围组织的呼吸加强，以利于修复。

三、植物呼吸作用的总过程

呼吸作用的总过程是使有机物质逐步氧化分解并释放能量。这是一个复杂的过程，它包括不同的呼吸途径和几十步反应，涉及物质转化和能量转化两个方面。

呼吸作用的物质转化表现在呼吸底物的逐步氧化降解。呼吸作用中，被氧化分解的有机物称为呼吸底物或呼吸基质。植物体内的碳水化合物、脂肪、蛋白质及有机酸都可作为呼吸底物。当生物大分子中的多糖、脂肪、蛋白质作为呼吸底物时，首先降解为单体分子（如单糖、甘油、脂肪酸、氨基酸）；再由单体分子转变为更为简单的中间代谢物（如丙酮酸、乙酰 CoA）；最后，简单的中间代谢物生成不同呼吸类型的末端产物（如 CO_2、H_2O、乙醇、乳酸等）。在呼吸底物的逐步脱氢氧化中生成了 $NADH_2$、$FADH_2$ 或 $NADPH_2$。

呼吸作用的能量转化包括 ATP 的生成和热能的释放。ATP 的生成可以在底物降解过程中通过底物水平磷酸化少量生成。而大量 ATP 的生成则是将底物氧化中产生的 $NADH_2$ 和 $FADH_2$ 通过长短不等的呼吸链电子传递释放能量，在释能较多的部位，可以通过氧化磷酸化作用生成 ATP；而释能较少的部位则以热能的形式散失。

在呼吸链电子传递的末端，不同的末端氧化酶将呼吸链传递下来的氢交给分子氧生成 H_2O 或 H_2O_2，完成整个呼吸过程（图 4-1）。

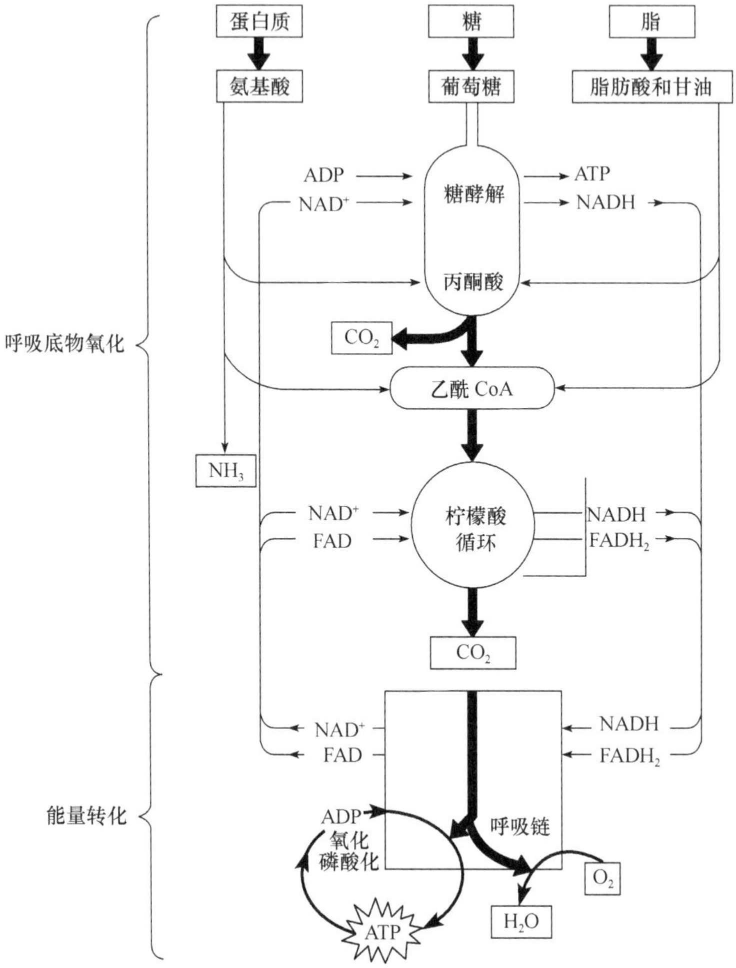

图 4-1　植物呼吸作用的全过程

第二节　呼吸代谢途径

植物的呼吸代谢途径是指呼吸底物氧化和产生能量所经历的路线。由于呼吸底物不同或植物器官、组织、生育期不同，以及环境条件的不同，植物所采取的呼吸途径都可能不同。因此，高等植物中存在多条呼吸代谢的生化途径。

一、底物氧化降解途径

由于糖类物质是植物呼吸的主要底物，所以呼吸作用实际上是细胞内糖类物质逐步氧化降解的过程。这是由定位于细胞内不同区域的相互联系的糖酵解（EMP）、三羧酸循环（TCA）、戊糖磷酸途径（PPP）、乙醇发酵、乙醛酸循环等多条途径共同完成的（图 4-2）。

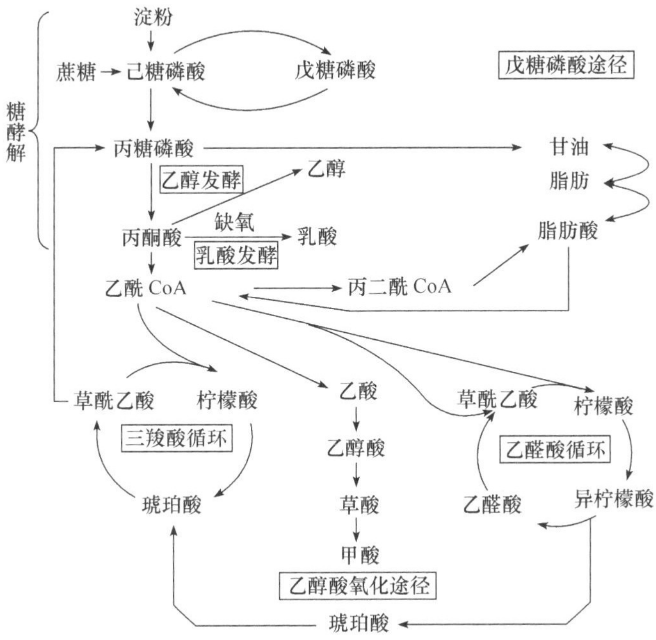

图 4-2 植物体内呼吸底物氧化降解多途径示意图

(一) 糖酵解途径

糖酵解（glycolysis）是指淀粉、葡萄糖或果糖在细胞质内、在一系列酶参与下，转变为丙酮酸的过程。由于 Embden、Meyerhof 和 Parnas 三位生物化学家对阐述这一途径的生化反应作出了重要贡献，因此糖酵解途径又叫 EMP 途径。糖酵解的具体步骤见图 4-3。

由图 4-3 可见，糖酵解从葡萄糖开始至丙酮酸有 10 步反应，分 4 个阶段，且每个阶段都各有特点。

(1) 葡萄糖的活化与异构化。共三步反应（①→③），从葡萄糖到果糖-1,6-二磷酸。葡萄糖要活化才能参与反应，所谓活化是在 ATP 的参与下进行磷酸化，提高分子的能量水平，有利于后续反应的进行。这是一个耗能过程，其中①和③步反应各消耗 1ATP，且这两步反应不可逆。

(2) 己糖裂解为丙糖磷酸。共两步反应（④和⑤），从果糖-1,6 二磷酸裂解为 2 分子的丙糖磷酸（磷酸二羟丙酮和甘油醛-3-磷酸），2 分子的丙糖磷酸可以互变。

(3) 甘油醛-3-磷酸的脱氢氧化。反应⑥，该步反应由甘油醛-3-磷酸氧化为 1,3-二磷酸甘油酸并生成 1 分子 $NADH+H^+$，2 分子的甘油醛-3-磷酸氧化，共生成 2 分子 $NADH+H^+$。

(4) 贮能。共 4 步反应（⑦→⑩），从 1,3-二磷酸甘油酸到丙酮酸。贮能即生成 ATP，在反应⑦和⑩步各有 1 次底物水平磷酸化生成 ATP，1 分子 1,3-二磷酸甘油酸通过两步反应生成 2ATP，2 分子 1,3-二磷酸甘油酸则生成 4ATP。另外，第⑩步反应不可逆。

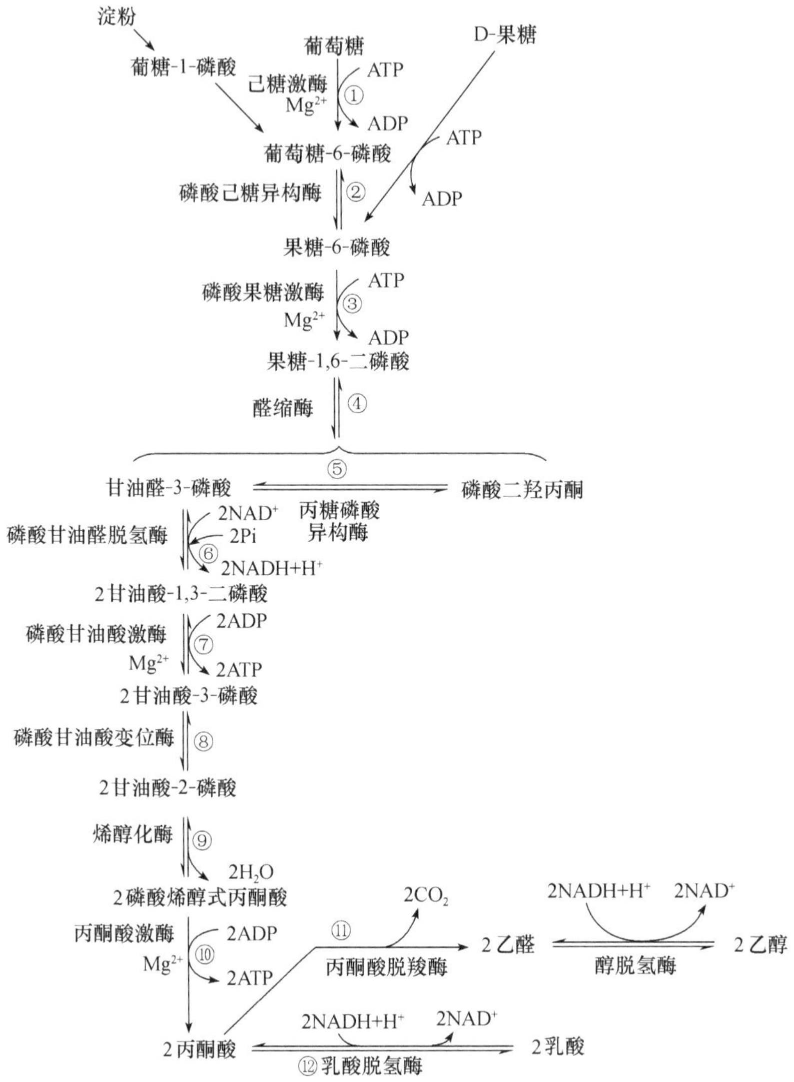

图 4-3　糖酵解与乙醇发酵和乳酸发酵

糖酵解的①、③和⑩步反应不可逆，是三个调节位点，使整个反应不可逆。

糖酵解每氧化 1mol 葡萄糖生成 2mol 丙酮酸，同时生成 2mol $NADH+H^+$、2mol ATP（生成 4mol，消耗 2mol）。它的总反应可以概括为

$$C_6H_{12}O_6+2NAD^+ +2ADP+2Pi \longrightarrow 2CH_3COCOOH+2(NADH+H^+)+2ATP+H_2O$$

糖酵解的作用是：①在淀粉、葡萄糖、果糖等转变为丙酮酸的过程中产生一些中间产物，通过它们可与其他物质建立代谢联系；②糖酵解的底物水平磷酸化生成了少量 ATP，同时生成了还原力 NADH，NADH 可在线粒体中被氧化生成 ATP。

糖酵解中葡萄糖的氧化是不彻底的。葡萄糖中大部分能量保存在丙酮酸中。丙酮酸十分活跃，能够通过不同的代谢途径进行多种生化反应（图 4-2）。例如，在有氧条件下丙酮酸进入三羧酸循环，被彻底氧化成 CO_2 和 H_2O；在无氧条件下，则生成乙醇或

乳酸。所以，对高等植物来说，糖酵解是有氧呼吸和无氧呼吸的共同途径。

（二）乙醇发酵和乳酸发酵

在无氧条件下，糖酵解形成的丙酮酸在细胞质中即进行乙醇发酵或乳酸发酵（图 4-3）。

乙醇发酵是丙酮酸先在丙酮酸脱羧酶的作用下脱羧生成乙醛和 CO_2，再在乙醇脱氢酶的作用下，乙醛被 $NADH+H^+$ 还原为乙醇（图 4-3⑪）。乳酸发酵，在乳酸脱氢酶的作用下，丙酮酸被 $NADH+H^+$ 直接还原为乳酸（图 4-3⑫）。发酵中消耗了糖酵解中产生的 $NADH+H^+$，实现了 NAD^+ 再生，可以在无氧的条件下使糖酵解得以继续进行。但发酵过程没有 ATP 的生成。

从化学过程看，植物的无氧呼吸是糖酵解和乙醇发酵或乳酸发酵两段的总和。植物在无氧条件下，氧化 1mol 葡萄糖只能净生成 2mol ATP（因为糖酵解产生的 $NADH+H^+$ 用于发酵过程），葡萄糖中大部分能量仍然保留在乙醇或乳酸分子中，由此可见，无氧呼吸的能量利用效率低，有机物损耗大。植物依赖无氧呼吸不可能长期维持生命活动，而发酵产物乙醇的积累会破坏细胞结构，乳酸积累超过细胞本身的缓冲能力，也会引起细胞的酸中毒。

（三）三羧酸循环

三羧酸循环是指在有氧条件下，糖酵解途径的最终产物丙酮酸进入线粒体，经过一个包括二羧酸和三羧酸的循环而完全氧化，形成 CO_2 与 H_2O 的过程。该循环是英国生物化学家 Hans Krebs 首先发现的，所以又叫做 Krebs 循环。

三羧酸循环在细胞的线粒体中进行，其生化过程见图 4-4。

由图 4-4 可见，三羧酸循环从丙酮酸开始有 9 步反应，可分为两段。

(1) 准备阶段。丙酮酸氧化脱羧生成乙酰 CoA（反应①），糖酵解产生的丙酮酸通过位于线粒体内膜的丙酮酸转运器进入线粒体基质，由丙酮酸脱氢酶复合体催化，其反应式可简单表示如下：

$$\text{丙酮酸}+CoA+NAD^+ \longrightarrow \text{乙酰 }CoA+CO_2+NADH+H^+$$

这是连接糖酵解和三羧酸循环的关键步骤，是不可逆反应，也是一个调节位点。

(2) 三羧酸循环氧化乙酰 CoA。反应从乙酰 CoA 与草酰乙酸缩合形成柠檬酸开始，经过一系列反应再生草酰乙酸。这是一个循环过程，共有 8 步反应（反应②→⑨）。通过一圈循环，乙酰 CoA 2 次脱羧，4 次脱氢，脱下的羧基形成 2 分子 CO_2 释放（反应⑤⑥）；脱下的 3 对氢交给受体 NAD^+ 形成 $NADH+H^+$（反应⑤⑥⑨），1 对氢交给受体 FAD 形成 $FADH_2$（反应⑦）；反应⑥进行底物水平磷酸化生成 1ATP；反应②和⑧各有 1 分子 H_2O 参与反应。三羧酸循环氧化乙酰 CoA 的总反应式是：

$$\text{乙酰 }CoA+3NAD^+ +FAD+ADP+Pi+2H_2O \longrightarrow$$
$$2CO_2+3NADH+3H^+ +FADH_2+ATP+CoA$$

葡萄糖经糖酵解产生 2 分子丙酮酸，再进入三羧酸循环彻底氧化分解，其总反应式是

$$2\text{ 丙酮酸}+8NAD^+ +2FAD+2ADP+2Pi+4H_2O \longrightarrow$$
$$6CO_2+8NADH+8H^+ +2FADH_2+2ATP$$

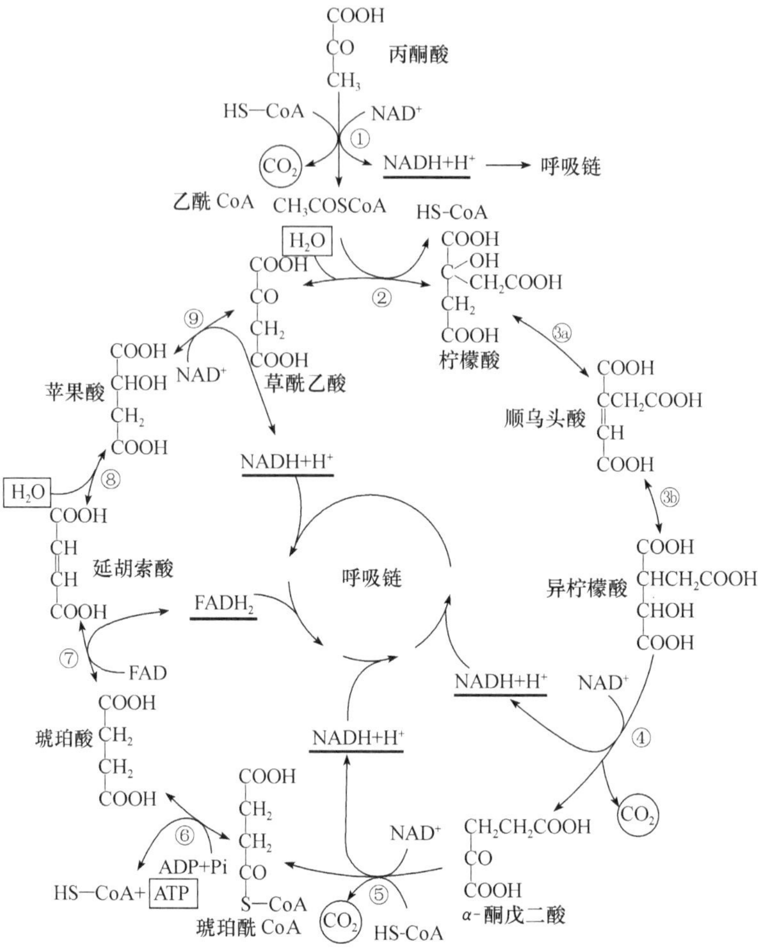

图 4-4　三羧酸循环的生化反应过程

三羧酸循环的作用是：①生成 ATP、NADH 和 $FADH_2$，NADH 和 $FADH_2$ 通过氧化磷酸化作用生成大量的 ATP，为植物生命活动提供足够的能量；②是植物体内糖、脂肪、蛋白质和核酸及其他物质的共同代谢过程，这些物质降解为丙酮酸、乙酰 CoA，都可以通过三羧酸循环彻底氧化分解，三羧酸循环产生许多中间产物又可以合成许多重要物质。

三羧酸循环必须在有氧条件下才能进行，但循环中并没有分子氧的直接参与。循环中脱下的 NADH 和 $FADH_2$ 是通过呼吸链电子传递才将氢交给分子氧生成水。因此，从化学过程看，高等植物的有氧呼吸应该是糖酵解、三羧酸循环和呼吸链三段的总和。

（四）戊糖磷酸途径

20 世纪 50 年代初曾发现，高等植物体内糖类物质的氧化降解并不只限于糖酵解、三羧酸循环，还存在其他途径，这就是戊糖磷酸途径（PPP），或称为己糖磷酸途径（HMP）。

戊糖磷酸途径是指葡萄糖在细胞质内进行的直接氧化降解的酶促反应过程（图 4-5）。该途径可分为以下两个阶段。

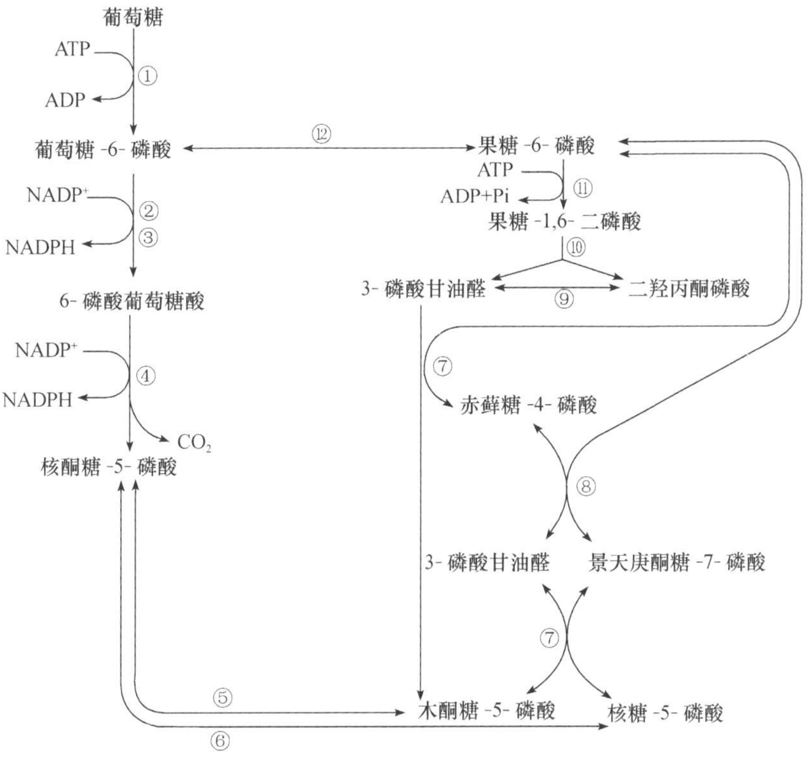

图 4-5　戊糖磷酸途径示意图

（1）葡萄糖的氧化脱羧阶段。共 4 步反应（图 4-5 左边，①→④），葡萄糖-6-磷酸经两次脱氢和一次脱羧，形成核酮糖-5-磷酸和 2 分子 NADPH＋H^+ 并释放 1 分子 CO_2。此阶段不可逆。

（2）葡萄糖再生阶段。为非氧化阶段，经过一系列糖（3C、4C、5C、6C 和 7C 糖）之间的转化，最终可将 6 个核酮糖-5-磷酸再生为 5 个葡萄糖-6-磷酸，该阶段的各反应均是可逆反应（图 4-5 右边）。

戊糖磷酸途径的总反应式如下：

$$6\ \text{葡萄糖-6-磷酸} + 12NADP^+ + 7H_2O \longrightarrow 6CO_2 + 12NADPH + 12H^+ + 5\ \text{葡萄糖-6-磷酸} + Pi$$

戊糖磷酸途径的作用如下。①为物质的合成提供还原剂。每氧化 1mol 的葡萄糖-6-磷酸可产生 12mol 的 NADPH＋H^+，它可参与脂肪酸和固醇的生物合成，硝酸盐、亚硝酸盐的还原及氨的同化等。②为物质合成提供原料。该途径的中间产物 3C、4C、5C、6C 和 7C 糖的碳骨架是细胞内不同的结构糖分子的来源，其中核糖是合成核酸及 ATP、NAD、CoA 等重要生物分子的原料。③提高植物的抗病力和适应力。植物在干旱、染病和受损伤等逆境条件下，戊糖磷酸途径所占比例要比正常情况下有所提高。研究表明，凡是抗病力强的植物或作物品种，戊糖磷酸途径都较为发达。这是因为赤藓糖-4-磷酸与磷酸烯醇式丙酮酸（PEP）可以合成莽草酸。然后通过莽草酸途径合成能够抗病的绿原酸、咖啡酸等酚类物质。

（五）脂肪氧化及乙醛酸循环途径

糖类是植物呼吸作用的直接底物，而花生等油料作物种子贮存的脂肪在萌发时必须转化为糖才能被植物利用，这是通过脂肪氧化及乙醛酸循环途径完成，素有“脂肪呼吸”之称。

1. 脂肪氧化途径 植物的油体、乙醛酸循环体中的脂肪在脂肪酶的催化下分步水解，最终生成甘油和脂肪酸。甘油进入细胞质中，与 ATP 作用生成 3-磷酸甘油，再转变为磷酸二羟丙酮，磷酸二羟丙酮沿着葡糖异生作用转变为糖。脂肪酸的降解主要通过 β-氧化途径分解。β-氧化是在脂肪酸的 α-碳原子和 β-碳原子之间发生氧化断裂，每次生成含 2 个碳原子的乙酰 CoA 和较原来少 2 个碳原子的脂肪酸。β-氧化重复进行，其产物全为乙酰 CoA。植物油体中的脂肪酸可进入乙醛酸循环体进行 β-氧化，使脂肪酸向糖转化；脂肪酸也可进入线粒体，通过三羧酸循环彻底氧化为 CO_2 和 H_2O。

2. 乙醛酸循环途径 乙醛酸循环（GAC）途径是指脂肪酸经 β-氧化形成的乙酰 CoA 经过一系列酶促反应生成草酰乙酸的过程（图 4-6）。最早认为它只是发生于乙醛酸体中，后来发现它在乙醛酸体和线粒体两种细胞器中进行，反应中的大多数酶与三羧酸循环中的酶相同。

从图 4-6 可见，在乙醛酸体中，第①步与第②步反应与三羧酸循环的酶相同，首先乙酰 CoA 与草酰乙酸结合生成柠檬酸，再由柠檬酸形成异柠檬酸。第③、④步与三羧

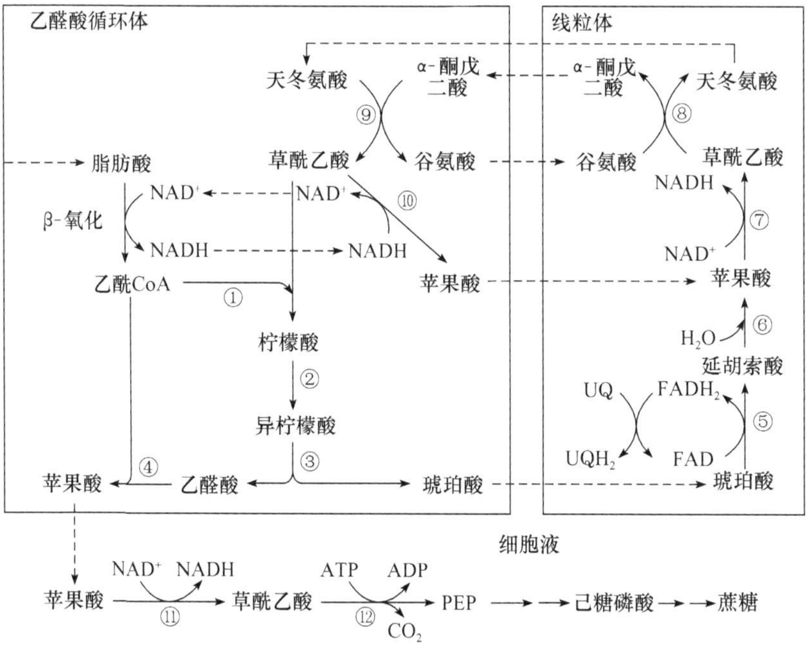

图 4-6 乙醛酸循环途径

乙醛酸循环的两个特征酶：③异柠檬酸裂解酶；④苹果酸合成酶

酸循环的酶不同，异柠檬酸在异柠檬酸裂解酶催化下裂解为乙醛酸和琥珀酸，琥珀酸被转运到线粒体；乙醛酸在苹果酸合成酶作用下与另一分子乙酰 CoA 结合生成苹果酸。苹果酸离开乙醛酸体进入细胞质氧化成草酰乙酸，再经过葡糖异生作用生成糖。第⑤、⑥、⑦步是转运到线粒体的琥珀酸进入三羧酸循环的部分反应转化为草酰乙酸，同时形成 2NADH 和 $FADH_2$。第⑧、⑨步，因草酰乙酸不能穿过线粒体膜，需转化为天冬氨酸转运到乙醛酸体中，再重新转变为草酰乙酸。

因此，乙醛酸循环的总反应是从 2 分子的乙酰 CoA 生成 1 分子的草酰乙酸：

2 乙酰 CoA＋2NAD^+＋FAD ⟶ 草酰乙酸＋2CoA＋2NADH＋2H^+＋$FADH_2$

乙醛酸循环的作用是，油料种子中贮藏的脂肪因不溶于水而难于运转，通过乙醛酸循环途径使脂肪转化为糖，运输至幼苗中供给生长。这种转变直至幼苗叶片可进行光合作用为止，乙醛酸循环体也随幼苗的生长而逐渐消失。因此，乙醛酸循环是油料种子萌发时特有的呼吸底物氧化途径。

由以上可见，底物氧化降解有多条途径，各条途径的区别见表 4-1。

表 4-1　呼吸代谢底物氧化途径的比较

底物氧化途径	发生部位	底　物	主要终产物
糖酵解	细胞质	淀粉、葡萄糖或果糖	丙酮酸、NADH、ATP
发酵	细胞质	丙酮酸	CO_2 和乙醇或乳酸
三羧酸循环	线粒体	丙酮酸或乙酰 CoA	CO_2、NADH、FADH、ATP
戊糖磷酸途径	细胞质	葡萄糖	CO_2、NADPH
乙醛酸循环	乙醛酸体、线粒体	乙酰 CoA（脂肪酸）	草酰乙酸（糖）、NADH、FADH

二、电子传递链和氧化磷酸化

呼吸底物氧化降解形成的还原型辅酶 NADH 或 FADH，进入电子传递链进一步氧化，并释放大量自由能，通过氧化磷酸化生成 ATP，提供给植物生命活动的需要。

（一）电子传递链

电子传递链又称呼吸链，是指呼吸底物氧化降解中脱下的 H（H^+＋e）或电子，按一定顺序排列的传递体传递到分子氧的总轨道。从图 4-8 可见，植物体内有多条电子传递链，有的存在于线粒体内（①→③），有的存在于线粒体外（④→⑥）。第①条是 NADH→FMN…→UQ…→$Cyta_3$→O_2，称为 NADH 呼吸链；第②条为琥珀酸→FADH…→UQ…→$Cyta_3$→O_2，称为 FADH 呼吸链。这两条呼吸链在生物界分布最广，为植物、动物和微生物所共有，因此，也称为电子传递主路。别的电子传递链与之相比，主要是传递体的成员种类和数量不同。除了图 4-7 所示外，植物体内还存在其他的电子传递链。

1. NADH 和 FADH 呼吸链　这两条呼吸链的传递体可分为两类：氢传递体和电子传递体。氢传递体主要有：NAD^+、FMN、FAD、UQ 等，它们可同时传递 H^+ 与 e。电子传递体包括细胞色素体系和铁硫蛋白等。这些传递体大多与蛋白质结合形成 4

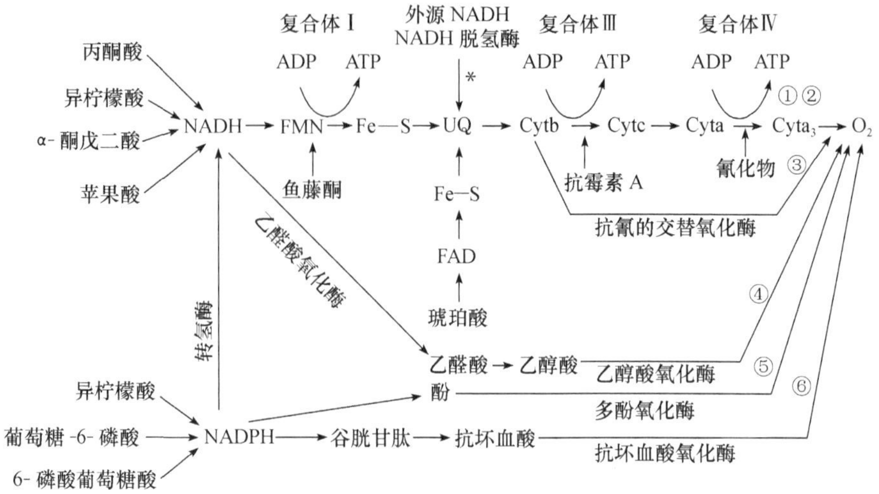

图 4-7　植物体内的多条电子传递链

* 为外源 $NADH+H^{+}$ 进入电子传递链的部位

种酶复合体，分布于线粒体内膜上（图 4-8，Ⅰ、Ⅱ、Ⅲ和Ⅳ）。传递体的 UQ 是呼吸链中唯一的非蛋白组分，它是脂溶性物质，可在线粒体内膜上自由扩散。传递体的 Cytc 是呼吸链中唯一的外周蛋白，它位于线粒体内膜外侧。

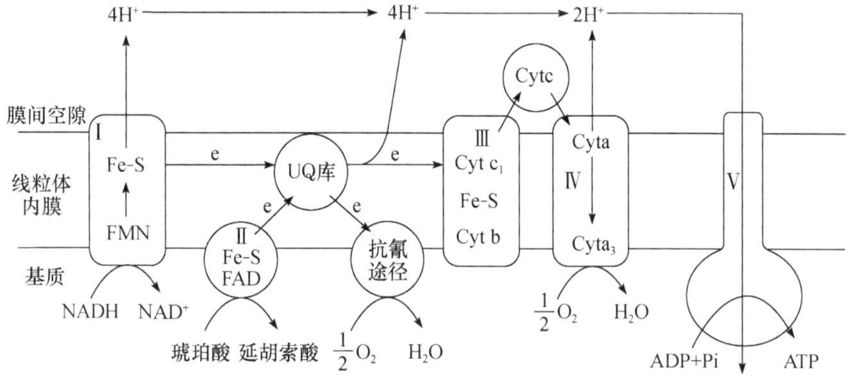

图 4-8　线粒体内膜上的传递体及酶复合体

组成呼吸链的各传递体是以氧化还原电位高低排列，电子传递的方向只能从底物流向氧原子，电子传递顺序如图 4-8 的箭头所示。NADH 呼吸链从 NADH 开始，包括了复合体Ⅰ、Ⅲ和Ⅳ；FADH 呼吸链包括了复合体Ⅱ、Ⅲ和Ⅳ。在复合体之间的电子传递是由 UQ 和 Cytc 摆渡完成，这与 UQ 和 Cytc 的性质和在膜上的位置有关。NADH 呼吸链和 FADH 呼吸链从 UQ 以后的各传递体是共用的，最后都把电子交给氧分子结合成水。鱼藤酮、抗霉素 A、氰化物（CN^{-}）等可使呼吸链的某一部位的氢或电子传递中断，它们称为电子传递抑制剂。

2. 抗氰呼吸链　当用氰化物（CN^{-}）作抑制剂可以阻断 NADH 和 FADH 呼吸链的电子传递，大多数有机体的有氧呼吸途径被强烈抑制。但在许多高等植物中，

CN^-对有氧呼吸的抑制作用很小。这种对于CN^-不敏感的呼吸作用称为抗氰呼吸。

抗氰呼吸链的电子传递从 NADH 或 FADH 开始传递至 UQ，电子不经过细胞色素 b、c、a、a_3，而是经交替氧化酶传递给O_2（图 4-7③，图 4-8）。因为交替氧化酶对O_2的亲和力低于细胞色素氧化酶，所以一般情况下，电子传递是沿 NADH 和 FADH 路线进行。

（二）氧化磷酸化

氧化磷酸化就是呼吸链上的磷酸化作用，也就是底物脱下的氢，经过呼吸链电子传递，氧化放能并伴随 ADP 磷酸化生成 ATP 的过程。

氧化磷酸化作用机理目前被普遍接受的是化学渗透学说。从图 4-8 可见，在电子传递过程中，每对电子从 NADH 传递到O_2，有三处将H^+从线粒体基质转运到膜间空隙，形成跨膜的H^+电化学势梯度（ΔH^+），它包含着电子传递过程中所释放的能量，成为质子返回膜内的一种动力——质子动力势（pmf）。而线粒体内膜对H^+是不能通透的，它只能通过线粒体内膜上存在的 ATP 合酶（图 4-8，复合体Ⅴ）。该酶由F_0和F_1两种组分构成。F_0是一种内在蛋白，是H^+跨越膜的通道；F_1是一种外在膜蛋白复合体，是催化 ADP 和 Pi 合成 ATP 的部位。在 pmf 的驱动下，H^+从膜间空隙通过F_0越过内膜，激活F_1合成 ATP。线粒体内膜只有保持完整，氧化磷酸化作用才能和电子传递链相偶联；否则不能维持两侧的质子梯度和电位差，也就不能产生 ATP。用解偶联剂 2,4-二硝基苯酚（DNP），破坏质子电化学势梯度的建立，就不能产生 pmf，ATP 不能形成。寒害、旱害与缺钾等逆境均能导致解偶联的发生，然而氧化作用仍能进行，因而成为“无效”呼吸。如用电子传递抑制剂（鱼藤酮、抗霉素 A、CN^-）使呼吸链的某一部位的氢或电子传递中断，导致氧化过程停止，磷酸化过程也无法进行。

P/O 或 ADP/O 是氧化磷酸化的指标，是指呼吸链每消耗 1 个氧原子所用去的无机磷（Pi）的分子数或有几个分子的 ADP 生成了 ATP。

传统的观点认为：NADH 呼吸链在复合体Ⅰ、Ⅲ和Ⅳ有 3 个 ATP 形成的部位，所以 P/O 是 3；FADH 呼吸链没有经过复合体Ⅰ，只有Ⅲ和Ⅳ 2 个部位形成 ATP，P/O 为 2；抗氰呼吸链只经过复合体Ⅰ，P/O 为 1；而线粒体外（④→⑥）的呼吸链没有经过复合体，也就没有 ATP 的形成（图 4-7）。以传统的 P/O 计算 1 分子葡萄糖通过糖酵解、三羧酸循环所产生的 $NADH+H^+$ 和 $FADH_2$ 经呼吸链电子传递和氧化磷酸化可产生 34mol ATP，再加上底物水平磷酸化产生 ATP，减去葡萄糖活化消耗的 ATP，其理论值共为 38mol ATP。但是，对高等植物而言，糖酵解在细胞质中生成的外源 $NADH+H^+$ 穿过线粒体外膜进入膜间空隙，被位于复合体Ⅰ和Ⅲ之间的、内膜外侧的 NADH 脱氢酶接受，经 UQ 进入 NADH 呼吸链（图 4-7），没有经过复合体Ⅰ，P/O 为 2，2 分子 $NADH+H^-$ 共少生 2mol ATP。因此，植物通过有氧呼吸只生成 36mol ATP。1mol 葡萄糖（或果糖）在 pH7 被彻底氧化释放能量 2870kJ，1mol ATP 水解为 ADP 释放能量 30.5kJ，36mol ATP 则为 1098kJ，其能量转换效率约为 38%（1098kJ/2870kJ）。其余的 62%以热能的形式散失。

实际测定时，NADH 呼吸链氧化 1mol NADH 的 P/O 为 2.4～2.7，而 $FADH_2$ 呼吸链为 1.6～1.8。后来的研究证明，NADH 呼吸链的 2 个电子通过复合体Ⅰ、Ⅲ和Ⅳ可导致 10 个 H^+ 从线粒体基质转运到膜间空隙，FADH 呼吸链为 6 个。H^+ 通过 ATP 合酶返回线粒体基质时，每合成 1ATP 需要消耗 $4H^+$。因此，Peter Hinkle 重新验证了 P/O，提出 NADH 和 FADH 呼吸链各应为 2.5 和 1.5，这与实测值接近。如以新的 P/O 计算 ATP 生成的理论值，则生成 28＋4＝32mol ATP。

三、末端氧化酶类

末端氧化酶是指处于呼吸链末端，负责将电子传递给 O_2 并使 O_2 活化形成 H_2O 或 H_2O_2 的酶。末端氧化酶有的存在于线粒体中，有的存在于细胞质或其他的细胞器中。

（一）线粒体内的末端氧化酶

（1）细胞色素氧化酶：即 NADH 和 FADH 呼吸链末端的 Cyta 和 $Cyta_3$，含有两个铁卟啉和两个铜原子。其作用是将 $Cyta_3$ 中的电子传递给 O_2 生成 H_2O。该酶与 O_2 的亲和力极高，承担了细胞 80％的耗氧量，且氧化磷酸化效率最高，其 P/O 为 2 或 3。是植物体内最主要的末端氧化酶，在幼嫩组织中比较活跃，但易受 KCN、NaN_3、H_2S、CO 的抑制。

（2）交替氧化酶：即抗氰呼吸链末端的氧化酶，含 Fe，可将电子传给 O_2 生成 H_2O。该酶不受 CN^- 等的抑制，但 P/O 仅为 1，绝大多数能量以热的形式散失，故使植物花序的温度升高。例如，天南星科植物的佛焰花序开花时通过抗氰呼吸放出的热量可以使花器官温度高出环境温度 10～20℃。此外，抗氰呼吸放出的热量也有益于一些种子的萌发。研究发现，某些贮藏器官如木薯和马铃薯块茎、油料作物如向日葵、芝麻、棉花、大豆等种子萌发初期均有抗氰呼吸。另外，抗氰呼吸也与果实成熟和植物的抗病力有关。

（二）线粒体外的末端氧化酶

末端氧化酶是线粒体外电子传递链末端的氧化酶，它们存在于细胞的不同部位，如细胞质、质体和微体内，只催化 H_2O 或 H_2O_2 的形成，而不产生 ATP。

（1）酚氧化酶：为含铜的酶，存在于质体和微体中，催化各种酚类氧化为醌类。醌类是一种褐色物质，马铃薯、苹果切伤变褐即为该酶的作用。醌类物质对微生物有毒害作用，可保护受伤组织，避免感染。组织受伤，该酶的活性提高，故通过酚酶的呼吸也称为伤呼吸。生产中，经常采取一些措施抑制褐变，或利用酚氧化酶的作用产生特定的颜色。制绿茶时，采下的鲜叶立即焙炒杀青，破坏多酚氧化酶，保持茶叶的绿色；制红茶时，揉捻破坏细胞，使多酚氧化酶与底物儿茶酚接触，氧化为醌，变成红褐色的物质，制成红茶。烟叶烘烤时也应注意多酚氧化酶的活性，防止褐变。

（2）抗坏血酸氧化酶：是一种含铜的酶，定位于细胞质中，也可与细胞壁结合，其作用是催化抗坏血酸的氧化。该酶在植物中普遍存在，以蔬菜和果实中较多，与植物受精作用、能量代谢及物质合成密切相关。该酶对氧的亲和力低，受 CN^- 抑制，对 CO 不敏感。

（3）乙醇酸氧化酶：是一种黄素蛋白酶，含 FMN，不含金属，定位于过氧化物酶体中，催化乙醇酸氧化为乙醛酸，并产生 H_2O_2，与甘氨酸和草酸生成有关。该酶对氧的亲和力极低，不受 CN^- 和 CO 抑制。

四、呼吸代谢的多样性

植物随环境条件的变化而改变自身的代谢活动适应环境。呼吸代谢的多样性正是植物适应环境的一种表现。从 20 世纪 60 年代开始，我国著名植物生理学家汤佩松先生就提出了呼吸代谢多条路线的观点。研究证明，植物呼吸代谢具有多样性，它主要表现在三个方面。

（1）底物氧化降解的多途径。不同环境条件下，植物呼吸底物的氧化降解可走不同的途径。缺氧条件下植物可通过糖酵解、乙醇发酵或乳酸发酵进行无氧呼吸；有氧条件下进行三羧酸循环和戊糖磷酸途径，植物染病时戊糖磷酸途径加强。

（2）电子传递途径的多条。植物处于正常情况下，主要以 NADH 和 FADH 呼吸链提供能量，当某些植物开花或某些种子萌发时则以抗氰呼吸链提供热能，植物受到创伤时，酚氧化酶催化的呼吸链加强。

（3）末端氧化酶的多种。不同的末端氧化酶对 O_2 的亲和力不同，细胞色素氧化酶对氧的亲和力最强，因此在低氧浓度情况下仍能发挥良好的作用。而抗坏血酸氧化酶和乙醇酸氧化酶对氧的亲和力弱，则可在较高氧浓度下顺利发挥作用。

以上三方面构成了完整的呼吸代谢途径。糖酵解-三羧酸循环-NADH 和 FADH 呼吸链（细胞色素氧化酶）是植物有氧呼吸的主路，当它受阻时可以从其他的支路进行。它们相互联系，互相制约，组成了极其复杂、调节自如的代谢网络，从而使植物能在多变的环境条件下生长发育。

第三节　呼吸作用的调控

呼吸作用在正常情况下生成的产物和能量既能满足植物生活的需要，又不致过多浪费，这有赖于植物具有一套灵敏有效的调节控制系统。呼吸作用由一系列酶促反应组成，因此，呼吸作用中酶活性的调节是最重要的调控方面。

一、代谢产物对呼吸作用的反馈调节

反馈调节是指反应体系中的某些中间产物或终产物对其前面某一步反应速度的影响。凡是能使反应速度加快者称为正反馈，而能使反应速度减慢者称为负反馈。这种调节是通过一种或数种中间产物来反馈调节某种酶的活性。果糖磷酸激酶和丙酮酸激酶就是糖酵解过程中受反馈调节的两个关键酶。果糖磷酸激酶催化果糖-1,6-二磷酸的生成（图 4-3 反应③），它在起始部位控制着糖酵解。从图 4-9 可见，果糖磷酸激酶的活性受后续产物 3-磷酸甘油酸、2-磷酸甘油酸、磷酸烯醇式丙酮酸、柠檬酸反馈抑制，以避免糖酵解的过度运转。Pi 对果糖磷酸激酶起激活作用，而且 Pi 可以解除磷酸烯醇式丙酮酸的抑制作用。丙酮酸激酶的活性被后续产物柠檬酸抑制。

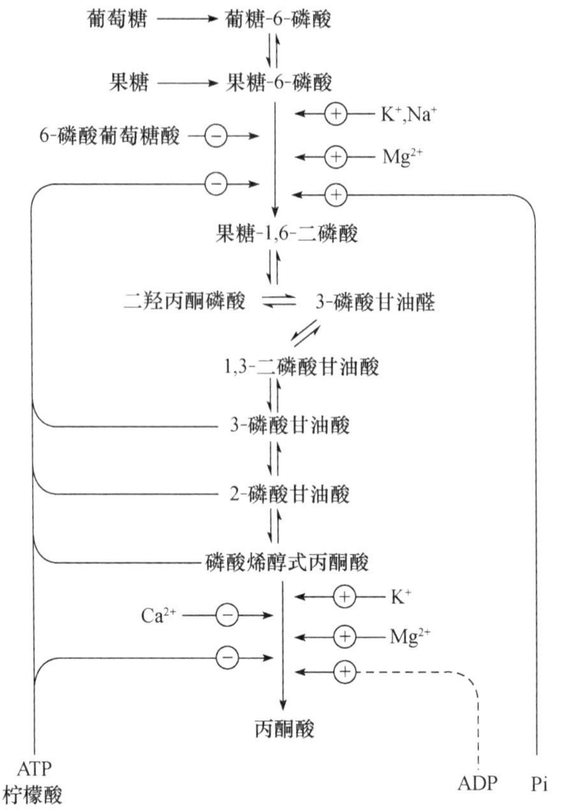

图 4-9　糖酵解的调节（潘瑞炽，2001）

⊕为正效应物（positive effector）；⊖为负效应物（negative effector）；ADP 作为底物参与，以虚线表示

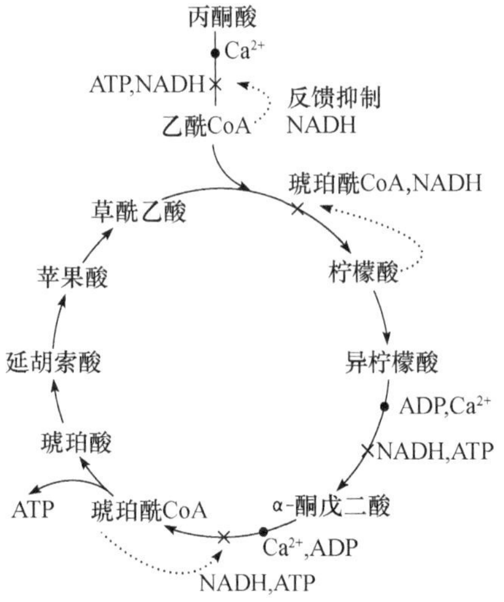

图 4-10　三羧酸循环中激活和抑制部位示意图

·代表激活部位；×代表抑制部位；…代表反馈抑制

在三羧酸循环中也存在反馈抑制部位（图 4-10），其中乙酰 CoA 的积累能抑制丙酮酸脱氢酶的活性，柠檬酸的积累则抑制柠檬酸合酶的活性，而琥珀酰 CoA 的积累则抑制 α-酮戊二酸脱氢酶的活性，这三种酶是调节三羧酸循环的关键酶。

二、能荷对呼吸作用的调节

能荷（EG）用以衡量细胞内腺苷酸库中充满高能磷酸根的程度。腺苷酸库即 ATP、ADP 和 AMP 的统称，可以用下列公式表示：

$$能荷 = [ATP] + 1/2[ADP]/[ATP] + [ADP] + [AMP]$$

从公式可看出，如果细胞中的腺苷酸全部为 ATP，能荷为 1.0；全部为 ADP，能荷为 0.5；而全部为 AMP 时，能荷为 0。正常情况下，活细胞的能荷大约为 0.9，范围为 0.85～0.95。当能荷高时，ATP 相对增多，需抑制 ATP 合成；反之，ADP、Pi 相对增多，则促进 ATP 的合成。这可通过调节呼吸酶的活性而实现。例如，糖酵解和三羧酸循环中，ATP 是抑制效应物，可抑制果糖磷酸激酶、丙酮酸激酶、丙酮酸脱氢酶、柠檬酸合成酶、异柠檬酸脱氢酶和 α-酮戊二酸脱氢酶等的活性，而 ADP 是激活效应物，能促进丙酮酸激酶、异柠檬酸脱氢酶和 α-酮戊二酸脱氢酶等的活性（图 4-9，图 4-10）。以上酶活性的改变直接影响呼吸底物的降解，从而影响电子传递和氧化磷酸化作用，控制 ATP 的生成。另外，ADP 和 Pi 可促进呼吸链末端的细胞色素氧化酶活性，导致电子传递链和 ADP 磷酸化速率增加；ADP 和 Pi 缺乏，ATP 合酶的 F_0 质子通道阻塞，氧化磷酸化就不能发生。

三、NAD^+/NADH 和 $NADP^+$/NADPH 对呼吸作用的调节

糖酵解和三羧酸循环生成 NADH，戊糖磷酸途径生成 NADPH，而 NADH 和 NAD^+、NADPH 和 $NADP^+$ 常以一定的比例存在。一般说来，还原型辅酶 NADH 和 NADPH 是负效应物，对呼吸酶活性起抑制作用；氧化型辅酶 NAD^+ 和 $NDADP^+$ 是正效应物，对呼吸酶活性起促进作用。例如，糖酵解过程中 3-磷酸甘油醛氧化时形成 NADH，使 NADH/NAD^+ 升高，用于乳酸发酵和乙醇发酵时的丙酮酸还原，促进糖酵解进行。但在有氧条件下，NADH 进入呼吸链，使 NADH/NAD^+ 下降，不会用来生成乳酸或乙醇，致使发酵过程减慢。在三羧酸循环中，NADH 也是主要的负效应物，NADH/NAD^+ 偏高会抑制丙酮酸脱氢酶、异柠檬酸脱氢酶和 α-酮戊二酸脱氢酶的活性（图 4-10），以调节三羧酸循环运转速率。葡萄糖-6-磷酸脱氢酶是戊糖磷酸途径的关键酶，它被 NADPH 抑制。当 NADPH 向 $NADP^+$ 转变（如 NADPH 在脂肪酸的合成中被氧化），NADPH/$NADP^+$ 变低，葡萄糖-6-磷酸脱氢酶的活性提高，加速 6-磷酸葡萄糖酸的生成，从而促进戊糖磷酸途径的运转。

第四节　影响呼吸作用的因素

一、呼吸作用的指标

（一）呼吸速率

呼吸速率又称呼吸强度，是最常用的衡量呼吸强弱的指标。它可用单位时间内单位重量（鲜重或干重）的植物组织或细胞所放出的 CO_2 的数量（Q_{CO_2}）或吸收的 O_2 的数量（Q_{O_2}）表示。常用的单位有：μmol/(g·h)、μmol/(mg·h)、μL/(g·h)。

测定呼吸速率的方法有多种，常用的有用红外 CO_2 气体分析仪测定 CO_2 释放量；用氧电极测氧装置测定 O_2 吸收的数量；还有酸碱滴定法、气流法、瓦式呼吸测压法等。通常，稍大的植物组织和器官释放 CO_2 的速率可用红外 CO_2 气体分析仪或酸碱滴定法测定，较小的植物组织或细胞的耗 O_2 量用氧电极和瓦式呼吸测压法测定。

不同植物种类、同种植物的不同器官或不同发育时期，呼吸速率不同。通常，花的呼吸速率最高；其次是萌发种子、分生组织、形成层、嫩叶、幼枝、根尖和幼果等，而

处于休眠状态的组织和器官的呼吸速率最低。

（二）呼吸商

呼吸商（RQ）或称呼吸系数，指植物组织在一定时间内放出 CO_2 的量与吸收 O_2 的量之比。它可以反映呼吸底物的性质和 O_2 供应状况。其计算公式如下：

$$RQ=\frac{\text{放出的 } CO_2\ [\text{摩尔或体积}]}{\text{吸收的 } CO_2\ [\text{摩尔或体积}]}$$

通常，碳水化合物为主要的呼吸底物，当它完全氧化时，其 RQ 为 1，如葡萄糖氧化时 $RQ=6CO_2/6O_2=1.0$。当呼吸底物为脂肪（脂肪酸）、蛋白质等，因富含氢，还原程度较高，RQ<1，如棕榈酸被彻底氧化时 $RQ=16CO_2/23O_2=0.7$。若呼吸底物为有机酸等，因富含氧，氧化程度较高，RQ>1，如苹果酸被彻底氧化时 $RQ=4CO_2/3O_2=1.33$。因此，可根据呼吸商的大小判断底物的种类。当然，底物与呼吸商的关系必须是在底物被彻底氧化的条件下才成立。例如，油料种子萌发时，棕榈酸发生不彻底氧化生成蔗糖，$RQ=4/11=0.36$，不同于完全氧化时的 RQ 值，蛋白质完全氧化时 RQ 接近于 1，不完全氧化则为 0.75～0.80。无氧呼吸不吸收 O_2，RQ 为无穷大。

二、影响呼吸速率的内部因素

（一）不同植物种类呼吸速率不同

一般而言，生长慢的植物（如仙人鞭）呼吸速率低，生长旺盛的植物呼吸速率高，细菌和真菌繁殖快，呼吸速率高于高等植物。

（二）同一植物不同器官呼吸速率不同

一般说来，生长旺盛的幼嫩器官（根尖、茎尖、嫩叶）的呼吸速率高于年老的器官，生殖器官的呼吸速率强于营养器官。同为生殖器官，花的呼吸速率最高；在花内又以雌蕊最高，雄蕊次之，花瓣与花萼最低。在营养器官中，以叶片为最强，茎秆次之，根系最弱。

（三）植物处于不同生理状态其呼吸速率不同

染病植株和创伤植株呼吸速率强于正常植株，这与合成抗病物质和提供能量有关。正常叶片的呼吸速率高于饥饿叶片，向阳叶的呼吸速率高于遮阴叶，这与呼吸底物含量有关。很明显，呼吸过程中底物充足，则呼吸速率高。

三、影响呼吸速率的外部因素

（一）温度

呼吸作用由一系列酶促反应组成，所以温度主要影响呼吸酶的活性，而且有明显的三基点，即最低点（−10～0℃）、最适点（25～35℃）和最高点（35～45℃）。在最低点和最高点之间，呼吸速率随温度的增加而上升，超过最适点，呼吸速率随温度增加反而下降。呼吸作用的最适温是保持稳态的较高呼吸速率时的温度，它会随物种和生育期的不同而变化。呼吸作用的最低温与植物的生理状况有关，一些植物的越冬器官如芽和针叶在－25℃时仍进行呼吸作用；但在夏季，温度降到－4～6℃，针叶的呼吸便完全停止。呼吸作用的最高温在短时间内可使呼吸速率较最适温度的为高，但时间较长后，呼吸速率急剧下降。例如，将出土4d的豌豆幼苗从25℃移到45℃，开始时呼吸速率上升，但3h以后急剧下降；只有30℃才是豌豆幼苗呼吸的最适温度（图4-11）。这种高温使呼吸速率下降的主要原因是由于迅速升温会破坏细胞结构，扩大了酶与底物的接触，使呼吸速率迅速升高；而长时间的高温又会使酶失活，导致呼吸速率下降。

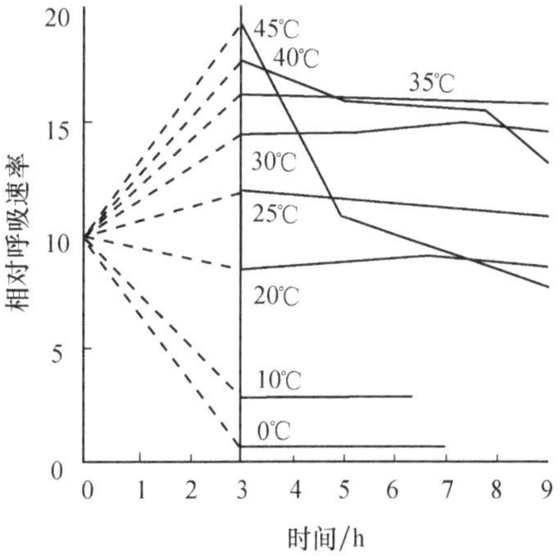

图 4-11 温度对豌豆幼苗呼吸速率的时间效应

25℃下豌豆幼苗培养4d，其相对呼吸速率为10，再放到不同温度下培养3h，测定相对呼吸速率变化

温度升高10℃引起呼吸速率的增加的比例称为温度系数，简称 Q_{10}。在0～35℃生理温度范围内，呼吸作用的 Q_{10} 为2.0～2.5，即增加2～3倍；但超过35～40℃以上，温度越高呼吸速率下降越快（$Q_{10}<1$），这主要是高温使酶失活所致。

（二）水分

水是呼吸作用中酶促反应的介质，其对呼吸的影响有两方面。

(1) 干种子含水量低时，呼吸速率随含水量的增加而提高。如玉米、小麦等淀粉种子的含水量为10%～12%时，几乎所有的水分都是原生质胶体吸附的束缚水，不参与生化反应，呼吸速率很低，在其萌发时，含水量分别超过12.5%和14.5%时，胚内开始出现自由水，呼吸酶类加速活化，呼吸速率明显上升，当小麦种子含水量达30%～35%时，其幼胚的呼吸速率比最初猛增5000倍之多。而亚麻等油料种子含脂肪等疏水物质较多，当含水量为6%～8%时，胚内已出现自由水，呼吸即明显加强。掌握种子含水量和呼吸作用特点对粮食贮藏具有实践意义。

(2) 生活植株含水量高，水分的微小变化一般不影响呼吸速率，但是，当失水萎蔫时，呼吸速率反而上升，其原因是细胞内水解酶类活性提高，产生较多的可溶性糖；萎蔫继续，呼吸速率便会显著下降。

（三）氧气

氧气是有氧呼吸的必要条件，大气中含氧量为21%，其变化幅度很小，植物地上部分一般不会受到缺氧的影响。增加空气中氧含量，呼吸作用并不随之增加，当氧含量达到70%～100%时，能使植物中毒，这可能与活性氧代谢形成自由基有关。土壤中氧含量随土壤水分和土壤板结程度而变，土壤中 O_2 含量低于5%时，根系正常呼吸受到

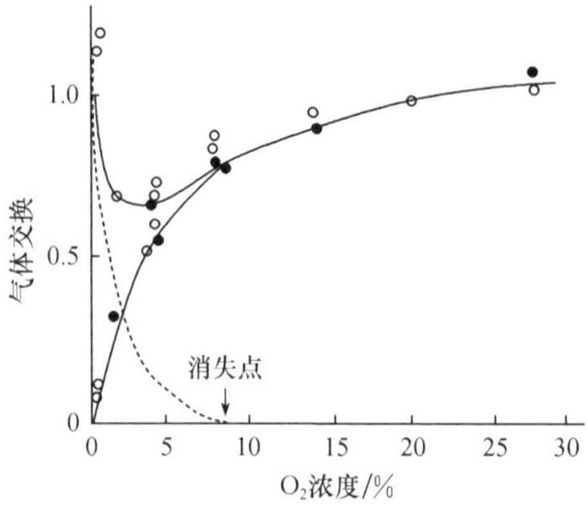

图 4-12　苹果在不同 O_2 浓度下的气体交换

●为耗氧量；○为 CO_2 释放量；虚线为无氧条件下的 CO_2 释放量；消失点表示无氧呼吸停止

影响。作物受涝致死，主要原因在于无氧呼吸过久。

O_2 浓度不仅影响呼吸速率，还影响呼吸类型。从图 4-12 可见，苹果在 O_2 浓度 3%以下时，有氧呼吸受抑而无氧呼吸受激，CO_2 释放量明显上升；当 O_2 浓度升至 4%～8%时，有氧呼吸与无氧呼吸并存；当 O_2 浓度升至 9%时，无氧呼吸停止，出现所谓的无氧呼吸消失点；当 O_2 浓度高于 10%时，只有有氧呼吸。当 O_2 浓度增加至一定程度，有氧呼吸速率不再增加。这时的 O_2 含量称为氧饱和点。由此可见，O_2 浓度制约着无氧呼吸，这种 O_2 对无氧呼吸发酵作用产生抑制作用的现象称为巴斯德效应。

（四）二氧化碳

CO_2 是呼吸作用的最终产物，当外界环境中 CO_2 浓度增高时，脱羧反应减慢，呼吸作用受到抑制。实验证明，CO_2 浓度高于 5%时，明显抑制呼吸作用。植物根系生活在土壤中，土壤微生物的呼吸作用会产生大量的 CO_2，加之土壤表层板结，土壤深层通气不良，积累 CO_2 可达 4%～10%，甚至更高，因此要适时中耕松土、开沟排水，减少 CO_2，增加 O_2，保证根系正常生长。豆类等一些植物的种子由于种皮的限制，使呼吸作用释放的 CO_2 难以透出，内部聚积高浓度的 CO_2 抑制呼吸作用，这成为种子休眠的一个原因。果蔬的贮藏上也利用高浓度的 CO_2 抑制呼吸作用。

（五）机械损伤和病原菌侵染

机械损伤会明显促进组织的呼吸，这是因为细胞破损增加了呼吸酶与底物的接触，促进了氧化作用，而且为修复受伤组织，部分细胞会转变为分生状态，其生长旺盛，呼吸强。

病原菌的侵染会使植物的呼吸速率上升，原因是病原菌感染后寄主植物的线粒体增多，并使电子传递体系的某些酶活力增强。在一些植物中观察到受侵染的组织中多酚氧化酶、抗坏血酸氧化酶活性增高，抗氰呼吸加强，戊糖磷酸途径提高。

除了以上影响呼吸作用的外界因素外，除草剂、化肥等对呼吸作用也有影响，如 2,4-D 低剂量时能持续促进呼吸，中剂量为先增后降，高剂量则明显抑制呼吸，氮肥，尤其硝态氮肥可使呼吸速率提高 50%左右。一些矿质元素（如磷、铁、铜、锰等）也对呼吸有重要影响。

第五节　呼吸作用与农业生产

呼吸作用是植物体内的代谢中心，农业生产上一方面应设法促进，以增强生长发育；另一方面由于呼吸消耗有机物，在贮藏植物产品时要设法控制呼吸消耗。农业生产中应适当调节植物的呼吸作用。

一、呼吸作用与作物产量

作物产量主要来自光合作用积累的有机物质，而呼吸作用是分解有机物，因此作物产量的高低也与呼吸作用有关。当呼吸作用高到能满足植物生理代谢的基本要求之后，呼吸作用再增强就是浪费过程，会减少有机物的积累而降低产量。许多植物夜温较低时生长良好，而夜温高则产量降低，就是因为夜间高呼吸损失较多有机物之故。因此，农业生产上常采取一些措施降低呼吸作用。例如，水稻生产的合理密植，就在于防止栽植过密，封行过早，下部叶片在高温和光线不足的情况下，呼吸过高，净同化率降低，影响产量的提高。早稻灌浆成熟期正处在高温季节，稻田管理上灌“跑马水”降温，降低呼吸消耗，有利于籽粒成熟。

二、呼吸作用与作物栽培

呼吸作用是植物体内的代谢中心，因此不仅影响作物的无机营养与有机营养，而且影响物质的吸收、转化、运输与分配，最终影响细胞的分裂、组织的产生、器官的形成和植株的长大。

作物栽培的重要目的之一是通过农业措施保证作物正常的呼吸作用，促进作物生长发育，提高产量。在作物栽培上，有许多措施直接或间接地保证植物呼吸作用正常进行。例如，某些作物播前浸种（尤其温汤浸种），通过控制温度与通气提高种子的呼吸，以便促进种子萌发。田间中耕松土和低洼地块开沟排水等均能增加土壤透气性，有效地抑制无氧呼吸。在人工气候室栽培作物，多采取昼温高夜温低以减少呼吸消耗，有利于干物质积累。

三、呼吸作用与粮食贮藏

粮食贮藏主要包括两类：一是商品粮贮藏，使其不发霉变质，不降低商品效益；二是作为种质资源的种子贮藏，保持其生活力，尽量延长其寿命。不管是哪一类的贮藏，均与呼吸作用密切相关。这是因为，种子是有生命的机体，不断地进行呼吸。呼吸速率加快，有机物质消耗加速；呼吸生成的水既能提高粮堆的湿度，又使呼吸增强；呼吸放出的热量提高粮堆的温度，最终导致粮食发热霉变，品质下降。因此在贮藏过程中必须降低粮食的呼吸速率。由此可见，种子贮藏时受温度、水分、氧气以及微生物和仓虫等条件的影响。

总体来讲，种子宜贮藏在低温、干燥的条件下。试验证明，种子含水量为4%～14%时，每降低1%种子寿命可延长1倍；温度在0～50℃范围内，每降低5℃种子寿命延长1倍。例如，葱属的大多数种子，在室温条件下不到3年便失去生活力；若将种子含水量降至6%，贮于5℃以下的环境中，20年后仍能萌发。因此，国家规定入库种子有一最高含水量标准，称为安全含水量。高于这个标准就不耐贮。为此，种子入库前需要晾干或晒干。

O_2 与 CO_2 浓度也影响种子贮藏。有人曾做过试验，把稻谷种子贮藏于不同的气体中，两年后检测其发芽率。结果表明，贮藏于 O_2 中的最低，仅为 0.8%；其次为贮藏于空气中，为 21%；贮藏于 CO_2 和 N_2 中的最高，分别为 83.9% 和 94.8%。由此可见，缺 O_2 条件对控制种子呼吸和延长种子寿命是极为重要的。所以有人认为，如果把种子晒干，封存在真空容器内，存于 5℃的仓库中，种子生活力可保持数百年，甚至上千年。

四、呼吸作用与果蔬贮藏

随着生活水平的不断提高，人们对新鲜水果与蔬菜的需要日益增加。因此，必需进行花卉和果蔬的贮藏与保鲜。与粮食贮藏不同的是，果蔬贮藏需要保持水分。但柑橘、白菜、菠菜等贮藏前可轻度干燥，以减弱呼吸。

果蔬贮藏通常采用气控法或温控法，或两者结合。所谓气控法就是控制果实周围环境中的气体成分，减少 O_2 增加 CO_2 和 N_2 的浓度，直接抑制果实的呼吸作用。所谓温控法就是低温贮藏，这种方法通过降低呼吸速率达到保鲜的目的。

"自体保藏法"是一种简便的果实气控贮藏法。果实外包裹一层不十分透气的薄膜或蜡纸，由于果实自身的呼吸，使果实周围的 CO_2 浓度逐渐增高而抑制果实的呼吸，延长贮藏期。如果再加上 1～5℃的低温，贮藏期会更长。自体保藏法现已广泛被利用。

此外，果蔬贮藏保鲜还可采用化控法。化控法主要是降低乙烯含量。例如，利用高锰酸钾、硝酸银等吸收果实放出的乙烯；采用氨基氧乙酸（AOA）、氨基乙氧基乙烯基甘氨酸（AVG）等抑制乙烯的生物合成，但这类制剂的价格昂贵，还难以大面积地推广应用。目前，在果蔬贮藏上主要采用温控、气控和化控三种方法相结合，大大延长了果蔬的寿命。

小　　结

植物的呼吸作用是一切活细胞内有机物氧化分解释放能量的过程。呼吸作用为各种生命活动提供能量、还原力和合成重要有机物质的原料，还可增强植物的抗病力。呼吸作用按其需氧状况，可分为有氧呼吸和无氧呼吸两大类型。

高等植物存在呼吸代谢途径的多样性，表现在底物氧化降解、电子传递和末端氧化酶方面有多条途径。底物氧化降解有 EMP、TCA、PPP、GAC 等途径；电子传递有 NADH、FADH 和抗氰呼吸链等；末端氧化酶有细胞色素氧化酶、交替氧化酶和酚氧化酶等。植物的有氧呼吸主要通过 EMP-TCA-NADH 和 FADH 呼吸链进行，1 分子的葡萄糖完全氧化可产生大量的中间产物和 36ATP，是植物主要的呼吸途径；在缺氧条件下，植物可通过 EMP-发酵（乙醇或乳酸）进行无氧呼吸，因其产能少（2ATP）和中间产物少，只能暂时维持生命。当某些植物开花或某些种子萌发时则可循 EMP-TCA-抗氰呼吸链提供热能；植物染病时 PPP 途径加强，生成大量 NADPH 和抗病中间物；油料种子萌发时，通过脂肪氧化及乙醛酸循环将贮藏的脂肪转化为糖，供给幼苗生长。以上呼吸途径为植物在多变的环境条件下的生长发育提供了保证。

植物呼吸作用的调控可通过调节呼吸作用过程中酶的活性实现。代谢物的反馈抑制、能荷和辅酶（NAD^+ 和 $NADP^+$）对呼吸作用中酶活性都可起调节作用。

呼吸商和呼吸速率是呼吸作用的指标。呼吸速率受多种内、外因素的影响。一般而言，生长旺盛的植物或器官呼吸速率也高。影响呼吸速率的外界条件以温度、水分、O_2、CO_2 最为重要。呼吸作用与农业生产密切相关，可根据农业生产的需要加以调节。在作物栽培、粮食种子贮藏、果蔬贮藏中应控制环境条件，降低呼吸速率，以达到提高作物产量及安全贮藏之目的。

复习思考题

1. 简述呼吸作用的概念及生理意义。
2. 试述呼吸代谢多途径有何生物学意义。
3. 植物为何不能长期靠无氧呼吸维持生命？
4. 计算 1mol 丙酮酸通过 TCA-呼吸链彻底氧化生成 ATP 的数量。
5. EMP、TCA、PPP 和 GAC 几条途径分别发生在细胞的什么部位？各有何生理意义？
6. 呼吸作用酶活性的调节主要在哪些方面？
7. 植物不同器官、不同生理状态呼吸速率的变化规律如何？
8. 试述外界因素对呼吸作用的影响。
9. 呼吸作用与作物产量关系如何？
10. 谷物种子、果蔬贮藏主要通过控制哪些环境条件？如何进行控制？

第五章　植物的光合作用

根据碳素营养方式，生物可分为异养生物和自养生物。前者只能将吸收外界的有机物转化为自身的有机物质，而后者能将吸收的简单无机物二氧化碳同化为自身的有机物质，这一过程也称为碳素同化作用。光合作用是自然界最重要的碳素同化作用，地球上一切生物构建生命结构的物质和维持生命活动所消耗的能量，绝大部分都来自这一过程。植物光合作用的出现不仅推动了植物自身的进化，也促进了整个生物界的进化。

粮食问题是当今世界面临的重大问题之一，古人云“仓廪实而知礼节”；在过去的二三十年中，“绿色革命”中的多种育种、栽培技术，保证了粮食逐步增产，基本满足了世界范围内人口增长的需求，而面对未来，人们把希望投向现代生物技术，在了解植物光合作用的原理基础上，构建高效光能的超级作物。能源问题是当今世界面临的另一重大问题，也是中国经济持续增长面临的挑战之一。在新型可再生能源的开发中，生物柴油成为人们关注的焦点之一。生物柴油是清洁的可再生能源，是以大豆、菜籽、蓖麻、棉花籽等植物，以及动物油脂、废餐饮油等为原料制成的液体燃料，具有无毒、能生物降解、基本无硫和芳烃、可以任意比例与石油柴油混兑等优点。另外，对模拟光合作用原初反应进行可再生清洁能源氢的合成也寄托很大希望。光合作用是植物高效固定太阳能和形成高额生物产量的基础。研究和阐明光合作用机理将为人类改造光合作用，提高植物光合作用的效率提供理论依据，同时，还为利用光合作用原理开发新能源奠定基础。

光合作用是一个复杂的生物氧化还原过程，是绿色植物利用太阳能将 CO_2 和 H_2O 合成有机物质，并释放 O_2 的过程。由于光合的产物主要是碳水化合物，所以光合作用的总反应式可表示如下：

$$CO_2 + H_2O \xrightarrow[\text{绿色细胞}]{\text{光能}} (CH_2O) + O_2$$

反应式中 CO_2 为电子受体，H_2O 是电子供体；(CH_2O) 代表还原反应所产生的碳水化合物；O_2 为 H_2O 氧化形成的产物。

地球的演化已有 50 亿年，约在 30 亿年前，海水中存在着无数能进行光合作用的单细胞生物，蓝藻就是其中之一，它们在进行光合作用时释放氧气，逐渐改变了大气的组成。又由于氧气与太阳辐射的作用，在大气层的外围产生一层臭氧层，因此可降低太阳紫外线辐射。在生物的发展史中，光合作用为好氧生物的进化提供了环境基础，没有这个过程也就没有人类和其他陆栖动物的发展。

现今，光合作用对整个生态系统及人类社会的发展和进步仍具有重要意义，主要表现在以下三个方面。

(1) 把无机物质转变成有机物质。光合作用生成的有机物质不仅用于构建植物体自身，同时也为异养生物和人类制造了大量的有机物质。据估计，地球上每年通过光合作用固定的有机物为 1.7×10^{11} t，其中水生浮游植物占 39%，陆生植物占 61%。因此，人们把绿色植物喻为合成有机物质的“绿色工厂”。光合作用制造的有机物，是人类食品、医药、纺织、轻工等许多产品的原料。

(2) 将光能转变成化学能。绿色植物在同化 CO_2 的过程中，把太阳光能转变为化学能，并贮存在有机物中。每年光合作用所贮存的太阳能为 3×10^{21} J，约为人类所需能量的 100 倍。所以，人们又把绿色植物称为“巨型能量转换站”，是地球上大多数生物赖以生存的能量来源。现在人类普遍使用的化石燃料煤炭、石油、天然气，都是来自古代绿色植物的光合作用。

(3) 维持大气 O_2 与 CO_2 的相对平衡。光合作用每年固定约 7×10^{11} t CO_2，向大气释放 5.53×10^{11} t O_2，它是地球上一切需氧生物的 O_2 来源，也是大气之所以能经常保持 21%含氧量的原因。光合作用为地球上需氧生物的生存提供了良好的环境条件。

光合作用是一个非常复杂的物理、化学和生物过程。整个反应可分为光反应和暗反应。光反应的作用是利用光能氧化分解水，合成高能化合物 ATP 和 NADPH，光反应的有关过程发生在叶绿体的类囊体膜上，也称为类囊体反应；暗反应的作用是利用光反应中合成的 ATP 和 NADPH 将 CO_2 还原成有机物，反应过程发生在叶绿体的基质中，也称之为碳固定反应。

第一节　叶绿体和光合色素

叶片是植物光合作用的主要器官，光合作用的主要过程在叶绿体中进行。叶绿体是植物质体的一种。所有的质体都是由存在于植物胚胎及分生组织细胞中的前质体发育而成，在植物生长发育、功能特化及响应环境变化时，它们在大小、形态、内含物及功能上可发生很大变化。当叶原基从顶端分生组织形成时，细胞中前质体在光下发育为叶绿体。

一、叶绿体结构

（一）叶绿体的形态

在光学显微镜下，高等植物的叶绿体大多呈扁平的椭圆形，直径为 3～6μm，很少超过 10μm，厚为 2～3μm。在苔藓和藻类中叶绿体的形态变化较大。例如，水绵的叶绿体呈带状，衣藻的为杯状，小球藻的呈钟状。不同细胞含有的叶绿体数目不同，每个叶肉细胞含有 20～200 个叶绿体，主要集中于栅栏组织中。在蓖麻叶肉细胞中叶绿体数目为 13～36 个，栅栏组织细胞约为 36 个，海绵组织细胞约为 20 个。拟南芥成熟叶肉细胞中含有约 120 个叶绿体。叶绿体的总表面积远远大于叶片面积，有利于充分吸收光能。

叶绿体在细胞质中的位置随光照方向与强度发生移动。弱光下叶绿体以扁平的一面向光，并沿着和光源方向垂直的细胞壁分布，可接受更多的光能以满足光合作用的能量需求。在强光下叶绿体以窄面受光，同时向与光源方向平行的细胞壁移动，避免光合机构受到损害。叶绿体的这种运动是植物对外界环境条件长期适应的结果。研究显示，阴生植物紫露草（*Tradescantia albiflora*）叶绿体的运动可以保护其光系统Ⅱ。叶绿体运动涉及肌动蛋白和肌球蛋白系统、隐花色素、Ca^{2+}，有时还涉及光敏素。

（二）叶绿体的结构

在电镜下观察到叶绿体由被膜、类囊体和基质三部分组成的（图 5-1）。叶绿体的被膜是一双层膜，即包括内膜和外膜，外膜与内膜间距约 20nm，两层膜均具有控制物质进出的能力。外膜上具有孔蛋白，允许分子质量小于 1500Da 的物质通过。内膜上存在一些负责物质转运的膜蛋白，选择性更强，因此叶绿体的物质进出主要由内膜控制。构成叶绿体的约 2000 种蛋白质的绝大部分在细胞质中合成，通过存在于外膜、内膜上的易位因子（protein translocon）输入叶绿体。

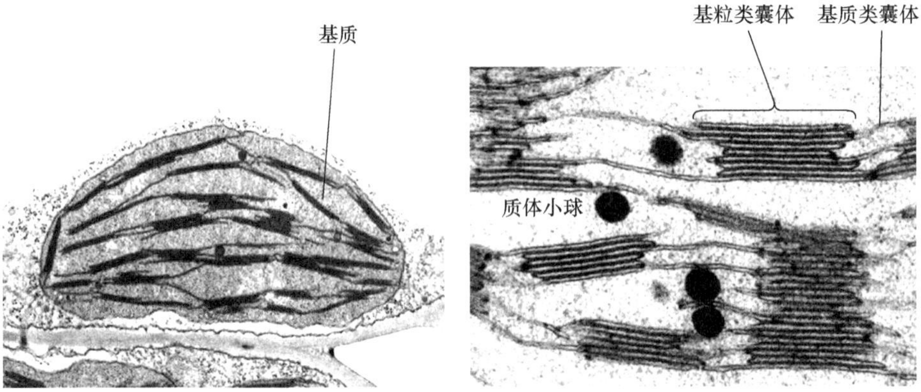

图 5-1 植物叶绿体透射电镜照片

叶绿体被膜以内的半透明区域为基质。基质的电子密度较小，主要成分包括：①可溶性蛋白质，包括光合作用固定 CO_2 所需要的各种酶，如 RuBP 羧化酶（Rubisco）；②DNA 和核糖体，叶绿体在遗传上具有一定的自主性，可以合成部分叶绿体发育和执行功能所需要的蛋白质；③淀粉粒，是光合作用产物在叶绿体中的贮存形式；④质体小球，也称为嗜锇颗粒，主要成分是脂类物质，它的变化与叶绿体的发育、糖代谢、脂类代谢及抗逆性有关。基质是光合作用中 CO_2 的固定与还原，即暗反应的场所，叶绿体的其他各种代谢也在基质中进行。

叶绿体被膜内还存在一种膜结构——类囊体。类囊体是一个扁平的囊状结构，直径为 0.5～1μm，厚 4～7μm，内有一个空腔。由两个或更多的类囊体相互垛叠在一起而形成的结构称为基粒，或称为基粒片层。基粒通常由 10～100 个类囊体组成，在一个典型的叶绿体中含有 40～60 个基粒。基粒与基粒互相接触的部位称为垛叠区或紧贴区，其他部位则称为非垛叠区或非紧贴区。贯穿于基质中，连接基粒的大类囊体称为基质类囊体或基质片层。类囊体的非垛叠区和基质类囊体都直接与基质相接触，它们的膜蛋白与基粒类囊体的垛叠区有所不同，因此在光反应中的作用也不相同。在类囊体膜中蛋白质和脂类约各占一半。叶绿体色素占类囊体膜脂成分的一半，另一半主要是半乳糖脂和磷脂。膜脂中富含亚麻酸和亚油酸等不饱和脂肪酸，它们使类囊体膜具有很高的流动性。类囊体膜是叶绿体进行光能吸收与转换的场所，因此称为光合膜。

二、光合色素

光能只有被植物吸收之后才能用于光合作用，而光合色素正是植物吸收光能的受体。各类植物叶绿体中所含有的光合色素，按照分子组成和结构，可分为三大类：叶绿素、类胡萝卜素和藻胆素。高等植物含前两类色素，后一类色素只存在于藻类。

（一）叶绿素

植物、藻类、蓝细菌等光合生物都含有叶绿素。叶绿素呈绿色，有 a、b、c、d 四种类型。厌氧性的光合细菌合成一种叶绿素的变体——细菌叶绿素（bacteriochlorophyll）。高等植物含两种叶绿素：叶绿素 a，为蓝绿色；叶绿素 b，为黄绿色。它们的化学组成如下：

叶绿素 a 为 $C_{55}H_{72}O_5N_4Mg$；叶绿素 b 为 $C_{55}H_{70}O_6N_4Mg$。

叶绿素是叶绿酸的酯，叶绿酸是双羧酸，分别被甲醇（CH_3OH）和叶绿醇（phytol，$C_{20}H_{39}OH$）所酯化。

叶绿素分子的主要结构是卟啉环，它由 4 个吡咯环相连而成，该结构与血红蛋白和细胞色素的血红素辅基相似。在叶绿素中 Mg 原子居于卟啉环中央，与 4 个吡咯环的 N 原子结合（2 个共价键，2 个配位键）形成镁卟啉。其中 Mg 偏向带正电荷，而 4 个 N 原子则偏向带负电荷，因而 Mg 卟啉环具有极性，呈亲水性。Mg 卟啉环状结构中包含一些结合相对不紧密的电子，参与叶绿素分子的电子传递和氧化还原反应；在卟啉环上还有一个由羰基和羧基组成的副环（Ⅴ），其羧基以酯键与甲醇结合；在第Ⅳ吡咯环侧链上的丙酸则以酯键与叶绿醇结合。长链叶绿醇分子具有疏水性，它将叶绿素分子锚定于所在环境的疏水部分。综上所述，叶绿素分子是一个兼有亲水性和疏水性的两性分子。

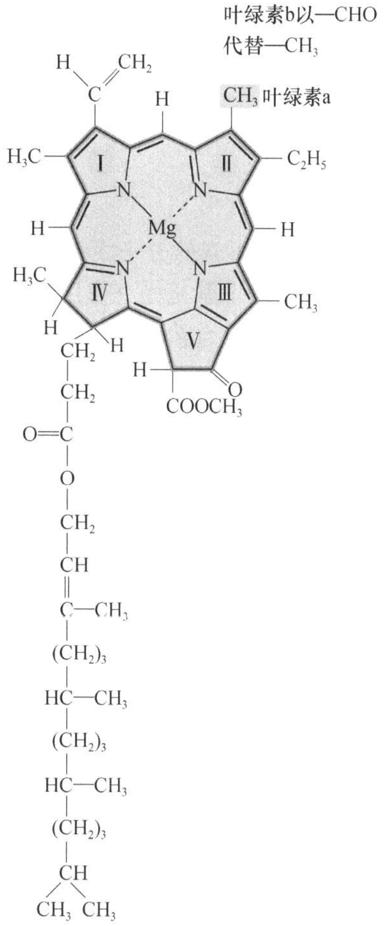

图 5-2　叶绿素 a、叶绿素 b 的结构式

不同类型叶绿素分子的结构差异表现在环上的侧链或环的饱和度不同，如叶绿素 a 和叶绿素 b 的区别仅在于叶绿素 a 第Ⅱ吡咯环上有一个甲基（$—CH_3$），叶绿素 b 在同一位置为醛基（—CHO）（图 5-2）。

（二）类胡萝卜素

类胡萝卜素存在于所有光合生物中。叶绿体中的类胡萝卜素有两种：胡萝卜素和叶黄素。胡萝卜素呈橙黄色，叶黄素呈黄色。胡萝卜素是一个由 8 个异戊二烯衍生而成的四萜分子，含有一系列的共轭双键（图 5-3），有 α、β、γ 三种同分异构体，其中 β-胡萝卜素在植物中的含量最高。叶黄素是胡萝卜素衍生的醇，是胡萝卜素两末端环上各有一个氢被羟基所取代的产物。

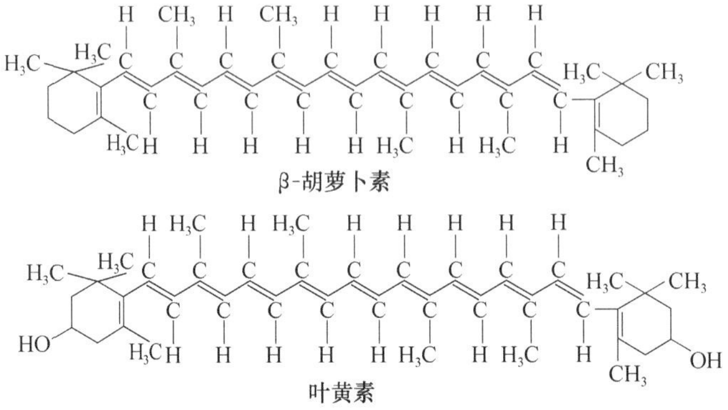

图 5-3　β-胡萝卜素、叶黄素的结构式

β-胡萝卜素的分子式为 $C_{40}H_{56}$；叶黄素的分子式为 $C_{40}H_{56}O_2$。

类胡萝卜素是光合作用的辅助色素。它的作用是将吸收的光能传递给叶绿素分子；在捕光色素复合体的组装中承担重要的结构性作用；它也是保护光合机构免遭光氧化破坏不可缺少的。

（三）藻胆素

藻胆素仅存在于红藻和蓝细菌中，分为藻红素和藻蓝素，属于辅助色素。在光合作用中，藻胆素吸收光能并传递给叶绿素分子。藻胆素为 4 个吡咯环形成的直链共轭体系，它们通过硫醚键与特定蛋白质共价结合，组装成藻胆体。藻红素与藻红蛋白结合，藻蓝素与藻蓝蛋白和别藻蓝蛋白结合。

（四）光合色素在类囊体膜上的排列

关于光合色素在类囊体膜上的排列，一般认为，半乳糖脂和磷脂构成类囊体膜的双层结构，全部叶绿素和几乎所有的类胡萝卜素以非共价键与蛋白质结合在一起，构成色素蛋白复合体。已经确认有 15 种不同的结合叶绿素的多肽。一条肽链上可以结合若干个色素分子，各色素分子间的距离和取向都较固定，这使得能量传递或电子传递可以有效地进行。

（五）反应中心色素和聚光色素

根据在光合作用中所起的作用，光合色素可分为两类：一类为反应中心色素，它是少数叶绿素 a 分子，与特定的蛋白质相结合，处于特殊状态，能进行光化学反应，将光能转换为电能；二是聚光色素，包括大部分叶绿素 a 分子、全部的叶绿素 b、类胡萝卜素和藻胆素，它们没有光化学活性，不能转换光能，其作用是吸收光能并传递给反应中心色素。聚光色素又称为天线色素。

（六）光合色素的光学特性

1. 吸收光谱　太阳辐射是光合作用的能量来源。太阳辐射到地面的光，波长为 300～2600nm，其中 380～760nm 为可见光，而光合作用可利用的光在 380～720nm 范围内。

当可见光束通过三棱镜时，即被分为红、橙、黄、绿、青、蓝、紫七色连续光谱。如果把一小试管叶绿素溶液放在光源与分光镜之间，则上述连续光谱的部分波长的光被溶液吸收而呈暗带，这种光谱称为吸收光谱。叶绿素 a 和叶绿素 b 的吸收光谱也十分相似（图 5-4），两者在红光区（640～660nm）和蓝紫光区（430～450nm）均有一个吸收高峰；但两者吸收光谱的范围，以及在红光区和蓝紫光区吸收峰的位置及宽窄不同。由于绿光未被叶绿素吸收而被反射，故叶绿素呈现绿色。叶绿素在光合膜中与蛋白质的非共价相互作用，也影响吸收光谱。

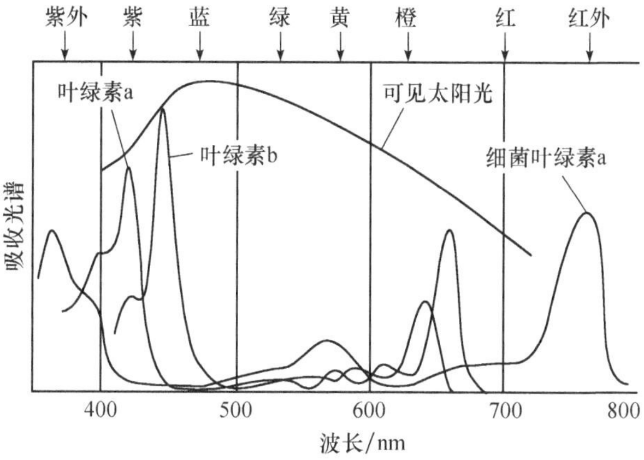

图 5-4　叶绿素 a、b 的吸收光谱

类胡萝卜素和藻胆素的吸收光谱与叶绿素的差别较大。类胡萝卜素的吸收峰在蓝紫光区（400～500nm），不吸收红光、橙光与黄光，显示橙黄色。藻胆素的吸收峰主要在 500～650nm。

2. 荧光现象与磷光现象　叶绿素的乙醇溶液在透射光下为翠绿色，而在反射光下为暗红色，这称为荧光现象。荧光是叶绿素受光激发后发射的红光，其寿命很短，只有 10^{-9}～10^{-8}s。离体叶绿素的荧光强度较强，占其吸收光的 10%左右；活体叶绿素的荧光强度较弱，占其吸收光的 0.1%～1.0%。当荧光出现后，立即中断光源，叶绿素溶液还能继续辐射出极微弱的红光，这就是磷光，磷光的寿命较长，约 10^{-2}s，有的达数分钟，但强度仅为荧光的 1%左右。关于荧光与磷光产生的机理将在原初反应中介绍。

（七）叶绿素的生物合成及影响因素

1. 叶绿素的生物合成　谷氨酸是合成叶绿素的起始物质，它转化成δ-氨基酮戊酸（ALA），2分子ALA合成含吡咯环的胆色素原，4分子胆色素原经多步反应，聚合成为原卟啉Ⅸ。原卟啉Ⅸ与镁结合形成Mg-原卟啉，再经甲基化、环化和乙烯还原反应，转变为单乙烯基原叶绿素酸酯，再经光照还原，转化为叶绿素酸酯a，然后与叶绿醇结合即成叶绿素a。叶绿素a氧化即形成叶绿素b（图5-5）。非放氧性光合细菌利用完全不同于被子植物的酶组，没有光也可进行叶绿素合成；而蓝细菌、藻类、低等植物和裸子植物既具有依赖光，也具有不依赖光的合成途径，因此这些生物可在黑暗中合成叶绿素。

在衰老叶片中叶绿素的降解途径与合成途径不同。首先脱掉叶绿醇尾巴，接着去掉镁离子，然后是卟啉环被打开，形成开链的四吡咯；四吡咯进一步被转变成水溶性的无色物质，这些无色代谢物被输出衰老的叶绿体，转运到液泡中永久地贮存起来。叶绿素的代谢物不被进一步加工或再利用。

2. 影响叶绿素合成的环境因素　在生活叶片中叶绿素处在不断的合成与分解中，且受外界因子的影响。

（1）光照。光是影响被子植物叶绿素合成的一个主要条件，从单乙烯基原叶绿素酸酯合成叶绿素酸酯是个需光的还原过程。因此，在无光或弱光条件下，叶绿素不能合成，也就不能形成稳定的色素-蛋白复合体。在此情况下，类囊体膜处于脂类含量高的准晶体原片层体状态，此时的质体称为黄色体，这样的植物呈现黄色，称为黄化植物。

（2）温度。由于叶绿素的生物合成是一系列的酶促反应过程，因此受温度影响很大，最低温度为2～4℃，最适温度是30℃左右，最高温度为40℃，温度过低或过高均降低合成速率。例如，秋天叶片变黄和春寒之后秧苗变白等现象，均与低温抑制叶绿素的合成有关。

（3）营养元素。N和Mg是叶绿素分子的组分，缺乏时影响叶绿素形成而呈现出缺绿病。Fe、Mn、Cu、Zn等可能是叶绿素合成过程中某些酶的活化剂，缺乏时也会引起缺绿病。

（4）水分。叶组织遇到干旱等条件而缺水时，不仅叶绿素的形成受抑制，而且叶片中已形成的叶绿素也会受到破坏，所以在叶片失水后最先出现的症状就是叶色失绿发黄。

（八）叶色与各类光合色素的含量

植物叶片的颜色体现了各种光合色素的含量变化。叶绿素合成不仅受多种外界因子的影响，其含量还与植物种类、生育期、叶龄及季节有关。正常叶片的叶绿素与类胡萝卜素的分子比例约为3∶1，叶绿素a与叶绿素b之比也约为3∶1，叶黄素与胡萝卜素之比约为2∶1。由于叶绿素含量占优势，所以正常叶片呈现绿色。但是，当叶片衰老、环境条件异常或秋天来临时，叶绿素合成减少、降解增多，而类胡萝卜素比较稳定，所以叶片呈现黄色。秋天，某些植物，如银杏、枫树等叶片积累的糖分转化为花色素，使叶片呈现红色。

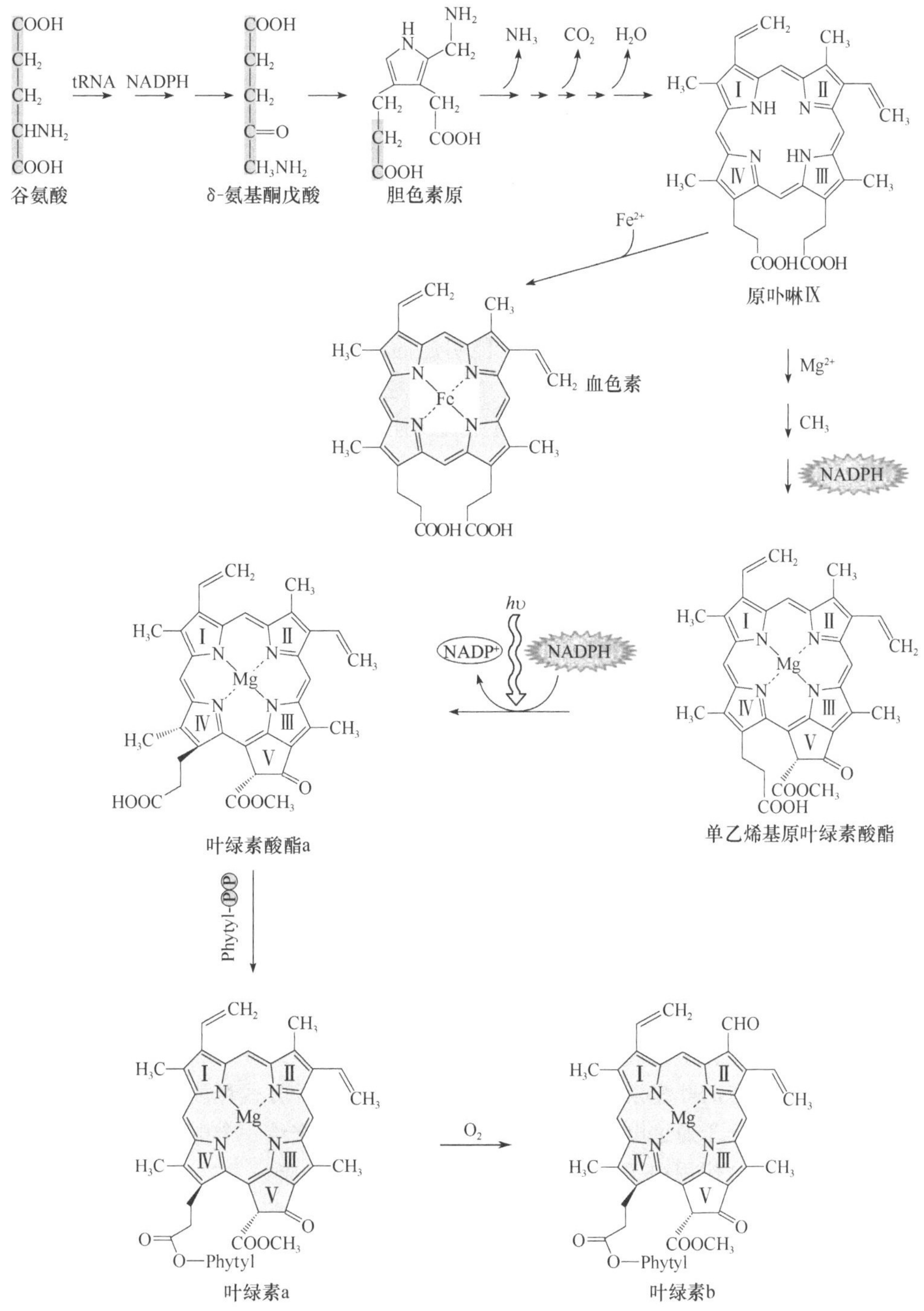

图 5-5 叶绿素的生物合成过程

第二节　光合作用的机理

光合作用除可以分为光反应和暗反应外，从能量转换的角度还可以将整个过程分为三个阶段：①光能的吸收、传递和转换阶段（原初反应）；②电能转换为活跃的化学能（电子传递和光合磷酸化）；③活跃的化学能转变为稳定的化学能（CO_2 同化）。前两个阶段属于光反应，后一个阶段属于暗反应。

一、原初反应

原初反应是光合作用的起点，是由光能引起的氧化还原反应。它包括光能的吸收、传递与转换，即光合色素分子捕获光能，能量在色素分子间传递，最终引起光化学反应，该过程速度极快，在 10^{-15}～10^{-9}s 内完成，且与温度无关。

（一）光能的吸收

1. 光的性质　光具有波粒二重性。光的粒子称为光子或光量子，光量子的能量与其频率成正比，而与波长成反比。其能量 E 与波长的关系可用下式表示：

$$E = h\upsilon = hc/\lambda$$

式中，h 为普朗克常量（6.626×10^{-34}J · s）；c 为光速（3×10^{8}m/s）；λ 为波长（nm）；υ 为光的频率（s^{-1}）。

2. 光能的吸收　物质分子吸收具有足够能量的光量子后，引起原子结构中的电子重新排列，使分子处于高能量的不稳定激发态，原来能量低、稳定的状态称为基态。根据爱因斯坦光化学当量定律，每个分子一次只能吸收一个光量子，这个被吸收的光量子只能激发一个电子。

叶绿素分子吸收一定能量的光量子后从基态转变为激发态，但是，波长不同的光量子所引起的激发态的能量水平不同（图 5-6）。蓝光量子的能量高，所激发的电子处于较高的能级，称为第二单线态；红光量子能量低，所激发的电子处于较低的能级，称为第一单线态；处于第二单线态的电子不稳定，存在寿命极短（10^{-15}s），只有转至第一单线态时才能用于光化学反应，转变时将多余能量以热的形式释放。

处于第一单线态的叶绿素分子的激发电子可以通过多种方式释放能量，回到稳定的基态：一是激发态分子通过电荷分离，丢失一个电子，并交给一个电子受体，使受体分子还原，这是在光合作用中关键的光化学反应，但这种反应只发生于反应中心色素分子；二是进行能量传递，激发态的分子将能量传递给其他色素分子，最终传递给反应中心色素，这是众多光合色素吸收光能后进行能量释放的主要形式；三是以光能形式释放，产生荧光，荧光的波长总是比激发光的稍微长些，因为激发能量中的一部分在荧光发射前已被转化为热能；四是在非辐射衰减中以热的形式释放，其中可以形成能量水平更低的激发态，即三线态，但这种转变的概率较低。在活体叶片中，后两种情况在正常条件下极少发生。

叶绿素吸收的光能是用于驱动光化学反应，还是以热的形式释放或发射荧光，三者

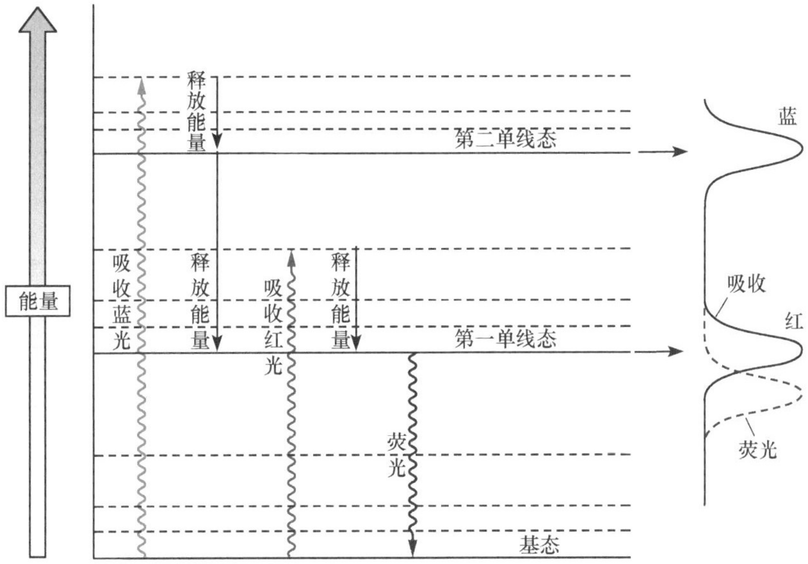

图 5-6　叶绿素的光能吸收及释放

之间存在相互消长的关系，其中任意一个形式的增加都会导致另外两种形式的减少。叶绿素荧光强度可以反映叶绿素光化学反应效率和热耗散的信息，因此荧光分析已经成为植物生理学及生态学研究的重要手段。

（二）光能的传递

在光合作用中，众多的光合色素在光能的吸收、传递与转换中相互协作。聚光色素分子捕获光能，再传递给邻近的色素分子，最终传递给反应中心色素，进行光化学反应。

1932 年，Emerson 的经典性实验就为光合色素间的这种协作提供了证据。他用短暂的闪光（10^{-5}s）照射绿藻（*Chlorella pyrenoidosa*）悬浮液，闪光间隔 0.1s，这个时间足以完成后续的酶促反应。逐渐增大闪光强度，超过一定光强，O_2 的形成不再随闪光的增强而增加，即光合作用系统被光所饱和。研究表明在饱和状态下，约 2500 个叶绿素分子产生 1 分子 O_2。而在自然光照下，即使在晴朗的天气下，1 个叶绿素分子在 1min 内也仅能捕获少量光量子，如果每 1 个色素就是一个完整的反应中心，那么这众多的反应中心在大多数时间里将无事可做，但如果许多色素都将能量传递到少数公共中心，则反应中心在大多数时间内都保持工作状态。这可能是在原初反应中反应中心色素和天线色素进行分工的原因所在。

在色素分子之间，激发能通过共振传递。在叶绿体的类囊体膜上，光合色素分子总是以非共价但高度专一性的方式与一些膜蛋白结合，形成色素蛋白复合体，如天线复合体。色素分子之间的距离和取向是相对固定的，这种精确的空间安排保证了色素间能量共振传递及效率。

光合色素间的能量传递速率很快。例如，一个寿命为 5×10^{-19}s 的红光量子在叶绿体内可把能量传递给几百个叶绿素 a 分子，同时能量传递效率也很高，类胡萝卜素吸收的光能 90%都传递给叶绿素 a，叶绿素 b 则 100%传递给叶绿素 a。能量既可在相同色素分子之间传递，亦可在不同色素分子之间传递，总体上光能沿着波长较长即能量水平降低的方向传递，即类胡萝卜素→叶绿素 b→叶绿素 a，最后把能量汇集到反应中心色素。

（三）光化学反应

光能的转换在反应中心完成。反应中心是指在叶绿体或载色体中进行原初反应最基本的色素蛋白复合体。它至少包括一个反应中心色素分子（P）、一个原初电子供体（D）和一个原初电子受体（A）。当聚光色素分子吸收的光能以共振的方式传至 P，使其由基态（P）转变为激发态（P^*），引起电荷分离，释放出一个高能电子传递给 A，即将光能转换成为电能。这样，P 失去电子被氧化，带正电荷（P^+），A 得到电子被还原，带负电荷（A^-）。P 由于失去电子而留下的“空位”或“陷阱”，由 D 提供电子填补，即 P^+ 又得到电子被还原，恢复到基态（P），而 D 失去电子被氧化而带正电荷（D^+）。整个反应可表示为：

$$D \cdot P^* \cdot A \longrightarrow D \cdot P^+ \cdot A^- \longrightarrow D^+ \cdot P \cdot A^-$$

在光合作用中光能的吸收与转换是持续进行的，还原态的 A^- 要将电子传给其他的受体，氧化态的 D^+ 从它的上游供体获取电子。在高等植物中，反应中心色素的最终电子受体是 $NADP^+$，最初电子供体是 H_2O。

二、光合电子传递和光合磷酸化

在光合作用的原初反应中，聚光色素吸收的光能在反应中心色素引起电荷分离，释放出高能电子，该电子沿着一定路径进行传递，最终将氧化态的 $NADP^+$ 还原为 NADPH；与此过程相伴随的 H_2O 光解氧化和蛋白质的跨膜转运作用，形成跨类囊体膜的 H^+ 梯度，推动 ATP 合成酶将 ADP 转化为 ATP。这样，光合色素捕获的能量就被贮存在 NADPH 和 ATP 中，形成了同化力，用于暗反应中 CO_2 的同化或硝酸盐的还原等。

同化力的形成需要两个光系统的协同作用。

（一）两个光系统

较早期的一些实验就已暗示在光合作用中存在两个吸收光能并驱动光合产物形成的系统。1943 年，Emerson 等研究不同波长的光合效率，以量子产额（每吸收 1 个光量子所释放的 O_2 分子数）表示，他们发现，在叶绿素吸收光谱范围内，大多数波长下的量子产额是相对恒定的，但当波长大于 680nm（长波红光）时，虽然光量子仍被叶绿素大量吸收，光合效率却急剧下降，这种现象称为红降（red drop）。Emerson 等在 1957 年又观察到，在长波红光（>685nm）照射下补照短波红光（约 650nm），则光合效率显著增加，大于两种波长光单独照射时的光合效率之和，这种现象称为双光增益效应或爱默生效应。

以后进一步的研究证明，放氧光合生物中存在两个不同的色素系统，所吸收的光推动两个不同的光化学反应。一个光系统对 680nm 的短波红光有较好吸收，称为光系统Ⅱ（PSⅡ）；另一个光系统优先吸收 700nm 的长波红光，称为光系统Ⅰ（PSⅠ）。目前已从叶绿体片层结构中分离出这两类光系统，它们都是由光合色素与若干多肽形成的色素蛋白复合体，其中包括反应中心及相关的电子传递组分和捕光色素复合体。

（二）光合电子传递链

光合作用的光反应过程主要是在 4 种存在于类囊体膜中的蛋白复合体上进行，它们分别是 PSⅡ、细胞色素 b_6/f 复合体、PSⅠ和 ATP 合成酶复合体。PSⅡ、细胞色素 b_6/f 复合体和 PSⅠ构成类囊体膜上的光合电子传递系统，即电子传递链或光合链，它们的作用是进行原初反应、电子传递及相伴随的质子转运。PSⅡ主要存在基粒片层的垛叠区，而 PSⅠ和 ATP 合成酶复合体存在于基质片层和基粒片层的非垛叠区，细胞色素 b_6/f 复合体连接两个光系统，在类囊体膜上均匀地分布（图 5-7）。

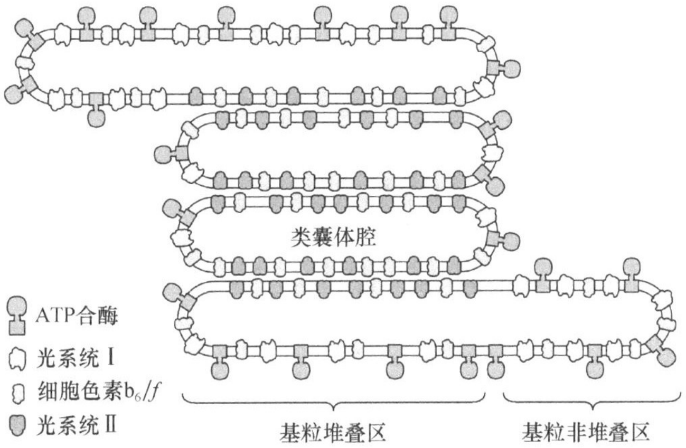

图 5-7　类囊体膜上 4 种蛋白复合体的分布

1. PSⅡ复合体　它的作用是吸收光能并在反应中心色素 P680 发生光化学反应，将光能转化为电能，同时进行水的光解产生质子和释放 O_2。PSⅡ复合体颗粒较大，直径 175Å，存在于类囊体膜垛叠区的内侧，主要由反应中心复合体、捕光色素复合体（LHC）和放氧复合体（OEC）三个部分构成（图 5-8A）。PSⅡ复合体在多数情况下以二聚体形式存在。

反应中心膜蛋白为 D_1 和 D_2，结合有 P680、去镁叶绿素（Pheo）和质体醌 Q_A、Q_B。Q_A 与 PSⅡ反应中心紧密结合，为第一个稳定的电子受体，Q_B 的结合较为松散，当获得两个电子并从类囊体膜外侧结合两个 H^+ 形成 Q_BH_2 后，便脱离 PSⅡ反应中心复合体，扩散到类囊体膜中，起可移动的电子载体作用。Q_BH_2 脱离后在 PSⅡ复合体上留下的空位，由在类囊体膜中呈自由扩散状态的质体醌库中的分子填补。

在高等植物中每个反应中心的捕光色素复合体，即天线系统含有 200～300 个叶绿素分子。OEC 是 PSⅡ对水氧化产生质子和释放 O_2 的功能复合体，是 P680 的电子供体。

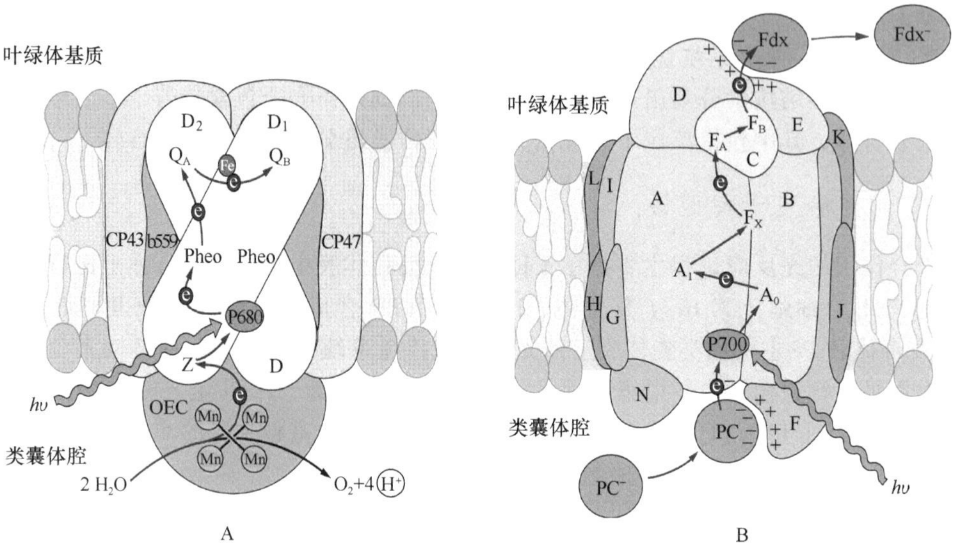

图 5-8　光系统Ⅱ(A) 和光系统Ⅰ(B) 反应中心的结构模型

2. PSⅠ复合体　颗粒较小，直径 110Å，位于类囊体非垛叠区膜外侧，约由 15 种不同的蛋白亚基组成，由反应中心和捕光色素复合体构成（图 5-8B）。反应中心蛋白为 PsaA、PsaB，它们结合 P700、电子受体 A_0（叶绿素 a 的单分子体）和 A_1 以及结合态的 Fe-S 中心 F_X；PsaC 结合 Fe-S 中心 F_A、F_B；PsaD、PsaF 分别结合 PSⅠ的电子受体铁氧还蛋白（Fd）和电子供体质体蓝素（一种含 Cu 蛋白，简写为 PC）。PSⅠ复合体主要特征是进行 $NADP^+$ 的还原。

3. 细胞色素 b_6/f 复合体　其均匀分布在类囊体膜上，由 6 条多肽组成，包含 3 个电子传递体，即 cytb_6、cytb*f*、2Fe-2S 铁硫蛋白。它将电子由质体醌传递给质体蓝素，伴随电子传递，将 H^+ 从类囊体膜外转运到类囊体腔，促进推动 ATP 合成的 H^+ 跨膜梯度的形成。

（三）光合电子传递

光合电子传递主要发生在类囊体膜上，是由一系列氧化还原反应组成的。光合电子传递有多条途径，分为三种类型。

1. 非环式电子传递　水光解产生的电子经过 PSⅡ、细胞色素 b_6/f 复合体、PSⅠ，最终还原 $NADP^+$，是光合电子传递的主要形式。在这个电子传递中，各种电子传递体依据在传递过程中的顺序及氧化还原电位的高低，排列的图案类似英文字母“Z”，故称为“Z”链（Z scheme）（图 5-9）。氧化还原电位负值越大表示还原势越强，正值越大表示氧化势越强。在自发的氧化还原反应中电子总是从负电势流向正电势。在正常条件下，水十分稳定，将其氧化分离出电子非常困难，因此，水的电子不能自发地还原 $NADP^+$，而在光合作用中，光合链利用光能将水裂解并驱动电子还原 $NADP^+$。

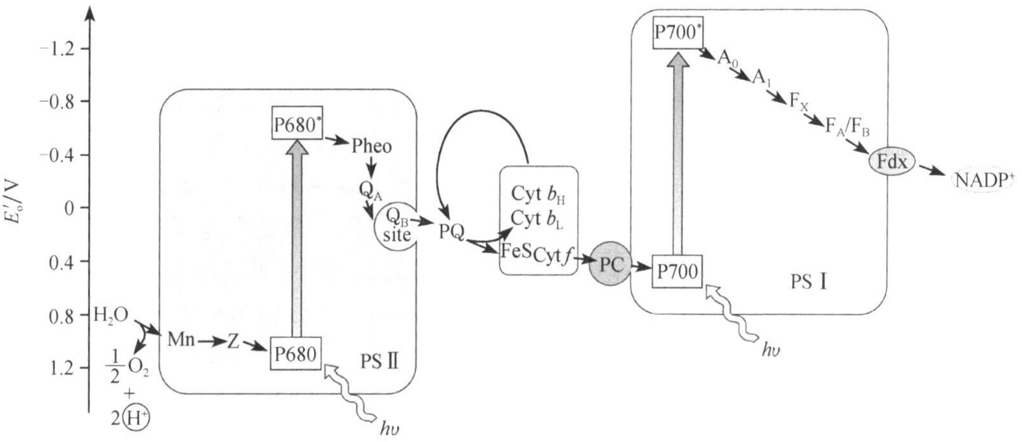

图 5-9 "Z" 形电子传递链

在非环式电子传递中，每释放 1 分子 O_2，分解 2 分子 H_2O，分离出 4 个电子，PSⅡ和 PSⅠ各需要吸收 4 个光量子，最终还原 2 分子 $NADP^+$。

2. 环式电子传递　环式电子传递主要是指 PSⅠ吸收光量子分离出来的电子，经过细胞色素 b_6/f 复合体，再经过 PC，返回 PSⅠ的过程。电子从 PSⅠ到细胞色素 b_6/f 复合体的途径有多条，经过铁氧还蛋白（Fd）直接传递细胞色素 b_6；或铁氧还蛋白在 Fd：质体醌氧还酶的作用下将电子传递给质体醌；细胞色素 b_6 接受的电子还可经质体醌再回到细胞色素 b_6/f 复合体。环式电子传递形成一闭合的回路，因此既不引起水的光解，也不产生 NADPH，但能够引起跨膜质子梯度的形成，合成 ATP。在植物需要较多 ATP 的情况下，这条途径具有重要的意义。

3. 假环式电子传递　假环式电子传递是指水分解产生的电子经过 PSⅡ、细胞色素 b_6/f 复合体、PSⅠ还原 O_2 的过程。该途径与非环式传递的区别只是最终的电子受体是 O_2，而不是 $NADP^+$。O_2 的还原是一个单电子还原过程，可以产生超氧阴离子自由基（O_2^-）。这一过程往往在强光下 $NADP^+$ 供应不足时发生。

（四）光合磷酸化

光合磷酸化是指叶绿体利用光能驱动电子传递，建立跨类囊体膜的质子动力势(PMF)，然后利用质子动力势将 ADP 和 Pi 合成为 ATP 的过程。所以光合磷酸化与光合电子传递偶联在一起，电子传递一旦停止，光合磷酸化也不能进行。

根据光合电子传递途径，光合磷酸化也相应地分为三种类型：非环式光合磷酸化、环式磷酸化和假环式光合磷酸化。

1. 化学渗透机制　关于光合磷酸化的机制，现在普遍接受是化学渗透机制，该机制由 Peter Mitchell（1920～1992）于 1960 年提出，用来解释线粒体的 ATP 生物合成机制，又应用到光合磷酸化、离子和代谢物的跨膜运输过程。Mitchell 因此获得 1978 年诺贝尔化学奖。

根据化学渗透机制，光合磷酸化过程可分为两个阶段。首先，光能驱动电子传递，在该过程中，在类囊体膜内侧积累 H^+ 形成跨膜的质子梯度；然后，类囊体膜上 ATP 合成酶利用 H^+ 跨膜梯度驱动 ATP 的合成。在光合磷酸化过程中驱动 ATP 合成的能量为 H^+ 的化学势和跨膜电势学之和，Mitchell 将其称为质子动力势（PMF）。

跨类囊体膜质子动力势的建立，主要有两个过程：一是位于类囊体内侧的放氧复合体对水的光解，释放 1 分子 O_2，产生 4 个 H^+，导致类囊体腔中 H^+ 浓度升高；二是细胞色素 b_6/f 复合体具有质子泵的作用。当 PQ 在 PSⅡ 获得 2 个电子时，从基质中摄取了 2 个 H^+，而 b_6/f 复合体在接受来自 PQH_2 的电子时，将 PQH_2 脱下的 H^+ 释放到类囊体膜内，使类囊体腔中的 H^+ 浓度进一步提高，叶绿体基质中 H^+ 浓度降低。b_6/f 复合体从 PQH_2 接受的 2 个电子中的一个，还可能再回到 PQ，即构成 Q 循环（Q cycle），从而向膜内转运更多的 H^+。

根据化学渗透机制，ATP 的合成依赖于跨类囊体膜质子梯度，这种梯度的维持需要膜的完整性，以及对质子的不通透性。有一些化学物质可以增大类囊体膜对质子的通透性，破坏跨类囊体膜质子梯度的建立，从而使电子传递与光合磷酸化解偶联，这类物质称为解偶联剂。这些物质包括二硝基苯酚（DNP）、羰基氰-对-三氟甲苯基腙（FCCP）、羰基氰-3-氯苯腙（CCCP）、NH_4^+ 等。

2. ATP 合成酶　ATP 合成酶（ATP synthase）又称为 ATP 酶、偶联因子，分布于基质类囊体膜和基粒类囊体膜的非垛叠区。

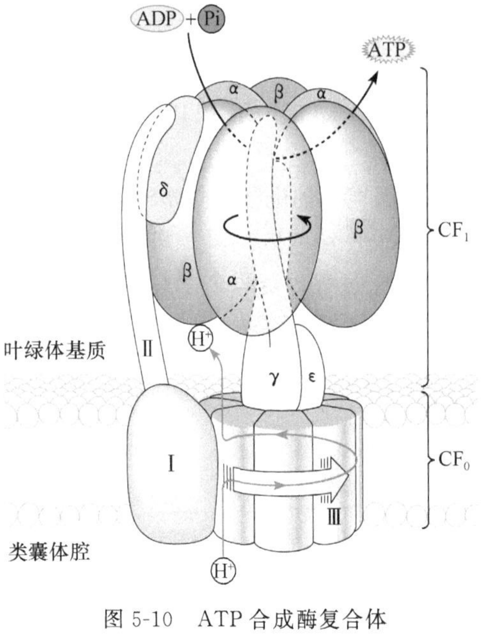

图 5-10　ATP 合成酶复合体

ATP 合成酶由 CF_0 和 CF_1 两部分组成，CF_0 为柄部，为 ATP 合成酶与膜结合的疏水部分，CF_1 为头部，向外突出至膜的外表面。CF_0 至少有 4 种亚基（Ⅰ、Ⅱ、Ⅲ、Ⅳ），亚基Ⅲ有多份拷贝，它形成一个通道，H^+ 可从此跨膜运动，其他亚基负责 CF_0 与 CF_1 的结合。CF_1 由 α、β、γ、δ、ε 5 种亚基组成，α、β 各有 3 份拷贝，相间排列呈橘瓣状，β 亚基催化 ATP 的合成，其他亚基主要承担调节功能（图 5-10）。

ATP 合成酶催化 ATP 合成的化学机制的细节尚不清楚，现在广泛接受的是结合改变机制，它由 Paul Boyer 于 1973 年提出，据此他获得了 1997 诺贝尔化学奖。该机制的核心是：蛋白质构象变化是 ATP 合成的关键。当 H^+ 流通过 CF_0 的亚基Ⅲ所形成的通道时，使 CF_1 的 γ 亚基发生转动，造成 α、β 亚基的构象发生连续变化。β 催化亚基有三种构象状态：松弛（L）、紧张（T）、开放（O），其作用分别是与 ADP、Pi 结合，催化 ATP 的合成，释放已形成的 ATP。在这里，ATP 合成酶类似于一个微型马达，类囊体膜两侧 H^+ 梯度差所构成的质子动力势推动 H^+ 跨膜运动，而 H^+ 流带动蛋白质亚基机械运动，造成催化亚基的构象变化，从而促使 ADP 与 Pi 结合，合成

ATP（图 5-11）。

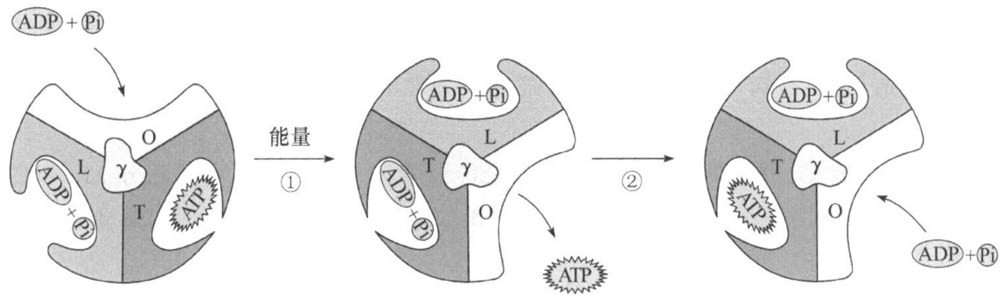

图 5-11　ATP 合成的结合改变机制

（五）水的光解氧化反应

水的光解氧化反应为

$$2H_2O \longrightarrow O_2 + 4H^+ + 4e$$

该反应显示 4 个电子被从 2 个水分子中移出，产生 1 分子氧和 4 个氢离子。水分子十分稳定，使其分解释放氧气非常困难。光合生物 OEC 是现在已知催化该反应的唯一的生化系统。

目前对放氧的机制还不是很清楚。20 世纪 60 年代，法国的 Pierre Joliot 发现，将叶绿体预先进行暗适应，然后给一系列瞬间闪光照射（如每次闪光 5～10μs，间隔 500ms）。第一次闪光后没有 O_2 的释放，第二次释放少量 O_2，第三次 O_2 的释放达到高峰，然后每 4 次闪光出现一次高峰，最终每次闪光放 O_2 数量减弱振荡到一常数（图 5-12）。

Kok 等（1970）提出 S 状态模型来解释这一现象。该模型认为 OEC 具有 5 个连续增加的氧化状态。从 S_0～S_4（S_0 为不带电荷状态，S_1 为带 1 个电荷状态，……，S_4 为带 4 个电荷状态），每次闪光推动 OEC 的某一 S 态向前进一步，直到到达 S_4，S_4 态不需要光能输入而产生 O_2，同时返回 S_0，如此循环。每一个循环吸收 4 个光子，氧化 2 分子 H_2O，向 P680 传递 4 个电子，释放 4 个 H^+ 和 1 分子 O_2。该模型目前已得到广泛接受（图 5-13）。

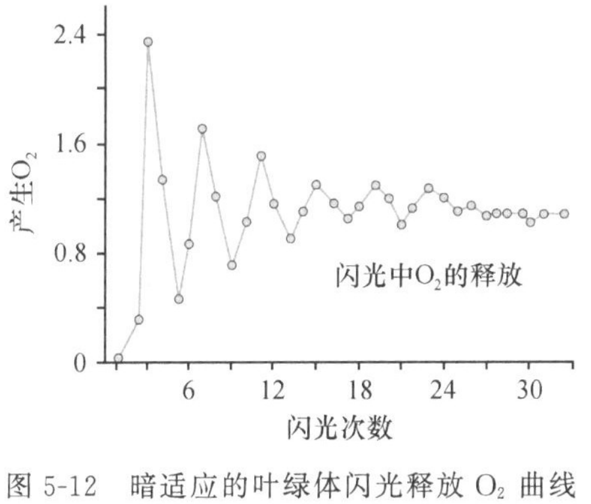

图 5-12　暗适应的叶绿体闪光释放 O_2 曲线

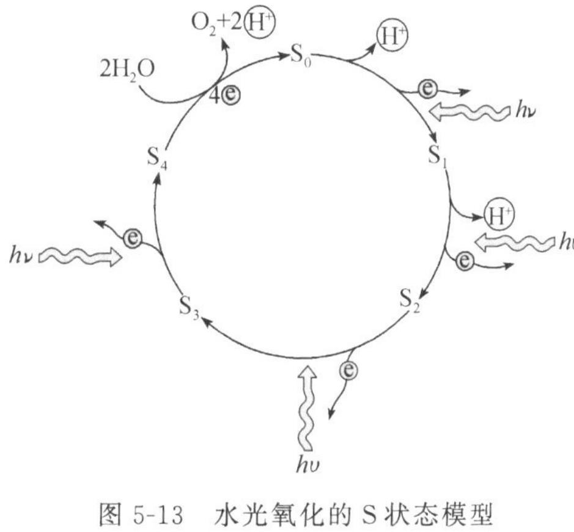

图 5-13　水光氧化的 S 状态模型

S_0 和 S_1 是稳定状态，S_2 和 S_3 在暗中返回到 S_0，S_4 不稳定。当叶绿体经过暗适应后，有 3/4 的 OEC 处于 S_1，1/4 处于 S_0，因此最大的放 O_2 量（第一次氧的释放高峰）在第三次闪光后出现。光化学反应比较复杂，偶尔的一次闪光后 S 态并未向前进一步，或者一次闪光 OEC 被活化两次，这导致暗适应同步化丧失，而放 O_2 数量最终变为一常数。

Mn 对光合放 O_2 是必需的，因为每个 OEC 结合 4 个 Mn，其中一部分 Mn 可能在积累正电荷中起直接作用，因为 Mn 可能有 Mn^{2+}、Mn^{3+}、Mn^{4+} 的不同氧化态，其余部分 Mn 仅作为结构因子。所有 4 个 Mn 对 O_2 释放都是必需的。Cl^- 和 Ca^{2+} 是 OEC 的组成部分，对 O_2 释放也是不可缺少的，它们的作用可能在 $S_0 \rightarrow S_1 \rightarrow S_2 \rightarrow S_3 \rightarrow S_4 \rightarrow S_0$ 的步骤中，并与 H^+ 的释放有关。

三、CO_2 同化

CO_2 同化，即 CO_2 的固定和还原，也称为暗反应和碳固定。在光反应中，由电子传递和光合磷酸化形成的同化力——NADPH 和 ATP，用于在叶绿体基质中进行 CO_2 的固定与还原，从而将无机物转化为有机物，将光反应形成的活跃化学能转化为稳定化学能。这一过程是有许多酶参与的生物化学反应，在光下与暗中均能进行。但反应中许多酶受光的调节。

高等植物 CO_2 的固定有三条途径：卡尔文循环（C_3 途径）、四碳二羧酸途径（C_4 途径）和景天酸代谢途径（CAM 途径）。其中，C_3 途径是最基本的 CO_2 同化途径，因为只有 C_3 途径具有合成蔗糖、淀粉、脂肪和蛋白质等稳定光合产物的能力，另外两条途径只起固定、转运或暂存 CO_2 的作用，不能单独形成稳定的光合产物。

（一）卡尔文循环

光合碳还原循环（PCR 循环）是 20 世纪 40 年代由卡尔文等发现的，故又称为卡尔文循环（Calvin cycle）；循环中 CO_2 的受体是核酮糖-1,5-二磷酸（RuBP），故又称为还原的戊糖磷酸途径；CO_2 被固定后的第一个产物 3-磷酸甘油酸（3-PGA）是三碳化合物，因此又称为三碳（C_3）途径。卡尔文循环存在于所有植物中。大多数植物只具有 C_3 途径，这些植物被称为 C_3 植物，如水稻、小麦、大豆等。

1. 卡尔文循环的生化过程　卡尔文循环大致可分为羧化、还原和更新三个阶段（图 5-14）。

（1）羧化阶段，即 CO_2 的固定阶段。在核酮糖-1,5-二磷酸羧化酶/加氧酶（RuBP 羧化/加氧酶，Rubisco）的催化下，CO_2 与核酮糖-1,5-二磷酸（RuBP）反应，生成 2 分子的 3-磷酸甘油酸（3-PGA）。这是 CO_2 从无机物变成有机物的固定阶段，由于 CO_2 变成有机酸的羧基，故称为羧化。该反应不需要消耗同化力。

Rubisco 是植物体内含量最丰富的蛋白质，约占叶片蛋白质总量的 50%。它由 8 个大亚基（约 56kDa）和 8 个小亚基（约 14kDa）构成。整个复合体分子质量为 560kDa，活性部位在大亚基上。大亚基由叶绿体基因编码，小亚基由核基因编码。Rubisco 催化作用较为缓慢，每秒钟仅能催化 3 个底物分子，而通常的酶每秒钟则能催化 1000 个底

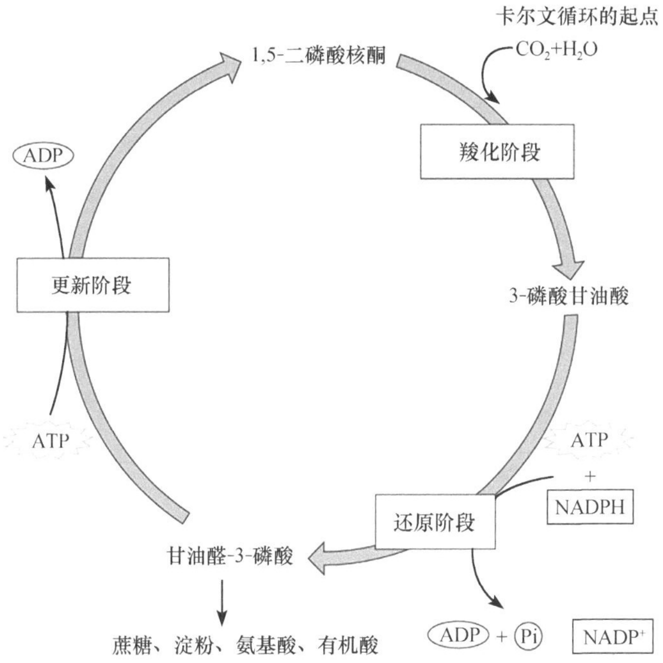

图 5-14 卡尔文循环的三个阶段

物分子，因此 Rubisco 需要大量的拷贝。

（2）还原阶段，即 CO_2 固定产物的还原阶段。这是卡尔文循环耗用同化力（ATP 和 NADPH）的阶段。3-PGA 在 ATP 和 NADPH 的推动下，先后通过 3-PGA 激酶和 NADP-磷酸甘油醛脱氢酶的催化，还原成甘油醛-3-磷酸（GAP），即形成第一个三碳糖。丙糖磷酸既可在叶绿体内形成淀粉，也可运出叶绿体，在细胞质中合成蔗糖，也可留在循环中，转入第三阶段——更新阶段。

（3）更新阶段，即 CO_2 的受体 RuBP 的再生阶段。为了维持卡尔文循环的持续进行，必须不断再生出 CO_2 的受体 RuBP。在这个阶段，GAP 经过 C_3、C_4、C_5、C_6 和 C_7 糖等中间产物，再形成 RuBP（图 5-14）。再生过程的总反应式可表示为：

$$3GAP+3ATP+2H_2O \longrightarrow 3RuBP+3ADP+2Pi+3H^+$$

在整个卡尔文循环中，每循环 1 次固定和还原 1 分子 CO_2，循环 3 次才能把 3 分子 CO_2 转变成 1 分子丙糖；同时，每循环 1 次消耗 3 分子 ATP 和 2 分子 NADPH，生成 1 分子丙糖则需要 9 分子 ATP 和 6 分子 NADPH。总反应式如下：

$$3CO_2+9ATP+6NADPH \longrightarrow \text{丙糖磷酸}+9ADP+8Pi+6NADP^+$$

2. 卡尔文循环的调节

（1）卡尔文循环的光调节。卡尔文循环中的一些酶在光下被活化，暗中被钝化，被称为光调节酶，如 Rubisco、3-磷酸-甘油醛（GAP）脱氢酶、果糖二磷酸（FB）P 酯酶、景天庚酮糖二磷酸（SBP）酯酶和核酮糖-5-磷酸（Ru5P）激酶。其中 Rubisco、FBP 酯酶和 SBP 酯酶的活性与叶绿体基质的 pH 和 Mg^{2+} 含量有关。在光反应中，H^+ 从叶绿体基质向类囊体腔中转移，同时交换出 Mg^{2+}。使基质 pH 上升到 8.0，Mg^{2+} 浓度增加，三种酶活性升高。在暗中情况逆转，基质 pH 降至 7.0，Mg^{2+} 浓度随之降低，导致酶钝化。GAP 脱氢酶与 Ru5P 激酶被光活化是由于在光下电子传递分别形成 NADPH 和 ATP 所致。

Rubisco 活性部位的一个赖氨酸上的 ε-NH_2 在 pH 较高时不带电荷，可以与 CO_2 形成带负电荷的氨基甲酸，后者再与 Mg^{2+} 结合，成为酶-CO_2-Mg^{2+} 活性复合体（ECM）（图 5-15），酶被激活。这里参与活化的 CO_2 分子与被固定的 CO_2 分子是不同的，活化中的氨甲酰化作用由 Rubisco 活化酶催化。此酶在光下起作用，通过水解 ATP，促进结合在 Rubisco 上的、起抑制性作用的二磷酸糖的脱离，从而活化 Rubisco（图 5-16）。

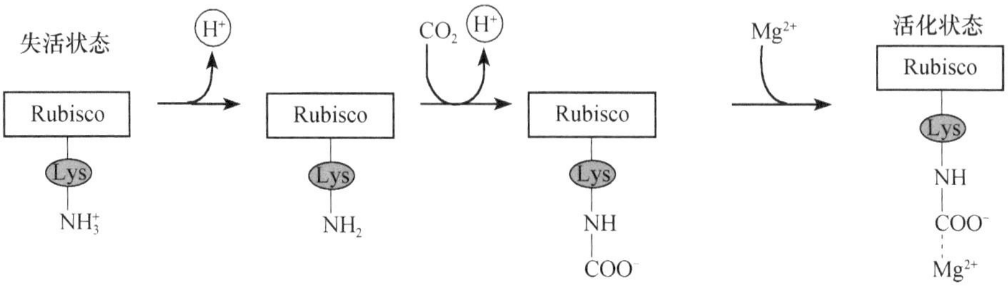

图 5-15　Rubisco 的活化

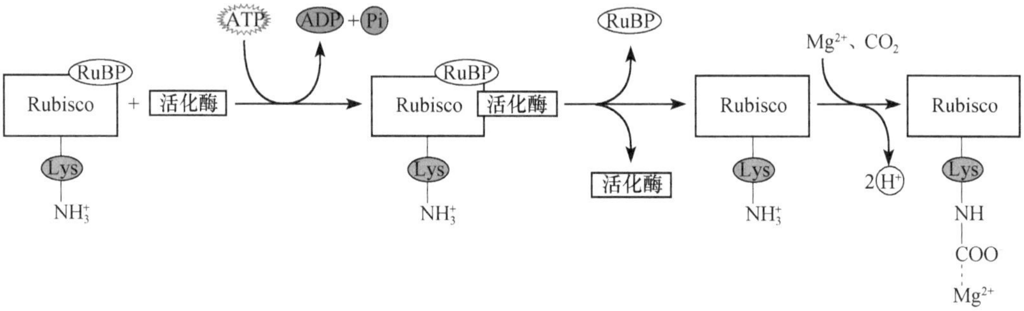

图 5-16　Rubisco 活化酶的作用

FBP 酯酶、SBP 酯酶、Ru5P 激酶和 NADP-GAP 脱氢酶等酶中含有二硫基团（—S—S—），当被还原为两个巯基（—SH HS—）时表现活性。在光照条件下，来自水的电子由 PSⅡ通过 PSⅠ将 Fd 还原（$Fe^{3+} \rightarrow Fe^{2+}$），后者通过硫氧还蛋白（Td）又使上述 4 种酶的相邻半胱氨酸之间形成的二硫基团还原为巯基（—SH HS—）。在黑暗条件下则相反，巯基氧化为二硫键（—S—S—），酶失活。

（2）光合产物的输出调节。光合代谢物的运输对卡尔文循环也有影响。叶绿体内膜上的相关转运蛋白控制着内外物质的交换。光合代谢物，如丙糖磷酸（TP）和 3-PGA，主要通过“Pi（磷酸）运转器”，转运出叶绿体。Pi 运转器是一种反向运输器，TP 与 3-PGA 运出叶绿体的同时，将细胞质中等量的 Pi 运入叶绿体。TP 在细胞质中被用于合成蔗糖，同时释放 Pi。但是，TP 运出的数量受细胞质中的 Pi 浓度所控制，如果细胞质中的蔗糖迅速被利用或被转运，则细胞质中 Pi 浓度增加，Pi 不断进入叶绿体基质，可通过 ATP 的形成来活化 PGA 激酶、Ru5P 激酶及 Rubisco 活化酶，从而促进卡尔文循环运转；如果蔗糖的运出或利用减慢，细胞质中的 Pi 释放减少，与 TP 交换的 Pi 也减少，则叶绿体中的 ATP/ADP 比值降低，上述三种酶钝化，卡尔文循环运转减慢。

（二）四碳二羧酸途径

20 世纪 60 年代中期，在夏威夷工作的植物生理学家 Kortschack 和 Hartt 发现，某些植物 $^{14}CO_2$ 固定的主要早期产物不是 PGA，而是 C_4 二羧酸。澳大利亚的 Hatch 和 Slack 经过广泛实验，发现这些植物固定的最初产物是苹果酸或天冬氨酸等四碳二羧酸，催化羧化反应的酶是磷酸烯醇式丙酮酸羧化酶（PEPC），并提出了循环的生化途径，称为 C_4 途径或 Hatch-Slack 循环（Hatch-Slack cycle）。具有 C_4 光合作用途径的植物称为 C_4 植物。这类植物大多起源于热带或亚热带，具有特殊的叶片解剖结构，即“花环”（Kranz）结构，主要集中于禾本科、莎草科、菊科、苋科、藜科等 20 多科的 1300 多种植物中，其中禾本科占 75%。在农作物中，只有玉米、高粱、甘蔗、黍与粟等属于 C_4 植物。

1. C_4 途径的主要生化过程　C_4 途径基本上可分为固定、转运和脱羧、更新三个阶段（图 5-17）。

（1）固定阶段。在叶肉细胞质中，磷酸烯醇式丙酮酸（PEP）在 PEP 羧化酶催化下，与 HCO_3^- 结合生成草酰乙酸（OAA）。然后，OAA 在 NADP-苹果酸脱氢酶作用下生成苹果酸（MAL），或者在天冬氨酸转氨酶作用下生成天冬氨酸（ASP）。PEP 羧化酶与其底物 HCO_3^- 的亲和力显著高于 Rubisco 对 CO_2 的亲和力。

（2）转运和脱羧阶段。在叶肉细胞中形成的 C_4 酸、MAL 或 ASP 通过胞间连丝进入维管束鞘细胞并脱羧，产生 C_3 酸和释放 CO_2，后者进入叶绿体中参加卡尔文循环。

（3）更新阶段。维管束鞘细胞 C_4 酸脱羧后产生的 C_3 酸返回叶肉细胞，在丙酮酸磷酸双激酶（PPDK）催化下再转变成 PEP，重新作为 CO_2 的受体。进入叶肉细胞的丙氨酸经过转氨作用转变为丙酮酸，再经上述反应形成 PEP。

综上所述，C_4 途径向维管束鞘细胞输送 CO_2，起 CO_2 泵的作用。

2. C_4 途径的类型　根据转运到维管束鞘细胞的 C_4 二羧酸的种类和催化脱羧反应的酶，C_4 途径至少有如下三种类型（图 5-18）。

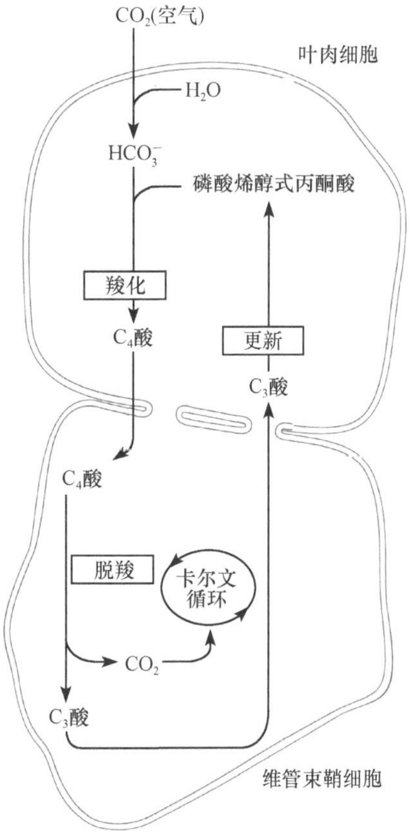

图 5-17　C_4 途径的生化过程

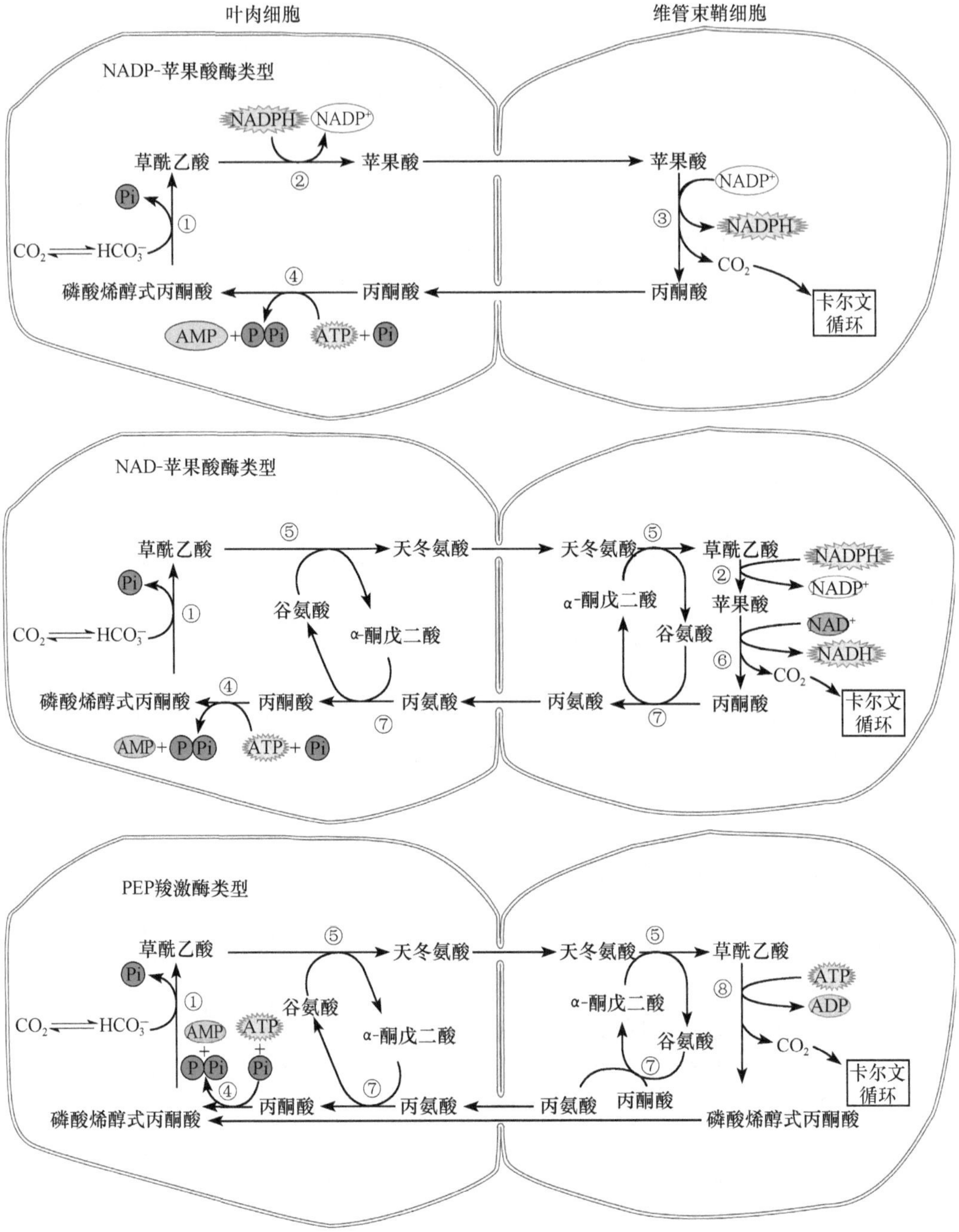

图 5-18　C_4 途径的三种类型

（1）$NADP^+$-苹果酸酶类型。农作物中的玉米、高粱、甘蔗属于这一类型。在维管束鞘细胞中，$NADP^+$-苹果酸酶催化 MAL 脱羧生成丙酮酸，后者再返回叶肉细胞。

（2）NAD^+-苹果酸酶类型。马齿苋、黍等植物属于这一类型，其特点是进入维管束鞘细胞中的 ASP 先经天冬氨酸转氨酶作用变成 OAA，后者由 $NADP^+$-苹果酸脱氢酶催化生成 MAL，然后 MAL 在 NAD^+-苹果酸酶催化下脱羧生成丙酮酸，最后丙酮酸由丙氨酸转氨酶催化形成丙氨酸。丙氨酸是此类植物从维管束鞘细胞转运到叶肉细胞的主要 C_3 化合物。

(3) PEP 羧激酶类型。盖氏狼尾草、大黍等植物属于这一类型，其特点是在维管束鞘细胞内，ASP 先转氨转化为 OAA，然后再脱羧生成 PEP；PEP 也可以先转化为丙酮酸，再形成丙氨酸。

3. C_4 途径的光调节 PEP 羧化酶、$NADP^+$-苹果酸脱氢酶和丙酮酸磷酸双激酶在光下被激活，暗中则钝化失活。PEP 羧化酶活性与其活性部位的丝氨酸磷酸化状态有关。在光下，蛋白激酶的催化下，丝氨酸接受 ATP 的磷酸而具有活性，在暗中则脱去磷酸而失活。此外 PEP 羧化酶的活性被 PEP、G-6-P、甘氨酸促进，被苹果酸、OAA 和天冬氨酸抑制；$NADP^+$-苹果酸脱氢酶的活性通过 Fd-Td 体系（见卡尔文循环）调节，该酶在光下二硫键被还原为巯基而活化，在暗中巯基被氧化为二硫键而失活；PPDK 的活性与其活性部位苏氨酸的磷酸化状态有关，在黑暗下，PPDK 调节蛋白催化苏氨酸残基磷酸化，PPDK 变为失活状态，在光下苏氨酸脱去磷酸，PPDK 转变为活化态。

4. 发生在单个细胞内的 C_4 光合作用 有些 C_4 植物叶片中没有 Kranz 结构，也能进行 C_4 光合循环。Voznesenskaya 等发现，一种藜科植物 *Bienertia cycloptera* 具有与 C_4 植物相同的 C_4 同化途径，但是没有 Kranz 结构，光合循环在同一细胞内完成。

Voznesenskaya 等的研究表明，*Bienertia cycloptera* 叶片光合细胞的胞质分成两部分（图 5-19）：中央区域和周边区域，二者之间通过细胞质通道连接。中央区域的叶绿体含有发达的基粒、Rubisco 和淀粉粒，中央区域胞质中含有很少的 PEPC；在周边区域的胞质空间中富集有大量的 PEPC，这个区域的叶绿体缺乏基粒、Rubisco 和淀粉粒，但含有 PPDK。所以周边区域类似于 Kranz 结构中的 MC，是 C_4 途径中固定 CO_2 的场

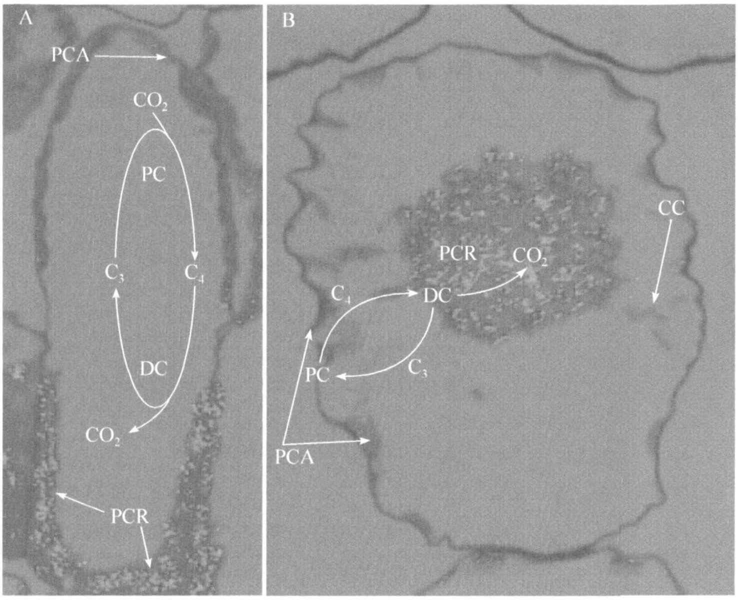

图 5-19 单个细胞内的 C_4 光合作用（Voznesenskaya et al，2002）

A. *Borszczowia aralocaspica*（藜科）；B. *Bienertia cycloptera*（藜科）

所，其中的叶绿体我们可以称为“C_4 型叶绿体”；中央区域类似于 BSC，是 CO_2 浓缩的场所，其中的叶绿体我们可以称为“C_3 型叶绿体”。在异子蓬（*Borszczowia aralocaspica* Bunge）的绿色细胞中，PEPC 和 PPDK 分布在远离内部贮水细胞端，而 NAD-ME 和 Rubisco 分布在靠近贮水细胞端，C_4 酸在靠近贮水细胞的一端脱羧释放 CO_2 进入 C_3 循环。以上这两种植物催化 C_4 酸脱羧的酶都是 NAD-ME，脱羧反应发生在线粒体中。水生植物轮叶黑藻也在单一细胞中进行 C_4 光合，叶片中的 CO_2 浓度是周围水环境中的 5 倍，也存在 CO_2 的浓缩机制，其中 PEPC 存在于细胞质中，PPDK 和 NADP-ME 定位于叶绿体中。

（三）景天酸代谢途径

景天酸代谢途径（CAM 途径）是在 C_4 途径之后，于景天科的落地生根属、茄蓝菜属、景天属等植物中首先发现的，后来发现龙舌兰科、凤梨科、苦杏科、大戟科、仙人掌科等 19 科 23 000 多种植物均存在这一途径。具有这一途径的植物称为 CAM 植物。

1. CAM 途径的生化过程 CAM 植物多属于肉质植物或半肉质植物，在适应干热环境的进化过程中，气孔运动为夜开昼闭，因而 CO_2 固定途径也很特殊。在夜晚，气孔开放，吸入 CO_2，与 PEP 结合生成 OAA，进一步还原为苹果酸，积累于液泡中。白天气孔关闭，液泡中的苹果酸运输到细胞质中氧化，放出的 CO_2 进入卡尔文循环，合成淀粉，而脱羧所产生的丙酮酸进入线粒体，亦被氧化成 CO_2 进入 C_3 途径（图 5-20）。所以植物体在夜晚有机酸含量非常高，而碳水化合物含量下降；白天则相反，酸度下降，而糖分增多。

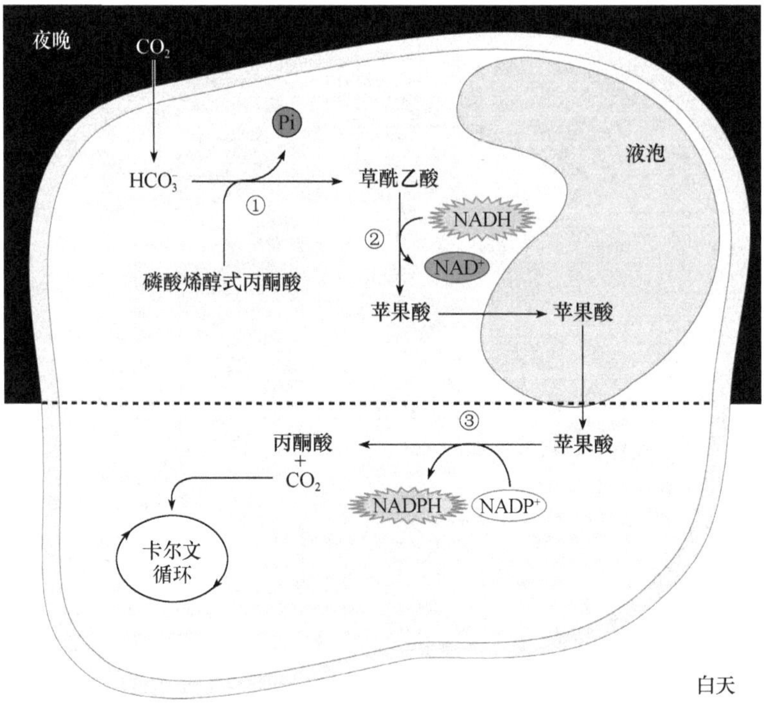

图 5-20 CAM 途径的生化过程

2. CAM 途径调节　PEP 羧化酶是 CAM 植物夜间固定 CO_2 的关键酶。研究表明，葡萄糖-6-磷酸（G-6-P）和 Pi 是该酶的正效应剂，而苹果酸则是负效应剂。在夜间，呼吸过程的糖酵解作用使淀粉转变成 G-6-P，使 PEP 羧化酶活性升高，虽然苹果酸的含量不断增加，但由于积累在液泡中，并未对 PEP 羧化酶活性产生抑制作用。相反，在白天，苹果酸不断从液泡运至细胞质，抑制了 PEP 羧化酶的活性，避免 PEP 羧化酶与 Rubisco 竞争苹果酸脱羧后释放的 CO_2。

PEP 羧化酶的构象亦发生昼夜变化，白天为二聚体，对苹果酸的抑制作用很敏感，并且对 PEP 的亲和力降低，不进行羧化作用；夜间为四聚体，则对苹果酸的抑制作用不敏感，并且对 PEP 的亲和力高，羧化作用可以进行。此外，PEP 羧化酶的磷酸化状态亦发生昼夜变化，夜间 PEP 羧化酶在蛋白激酶的作用下被 ATP 磷酸化，白天则发生脱磷酸化作用，前者对苹果酸的抑制不敏感，而后者敏感。

3. CAM 植物的类型　根据植物在一生中对 CAM 的专性程度可分为两类：①专性 CAM 植物，在其一生中大部分时间的碳固定通过 CAM 途径；②兼性 CAM 植物，在正常条件下进行 C_3 途径，当遇到干旱、盐渍和短日照时则进行 CAM 途径，以抵抗不良环境。

四、光呼吸

光呼吸是指植物绿色细胞进行依赖光的吸收 O_2、释放 CO_2 的过程。所以光呼吸只能在光下进行。生活细胞的一般呼吸作用在光下或黑暗中都可以进行，对应地称为暗呼吸。

（一）光呼吸的生化过程

光呼吸是一个循环反应过程，底物是乙醇酸，因此称为氧化的光合碳循环（C_2 循环）。业已证实，卡尔文循环中的 Rubisco 具有双重催化功能，不仅可以催化 RuBP 的羧化反应，还可以催化它的加氧反应，由此生成 1 分子 PGA 和 1 分子磷酸乙醇酸，后者在磷酸酯酶的作用下转化为乙醇酸。

光呼吸的全过程需要叶绿体、过氧化物酶体和线粒体三种细胞器协同作用才能完成，如图 5-21 所示。

首先，在叶绿体中形成乙醇酸，然后乙醇酸转运至过氧化物酶体，在乙醇酸氧化酶作用下，被氧化为乙醛酸和 H_2O_2，后者在过氧化氢酶催化下分解，放出 O_2。

乙醛酸在生化上可能有两个去向：一是少部分乙醛酸（约为 10%）返回叶绿体，被氧化释放出 CO_2；二是大部分乙醛酸经转氨酶作用生成甘氨酸，进入线粒体。在线粒体中 2 分子甘氨酸转变成 1 分子丝氨酸，并产生 NADH、NH_3，释放 CO_2。丝氨酸再转入过氧化物酶体，经转氨酶催化，生成羟基丙酮酸。羟基丙酮酸在甘油酸脱氢酶作用下还原为甘油酸。最后，甘油酸再回到叶绿体，在甘油酸激酶催化下生成 PGA，进入卡尔文循环，再生成 RuBP。

在光呼吸过程中，Rubisco 与 2 分子 O_2 进行加氧反应，生成 2 分子乙醇酸，经线粒体氧化释放 1 分子 CO_2，碳素损失约为 25%。光呼吸是一个消耗能量和 O_2 的过程。O_2 的消耗部位是叶绿体和过氧化物酶体。

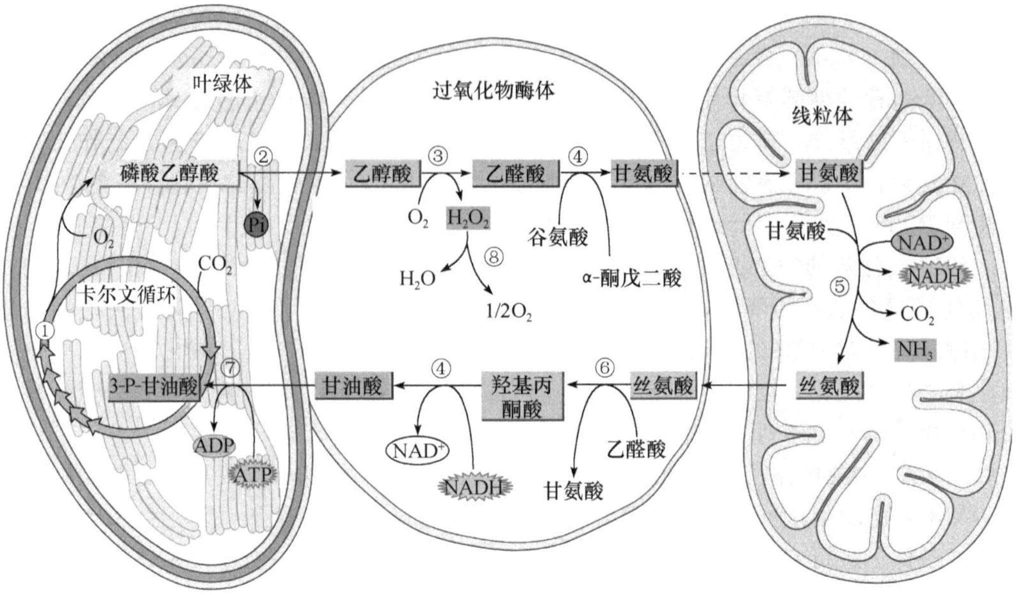

图 5-21　光呼吸的 C_2 循环

①RuBP 加氧酶；②磷酸乙醇酸磷酸酶；③乙醇氧化酶；④转氨酶；⑤甘氨酸脱氢酶；⑥丝氨酸羟甲基转氨酶；⑦羟基丙酮酸还原酶；⑧甘油酸激酶

（二）光呼吸的生理功能

关于光呼吸的生理功能，尚有不同的观点。鉴于光呼吸可消耗 C_3 植物已固定碳素的 25%～30%，有时甚至高达 50%，人们一度认为，光呼吸是一种浪费，对植物有害无益。但是，许多研究表明，光呼吸在高等植物中普遍存在，从进化的观点出发，光呼吸可能是对内部环境的代谢调整，也可能是对外部条件（如高光强）的主动适应。据推测，光呼吸对植物可能有如下功能。

1. 消除乙醇酸的毒害　Rubisco 催化的加氧反应可能由分子结构决定，是不可避免的。若乙醇酸积累过多会对植物产生毒害，通过 C_2 循环，将其转化为丙糖磷酸或氨基酸。

2. 防止高光强对光合机构的破坏　在高光强和低 CO_2 的条件下，光反应形成的同化力超过 CO_2 同化的需要，叶绿体内 $NADPH/NADP^+$ 比值升高，光合链的电子将传递给 O_2，形成超氧阴离子 O_2^-，对叶绿体造成伤害，而光呼吸可消耗过剩的 NADPH，减少 O_2^- 的形成。

3. 消除 O_2 的伤害　消除 O_2 的伤害即降低瓦布格效应。光呼吸是需 O_2 量很大的反应，通过光呼吸降低叶绿体周围的 O_2/CO_2 比例，提高 Rubisco 的羧化活性，以保证卡尔文循环的正常运转。此外，光呼吸过程中产生的甘氨酸、丝氨酸也是对氨基酸合成的补充。

（三）光呼吸的调节控制

自从发现光呼吸之后，很多人重视光呼吸调节与控制的研究，希望通过控制光呼吸来提高光合效率。主要途径有：①提高 CO_2 浓度，增加 CO_2/O_2 比值；②应用光呼吸抑制剂；③选育低光呼吸品种；④通过蛋白质工程技术改造 Rubisco。

五、光合作用的产物

（一）光合作用的主要产物

碳水化合物是光合作用的主要产物。其中蔗糖在细胞质合成；淀粉在叶绿体的基质中合成。前者是植物体内碳水化合物运输的主要形式，后者是光合产物暂时的贮存形式。在夜间淀粉水解，运出叶绿体。

曾经认为碳水化合物是光合作用的唯一产物。利用 $^{14}CO_2$ 供给小球藻，在未形成碳水化合物之前就发现 ^{14}C 渗入到氨基酸（甘氨酸、丙氨酸、丝氨酸等）和有机酸（丙酮酸、苹果酸、乙醇酸等），以 ^{14}C-乙酸饲喂离体叶片，照光后 ^{14}C 渗入到叶绿体中的某些脂肪酸（棕榈酸、油酸、亚油酸）中。由此可见，碳水化合物、蛋白质、脂肪酸和有机酸都是光合作用的直接产物，只不过碳水化合物所占比例很高而已。

光合产物的种类和数量与植物种类、生育期及环境等因子有关。例如，棉花、大豆和烟草的最初光合产物主要是淀粉，暂存于叶片，夜间降解后运出；小麦、蚕豆等主要是蔗糖，并以此向外运输。发育完全的叶片主要形成碳水化合物，幼嫩叶片除碳水化合物外还产生较多的蛋白质。环境因子的影响更为明显，如蓝光下合成碳水化合物减少，蛋白质较多；红光下则相反，合成蛋白质少而碳水化合物多；强光和高浓度 CO_2 有利于蔗糖和淀粉的形成，而弱光则有利于谷氨酸、天冬氨酸和蛋白质的形成。

（二）蔗糖与淀粉合成的调节

在 PCR 循环中首先形成的糖是丙糖磷酸（TP），它可通过内膜上的 Pi 运转器与 Pi 交换进入细胞质，并经过许多酶的催化作用合成蔗糖。

TP 也可在叶绿体内用于合成淀粉（图 5-22）。TP 形成后在醛缩酶催化下形成 FBP，FBP 先后经 FBP 磷酸酯酶、己糖磷酸异构酶及葡萄糖磷酸变位酶作用产生葡萄糖-1-磷酸（G1P），G1P 在 ADPG 焦磷酸化酶作用下形成 ADPG；最后在淀粉合酶的作用下，ADPG 中的葡萄糖部分添加到正在延长的淀粉链上，即末端葡萄糖的非还原端，形成淀粉。

叶绿体中的淀粉合成与细胞质中的蔗糖合成是一竞争反应。光合细胞中 Pi 水平调控着 TP 的输出，当 Pi 水平高时，促进 TP 输出，增加细胞质中蔗糖合成；当 Pi 水平低时，限制 TP 输出，增加叶绿体中淀粉的合成。

Pi、TP 和其他代谢物对两个合成途径中一些酶的活性起调节作用。例如，ADPG 焦磷酸化酶是在叶绿体内合成淀粉的关键酶，3-P-甘油酸活化而 Pi 抑制其活性，光照下通常 3-P-甘油酸/Pi 的比值较高，ADPG 焦磷酸化酶活性增大，叶绿体内淀粉合成活跃。

第三节　C_3、C_4、CAM 植物的比较

C_3 植物、C_4 植物和 CAM 植物，除光合作用碳同化途径不同外，它们还存在以下几方面差异。

一、叶片解剖结构方面

C_4 植物叶片的维管束鞘薄壁细胞较大，叶绿体较大，叶绿体没有基粒或基粒发育不良；维管束鞘的外侧密接一层呈环状或近于环状的叶肉细胞，组成“花环”结构。维管束鞘薄壁细胞与叶肉细胞间有丰富的胞间连丝，利于光合产物向维管束运输。C_3 植物的维管束鞘薄壁细胞较小，不含或含很少叶绿体，没有“花环”结构，维管束鞘周围的叶肉细胞排列松散（图 5-22）。

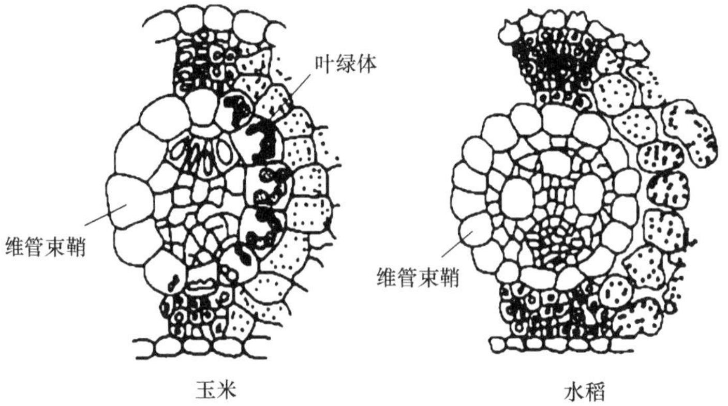

图 5-22　C_4 植物（玉米）和 C_3 植物（水稻）叶片解剖结构比较

二、光合生理方面

C_4 植物通过叶肉细胞的 PEP 羧化酶固定 HCO_3^-，PEP 羧化酶对 HCO_3^- 的亲和力（K_m 值为 7μmol）远大于 RuBP 羧化酶（K_m 值为 450μmol）。此外，HCO_3^- 在溶液中的溶解度也远大于 CO_2，有利于 PEP 羧化酶对碳的固定；C_4 途径起“CO_2 泵”的作用，可将 PEP 羧化酶于叶肉细胞中固定的 CO_2“压进”维管束鞘薄壁细胞中，增加了维管束鞘薄壁细胞中 CO_2/O_2 的比率，降低了 C_4 植物的光呼吸。故 C_4 植物的 CO_2 补偿点（<10μL/L）比 C_3 植物（50～150μL/L）低许多。当外界干旱、气孔部分关闭时，C_4 植物仍能够利用叶片内低浓度的 CO_2 继续进行光合作用，维持植物生长。所以，在干旱环境中，C_4 植物比 C_3 植物生长得好。

三、碳同化途径方面

C_4 植物光合碳同化需 C_3 和 C_4 两条途径共同完成。位于叶肉细胞的 PEP 羧化酶先把 CO_2 固定下来，然后转入维管束鞘薄壁细胞中，再由 C_3 途径完成 CO_2 的同化。因为 C_4 途径中 PEP 再生需要消耗 2 个 ATP，所以，C_4 植物每固定和同化 1 分子 CO_2 比 C_3

植物要多消耗 2 个 ATP。而 C_3 植物 CO_2 固定和同化均是由位于叶肉细胞的 C_3 途径来完成的。因此，一般强光照条件有利于 C_4 植物的光合作用。

四、生态适应性方面

C_4 植物多分布于热带和亚热带，一般更适合于高温、强光和干燥的气候；C_3 植物生长的适宜温度较低，多分布于温带和寒带。长江以北早春开始生长的植物几乎全是 C_3 植物，直至夏初才出现 C_4 植物。CAM 植物主要分布在干旱、炎热的沙漠地带，且多为肉质植物。

20 世纪 70 年代，研究发现一些植物形态解剖结构和光合特性介于 C_3 和 C_4 植物之间，被称为 C_3-C_4 中间型植物。迄今已发现在禾本科、粟米草科、苋科、菊科、十字花科等植物中有数十种 C_3-C_4 中间型植物。从植物进化方面看，一般认为 C_3 植物较原始，C_4 植物较进化。蕨类和裸子植物中就没有 C_4 植物，只有被子植物中才有 C_4 植物。同样，木本植物中还未发现 C_4 植物，只有草本植物中有 C_4 植物。由于单子叶植物比双子叶植物进化程度高，因此单子叶植物中 C_4 植物约占 C_4 植物总数的 80%，而双子叶植物中 C_4 植物较少。关于 C_3、C_4、CAM 植物的差异详见表 5-1。

表 5-1　C_3、C_4、CAM 植物的光合和生理生态特性的比较

特　性	C_3 植物	C_4 植物	CAM 植物
1. 叶结构	BSC 不发达，内无叶绿体，无“花环”结构	BSC 发达，内有叶绿体，有“花环”结构	BSC 不发达，叶肉细胞的液泡大，无“花环”结构
2. CO_2 固定酶	Rubisco	PEPC、Rubisco	PEPC、Rubisco
3. 最初 CO_2 受体	RuBP	PEP	光下 RuBP，暗中 PEP
4. 光合初产物	PGA	OAA	光下 PGA，暗中 OAA
5. 同化力需求理论值（CO_2 : ATP : NADPH）	1 : 3 : 2	1 : 5 : 2	1 : 6.5 : 2
6. 最大光合速率（CO_2 吸收量）/[μmol/(m^2 · s)]	低（10～25）	高（25～50）	极低（1～3）
7. CO_2 补偿点/(μL/L)	高（40～70）	低（5～10）	暗期（5），光下（0～200）
8. Warbug 效应	明显	不明显	明显
9. 光呼吸	高，易测出	低，难测出	低，难测出
10. 叶绿素 a/b	2.8±0.4	3.9±0.6	2.5～3.0
11. 光饱和点	最大日照的 1/4～1/2	最大日照以上	不定
12. 光合最适温度/℃	低（13～30）	高（30～47）	约 35
13. 生长最适温度	低	高	宽
14. 耐旱性	弱	强	极强
15. 光合产物运输速率	小	大	—
16. 最大干物生长率/[g/(m^2 · d)]	低（19.5±3.9）	高（30.3±13.8）	—
17. 最大纯生产量/[t/(hm^2 · a)]	少（22.0±3.3）	多（38.6±16.9）	变动大
18. 蒸腾系数	大（450～950）	小（250～350）	极小（50～150）
19. 增施 CO_2 对干物重的促进	大	小	—

第四节 影响光合作用的因素

植物光合作用的强弱经常受到外界环境条件和内部因素变化的影响。表示光合作用强弱的指标主要有光合速率和光合生产率。

一、光合作用指标

光合速率（photosynthetic rate）是指单位时间、单位叶面积吸收 CO_2 的量或放出 O_2 的量，常用单位有 $\mu mol/(m^2 \cdot s)$ 和 $\mu mol/(dm^2 \cdot h)$。一般测定光合速率的方法，包括红外 CO_2 分析仪法、氧电极法、半叶法等，都没有排除叶片呼吸作用的影响，所测结果实际上是光合作用减去呼吸作用的差值，称为表观光合速率（apparent photosynthetic rate）或净光合速率（net photosynthetic rate）。将表观光合速率与呼吸速率相加，得到总（真正）光合速率。

光合生产率（photosynthetic production rate）又称为净同化率（net assimilation rate，NAR），是指植物在较长时间（一昼夜或一周）内，单位叶面积生产的干物质量，常用单位 $g/(m^2 \cdot d)$。光合生产率比光合速率低，因为在夜间叶片呼吸要消耗部分光合产物。

二、影响光合作用的内部因素

（一）叶龄

叶片光合速率随叶龄增加呈现"低—高—低"的变化规律。新长出的嫩叶由于组织发育不健全，如构成气孔的保卫细胞尚未发育完全、气孔开度低、叶肉细胞间隙小、与外界气体交换速率低等，叶绿体片层结构不发达、光合色素含量少、参与光合作用的酶含量少且活性弱等原因使新生叶光合速率较低，往往需要其他成熟叶片为其生长发育提供光合产物。随着叶片的生长，光合速率不断提高。当叶片长至叶面积最大和叶厚度最大时，光合速率达最大值。通常将叶片充分展开后光合速率维持较高水平的时期，称为叶片功能期，处于功能期的叶片称为功能叶。功能期过后，随着叶片衰老，光合速率下降。

（二）光合产物输出

光合产物从叶片中输出的速度可能影响叶片的光合速率。例如，摘去花或果实等光合产物的接纳器官，叶片的光合速率随之降低。反之，若摘除一些叶片，则留下的叶片的光合速率就会增加。对苹果枝条进行环割，阻止光合产物外运，则叶片光合速率明显下降。人们推测光合产物积累影响光合速率的原因是：①反馈抑制，蔗糖的积累会反馈抑制磷酸蔗糖合成酶活性，使 F6P 增加，而 F6P 的积累又反馈抑制果糖-1,6-二磷酸酯酶活性，使细胞质和叶绿体中丙糖磷酸含量增加，从而影响 CO_2 的固定；②淀粉粒的影响，蔗糖在叶肉细胞中的积累会促进叶绿体基质中淀粉合成和淀粉粒形成，过多的淀粉粒一方面会压迫和损伤叶绿体，另外，由于淀粉粒对光有遮挡作用，从而阻碍光合膜对光的吸收。

三、影响光合作用的外部因素

（一）光照

光是光合作用的能量来源，也是形成叶绿素和叶绿体的必要条件。此外，光还调节着光合碳同化过程中许多酶的活性和气孔开度，因此，光是影响光合作用的重要因素之一。光合作用既受光强的影响，也受光质的影响。

1. 光照强度

(1) 光照强度-光合速率曲线。此曲线（图 5-23）也称为需光量曲线。在暗中叶片无光合作用，只有呼吸作用释放 CO_2（图中的 OD 段为呼吸速率）。在光照条件下，随着光照强度的增强，光合速率相应提高，当达到某一光强度时，叶片的光合速率与呼吸速率相等，此时净光合速率为零，这时的光照强度称为光补偿点（light compensation point）。在一定范围内，光合速率随着光照强度的增强呈直线增加；但超过一定光强度后，光合速率增加幅度减缓；当达到某一光强时，光合速率就不再随光照强度增强而增加，这种现象称为光饱和现象（light saturation）。光合速率开始达到最大值时的光照强度称为光饱和点（light saturation point）。

一般来说，草本植物的光补偿点与光饱和点通常高于木本植物，阳生植物的光补偿点和光饱和点高于阴生植物，C_4 植物的光饱和点高于 C_3 植物（图 5-24）。多数植物的光饱和点为 360～900μmol/(m^2 · s)，光补偿点为 5～20μmol/(m^2 · s)。光补偿点和光饱和点是植物需光特性的两个主要指标，据此，可以指导农作物栽培生产，如将光补偿点低的耐阴植物大豆与光饱和点高的喜光植物玉米间作或套作，在一定程度上提高了对光能的利用效率。植物的光补偿点和光饱和点不是固定数值，它们会随外界条件的变化而改变，环境条件不适宜时，往往会降低光饱和点和光饱和时的光合速率，并提高光补偿点。

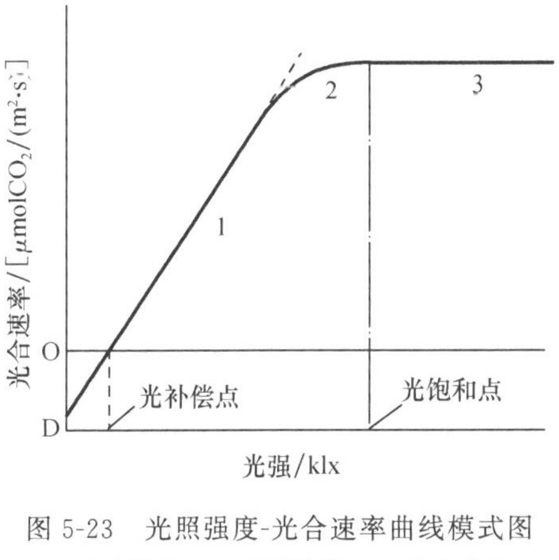

图 5-23 光照强度-光合速率曲线模式图

1. 比例阶段；2. 过渡阶段；3. 饱和阶段

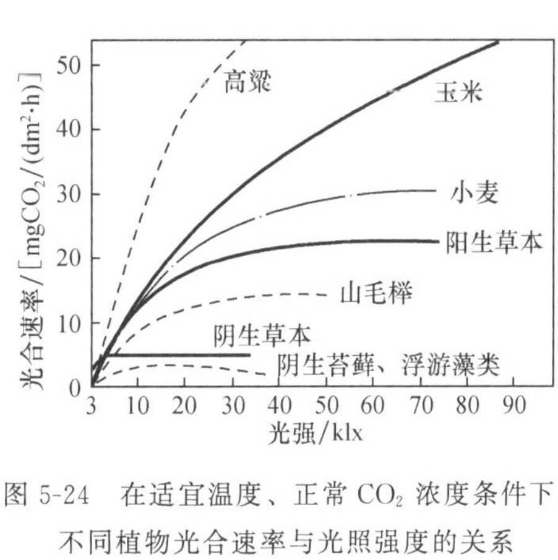

图 5-24 在适宜温度、正常 CO_2 浓度条件下，不同植物光合速率与光照强度的关系

在自然条件下，植物在强光下出现光饱和现象的原因是，由于受 CO_2 扩散速率（受 CO_2 浓度和气孔开度影响）和 CO_2 固定速率（受羧化酶活性和 RuBP 再生速率影响）的限制，暗反应速度跟不上光反应，从而限制了光合速率随着光照强度的增加而增加。C_4 植物一般不会出现光饱和现象，其原因是：①C_4 植物同化 CO_2 消耗的同化力比 C_3 植物高，C_4 植物每固定和同化 1 分子 CO_2 要比 C_3 植物多消耗 2 个 ATP；②HCO_3^- 的溶解度大，PEP 羧化酶对其亲和力高，以及 C_4 途径的 CO_2 泵的作用，使叶片内有较高 CO_2 浓度，所以，空气中 CO_2 浓度通常不会成为 C_4 植物光合作用的限制因素。

（2）光合作用的光抑制。光为植物光合作用提供所必需的能量，然而，当植物吸收的光能超过光合作用的需要时，过剩的光能会导致光合强度降低，这种现象称为光合作用的光抑制（photoinhibition of photosynthesis）。

在自然条件下光抑制现象经常发生，因为晴天中午的光强往往超过植物的光饱和点。例如，水稻、小麦、棉花及大豆等在中午前后经常会出现光抑制，轻者光合速率尚能恢复正常；重者则造成光合机构被破坏，叶片发黄，光合速率不能恢复正常。如果强光与其他不良环境因素，如高温、低温、干旱等同时存在，光抑制现象会更为严重。

正常情况下，光反应速度与暗反应速度保持相互协调，光反应中形成的同化力在暗反应中被及时消耗。但由于叶绿体基质中 CO_2 浓度往往很低，RuBP 羧化酶的 K_m 值又较高，当光照过强时，常常出现暗反应能力不足引起的光能过剩，产生不利效应。一方面，因 $NADP^+$ 不足使电子传递给 O_2，形成超氧阴离子自由基（O_2^-）；另一方面会导致电子的积累，形成三线态叶绿素（chl^T），chl^T 与分子氧反应生成单线态氧（$^1O_2$）。O_2^- 和 $^1O_2$ 都是化学性质非常活泼的活性氧，它们会攻击光合膜，引起膜脂的过氧化，破坏膜结构；还能引起叶绿素和 PSⅡ反应中心 D1 蛋白的降解，损伤光合机构。

植物在长期的进化过程中也形成了许多对强光的适应机制，以避免和减轻强光的危害：①加快代谢消耗过剩能量，如提高光合速率、增强光呼吸等；②通过叶黄素循环提高热耗散能力，叶黄素的三个组分紫黄质、环氧玉米黄质、玉米黄质可以在光照的条件下快速互相转化，耗散多余的能量；③捕光色素复合体Ⅱ（LHCⅡ）的磷酸化和脱磷酸化引起激发能在两个光系统之间的再分配，防止由于光能在两个光系统中不均衡分配所引起的光能过剩；④$Cytb_{559}$ 介导的环式磷酸化启动；⑤细胞中存在着活性氧清除系统，如超氧化物歧化酶（SOD）、过氧化氢酶（CAT）、过氧化物酶（POD）、谷胱甘肽、抗坏血酸及类胡萝卜素等，它们共同清除活性氧，防御活性氧对细胞的伤害；⑥PSⅡ的可逆失活与修复。

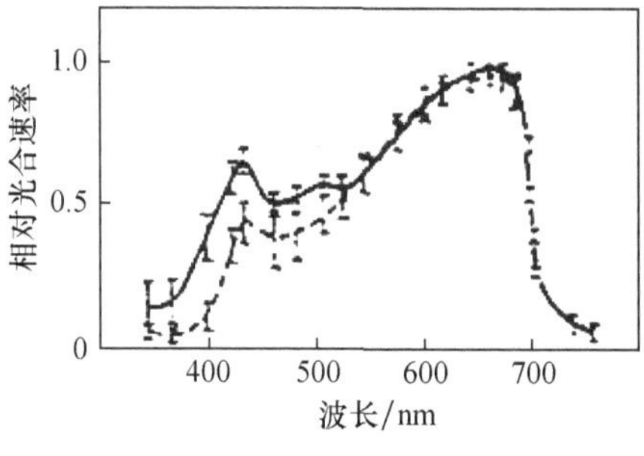

图 5-25　不同波长光下植物的光合效率（Landa，1976）

实线为 26 种草本植物的平均值；虚线为 7 种木本植物的平均值

2. 光质　太阳辐射光谱中，对光合作用有效的部分是可见光。在可见光区域，光合作用的作用光谱与叶绿体色素的吸收光谱大致吻合（图 5-25）。在自然条件下，照射到植物冠层的可见光中不同波长光线的比例经常发生变化。例如，阴天不仅光强减弱，而且蓝光和绿光的比例增加。树木冠层的叶片吸收红光和蓝光较多，造成树冠下的光线中绿光较多，因而使本来就光照不足的树冠下植物光合速率低下，生长受到抑制。

水层也可以改变光照强度和光质。水层越深，光照强度越弱。水层对红光和橙光的吸收显著多于蓝光和绿光。深水层的光线中短波光相对增多，所以含有叶绿素、吸收红光较多的绿藻分布于海水的表层，而含有藻红蛋白、吸收蓝绿光较多的红藻则分布在海水的深层。这是藻类对光照条件的一种适应性表现。

（二）二氧化碳

CO_2 是光合作用的原料。由 CO_2-光合速率曲线（图 5-26）可以看出，随着 CO_2 浓度增高，植物光合速率增加，当植物光合速率与呼吸速率相等时，外界环境的 CO_2 浓度称为 CO_2 补偿点（CO_2 compensation point，图中 C 点）。当 CO_2 浓度提高到某一值时，光合速率达到最大值（P_m），此时，环境中的 CO_2 浓度被称为 CO_2 饱和点（S）。

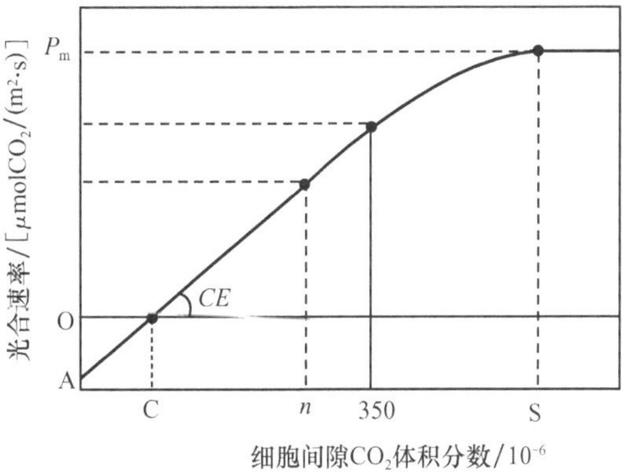

图 5-26 CO_2-光合速率曲线模式图
n 点为空气浓度下细胞间隙 CO_2 浓度，其他各点含义见正文

CO_2 浓度低于饱和点以下，CO_2 成为光合作用的限制因子。直线的斜率又称为羧化效率，它受羧化酶活性和酶数量的限制。直线的斜率越大，表示羧化酶的羧化效率越高。

C_4 植物的 CO_2 补偿点一般低于 C_3 植物。因为 C_4 植物的 PEP 羧化酶的 K_m 值低，对 CO_2 亲和力高，并具有浓缩 CO_2 的机制，所以 C_4 植物可以利用较低浓度的 CO_2 进行光合作用。

陆生植物所需的 CO_2 主要来自空气，空气中的 CO_2 以气体状态经过气孔或角质层间隙进入叶肉细胞的细胞间隙，溶于水后，进一步扩散到叶绿体基质。浸没在水中的绿色植物，其光合作用的碳源是溶于水中的 CO_2、碳酸盐和重碳酸盐，它们通过表皮细胞进入叶片内部。自然条件下，空气中的 CO_2 含量大约占 0.036%，正常生长条件下，一般不会出现 CO_2 饱和现象。

（三）温度

光合作用的暗反应是一系列酶促反应，其反应速度受温度影响，因此温度也是影响光合速率的重要因素。

光合作用有温度三基点，即最低、最适和最高温度。光合作用的温度三基点因植物种类而异（表 5-2）。一般植物可以在 10～35℃下正常进行光合作用，其中以 25～30℃最适宜，在 35℃以上时光合速率就开始下降，40～45℃时则完全停止。高温使光合速率下降的原因：一是光合膜结构和酶蛋白的热变性；二是高温下光呼吸和暗呼吸速率加强，致使净光合速率下降。

表 5-2 在自然 CO_2 浓度和光饱和条件下不同植物光合作用的三基点温度（℃）

植物种类		最低温度	最适温度	最高温度
草本植物	热带 C_4 植物	5～7	35～45	50～60
	C_3 农作物	－2～0	20～30	40～50
	阳生植物（温带）	－2～0	20～30	40～50
	阴生植物	－2～0	10～20	约 40
	CAM 植物（夜间固定 CO_2）	－2～0	5～15	25～30
木本植物	春天开花植物和高山植物	－7～2	10～20	30～40
	热带和亚热带常绿阔叶乔木	0～5	25～30	45～50
	干旱地区硬叶乔木和灌木	－5～1	15～35	42～55
	温带冬季落叶乔木	－3～1	15～25	40～45
	常绿针叶乔木	－5～3	10～25	35～42

白天温度较高，日光充足，有利于光合作用进行；夜间温度较低，可降低呼吸消耗。因此，在一定温度范围内，较大的昼夜温差有利于光合产物积累。

（四）水分

水是光合作用的原料之一。但是，植物一生中用于光合作用原料的水只占蒸腾失水量的1%左右，因此，缺水对光合作用的影响主要是间接原因。具体来说，缺水会引起气孔开度下降，影响 CO_2 进入叶内；缺水使叶肉细胞中淀粉水解增强，光合产物输出减慢，造成光合产物积累，这些都会使光合速率下降。缺水较严重时，光合磷酸化过程解偶联，同化力形成减少，甚至造成叶绿体类囊体膜结构破坏，不仅使光合速率下降，而且供水后光合速率也难以恢复正常。

（五）矿质元素

矿质元素直接或间接影响光合作用。N、Mg、Fe 和 Mn 等是叶绿素生物合成所必需的；Cu、Fe、S、Mn 和 Cl 参与电子传递和光合放氧过程；K 和 P 等参与糖类代谢，缺乏时影响糖的转化和运输，这样就间接影响了光合作用。因此，农业生产中合理施肥的增产作用是通过调节植物的光合作用而间接实现的。

（六）光合作用的日变化

随着光强、温度等因素一天中的不断变化，光合速率也呈现明显的日变化（图 5-27）。在温暖、晴朗无云的天气，光合速率变化过程一般与太阳辐射强度变化进程相符合，日出后，光合速率逐渐提高，中午前后达到高峰，以后逐渐降低，日落后净光合速率出现负值，呈单峰曲线；光强相同的情况下，一般下午的光合速率低于上午，这可能是经过上午的光合作用后，叶片中的光合产物有所积累，发生反馈抑制的缘故。如果气温高，光照强烈，光合速率日变化呈双峰曲线；大的峰出现在上午，小的峰出现在下午，中午前后光合速率下降，呈现光合“午休”现象（midday depression of photosynthesis）。

这种光合速率中午下降的程度随土壤含水量的降低而加剧。引起光合“午休”的原因可能是高温，光照强烈的中午，叶片蒸腾失水加剧，植物蒸腾失水大于根系吸水，引起气孔开度降低或部分气孔关闭，使进入叶片内的 CO_2 减少所致；另外，午间的高温、强光也使光呼吸增强，这些都会导致光合速率下降。

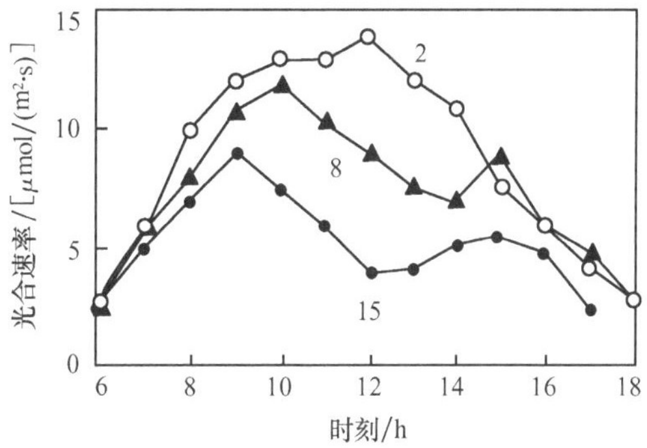

图 5-27 桑叶光合速率的日变化

光合作用的“午休”现象是多种因素综合影响的结果。由光合“午休”造成的光合产物损失可达 30%以上，是影响作物产量的一个重要因素。在生产上可采取适时灌溉等措施，避免或减轻光合“午休”现象。

第五节 作物的光能利用率

作物的光能利用率或作物的产量与光合作用关系密切。作物的干物质有 90%～95%是来自于光合作用的有机物。因此，光合作用决定着作物光能利用率的大小及产量的高低。作物的产量与光合作用的关系可具体表示为：

经济产量 =［(光合速率 × 光合面积 × 光合时间) − 有机物消耗］× 经济系数

经济产量（economic yield）是指收获器官的产量，如稻和麦的籽粒、甘薯的块根等；生物产量（biological yield）是指所有器官的产量（包括根、茎、叶、花、果实等）；经济系数（economic coefficient）是指作物经济产量与生物产量的比值，即光合产物在经济器官中的分配比例。作物的生物产量是经济产物的基础。因此，在生产上，如何充分利用日光能进行光合作用就显得特别重要。

一、作物的光能利用率

据气象学研究，到达地球大气外层的太阳辐射平均能量为 1.353kJ/(m^2 · s)。但由于大气层中水汽、灰尘、CO_2、O_3 等对光的吸收，即使在夏日晴天的中午到达地面的辐射能也不会超过 1kJ/(m^2 · s)，并且只有其中的可见光部分（400～700nm）能被用于植物光合作用。对光合作用有效的这部分太阳辐射能称为光合有效辐射（photosynthetically active radiation，PAR）。如果把到达作物冠层的太阳辐射能定为 100%，那么，经过如表 5-3 所示的若干难免的损失之后，最终转变为贮存在碳水化合物中的光能最多只有 5%。

表 5-3 照射到作物冠层日光全辐射在光合过程中的能量损耗

能量损耗	损耗占总能量/%	留下光能/%
到叶片表面日光辐射	0	100
光合无效辐射（<400nm，>700nm）	47	53

续表

能量损耗	损耗占总能量/%	留下光能/%
吸收不完全（反射、透射）及非叶绿体组织吸收损失约30%	16	37
吸收的光能在传递到光合反应中心色素过程中损失约24%	9	28
反应中心色素激发态能量在转化成葡萄糖等过程中损失68%	19	9
光、暗呼吸损失34%～45%	4	5
被光合作用固定的能量	5	0

通常把植物光合作用所积累的有机物中所含的化学能占到达作物冠层太阳总辐射能的百分比称为植物的光能利用率（efficiency for solar energy utilization）。公式为：

$$\mathrm{Eu}=\frac{\Delta W\cdot H}{\sum S}\times 100\%$$

式中，Eu为光能利用率；ΔW 为测定期间干物质的增量（g/m^2）；H 为每克干物质所含能量，可按碳水化合物所含能量（16.7～17.6kJ/g）的平均值17.2kJ/g计算；$\sum S$ 为测定期间到达作物冠层太阳辐射能的累计值（kJ/m^2）。

例如，计算年产粮食为每公顷15t（亩产为吨粮田）的光能利用率。已知每年太阳辐射能为 5.0×10^{10} kJ/hm^2（按长江中下游地区年总辐射为 5.0×10^6 kJ/m^2 计算），假定谷草比为1∶1（即经济系数为0.5），那么每公顷年积累生物产量为30t（3×10^7g，忽略含水率），光能利用率为：

$$\mathrm{Eu}=\frac{3\times 10^7\times 17.2}{5.0\times 10^{10}}\times 100\%\approx 1.03\%$$

如果在长江中下游地区，当光能利用率达到4%时，每公顷土地上年产粮食可达58t，这是十分诱人的产量。然而，目前高产田的年光能利用率仅为1%～2%，而一般低产田的年光能利用率只有0.5%左右。

二、作物光能利用率低的原因

实际光能利用率比理论光能利用率低的主要原因有两个。一是漏光损失，作物生长初期植株小，叶面积不足，日光的大部分直射于地面而损失。估计水稻或小麦等作物田间漏光损失在50%以上，如果前茬作物收割后不马上种后茬，土地空闲时间延长，则漏光损失就会更大。二是环境条件不适，作物在生长期间经常会遇到不适于作物生长与进行光合作用的逆境，如干旱、水涝、低温、高温、阴雨、强光、缺 CO_2、缺肥、盐渍、病虫草害等。在逆境条件下作物的光合生产率要比顺境下低得多，这会使光能利用率大为降低。

三、提高作物光能利用率的途径

由作物产量与光合作用的关系式可见，只有采取适当措施，最大限度地提高光合速率、适当增加光合面积、延长光合时间、提高经济系数，并减少有机物消耗，才能提高作物的光能利用率及产量。

（一）改进栽培方法

表示密植程度的指标是叶面积指数（leaf area index，LAI），即某地块上种植作物的总叶面积与该地块土地面积的比值。生产上通过合理密植保证田间通风良好，促进作物群体内部与外界的气体交换，改善 CO_2 供应，有利于光合速率提高。研究认为，在目前生产水平下，水稻的最大 LAI 应控制在 7 左右，小麦应控制在 6 左右，玉米应控制在 6～7，可能获得较高产量。另外，还可通过适当的水、肥等措施促进幼苗生长，促使早封垄，减少漏光损失，也能提高作物的光能利用率。

通过提高复种指数、延长生育期及补充人工光照等措施来延长光合时间。复种指数（multiple crop index）是指全年内农作物收获面积与耕地面积之比。提高复种指数的办法就是将一年一熟制改为一年两熟制或两年三熟制，并可以根据作物的生育期及需光特性采取间作、套种，在一年或两年内巧妙地搭配各种作物，从时间上和空间上更好地利用光能，以提高作物的光能利用率及产量。

（二）避免环境胁迫

农作物生长过程中，不良环境会大大降低叶片的光合速率，并造成叶片早衰，缩短叶片的功能期。所以，避免逆境胁迫，为作物生长创造最佳条件，才能最大限度地发挥作物的光合作用潜力，提高作物的光能利用率及产量。

（三）植物机能的遗传改良

选育叶片较厚且挺立，株型紧凑，光合效率高的作物品种。在此基础上创造合理的群体结构，改善作物冠层的光、温、水、气条件，以便最大限度地提高作物的光能利用率。

小　结

光合作用是地球上最重要的反应，绿色植物通过光合作用同化 CO_2，把太阳光能转变成化学能，并贮存在有机化合物中，为各种生命体（包括人类）提供生命活动的物质和能量；释放的 O_2 为地球上需氧生物的生存提供了良好的环境条件。

光合作用是在叶绿体中进行的。叶绿体由被膜、类囊体和基质三部分组成。被膜为双层单位膜，构成叶绿体与细胞质之间的屏障，通过内膜上的通道蛋白和载体蛋白，物质被选择性地输入、输出叶绿体。叶绿体片层形成囊状结构，因而称为类囊体膜，光合色素与蛋白结合，分布在类囊体膜上，进行光能吸收与转换，因此类囊体膜也称为光合膜。

光合色素包括叶绿素、类胡萝卜素和藻胆素，它们以非共价键与蛋白质结合在一起，构成色素蛋白复合体。光合色素中少数的叶绿素 a 结合在特定蛋白的特殊位置，使它不仅可以吸收光能，还能转化为电能，它们被称为反应中心色素，其他的光合色素仅仅将吸收的光能传递到作用中心，因此被称为辅助色素或天线色素。色素蛋白复合体结构保证光合色素间可以进行有效的能量传递或电子传递。

光合作用是一个非常复杂的过程，被分为光反应和暗反应两个阶段。光反应发生在类囊体上，涉及光能的吸收、转化，水的光解、电子传递、H^+ 输入、质子动力势形成，最终形成高能化合物 ATP 和 NADPH；光反应主要由位于类囊体膜上的一些蛋白质复合体承担，包括光系统Ⅱ、光系统Ⅰ、细

胞色素 b_6/f 复合体、ATP 合成酶。由光反应形成的 ATP 和 NADPH，即同化力，用于发生在叶绿体基质中的暗反应过程。暗反应也被称为碳固定反应，通过卡尔文循环，将 CO_2 转化为糖，然后输出叶绿体，在细胞质中合成蔗糖，输送到植物的库器官。部分暗反应形成的糖也会转化成淀粉，暂时性地贮存在叶绿体基质中。催化卡尔文循环第一步的 Rubisco 令人关注，它的含量巨大，大小亚基分别由细胞核及叶绿体 DNA 编码，又是一个双功能酶，既催化 RuBP 羧化，同时又催化加氧反应，形成光呼吸的底物乙醇酸。一些特定生境条件下的一些植物类群，在卡尔文循环的基础上还衍生出了附加的碳固定途径：起源于热带、缺水地区的禾本科植物，叶肉细胞首先通过 PEP 羧化酶将 CO_2 转化成 C_4 化合物（C_4 途径），然后在维管束鞘细胞中脱羧，形成 CO_2 富集机制，降低光呼吸，提高水分利用率，两次羧化过程在空间上分离；而另一个干旱缺水地区植物类群——肉质多汁植物，则是晚上进行第一次羧化，白天进行第二次羧化（CAM 途径），主要在时间上将两次羧化过程分离，形成对严酷干旱环境的有效适应，尽管以损失生长量为代价。

C_4 植物比 C_3 植物具有较强的光合作用，主要原因是 C_4 植物叶肉细胞中的 PEP 羧化酶对 CO_2 的亲和力比 C_3 植物的 Rubisco 高许多倍，而且位于叶肉细胞中的 PEP 羧化酶具有“二氧化碳泵”的作用，可以把外界二氧化碳“压”到维管束鞘细胞中，降低了光呼吸，使光合速率加快。

光合作用受许多外界因素的影响，其中主要有光照、CO_2 浓度和温度。在一定范围内，这些条件越强，光合速率越快，但是，这些因素对光合作用的影响不是孤立的，而是相互联系、相互作用的。植物的光能利用率理论上约为 5%，而作物现有的光能利用率仅为 1%左右，所以增产潜力很大。要提高作物的光能利用率，主要通过延长光合时间、增加光合面积和提高光合强度等途径来实现。

复习思考题

1. 如何证明光合作用释放的 O_2 是来自于 H_2O 而不是来自 CO_2？
2. 光合作用的全过程大致分为哪三大步骤？具体过程如何？
3. 光合电子传递有几种类型？各有什么特点和意义？
4. 高等植物的碳同化途径有几条？各有什么特点和意义？
5. 单个细胞内 C_4 光合作用的发现有什么理论和实践意义？
6. C_3 途径可分为几个阶段？各有什么作用？该途径的调节方式有哪些？
7. 如何理解植物光呼吸过程的存在？
8. 光合作用的光抑制和氧抑制的原因是什么？植物是如何解除这些抑制的？
9. 在各自适合的环境条件下，为什么 C_4 植物的光合速率显著高于 C_3 植物？
10. 如何设计试验证明 C_4 途径的 CO_2 受体是 PEP，产物是 C_4 二羧酸？
11. 玉米、高粱 C_4 光合途径的结构基础是什么？发现在单细胞内同时存在 C_3 和 C_4 途径的理论和实践意义是什么？
12. 为什么增施氮肥会促进光合作用？
13. 将玉米和小麦置于一密闭照光的培养室中一段时间将发生什么情况？为什么？
14. 如何根据植物光能利用率低的原因，采取有针对性的措施提高光能利用率？

第六章　植物同化物的运输与分配

植物是由多种既彼此分工、又相互协调的器官组成的复杂有机体，其生命活动所需的有机物主要是通过叶片中进行光合作用同化环境中的 CO_2 和水合成的。显然，从产生同化物的光合器官到消耗或利用同化物的器官之间一定有畅通的运输途径存在，才能保证植物正常生长发育。此外，同化物的运输和分配过程，也是决定作物产量高低和品质好坏的一个重要因素，因为作物的经济产量不仅取决于同化物合成的多少，还取决于其向经济器官（如籽粒、块根、块茎、果实等）运输与分配的能力和数量。所以，研究同化物的运输与分配不仅具有理论意义，而且还有重要的实践意义。

第一节　同化物的运输与分配概述

一、同化物运输的途径

高等植物中同化物的运输，根据距离的远近可以分为短距离运输和长距离运输。

（一）短距离运输

短距离运输主要是指细胞内与细胞间的运输，距离一般只有几个微米。

细胞内运输是指细胞内细胞器之间的物质交换，主要方式有物质扩散、原生质环流、细胞器膜内外的物质交换和囊泡的形成及其内含物的释放等。

细胞间运输分为共质体途径、质外体途径和交替途径。共质体运输中，主要经由胞间连丝进行细胞间物质与信息的交流；而同化物在质外体中的运输是被动的自由扩散过程，速度较快。植物组织同化物的运输常不仅限于某一途径，许多情况下共质体途径与质外体途径可以交替进行。例如，共质体内的物质可以有选择地穿过质膜而进入质外体运输，质外体内的物质在适当的场所也可通过质膜重新进入共质体运输。

（二）长距离运输

长距离运输主要是指同化物在器官之间通过韧皮部进行的运输，这是本章讨论的重点。

早在 17 世纪，就有学者根据环剥（girdling）实验，推测光合作用产生的同化物主要是在韧皮部运输的。将木本植物树干的树皮剥去一圈，韧皮部就会完全截断而木质部仍然畅通。由于根系吸收的水分和矿物质仍可沿导管正常上运，被环剥部位以上的茎枝一般可以在较长时间内正常生长。但由于同化物的向下运输受阻，在切口上端积累，会形成膨大的愈伤组织或瘤状物（图 6-1）。若环剥不宽，一段时间后愈伤组织可以使上下树皮连接起来，恢复同化物向下运输的能力；但若环剥较宽，根系长时间得不到有机

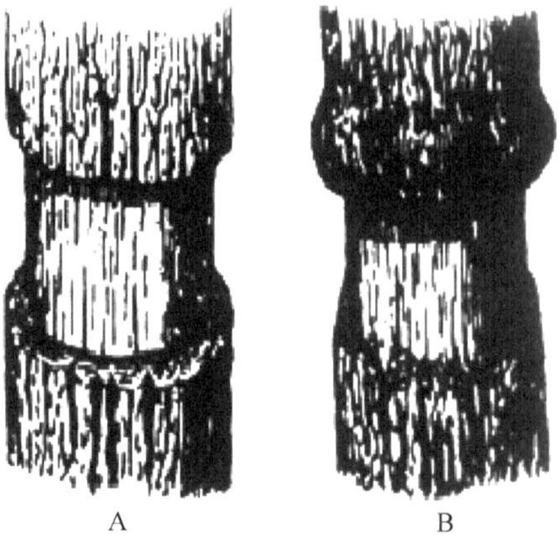

图 6-1　树木枝条的环剥（李合生，2002）
A. 刚环剥的树干；B. 经过一段时间的树干

营养就会因饥饿而死，这也就是“树怕剥皮”的道理。

证明同化物运输途径的更准确方法是同位素示踪技术。用$^{14}CO_2$饲喂特定叶片或在切除叶片的叶柄直接饲喂带有放射性同位素的蔗糖，茎组织横切面的放射自显影像显示，标记糖几乎都存在于韧皮部；结合环割实验的结果也表明，环割能阻止被标记的同化物向根部运输。这些实验都清楚地证明了同化物长距离运输的途径是韧皮部。

有关同化物在韧皮部运输的知识已经在生产中得到了应用。例如，在果树生殖生长期适当进行枝条环剥，阻止同化物下运，使光合产物集中运向花果，有利于坐果及果实膨大；高空压条时进行环剥可以使养分集中在切口处，有利于发根。

二、同化物运输的方向

叶片光合作用制造的同化物进入韧皮部后，可以向上运往正在生长的顶端、幼叶或果实，也可以向下运往根部或地下贮藏器官，并且可以同时进行纵向的双向运输。也就是说，同化物在植物体内的运输是非极性的。同位素示踪实验已证实了这一点：将$^{14}CO_2$及^3H标记的葡萄糖分别施在南瓜正在生长的幼叶和完全长成的叶片上，调整饲喂时间，使两种标记物的前沿同时到达饲喂$^{14}CO_2$幼叶叶柄上的同一地点，检测两种示踪物的活性。结果发现^{14}C和^3H均在筛管中，而且似乎在同一筛分子内。

同化物也可横向运输，不过在正常状态下一般量很少，只有当纵向运输受阻时，横向运输才会加强。但总体来说，同化物运输的方向是从源（source）到库（sink）（图 6-2），即从能够制造并输出同化物的组织、器官或部位（如绿色植物的功能叶、种子萌发期间的胚乳或子叶等）到消耗或贮藏同化物的组织、器官或部位（如植物的幼叶、根、茎、花、果实、发育中的种子等）。

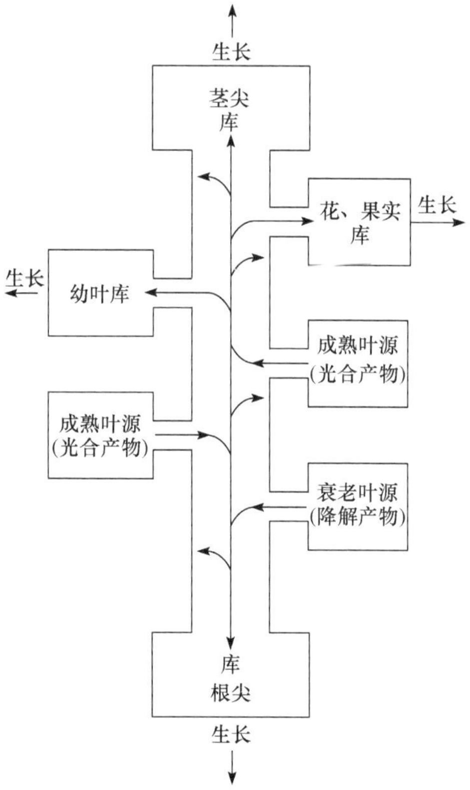

图 6-2　有花植物中从“源”到“库”的运输概况（Öpik and Rolfe，2005）

三、同化物运输的形式

要了解同化物在韧皮部运输的形式，就需要收集筛管汁液进行分析。蚜虫吻刺法是较为理想的收集筛管汁液的方法。蚜虫的进食方式是将其吻刺（aphid stylet）刺入植物的筛管，由于筛管分子中存在压力而使其中的汁液进入蚜虫体内。若用 CO_2 将蚜虫麻醉，然后从下唇处切断，切口就会不断地流出筛管汁液，收集泌出的汁液即可用于分析。

利用蚜虫吻刺法结合同位素示踪测知，筛管汁液中量最多的物质是水，最主要的溶质是非还原糖，尤其是蔗糖。蔗糖是非还原糖，具有较高的稳定性，其糖苷键水解需要很高的能量，溶解度高，运输速率也快。这些优点都表明蔗糖适合于长距离的运输，是有机物运输的主要形式。除蔗糖外，还有棉子糖（raffinose，三糖）、水苏糖（stachyose，四糖）、毛蕊糖（verbascose，五糖）等，它们都是蔗糖的衍生物，即在蔗糖分子的葡萄糖残基上分别连接了 1 个、2 个和 3 个半乳糖。有些植物中还含有山梨醇、甘露醇等糖醇类。另外，筛管汁液中还含有氨基酸、酰胺、植物激素、有机酸、蛋白质及多种矿质元素等（表 6-1）。

表 6-1　蓖麻韧皮部汁液成分（潘瑞炽，2004；武维华，2003）

成分	浓度/(mg/mL)	成分	浓度/(mg/mL)
糖类	80.0～106.0	氯化物	0.355～0.675
氨基酸	5.2	磷酸盐	0.350～0.550
有机酸	2.0～3.2	钾	2.3～4.4
蛋白质	1.45～2.20	镁	0.109～0.122

四、同化物运输的度量

韧皮部的运输量通常可以用两种方法表示：运输速度和比集运量。

运输速度（velocity）是指单位时间内被运输物质移动的距离，常用 m/h 或 mm/s 来表示。利用同位素示踪技术，在不同植物测得的同化物运输速度差异较大，如大豆为 0.17m/h，而甘蔗为 3.2m/h。同一植物在不同发育阶段，运输速度也不同，如南瓜在幼苗时为 72cm/h，较老时为 30～50cm/h。被运输的物质不同，运输速度也有差异，如丙氨酸、丝氨酸、天冬氨酸的运输较快，而甘氨酸、谷酰胺、天冬酰胺则较慢。运输速度还受环境条件的影响，如白天温度高，运输速度快；夜间温度低，运输速度慢等。

由于参与运输的韧皮部或筛管的横截面积在不同植物中和各个植株间变化较大，若要体现被运输物质的量，一般以比集运量（specific mass transfer，SMT；或称质量运输速率，mass transfer rate；或称比集转运速率，specific mass transfer rate，SMTR）来表示，即物质在单位时间内通过单位韧皮部或筛管横截面积运输的量，一般以生长器官的干重增加量来度量，常用单位为 $g/(cm^2 \cdot h)$ 或 $g/(mm^2 \cdot s)$。大多数植物的 SMT 为 $1 \sim 13g/(cm^2 \cdot h)$。

$$\text{SMT} = \frac{\text{单位时间内干物质的运输量}}{\text{韧皮部或筛管的横截面积}}$$

以马铃薯为例，某块茎在 100d 内增重为 210g，同化物占 24%，地下茎蔓韧皮部的横截面积为 0.0042cm²，其 SMT 为：

$$\frac{210\text{g} \times 24\%}{24\text{h} \times 100\text{d} \times 0.0042\text{cm}^2} = 4.9\text{g}/(\text{cm}^2 \cdot \text{h})$$

第二节　韧皮部运输的机制

一、同化物在源端的装载

韧皮部装载（phloem loading）是指在源端同化物从合成部位运入韧皮部筛管的过程。在成熟叶片中，光合产物从叶肉细胞的叶绿体运送到筛管分子-伴胞复合体（sieve element-companion cell complex，SE-CC 复合体）中需要经过三个步骤：①光合产物从叶绿体外运到细胞质；②蔗糖从叶肉细胞经短距离运输到小叶脉的 SE-CC 复合体附近；③蔗糖进入 SE-CC 复合体。

实验显示，筛管中糖浓度大约比叶肉细胞中高 1.5～2.0 倍，说明韧皮部装载是逆着浓度梯度发生的。如果用呼吸抑制剂降低叶组织中 ATP 的浓度，就会抑制外源蔗糖进入筛管，说明该过程需要消耗能量，是一个主动过程。另外，筛管汁液的成分通常与韧皮部周围组织溶质相关，不同植物中被运输的糖也不相同，这都表明韧皮部的装载具有选择性，这种选择可能在糖类由质外体进入共质体时发生。还有饱和效应，说明是有载体参与的过程。

从叶肉细胞到筛管分子的转运途径还没有完全确定。一般认为，同化物从韧皮部周围的叶肉细胞装载到韧皮部 SE-CC 复合体的过程有两条途径（图 6-3）。一是共质体途径（symplastic pathway），同化物先进入叶肉细胞里的内质网，然后通过胞间连丝进入伴胞，最后进入筛管。共质体通过胞间连丝把细胞质联系起来形成一个连续的整体，因此胞间连丝在物质运输上起着重要作用。二是质外体途径（apoplastic pathway），有些植物的叶肉细胞与邻近伴胞和筛分子之间的胞间连丝较少，同化物由叶肉细胞（共质

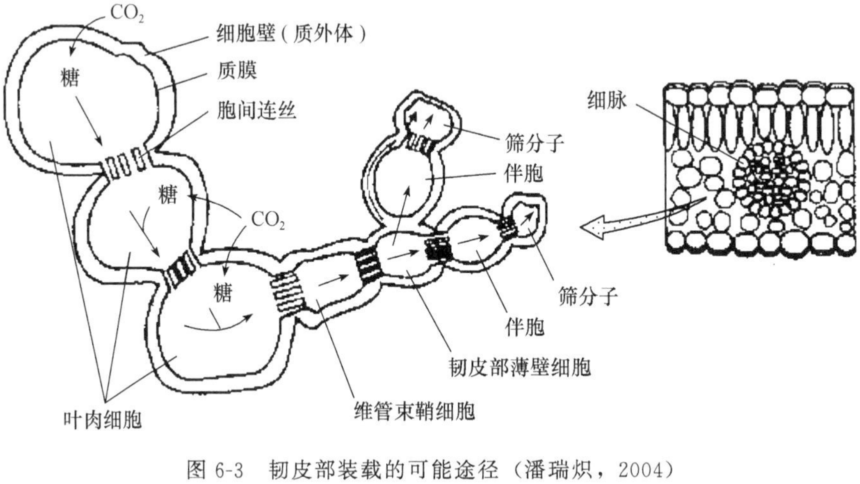

图 6-3　韧皮部装载的可能途径（潘瑞炽，2004）

体）运出后，先进入质外体，然后逆浓度梯度进入 SE-CC 复合体（共质体），因此该途径也称为“共质体—质外体—共质体”途径或“交替途径”。不同植物、同一植物的不同发育阶段以及环境条件变化等，都会影响同化物的装载途径。根据 van Bel 和 Gamalei（1992）提出的观点，韧皮部装载的方式与胞间连丝的联系程度有关，联系越多，韧皮部共质体装载的比例就越大。以质外体途径进行韧皮部装载的植物有相对更高的生长速率和对环境胁迫更好的适应能力，而以共质体途径进行韧皮部装载的植物，生长速率相对较低（Sinha，2004）。

（一）通过质外体途径的韧皮部装载

韧皮部装载中存在质外体途径的证据主要有以下几个方面。①一些植物（如大豆、小麦等）小叶脉 SE-CC 复合体与周围薄壁细胞之间无胞间连丝连接；②质外体中存在被运输的糖，当用$^{14}CO_2$ 饲喂甜菜叶片后，放射性很快出现在质外体，甜菜中被运输的主要物质是蔗糖，显然它们来自光合细胞；③质外体的糖可以进入筛管分子；④若使用抑制蔗糖跨膜运输的抑制剂——对氯高汞苯磺酸（p-chloromercuribenzenesulfonic acid，PCMBS）处理甜菜、蚕豆等植物，抑制对质外体糖的吸收，同样也会抑制叶片糖的输出，说明蔗糖从光合细胞到 SE-CC 复合体的短距离运输可能涉及了从质外体进入共质体的过程。

1. 通过质外体途径韧皮部装载的机制　叶片韧皮部 SE-CC 复合体中的糖浓度总是显著高于周围的叶肉薄壁细胞；外加 ATP 可以促进蔗糖的输出，而使用呼吸抑制剂，外源蔗糖的装载就会受阻；并且糖分子逆浓度梯度的跨膜迁移总是和质子运输相伴随。因此，人们提出了一个糖-质子共运输模型来解释蔗糖由质外体进入筛管分子的过程。该模型认为，在筛管分子或伴胞的质膜中，H^+-ATP 酶可不断将 H^+ 泵到细胞壁（质外体），因此质外体中 H^+ 浓度较共质体中高，于是形成了跨膜的电化学势梯度。当 H^+ 趋于平衡而回流到共质体时，要通过质膜上的蔗糖/H^+ 同向运输器（sucrose-proton symporter），蔗糖便和 H^+ 一同进入筛管分子（图 6-4）。

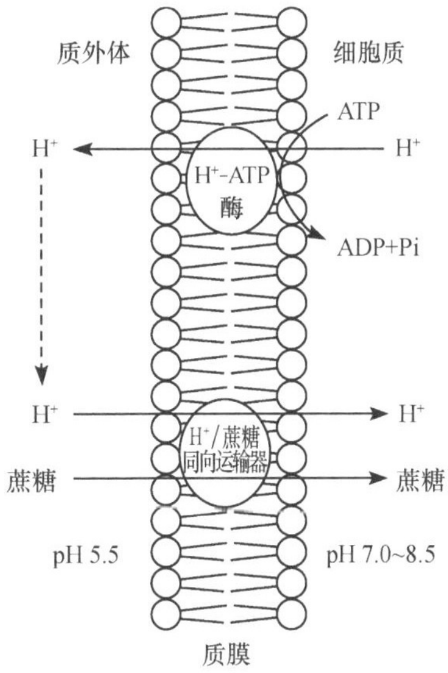

图 6-4　糖-质子共运输模型

2. 蔗糖转运蛋白　蔗糖/H^+ 同向运输器即蔗糖转运蛋白（sucrose transporter 或 sucrose carrier，SUT 或 SUC），属于主要易化子超家族（major facilitator superfamily，MFS）蛋白，定位在细胞膜和液泡膜上，负责蔗糖的跨膜运输，与源的蔗糖合成能力以及库的蔗糖转化能力一起决定蔗糖运输的速率和分配方向。

目前已经从 GenBank 等数据库检索出 83 种蔗糖转运蛋白基因，它们来自 37 个物种，不同植物的蔗糖转运蛋白之间具有较高的同源性。根据蔗糖转运蛋白基因序列同源性及对蔗糖的亲和力，将蔗糖转运蛋白划分为 SUT1、SUT2 和 SUT4 三个亚族：

SUT1 亚族为高亲和-低转运能力（high affinity-low capacity，HALC）（K_m＝0.139～2.0mmol/L）的蛋白质；SUT4 亚族为低亲和-高转运能力（low affinity-high capacity，LAHC）（K_m＝5.0～6.0mmol/L）的蛋白质；SUT2 亚族或为低亲和-高转运能力的蛋白质，或为具有蔗糖信号感应功能的类蔗糖转运蛋白。三个亚族成员的氨基酸序列高度保守，同时其二级结构也具有一定的相似性。

SUT1 亚族成员分布于成熟叶的各级叶脉、茎及多种库器官的韧皮部。这种广泛的组织分布及对蔗糖分子的高亲和力特性表明，SUT1 亚族成员在蔗糖分子韧皮部的装载、卸载及运输途径中蔗糖分子的重新吸收等方面都可能发挥重要的作用。SUT2 亚族成员在茎、幼叶和果实等器官中均有少量表达。来自番茄和马铃薯的基因 *LeSUT2* 和 *StSUT2* 在酵母中异源表达时，并不能促进该酵母菌株吸收外界蔗糖，说明它们无明显的蔗糖转运功能，但 *LeSUT2* 和 *StSUT2* 可受蔗糖而不是葡萄糖的诱导表达，结合 SUT2 亚族独特的胞质结构和低水平的密码子偏好性等推测，它们可能是质膜蔗糖信号感应器。SUT4 亚族的成员主要在成熟叶片的次级叶脉（韧皮部装载的主要部位）和幼嫩的叶片、花和果实等库器官中表达。在高浓度的蔗糖条件下，能以较大的速率跨膜转运蔗糖分子。根据 SUT4 亚族的定位特点及植物韧皮部的筛管伴胞复合体内蔗糖浓度通常较高（可达到 1.0mol/L）的特点推测，其在源器官韧皮部的装载、库细胞蔗糖的输入中也起着关键作用。

（二）通过共质体途径的韧皮部装载

若要进行共质体的装载，胞间连丝的存在是必要的。因此，在 SE-CC 复合体与周围细胞间有大量胞间连丝存在的植物中，韧皮部的装载可能通过共质体途径进行。支持共质体装载途径的实验证据主要有：①许多植物叶片 SE-CC 复合体和周围薄壁细胞间有紧密的胞间连丝联系；②一些植物中同化物的韧皮部运输对质外体运输抑制剂 PCMBS 不敏感；③将不能透过膜的染料如荧光黄 CH（lucifer yellow）注入叶肉细胞，一段时间后可检测到筛管分子中存在这些染料。

但对于共质体途径的装载而言，由于胞间连丝只是细胞间非特异性的运输通道（对小分子来说），很难解释胞间连丝是怎样对被运输糖进行选择的。此外，SE-CC 复合体通常具有较高的膨压和糖浓度，而向其输出同化物的细胞却具有相对较低的膨压和糖浓度，细胞怎样维持糖通过胞间连丝从低浓度向高浓度进行运输也难解释。

二、同化物在库端的卸出

韧皮部卸出（phloem unloading）是指同化物从 SE-CC 复合体运出并进入库细胞（接受细胞）的过程。库端韧皮部的卸出和源端的装载基本上是两个相反的过程。

（一）卸出途径

同化物从韧皮部筛管卸出到库细胞的途径也有两条，即质外体途径和共质体途径。由于卸出可以发生在成熟韧皮部的任何地方，且不同库的结构和功能变化非常大——可以是幼嫩的正在生长的叶或根、可以是贮藏茎或根、也可以是发育中的种子和果实等，因此同化物的卸出比其装载要复杂。不同植物及不同组织器官可能具有不同的韧皮部卸出类型（图 6-5）。一些植物（如甜菜、烟草）的幼叶细胞间有大量胞间连丝，用抑制糖质外体吸收的抑制剂（如 PCMBS）和缺氧都不能抑制这些组织糖的卸出，因此它们的韧皮部卸出可能采用共质体途径。但在玉米等植物中，筛管和伴胞与周围细胞间缺少胞间连丝，因此可能采用质外体途径进行韧皮部的卸出。同化物卸出到贮藏器官或生殖器官，大多是经由质外体途径。而卸出到使用库（如根和幼叶等），则一般是通过共质体途径，同化物通过胞间连丝到达接受细胞，在细胞质或液泡中进行代谢。共质体卸出和质外体卸出并非相互独立，而是在一定生理状态下相互补充和协调。例如，在豆类的茎秆中，同化物可经质外体卸出，也可经共质体卸出，根据实际情况而定。

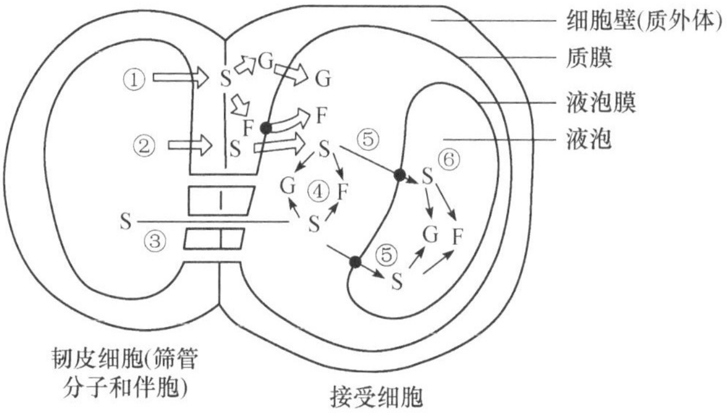

图 6-5　同化物卸出到库组织的可能途径（李合生，2002）

蔗糖（S）可以在进入库细胞前先进入质外体（①②），或从胞间连丝（③）进入细胞。蔗糖进入细胞前分解为葡萄糖（G）和果糖（F）（①），也可以不变化（②），有些蔗糖在细胞质中水解为果糖和葡萄糖（④），有些蔗糖则进入液泡后（⑤）可以不发生转变，也可分解为葡萄糖和果糖（⑥），又可再合成蔗糖，贮存在液泡中

（二）卸出机制

同化物从韧皮部筛管卸出的机制尚不清楚。目前大致有两种观点：一是通过质外体途径的蔗糖与质子协同转运，机制与装载一样，是一个主动过程；二是通过共质体途径的蔗糖，借助筛管分子与库细胞间的糖浓度差将同化物卸出，是一个被动过程。

1. 质外体途径　通过利用低温和各种代谢抑制剂进行的研究表明，同化物从质外体进入库细胞是需要消耗能量的过程，需能的位置可能因植物种类和器官的不同而异。对种子发育过程的研究显示，经质外体途径卸出时，糖至少需要进行两次跨膜运输。在输出过程中，糖要通过 SE-CC 复合体的质膜进入质外体；在接受细胞中，糖需要从质外体跨膜吸收；若进入液泡，则还要通过液泡膜。膜上的载体参加糖的运输，应该至少有一步跨膜的运输是耗能的主动过程。一般来说，在发育的种子中胚胎也采用蔗糖-质子共运输的机制从质外体吸收蔗糖。

在质外体途径中，被运输的糖在质外体中可能发生部分转化（图 6-8）。例如，蔗糖可以被转化酶水解成葡萄糖和果糖，然后进入细胞。在库组织中存在许多单糖的载体，这似乎和上述假设是吻合的。对于有些植物（如玉米）来说，质外体中蔗糖水解维持了其中低的蔗糖浓度，有利于蔗糖向质外体扩散。麦谷类（如小麦）作物胚胎从质外体吸收糖是主动过程，而糖从输出细胞进入质外体则是顺着浓度梯度的扩散，质外体中糖的低浓度主要依靠胚胎对糖的迅速吸收。在甜菜根和大豆种子中，蔗糖通过质外体时并不水解，而是直接进入接受细胞。许多植物（如甜菜和甘蔗）的贮藏组织中，库细胞往往积累很高浓度的蔗糖，这些细胞从质外体跨膜吸收蔗糖的过程是主动的，需要代谢能量。在有些植物的贮藏细胞中，蔗糖被运入液泡中贮存起来，蔗糖跨液泡的运输是通过蔗糖-质子反向运输（sucrose-proton antiport）机制进行的：液泡膜上的 H^+-ATP 酶将质子运入液泡形成跨液泡膜的质子梯度，然后液泡膜上的反向运输载体利用跨液泡膜的质子梯度，将液泡外的蔗糖与液泡内的质子交换，把蔗糖输送到液泡内。

2. 共质体途径 糖类通过胞间连丝进入接受细胞经共质体卸出时，不需要跨越质膜。糖从筛管分子的高浓度区向接受细胞的低浓度区扩散移动，因此共质体途径的韧皮部卸出本身是一个被动运输的过程，并不直接依赖于细胞的代谢，但是浓度梯度的维持直接依赖于细胞的代谢。在库细胞内，糖被呼吸利用或转化为其他为生长所需的物质和贮藏物，从而维持了低浓度。在这种情况下，能量被直接用于呼吸作用和生物合成反应，通过这些过程维持筛管分子与库细胞之间糖的浓度梯度，能量被间接地用于运输。

三、同化物在韧皮部的运输机制

同化物在韧皮部内的运输机制到目前为止尚未完全解决，提出的学说很多，且都涉及物质在筛管中长距离运输的动力问题。总体来讲有两类观点：需要能量的主动运输和不需要能量的被动运输。有关主动运输的学说认为，同化物在韧皮部中的运输是一种需能的生理过程，能量来自细胞的代谢活动。而有关被动运输的学说认为，同化物在韧皮部中运行时，不需要直接向它们提供能量，借助一些物理学的原理，如扩散、压力势差或溶质界面流动等来解释同化物的运输。其中较受重视的是压力流动学说或称集体流动（mass flow）学说。

压力流动学说（pressure flow theory）是德国植物学家明希（Münch）于 1930 年首先提出的，后来又经过一些补充和修订。该学说的要点是认为筛管的液流是靠源端和库端渗透作用所产生的压力势差而推动的。

这一学说可用一个压力流动模型来解释（图 6-6）。A、B 两水槽中各有一个装有半透膜的渗透计，水分可以自由出入，而溶质不能透过。若将溶质不断地加到渗透计 A 中，则其浓度升高，水势下降，于是水顺着水势梯度进入，在其中产生静水压力，使水和溶质一起通过 C 转移到渗透计 B。若将渗透计 B 中的溶质不断卸出，则水分流出，压力势降低，水再通过 D 回流到 A。也就是说，溶质从 A 流到 B 的直接动力是 A 和 B 之间的压力差。

植物的运输系统与此类似（图 6-7）。在源端（叶片），光合产物被不断地装载到 SE-CC 复合体（可视为渗透计 A）中，使浓度增加，水势降低，因此邻近木质部的水分将通过渗透作用顺着水势梯度进入 SE-CC 复合体，使压力势升高，推动筛管中汁液向库端流动；而在库端（可视为渗透计 B），同化物被不断地从 SE-CC 复合体卸出到库中去，浓度降低，导致水势升高，水分又顺着水势梯度流向邻近的木质部，从而引起库端压力势下降。于是在源、库两端便产生了压力势差，推动物质由源到库源源不断地流动。显然，压力差是水运动的动力，同化物是随水的集流而被带动在筛管中进行运输的。

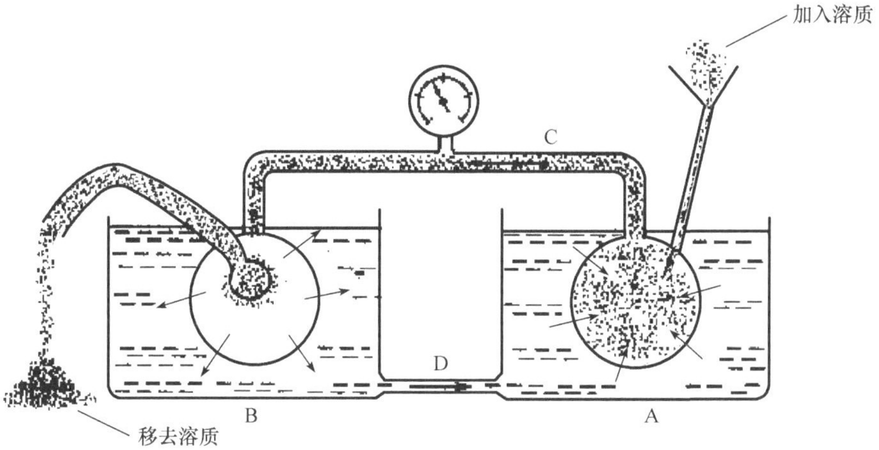

图 6-6　压力流动模型（李合生，2002）

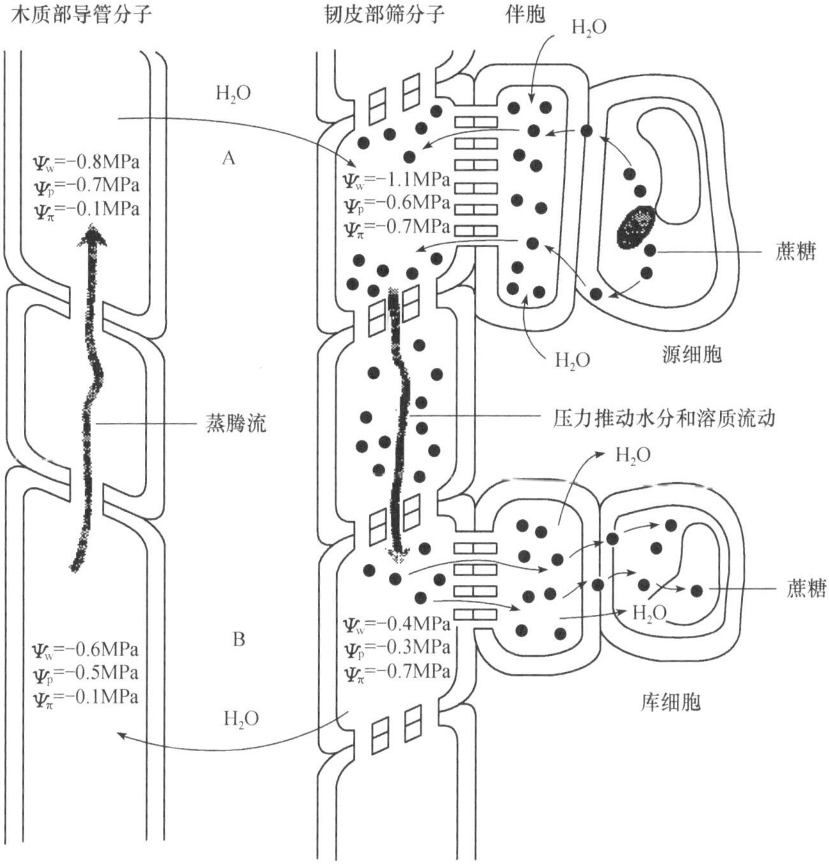

图 6-7　韧皮部内同化物运输的压力流动学说模式图（潘瑞炽，2004）

许多实验结果都支持压力流动学说。例如，蚜虫吻刺法可以证明筛管汁液的确存在正压力，因为筛管汁液会通过蚜虫吻刺不断地流出。用白蜡树干所做的试验结果表明，在正常状态下，随着树干距地面高度的增加，韧皮部汁液中各种糖的浓度也在增加，浓度差与有机物运输相一致；秋天落叶后，浓度差消失，有机物运输停止；新梢发出后，浓度差恢复的同时，运输也随着恢复。在大豆小叶脉的筛管中蔗糖浓度为10.5%～12.5%，而根的筛管中只有4.4%～6.3%。大豆源、库之间的实际压力差是0.41MPa左右，而据计算，压力流动运输需要的压力差是0.12～0.46MPa，因此，压力差可以满足驱动韧皮部集流运输的需要。又如，若该学说成立，源、库之间应有能让集流运动的低阻力通道，因此筛管的筛孔必须是开放的。利用共聚焦显微镜技术对蚕豆中筛管在活体状态下荧光分子的运输过程进行了观察，发现筛孔在活体中是开放的。

但压力流动学说也遇到了一些难以解释的问题。例如，按这一学说，溶质在筛管中是随集流而运动的，所以在一个筛管分子中不可能发生双向运输。而早期有实验说明溶质可以在韧皮部进行双向运输，但还没有确切证据表明是在同一筛管分子中进行的，因此可能是在不同的筛管分子中进行的。

第三节 同化物的分配与调控

分配（partitioning）是指光合作用形成的同化物在各种库之间的分布。虽然同化物分配总的流向是从源到库，但是由于植物体在同一时间内存在多个代谢源与代谢库，在生长的不同阶段，源、库地位也会发生变化，而且环境因素对分配过程也有很大影响。因此，研究同化产物的分配规律，对于在生产中采取适当措施协调作物生长和提高产量具有重要意义。

一、植物的源库关系

在同一株植物，源与库是相对的。根据同化物输入后的命运，可以把“库”分为两种：使用库和贮藏库。前者输入的同化物主要用于代谢和生长，如生长中的根尖和幼叶等；后者将绝大部分输入的同化物以不同形式（淀粉、蔗糖等）贮藏起来，如果实、块茎、块根等。在不同的发育阶段，作为源和库的器官可能是不同的。例如，种子萌发时，其胚乳或子叶是供应同化物的源，而胚芽和胚根是消耗同化物的库；在其后的营养生长阶段，成熟的叶片是生产和供应同化物的源，而根和分生组织等则是消耗同化物的库。源和库的划分不是绝对的，有些器官同时兼有源与库的双重作用，如绿色幼穗、茎和绿色果实等，它们本身既可制造有机养料，同时又需要从其他器官输入营养。源、库之间存在着密切而复杂的关系和相互影响。

（一）源对库的影响

源是制造同化物的器官，是库的供应者，故源对库的影响显而易见。若在作物生育后期加强田间管理，防止叶片早衰，使源叶充分发挥作用，将对作物产量的提高有利。

（二）库对源的影响

库是接纳同化物的部位，但库并非只是被动地接纳，而是对源也有影响。例如，小麦籽粒的干物质约有40%来源于旗叶，如果把正在灌浆的麦穗剪掉，则旗叶的光合速率急剧下降。其原因是同化物输出受阻，多以淀粉形式积累于叶片中，因而抑制光合作用的继续进行，这是一种反馈抑制作用。

（三）源库关系的类型

对源库关系进行的研究发现，影响作物产量形成的源库关系有以下三种类型。

1. 源限制型　这是一种源小库大的类型，限制产量形成的主要因素是源的供应能力。这类植物往往因源的供应能力满足不了库的需求，结果导致如水稻等作物的结实率低，空壳率高；果树、棉花等叶片早衰和花、果实的脱落。

2. 库限制型　这是一种源大库小的类型，限制产量形成的主要因素是库的接纳能力（即总库容量）。这一类型作物源的供应能力超过库的要求，因此结实率高且饱满。但由于粒数少或库容小，所以产量不高。

3. 源库互作型　这是一种中间类型，这类作物的产量是由源库协同调节的，可塑性大，即增源与增库均可能达到增产目的。所以，只要栽培措施得当，容易获得较高的产量。

二、同化物的分配规律

同化物分配的模式极其复杂，在植物生活史中的不同阶段，同化物分配可能差异非常大。归纳起来，同化物的分配主要有以下特点。

（一）优先供应生长中心

所谓生长中心是指生长快、代谢旺盛的部位或器官，作物的不同发育阶段各有不同的生长中心。这些生长中心既是矿质元素输入的中心，也是同化的分配中心。例如，水稻、小麦分蘖期的蘖节、根和新叶，抽穗期的穗子，都是当时的生长中心。

（二）就近供应，同侧运输

叶片制造的同化物首先分配给距离近的生长中心，且向同侧分配较多（图6-15）。例如，大豆和蚕豆等开花结荚时，叶片同化物主要供应本节的花荚，很少运到相邻的节。豌豆中，只有该节花荚被去掉或养料用不完时，才运向别的花荚。果树果实获得的同化物主要来源于附近的叶片，并且叶片同化物主要供应同侧邻近的果实，很少横向运输到对侧，这可能与维管束的走向有关。利用同位素示踪技术对甜菜进行的实验也得到了类似的结果。

（三）功能叶片之间无同化物供应关系

就不同叶龄来说，幼叶产生的光合产物较少，不仅不向外运输，而且需要输入同化物，供自身生长用，表现为库。一旦叶片长成，合成大量的光合产物，就向外运输，即转变为源，而且此后不再接受外来的同化物（图 6-8）。例如，功能叶遮黑处理，也不会输入同化物，直到最后衰老死亡。也就是说，已成为源的叶片之间没有同化物的分配关系。

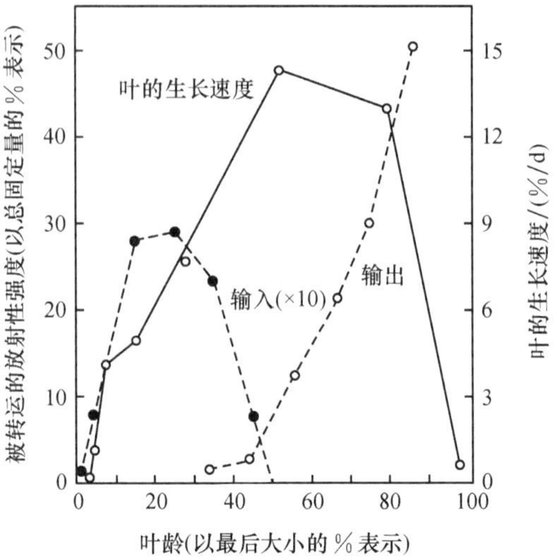

图 6-8 ^{14}C 标记的糖向大豆叶中输入和输出的情况与叶龄的关系（曹宗巽和吴相钰，1980）

植株在光下接受 $^{14}CO_2$ 2h，6 周后测定各叶片中的放射性。测定输入的叶片是在接受 $^{14}CO_2$ 以后才长出来的

（四）同化物的再分配与再利用

植物体在一定发育时期常发生同化物的再分配和再利用。细胞的内含物，无论是无机离子或是有机物质，甚至细胞器都可以发生降解，然后被运输出细胞并转移到植物体的生长部分或贮藏器官，被重复利用以避免浪费。例如，在叶片衰老时，大部分的糖和许多矿质元素，特别是氮、磷、钾以及其他一些有机物都要撤离，重新分配到其他贮藏或生长组织中去。生殖器官不仅能吸引叶片同化物向其运输，而且还能征调其他器官已贮存的有机物质，在生育后期生殖器官所需要的同化物多是来自贮藏器官或衰老器官。例如，小麦叶片在衰老过程中，有 85%的氮和 90%的磷会转移到穗中。在果实、鳞茎、块茎、根茎等延存器官发育成熟的过程中，营养体中的同化物也会再分配向延存器官转移，结果是营养器官的衰老。

作物茎叶中的有机物即使是在收获后也可继续撤离，这一特点可以在生产上加以利用。例如，北方农民为了减少秋季早霜危害，在预计严重霜冻到达前夕，把玉米连杆带穗一起收获，竖立成垛，让茎、叶不至冻死，茎叶中的有机物和细胞内含物可继续向籽粒转移，称为“蹲棵”。据测可以增产 5%～10%。为了给后茬腾地、调配劳力和机械等原因，小麦、水稻、谷子、芝麻、棉花等作物都可适时提早带秆收割，适当延迟脱粒，也有提高粒重作用。

三、同化物的分配与产量形成的关系

在农业生产中提到的作物产量常常是指经济产量，其数值决定于经济系数与生物产量（经济产量=经济系数×生物产量），而经济系数的大小决定于光合产物向经济器官运输与分配的量。凡是有利于光合产物向经济器官分配的因素，均能增大经济系数，提高经济产量。例如，小麦、水稻等作物，高秆品种的经济系数为 0.3 左右，而矮化品种的经济系数可达到 0.50～0.55。

构成作物经济产量的物质主要有三个方面的来源：一是经济器官生长期间由功能叶制造的光合产物输入的；二是某些经济器官（如麦类的穗）自身合成的；三是其他器官贮存物质的再分配输入的。其中功能叶制造的光合产物是经济产量的主要来源。显然，要想提高经济产量，必须使光合产物更多地输入经济器官。总体来讲，同化物分配到哪里、分配多少，主要受以下三个方面因素的影响。

（1）源的供应能力：是指源的同化物能否输出以及输出的多少。当源的同化物产生较少，本身生长又需要时，基本不输出；只有同化物形成超过自身需要时，才能输出，且生产越多，外运潜力越大。研究已发现，功能叶片的光合速率与光合产物输出速率之间存在着显著的正相关。源似乎有一种“推力”，把叶片制造的光合产物的多余部分向外“推出”。源器官同化物形成和输出的能力称为源强（source strength），光合速率是度量源强最直观的指标。

（2）库的竞争能力：是指库对同化物的吸引和“争调”能力。生长速度快、代谢旺盛的部位，对养分竞争能力强，得到的同化物就多。好像库对同化物有一种“拉力”，代谢强，拉力就大。库器官接纳和转化同化物的能力，即竞争能力的大小，称为库强（sink strength）。表观库强（apparent sink strength）可以用库器官干物质的净积累速率表示。

$$库强 = 库容量 \times 库活力$$

库容量（sink volume）是指库组织的总质量（一般指干重），库活力（sink activity）是指单位质量的库组织吸收同化物的速率。改变库容量或库活力都会改变运输模式。例如，去掉稻穗的一些谷粒，降低库容量，输入稻穗的同化物就减少。库活力比较复杂，是一个受多种因素影响的指标，受库组织中涉及广泛的代谢活性所调节。如果用低温处理库组织，抑制库代谢，同化物输入库的速率就下降。在缺乏淀粉合成酶的玉米突变体中，输入籽粒的同化物就比正常植株少。

（3）输导组织的运输能力：与源、库之间的输导系统的联系状况、畅通程度和距离远近有关。源、库之间联系直接、畅通、距离又近，则库得到的同化物就多。

四、同化物运输和分配的调控

影响与调节同化物运输和分配的因素十分复杂。植物作为一个有机的整体，几乎所有的生理过程都对同化物的运输与分配有或大或小的影响，其中糖代谢状况、植物激素等起着重要作用，环境因素也有着重要的影响。

（一）影响同化物运输与分配的内部因素

1. 代谢调节

（1）蔗糖浓度。叶内蔗糖浓度对输出速率有明显的调节作用。研究发现，若叶内蔗糖浓度高于某一阈值时，其输出速率明显增加，若低于此阈值，则输出速率显著降低。

由此有人推测，叶内蔗糖分为可运态与非可运态两种，低于阈值的蔗糖属于非可运态，很难输出，凡能影响这一阈值的因素都影响同化物的输出率。例如，通过提高光强或增施 CO_2 的方法来提高叶片内蔗糖的浓度，短期内可以加速同化物从功能叶的输出速率。但从长期看，叶片中同化物的积累会抑制光合作用。

（2）能量代谢。由于分配中心呼吸强度的变化与同化物运输和分配的趋势相似，由此可以认为植物体内同化物的运输与分配受到分配中心的代谢强度控制。同化物的主动运输需要消耗代谢能量，膜 ATP 酶的活性与物质运输关系密切，物质进、出膜都需要 ATP。ATP 的作用可能有两个方面：一是作为直接的动力；二是通过提高膜透性而起作用。利用代谢抑制剂，如氰化物（KCN）、叠氮化物（NaN_3）和敌草隆（DCMU）以及解偶联剂二硝基苯酚（DNP）等进行实验显示，很可能光合作用与呼吸作用都是物质运输的调节者。但对于光合和呼吸作用所产生的能量是如何参与同化物的运输和分配的，目前还不清楚。

2. 激素调节　植物激素对同化物的运输与分配有着重要影响。用 ^{14}C 和 ^{32}P 进行示踪试验证明，植物激素有调节同化物运输与分配的作用，并且有累加效应。例如，用去顶的豌豆和菜豆进行试验发现，IAA 刺激根系从营养液中吸收 ^{32}P，促进 ^{14}C-蔗糖在植株体内运输。在开花后用 GA 点涂棉花花朵，或在盛花期对棉花植株喷施 GA 和 CCC 混合液，对促进叶片同化物向棉铃运输和增加产量有一定效果。将细胞分裂素施用于叶片，其施用点会成一个库，诱导同化物向其运输。

关于植物激素促进同化物运输的机制，目前还不十分清楚。有实验表明，植物激素可能会影响质外体装载和卸出途径中的质膜上的主动运输载体。蓖麻的蔗糖装载能被外施 IAA 促进，ABA 抑制；而甜菜主根吸收蔗糖被外施 ABA 促进，IAA 抑制。液泡膜上的载体、进行糖代谢的酶、细胞壁的延展性以及胞间连丝的通透性等都可能是激素的调节位点。

3. 信号传递　植物的光合作用是同化物的根本来源，但叶片的生长及其各种生理活动的正常进行离不开从根运来的矿物质和水；同时，也必须有足够的光合产物运往根系以支持根的生长及其生理活动的需要。在任何特定时刻，可利用的有机营养必须以适当的比例在不同库之间进行分配。实际上，一株植物不同部分的生长速率是平衡的，这也反映出有机营养的分配是精确控制的。因此，在源和库之间一定有信号的传递。

除了上面提到的植物激素外，重要的信号分子之一可能就是蔗糖本身。在生长区域，蔗糖促进参与生长和呼吸的有关基因表达；在光合叶片，蔗糖抑制与光合有关的基因表达，包括编码 Rubisco 小亚基的基因；因此，蔗糖对基因表达的调控也可能是影响同化物运输的一个重要方面。

（二）影响同化物运输和分配的外部因素

环境因素可以通过影响同化物的生产、运输以及同化物的吸收利用等过程，对同化物在整个植株的分配产生影响。

1. 温度　温度对于植物生理活动的影响是多方面的，如光合、呼吸、酶活性、原生质黏滞性等都因温度的变化而不同，而这些变化均与同化物运输有关。

温度影响同化物运输速率。糖的运输速率在20～30℃时最快，高于、低于这个温度时，运输速率都会下降。低温对运输的影响，一方面是由于低温降低了呼吸速率，减少了能量供应；另一方面是低温提高了筛管内含物的黏度，减慢了溶液流动速度；同时低温还会导致筛孔堵塞，阻碍运输。高温对运输的影响，一方面是筛板出现胼胝质，其积累使筛孔缩小（constricted），运输减慢；另一方面高温会使呼吸作用增强，消耗物质增多；此外，高温还会使酶钝化或破坏，从而影响运输速率。

温度除影响运输速率外，还影响运输方向。当土温高于气温时，同化物向根部分配的比例增大；反之，当气温高于土温时，光合产物向冠部分配较多。因此，对于块根、块茎作物，适当提高地温有利于更多的同化物运向地下部分。

昼夜温差大小对同化物运输也有影响。在生理温度允许的范围内，昼夜温差大有利于同化物向籽粒分配。例如，小麦从开花到成熟期，若适当增加昼夜温差，可使其夜间呼吸消耗少，穗粒重增大。我国北方小麦产量高于南方，原因之一就是由于北方昼夜温差大。

2. 光照 光与同化物的运输和分配有密切关系，主要通过影响光合而发挥作用。通常，同化物白天的输出速率高于夜间。例如，玉米植株从黑暗转入光下，^{14}C-同化物输出速率迅速增加，2～3h后达到最大值；再转入黑暗时，同化物输出速率又明显下降。产生这种现象的原因可能是由于光下蔗糖浓度升高，合成ATP多，运输速率加快。不过，在光下有机物质的运输并非处于平稳状态，而是处于动态的变化之中。

3. 矿质元素 影响同化物运输的矿质元素主要是磷（P）、钾（K）、硼（B）、氮（N）等。

磷肥能促进同化物的运输。可能的原因是：①磷促进光合作用，形成较多的同化物；②磷促进蔗糖合成，提高可运态蔗糖浓度；③磷是ATP的重要组分，而同化物运输离不开能量。所以，作物成熟期追施磷肥可以提高产量。

硼能促进植物对蔗糖的吸收和运输，其机理可能是硼和蔗糖能结合形成容易通过原生质膜而运输的复合物。此外，硼还能促进蔗糖合成，提高可运态蔗糖浓度。例如，将蚕豆的离体叶片或番茄植株浸在^{14}C-蔗糖溶液中，加入硼后，可加强对蔗糖的吸收与运输。在作物灌浆期叶面喷施硼肥有利于光合产物输入籽粒，有增产效果。

钾对同化物的运输与分配有利，表现在两个方面：一方面是促进同化物的运输，另一方面是促进运入库中的蔗糖转化为淀粉，以利维持韧皮部两端的压力势差。

氮的供给必须适量，使C/N维持在适宜的比例。若氮肥过多，较多的糖类用于形成植物营养体，不利于同化物向外输出，向籽粒分配减少；但若氮过少则会显著减少^{14}C同化物向茎和叶方向的分配（但向根部的运输增强），会引起功能叶早衰。

4. 水分 水既是光合作用的原料，又是物质运输的介质。水分不足，气孔关闭，光合速率降低，使得叶肉细胞内可运态蔗糖浓度降低，结果从源叶输入到韧皮部内的同化物质减少；在缺水条件下，筛管内集流运动的速度降低，所以水分不足必定影响同化物的运输与分配。但是，干旱条件下光合的降低并不与同化物向穗部的输出相一致。实验表明，干旱可使小麦旗叶输出的同化物减少约40%，但由于穗是一个竞争力很强的库，分配到穗的同化物并未明显减少，而分配到植株基部与根系的同化物数量明显下降。在干旱条件下，基部叶片和根系易于早衰死亡的原因之一即在于此。

小　结

同化物的运输与分配直接关系到作物产量的高低和品质的好坏，所以，研究同化物的运输与分配在理论和实践上都具有重要意义。同化物运输可分为短距离运输和长距离运输。短距离运输是指细胞内与细胞间运输，长距离运输指器官之间经由韧皮部的运输。利用蚜虫吻刺法和同位素示踪法测知，蔗糖是同化物运输的主要形式。

在源端，同化物通过共质体和质外体等途径被装入筛管-伴胞复合体。在库端，同化物从筛管-伴胞复合体经过共质体和质外体途径卸出进入库细胞。蔗糖在韧皮部源端的装载和在库端的卸出是由蔗糖转运蛋白介导的，蔗糖转运蛋白由多基因家族编码，属于主要易化子超家族蛋白，定位在细胞膜和液泡膜上，负责蔗糖的跨膜运输，在韧皮部介导的源-库蔗糖运输，以及库组织的蔗糖供给中起关键作用。关于同化物运输的机制，目前被广泛接受的主要是压力流动学说。

同化物的分配主要有以下几个特点：①优先供应生长中心；②就近供应，同侧运输；③功能叶之间无同化物供应关系；④可以再分配与再利用。同化物在植物体的运输主要受源的供应能力、库的竞争能力和输导系统的运输能力三个方面因素的影响。

影响和调节同化物运输与分配的因素十分复杂，同化物的运输与分配涉及的生理过程很多，而环境因素一般是通过对这些过程产生作用而发挥影响。

复习思考题

1. 如何证明植物体中同化物的运输是通过韧皮部进行的？
2. 什么是同化物运输的源和库？源、库之间同化物的运输存在哪些规律？
3. 什么是压力流动学说？有哪些证据支持该学说？它还存在哪些问题？
4. 什么是韧皮部的装载？韧皮部的装载包括哪些途径和类型？
5. 什么是韧皮部的卸出？植物体如何进行同化物卸出？
6. 什么是同化物的分配？影响同化物分配的因素有哪些？

第七章 植物基因表达和细胞信号转导

植物的代谢和生长发育既受控于遗传信息，又受控于环境因子。在植物的发育过程中，植物的基因表达模式不断发生着变化，并对环境变化作出应答。在这个过程中植物通过细胞信号转导途径“感知”和传递环境信号，最终影响遗传信息的表达。植物对环境信号的感知和传递，以及相应遗传信息的表达，将使植物体不同部分的代谢和发育相互联系与协调，并且与环境因子的变化相一致。探索植物信号转导的机制，将会在更深层次上揭示植物代谢、发育规律及调节机制，更好地服务于生产实践。

第一节 基因表达

一、基因结构

基因是一个含有特定遗传信息的核苷酸序列，它是遗传物质的最小功能单位。植物的基因与其他真核生物的基因一样，都是由控制序列和转录序列组成。前者包括启动子（promoter）和增强子（enhancer）等，后者包括外显子（exon）和内含子（intron）（图 7-1）。

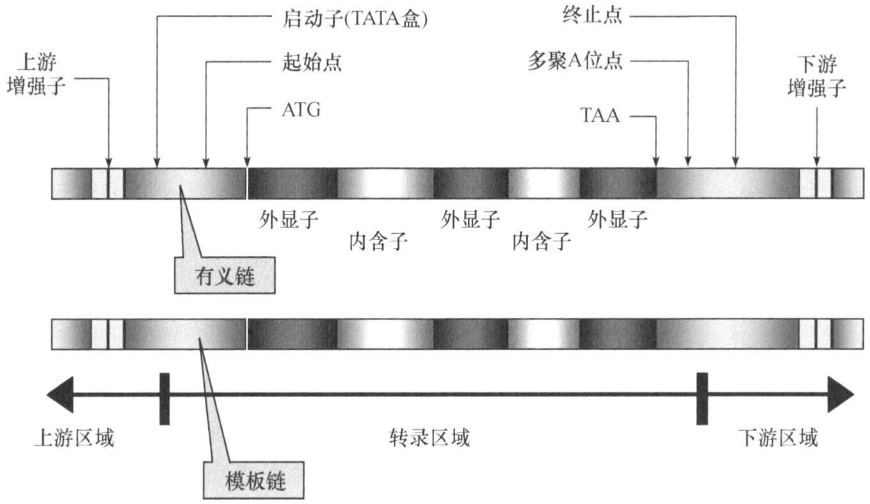

图 7-1　基因结构示意图

（一）启动子和增强子

植物基因的表达受到严密控制，有时间性（生物的发育阶段、生长季节等）和空间性（不同的器官、组织和细胞）。控制基因时序性表达的关键元件就是基因的启动子。

启动子一般位于基因转录起始点的上游，长度不等，也没有明确的界限。TATA 盒、CCAAT 盒和 GC 盒是启动子的三个保守序列。

增强子是能够极大地增强基因转录效率的一段 DNA 序列，它的位置离转录区较远，距离可达数千个碱基，可以在转录区的上游或下游，其 DNA 序列的方向对增强效果没有显著影响。在有些情况下，增强子与启动子的界限不是很清楚。

（二）外显子和内含子

植物基因是不连续的间隔序列。其中编码氨基酸的部分称为外显子，不编码氨基酸的部分称为内含子。外显子可转录并被翻译成蛋白质或多肽链，而内含子虽然能够被转录，但在 RNA 加工过程中将被切除，因此不能被翻译成蛋白质。内含子普遍存在于高等生物的基因中，在低等真核生物中，rRNA 和 tRNA 基因也有内含子，而在原核生物中，很少有内含子存在。

植物内含子的 UA 含量要比外显子高约 15%。就拟南芥来说，其内含子 UA 含量是 67%，外显子 UA 含量是 56%。有研究表明，UA 含量的高低与拼接效率呈正相关。在结构上，植物内含子与动物内含子的一个显著差异位于分支点和 3′拼接点之间。动物的内含子有多嘧啶序列，而植物的则是富含 U 的序列。

（三）5′端帽子结构和 3′端加尾信号

“帽子”结构实际是一个 N^7-甲基化鸟苷三磷酸，它通过 5′-5′磷酯键与 RNA 的 5′端结合。至少有三个功能：①加帽的 RNA 对核酸酶（RNase）的抵抗性增强；②5′端结构是核糖体的识别部位，二者结合之后，核糖体在 RNA 上滑动（scanning），找到翻译起始信号 AUG，开始翻译蛋白质；③加帽的 RNA 更容易被转移到细胞质中。

3′端多聚腺苷酸尾［poly(A)］信号位于基因的末尾，由 6 个非常保守的碱基 AAUAAA 构成。它对 RNA 的稳定性和可转移性有很大的作用。有研究认为它可能对蛋白质的翻译起始具有巨大影响。5′端帽子和 poly(A) 结构都是在基因被转录成 RNA 之后加上去的，基因本身并没有这两个序列。

二、基因表达调节

（一）基因表达

基因表达（gene expression）是指一个基因在细胞内被转录成 RNA，如果这个 RNA 编码蛋白质，即是 mRNA。mRNA 则继续被翻译成蛋白质。在原核生物中，基因表达是一个连续的过程，几乎在基因被转录的同时，mRNA 的翻译就已经开始。在真核细胞中，基因的转录发生在细胞核中，而 mRNA 的翻译在细胞质中进行。这就把基因的表达明显地分成了两个阶段——转录和翻译。

首先，在转录阶段，由于真核基因被蛋白质（主要是组蛋白）包裹，组成染色质，所以基因被转录的先决条件是染色质的结构发生变化，使转录装置能够与基因接触。其次，在转录的起始位点，启动子序列与转录因子和 RNA 聚合酶的亚基相互作用，决定转录的效率。第三，真核基因的转录物（transcript）——核内不均一 RNA（heterogeneous nuclear RNA，hnRNA）在被运输到细胞质中之前，要经过所谓的"加工"过程，即除去内含子、5′端加帽和 3′端加尾结构。

基因的翻译阶段不仅包括蛋白质的合成，还包括被合成蛋白质的正确折叠、细胞内的定位，以及"翻译后修饰"（post-translation modification），如糖基化、甲基化、乙酰化、脂基化等。"翻译后修饰"是基因表达调控的一个非常重要过程，因为它决定了一个基因产物是否具有生物活性或活性的强弱。

对于大多数真核生物来说，基因表达的最明显特征是能在特定时间和特定细胞中激活特定基因，从而实现"预定"的、有序的、不可逆转的分化、发育过程，并使生物的组织和器官保持正常功能。

（二）基因表达的调节

真核基因表达的调节可以发生在从转录起始到蛋白质降解过程中的任何一个环节。在拟南芥基因组中，有 7%的基因编码转录因子，有将近 1/10 的基因参与蛋白质代谢。由此可见这两个环节对基因表达调控的重要性。

原核生物主要是通过转录调控，以开启或关闭某些基因的表达来适应环境条件。真核基因调控主要也是在转录水平上进行的，受大量特定的顺式作用元件（*cis*-acting element）和反式作用因子（*trans*-acting factor）调控（图 7-2）。

顺式作用元件是基因的调节序列，通过与反式作用因子相互作用而调控基因的表达。这些序列通常位于转录起始点的上游，但也可位于增强子内。

反式作用因子，也称为转录因子，是与基因的顺式作用元件相互作用的蛋白质因子。它可以直接与顺式作用元件结合，或与其他转录因子相互作用，从而激活或抑制基因的转录。

反式作用因子根据其作用可分为三类。

（1）通用型转录因子（general transcription factor），是细胞中普遍存在且所有基因转录必需的一类反式作用因子。例如，真核生物 RNA 聚合酶Ⅱ起始转录前，必须与通用型转录因子结合形成前起始复合物（preinitiation complex，PIC）才能开始转录。所以这类转录因子对基因没有选择性，它的存在会增加所有基因的转录速率。

（2）组织特异型反式作用因子（tissue-specific *trans*-acting factor）。这类转录因子主要在特定的组织中大量地表达。它只能调节特定基因的表达，导致植物基因表达在不同组织中存在差异。组织特异性反式因子通常与发育调控有关。

（3）诱导型反式作用因子（inducible trans-acting factor）。这类转录因子与组织特异型反式作用因子相似，只对特定的基因起作用，它受光、激素、机械信号或其他环境信号等的特异性诱导，这种诱导可以是新蛋白质的合成，也可以是对已经存在的蛋白质的翻译后修饰。诱导型特异性反式因子通常与植物对环境的反应有关。

在转录方面，首先需要启动子序列与转录装置接触。基因的转录实际上起始于细胞感受特异信号，合成转录激活因子（特异转录因子），而后这个激活蛋白与 DNA 的特异序列（启动子）结合，从而使染色质结构变得松散。RNA 聚合酶和通用转录因子只

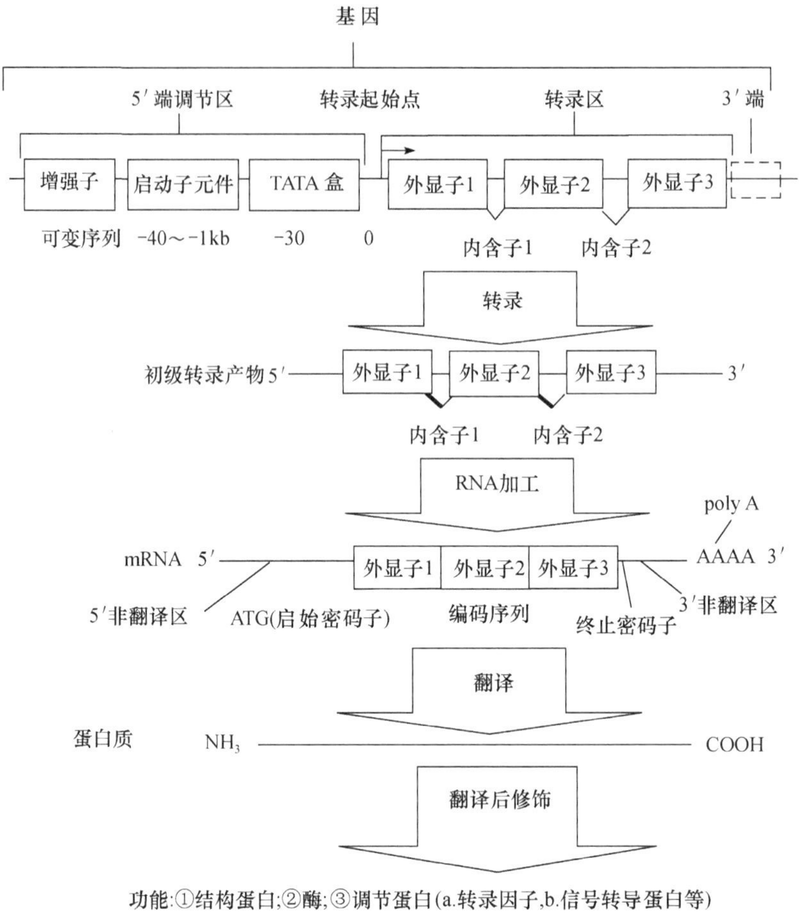

图 7-2　基因的结构和表达过程

有在染色质变得松散时才能够与 DNA 结合。由此可见，染色质结构的变化对转录起始过程至关重要。

hnRNA 的拼接包括两个化学反应，即把内含子除去和把外显子连接起来。拼接是基因表达调控的一个途径。选择性拼接（alternative splicing）就是通过不同的拼接组合，形成不同的 mRNA，翻译成不同的蛋白质，还可以改变蛋白质的活性。例如，烟草花叶病毒（TMV）侵染能够诱导 N 基因 mRNA 前体的选择性拼接，其中烟草的 N 基因决定植物对 TMV 的抗性。

绝大多数基因表达的最终产物是蛋白质，但在蛋白质合成之后仍存在基因表达的调控。越来越多的实验证据表明，基因在经过转录、处理、细胞核输出、翻译之后，控制基因发挥功能的一个重要途径就是通过“修饰”基因产物来调节它们在细胞内的定位及活性和稳定性。此处“修饰”的含义包括物理修饰（如细胞内运输）、生物物理修饰（如蛋白质的折叠）、化学修饰（如蛋白质的糖基化）及生物化学修饰（如蛋白质的切割和特异降解）等。

三、基因的类型

植物的基因根据其表达与时、空和环境的关系分为以下几类。

（1）持家基因（housekeeping gene）：是指对所有类型组织细胞在任何时候都需要其表达的基因，通常都是维持细胞基本生存所必需的基因，其表达常保持在固定的水平，又称为组成性基因（constitutive gene），如参与呼吸代谢过程的酶的编码基因等。

（2）器官、组织专一性表达的基因。例如，参与光合作用的 *rbcS* 等基因，只在叶肉细胞和其他绿色组织细胞中表达；*P2* 基因编码一种与聚半乳糖醛酶有同源性的蛋白质，参与花粉的萌发与生长，只在成熟花粉与花粉管中表达；编码大豆贮藏蛋白的 *Gy4* 基因只在胚乳中表达等。

（3）特定生长发育阶段表达的基因。植物的许多组织器官在生长发育进程中逐步分化形成，因此许多组织器官专一性表达的基因也是发育阶段专一性表达的基因，如上述的 *P2* 基因和一些贮藏蛋白基因等。有些基因会因环境因素的变化而改变表达部位，如编码土豆贮藏蛋白的 *Class* Ⅰ *patatin* 基因，主要在块茎中表达，在茎与叶中不表达。但当块茎与腋芽被去除后，该基因在茎和叶柄中表达。

（4）受环境因素诱导表达的基因。一些生物（如病原侵染）和非生物因子（如高温、低温、干旱、盐碱等）均能诱导植物相关基因的表达，如热激蛋白基因、低温诱导蛋白基因、渗调蛋白基因、病程相关蛋白基因等。在环境因子与基因表达之间存在着复杂的信号转导过程，环境因子通过信号转导最终作用于调控基因表达的应答元件，引起相关基因的表达，这些基因的表达增强了植物对环境的适应能力。

第二节　细胞信号转导

细胞信号转导（signal transduction）是指外界信号（如光、电、化学分子）作用于细胞表面受体，引起胞内信使的浓度变化，进而导致细胞应答反应的一系列过程（图 7-3），其最终目的是使机体在整体上对外界环境的变化做出最为适宜的反应。本节将介绍与高等植物细胞感受、传递环境刺激有关的胞内信号、胞间信号，以及与之相关的膜上信号转换系统、蛋白激酶和活性氧在信号转导中的作用。

一、胞间信号

当环境刺激的作用位点与效应位点处于植物的不同部位时，需要作用位点细胞产生信号，这个作用位点细胞产生的信号就是胞间信号。植物胞间信号分为物理信号和化学信号两种。

物理信号（physical signal）是指细胞感受到刺激后产生的能够起传递信息作用的电信号和水信号。电信号（electrical signal）指的是植物体内能够传递信息的电位波动。电信号的短距离传递需要通过共质体和质外体途径，而长距离传递则是通过维管束。动作电波（action potential，AP，也称动作电位）是植物电信号的一种。例如，仅用短暂的冲击（如机械震击、电脉冲或局部温度的升降）就可以激发动作电波的传递，

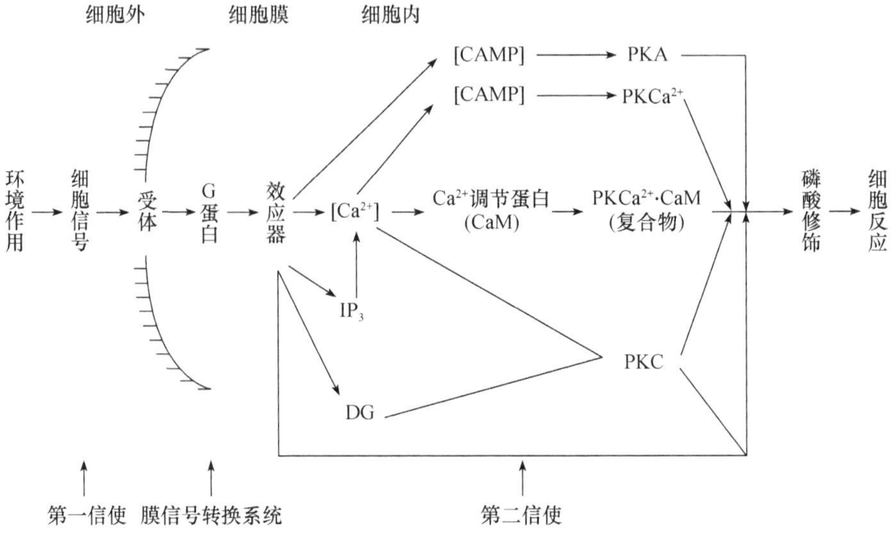

图 7-3　高等植物细胞信号转导的主要途径

而且受刺激的植物没有被伤害，不久便恢复原来状态。捕虫植物的动作电波幅度为 110～115mV，传递速度可达 6～30cm/s。水信号（hydraulic signal）是指能够传递逆境信息，进而使植物做出适应性反应的植物体内水流（water mass flow）或水压（hydraustatic pressure）的变化。水信号是通过植物体内水连续体系中的压力变化来传递。植物体通过水连续体系一方面可有效地将水分运往植株的大部分组织，同时也可将水信号长距离传递到连续体系中的各部分。植物细胞对水信号很敏感，玉米叶片木质部水压的微小变化就能迅速影响叶片气孔开度。

细胞感受刺激后合成并传递到作用部位引起生理反应的化学物质称为化学信号（chemical signal）。植物的化学信号分子分为三类，即植物激素类（主要包括生长素、赤霉素、细胞分裂素、脱落酸和乙烯等）、寡聚糖类（主要包括 1,3-β-D-葡聚糖、半乳糖、聚氨基葡萄糖等）和多肽类（如系统素）。

根据化学信号的作用方式和性质，化学信号可分为正化学信号和负化学信号。例如，对植物进行水分胁迫时，随着土壤水分的亏缺，植物木质部汁液中阴离子、H^+、氨基酸、细胞分裂素（CTK）的浓度下降，但脱落酸（ABA）的含量却上升，并且 ABA 的合成和输出量也随水分胁迫程度的加剧而显著增加。在这一过程中，细胞合成量及向作用位点输出量也随之增加的化学信号物质（如 ABA）便是正化学信号（positive chemical signal），而细胞合成量及向作用位点输出量随之减少的化学信号物质（如 CTK）称为负化学信号（negative chemical signal）。

韧皮部是化学信号长距离传递的主要途径。ABA、茉莉酸甲酯（JA-Me）、寡聚半乳糖、水杨酸等植物体内的许多化学信号物质，都可通过韧皮部途径传递。而有些化学信号也可通过集流的方式在木质部内传递。如上所述，植物在受到土壤干旱胁迫时，根系可迅速合成并输出某些信号物质，如 ABA，通过木质部蒸腾流进入叶片，并影响叶片中的 ABA 浓度，从而抑制叶片生长和气孔开放。

二、膜上信号转换系统

膜上的信号转换系统主要由受体、G蛋白和效应器构成。

（一）受体

受体是细胞表面或亚细胞组分中的一种天然分子，可以识别并特异地与有生物活性的化学信号物质——配体（ligand）结合，从而激活或启动一系列生物化学反应，最后导致特定的生物效应。光受体和植物激素受体是目前研究较多的两类植物细胞受体。

1. 光受体　植物中各种复杂而多样的对光的应答反应都是通过几种不同的光受体介导的。这些受体包括：①光敏素（phytochrome），它吸收红光/远红光区（波长600～800nm）；②吸收蓝光/紫外光A的光受体，也称为隐花色素（cryptochrome）；③吸收紫外光B的光受体。关于后两者的作用本质目前还不清楚。

1959年，美国科学家发现了植物中的第一个光信号受体分子，他们称之为光敏素。光敏素能够对不同波长的光反应并引起信号传导，具有调控植物细胞生长，促进植物叶绿体的发育，与植物激素协同作用和介导光周期反应的作用。光敏素由蛋白质和生色团两部分构成。光敏素蛋白通过N端结构域的半胱氨酸与一个生色团结合，其功能是感应和接受光。C端结构域含有形成二聚体和其他生物活性所需的位点（详见第九章植物的生长与运动）。植物对蓝光的应答反应有如下几点：抑制下胚轴伸长，刺激子叶膨大，调节开花时间，趋光性弯曲，气孔的张开与闭合，确定节律时钟的周期，以及基因表达的调节。蓝光受体是首先从拟南芥中鉴定出来的。通过分子遗传学方法已经鉴定出4种蓝光受体，分别是蓝光受体CRY1（cryptochrome 1）、蓝光受体CRY2（cryptochrome 2）、趋光素NPH（photortropin）和NPL1。有人推测CRY1蛋白很可能是从感应蓝光的DNA光解酶进化而来的，并在植物中获得了作为光受体的新功能。转基因植物中过量表达CRY1的研究，以及对CRY2缺失突变体的鉴定表明CRY2和CRY1的功能存在重叠。

2. 植物激素受体　激素受体（hormone receptor）是指能与激素特异结合、并能引发特殊生理生化反应的物质。对植物激素受体的研究进展一直较为缓慢，对许多激素受体的研究还停留在结合蛋白阶段，如生长素结合蛋白（auxin binding protein，ABP）、脱落酸结合蛋白（ABA binding protein）等。但近些年在激素受体研究方面取得了重要的进展：位于内质网上的生长素结合蛋白1（auxin-binding protein 1，ABP1）被确认为生长素受体；在大麦种子中GA的受体定位于糊粉层细胞质膜的外表面；拟南芥*CRE1*编码的，与细菌组氨酸激酶类似的蛋白被认为是细胞分裂素的受体；从拟南芥中克隆和鉴定出的FCA蛋白是ABA的受体，研究表明ABA受体既存在于细胞质膜外侧，又存在于细胞内；拟南芥中已经发现了5个乙烯受体（ETR1、ETR2、ETS1、ERS2、EIN4）（详见第八章植物的生长物质）。

（二）G蛋白

GTP结合调节蛋白（GTP-binding regulatory protein，G蛋白）是信号转导的中

介。它将细胞外信号转导入细胞内，从而调节相应的生理生化反应，使细胞代谢与生活环境相适应。

G蛋白于20世纪70年代首先在动物中被发现，其研究进展迅速。植物G蛋白的研究，始于80年代后期，当时主要是用放射性^{32}P-GTP或^{35}S-GTPγS结合试验，初步说明在豌豆、葫芦藓、菠菜等的细胞膜上可能存在G蛋白。1990年植物G蛋白的α亚基被克隆，为其存在提供了直接证据。

细胞内的G蛋白一般分为两大类：一类是由三种亚基（α、β、γ）构成的异源三体G蛋白，另一类是只含有一个亚基的单体“小G蛋白”。研究发现G蛋白在生物进化过程中比较保守，利用已知的G蛋白保守氨基酸序列合成的寡聚核苷酸为探针，结合PCR技术，先后检测并克隆了植物*Gα*、*Gβ*和2个*Gγ*基因；利用分子生物学技术已从植物细胞中分离出几十种小G蛋白基因，其中从豌豆中分离到13个，从拟南芥中分离到12个，并且这些小G蛋白与相应的动物小G蛋白有很高的同源性（60%～80%）。

迄今人们发现G蛋白在植物细胞信号转导中的作用有以下几方面：①参与光刺激的信号转导；②参与K^+通道的调控；③参与植物激素诱导的信号转导；④参与病原物诱导的信号转导；⑤参与调节根瘤菌中结瘤因子的信号转导；⑥参与花粉萌发和花粉管伸长以及细胞外钙调素跨膜信号转导。

（三）效应器

药理学实验证明植物中存在G蛋白下游效应器（包括K^+通道、磷脂酶D、Ca^{2+}通道等）。但目前只有磷脂酶C（Phospholipase C，PLC）有充足的证据表明是G蛋白信号系统中的效应器。

三、胞内信号

细胞表面受体结合胞外信号分子，将其转换为胞内信号后才能影响靶细胞的行为。胞内信号也称第二信使，是由膜上信号转换系统产生的有调节活性的细胞内因子。它也属于化学信号，包括cAMP、cGMP、IP_3、DG、NO、Ca^{2+}、活性氧等。在高等植物的多种胞内细胞信号转导途径中，研究最多的是钙信号系统、肌醇磷脂信号系统和环腺苷酸信号系统。

（一）钙离子信号系统

（1）细胞受激时的Ca^{2+}浓度变化。Ca^{2+}在植物细胞的多种信号转导过程中都有非常重要的调节作用。Ca^{2+}梯度是钙信号产生的基础。高度区域化的植物细胞内结构中，在质膜、液泡膜、内质网膜上都存在着跨膜的Ca^{2+}电化学梯度，细胞质和细胞核内游离Ca^{2+}也呈现不均匀分布，这些梯度分布在静止状态下是相对稳定的。一般情况下，未受刺激的细胞质中自由Ca^{2+}水平为10^{-7}mol/L左右，质外体Ca^{2+}浓度在10^{-5}mol/L以上，因此质外体Ca^{2+}浓度远远高于细胞质中Ca^{2+}浓度。在细胞受到刺激时这种静态平衡会发生变化。当有胞外信号分子与受体结合时，细胞的一个最迅速的反应就是跨越原生质膜的离子流动，包括质膜电位的去极化，Ca^{2+}、H^+ 内流和 Na^+、Cl^- 外流，以及胞外 pH 升高，此时跨越细胞质膜的 Ca^{2+} 电化学梯度最为明显。任何一种外界刺激或激素所引起的细胞反应是否是通过 Ca^{2+} 信使传递的，直接证据就是看细胞质中是否有自由 Ca^{2+} 的浓度变化。细胞质中的自由 Ca^{2+} 的浓度主要受质膜和内膜系统上的 Ca^{2+} 通道和 Ca^{2+} 泵的调节。

（2）Ca^{2+} 介导的信号转导的特异性。Ca^{2+} 浓度变化能对不同的胞外刺激起反应，并最终导致对特定刺激的特定生理反应，这一现象称为 Ca^{2+} 信号特异性。胞内 Ca^{2+} 信号的特异性有可能通过 Ca^{2+} 浓度变化的不同频率特点和区域特异性体现。例如，在生长的花粉管顶端区域的最顶端的 Ca^{2+} 浓度最高，而这一 Ca^{2+} 浓度梯度的存在是花粉管持续伸长的必要条件。在花粉管持续伸长过程中，顶端 Ca^{2+} 浓度还呈现周期性的上升和回落，每一变化周期的时间为 25～30s。而豆科植物根毛细胞在根瘤菌作用下发生弯曲反应以及后来的根瘤形成过程，根毛细胞中 Ca^{2+} 浓度的变化也呈现出以 1min 为周期的周期性的上升与回落。人们推测产生 Ca^{2+} 信号特异性可能有以下两种模式：一种模式是 Ca^{2+} 可以独立诱导细胞反应，由于其本身具有特异性，使得 Ca^{2+} 的变化决定了生理反应的特异性；另一种模式是刺激因素除引起 Ca^{2+} 信号外还可以产生胞质中下游的其他多种信号转导因子，由它们的不同组合来决定反应特异性。

（3）钙调节蛋白。在细胞内 Ca^{2+} 通过其受体——钙调节蛋白传递信息。在植物中的钙调节蛋白主要有两类：钙调素（calmodulin，CaM）与钙依赖（但不依赖 CaM）的蛋白激酶，后者将在下一部分内容中介绍。

CaM 是具有 148 个氨基酸的单链球蛋白，等电点 4.0，分子质量约为 16.7kDa，耐热。作为 Ca^{2+} 的受体，CaM 在 Ca^{2+} 信号转导系统中起着关键的作用，它通过与 Ca^{2+} 的结合而激活一系列的靶酶和非酶蛋白质，从而调控生理代谢及基因表达。

对拟南芥和其他高等植物的研究表明，编码 CaM 的基因存在多拷贝，并发现单子叶植物和双子叶植物的 CaM 有高度的保守性。CaM 参与酶活性调节、细胞分裂与分化、细胞骨架与细胞运动、孢子和花粉萌发、激素反应、核内酶活及基因表达。

CaM 对 Ca^{2+} 有很高的亲和力，一个 CaM 分子可与 4 个 Ca^{2+} 结合。CaM 有两种作用方式：一是直接与靶酶结合，诱导靶酶的活性构象，从而调节靶酶的活性，如质膜 Ca^{2+}-Mg^{2+} ATPase、NAD 激酶；二是与 Ca^{2+} 结合，形成活化态的 Ca^{2+}-CaM 复合体，然后再与靶酶结合将靶酶激活。

（4）胞内 Ca^{2+} 浓度的测定技术。外界刺激或激素所引起的细胞反应是否通过 Ca^{2+} 信使传递，需要了解细胞质中是否有自由 Ca^{2+} 的浓度变化，所以测定细胞内 Ca^{2+} 浓度变化已成为细胞生物学研究中最重要的手段之一。下面主要介绍一下 Ca^{2+} 浓度测定的水母发光蛋白法和 Ca^{2+} 浓度荧光探针法。水母发光蛋白（aequorin）是在水母体内发现的一类蛋白质，与 Ca^{2+} 结合后可以发出很强的荧光。这类蛋白质的基因经过修饰重组后，可以表达产生带有某些特定亚细胞定位序列的发光蛋白，在这些序列的指引下，这些蛋白质可以定位于细胞内的特定部位（如细胞质、内质网、线粒体等）。这种方法的优点在于定位准确、测量精度高。Ca^{2+} 荧光探针是以 Ca^{2+} 螯合剂 EGTA 为基础开发出来的一类探针，与 Ca^{2+} 亲和力高，能选择性地与 Ca^{2+} 结合。Ca^{2+} 荧光探针不能透过细胞膜，必须通过一些方法来导入，如损伤导入法（包括显微注射法和电激导入法）和非损伤导入法（包括酸化导入法、常温孵育法和低温导入法）。而后可用荧光分光光度计、流式细胞仪、CLSM（激光扫描共聚焦显微镜）或数字共聚焦显微镜来测定 Ca^{2+} 浓度。

（二）肌醇磷脂信使系统

肌醇磷脂（inositol phospholopid，IP）是细胞膜的基本组成成分，主要分布于质膜内侧，其总量约占膜磷脂总量的 10%。磷脂酰肌醇（phosphatidylinositol，PI）、磷脂酰肌醇-4-磷酸（phosphatidylinositol-4-phosphate，PIP）和磷脂酰肌醇-4,5-二磷酸（phosphatidylinositol-4,5-bisphosphate，PIP_2）为植物中三种主要的肌醇磷脂。

植物细胞的肌醇磷脂信使系统作用模式是：植物细胞感受外界刺激后，经过信号的跨膜转换，激活质膜内侧锚定的磷脂酶 C（phospholipase C，PLC），活化的 PLC 水解质膜上的 PIP_2 产生两种第二信使，即甘油二酯（diacylglycerol，DAG）和三磷酸肌醇（IP_3），从而启动 IP_3/Ca^{2+} 和 DAG/PKC（protein kinase C，蛋白激酶 C）双信使途径。

（三）环腺苷酸信使系统

环腺苷酸（cAMP）信使系统主要由三部分组成：环腺苷酸酶、cAMP 和蛋白激酶。在这个信使系统中环腺苷酸酶是跨膜蛋白，它催化 ATP 环化为 cAMP，而后 cAMP 将蛋白激酶活化。

cAMP 信使系统有以下三点作用：①在糖代谢中的作用是促进糖元的分解；②cAMP 可活化 K^+ 和 Ca^{2+} 通道；③cAMP 通过激活蛋白激酶使特定的转录因子磷酸化，从而调节特定基因的表达。

目前仍无确切证据表明高等植物细胞中普遍存在 cAMP，但在一部分植物中已检测到 cAMP 或其合成和降解系统相关成分（腺苷酸环化酶、磷酸二酯酶）的存在。在已检测到的含有 cAMP 的植物中，cAMP 的浓度在 0.5pmol/g FW 之下，这样低浓度的 cAMP 在植物体内是否可起到调节作用还有不同的看法。但植物体内的 cAMP 浓度与植物代谢和环境刺激有关。

四、蛋白激酶

蛋白激酶是一类细胞内信使依赖的、在蛋白质磷酸化过程中起中介和放大作用并帮助完成信号传递过程的酶。蛋白激酶用 ATP 或 GTP 作为磷酸基团的供体，将磷酸基团转移到特定底物蛋白上，而蛋白质中的丝氨酸、苏氨酸或酪氨酸作为磷酸基团的受体。

在植物中，目前已知的蛋白激酶已有 30 多种，已经从拟南芥、烟草、小麦等植物中发现了蛋白激酶或其基因。根据其底物蛋白被磷酸化的氨基酸残基种类，可将它们分为三类：①丝氨酸/苏氨酸（Ser/Thr）蛋白激酶；②酪氨酸（Tyr）蛋白激酶；③组氨酸（His）蛋白激酶。根据催化区域氨基酸序列的相似性，把植物蛋白激酶归为 4 类：①AGC 类；②CaMPK 类（包括 CDPK 和 SNFILK），它们依赖 Ca^{2+}/CaM 或被 SNF1/AMP 激活，受第二信使调节；③CMGL 类（包括 CDK、MAPK、GSK3 和 CKⅡ），它们处于磷酸化系统下游，不直接接受第二信使调节；④其他类型（包括 RLK、CTR1

和 Ts1)。

下面介绍几种典型的蛋白激酶。

(一) 植物分裂原蛋白激酶

自 20 世纪 90 年代以来，人们已发现了大量的植物分裂原蛋白激酶（mitogen-activated protein kinase，MAPK）家族成员，其数量要多于动物和酵母。

植物 MAPK 可分为两大类，一类是从拟南芥中得到的对 2,4-D 反应的 ATMPK1 和 ATMPK2；另一类分为三个亚类，第一亚类包括拟南芥中的 ATMPK3、烟草中的 WIPK 和苜蓿中的 MMK4，第二亚类包括烟草中的 Ntf4 和 SIPK，还包括有苜蓿中的 MMK2。

植物 MAPK 与动物和酵母细胞的 MAPK 相比有相似的生化特点，但多数是从胞质组分中分离到的。植物 MAPKKK 和 MAPK 是 Ser/Thr 类蛋白激酶，MAPKK 是 Ser/Thr/Tyr 双重特异性蛋白激酶。MAPK 的激活发生在该激酶的 Tyr 和 Thr 两残基位点被磷酸化的情况下。同动物和酵母一样，MAPK 可以使脊髓碱性蛋白（myelin basic protein，MBP）磷酸化。

植物多种胞外信号（如乙烯和生长素）在胞内的传递也有 MAPK 级联系统的参与。此外，ABA 能诱导大麦糊粉层原生质体中 MAPK 的活性，水杨酸可激活烟草中的 MAPK。可见，它们在植物细胞第二信使信号的进一步传递中起重要作用。

(二) 钙依赖而钙调素不依赖的蛋白激酶

钙依赖而钙调素不依赖的蛋白激酶（calcium-dependent and calmodulin independent protein kinase，CDPK）或类似钙调素结构域的蛋白激酶（calmodulin-like protein kinase）广泛分布于植物、藻类和一些原生动物中，但不存在于高等动物中。在细胞内，CDPK 几乎存在于所有的细胞器中。

据推测，编码 CDPK 的基因是由两个基因融合而成的，一个是编码 Ca^{2+}/CaM 蛋白激酶催化区和自抑制区的基因，另一个是编码 CaM 的基因。经分析，CDPK 具有三个功能区，即催化区、连接区和调控区。CDPK 在调控区与 Ca^{2+} 结合后而被活化。另外，从拟南芥中克隆出 8 种 CDPK，它们在可变区（催化区前端的一段长短不一的序列）很少有同源关系。

近年来通过对植物信号转导中的生理功能的研究，推测 CDPK 底物主要有细胞骨架、产生 pH 梯度和电化学梯度的质膜质子泵（H^+-ATPase）及跨膜运输蛋白结瘤素（nodulin）26。

(三) 其他蛋白激酶

At-DBF2 是从拟南芥果实中分离鉴定出的一种蛋白激酶，该酶的同源物酵母 DBF2 蛋白激酶参与组成酵母 CCR4 转录复合物，此转录复合物参与多种生命活动相关基因的表达（如酵母生长、细胞周期、染色正常结构维持、氨基酸合成等），同时还影响 TFIIB、PB1、SRB2 等转录因子的活性。所以，推测在转录水平上，At-DBF2 很可能是植物的一种位于信号传递下游的转录调控蛋白激酶。

受体蛋白激酶（RPK）位于细胞膜上，它是由胞外配体结合区（extracellular ligand-binding domain）、跨膜区（transmembrane domain）和胞质激酶区（cytosolic kinase domain）三个结构域组成的能够感受外界刺激的蛋白激酶。富亮氨酸重复序列（leucine-rich repeat sequence，LRR）与植物的感受发育和环境胁迫信号有关，而RPK1激酶的胞外部分就含有这一序列。同时，表达特性分析表明，*RPK1* 在植物的根、茎、叶和花中都能够表达，干旱、高盐、低温及脱落酸处理也能快速诱导该基因的表达，说明RPK1激酶在植物胞内信号转导过程中起重要作用。

五、活性氧在信号转导中的作用

活性氧（reactive oxygen species，ROS）主要是由线粒体和叶绿体产生的，是一类性质十分活泼的化学基团，主要包括超氧自由基、羟自由基、氢过氧化物自由基、过氧化氢和单线态氧等。ROS的产生和清除在正常情况下是平衡的；但当植物体遭遇外来生物和非生物胁迫，如极端温度、水分胁迫、病原菌入侵等时，ROS的产生和代谢平衡将被破坏，产生氧胁迫。这时，由于过量的ROS能与细胞内各种生物大分子发生反应，导致DNA、蛋白质的伤害和脂质的过氧化。

ROS是胁迫反应的一种主要成分，这说明它还可以在植物细胞中作为一种普遍存在的信号分子。它的水平不仅取决于外界的胁迫剂量（stress dose）（胁迫强度×胁迫时间），而且取决于细胞的反应类型；ROS在低浓度的条件下，能引起植物细胞的防御和适应反应，而在高浓度的条件下植物细胞会因遭遇高强度的胁迫而死亡。

1. ROS在植物防御反应中的信号作用 水杨酸（salicylic acid，SA）能与过氧化氢酶（CAT）结合，并抑制其活性，从而有利于 H_2O_2 产生和积累。研究表明在致病相关蛋白（pathogenesis related protein-1，PR-1）的基因表达诱导中，SA的下游有 H_2O_2 参与位点。这就说明 H_2O_2 在植物防御反应中起信号作用。

H_2O_2 在“交叉耐性”（cross-tolerance）中也是一种信号分子，但 O_2^- 在防御反应中作为信号分子起作用时可能不需要 H_2O_2。例如，在拟南芥受伤害刺激后，在其抗病反应的突变体 *lsdl* 中，O_2^- 能足够地诱导伤害的形成和植物防御蛋白的积累，而 H_2O_2 却不具备此功能。

2. ROS在细胞死亡中的信号作用 坏死（necrosis）和细胞程序性死亡（programmed cell death，PCD）是植物细胞死亡的两种方式，它们可能是由同一ROS信号起始的相同过程的两种不同结果。其中坏死与遗传控制无关，是由严重且持续的伤害引起的。PCD又称细胞凋亡（apoptosis），是细胞在自身产生的死亡指令控制下的主动而有序的死亡。PCD过程中出现一系列生物化学变化，其结果是细胞核DNA断裂成寡聚核苷酸片段、染色质固缩、胞泡形成，最后形成凋亡小体而被体内其他细胞吞噬。ROS在细胞死亡中的作用是起始植物细胞死亡的转导，而不是积累到一定浓度杀死细胞。

过敏性反应（hypersensitive response，HR）是一种局部的细胞死亡，是一种典型的不相容性的植物-病原菌相互作用，这一反应限制了侵染病原菌的扩散。在过敏性反应过程中，病原菌侵袭位点的氧化突发与细胞死亡的诱导一致。例如，在烟草的HR

中，过氧化氢酶的酶活性被抑制，这与 H_2O_2 的大量积累相平衡，表明 H_2O_2 介导病原菌入侵引起了 PCD。

3. ROS 在基因表达调控方面的作用　在拟南芥和大豆过敏性反应过程中，由 H_2O_2 诱导的 PCD 需要转录和翻译。H_2O_2 在防御反应中调节基因的表达。在大豆中，H_2O_2 诱导防御相关基因 *GST* 和 *GPX* 的表达；在拟南芥悬浮培养物中，GST 和苯丙氨酸解氨酶（phenylalanine ammonialyase，PAL）的表达受 H_2O_2 诱导。

H_2O_2 可诱导与 NADPH 氧化酶合成有关的基因表达，诱导萌发的水稻胚和拟南芥叶片中编码 APX 的基因表达。在玉米胚和叶片中，损伤通过 H_2O_2 诱导编码 CAT 的基因表达。此外，有研究发现，在非生物胁迫条件下，H_2O_2 也参与基因表达的调节。

4. ROS 的其他信号作用　降低细胞分裂即减缓生长是植物适应逆境的方式之一。在不良环境下，植物用这种适应的功能来贮存能量以防御和减轻伤害。例如，低浓度的维生素 K_3 阻碍了植物细胞由 G_1 期到 S 期的转变，延迟细胞进入有丝分裂期。而低浓度的还原型谷胱甘肽（GSH）就可增加进行有丝分裂的分生细胞的数目，去除 GSH 则产生相反的效应。这说明在生长和形态建成中，ROS 可能起到了信号作用。

小　结

植物的代谢和生长发育既受控于遗传信息，又受控于环境因子。在植物的发育过程中，植物的基因表达模式不断发生变化，并对环境变化作出应答。在这个过程中植物通过细胞信号转导途径“感知”和传递环境信号，最终影响遗传信息的表达。基因是一个含有特定遗传信息的核苷酸序列，它是遗传物质的最小功能单位。植物的基因是由控制序列和转录序列组成的。前者包括启动子和增强子等，后者包括外显子和内含子。基因的表达是指一个基因在细胞内被转录成 RNA，如果这个 RNA 编码蛋白质，即是 mRNA，该 mRNA 则继续被翻译成蛋白质。基因的翻译阶段不仅包括蛋白质的合成，还包括被合成蛋白质的正确折叠、细胞内的定位，以及“翻译后修饰”，如糖基化、甲基化、乙酰化、脂基化等。“翻译后修饰”是基因表达调控的一个非常重要的过程，因为它决定了一个基因产物是否具有生物活性或其活性的强弱。真核基因表达的调控主要也是在转录水平上进行的，受大量特定的顺式作用元件和反式作用因子的调控。植物的基因根据其表达与时空以及环境的关系分为：持家基因，器官、组织专一性表达的基因，特定生长发育阶段表达的基因，受环境因素诱导表达的基因。

细胞信号转导是指外界信号（如光、电、化学分子）作用于细胞表面受体，引起胞内信使的浓度变化，进而导致细胞应答反应的一系列过程。其最终作用是使机体在整体上对外界环境的变化作出最适宜的反应。当环境刺激的作用位点与效应位点处于植物的不同部位时，需要作用位点细胞产生信号，这个作用位点细胞产生的信号就是胞间信号。植物的胞间信号分物理信号和化学信号两种。物理信号是指细胞感受到刺激后产生的能够起传递信息作用的电信号和水信号。细胞感受刺激后合成并传递到作用部位引起生理反应的化学物质称为化学信号。植物的化学信号分子分为三类，即植物激素类（主要包括生长素、赤霉素、细胞分裂素、脱落酸和乙烯等）、寡聚糖类（主要包括 1,3-β-D-葡聚糖、半乳糖、聚氨基葡萄糖等）和多肽类（如系统素），它们参与植物防御系统的信号转导，诱导防卫基因的表达。植物细胞信号转导系统包括膜上的受体、G 蛋白、效应器、胞内信号（钙信号系统、肌醇磷脂信号系统和环腺苷酸信号系统）、蛋白激酶，最终通过活化转录因子而调节基因的表达。

复习思考题

1. 何谓基因？一个完整的植物基因由哪些部分组成？它们各有何功能？

2. 植物基因表达的调节是怎样进行的？
3. 什么是细胞信号转导？植物的细胞信号转导系统主要由哪些部分组成？
4. 当植物受到环境刺激时是如何将信号传递到细胞核引起基因表达模式变化的？
5. 植物的胞间信号、胞内信号分别包括哪些信号？它们是如何传递的？
6. 膜上信号转换系统是由什么构成的？
7. 什么叫第二信使？
8. 植物中常见的蛋白激酶有哪些？
9. 活性氧在植物细胞信号传递过程中起哪些作用？
10. 根据其表达与时空以及环境的关系，植物的基因可分为哪几类？各有何作用？

第八章　植物的生长物质

第一节　植物生长物质概述

一、植物生长物质的概念和种类

植物的生长发育是由程序严格控制的过程。植物从种子萌发、长出枝叶到开花结实的整个生长过程中，除需要营养物质外，还需要一类物质来调控植物体内的各种代谢过程，即生长物质。植物生长物质（plant growth substance）是指具有调节控制植物生长发育作用的微量生理活性的物质，可分为两大类：一类是植物激素（plant hormone 或 phytohormone），另一类是植物生长调节剂（plant growth regulator）。

植物激素是一些在植物体内合成的，并经常从产生部位转移到作用部位，在低浓度下对生长发育起调节作用的有机物质。由于它是植物体内的正常代谢产物，故又称为内源激素或天然激素。从激素的概念上看，激素有 4 个特征：①内生的；②可移动的；③微量的；④有机物质。这些激素类物质不是营养物质，它们的含量甚微，如在 7000～10 000 株玉米幼苗的顶端只含有 1μg 生长素；从 3t 花椰菜的叶片中仅能提取出 3mg 生长素。一般植物体内生长素的含量约为组织鲜重的 10^{-9}～10^{-7}，向日葵叶片中的细胞分裂素含量在 1kg 鲜叶中只含有 5～9μg。

植物激素的研究始于 20 世纪 20 年代末。到目前为止，已相继确定了生长素（auxin，IAA）、赤霉素（gibberellin，GA）、细胞分裂素（cytokinin，CTK）、脱落酸（abscisic acid，ABA）和乙烯（ethylene，ETH）五大类植物激素。除这五大类激素外，近年又相继发现了一些内源性的、具有类似植物激素生理作用的物质，如油菜素内酯（brassinolide，BR）、茉莉酸（jasmonic acid，JA）、水杨酸（salicylic acid，SA）、多胺（polyamine）、月光花素（calonyctin）和菊芋素（heliangint）等，但目前尚未正式列入植物激素中。

植物生长调节剂是指一些具有植物激素活性的、由人工合成的物质。有些生长调节剂的分子结构和生理效应与植物激素类似，如吲哚丙酸、吲哚丁酸等；还有一些物质的结构与植物激素差别较大，但具有类似激素的生理效应，如萘乙酸、矮壮素、乙烯利等。植物生长调节剂在农业、林业、果树、蔬菜和花卉等方面得到广泛地应用，如在插枝生根、促进开花、增加结实、改善品质、贮藏保鲜、促进成熟、防止脱落、疏花疏果、诱导或打破休眠、性别分化、消除杂草等方面取得了可喜的成果，展示出生长调节剂广阔的应用前景。在未来的现代化农业中，植物生长物质将与化肥、农药一起成为农业必需的三大类物质。

二、植物生长物质的检测方法

激素在植物中的含量极低，性质又不稳定，加之细胞中其他化合物的干扰，故要求测定的方法必须十分灵敏和专一。通常首先用适当的有机溶剂进行提取，提取的方法和过程既要避免许多干扰物质，又要防止破坏激素本身；其次采用各种萃取或层析方法，使激素得到部分提纯；然后用生物、物理或化学的方法测定其含量。

（一）生物测定法

生物测定法是通过测定激素作用于植株或离体器官后所产生的生理生化效应的强度，从而推算植物激素含量的方法。

例如，生长素的生物测定可用小麦胚芽鞘切段伸长法。将小麦胚芽鞘对生长素敏感的部分切成一定长度的小段，将其浸在含有生长素的溶液中，在一定浓度范围内，芽鞘切段的伸长与生长素浓度的对数成正比，因而把芽鞘切段在样品提取液中的伸长与标准液中的切段伸长相比，即可推算出样品中的生长素含量。

又如，根据赤霉素诱导 α-淀粉酶活性的原理，将去胚大麦种子与赤霉素一起保温，在一定范围内赤霉素诱导的 α-淀粉酶活性的强弱与赤霉素浓度成正相关，据此来估计样品中赤霉素的含量。

早期植物激素的鉴定几乎全靠生物测定法，但因其灵敏度及专一性均不够高，近年已较少使用。但对于从大量人工合成的化合物中筛选植物生长调节剂，生物鉴定法仍不失为一种行之有效的手段。

此外，采用缺乏某种激素的基因型突变品系作测试材料，可显著提高生物鉴定法的灵敏度，这已受到许多研究者的关注和利用。

（二）物理和化学方法

随着物理和化学分析技术及方法的快速发展，它们已成为分析植物激素的重要方法，主要包括两大类。

1. 色谱法 色谱法是根据物质在不同介质中有不同分配系数的原理进行检测，主要包括薄层层析（thin layer chromatography，TLC）、气相色谱（gas chromatography，GC）、高效液相色谱（high performance liquid chromatography，HPLC）和质谱分析（mass spectrometry，MS）等。用这些方法测定生长素可达到 10^{-12}g 的水平，相当于一个豌豆茎切段或一个玉米谷粒中的生长素含量，并可正确分析生长素的前体、生长素的代谢以及生长素在植物体中的分布等。

气质联用（GC-MS）可以更为精确地进行多种激素（如赤霉素）的测定，先用气相色谱分离提取出混合物中的几十种组分，然后将赤霉素组分放进质谱仪进行定性定量分析，由于质谱专一性很强，不致造成对非赤霉素物质的错误判断。

一般检测之初，需先用有机溶剂从植物组织提取游离态激素。但因激素常以各种结合态存在，在操作过程中必须防止结合态激素的水解。避免内源性激素在提取与纯化过程中的损失，常以放射性同位素 ^{3}H 或 ^{14}C，或以稳定性同位素 ^{2}H 或 ^{13}C 标记的激素作为内在标准物。

乙烯是一种气态激素，气相色谱仪法是目前普遍应用的一种较为灵敏、准确的测定方法。通常将植物组织产生的乙烯累积在一个密闭容器中，用注射器抽取气体，在气相色谱仪上分离测定。

2. 荧光法　由于通过比色的光谱法专一性差，现很少被使用。而气相等色谱分析费用较高，一般实验室无条件测定，因此出现以荧光技术为基础检测植物激素的新方法。荧光分析法具有选择性好、取样少、灵敏度高及简便快速等优点，是进行痕量、超痕量甚至分子水平上分析的重要手段，如赤霉素和硫酸反应生成三环芳烃衍生物在紫外光下产生绿色荧光，ABA 与浓硫酸沸水中加热后产生荧光，均可根据激素反应后产生荧光的特点进行检测。

（三）免疫分析法

免疫学技术应用于植物激素的测定促进了激素定量研究的发展，它的基本原理是利用抗原和抗体的特异性竞争结合（图 8-1）。以植物激素为抗原免疫动物得到特异性的抗体，一定量的标记激素分子（Ag^*）与样品中含量未知的激素分子（Ag）在同一系统内竞争性地与一定量的抗体结合，反应达到平衡时，可得到标记激素分子（抗原）存在于抗原-抗体复合物（$Ag^* \cdot Ab$）和游离状态（Ag^*）的比例，从而可计算出样品中激素分子的含量。采用酶分子作为标记物即为酶标免疫测定法（EIA）。

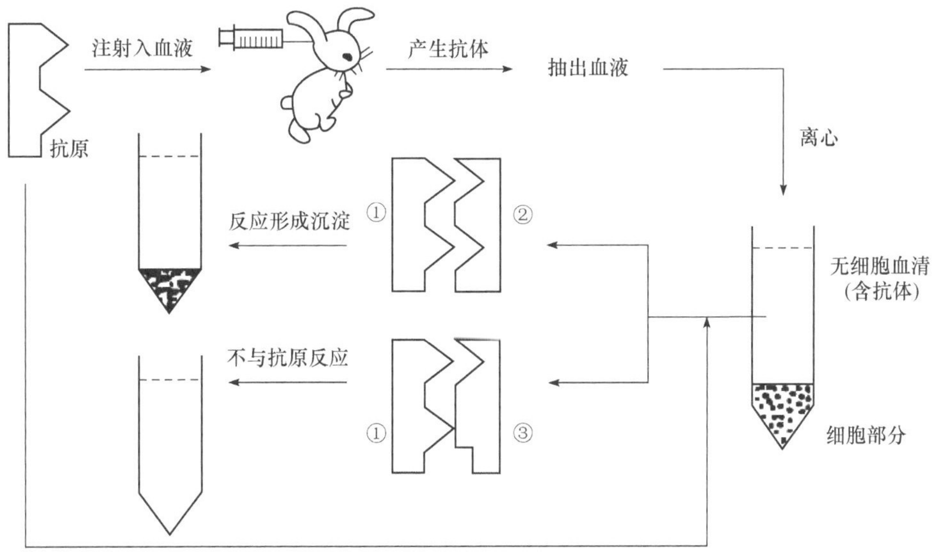

图 8-1　免疫分析测定生长素的基本过程

①抗原生长素；②对生长素抗原起反应合成的抗体；③对非生长素抗原起反应合成的抗体

酶联免疫测定法（ELISA）是 20 世纪 60 年代发展起来的一项技术。1969 年以色列科学家 Fushs 等首先把它应用于植物激素 IAA 和 GA 的测定。但该法过程复杂、灵敏度低，很难对生理水平的植物激素进行定量测定。科学家们在 EIA 基础上成功地建立了植物激素检测的放射免疫法（RIA）和酶联免疫吸附法（ELISA），国内南京农业大学的周燮教授和上海植物生理研究所的吴少伯先生也报道了 ABA 的 RIA 的检测技术。

免疫学方法与生物测试法相比，不仅提高了检测灵敏度，可检测出 10^{-12}g 级的微量物质，相应的前处理也得到了简化，还改善了测定的专一性，但抗体的制备较复杂，尤其分子质量小的植物激素本身为半抗原，须与牛血清蛋白等偶联后才能作为抗原，且激素的同系物、前体、类似物及其他性质不明的化合物等的存在不可避免地会导致交叉反应。现有人采用单克隆抗体技术（mAb）生产免疫测定中所需的抗体，解决了免疫测定中所使用抗体的多克隆性，提高了抗体的专一性。酶联免疫技术也常和物理、化学方法联用。到目前为止，除乙烯外，其余四大类激素的 RIA 和 ELISA 检测方法均已建立，并有成套的试剂盒出售。

（四）其他方法

为研究激素在植物各组织及细胞间的含量和分布，DNA 重组技术和免疫组织化学技术在激素检测领域逐步被发展起来。目前 DNA 重组技术主要在 IAA 定量检测中使用，将报告基因 *GUS*（β-glucuronidase）或 *GFP*（green fluorescent protein）与 IAA 诱导基因的启动子构建融合基因，然后转化植物，通过检测基因表达量对 IAA 进行定量分析。激素免疫组织化学技术是通过前面描述的免疫技术获得激素第一和第二抗体，然后在组织细胞原位通过抗原抗体反应和组织化学的显色反应，对相应激素进行定量和定位，通过该技术研究的激素主要是 IAA 和 CTK。但 DNA 重组技术和免疫组织化学技术对于激素定量研究不够精确，最好应用于激素的定性研究。

此外，电化学法也被广泛应用于植物激素的检测，如利用乙烯利在碱性和加热回流条件下能够解离出氯的特点，采用自动电位滴定法直接滴定氯来测定乙烯利的含量。

第二节　生 长 素 类

一、生长素的发现

生长素（auxin）是发现最早、研究最多的一类植物激素。达尔文（Darwin）父子在 1880 年首次进行胚芽鞘的向光性试验。他发现金丝雀草胚芽鞘在单方向光照下向光弯曲。但是，如果切去胚芽鞘的尖端或将胚芽鞘顶端罩住，用单侧光照射，则不发生向光弯曲。相反，如果鞘尖受光照而胚芽鞘下部不受光照射，胚芽鞘仍会向光弯曲。因此，他认为，胚芽鞘在单侧光下能产生某种物质由鞘尖向下传递，这样就引起胚芽鞘的背光面和向光面生长不均匀，而导致向光弯曲。1913 年，丹麦的博伊森-詹森（Boysen-Jensen）发现，胚芽鞘尖端产生的物质能穿透明胶薄片而不能穿过不透水的云母片，如果云母片只嵌入向光的半侧，则单侧光仍能引起胚芽鞘向光弯曲，而嵌入背光半侧时，则尖端所产生的与向光性有关的物质不能下传。1919 年，帕尔（Paal）把切除的胚芽鞘尖放回到胚芽鞘的一侧，发现没有单侧光的影响也能促进这一侧芽鞘的伸长生长并向另一侧弯曲。帕尔认为这是尖端供给了有关的载体，载体的运动导致了弯曲的发生。1928 年，荷兰人温特（Went）将燕麦胚芽鞘尖切下放于琼脂上 1h，然后移去胚芽鞘尖，把琼脂切成小块放于去顶的胚芽鞘上，可引起胚芽鞘的生长。如放于去顶胚芽鞘的一侧，可诱导出类似的向光性弯曲，从而证明胚芽鞘产生了一种化学物质，这种化学物质可以促进生长，并将这种物质称为生长素（图 8-2）。根据这个原理，他提出了燕麦试法（avena test），定量测定生长素含量，推动了植物激素的研究。

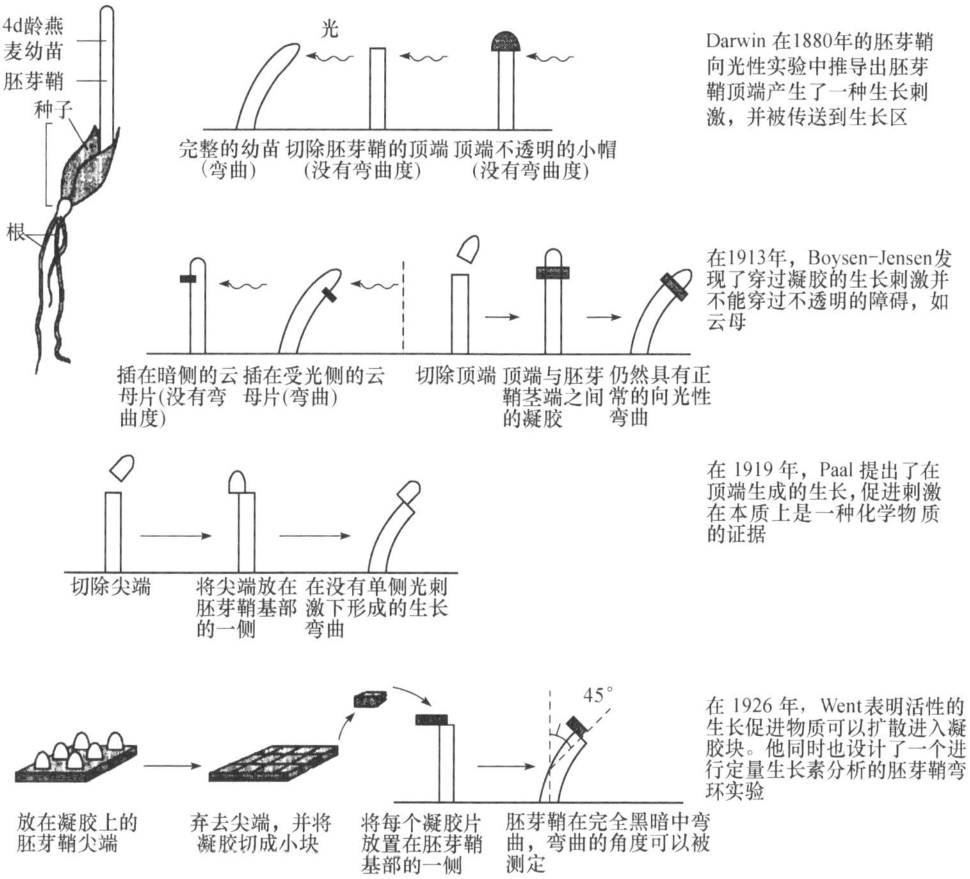

图 8-2　生长素发现的向光性实验

1934 年，荷兰人柯葛（Kogl）等从人尿中分离出这种化合物，将其混入琼脂中，也能引起去尖胚芽鞘的弯曲，经化学鉴定为吲哚乙酸（indole acetic acid，IAA），其分子式为 $C_{10}H_9O_2N$。同年，柯葛小组和西曼（Thimann）在植物中也鉴定出了吲哚乙酸。

以后在高等植物中，相继发现了含吲哚环的一些物质，如吲哚乙醛、吲哚丙酮酸、吲哚乙腈、吲哚乙醇、4-氯吲哚乙酸等，均具有一定的生理活性。这些物质有的是 IAA 生物合成的前体，有的是其降解产物，或者是其卤代衍生物。此外，1982 年，万特曼（Wightman）等发现了一种非吲哚类的苯乙酸（PAA），也具有类似 IAA 的生理活性。

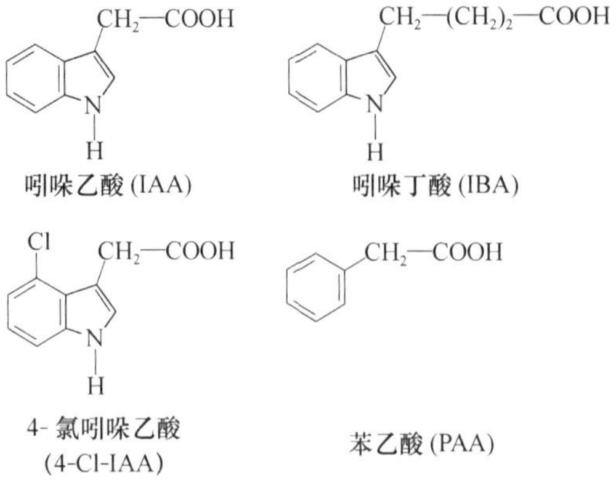

图 8-3　几种内源生长素的结构

吲哚丁酸（IBA）是发现较晚的吲哚衍生物，具有较强的刺激生根的作用。它一直被认为是具IAA活性的人工合成的化合物，而现在已经知道它在玉米叶片和各种双子叶植物中均为天然存在，很可能在植物界也广泛分布着。已经证明，IAA是植物体内普遍存在的一种生长素，发现和研究历史较早，因此，通常用IAA代表生长素。

几种生长素化合物的结构式如图8-3所示。

二、生长素存在形式与代谢

（一）生长素的存在形式

生长素在植物体内以两种形式存在：一种是游离型生长素（free auxin），存在于植物旺盛生长与代谢强烈的部位，是发挥生理效应的主要形式，生长素大多以游离状态存在。另一种是结合型或束缚型生长素，生物活性极低或无活性，通常是生长素的贮藏形式，存在种子等贮藏器官中。束缚型生长素在植物体内的作用：①贮藏作用，吲哚乙酸与葡萄糖形成吲哚乙酰葡糖，在种子和贮藏器官中非常丰富；②运输作用，吲哚乙酸与肌醇结合形成吲哚乙酰肌醇贮存于种子中，发芽时，比吲哚乙酸更易于运输到地上部；③解毒作用，游离型生长素过多时，往往对植物产生毒害，吲哚乙酸和天冬氨酸结合成的吲哚乙酰天冬氨酸具有解毒功能；④调节游离型生长素含量，根据植物体对自由生长素的需要程度，束缚生长素会与束缚物分离或结合，使植物体内游离型生长素呈稳衡状态，调节到一个适合生长的水平。

（二）生长素的代谢

1. 生长素的生物合成　生长素在植物体中的合成部位主要是叶原基、嫩叶和发育中的种子。成熟叶片和根尖也产生生长素，但数量甚微。生长素生物合成的前体主要是色氨酸（tryptophan）。色氨酸转变为生长素时，其侧链要经过转氨作用、脱羧作用和两个氧化步骤。生长素生物合成的途径主要有4条（图8-4）。

（1）吲哚-3-丙酮酸途径。色氨酸通过转氨作用，形成吲哚丙酮酸，再脱羧形成吲哚乙醛，后者经过脱氢变成吲哚乙酸。在许多高等植物组织和组织匀浆提取物中都发现了上述各步骤的酶。该途径在高等植物中占优势，对一些植物来说是唯一的生长素合成途径（图8-4C）。

（2）色胺途径。色氨酸脱羧形成色胺，再氧化转氨形成吲哚乙醛，最后形成吲哚乙酸。色胺途径在植物中占少数，而大麦、燕麦、烟草和番茄枝条中则同时进行吲哚丙酮酸途径与色胺途径（图8-4D）。

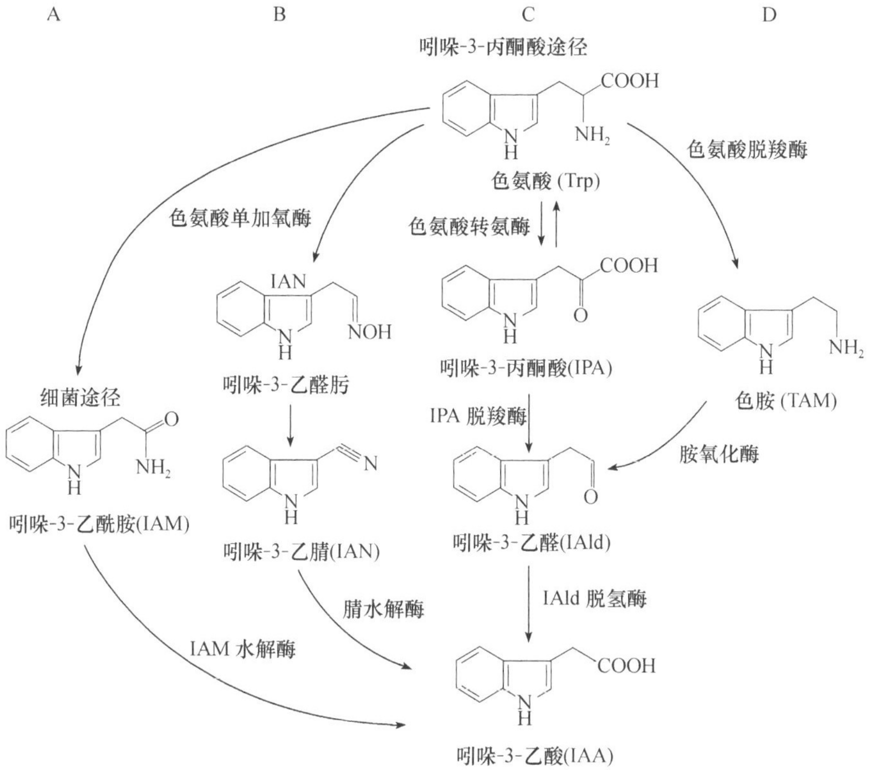

图 8-4 植物和细菌中的吲哚乙酸生物合成途径

（3）吲哚-3-乙腈途径。一些十字花科、禾本科和芭蕉科植物中，色氨酸首先转变为吲哚-3-乙醛肟，进而形成吲哚乙腈，后经腈水解酶作用生成吲哚乙酸（图 8-4B）。

（4）吲哚乙酰胺途径。在一些病原菌如假单孢杆菌和农杆菌中，色氨酸在两种酶作用下，经过吲哚乙酰胺最后形成吲哚乙酸。该途径存在于细菌中，最终可使寄生植物形态发生改变（图 8-4A）。

锌是色氨酸合成酶的组分，缺锌时，可抑制吲哚和丝氨酸结合而导致形成色氨酸的过程受阻，使色氨酸含量下降，从而影响 IAA 的合成。研究表明，IAA 的生物合成途径具有多样性，IAA 的合成不一定要经过色氨酸。用拟南芥营养缺陷型进行的试验揭示：IAA 可以由吲哚直接转化而来。此外，IAA 在玉米组织内可由邻氨基苯甲酸经中间产物吲哚甘油磷酸合成，这说明非吲哚前体也能合成 IAA。

2. 生长素的降解 生长素的降解主要有两条途径：酶促降解和光氧化。

（1）酶促降解。生长素的酶促降解可分为脱羧降解和不脱羧降解（图 8-5）。

脱羧降解：汤玉玮和 Bonner 在 1947 年发现一种能使 IAA 氧化的吲哚乙酸氧化酶，广泛分布于高等植物。IAA 氧化酶是一种具有氧化酶作用的过氧化物酶，其氧化产物除 CO_2 外，还有其他产物，如 3-亚甲基羟吲哚等。

不脱羧降解：不脱羧的降解物仍然保留 IAA 侧链的两个碳原子，如羟吲哚-3-乙酸和二羟吲哚-3-乙酸等。

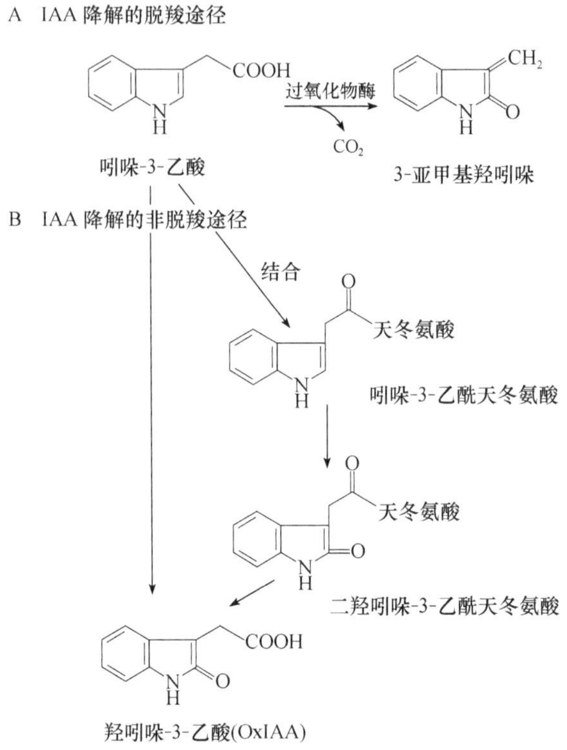

图 8-5　IAA 的酶促降解

A. 脱羧途径，支径；B. 两条非脱羧途径，主径

（2）光氧化。体外的吲哚乙酸在核黄素催化下，可被强光氧化，氧化产物是吲哚醛和亚甲基羟吲哚。

在田间对植物施用 IAA 时，上述两种降解过程能同时发生。而人工合成的生长素类物质，如 NAA、2,4-D 等则不被 IAA 氧化酶降解，有较大的稳定性，能在植物体内保留较长的时间。所以，在大田中一般不施用 IAA 而是施用人工合成的生长素类调节剂。

三、生长素在植物体内的分布与运输

（一）生长素在植物体内的分布

生长素在高等植物体的根、茎、叶、花、果实、种子以及胚芽鞘等器官和组织中均有分布，但含量甚微，一般为 10～100ng/g FW。生长素主要集中在生长强烈、代谢旺盛的分生部位，如胚芽鞘、幼嫩的果实与种子、芽与根尖的分生组织、形成层和禾谷类的居间分生组织等；而在衰老的组织和器官中，生长素含量较少。图 8-6 表明生长素在燕麦黄化幼苗中的分布状况。从图中可以看出，生长素从胚芽鞘尖端到基部含量逐渐降低；同样，从根尖到基部含量逐渐下降。但是，根尖的生长素含量却低于胚芽鞘尖端。

（二）生长素在植物体内的运输

在高等植物中，生长素运输方式有两种：一种与其他同化产物一样，是通过韧皮部的非极性运输，运输速度约为 1～2.4cm/h，运输方向取决于两端有机物浓度差等因素；另一种是短距离单方向的极性运输（polar transport），仅局限于胚芽鞘、幼茎、幼根的薄壁细胞之间。

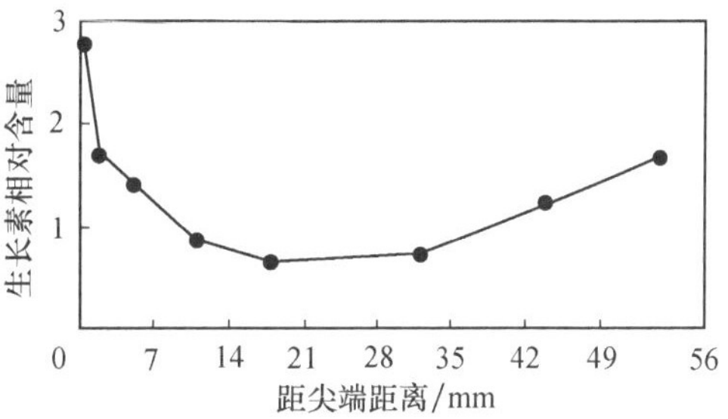

图 8-6　黄化燕麦幼苗中生长素的分布

生长素的极性运输是指生长素只能从植物体形态学上端向下端的运输。如图 8-7 所示，把含有生长素的琼胶小块放在一段切头去尾的燕麦胚芽鞘的形态学上端，把另一块不含生长素的琼胶小块接在下端，一定时间后，下端的琼胶中即含有生长素。但是，假如把这一段胚芽鞘颠倒过来，把形态学的下端向上，做同样的试验，下端的琼胶中就检测不到生长素，说明生长素不能从形态学的下端向上端运输。

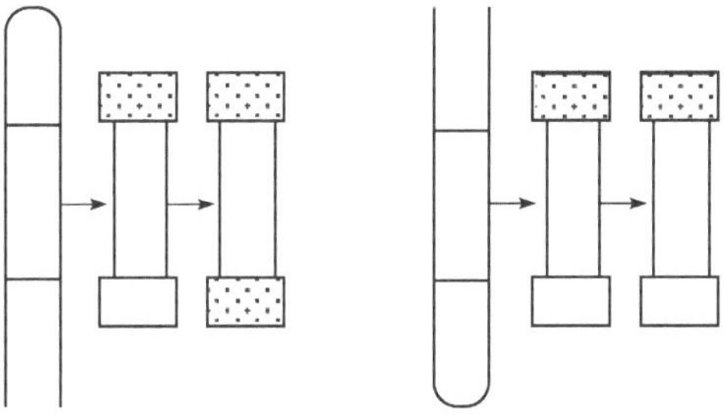

图 8-7　生长素的极性运输
A. 胚芽鞘形态学上端向上；
B. 胚芽鞘形态学下端向上

生长素的极性运输是一种可以逆浓度梯度的主动运输过程，其运输速度比物理扩散快约 10 倍。因此，影响呼吸代谢的因子均影响极性运输的速度，如 ATP 合成抑制剂 DNP（二硝基酚）或缺氧。另外，一些抗生长素类化合物如 2,3,5-三碘苯甲酸（TIBA）和萘基邻氨甲酰苯甲酸（NPA）等也能抑制生长素的极性运输。

关于生长素极性运输的机理，可以用化学渗透极性扩散假说解释。如图 8-8 所示，质膜的质子泵把 ATP 水解，提供能量，同时把 H^+ 从细胞质释放到细胞壁，所以细胞壁 pH 较低（pH5.0）。生长素的 pK_a 是 4.75，在酸性环境中羧基不易解离，主要呈非解离型（IAAH），亲脂性强。IAAH 被动地透过质膜扩散进入胞质溶胶；与此同时，阴离子型（IAA^-）通过通透酶主动地与 H^+ 协同转运进入胞质溶胶。IAA 就通过上述两种机理进入细胞质。胞质溶胶的 pH 高（pH7.0），所以胞质溶胶中大部分 IAA 呈阴离子型（IAA^-），IAA^- 比 IAAH 较难透过质膜。细胞基部的质膜上有专一的生长素输出载体，它们集中在细胞基部，可促使 IAA^- 被动地输出到细胞壁，继而进入下一个细胞，这就形成极性运输。免疫荧光显微试验证实，抑制生长素极性运输的 NPA 能与生长素输出载体蛋白结合，阻止 IAA^- 向外流出。

影响植物体内生长素特异性分布关键的一类蛋白质是 PIN 极性输出载体，其功能是将生长素主动转运出细胞。PIN 蛋白包含跨膜区域，能够在膜到细胞内的囊泡之间转移。PIN 蛋白能够极性地定位于膜上的特定位置，这种极性聚集与生长素的运输方向有关。例如，拟南芥 PIN_3 蛋白在受到重力刺激后，可在短时间内改变其分布位置，调节

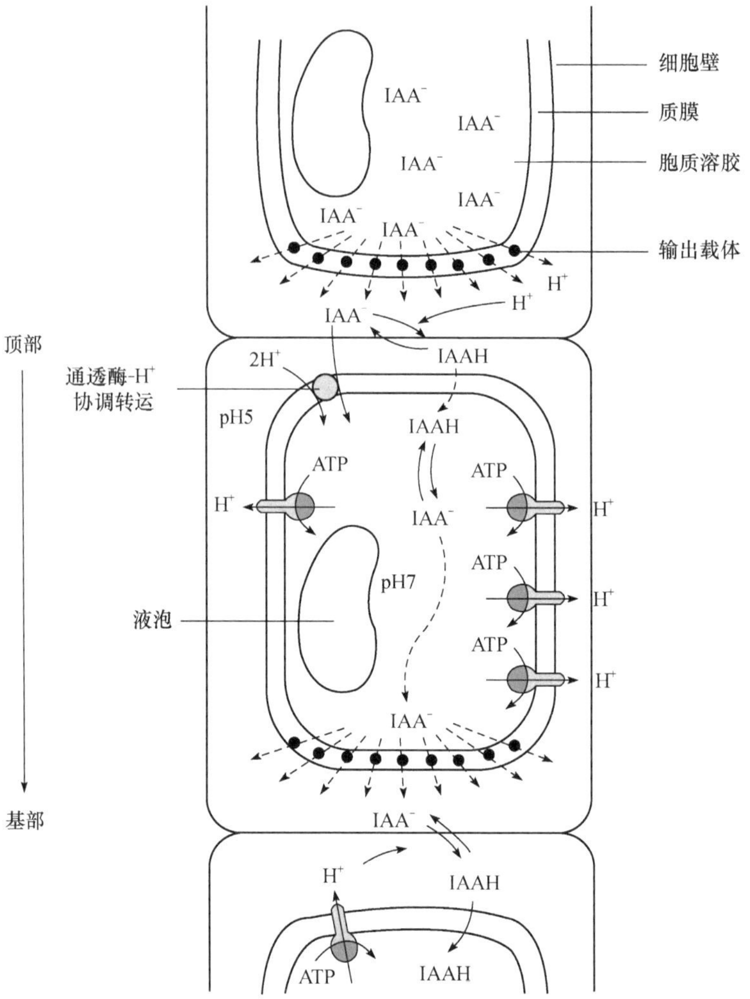

图 8-8 生长素的化学渗透极性扩散假说

生长素的极性运输，引起生长素的梯度分布，从而导致器官差异生长。

有些特异组织也会有生长素向内运输的携带蛋白，如 AUX1 膜蛋白，其多肽顺序与通透酶氨基酸相似。最近几年研究者还发现兼有输入和输出载体功能的多重抗药性/磷酸糖蛋白家族（multi-drug-resistant/P-glycoprotein，MDR/PGP）也参与了生长素极性运输。

四、生长素的生理效应

1. 促进伸长生长 生长素对营养器官的伸长生长有明显的促进作用，这种现象在胚芽鞘、下胚轴、茎切段的离体试验中均可观察到。居间分生组织富含生长素，可促进茎秆拔节与伸长等。生长素对生长的促进作用，一般仅限于低浓度，中等浓度则抑制生长，高浓度对植物产生伤害，甚至死亡。不同器官对生长素敏感程度不同：一般来说，根对生长素最敏感，在极低浓度下开始表现出促进作用，最适浓度约为 10^{-10} mol/L，在浓度较高时根生长受到抑制；茎最不敏感，最适浓度约 10^{-5} mol/L；芽居两者之间（图 8-9）。

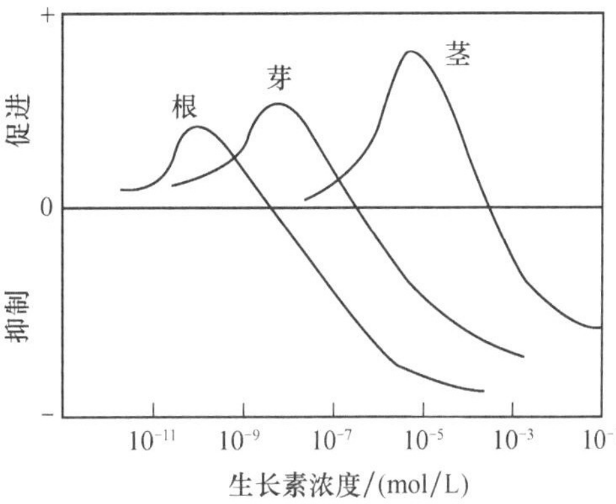

图 8-9 植物不同器官对生长素的反应

2. 引起顶端优势 在木本植物和草本植物中都存在顶端优势现象，即正在生长的顶端对侧芽有抑制作用。切去正在生长的顶端，侧芽就开始萌发，如果在切口处涂上一定浓度的 IAA 羊毛脂膏，可以代替顶芽对侧芽的抑制作用。

3. 促进器官与组织的分化 生长素对细胞的分裂与分化也有促进效应。例如，用生长素处理切断基部的植物枝条，可促进植物枝条产生侧根和不定根，即能刺激根原基细胞分裂。目前这种方法已在园艺作物与树木的无性繁殖上广泛应用。

在组织培养中，生长素常用于根和木质部的分化。

4. 诱导单性结实 果实的生长是靠子房及其周围组织的膨大，授粉之后，子房中的生长素含量大大增加，促进果实膨大。如果在授粉之前，用生长素处理柱头，可以不经授粉而引起子房膨大，并发育成果实。这种现象称为单性结实，由此获得的果实为无籽果实。

5. 影响性别分化 生长素对瓜类的花器官分化具有一定的效应。试验表明，生长素有促进雌花分化的作用。

6. 参与向性反应的调节 生长素介导枝条和根部对重力及光产生向性反应。此外，生长素还能引起菠萝开花、防止器官脱落等。

五、生长素的作用机理

生长素在相当低的浓度下对细胞伸长呈现出快速的促进作用。首先，生长素能增加细胞壁的可塑性，使细胞的体积扩大，这是生长素的快速反应；其次，生长素能诱导基因表达，促进核酸与蛋白质的生物合成，增加新的细胞质成分，这是生长素的慢速反应。

（一）生长素效应的生理机制

1. 生长素促进细胞伸长的机理——酸生长学说 利用燕麦胚芽鞘切段在几分钟内即可观察到生长素促进生长的反应，并且胚芽鞘伸长时介质的 pH 下降，说明有 H^+ 流出。当把胚芽鞘切段置于酸性（pH3）介质中，1min 即可测出伸长生长。两者作用的异同点为：①酸溶液诱导生长的速度与适宜浓度生长素所诱导生长的速度相同或更大一些；②酸诱导生长的迟滞期（1min）短于生长素诱导生长的迟滞期（10～15min）；③酸诱导生长与生长素诱导生长的温度系数相同。

生长素促进细胞伸长的机制可用酸生长学说解释。生长素与受体结合，进一步通过信号转导，促进质膜上 H^+-ATP 酶活化，把质子（H^+）排到细胞壁。当细胞壁酸化后，酸性环境就可以活化扩展蛋白（expansin），且在一定范围内，pH 越低，活性越大，细胞伸长越多。扩展蛋白作用于细胞壁中纤维和半纤维素之间的界面，打断细胞壁多糖之间的氢键。多糖分子之间结构组织点破裂，联系松弛，细胞压力势下降，导致细胞水势下降，细胞吸水，膨压推动细胞伸长。酸生长学说能较好地解释生长素所诱导的快速生长反应。同时试验也证明，在质膜上存在生长素的受体，生长素促进 H^+ 的分泌速度和细胞伸长速度相一致。

扩展蛋白又称扩展素、膨胀素，最早是在研究酸诱导植物离体细胞伸长的实验中发现的，是一类对细胞具有独特松弛功能的蛋白质。它与糖蛋白具有相似的结构，紧密连接在细胞壁中富含纤维素的部位，可打断连接纤维素和半纤维素的氢键。在研究生长素促进细胞伸长的实验中发现，生长素可在转录水平上促进某些扩展蛋白基因的表达。植物对多数激素的反应都与扩展蛋白相关。除上述的细胞伸长外，还有细胞分裂、果实软化、脱落和对干旱的适应性等。这些激素调控的反应都是通过扩展蛋白将细胞壁松散，以至于细胞更易伸长、软化或与其他细胞分离。

值得注意的是，在生长素促进细胞伸长的酸生长过程中，存在着渗透调节过程。当细胞吸水伸长时，细胞内渗透物质浓度降低，水势升高，影响细胞持续吸水。将燕麦胚芽鞘置于无渗透调节物质的生长素溶液中，生长速率只在最初的 1h 内增加，随后降低，且与渗透调节物质浓度下降趋势一致。若在生长素溶液中加入蔗糖或 KCl 等可溶性物质，胚芽鞘的生长速率和渗透物质的浓度在数小时内几乎保持恒定。然而，在活体植物中，同化物质经由韧皮部运送至生长点，使生长点细胞伸长具备生长素和渗透调节物质两个要素。

2. 生长素参与向性反应的机理——生长素在体内的不均匀分布 在单侧光照下，芽鞘中生长素较多分布在背光一侧，刺激细胞伸长，背光一侧生长快于向光一侧，芽鞘就向光弯曲。当根水平生长时，可能由于 Ca^{2+} 主要分布于细胞底部，吸引生长素到根的下侧或是由于 Ca^{2+} 可能使组织对生长素敏感，分布于根下侧过多的生长素就抑制了下侧细胞的伸长，最终使根向下弯曲生长。

（二）生长素的信号转导途径

1. 受体 激素受体（hormone receptor）是指能与激素特异结合并能引发特殊生理生化反应的物质。目前已经发现了两类生长素受体，它们分别介导生长素的早期响应和晚期响应。

（1）生长素结合蛋白 1（auxin-binding protein，ABP1）。目前，位于内质网上的生长素结合蛋白 1（auxin-binding protein 1，ABP1）被确认为生长素受体，是分子质量为 22×10^3 Da 的糖蛋白，在单子叶植物和双子叶植物中均发现有 ABP1 的同系物。最近研究发现，尽管 ABP1 主要定位于内质网，但有少数可分泌到质膜外面。ABP1 与生长素结合后，会改变质膜构象，引起质膜上离子通道的变化，引起早期生长素响应。如用 NAA 处理烟草叶肉原生质体，在短短 1～2min 内就导致质膜超极化（hyperpolization）；如事先加入 ABP1 抗体，则抑制质膜超极化。

（2）运输抑制剂响应 1（transport inhibitor response 1，TIR1）蛋白。2005 年，

Dharmasiri 等、Kepinski 和 Leyser 均发现 TIR1 蛋白，具有 F 盒（F-box）序列，是负责蛋白质降解的 SCF（SKP1-cullin-F-box）蛋白复合体组分之一。生长素一旦与受体 TIR1 蛋白结合，通过后者构象改变，启动 SCF 降解生长素反应的负调控元件 AUX/IAA，激活生长素响应因子（auxin response factor，ARF），启动一系列生长素响应相关基因的表达。

2. 信号转导途径 当生长素和受体结合后，引起的信号转导的重要功能之一是活化一些转录因子，这些转录因子进入细胞核后，可以促进特异基因表达。

生长素早期响应基因转录活化的生长素调节模式如图 8-10 所示。

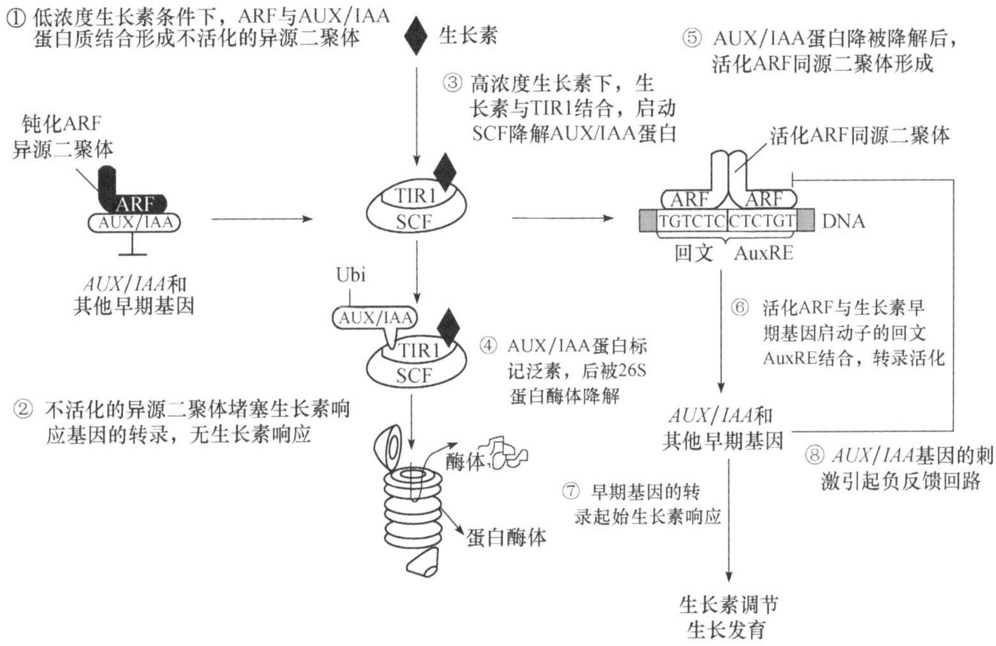

图 8-10 生长素早期响应基因转录活化的生长素调节模式

低浓度生长素条件下，ARF 与 AUX/IAA 蛋白结合形成非活化的异源二聚体，堵塞 *AUX/IAA* 和其他早期基因的转录，所以无生长素响应。当生长素浓度提高时，生长素与受体 TIR1 结合，启动 SCF 复合体降解 AUX/IAA 蛋白，从而形成活化的 ARF 同源二聚体。活化的 ARF 同源二聚体与早期基因启动子的回文生长素响应元件（auxin response element，AuxRE）结合，转录活化。早期基因的转录使植物具有对生长素的响应能力，从而表现出生理反应。

（三）生长素调节的基因表达

根据转录因子的不同，生长素诱导基因分为两类。

（1）早期基因或初级反应基因。早期基因的表达是被原来已有的转录因子活化刺激所致，所以外施蛋白质合成抑制剂（如环己酰亚胺）不能阻止早期基因的表达。生长素诱导的早期基因有五大类：*AUX/IAA* 基因家族、*SAUR*（small auxin up-regulated

RNA）基因家族、GH_3 基因家族、类 *GST* 基因家族和 ACC 合成酶基因家族。早期基因表达所需时间很短，从几分钟到几小时。例如，*AUX/IAA* 基因家族编码短命转录因子，加入生长素 5～60min 后，大部分 *AUX/IAA* 基因家族就表达。

（2）晚期基因或次级反应基因。某些早期基因编码的蛋白质能够调节晚期基因的转录。晚期基因转录是生长素的长期效应，因为晚期基因需要重新合成蛋白质，所以其表达受蛋白质合成抑制剂的抑制。

第三节　赤霉素类

一、赤霉素的发现

早在 19 世纪末，就发现在水稻病害中有一种能使水稻出现疯长的病害，称为水稻恶苗病。因该病是由赤霉菌引起的，所以又称赤霉病。1926 年日本病理学家黑泽英一发现，把从赤霉菌培养基滤液中提取的物质施到水稻上，可引起像水稻恶苗病一样的病症，因此认为是一种化学物质引起水稻徒长。1938 年日本科学薮田从水稻赤霉菌中分离并结晶出这种物质，命名为“赤霉素 A”，1959 年确定其化学结构，即赤霉酸（GA_3）。

赤霉素是一种双萜，由 4 个异戊二烯单位组成，基本结构是赤霉素烷，有 4 个环。在赤霉素烷上，由于双键、羟基数目和位置的不同，形成了各种赤霉素，用 GA 代表，其右下角的数字代表该赤霉素发现早晚的顺序，如 GA_1 为第一个得到鉴定的赤霉素。根据赤霉素分子中碳原子总数的不同，可分为 C_{19} 和 C_{20} 两类赤霉素。$GA_{1,2,3,7,9,22}$ 等属于 C_{19} 赤霉素，$GA_{12,13,25,27}$ 等属于 C_{20} 赤霉素。前者包含的赤霉素种类远多于后者，且生理活性高于后者。各类赤霉素都含有羧酸，所以赤霉素呈酸性。几种常见的赤霉素的结构如图 8-11 所示。

生理活性强的赤霉素有 GA_1、GA_3、GA_7、GA_{30}、GA_{32}、GA_{38} 等，生理活性弱的赤霉素有 GA_{13}、GA_{17}、GA_{25}、GA_{28}、GA_{39} 等。市售的赤霉素主要是赤霉酸（GA_3），分子式是 $C_{19}H_{22}O_6$，分子质量为 346Da。

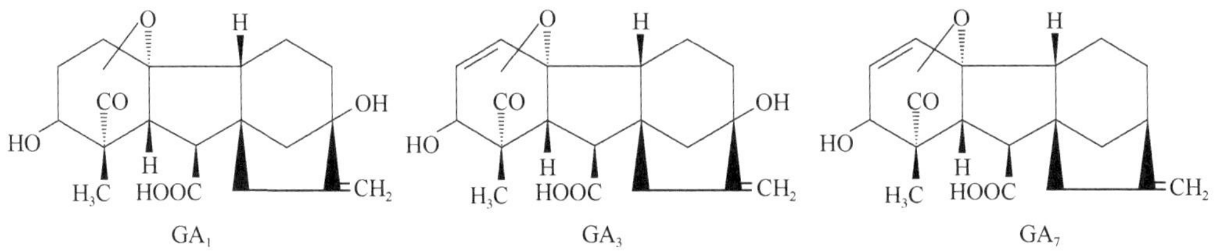

图 8-11　GA_1、GA_3 和 GA_7 的结构

二、赤霉素的存在形式与代谢

（一）赤霉素的存在形式

植物体内赤霉素有两种存在形式：一是游离型，不与其他物质结合，易被有机溶剂

提取出来，具有生物活性，是发挥生理作用的形式，通常存在于生长旺盛的部位；二是结合型，即赤霉素与糖类结合成 GA 葡萄糖苷，与乙酸结合成 GA 乙酸乙酯，也可以与氨基酸和蛋白质结合，结合型赤霉素需要通过酸水解或蛋白酶分解才能释放出游离赤霉素。一般来说，结合型 GA 暂时失去活性，在一定条件下可转变为游离型。GA 葡萄糖苷可能是赤霉素的一种重要的贮藏形式。这种游离型和结合型 GA 的平衡在种子成熟、休眠和发芽中具有重要的生理意义。

（二）赤霉素的代谢

1. 赤霉素的生物合成　赤霉素在高等植物中生物合成的位置至少有三处：发育着的果实（或种子）、正在伸长的茎端和根部。赤霉素在细胞中的合成部位是质体、内质网和细胞质溶胶等。

赤霉素的生物合成可分为三个步骤（图 8-12）。

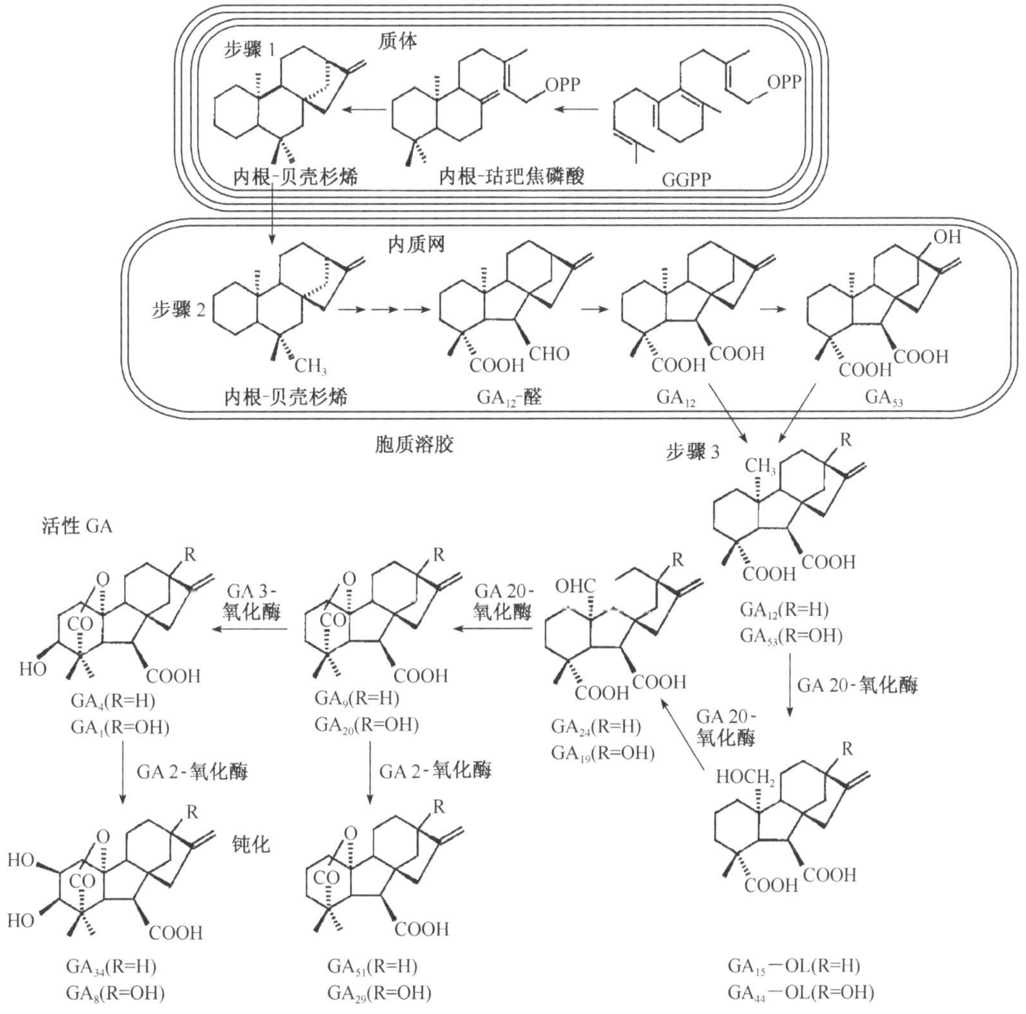

图 8-12　赤霉素的生物合成

步骤 1：在质体进行，由牻牛儿牻牛儿焦磷酸（GGPP）转变为内根-贝壳杉烯。

步骤 2：在内质网中进行。内根－贝壳杉烯转变为 GA_{12}-醛，接着转变为 GA_{12} 或 GA_{53}，依赖于 GA 的 C-13 是否羟基化。

步骤 3：在胞质溶胶中进行。GA_{12} 和 GA_{53} 转变为其他 GA。这些转变是在 C_{20} 处进行一系列氧化。在 β 羟基途径中产生 GA_{20}。GA_{20} 氧化为活化的 GA_1，如果 C-3 羟基化则成为 GA_4，最后 GA_{20} 和 GA_1 的 C-2 羟基化，则分别形成不活化的 GA_{29} 和 GA_8。

2. 赤霉素的降解　GA 合成以后在体内的降解很慢，其失活代谢主要是 2β-羟化反应，该反应使活性 GA 不可逆地失去生物活性。

三、赤霉素在体内的分布与运输

赤霉素广泛分布于植物界真菌和细菌中。现已知有 136 种天然赤霉素，可以说，赤霉素在植物激素中种类最多。

赤霉素广泛存在于高等植物的组织和器官中，但在生殖器官（发育的果实和种子）和旺盛生长的部位（茎尖和根尖）含量较高、活性强；而在休眠器官（休眠的马铃薯块茎等）中含量极低，活性弱。每个器官或组织都含有两种以上的赤霉素，而且赤霉素的种类、数量和状态（自由态或结合态）随植物的发育时期不同而异。

GA 在植物体内可以双向运输。根尖合成的赤霉素沿导管向上运输，而嫩叶所产生的赤霉素则沿筛管向下运输。不同植物运输速度差异很大，如矮生豌豆是 5cm/h、豌豆是 2.1mm/h、马铃薯 0.42mm/h。

四、赤霉素的生理效应

1. 促进茎的伸长生长　赤霉素最明显的生理效应就是促进茎的伸长生长，但不改变节间的数目。同时，赤霉素还能促进某些植物（如四季豆和玉米）的矮生品种加速生长，在形态上达到正常植株的高度。玉米 d_5 突变种矮化的原因是由于缺少合成赤霉素的遗传基因，因而缺少赤霉素，只要对植株施微量赤霉素即可促进其生长。许多试验表明赤霉素对离体器官的伸长生长无明显作用，这与生长素不同。GA_1 在促进茎节的伸长生长方面发挥着主要作用。

生产上应用赤霉素促进蔬菜（芹菜、韭菜和莴苣等）、麻类（大麻和苎麻）、牧草和茶等营养体的生长，以达到高产的目的。

2. 促进细胞分裂与分化　赤霉素不但促进细胞伸长，还可以促进细胞的分裂与分化，在组织培养中，与生长素共同诱导木质部与韧皮部的分化。但赤霉素对不定根的形成起抑制作用，这与生长素不同。

3. 打破休眠　赤霉素能有效地打破种子、块茎、芽的休眠，促进萌发。例如，赤霉素可打破人参、树木、马铃薯等芽的休眠，促进其萌发。又如，在生产上刚收获的马铃薯块茎处于休眠状态，用 0.5～1.0mg/L 赤霉素处理可促进萌发，在年内进行二季栽培。

4. 促进抽薹开花　影响植物花芽形成的外界条件主要是温度和光照时间。例如，有些植物需要经过一定时期的低温才能开花，有些植物则需要一定的长日照才能开花。赤霉素能够代替其中一些植物花发育所需要的低温和长日照条件。例如，需要低温的二年生植物（萝卜、胡萝卜和白菜等）用赤霉素处理可在当年抽薹开花；许多长日植物（多数是一年生植物），经过赤霉素处理后，可以在短日照条件下开花。但赤霉素处理对短日植物的开花无效。近年来还证明赤霉素对甜叶菊、铁树及柏科、杉科植物的开花也有一定的促进效应。

5. 促进坐果 赤霉素能提高植物的坐果率。例如，于花期喷施 10～20mg/L 赤霉素，可以提高苹果和梨的坐果率。用 20～50mg/L 赤霉素点涂在棉花花冠或开花 1～2d 的幼铃上，可防止落花落铃。

6. 诱导单性结实 赤霉素与生长素都可使未受精的子房膨大，发育成无籽果实。生产上用赤霉素可以使葡萄、草莓、杏、梨和番茄等得到无籽果实。

7. 影响性别分化 赤霉素对瓜类作物的花器官分化的作用与生长素不同，赤霉素可促进黄瓜雄花分化，而生长素则促进雌花分化。

五、赤霉素的作用机制

（一）赤霉素效应的生理机制

1. 赤霉素促进细胞伸长的机制 近年许多研究认为，GA 促进细胞伸长主要是与细胞壁的伸展性有关。对于细胞壁的伸展性是如何改变的，目前有不同的看法。一种认为 GA 是通过降低细胞壁 Ca^{2+} 水平来促进细胞的伸长生长。例如，用 $CaCl_2$ 处理过的莴苣下胚轴生长速度变慢，当加入 50μmol/L GA_3 后生长速度增快（图 8-13）。所以 GA 促进细胞伸长可能与刺激 Ca^{2+} 从细胞壁释放有关。在细胞壁中，Ca^{2+} 与细胞壁聚合物交叉点的非共价离子结合在一起，因此 Ca^{2+} 使细胞壁不易伸展而限制细胞伸长。GA 能使细胞壁内的 Ca^{2+} 移开并进入细胞质，使细胞壁 Ca^{2+} 水平下降，结果细胞壁伸展性加大，细胞生长加快。另一种认为 GA 是通过影响细胞壁结构而控制细胞伸长生长，即 GA 通过降低细胞壁内过氧化物酶的活性来阻止细胞壁硬化，增加细胞壁的伸展性；GA 通过提高木葡聚糖内转糖基酶（XET）的活性，增加细胞壁组成成分木葡聚糖的含量，从而使细胞伸长。

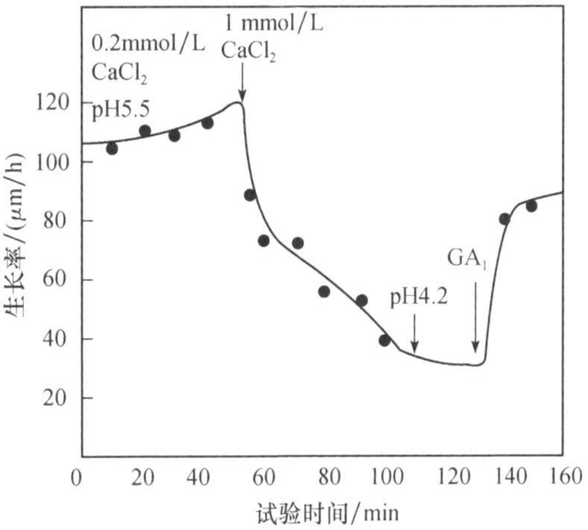

图 8-13 $CaCl_2$ 和 GA_3 对莴苣下胚轴生长速度的影响

2. 赤霉素调节生长素的水平 许多研究表明，GA 可使内源 IAA 的水平增高。这是因为：①GA 降低了 IAA 氧化酶的活性；②GA 促进蛋白酶的活性，使蛋白质水解，IAA 的合成前体（色氨酸）增多；③GA 促进束缚型 IAA 释放出游离型 IAA。以上三个方面都增加了细胞内IAA的水平，从而促进生长。所以，GA和IAA在促进生长、诱导单性结实和促进形成层活动等方面都具有相似的效应（图8-14）。

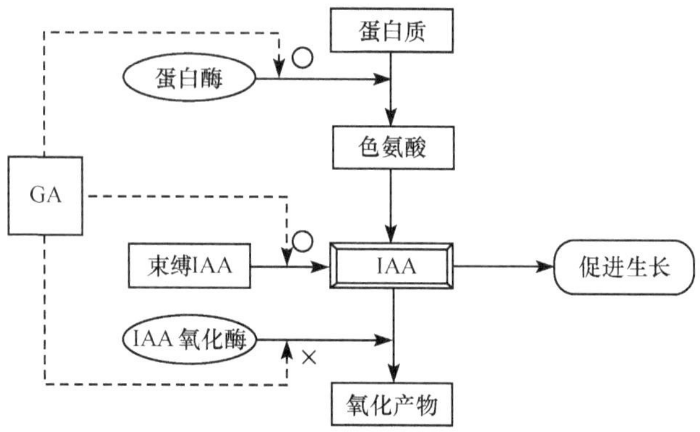

图8-14　GA与IAA形成的关系
——→表示生物合成；----→表示调节部位；○表示促进；×表示抑制

3. 赤霉素诱导萌发大麦种子合成α-淀粉酶的机理　大麦种子的贮藏物质主要是淀粉，发芽时在α-淀粉酶的作用下水解为糖以供胚生长需要。如果种子无胚，则不能产生α-淀粉酶，但外加GA可代替胚的作用，诱导无胚种子产生α-淀粉酶。如果去除胚和糊粉层，即使用GA处理，淀粉也不能水解，这证明糊粉层细胞是GA作用的靶细胞。大麦种子在萌发时，贮藏在胚中的束缚型GA水解释放出游离的GA，通过胚乳扩散到糊粉层，并诱导糊粉层细胞合成α-淀粉酶和蛋白酶。蛋白酶把不活化的β-淀粉酶转变为活化型，α-淀粉酶和β-淀粉酶扩散到胚乳中催化淀粉水解为葡萄糖，然后运至生长着的胚，以满足其代谢需要（图8-15）。

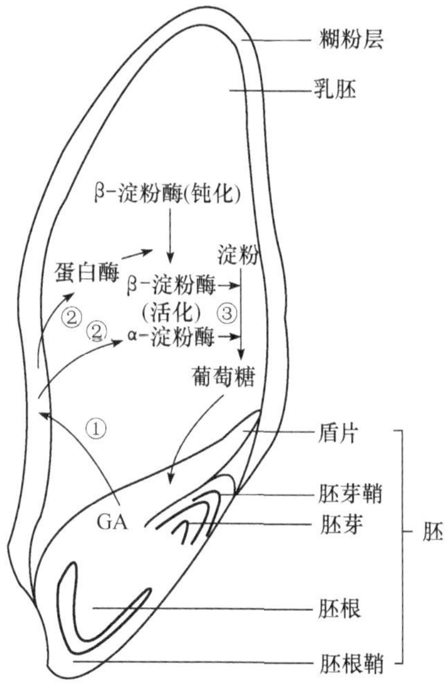

图8-15　大麦种子发芽时GA诱导酶的合成、释放和糖的转运

GA促进无胚大麦种子合成α-淀粉酶具有高度的专一性和灵敏性，现已用来作为GA的生物鉴定方法，在一定浓度范围内，α-淀粉酶的产生与外源GA的浓度成正比。

（二）赤霉素的信号转导途径

目前对赤霉素信号转导途径主要在GA诱导糊粉层产生α-淀粉酶和GA促进茎伸长两方面。

1. 受体　许多GA诱导糊粉层细胞α-淀粉酶合成实验证实，GA的受体定位于糊粉层细胞质膜的外表面。种子发芽时胚产生的赤霉素不是新形成的，而是来自原来已形成的 GA 库，因此干种子的赤霉素含量极低，发芽时才逐渐增多。发芽时胚中的赤霉素通过盾片分泌到糊粉层细胞表面，与受体结合，成为赤霉素受体复合物。它与异源三聚体 G 蛋白相互作用，诱发出两条信号传递链：环鸟苷酸（cGMP）途径（Ca^{2+}不依赖信号转导途径）和钙调蛋白及蛋白激酶途径（Ca^{2+}依赖信号转导途径）。

在研究 GA 促进茎伸长生长信号转导时，通过分析水稻矮化突变体获得了第一个 GA 受体 GID1（gibberellin insensitive dwarf 1）蛋白。GA 一旦与 GID1 结合，就会启动 GID1 与蛋白降解复合体 SCF 的相互作用，从而活化 SCF，SCF 降解信号转导网络中的重要枢纽 DELLA 蛋白，使 GA 能够完成促进茎伸长的反应。

DELLA 蛋白被认为是转录因子，其 N 端含有 17 个氨基酸基序，其中前 5 个氨基酸的缩写为 DELLA。不同植物 DELLA 蛋白的 C 端非常保守，但 N 端是可变的，后者可能与它们的不同生物学效应有关。DELLA 蛋白位于细胞核，可阻遏植物生长发育。当 DELLA 蛋白上的 GA 信号感知区接收到 GA 信号后，解除阻遏作用，植物正常生长发育。玉米、大麦和小麦的 DELLA 蛋白分别由 *d8*、*Rht* 和 *SLN1* 基因编码，其突变导致植株矮化。

2. 信号转导途径 在此，仅详细说明 GA 诱导大麦糊粉层细胞 α-淀粉酶合成的信号转导途径。用赤霉素处理糊粉层细胞约 1h 后，细胞内的 cGMP 水平骤然升高，故认为 cGMP 是激活信号转导的中间体，cGMP 在植物细胞内起着第二信使的作用。Ca^{2+}-钙调蛋白和蛋白激酶也可能是激活信号转导的中间体。

上述的活化信号中间体进入细胞核，与核内的阻遏物蛋白结合，从而刺激 *GA-MYB* 基因和其他基因表达，经过转录、加工和翻译，合成 GA-MYB mRNA。GA-MYB mRNA 在细胞质内与 GA-MYB 转录因子作用，形成新的 GA-MYB 蛋白，进入细胞核，与 α-淀粉酶和其他水解酶的启动子基因结合，激活这些酶的转录、加工和翻译，合成 α-淀粉酶 mRNA 和其他水解酶 mRNA，运输到细胞质的粗面内质网，合成 α-淀粉酶和其他水解酶，然后通过高尔基体把 α-淀粉酶等分泌到胚乳中（图 8-16）。

Ca^{2+}是植物细胞中重要的第二信使。实验表明，赤霉素处理可使糊粉层细胞内的 Ca^{2+}水平和钙调蛋白水平都显著增高，说明 Ca^{2+}和钙调蛋白参与了赤霉素的信号传递途径，同时说明 α-淀粉酶的分泌需要赤霉素的刺激并且经过 Ca^{2+}-钙调蛋白依赖的信号转导途径。

（三）赤霉素调节的基因表达

GA 除诱导 α-淀粉酶的合成外，还调节许多基因的表达，如 β-1,3-葡萄糖苷酶、蛋白酶和核糖核酸酶等水解酶的生物合成。在水稻种子萌发过程中，许多热激蛋白基因受 GA 处理诱导。利用基因芯片技术研究去胚大麦种子基因表达对 GA 处理的反应，发现有 1328 个基因表达量有 3 倍以上的变化。GA 也调节转录因子基因［如 *MYB* 基因和同源异形（型）基因］的表达，这类基因受到 GA 的差别调节。GA 还调节与自身信号转导途径有关的基因表达。

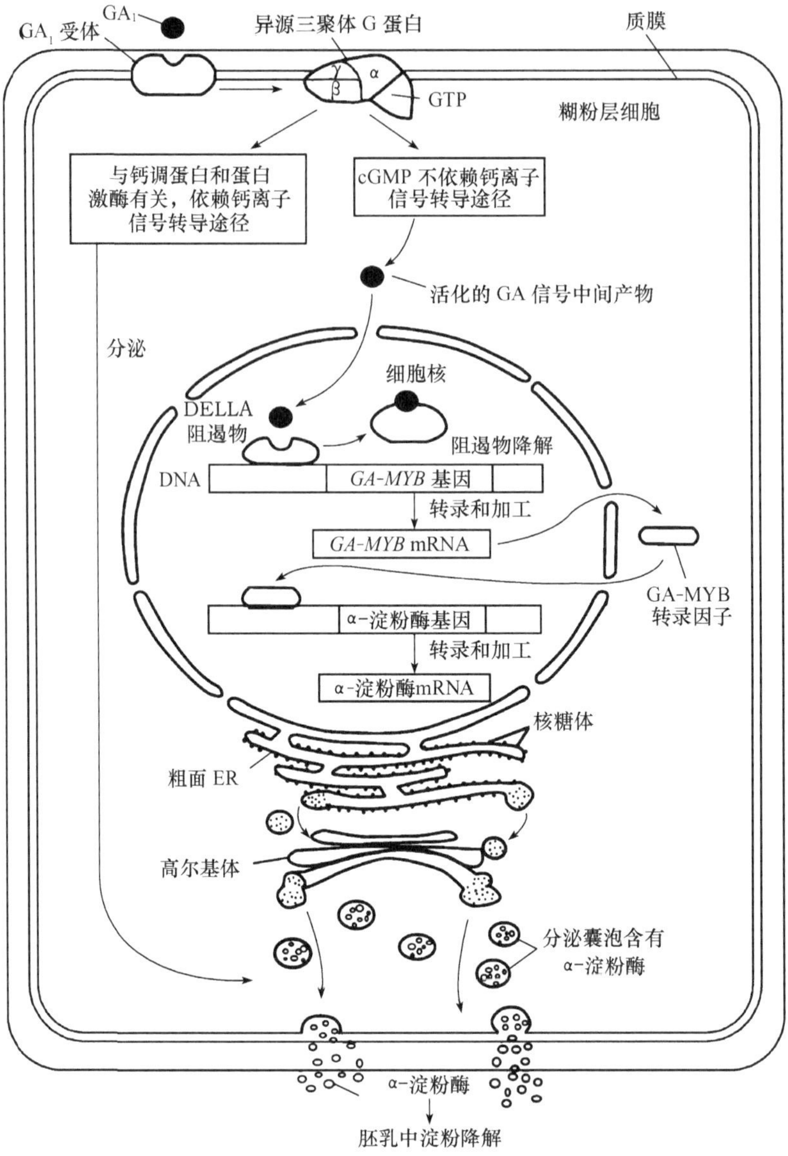

图 8-16　赤霉素诱导大麦糊粉层细胞 α-淀粉酶合成的模式

第四节　细胞分裂素类

一、细胞分裂素的发现

早在 20 世纪初，人们就已发现在马铃薯韧皮组织中有一种可扩散物质，能够促进细胞分裂。1941 年，van Overbeek 发现未成熟的椰子的液体胚乳有促进细胞分裂的作用。1948 年，斯库克（Skoog）和崔徵等在进行烟草茎切段组织培养过程中发现，当把烟草茎切段置于含有生长素的培养基上进行无菌培养时，腺嘌呤能同时促进细胞扩大和细胞分裂。1955 年，米勒（Miller）和斯库克等偶然将存放了 4 年的鲱鱼精细胞 DNA

加入到烟草髓组织的培养基中，发现也能诱导细胞的分裂，且其效果优于腺嘌呤，但用新提取的 DNA 却无促进细胞分裂的活性，如将其在 pH<4 的条件下进行高压灭菌处理，则又可表现出促进细胞分裂的活性。其活性成分经分离提纯后，被命名为激动素（KT），并证明这种物质是 *N*-6-呋喃甲基腺嘌呤。后来人们对各种植物及植物组织进行了大量的分析，试图找出天然存在的与激动素具有相同生理功能的物质。直到 1963 年，莱萨姆（Letham）首次从甜玉米灌浆期籽粒中提取并分离出天然的细胞分裂素，命名为玉米素（zeatin），1964 年确定其化学结构为 6-(4-羟基-3-甲基-反式-2-丁烯基氨基)嘌呤，分子式为 $C_{10}H_{13}N_{50}$，分子质量为 129.7Da。玉米素是目前已知的细胞分裂素中活性最高的一种。之后又分离出二氢玉米素、玉米素核苷、异戊烯基腺苷等。现已从多种植物中鉴定出 30 多种类似的活性物质，统称为细胞分裂素（cytokinin，CTK）。

细胞分裂素均为腺嘌呤的衍生物，是腺嘌呤 6 位和 9 位上 N 原子以及 2 位 C 原子上的 H 被取代的产物。

常见的人工合成的细胞分裂素有激动素（KT）、6-苄基腺嘌呤（6-BA）和四氢吡喃苄基腺嘌呤（PBA）等。在农业和园艺上应用得最广的细胞分裂素是激动素和 6-苄基腺嘌呤（图 8-17）。有的化学物质虽然不具腺嘌呤结构，但仍然具有细胞分裂素的生理作用，如二苯脲等。

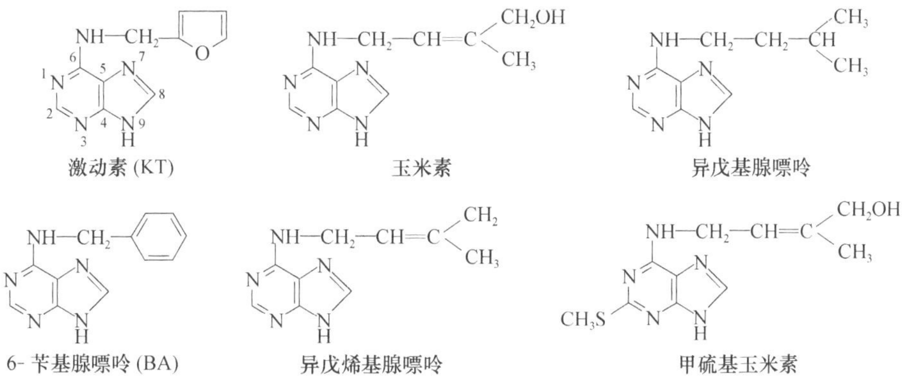

图 8-17　常见的天然细胞分裂素和人工合成的细胞分裂素的结构式

二、细胞分裂素的存在形式与代谢

（一）细胞分裂素的存在形式

细胞分裂素有两种存在形式，即游离型和结合型。玉米素、二氢玉米素和异戊烯基腺嘌呤以及它们的核苷酸衍生物均属于游离型。已知的结合型细胞分裂素多为“CTK-*O*-葡萄糖苷”，可作为一种贮藏形式存在于种子内，这种结合类型在代谢上具有高度的稳定性，保护侧链不被氧化，还能与氨基酸结合等。结合型细胞分裂素需转化为游离型才能发挥生理作用，结合型也可能是细胞分裂素特殊的运输形式。

（二）细胞分裂素的代谢

1. 细胞分裂素的生物合成　一般认为，细胞分裂素在根尖合成，经木质部运到地上部分，在伤流液或木质部汁液中均检测出细胞分裂素。但是随着研究的深入，发现根并不是细胞分裂素唯一的合成部位。标记的腺嘌呤能掺入无根的烟草组织的地上部，合成异戊烯基腺嘌呤等。组织培养石刁柏茎顶端，培养基及茎中的细胞分裂素总含量有所增加，这说明茎端能合成细胞分裂素。正在萌发的种子和发育中的果实、种子也可能是合成细胞分裂素的部位。

细胞分裂素生物合成是在细胞的微粒体中进行的。

植物的冠瘿细胞也可以合成细胞分裂素。因为引起冠瘿的致瘤农杆菌中的 T-DNA 基因可以引起细胞分裂素和生长素的生物合成。

细胞分裂素生物合成的第一步是在甲戊烯转移酶（IPT 酶）催化下，把二甲烯丙基二磷酸（DMAPP）的异戊烯基转移到腺苷部分，与植物的 ATP/ADP 或细菌的 AMP 分别合成异戊烯腺苷-5′-三磷酸（iPTP）/异戊烯腺苷-5′-二磷酸（iPDP）或异戊烯腺苷-5′-磷酸（iPMP），它们经过水解酶转变为反式玉米素（图 8-18）。

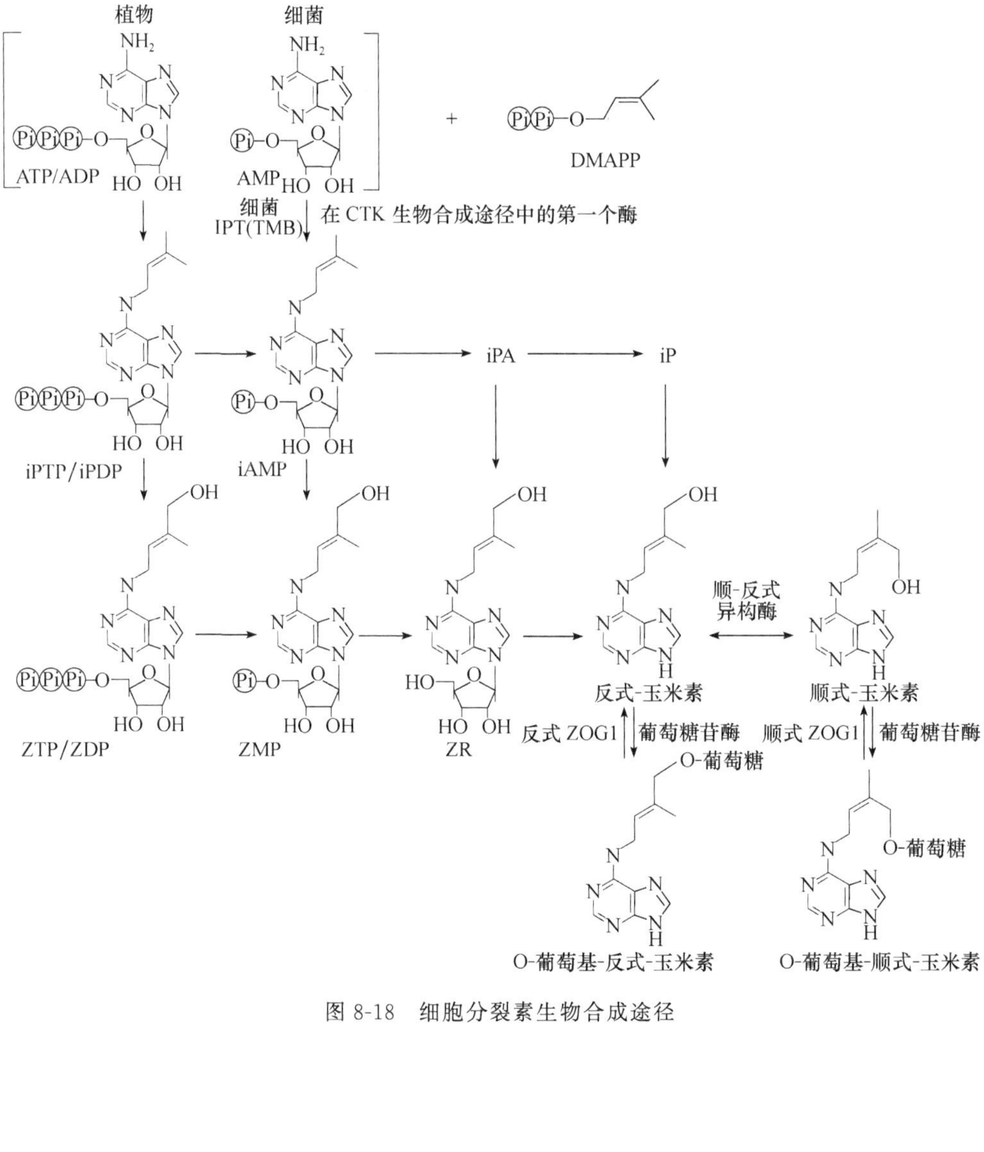

图 8-18　细胞分裂素生物合成途径

2. 细胞分裂素的降解　细胞分裂素在细胞内的降解主要是由细胞分裂素氧化酶催化的。它以分子氧为氧化剂，催化玉米素、玉米素核苷、异戊烯基腺苷（iP）及它们的*N*-葡糖苷的 N^6 上不饱和侧链裂解，释放出腺嘌呤等，彻底失去生物活性（图 8-19）。

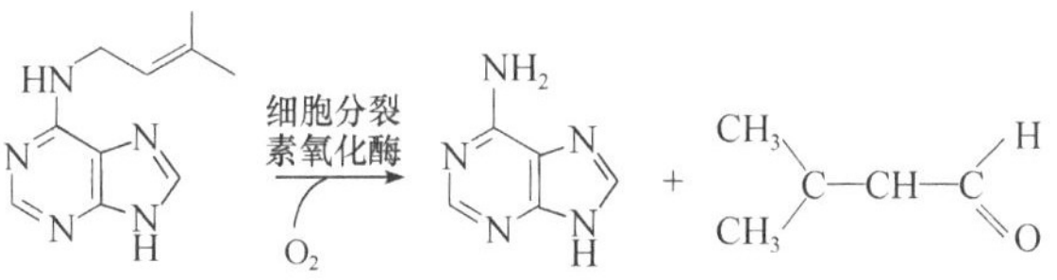

图 8-19　异戊烯腺嘌呤（iP）被细胞分裂素氧化酶不可逆地分解

细胞分裂素氧化酶不可逆地钝化细胞分裂素，因此它调节或限制该激素的生理作用。结合在细胞分裂素侧链上的有机物，也可以被葡糖苷酶脱去，产生游离细胞分裂素。

植物体就是通过细胞分裂素的生物合成、降解、结合态、游离态等的转变，维持体内的细胞分裂素水平，适应生长发育的需要。

三、细胞分裂素的分布与运输

细胞分裂素广泛存在于高等植物的根、茎、叶、果实和种子中。正在进行细胞分裂的部位，如根尖、茎尖、正在发育与萌发的种子和发育中的果实，细胞分裂素含量较高，通常为 1～1000ng/g FW。

根系是细胞分裂素合成的主要场所，所合成的细胞分裂素通过木质部向上运输。细胞分裂素的运输形式主要是玉米素和玉米素核苷。在韧皮部中只检测到少量的细胞分裂素，施到叶片上的放射性细胞分裂素也几乎不向外运输。

四、细胞分裂素的生理效应

1. 促进细胞分裂与扩大　细胞分裂素最主要的生理效应就是促进细胞分裂。例如，将胡萝卜根的韧皮薄壁细胞放在含有营养物质、维生素及其他生长物质，但不含细胞分裂素的培养基中，细胞很少分裂，生长较慢；当向培养基中加入细胞分裂素后，细胞分裂受到促进，组织增大，并能形成愈伤组织。在细胞分裂时，既包括细胞核分裂又包括细胞质分裂。试验表明，生长素能促进细胞核的有丝分裂，而与细胞质无关，细胞分裂素则主要调节细胞质的分裂。因此，当缺少细胞分裂素时细胞质不能分裂，形成多核细胞。细胞分裂素不仅促进细胞分裂，而且能诱导细胞体积扩大（即横轴方向扩大），这有别于生长素的作用。

2. 促进色素的生物合成　近年来发现，细胞分裂素能够促进叶绿素的生物合成。例如，水培的大豆幼苗，缺铁时叶片黄化，叶绿素含量极低，用 6-BA 处理可使叶色转绿。在小麦、大麦等试验中也得到类似的结果。有些研究指出，细胞分裂素能刺激叶绿体更新，尤其是基粒片层重新合成，还能增强叶绿体内色素与蛋白质-磷脂复合体之间键的牢固性。

此外，细胞分裂素还能促进尾穗苋种苗在黑暗中合成苋红素，并可定量测定，因此，可作为细胞分裂素的生物鉴定方法。

3. 促进芽的分化 促进芽的分化是细胞分裂素最重要的生理效应之一。1957 年斯库克和米勒在进行烟草的组织培养时发现，细胞分裂素（激动素）和生长素的相互作用控制着愈伤组织根和芽的形成。当培养基中 CTK/IAA 的比值高时，愈伤组织形成芽；当 CTK/IAA 的比值低时，愈伤组织形成根；当二者的浓度处于某一比值时，则愈伤组织保持生长而不分化。所以，通过调整二者的比值，可诱导愈伤组织形成完整的植株。

4. 延迟叶片衰老 试验表明，细胞分裂素可延迟离体叶片的衰老。例如，用激动素处理离体叶片可保持其绿色，延缓衰老。

5. 促进侧芽发育 细胞分裂素能促进侧芽发育，消除植物的顶端优势。例如，豌豆第一叶腋内的侧芽一般处于潜伏状态，但用激动素处理后，侧芽即转入生长状态。其原因是细胞分裂素除能解除生长素对侧芽的抑制作用外，还促进输导组织的分化，使侧芽向主茎维管束分化出输导组织，使更多的营养物质运向侧芽，促进侧芽生长，打破了顶端优势。

6. 促进果树花芽分化 细胞分裂素能够促进果树的花芽分化。例如，苹果盛花期时木质部汁液中细胞分裂素含量很高，夏季后含量降至最低水平，枝条也停止生长。当木质部汁液中细胞分裂素含量低时，只有顶端形成花芽，当木质部汁液中细胞分裂素含量高时，枝条停止生长较早，顶芽和侧芽均可形成花芽；如果无细胞分裂素时，则不能形成花芽。

此外，细胞分裂素还能促进雌花的分化，刺激块茎形成，促进气孔开放，能够解除某些需光植物（莴苣、梨和糖槭等）种子的休眠，促进其萌发。

五、细胞分裂素的作用机理

（一）细胞分裂素效应的生理机制

在细胞分裂素的多种效应中，有的生理机制还不清楚。例如，细胞分裂素促进萝卜子叶细胞的扩大，同时增大细胞壁的伸展性，但是没有质子的分泌，具体机制还不清楚。

对于细胞分裂素延迟衰老的生理机制则有比较清楚的认识。其原因有三：一是细胞分裂素能抑制羟自由基和超氧化物的形成以及加速它们的破坏，从而避免了自由基对膜脂的过氧化破坏，保护膜的稳定性；二是能阻止核酸和蛋白酶等水解酶的形成，因而延缓核酸、蛋白质与叶绿素的降解速度；三是细胞分裂素能“吸引”营养物质向细胞分裂素所在的部位运输。这不仅说明了细胞分裂素有延缓叶片衰老的作用，同时也说明了细胞分裂素在一般组织中不易移动。

（二）细胞分裂素的信号转导途径

细胞分裂素对植物生长和发育效应的多样性与其参与的细胞信号转导途径有关。

1. 受体 对细胞分裂素受体的了解开始于对 *CKI1*（cytokinin independent 1）基因的发现。将一些基因导入拟南芥中进行超表达，然后从中筛选在培养基中不加外源细胞分裂素也能正常生长分裂的细胞系。结果发现一个超表达的细胞系能够在无外加细胞分裂素的培养基上正常生长。该突变系被命名为 *CKI1*。如前所述，在植物组织培养时，需要在培养基中外加细胞分裂素才能促使细胞分裂，使其最终分化形成新的植株。这暗示 CKI1 蛋白可能是细胞分裂素的受体。

CKI1 编码一个双组分组氨酸激酶（HPK），其序列与细菌的双组分感受器组氨酸激酶类似，后者是原核生物中的泛素受体，调节细菌对环境刺激的一系列反应，如渗透调节和趋性。这类调节系统的典型组成有两个部分，一部分是感受器组氨酸激酶，是信号的结合部位；另一个是下游响应调节蛋白，它的活性受感受器组氨酸激酶催化的磷酸化调节。感受器组氨酸激酶通常是膜结合蛋白，有两个不同的结构域，分别称为输入结构域和组氨酸激酶结构域（或称为传递蛋白）。输入结构域感受到外界信号时将改变组氨酸激酶结构域的活性，从而引发细胞信号转导途径。

尽管没能证实 *CKI1* 编码细胞分裂素的受体，但人们从拟南芥功能缺失突变体中筛选出细胞分裂素受体 1（cytokinin response 1，CRE1）基因，它和 *CKI1* 基因一样，编码 HPK 类似蛋白。现已有令人信服的证据表明 CRE1 蛋白是细胞分裂素的受体。但 CRE1 并不调节所有的细胞分裂素反应，说明还可能有其他的细胞分裂素受体，如拟南芥中的 AHK2 和 AHK3 等。

2. 信号转导途径　随着细胞分裂素受体的发现，近年来的研究已经勾画出在诱导拟南芥细胞分裂时，细胞分裂素信号转导的大致途径（图 8-20）。

在拟南芥中，CRE1 可能是二聚体，当与细胞分裂素结合之后，激活受体的激酶（HPK）活性，HPK 将磷酸基团从激酶区（H）传递给受体区（D）的天冬氨酸残基。接着，磷酸基团通过拟南芥组氨酸磷酸转移蛋白（AHP）传递到细胞核内。在细胞核中存在着类似二元组分系统的响应调节蛋白（ARR），它们的作用是接收磷酸基团传递的信号。拟南芥响应调节蛋白由多基因家族编码，它可分为两种类型：类型 A-*ARR* 基因和类型 B-*ARR* 基因。活化的 AHP 进入细胞核后，一方面将磷酸基团传给类型 B-*ARR* 基因，后者进一步诱导类型 A-*ARR* 基因表达；另一方面，AHP 直接使类型 A-*ARR* 磷酸化而进一步传递刺激。两种 ARR 与各种效应物相互作用，引起 CTK 诱导的生理反应，如细胞分裂等。

（三）细胞分裂素调节的基因表达

利用基因芯片技术检测拟南芥对细胞分裂素的早期反应和延迟反应的基因表达，结果表明，5 日龄的拟南芥幼苗，用细胞分裂素处理 15min 后，有 71 个基因的表达上调，有 11 个基因的表达下调。早期表达基因中有高比例的转录因子基因，包括 5 个质粒基因转录产物，说明细胞分裂素信号可以迅速传递到质粒，或者质粒可直接感受细胞分裂素。激素处理 2h 后，编码转录调节蛋白、信号蛋白、发育和激素调节蛋白、基本代谢（primary metabolism）和次生代谢、能量产生和胁迫响应的基因占了主要地位。有大量的基因是已知的调节依赖光（PHYA、PSK1、CIP8、PAT1 和 APRR）、生长素（AUX/IAA）、乙烯（ETR2、EIN3、ERF/EREBP）、赤霉素（GAI、RGA1 和 GA20 oxidase）、硝酸盐（NTR2 和 NIA）和糖（STP1 和 SUS1）反应过程的基因。这表明在环境因子、植物激素和代谢物之间存在着强烈的交叉。

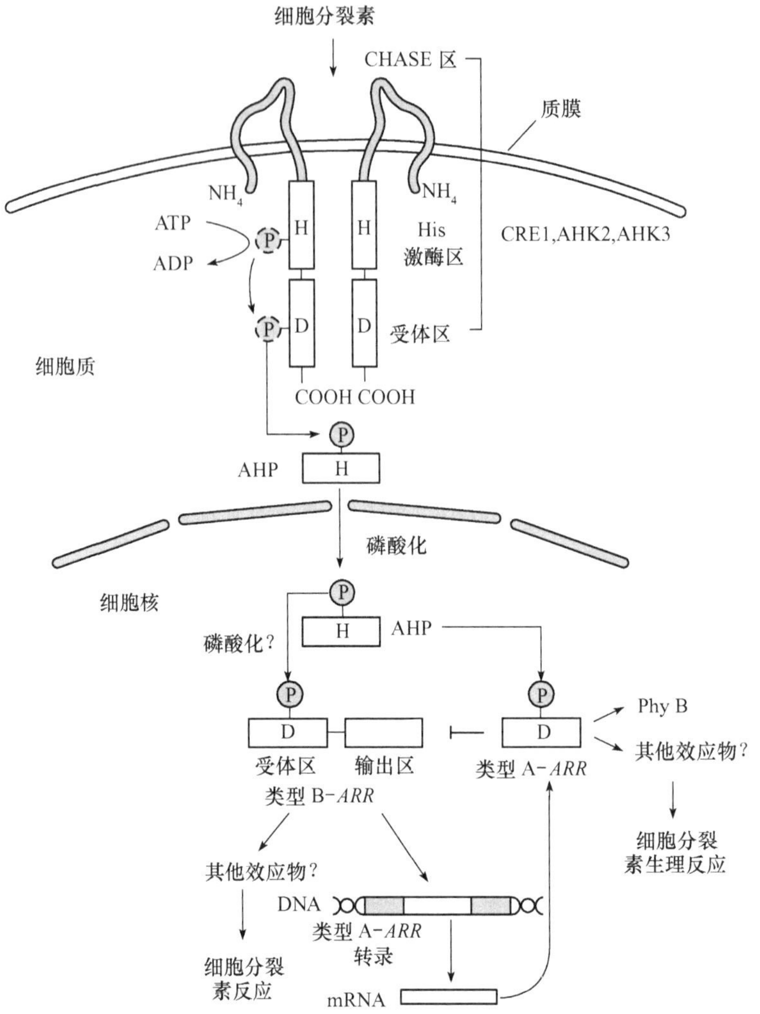

图 8-20　拟南芥中细胞分裂素信号转导途径模式

第五节　脱　落　酸

一、脱落酸的发现

20 世纪 50 年代，人们开始注意研究有关抑制生长的物质对脱落、休眠及萌发的影响，并普遍认为酚类化合物是植物体内主要的生长抑制剂。60 年代初，这方面的研究取得了突破性进展。1963 年美国的阿狄柯特（Addicott）等在研究棉花幼铃脱落时，发现一种促进脱落的物质，定名为脱落素Ⅱ（abscisin Ⅱ）；大约在同一时期，英国的韦尔林（Wareing）等从秋天即将进入休眠的槭树叶片中也分离出一种促进芽休眠的物质，定名为休眠素（dormin）。后来经化学鉴定证明，脱落素Ⅱ与休眠素具有相同的分子结构，为同一物质。1967 年在第六届国际生长物质会议上统一命名为脱落酸（ABA）。

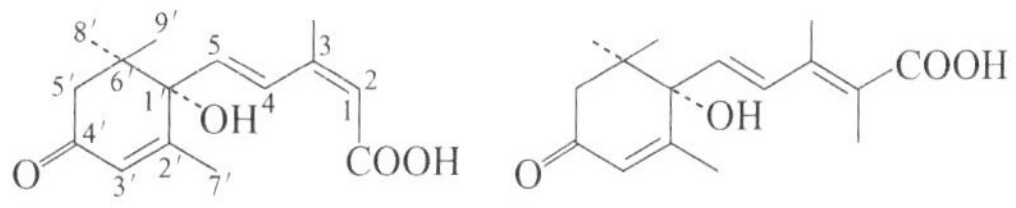

顺式ABA　　反式ABA

图 8-21　顺式 ABA 和反式 ABA 结构

脱落酸是一种以异戊二烯为基本单位组成的含 15 个碳的倍半萜羧酸，化学名称是 3-甲基-5-(1′-羟基-4′-氧-2′,6′,6′-三甲基-2′-环己烯-1′-烃基)-2,4-戊二烯酸，分子式是 $C_{15}H_{20}O_4$，分子质量为 264.3Da。它的结构如图 8-21 所示。ABA 环 1′位上为一个不对称碳原子，所以有两种旋光异构体。天然的脱落酸是右旋的，以 *S*-ABA 或（+）-ABA 表示；它的对映体为左旋，以 *R*-ABA 或（−）-ABA 表示。*S*-ABA 和 *R*-ABA 都有生物活性，但后者不能促进气孔关闭。人工合成的脱落酸是 *S*-ABA 和 *R*-ABA 各半的外消旋混合物，以 *RS*-ABA 或（±）-ABA 表示。

二、脱落酸在植物体内的存在形式与代谢

（一）脱落酸在植物体内的存在形式

脱落酸在植物体内有两种存在形式，即游离型和结合型。游离型 ABA 可与细胞内的单糖或氨基酸以共价键结合而失去活性。而结合型的 ABA 又可水解重新释放出 ABA，因而结合型 ABA 是 ABA 的贮藏形式。但植物因干旱所造成的 ABA 迅速增加并不是来自于结合型 ABA 的水解，而是植物重新合成的。

（二）脱落酸的代谢

1. 脱落酸的生物合成　植物体中根、茎、叶、果实和种子都可以合成脱落酸。ABA 是弱酸，而叶绿体的基质 pH 高于其他部分，所以 ABA 以离子化状态大量积累在叶绿体中。

脱落酸在根细胞的前质体和绿色细胞的叶绿体中合成。脱落酸的生物合成可通过两条途径（图 8-22）：一条为直接途径，由甲瓦龙酸（MVA）经法呢基焦磷酸形成脱落酸，需要在短日照条件下进行；另一条为间接途径，是甲瓦龙酸经紫黄质通过光氧化或生物氧化形成叶黄氧化素而合成脱落酸（图 8-22）。这条途径是干旱胁迫下 ABA 生物合成的主要途径。在秋天，许多富含类胡萝卜素的植物叶片，也可能主要是通过这条途径合成脱落酸的。

2. 脱落酸的代谢　脱落酸主要通过以下两条途径丧失生物活性。

（1）氧化降解途径。ABA 在单加氧酶作用下，首先氧化成略有活性的红花菜豆酸（PA），之后进一步还原为完全失去活性的二氢红花菜豆酸（DPA），DPA 在成熟菜豆中的浓度比 ABA 的浓度高出 100 倍。

（2）结合失活途径。ABA 和糖或氨基酸结合形成没有活性的结合态 ABA，其中主要是 ABA 葡糖酯（ABA-GE）和 ABA 葡糖苷，它们是 ABA 在筛管或导管中的运输形式。游离态 ABA 定位于胞质溶胶，结合态 ABA-GE 则累积于液泡中。游离态 ABA 和结合态 ABA 在植物体中可相互转变。在正常条件下，游离态 ABA 极少，而环境胁迫时大量结合态 ABA 转变为游离态，但胁迫解除后则重新形成结合态 ABA。

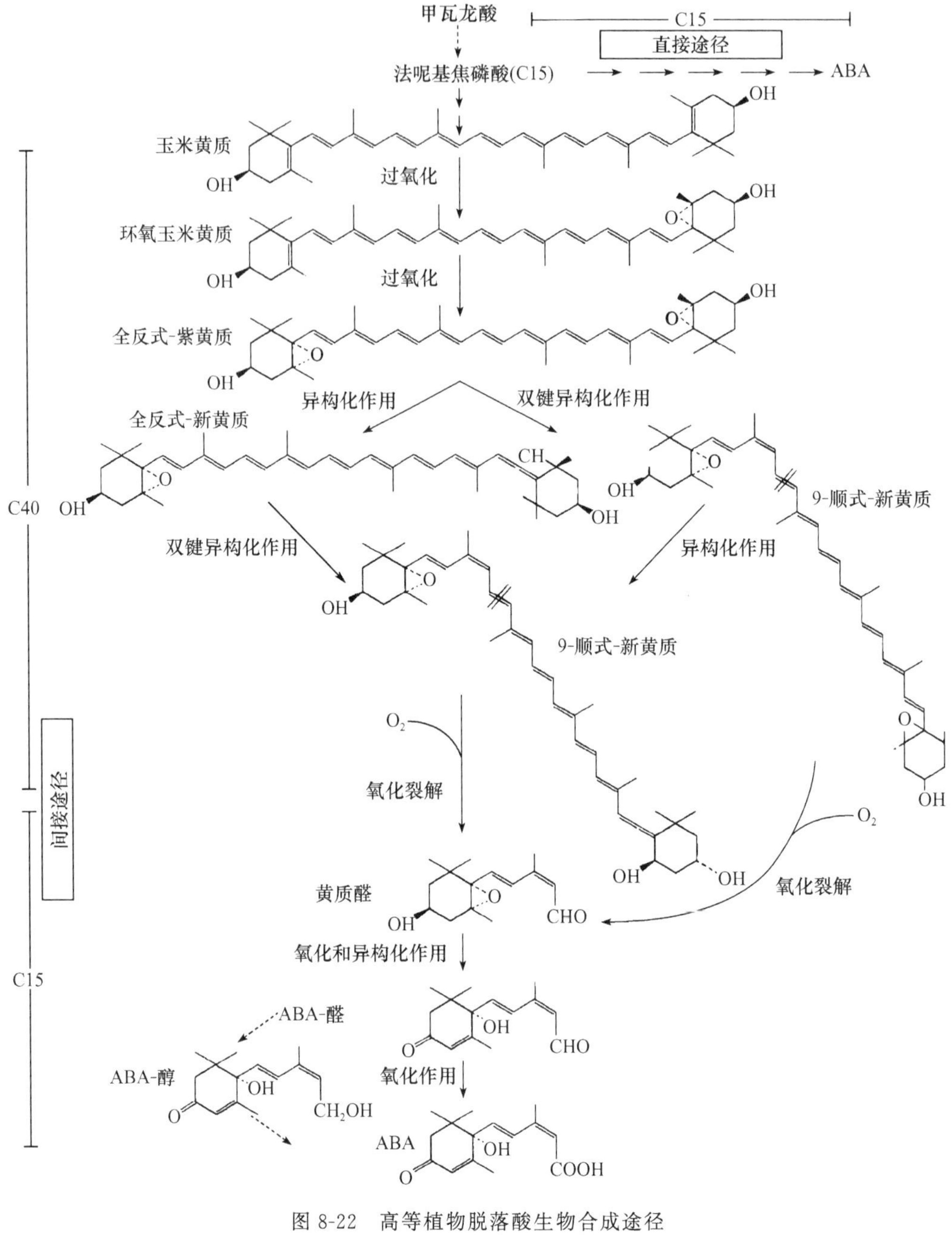

图 8-22　高等植物脱落酸生物合成途径

由以上可看出，甲瓦龙酸代谢在植物激素生物合成过程中起着重要作用，它的中间产物异戊烯基焦磷酸（IPP）在不同条件下，可分别转变为赤霉素、细胞分裂素和脱落酸，同时也形成类胡萝卜素（图 8-23）。因此，甲瓦龙酸在植物激素生物合成过程中的代谢方向对植物生长发育及对环境的适应具有重要的意义。

三、脱落酸在体内的分布与运输

脱落酸存在于所有的维管植物中，包括被子植物、裸子植物和蕨类植物。高等植物各器官和组织中都含有脱落酸。在将要脱落或将要进入休眠状态的器官和组织中脱落酸含量较高，在逆境条件下，其含量会迅速增加。脱落酸的含量一般为 10～50ng/g FW。

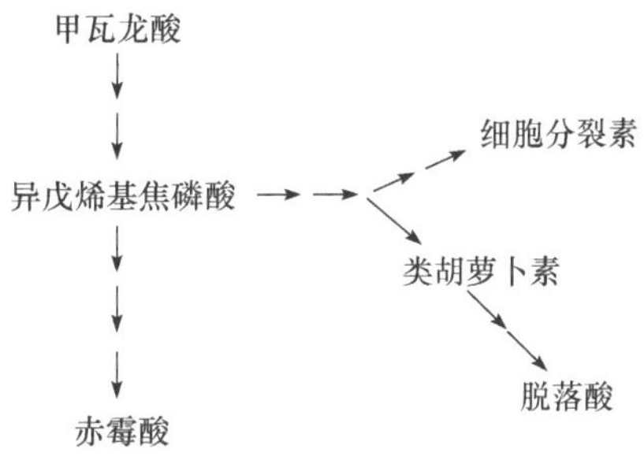

图 8-23　赤霉素、细胞分裂素和脱落酸三者之间的合成关系

脱落酸的运输不存在极性，既可在木质部运输，也可在韧皮部运输。用放射性 ABA 饲喂叶片，发现它可以向上和向下运输。在根部合成的 ABA 则通过木质部运到地上部分。脱落酸主要以游离态的形式运输，小部分以脱落酸糖苷形式运输。脱落酸在植物体的运输速度很快，在茎或叶柄中的运输速度大约为 20mm/h。

四、脱落酸的生理效应

1. 抑制生长　脱落酸可抑制整株植物或离体器官的生长。试验表明，天然的或人工合成的脱落酸对小麦胚芽鞘或豌豆幼苗的生长均产生抑制作用，当去掉外施的脱落酸，植株又恢复生长。其主要原因是脱落酸能阻止细胞的 H^+ 分泌，从而阻止了细胞壁的酸化和细胞伸长。

2. 促进休眠，抑制种子萌发　施用外源 ABA 时，可使旺盛生长的枝条停止生长而进入休眠。在秋天的短日条件下，叶片中甲瓦龙酸合成 GA 的量减少，而合成 ABA 的量不断增加，使芽进入休眠状态，以便越冬。种子的休眠也与种子中脱落酸的含量有关，如桃、蔷薇的休眠种子的外种皮中存在大量的脱落酸。

3. 促进脱落　脱落酸具有明显促进器官脱落的作用，如将带第一对叶的棉花幼苗茎切下来，用注射器把含有脱落酸的琼脂注入茎的切面或叶柄的切面，经过一段时间后，在叶柄上施加一定的外力，叶柄就会脱落。但近年来的实验证明决定植物器官脱落的内源激素主要是乙烯，脱落酸通过增加乙烯的生成，从而间接地促进叶片等器官的脱落。

4. 增强抗逆性　一般来说，干旱、寒冷、高温、盐渍和水涝等逆境都能使植物体内 ABA 含量迅速增加，研究表明植物的抗逆性与 ABA 增加有关。例如，ABA 可显著降低高温对叶绿体超微结构的破坏，增加叶绿体的热稳定性，ABA 还可诱导某些酶的重新合成而增加植物的抗冷性、抗涝性和抗盐性。因此，ABA 又称为应激激素或胁迫激素。

5. 促进气孔关闭　在水分胁迫下，叶片保卫细胞中的 ABA 含量显著增加，可达正常水分条件下的 18 倍。施用外源 ABA 也可引起气孔关闭，降低蒸腾作用。

6. 影响开花　当用脱落酸溶液喷施短日植物黑醋栗、牵牛、草莓及藜属等植物的叶片时，可使植株在长日照条件下开花。但用脱落酸处理毒麦、菠菜等长日植物，则明显地抑制开花。

此外，脱落酸还抑制地下匍匐茎的伸长生长，促进马铃薯等的块茎形成。

五、脱落酸的作用机理

（一）脱落酸效应的生理机制

微注射等实验证明，ABA 受体可能存在于质膜上和细胞质内。ABA 可以通过其受体介导的信号传递，激活 K^+ 外流通道和阴离子外流通道，钝化 K^+ 内流通道，从而提高保卫细胞的水势，促使保卫细胞失水，导致气孔关闭。研究表明，当土壤水分胁迫开始时，根部就可以感受到这种变化，刺激 ABA 的合成并使其向叶片运输，从而导致气孔的关闭，尽管这时叶片还没有发生明显水分状况的变化。因此，人们认为 ABA 是一种根系感受干旱的信号。

（二）脱落酸的信号转导途径

1. 受体　脱落酸由于具有提高植物抗逆性的效应，其作用机理的研究一直受到人们的关注，但是目前对于 ABA 受体的研究进展缓慢。尽管 ABA 可与磷脂直接结合，但人们认为 ABA 的受体是蛋白质。Hill 和他的同事制备了能够识别 ABA 单克隆抗体的抗独特型抗体（AB2），并利用 AB2 从大麦中鉴定出一种与 ABA 结合的蛋白质，这种蛋白质与 ABA 有高亲和力。后来这个研究小组又从拟南芥中克隆和鉴定出一种相关蛋白质，称为 FCA，是一种细胞核 RNA 结合蛋白，其作用是防止抑制开花基因的 mRNA 的积累。FCA 在行使功能时需要一种称为 FY 的伴侣蛋白。体外结合实验表明，ABA 与 FCA 的结合破坏 FCA 与 FY 的相互作用。施用外源 ABA 对开花的延迟作用与 FCA 和 FY 的功能缺失突变体相似，因此认为 FCA 是 ABA 的受体。但 FCA 突变体并不影响胁迫诱导的反应，如气孔关闭及抑制种子萌发。这说明 FCA 只是 ABA 的受体之一，可能还有其他的受体。在动植物中存在许多种未被鉴定的 mRNA 结合蛋白，Hill 等的发现暗示这些蛋白质可能是潜在的激素受体。

研究表明 ABA 受体既存在于细胞质膜外侧，又存在于细胞内。一些实验表明，ABA 存在于质膜的外侧。例如，将 ABA 分别微注射入鸭跖草保卫细胞和大麦糊粉层细胞，不能引起气孔关闭，也不能抑制 GA 诱发 α-淀粉酶的合成。不能透过质膜的 ABA 蛋白复合物可激活水稻和拟南芥细胞的离子通道活性和基因表达。然而另一些实验则表明在细胞内部也存在 ABA 受体。用膜片吸管技术把 ABA 直接注入蚕豆气孔的胞质溶胶，抑制了向内的 K^+ 通道，使 K^+ 不能进入细胞，气孔不能开放。将无活性笼形 ABA 注入鸭跖草的保卫细胞，随后通过短暂的紫外光照射，使其分解，活化 ABA，就能引起气孔的关闭（图 8-24）。

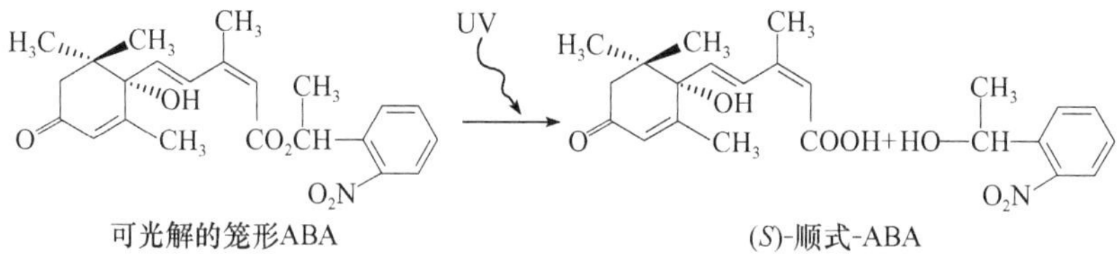

图 8-24　笼形 ABA 光解为（S）-顺式-ABA 的反应

2. 信号转导途径　目前对 ABA 调控气孔关闭的信号转导途径有较多了解，其信号转导模式如图 8-25 所示。①ABA 与质膜上的受体结合；②之后诱导细胞内产生 ROS（活性氧），如过氧化氢和超氧阴离子，它们作为第二信使激活质膜的 Ca^{2+} 通道，使胞外 Ca^{2+} 流入胞内；③同时，ABA 还使细胞内的 cADPR（环化 ADP 核糖）和 IP_3 水平升高，它们又激活液泡膜上的 Ca^{2+} 通道，使液泡向胞质溶胶释放 Ca^{2+}；④胞外 Ca^{2+} 的流入还可以启动胞内发生钙震荡并促进 Ca^{2+} 从液泡中释放到胞质溶胶；⑤胞外 Ca^{2+} 的流入和液泡内 Ca^{2+} 的释放使胞质溶胶中的 Ca^{2+} 浓度增加 10 倍以上，Ca^{2+} 的升高会阻断 K^+ 流入的通道；⑥促进质膜 Cl^- 通道的开放，Cl^- 流出导致质膜去极化（depolarization）；⑦Ca^{2+} 的升高还刺激细胞内的 pH 升高，进一步发生去极化作用；⑧去极化导致外向 K^+ 通道活化；⑨K^+ 和 Cl^- 先从液泡释放到胞质溶胶，进而又通过质膜上的 K^+ 和阴离子通道向胞外释放，最后导致气孔的关闭。

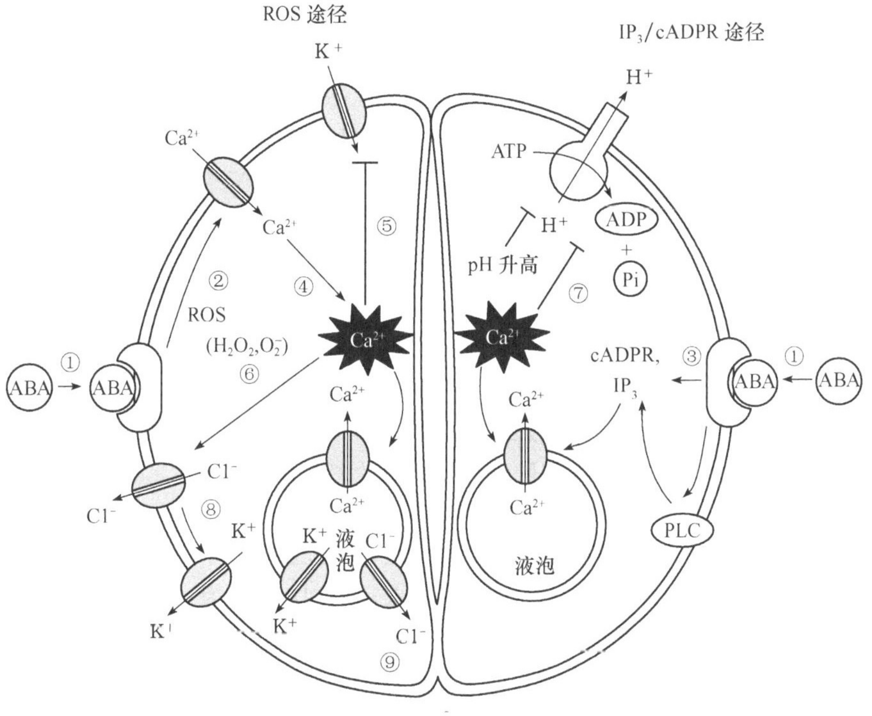

图 8-25　气孔保卫细胞 ABA 信号转导模式

气孔保卫细胞可同时响应多种信号而发生气孔关闭，说明有多种受体和重叠交叉的信号转导途径。

（三）脱落酸调节的基因表达

ABA 诱导许多基因的表达。目前已知 150 余种植物基因受外源 ABA 的诱导，其中大部分在处于发育中晚期的种子或受到环境胁迫的营养组织中表达，如与种子休眠有关的基因、热激蛋白基因和胚胎发育后期丰富蛋白（LEA）基因。利用基因芯片技术研究去胚大麦种子基因表达对 ABA 处理的反应，发现有 206 个基因表达量有三倍以上的变化，包括与 ABA 自身信号转导途径有关的基因表达，其中许多基因表达是上调而不是下调。ABA 在调节基因表达方面与 GA 存在拮抗作用，特别是与种子成熟和萌发有关的基因，如编码 LEA 蛋白的基因。比较这些受 ABA 和 GA 拮抗调节的基因序列，发现它们既有 ABA 响应的顺式作用元件，也有 GA 响应的顺式作用元件。但是也有一些基因的表达需要 ABA 和 GA 的协调作用。

第六节 乙 烯

一、乙烯的发现

早在 19 世纪中叶欧洲就有关于燃气街灯附近的树木早落叶的报道，但直到 1901 年，才由俄国学者 Dimitry Neljubow 证实是煤气中的乙烯（ETH）在起作用，他还发现乙烯能导致在黑暗条件下生长的黄化豌豆苗的茎节缩短、横向增粗和水平生长的现象，即乙烯的三重反应（triple response）。1910 年，Cousins 报道橘子产生的气体能够催熟混装在一起的香蕉。20 世纪 30 年代，人们就已认识到乙烯对植物具有多方面的影响，但直到 1934 年 Gane 从苹果释放的气体中结晶出乙烯的衍生物 *N*,*N*-二甲基乙二胺，才证实植物组织确实能够产生乙烯。但是当时对于乙烯的研究并没有得到足够的重视，人们发现施用生长素可以刺激植物产生乙烯，因此认为生长素是植物的主要激素，乙烯只是一种具有间接生理作用的化学物质。1959 年，由于气相色谱的应用，Burg 等检测出未成熟果实中有极少量的乙烯产生，随着果实的成熟，乙烯的产生量不断增加。此后，又证实高等植物的各个部位都能产生乙烯，还发现乙烯对许多生理过程，包括从种子萌发到衰老的整个过程都具有重要的调节作用。种子植物、蕨类、苔藓、真菌和细菌都可产生乙烯。1965 年，乙烯被确定为植物的天然激素。

乙烯是一种不饱和烃，分子质量为 28Da，化学结构为 $CH_2{=}CH_2$，是植物激素中分子结构最简单的一种。乙烯在极低浓度（0.01～0.1μL/L）下就可以对植物产生生理效应。乙烯在常温下为气体，易挥发，难溶于水，使用极不方便。在生产中常用乙烯释放剂——乙烯利（ethrel），其化学名称为 2-氯乙基膦酸，分子式为 $ClCH_2CH_2PO(OH)_2$。乙烯利在 pH3.0 以下稳定，在 pH4.1 以上时，开始分解释放乙烯，随 pH 升高，乙烯释放加快。生产上常用的是 40%的水剂，为酸性棕色液体，植物吸收乙烯利后，体内的较高 pH 使其释放乙烯。

二、乙烯的分布、生物合成及运输

（一）乙烯在植物体内的分布

高等植物的各种器官都能产生乙烯，但不同的组织、器官和发育时期，乙烯的释放量不同。例如，成熟组织释放乙烯较少，一般为 0.01～10nL/(g FW · h)，而分生组织、萌发的种子、凋谢的花朵和成熟过程中的果实乙烯的产生量较大。

（二）乙烯的生物合成过程

乙烯生物合成场所为细胞的液泡膜内表面，并需要完整的膜结构，其合成过程如图 8-26 所示。

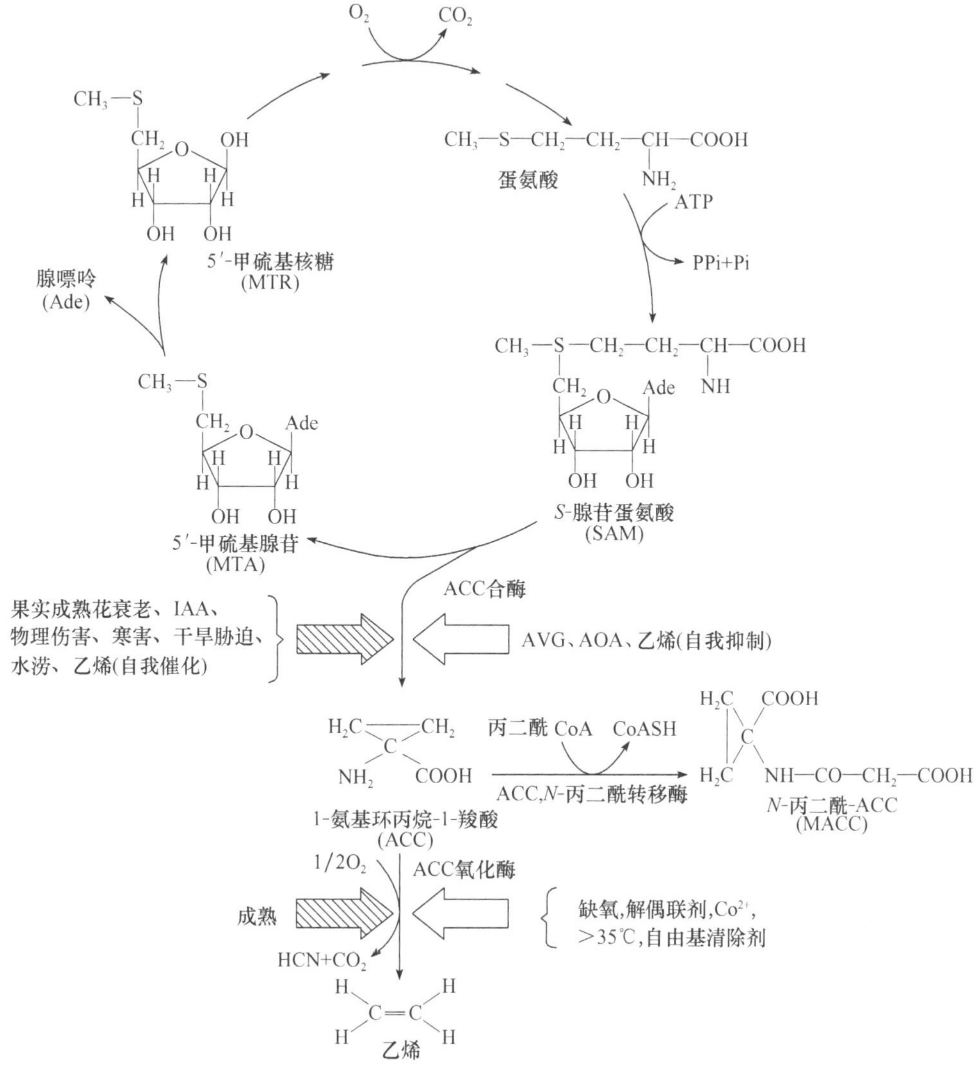

图 8-26　乙烯生物合成的蛋氨酸循环及其调节

蛋氨酸是乙烯生物合成的前体物质，它在 ATP 的参与下转变为 S-腺苷蛋氨酸（SAM），然后在 ACC 合成酶的催化下转变为 1-氨基环丙烷-1-羧酸（ACC），后者在 ACC 氧化酶的催化下形成乙烯。

在植物组织内，蛋氨酸的水平很低，要维持正常的乙烯产生量，需要硫的再循环。在 SAM 转变为 ACC 时，形成的 5′-甲硫基腺苷（MTA）再循环生成蛋氨酸。

ACC 除了合成乙烯外，还可以转变为没有生理活性的 *N*-丙二酰-ACC（MACC），这是个不可逆反应，因此 MACC 的生成具有调节乙烯生物合成的作用。

（三）乙烯生物合成和生理效应的调节

乙烯的生物合成和生理效应受到许多因素的调节，包括发育因素和环境因素。在乙烯生物合成调节中关键酶发挥着重要的作用，因此可以利用这些酶的激活剂或抑制剂来调控乙烯的产生。

1. ACC 合成酶 ACC 合成酶是乙烯生物合成的关键酶，它催化 SAM 转变为 ACC，其活性受发育时期、环境变化和激素的影响。在种子萌发、果实成熟和器官衰老过程中，ACC 合成酶的活性升高，乙烯的产生量增加。环境胁迫，如机械伤害、干旱、水涝、低温、有毒物质、病原物侵染等也会诱导 ACC 合成酶的合成或活化，增加乙烯的产生。

ACC 合成酶需要磷酸吡哆醛为辅基，所以对磷酸吡哆醛的抑制剂很敏感，特别是氨基氧乙酸（AOA）和氨基乙氧基乙烯基甘氨酸（AVG）。

生长素在转录水平上诱导 ACC 合成酶的合成，促进乙烯的产生。例如，施用生长素可使绿豆和豌豆幼苗的乙烯释放量增加几百倍。

ACC 合成酶存在于细胞质中，半衰期短、不稳定、含量低，提纯困难。现利用分子生物学方法，已在多种植物中克隆了 ACC 合成酶的 cDNA，该酶由多基因编码，如番茄有 9 个基因、拟南芥有 5 个基因。每个基因受不同的环境和发育因素的调控。

2. ACC 氧化酶 ACC 氧化酶存在于液泡膜内表面，在有 O_2 条件下，将 ACC 氧化为乙烯。该酶活性极不稳定，依赖于膜的完整性，膜结构一经破坏，催化乙烯生成的作用便停止。Co^{2+}、氧化磷酸化解偶联剂（如 2,4-DNP 和 CCCP）、自由基清除剂（没食子酸丙酯），以及能够改变膜性质的理化处理（如去垢剂）都能抑制乙烯的合成。

3. ACC 丙二酰基转移酶 ACC 丙二酰基转移酶的作用是使 ACC 发生丙二酰化反应，从而形成 *N*-丙二酰 ACC。MACC 是在胞质溶胶里合成的，贮存于液泡中。在水分胁迫下小麦叶片积累大量 MACC。ACC 丙二酰基转移酶活性强时，促进 MACC 的合成，减少乙烯的释放。

4. 乙烯的自我催化作用 将乙烯施于发生呼吸跃变开始后的苹果果实，将促进 ACC 合成酶的活性，从而产生大量乙烯。ACC 氧化酶也受其产物乙烯的诱导，外施少量乙烯于甜瓜和番茄等跃变型果实，经过一段时间，ACC 氧化酶活性剧烈升高，大量合成乙烯。这种乙烯的自我催化是跃变型果实和花卉的一个重要特征。

5. 乙烯的自我抑制作用 与自我催化作用相比，乙烯自我抑制作用似乎更具普遍性。外施乙烯将抑制营养组织和非跃变果实的乙烯生物合成。乙烯自我抑制的原因是抑制 ACC 合成酶的合成或促进这种酶的降解。

6. 乙烯生理效应的调节 乙烯形成以后，还需要与金属（铜或锌）蛋白质结合，才能起生理作用。Ag^+ 抑制乙烯的效应，其原因可能是影响乙烯与受体结合后的构象变化。金属螯合物 EDTA 可能通过螯合金属蛋白中的金属而抑制乙烯的效应。CO_2 与乙烯竞争同一作用部位，也抑制乙烯的效应。

（四）乙烯的降解和钝化

乙烯在植物体内可分解为 CO_2 和乙烯氧化物等气体代谢物，也能形成没有生物活性的可溶性代谢物，如乙烯乙二醇和乙烯葡萄糖结合体等。

（五）乙烯在植物体内的运输

乙烯在植物体内易于移动，并遵循被动扩散原理。乙烯的直接前体 ACC 可溶于水，因而 ACC 可能是乙烯在植物体内远距离运输的形式。

三、乙烯的生理效应

1. 三重反应与偏上生长　乙烯对植物生长的典型效应是抑制茎的伸长生长、促进茎或根的增粗及茎的横向生长（即使茎失去负向重力性），这就是乙烯所特有的三重反应（triple response）（图 8-27A～C）。

乙烯促使茎横向生长是由于它引起偏上生长所造成的。所谓偏上生长，是指器官的上部生长速度快于下部的现象。乙烯对叶柄也有偏上生长的效应，从而造成了叶片下垂（图 8-27D）。

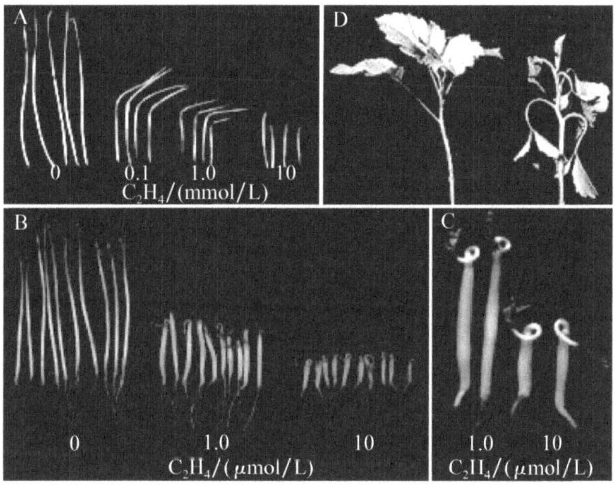

图 8-27　乙烯的“三重反应”（A～C）和偏上生长（D）

A～C. 不同乙烯浓度下黄化豌豆幼苗生长的状态；D. 用 10μL/L 乙烯处理 4h 后番茄苗的形态，由于叶柄上侧的细胞伸长大于下侧，使叶片下垂

2. 促进果实成熟　催熟是乙烯最主要和最显著的效应，已在生产上广泛应用，因此乙烯也被称为催熟激素。用乙烯释放剂——乙烯利溶液浸泡番茄、西瓜、苹果、梨、香蕉、柑橘和菠萝等果实能显著促进其成熟。

3. 促进脱落与衰老　乙烯是促进叶片脱落的主要激素。在果树栽培中，为防止大小年现象，常常采用乙烯利疏花疏果。

4. 促进某些植物的开花与雌花分化　与生长素一样，乙烯促进菠萝开花，可使芒果的幼树提早进入开花期；可诱导瓜类作物的雌花分化。例如，黄瓜、南瓜苗期（1～4

叶期）用适当浓度的乙烯处理，可增加雌花数目，并降低雌花着生节位，提高早结瓜率，增加产量。

5. 乙烯的其他效应 乙烯还可诱导插枝不定根的形成，促进根的生长和分化，打破种子和芽的休眠，诱导次生物质（如橡胶树的乳胶）的分泌等。

四、乙烯的作用机理

（一）乙烯效应的生理机制

乙烯处理对植物具有短期和长期效应，因此，有人认为乙烯的作用机理与IAA的相似，其短期快速效应是对膜透性的影响，而长期效应则是对基因表达的调节。

乙烯促进果实成熟的生理机制是乙烯增大细胞膜透性，特别是液泡膜的透性，使大量水解酶外渗，呼吸代谢加强，引起果实果肉内有机物的强烈转化，从而达到可食状态。但若用AVG、AOA等乙烯合成的抑制剂或用CO_2、Ag^+等乙烯生理作用的抑制剂时，则会延缓果实成熟。

在诱导植物器官脱落过程中，乙烯促进细胞壁降解酶——纤维素酶的合成并且促进纤维素酶由原生质体释放到细胞壁，从而促进细胞壁的分解，引起离区近茎一侧的细胞膨胀，从而迫使叶片、花或果实脱离母体。

（二）乙烯的信号转导途径

1. 受体 拟南芥有两类三重反应突变体。一类是乙烯不敏感型突变体，它对外源乙烯没有三重反应；另一类是组成型三重反应突变体，它在没有外源乙烯存在时也有三重反应。从乙烯不敏感型突变体中分离出*ETR1*（ethylene resistant 1）基因，它编码的蛋白质ETR1是乙烯的受体之一，其C端与细菌的感受器组氨酸激酶和响应调节物二元组分相似。最近研究表明，ETR1定位于内质网而不是质膜。至今在拟南芥中发现了包括ETR1在内的5个乙烯受体（ETR1、ETR2、ERS1、ERS2、EIN4）。它们共同的特征是：①N端至少跨膜三次，并具有乙烯结合位点；②都具有与细菌二元组分相似的组氨酸激酶催化区域。

乙烯与受体的结合，通过一个过渡金属辅因子，大多数是铜或锌，它们对烯烃（如乙烯）有高亲和力，银离子也能替代铜产生乙烯与受体的高亲和力。这就说明银离子之所以阻抑乙烯的生理效应不是由于干扰乙烯与受体的结合，而可能是影响了乙烯与受体结合时受体蛋白的变化。

2. 信号转导途径 我们对拟南芥的乙烯信号转导途径已有初步认识（图8-28）。乙烯首先与内质网上的受体ETR1结合，激活RAF（丝氨酸/苏氨酸激酶）样激酶CTR1（组成型三重反应），然后通过下游的MAPK（分裂原激活蛋白激酶）级联途径，将信号传递给EIN2（乙烯不敏感）。EIN2蛋白有12个跨膜区，具有通道的作用，它再将信号传递到细胞核中，激活转录因子EIN3，后者与ERF1（ethylene response factor，乙烯响应因子）的启动子结合，激活该基因的转录。*ERF1*基因编码一种属于EREBP转录因子家族的蛋白质。ERE是指基因的乙烯响应元件。转录因子ERF1调控其他乙

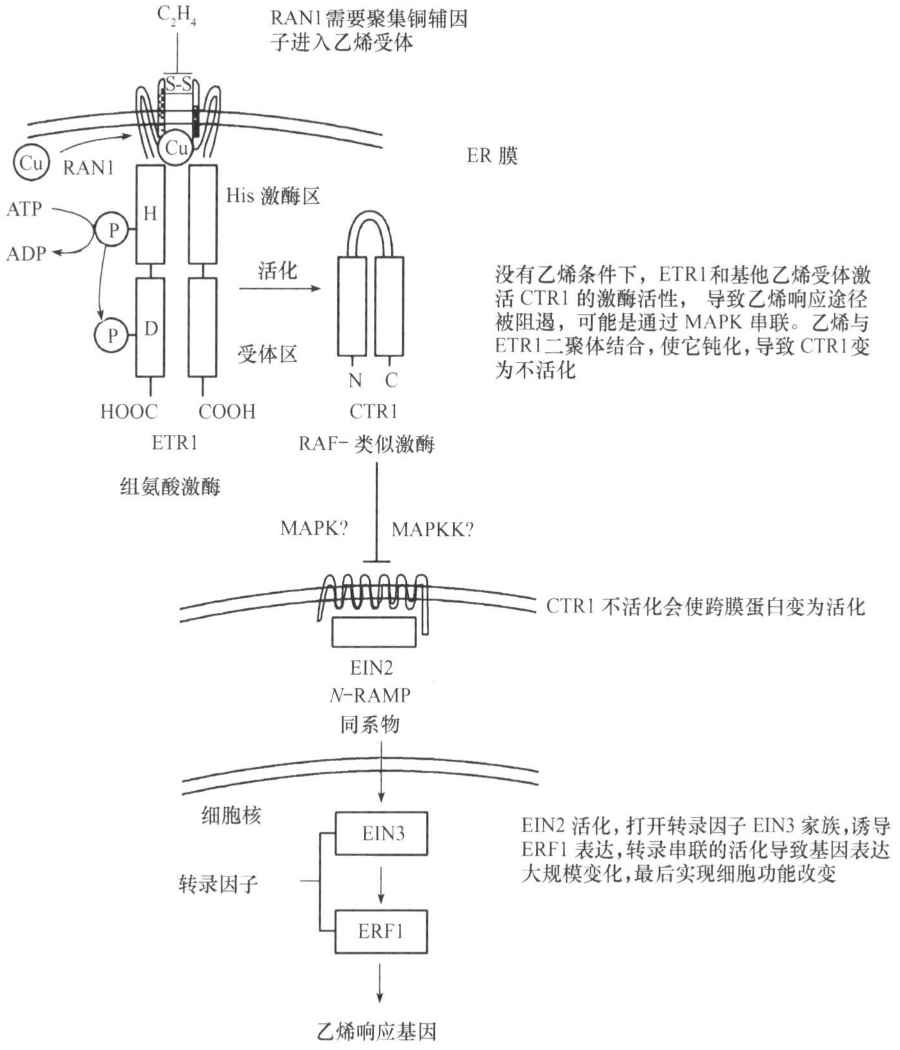

图 8-28　拟南芥乙烯信号转导模式

烯反应基因的表达，从而引起细胞的生理反应。

（三）乙烯调节的基因表达

乙烯诱导基因种类极其繁杂，包括纤维素酶、几丁质酶、β-1,3-葡聚糖酶、过氧化物酶、查尔酮合成酶（黄酮类化合物合成过程中的重要酶类）、许多病程相关蛋白及成熟相关蛋白。另外，乙烯甚至还能促进与自身生物合成有关的许多酶的基因表达，如 ACC 合成酶和 ACC 氧化酶，这与果实成熟过程中乙烯的自我催化作用有关。

第七节　其他植物内源生长物质

随着人们对植物激素研究的深入，除了上述介绍的五大类植物激素外，又相继发现了其他一些与植物激素有类似生理作用的物质，如油菜素甾醇类、多胺、茉莉酸和水杨酸等。

一、油菜素甾醇类

1970 年，美国 Mitchell 研究小组从油菜花粉中分离出一种具有很强生理活性的物质，能强烈促进植株第二节间的伸长生长，当时称为油菜素（brassins）或芸薹素。1979 年，Grove 等从油菜花粉中提纯分离出一种油菜素甾体类物质，并鉴定其结构为甾醇内酯化合物，定名为油菜素内酯（BR）。此后从多种植物中分离鉴定出油菜素内酯及多种结构相似的化合物。这些以甾醇为基本结构的具有生物活性的天然产物统称为油菜素甾醇类化合物（BRs）。目前，已发现 60 多种天然的油菜素甾醇类化合物。

（一）油菜素甾醇类的结构与分布

BR 的基本结构是一个甾体核，在核的 C17 上有一个侧链（图 8-29）。已发现的各种天然 BR，根据其 B 环中含氧的功能团的性质，可分为三类，即内酯型、酮型和脱氧型（还原型）。

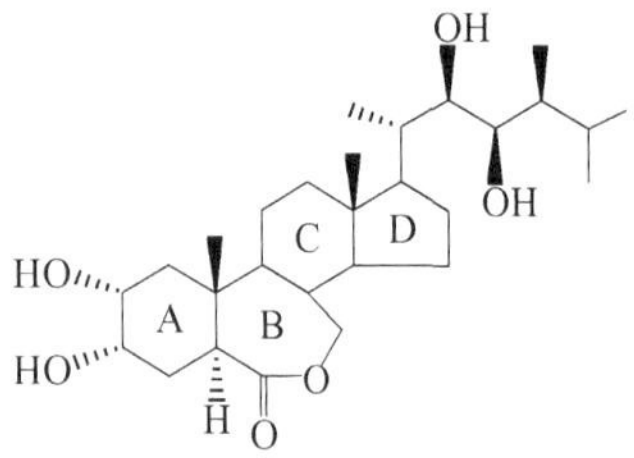

图 8-29 油菜素内酯（BR）的结构

BR 在植物界中普遍存在。虽然 BR 在植物体内各部分都有分布，但不同组织中的含量不同。在植物体内 BR 的含量为：花粉和种子 1～1000ng/kg，枝条1～100ng/kg，果实和叶片 1～10ng/kg。某些植物的虫瘿中 BR 的含量显著高于正常植物组织。

BR 的生理活性很强，人工合成的 BR 以及多种类似化合物已在生产中应用。

（二）油菜素甾醇类化合物的生理效应

1. 促进细胞伸长和分裂 用 10ng/L 的 BR 处理菜豆幼苗第二节间，可引起该节间显著伸长弯曲，细胞分裂加快，节间膨大，甚至开裂，这一综合生长反应被用作 BR 的生物测定。在拟南芥中发现了一些与 BR 的生物合成或信号转导有关的突变体，其植株大大矮化。

2. 促进光合作用 BR 可促进小麦叶 RuBP 羧化酶的活性，因此可提高光合速率。BR_1 处理花生幼苗 9d 后，叶绿素含量比对照高 10%～12%，光合速率加快 15%。

3. 提高抗逆性 水稻幼苗在低温阴雨条件下生长，若用 10^{-4}mg/L BR 溶液浸根 24h，则株高、叶数、叶面积、分蘖数和根数都比对照高，且幼苗成活率高、地上部干重显著增加。此外，BR 也可使水稻、茄子和黄瓜幼苗等抗低温能力增强。

除此之外，BR 还能增强植物对干旱、病害、盐害、除草剂和药害等逆境的抵抗力，因此有人将其称为“逆境缓和激素”。

二、多胺

（一）多胺的种类和分布

多胺（PA）是一类脂肪族含氮碱，包括二胺、三胺、四胺及其他胺类，广泛存在于植物体内。20 世纪 60 年代人们发现多胺具有刺激植物生长和防止衰老等作用，能够调节植物的多种生理活动。高等植物的二胺有腐胺（Put）和尸胺（Cad）等，三胺有亚精胺（Spd），四胺有精胺（Spm），还有其他胺类。通常胺基数目越多，生物活性越强。

高等植物的多胺不但种类多，而且分布广泛。多胺的含量在不同植物间及同一植物不同器官间、不同发育状况下差异很大，可从每克鲜重几 nmol 到几百 nmol。通常，细胞分裂最旺盛的部位也是多胺生物合成最活跃的部位。

（二）多胺的生理效应

1. 促进生长　多胺能促进植物的生长。例如，休眠菊芋的块茎不能进行细胞分裂，它的外植体中内源性多胺、生长素、细胞分裂素的含量都很低，但在培养基中只加入 10～100μmol/L 的多胺而不加其他生长物质，块茎细胞则能分裂和生长，同时，还能诱导形成层与维管组织的分化。亚精胺还刺激菜豆的不定根增加并加快其生长。

2. 延缓衰老　凡用多胺处理的燕麦、豌豆、菜豆、油菜、烟草和萝卜等植物的叶片，在暗中均有延缓衰老的作用。同时发现，前期多胺能抑制蛋白酶与 RNA 酶活性的提高，减慢蛋白质降解速率；后期延缓叶绿素的分解，但对老叶则无效。

3. 提高植物的抗性　高等植物中多胺代谢对各种不良环境十分敏感，当植物遭遇水分胁迫、寒冷、渗透胁迫和矿质元素缺乏等影响时，往往大量积累腐胺。腐胺在逆境下增加的生理意义是：①作为 pH 的缓冲剂，或有助于 H^+ 和其他阳离子通过质膜；②能抑制酸性蛋白酶和 RNA 酶的活性，可稳定膜结构，使原生质不被分解破坏。

4. 其他　多胺还可调节与光敏素有关的生长和形态建成，以及植物的开花过程，参与光敏核不育水稻花粉的育性转换，并能提高种子活力和发芽力，促进根系对无机离子的吸收。

三、茉莉酸及甲酯

（一）茉莉酸的分布和代谢

茉莉酸（JA）首先从真菌培养滤液中分离出来，而茉莉酸甲酯（JA-Me）于 1980 年从蒿属植物苦艾中分离出来。茉莉酸类（JAs）化合物广泛存在于植物体内，现已发现了 30 多种，其中，茉莉酸（JA）和茉莉酸甲酯（methyl jasmonate，JA-Me）是最重要的代表（图 8-30）。茉莉酸的化学名称是 3-氧-2-(2′-戊烯基)-环戊烯乙酸。

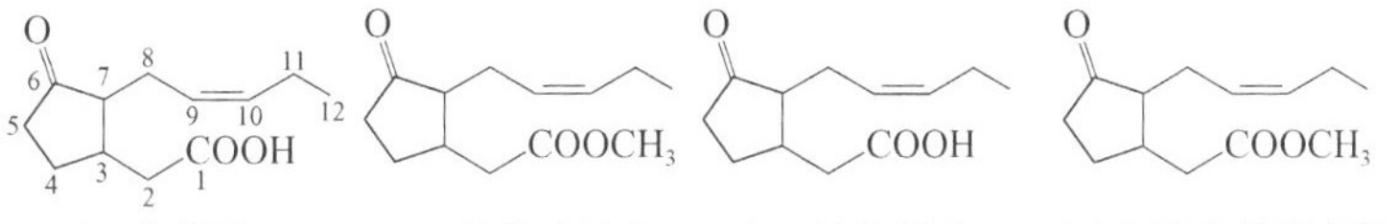

图 8-30　代表性的茉莉酸类化合物的分子结构

JA 在茎端、嫩叶、未成熟果实和根尖等处含量较高，生殖器官特别是果实比营养器官（如叶、茎和芽）的含量丰富，如大豆种子中 JA 含量为 1260ng/g FW，而其营养器官 JA 含量为 10～100ng/g FW。

JAs 通常在植物韧皮部系统中运输，也可在木质部及细胞间隙运输。

（二）茉莉酸类的生理效应及应用

JAs 可引起多种形态或生理效应，这些效应大多与 ABA 的效应相似，但也有独特之处。

1. 抑制生长和萌发 JA 能显著抑制水稻幼苗第二叶鞘长度、莴苣幼苗下胚轴和根的生长以及 GA_3 对它们伸长的诱导作用，JA-Me 可抑制珍珠稗幼苗生长、离体黄瓜子叶鲜重和叶绿素的形成以及细胞分裂素诱导的大豆愈伤组织的生长。

用 10μg/L 和 100μg/L 的 JA 处理莴苣种子，45h 后萌发率分别只有对照的 86%和 63%。茶花粉培养基中外加 JA，则能强烈抑制花粉萌发。

2. 促进生根 JA-Me 能显著促进绿豆下胚轴插条生根，10^{-8}～10^{-5} mol/L 处理对不定根数量无明显影响，但可增加不定根干重；10^{-4}～10^{-3} mol/L 处理则显著增加不定根数，但根干重未见增加。

3. 促进衰老 从苦艾中提取的 JA-Me 能加快燕麦叶片切段叶绿素的降解。用高浓度乙烯利处理后，JA-Me 能促进豇豆叶片离层的产生。JA-Me 还可使郁金香叶的叶绿素迅速降解，叶片黄化，叶形改变，加快衰老进程。

4. 抑制花芽分化 烟草培养基中加入 JA 或 JA-Me 则抑制外植体花芽形成。

5. 提高抗性 经 JA-Me 预处理的花生幼苗，在渗透逆境下，植物的外渗电导率降低，干旱对其质膜的伤害减轻。JA-Me 预处理也能提高水稻幼苗对低温（5～7℃，3d）和高温（46℃，24h）的抵抗能力。

此外，JA 还能抑制光和 IAA 诱导的含羞草小叶的运动，抑制红花菜豆培养细胞和根端切段对 ABA 的吸收。

四、水杨酸

（一）水杨酸的分布和代谢

水杨酸（SA）（图 8-31）首先是在柳树皮中被发现的。SA 一般在产热植物的花序中含量较高，如天南星科的一些植物花序，含量达 3μg/g FW，西番莲花为 1.24μg/g FW。在不产热植物的叶片等器官中也含有 SA，在水稻、大麦和大豆中均检测到 SA 的存在。植物体内 SA 的合成来自反式肉桂酸，即由莽草酸经苯丙氨酸形成的反式肉桂酸可经邻香豆酸（o-coumaric acid）或苯甲酸转化成 SA。SA 也可被 UDP 葡萄糖：水杨酸葡萄糖转移酶催化转变为 β-*O*-D-葡萄糖水杨酸，这个反应可防止植物体内因 SA 含量过高而产生的不利影响。水杨酸能溶于水，易溶于极性的有机溶剂。在植物组织中，非结合态 SA 能在韧皮部中运输。

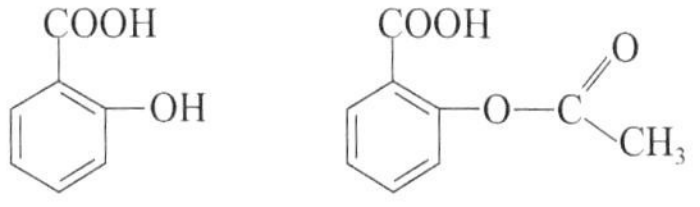

图 8-31 水杨酸（左）与乙酰水杨酸（右）

（二）水杨酸的生理效应

1. 生热效应　天南星科植物佛焰花序的生热现象是由 SA 引起。外源施用 SA 可使成熟花上部佛焰花序的温度增高 12℃，2,6-二羟苯甲酸和乙酰水杨酸（图 8-31）也有与 SA 同样的作用。这种生热现象实质上源于植物的抗氰呼吸。SA 诱导的生热效应是植物对低温环境的一种适应。

2. 诱导开花　用 SA 处理可诱导浮萍开花。后来发现这一诱导是依赖于光周期的，即是在光诱导以后的某个时期起作用。SA 还可显著影响黄瓜的性别表达，抑制雌花分化，促进较低节位上分化雄花，并且显著抑制根系发育。

3. 增强抗性　某些植物在受病毒、真菌或细菌侵染后，侵染部位的 SA 水平显著增加，同时出现坏死病斑，即过敏反应（HR），并引起非感染部位 SA 含量的升高，从而使其对同一病原或其他病原的再侵染产生抗性。SA 还可诱导植物产生某些病原相关蛋白（PR）。

另外，SA 还可抑制大豆的顶端生长，促进侧枝生长，增加分枝数量、单株结荚数及单荚重。SA（0.01～1mmol/L）可提高玉米幼苗硝酸还原酶的活性，还拮抗 ABA 对萝卜幼苗生长的抑制作用。SA 还被用于切花保鲜、水稻抗寒等方面。

五、其他植物内源生长物质

（一）玉米赤霉烯酮

玉米赤霉烯酮属于二羟基苯甲酸内酯类化合物。在小麦、玉米和棉花等 10 多种植物，包括冬性植物、日中性植物、春性植物及漂浮植物的不同器官（茎尖、茎、叶、芽和根等）中先后检测出玉米赤霉烯酮的存在。玉米赤霉烯酮在春化作用和花芽分化等过程中含量增加，当上述过程结束，玉米赤霉烯酮含量也随之下降。玉米赤霉烯酮也可调控某些植物的营养生长，促进愈伤组织的形成和生长，使春小麦提前抽穗并提高产量，促进 α-淀粉酶活性的增强，提高植物的抗逆性。

（二）寡糖素

在植物中发现许多对生理过程有调节作用的寡糖片段，称之为寡糖素。多数寡糖素是初生细胞壁的降解产物，通常含 10 个左右的单糖残基。已经证明寡糖素可以诱发植物产生抗毒素及蛋白酶抑制剂，从而提高植物的抗性。寡糖素还可控制植物的形态建成、营养生长和生殖生长等。

（三）三十烷醇

三十烷醇（TRIA）是含有 30 个碳原子的长链饱和脂肪醇，结构式为 $CH_3(CH_2)_{28}CH_2OH$，分子式 $C_{30}H_{62}O$，分子质量为 438Da。TRIA 广泛存在于植物的蜡质层中，因为也可以从蜂蜡中获得，故又称之为蜂蜡醇。三十烷醇有多方面的生物活性，如可以延缓燕麦离体叶圆片的衰老、增加黄瓜种子下胚轴的长度、抑制 GA 在黑暗中促进莴苣种子发芽的效应、促进细胞分裂、增加多种酶的活性等。

（四）系统素

系统素（SYS）是从受伤的番茄叶片中分离出的一种由 18 个氨基酸组成的多肽，是植物感受创伤的信号分子，在植物防御病虫侵染反应中起重要作用。SYS 是植物中发现的第一种多肽类的生理活性物质。

第八节　植物生长物质的应用

植物生长调节剂是指人工合成的具有植物激素活性的一类有机化合物。根据对植物生长的影响，可将其分为植物生长促进剂、植物生长抑制剂和植物生长延缓剂。

一、植物生长促进剂

植物生长促进剂可以促进细胞分裂、分化和伸长生长，也可促进植物营养器官的生长和生殖器官的发育，如吲哚丙酸、萘乙酸、激动素、6-苄基腺嘌呤和二苯基脲（DPU）等。

（一）生长素类

人工合成的生长素类物质包括三类：一是与生长素结构相似的吲哚衍生物，如吲哚丙酸（IPA）和吲哚丁酸（IBA）；二是萘的衍生物，如 α-萘乙酸（NAA）、萘乙酸钠、萘乙酰胺和萘氧乙酸（2,4,5-T）；三是氯代苯的衍生物，如 2,4-二氯苯氧乙酸（2,4-D）、2,4-D 丁酯、2,4,5-三氯苯氧乙酸（2,4,5-T）和 4-碘苯氧乙酸（商品名：增产灵）等。

人工合成的生长素类物质，如萘乙酸和 2,4-D 等，既容易被人工合成，又不像 IAA 那样在体内会受吲哚乙酸氧化酶的破坏，效果稳定，因此在农业上得到广泛使用。其生理效应参见本章第二节。

（二）赤霉素类

生产上应用最多的是赤霉素是 GA_3。它是一种固体粉末，难溶于水。使用时，可先用少量乙醇溶解，然后加水稀释至所需浓度。在低温和酸性条件下较稳定，遇碱中和失效，因而不能与碱性农药混用。国外也有应用 GA_{4+7}（30% GA_4 + 70% GA_7）和 GA_{1+2}（GA_1 与 GA_2 的混合物）。其生理效应参见本章第三节。

（三）细胞分裂素类

常用的人工合成的 CTK 类物质主要有三种：一是激动素类（KT），化学名称为 N^6-呋喃甲基腺嘌呤，分子式为 $C_{10}H_9N_5O$，纯品为白色粉末；二是 6-苄基腺嘌呤（6-BA），化学名称为 N^6-苄基腺嘌呤，分子式 $C_{12}H_{11}N_5$，白色粉末；三是 6-苯基腺嘌呤，化学名称为 N^6-苯基腺嘌呤，分子式 $C_{11}H_9N_5$，白色粉末。这三种物质均不溶于水，易溶于强酸、强碱。使用时可用 0.1mol/L HCl 溶解，加水稀释至刻度。

二、植物生长抑制剂

植物生长抑制剂主要抑制植株茎顶端分生组织的生长。这类物质使茎顶端分生组织细胞的核酸和蛋白质合成受阻，细胞分裂减慢，植株矮小；与此同时，也能抑制顶端分生组织细胞伸长和分化，但往往促进侧枝的分化和生长，从而解除顶端优势，增加侧枝数目，使叶片变小，生殖器官发育也受影响。外施生长素等可以逆转这种抑制效应，而外施赤霉素无效。下面为几种常用的植物生长抑制剂。

（一）三碘苯甲酸

三碘苯甲酸（TIBA）分子式为 $C_7H_3O_2I_3$，微溶于水，溶于乙醇和丙酮等有机溶剂。它可以阻止生长素运输，抑制顶端分生组织分裂，促使植株矮化，消除顶端优势，增加分枝。在农业生产上 TIBA 多用于大豆，促进其花芽分化，提高结实率，增加产量。

（二）整形素

整形素（morphactin）化学名称为 9-羟基芴-9-羧酸，分子式为 $C_{15}H_{11}ClO_3$，溶于乙醇。其作用机理是抑制生长素的极性运输和拮抗赤霉素。施用整形素抑制顶端分生组织细胞分裂与伸长，从而抑制主茎生长，促进腋芽萌生，使植株矮化成灌木状，所以常用来塑造木本盆景。整形素还抑制种子发芽，抑制甘蓝和莴苣抽薹，促进结球。此外，整形素还有使植物不受地心引力与光照影响的特性。

（三）青鲜素

青鲜素也称为马来酰肼（MH），分子式为 $C_4H_4O_2N_2$，化学名称是顺丁烯二酸酰肼，其作用与生长素相反，抑制茎的伸长。由于其结构类似尿嘧啶，进入植物体后可以代替尿嘧啶，阻止 RNA 的合成，干扰正常代谢，从而抑制生长。MH 可用于控制烟草侧芽生长，抑制鳞茎和块茎在贮藏过程中发芽。有报道，较大剂量的 MH 可以引起实验动物的染色体畸变，不宜施用于食用作物。

（四）增甘膦

增甘膦的化学名称是 *N*，*N*-双（磷酰基甲基）甘氨酸，分子式为 $C_4H_{11}NO_8P_2$，溶于水，难溶于苯等非极性溶剂。增甘膦抑制植株生长，也能抑制酸性转化酶活性，增加糖分的积累和贮藏，主要用于甘蔗和甜菜的催熟增糖作用。

三、植物生长延缓剂

植物生长延缓剂能抑制赤霉素生物合成，使节间缩短、植株变矮，但不减少细胞数目和节间数目，也不影响顶端分生组织的生长和花的分化。

（一）矮壮素

矮壮素（CCC）化学名称为氯化氯代胆碱或2-氯乙基三甲基氯化铵，分子式为$C_5H_{13}NCl_2$，是胆碱的衍生物，易溶于水，吸湿性强，遇碱分解，不可与碱性农药混用。国产CCC为40%或50%的棕色水剂。CCC在许多方面表现出与赤霉素相反的作用。例如，赤霉素使节间伸长，植株长高，茎秆细弱，叶色变浅；而CCC则使节间变粗、茎秆粗壮，叶色变深。CCC的作用机理是阻碍赤霉素的生物合成，抑制贝壳杉烯之后的转变过程，生产上多用于小麦和棉花。

（二）缩节胺

缩节胺（Pix）又名助壮素和皮克斯等，化学名称为1,1-二甲基哌啶翁氯化物。产品为结晶粉，溶于水，与CCC相似。生产上主要用于控制棉花徒长，使其节间缩短，叶片变小，并减少蕾铃脱落，从而增加产量。

（三）比久

比久（B_9）是二甲胺琥珀酰胺酸的俗称。B_9抑制果树顶端分生组织的细胞分裂，使枝条生长缓慢，抑制新梢萌发，因而可代替人工整枝，同时有利于花芽分化，增加开花数和提高坐果率。B_9可防止花生徒长，使株型紧凑，荚果增多。B_9残效期长，影响后茬作物生长，有人还认为B_9有致癌的危险，因此不宜在食用作物上应用。

（四）多效唑

多效唑（PP_{333}）又名氯丁唑，化学名称为1-(对-氯苯基)-2-(1,2,4-三唑-1-基)-4,4-二甲基-戊烷-3醇，是英国ZCJ公司20世纪70年代推出的一种新型高效生长延缓剂，国内也称为多效唑（MET）。PP_{333}不仅阻碍赤霉素的生物合成，同时加速生长素的分解，从而延缓和抑制植株的营养生长。PP_{333}广泛用于果树、花卉、蔬菜和大田作物，可使植株根系发达，植株矮化，茎秆粗壮，并可以促进分枝，增加穗数和粒数，增强抗逆性等。另外还可用于海桐和黄杨等绿篱植物的化学修剪。

（五）优康唑

优康唑（S_{3307}）又名烯效唑或高效唑，化学名称为（*E*）-(对-氯苯基)-2-(1,2,4-三唑-1-基)-4,4-1-戊烯-3-醇，强烈抑制细胞伸长，有矮化植株、抗倒伏、增产、除杂草和杀菌（黑粉菌及青霉菌）等作用。

四、乙烯释放剂

见本章第六节。

小　结

植物生长物质是植物体内产生的或人工合成的，在低浓度下对植物生长发育起调节作用的有机物质，包括植物激素和植物生长调节剂。植物激素主要有五大类：生长素、赤霉素、细胞分裂素、脱落酸和乙烯。

生长素是发现最早的一类植物激素，其活性形式存在于植物体内生长代谢旺盛的部位，合成的前体物质是色氨酸；可以进行极性运输和非极性运输；具有促进伸长生长、引起顶端优势、促进器官和组织分化、引起单性结实、影响性别分化、促进开花、防止器官脱落和疏花疏果等生理作用。其作用机制可能是通过调节酶活性诱导快速生长，通过调节基因表达诱导缓慢生长。生长素的受体目前已经发现了两类——ABP1 和 TIR1，它们分别介导生长素早期响应和晚期响应。

赤霉素生物合成的主要部位是植物的幼芽、幼根、正在发育的果实和种子。合成的前体物质是甲瓦龙酸（甲羟戊酸）。赤霉素的生理作用有：促进茎的伸长生长、打破休眠，促进萌发、促进抽薹开花、促进坐果等。赤霉素促进淀粉分解的原因是促进 α-淀粉酶的合成和促进 α-淀粉酶 mRNA 的合成。GA_3 是生理活性最强的赤霉素。在禾谷类种子中赤霉素的受体位于糊粉层细胞表面，其诱导 α-淀粉酶基因表达的效应由特异的转录因子 GA-MYB 介导。GID1 蛋白作为生长素另一受体，可与 GA 结合，活化 SCF，降解信号转导网络中的重要枢纽 DELLA 蛋白，使 GA 能够完成促进茎伸长的反应。

细胞分裂素广泛存在于高等植物体内，生长旺盛的部位含量最高。合成的主要场所是根尖，前体物质是甲瓦龙酸。细胞分裂素可以促进细胞分裂与扩大、影响组织分化、延迟叶片衰老、促进叶绿素的生物合成、促进侧芽发育、促进果树花芽分化、促进雌花分化、促进气孔开放。细胞分裂素通过抑制自由基产生并加速其分解、防止膜脂过氧化分解、防止水解酶产生、吸引营养物质等方式延迟衰老，并可通过调节 mRNA 和蛋白质的合成促进细胞分裂。现已证实 CRE1 是细胞分裂素的受体之一。

脱落酸广泛存在于植物界，在植物体内，正常生长的组织中脱落酸含量很低，在成熟、衰老、休眠组织中含量升高，在逆境条件下，ABA 含量急剧升高。脱落酸的生理作用是：抑制生长、促进休眠、抑制萌发、促进脱落、促进衰老、促进气孔关闭、影响开花、促进根系的生长和吸收。ABA 的受体既存在于质膜外侧，又存在于细胞内。FCA 是 ABA 的受体之一。

在果实成熟或各种器官组织衰老的过程中，乙烯含量升高，器官受到机械损伤，或在逆境条件下，乙烯含量也大幅度增加。乙烯生物合成的前体物质是甲硫氨酸，乙烯可促进果实的成熟、引起三重反应和偏上生长、促进脱落与衰老、促进开花和促进雌花分化、促进次生物质分泌、打破休眠、促进萌发等。ETR1 是乙烯的受体之一。

油菜素内酯在植物界中普遍存在，但不同组织中的含量不同。BR 可促进细胞伸长和分裂、促进光合作用和提高抗逆性，因此有人将其称为“逆境缓和激素”。

各种激素之间相互促进或相互拮抗，共同调节植物生长发育。

复习思考题

1. 五大类植物激素的主要生理效应是什么？
2. 植物体内的赤霉素、细胞分裂素和脱落酸的生物合成有何联系？
3. 简要说明生长素和乙烯的作用机理。
4. IAA、GA、CTK 和 BR 生理效应有什么异同？ABA、ETH 又有哪些异同？
5. 生长素与赤霉素、生长素与细胞分裂素、赤霉素与脱落酸、乙烯与脱落酸各有何相互关系？
6. 农业上常用的生长调节剂有哪些？在作物生产上有哪些应用？
7. 应用生长调节剂时要注意的事项有哪些？

第九章　植物的生长生理

在植物生命周期中个体形态建成包括生长、分化和发育过程，因此植物的生长发育是植物生命活动在外观上的体现，也是植物体内各个生理代谢活动协调的综合表现。

生长（growth）指由于原生质的增加而引起植物体的体积或质量的不可逆增加，是通过细胞分裂增加细胞数目和细胞伸长增大细胞体积来实现的，表现为细胞数目、干重、原生质总量和体积的不可逆的增加，是一个量变的过程，如根、茎、叶、花、果实和种子体积扩大或质量增加。

分化（differentiation）指遗传上同质的细胞转变为形态、结构、机能以及化学组分上异质的细胞，即植物差异性生长，是一个质变的过程。分化可以在细胞水平、组织水平和器官水平上表现出来，如细胞的分化、组织的分化、花芽和叶芽的分化、茎和根的分化等。

发育（development）是指个体生命周期中植物体的构造和机能从简单到复杂的有序变化过程，是植物的遗传信息在内外条件影响下有序表达的结果，在时间上有严格的顺序性。发育是外界因素与植物体各部分、各器官相互作用的结果，只能在整体上表现出来。例如，植物对光周期的反应，就是由叶片感受外部光信号、茎的传导、生长点的变化，才使植物由营养生长转变为开花结实的。

生长、分化和发育之间关系密切，有时交叉或重叠在一起。生长是量变，是基础；分化是局部的质变；而发育包含了生长和分化，是整体的质变。

植物的生长与农业、林业、园艺等的关系非常密切。如以营养器官为主要收获对象（蔬菜或木材），则营养生长将直接影响产量；如以生殖器官为主要收获对象（果实或种子），营养器官的生长状况将决定着生殖器官的形成与膨大，因为生殖器官生长所需要的养分绝大部分是营养器官提供的。因此，植物的生长直接关系着作物的产量和质量，了解植物的生长规律及其与外界环境条件的关系，以调节和控制植物的生长过程，在农林生产上有十分重要的意义。

第一节　植物细胞的生长与分化

植物组织、器官乃至整体的生长是以细胞的生长为基础的。细胞的生长包括细胞分裂以增加细胞数目和细胞伸长以增大细胞体积两个方面。当细胞体积停止增大时，通过细胞分化形成具有一定结构和功能的组织、器官。细胞的发育可分为三个时期：细胞分裂期、细胞伸长期、细胞分化期。

一、细胞分裂期

在植物体内总是保留一部分不分化的细胞，这些细胞始终保持分裂能力，如位于茎尖、根尖以及形成层等分生组织中具有分裂能力的细胞，称为分生细胞。分生细胞体积较小，近于圆形，细胞壁薄，原生质丰富，细胞核大，没有液泡；具有旺盛的呼吸作用和物质合成能力，特别是合成蛋白质的能力很强。随着旺盛的合成作用，原生质的量和细胞体积不断增大，当体积达到一定限度时，细胞核和细胞质便一分为二，形成两个新细胞。新细胞达到一定大小后，又开始新的分裂。在细胞分裂期，细胞不断进行分裂，细胞数目不断增加，但细胞体积变化不大。

分生细胞从一次分裂结束至下一次分裂结束所经历的过程称为细胞周期（cell cycle），包括分裂间期和有丝分裂期（图 9-1）。分裂间期可分为 DNA 复制前期（G_1 期）、DNA 复制期（S 期）和 DNA 复制完成到有丝分裂开始之前的 G_2 期。有丝分裂期（M 期）可分为前期、中期、后期和末期等。

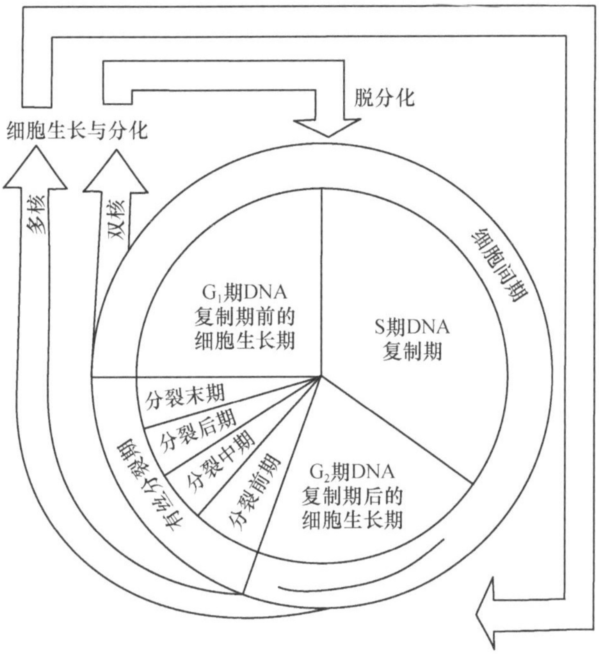

图 9-1　植物细胞周期示意图

处于分生期的细胞其代谢的显著特点是核酸和蛋白质大量合成，尤其是 DNA 含量的变化最大。在分裂间期的初期，细胞核的 DNA 含量就开始缓慢增加，高出正常二倍体的含量，当进入到分裂间期的中期时，DNA 的含量急剧增加，并最终达到四倍体的水平，即 DNA 含量加倍，然后进入有丝分裂期进行有丝分裂。到细胞分裂的中期以后，因为细胞核分裂为两个子细胞核，所以每个细胞核的 DNA 含量又显著下降，分裂完成后子细胞的 DNA 含量又恢复到正常二倍体的水平。

高等植物细胞周期的长短，因不同物种而异，一般为 10～30h。例如，蚕豆根尖的细胞周期（19℃下）为 19.3h，鸭趾草根尖的细胞周期（21℃下）为 17h。细胞周期受许多因素的影响，如豌豆根尖细胞在 15℃下为 25.55h，在 30℃下则缩短为 14.39h。植物激素可调节细胞分裂周期，赤霉素、细胞分裂素和生长素使细胞分裂加快，此外，B族维生素如 B_1（硫胺素）、B_6（吡哆醇）和烟酸也能影响细胞分裂。当缺乏这些维生素时，细胞分裂停止，根或芽的生长受阻。

二、细胞伸长期

分生组织分裂出来的细胞，小部分继续进行分裂活动，大部分则停止分裂，过渡到细胞伸长阶段。伸长期的最大特点是细胞体积迅速增大，主要表现为细胞纵向伸长。细胞开始伸长生长时，原生质中出现了小的液泡；随后，这些小液泡逐渐汇合在细胞中央，形成一个大液泡，使原生质位于液泡外围，紧贴着细胞壁的内侧。体积的扩大主要靠大量吸收水分形成液泡来充填内部空间，同时由于大量吸水使细胞膨压增大，促进细胞的伸长。伸长期细胞除体积显著增大外，也伴随着旺盛的物质代谢，原生质内的蛋白质、核酸等有机物的绝对量均有增加。例如，豌豆根尖 5～6mm 处的细胞蛋白质合成增加 6 倍，干物质增加 6 倍以上，细胞体积增加达 20 倍。

伸长期细胞在大量吸水、体积增大过程中，液泡的渗透势变化不大，这主要是大量可溶糖、矿质元素和有机酸等进入液泡，使渗透势保持稳定；同时由于细胞壁可塑性增加，使细胞压力势降低，也导致细胞保持较低的水势，因此伸长期的细胞有较强的吸水能力。在细胞伸长期如果水分不足，细胞伸长生长就会减慢。

植物激素对细胞伸长具重要的调节作用，IAA 和 GA 能明显促进细胞伸长。ABA 和 ETH 则起着抑制细胞伸长的作用。

三、细胞分化期

进入分化期的细胞在形态、结构与生理功能等方面发生明显变化，因而形成了执行不同功能的各种组织细胞。分化可在器官、组织和细胞水平上表现出来：种子植物上下有茎和根的分化；茎又有叶和侧芽的分化；进入生殖期顶端又有花芽的分化；各种器官中有不同组织的分化；各种组织中又有不同种类细胞的分化。正是由于细胞的分化导致形成了薄壁组织、输导组织、机械组织、保护组织等，进而形成营养器官和生殖器官。

（一）细胞的全能性与分化

植物细胞的全能性（totipotency）是指任何一个具有核的活细胞都含有发育成一个完整植株的全部基因，在适宜的条件下，能发育成一个完整的植株。

一个具有全能性细胞的分化，是其基因在一定的时间和一定的空间选择性表达的结果。高等生物的细胞在某一特定时间和空间，其 DNA 只有 5%～10%被利用。因此，分化是在特定的时间和特定的空间，通过基因的选择性转录而引起特异性蛋白质的合成，导致了不同的性状形成和形态建成。

（二）极性与分化

极性（polarity）是指植物器官、组织、细胞在形态学、生化组成及生理特性上的差异，由于极性的存在，使细胞发生不均等分裂现象。例如，受精卵的不均等分裂形成大小不等的细胞，小的发育成胚，大的发育成胚柄；禾本科植物气孔形成时，叶表皮细胞形成不均等分裂，大的为表皮细胞，小的形成气孔保卫母细胞，接着均等分裂形成两个保卫细胞。由此可见极性是细胞不均等分裂的基础，而不均等分裂又是植物组织结构分化产生的基础。

另外，各种环境条件，如光照梯度、温度梯度甚至电势梯度的影响，也会改变细胞极性，影响其分裂方向和分化方向。对墨角藻卵的研究结果表明，跨越细胞的离子流、Ca^{2+} 梯度以及肌动蛋白微丝与极性建立有一定的联系，如图 9-2 所示，受精卵受来自环境的不对称刺激（单侧光）而极化。细胞内的 Ca^{2+} 在照光的一侧流出，介质中的 Ca^{2+} 从背光的一侧流入。同时肌动蛋白组装的微纤丝以及大量的线粒体、高尔基体、核糖体等细胞器都聚集在背光一侧，细胞核向背光一侧移动。这样，Ca^{2+} 梯度和微丝聚集使细胞产生的极性被固定，最终引起不均等的细胞分裂，假根细胞在顶端分化出来。

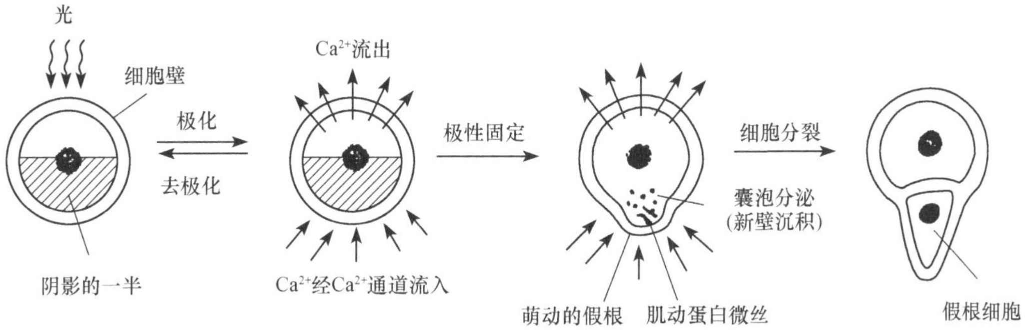

图 9-2　墨角藻极性建立的过程

极性一旦建立以后就很难逆转，可表现在植物整体、器官、组织、细胞等各个水平上。树木的茎段在扦插时，总是形态学下端长根，形态学上端长芽，即使颠倒过来也是如此。

细胞的分裂、伸长与分化三个时期是个连续过程，不可能截然分开，没有明显的严格界限，常相互重叠。但是，在自然条件下，细胞的三个时期不可逆转，而且环境条件能够影响三个时期。例如，水分充足，可延长伸长期而推迟分化期；如果缺水，可缩短伸长期而提前分化期。在弱光高湿条件下，有利于细胞伸长而不利于细胞分化；在强光低湿的条件下，不利于细胞伸长而有利于细胞分化。

第二节　植物的组织培养

植物组织培养（plant tissue culture）是指在无菌培养条件下，将离体的植物组织、器官或细胞进行培养，最后形成完整植株的技术，又称离体（*in vitro*）培养。用于离体培养的各种植物材料通称为外植体（explant）。根据培养外植体的类型及目的不同，可将植物组织培养分为器官培养、组织培养、胚胎培养、花粉培养、细胞或原生质体培养等五类。植物组织培养是研究细胞、组织的生长、分化和植物器官形态建成规律的重要手段。

一、植物组织培养的原理

植物组织培养的理论基础是植物细胞具有全能性。细胞全能性是德国植物学家Haberlandt于1902年首先提出的。他认为，离体细胞在生理上与发育上具有潜在的全能性，并可在试管中培育出植物。于是，细胞全能性的概念就成为植物组织培养的理论依据。植物细胞的全能性已经完全证实，Steward等1964年由胡萝卜韧皮细胞成功地再生出了完整的胡萝卜植株。不仅是二倍体细胞，单倍体、三倍体细胞在适宜的条件下都可诱导成完整的植株。组织培养不仅可以解决某些理论问题（如植物生长、分化和形态建成的规律），而且在生产上为培育优良品种开辟了新的途径。

在组织培养中，外植体细胞可在培养基中进行细胞分裂，产生愈伤组织。这种已分化的细胞，又回复到分生状态，产生无组织结构的细胞团或愈伤组织的过程称为脱分化(dedifferentiation)。愈伤组织经适当诱导培养后，又可产生分化现象，再度分化形成另一种或几种类型细胞、组织器官，称为再分化（redifferentiation）。愈伤组织通过培养可产生具有胚胎结构的细胞组织，即胚状体（embryoid）或体细胞胚。这是获得再生植株的最理想的途径，因为它具备了植物最典型的胚性结构这一特征。

$$\text{植物体}\xrightarrow{\text{分离}}\text{外植体}\xrightarrow{\text{脱分化}}\text{愈伤组织}\xrightarrow{\text{再分化}}\text{幼芽、幼根}\xrightarrow{\text{生长}}\text{植株}$$

二、组织培养的方法

（一）培养基

培养基分固体培养基和液体培养基，目前应用的培养基通常由五类物质组成。

（1）无机营养：包括大量元素和微量元素。

（2）碳源：组织培养所用的碳源是糖类物质，主要是蔗糖，常用浓度在2%～4%。糖除作为培养物的碳源和能源外，还有维持渗透调节的作用。

（3）维生素：主要有维生素 B_1（硫胺素）、B_6（吡哆醇）、B_3（烟酸）、B_5（泛酸）等。维生素 B_1 是组织生长所必需的。

（4）生长调节剂：常用的主要是生长素和细胞分裂素两大类，如IAA、NAA、IBA、2,4-D和激动素、玉米素、6-苄基腺嘌呤等。因培养目的和外植体的不同，可选择不同激素的种类、浓度和配比。

（5）有机附加物：主要指氨基酸（如甘氨酸等）、水解酪蛋白、酵母提取液、椰子乳等，它们对愈伤组织的诱导和分化是有益的。

不同组织培养类型、外植体所需要的培养基配方也不一样。组织培养能否成功，培养基的选择是关键。目前常见的培养基配方主要有MS、White、N_6、Miller、HE、B_5等培养基。一般快速繁育常使用MS培养基，花粉单倍体培养常用 N_6 培养基。

（二）植物组织培养类型

（1）愈伤组织培养。外植体在培养基中脱分化分裂形成的分生细胞团称为愈伤组织。这些分生细胞经诱导可再分化，产生胚状体而形成再生植株。

(2) 器官培养。对根端、茎尖、叶以及未成熟果实等的培养。茎尖培养具有快速繁殖和脱除病毒的作用。

(3) 细胞培养。分散性的离体细胞或细胞团的悬浮培养，用于生产，提取某些有用成分。

(4) 原生质体培养。将去除细胞壁的裸露植物细胞进行离体培养，主要用于遗传操作。

(三) 植物组织培养条件

(1) 灭菌。材料的常用灭菌剂有乙醇、过氧化氢、次氯酸钠、二氯化汞等，使用的浓度和处理时间因植物材料而异。培养基的灭菌通常采用湿热灭菌，即在高压灭菌器中0.11MPa (121℃) 灭菌 15min。

(2) 温度与光照。植物组织培养都需要适宜的温度，一般为 25～27℃；花器官和果实等培养还需要有昼夜温差，一般昼温 23～25℃，夜温 15～17℃。对光照要求随外植体和培养类型不同而异，如根的生长、分化需在黑暗中进行，茎、叶的生长分化需光照条件。一般组织培养所需要的光照条件为 5000～10 000lx，还需要一定的湿度和通风条件。

三、组织培养的应用

1. 快速无性繁殖优良种苗 快速繁殖是组织培养在生产上应用最广泛、最成功的领域，并会带来巨大的经济效益。其特点是繁殖系数高、生长速度快、不受季节限制、周年生产，特别是对于名贵品种、稀有种、优良单株或新育成品种繁殖推广具有重要意义。一些花卉已达到工厂化生产、商品化出售的规模。

2. 获得无病毒植株 用茎尖分生 (生长点 0.2～0.5mm) 组织培养结合热处理脱除病毒，可获得无病毒植物。例如，马铃薯、苹果、甘蔗、草莓及许多花卉均通过试管脱毒，建立了试管苗工厂及无毒苗圃。

3. 新品种的选育 用以花药或花粉作试材的组织培养技术进行单倍体育种，得到了很快的进展。我国在世界上首次成功培育出小麦、玉米、大豆、甘蔗、橡胶和杨树等 40 多种植物的花粉再生植株，并已培育出小麦‘花培 1 号’、烟草‘单育 1 号’和水稻‘单 3’、‘单 4’等优良品种；通过体细胞诱变和突变体筛选，可获得具有某种优良性状的亲本或品系；通过原生质体培养，可进行细胞融合，克服远缘杂交的不亲和性，得到杂种植株，扩大了杂交育种的途径和范围。

4. 人工种子和种质保存 将离体培养获得的胚状体，经过基质 (海藻酸钠、聚氧乙烯、明胶等) 包埋，创建人工种子，解决某些植物繁殖能力低下和结籽困难的问题，还可用于固定杂种优势。通过组织培养方法，将某些优良的种质资源与材料超低温保存，如茎尖、幼胚等，节省人力物力，还可保持种质遗传的稳定性。

第三节　种子的萌发

种子植物的个体发育始于受精卵（合子）的第一次分裂。但是，由于种子是种子植物特有的延存器官，所以人们习惯于把种子萌发看成是植物进入营养生长阶段的第一步。

一、影响种子萌发的环境条件

植物的种子是由受精卵经过胚胎发育形成的新个体，一般要经过一个静止或休眠期后，在适宜的条件下开始萌发（germination)。种子萌发所需要的主要环境条件是足够的水分、充足的氧气和适宜的温度，有些种子还需要光照条件。

（一）水分

吸水是种子萌发的第一步，种子只有吸收水达到一定程度后，各种与萌发有关的生理生化作用才能逐步开始。水分在种子萌发中的作用主要有：①水分能软化种皮，有利于氧气供应和胚根突破种皮；②种子吸水达到一定程度时可使原生质由凝胶态转变为溶胶态，促进各种代谢进行；③水分促进可溶性糖、氨基酸等物质运输到胚，供胚呼吸、生长所需；④水分促进束缚型激素转变为自由型，调节胚的生长。所以充足的水分是种子萌发的必要条件。

不同植物种子萌发过程中吸水量不同。禾谷类淀粉种子和脂肪种子吸水量较低，为30％～70％；豆科植物含蛋白质较多，种子吸水量较高，在110％以上（表9-1)。

表9-1　各种主要作物种子萌发时的最低需水量（占干重的百分率）

作物种类	最低需水量/％	作物种类	最低需水量/％
稻	35～40	棉花	58～80
小麦	60	豌豆	186
玉米	39.8	大豆	120
油菜	48.3	蚕豆	157
小麦	60	向日葵	57
燕麦	60	大麻	44

种子萌发时的吸水速率不仅与种子内贮藏物质的种类有关，还受土壤含水量、土壤溶液浓度及环境温度的影响。通常，土壤含水充足、土壤溶液浓度较低、环境温度较高，均能促进种子吸水。种子萌发时如水分不足，会造成萌发时间延长，出苗率下降，幼苗生长瘦弱。因此，在农业生产中播种时应十分重视土壤墒情，在水分不足时，常采取保墒措施，如灌水蓄墒、耙地保墒、抢墒播种、播后镇压保墒等，以保证种子的顺利发芽。但如果水分过多会降低土温，造成缺氧，使种子闷死、腐烂，所以要及时把土壤中过多的水分排出。

（二）温度

适宜的温度是种子萌发的重要因素，因为温度影响种子吸水、气体交换和酶的活性，从而影响呼吸代谢和胚的生长。温度对种子萌发的影响有三基点现象：最低温度、最适温度和最高温度。最低温度和最高温度是种子萌发的极限温度，低于最低温度或高于最高温度，种子都不能萌发。最适温度是指种子发芽率最高、发芽时间最短的温度（表 9-2）。

表 9-2 不同植物种子萌发对温度（℃）的要求

植物种类	最低温度	最适温度	最高温度
玉米	8～10	32～35	40～44
水稻	10～12	30～37	40～42
小麦	3～5	15～31	30～40
大麦	3～5	19～27	30～40
燕麦	3～5	25～31	30～40
荞麦	3～5	25～31	35～45
花生	12～15	25～36	40～45
棉花	10～12	25～32	40
黄瓜	15～18	31～37	38～40
田旋花	0.5～3	20～35	35～40
独行菜	0.5～3	20～35	35～40

种子萌发的最适温度一般与原产地生态条件有关系。原产于北方的植物，其种子萌发的温度较低，而原产于南方的植物则要求温度较高。在最适温度下，虽然种子萌发最快，但由于呼吸速率高，消耗物质较多，幼苗往往生长得不健壮，抗逆性差。因此在生产上应控制种子萌发的温度比萌发最适温度稍低一些，才能使萌发出的幼苗更健壮。

萌发的最低温度和最高温度是生产上决定播种期的主要依据。适宜的播种期一般是以土壤温度稍高于种子萌发的最低温度为宜，如棉花播种期一般土温稳定在 12℃为宜。在农业生产中可采用地膜覆盖等措施起到保水增温作用，使播种期提前。实践证明，变温比恒温更有利于种子萌发。其原因是变温可以促进种子内外气体交换，从而促进了呼吸作用和贮藏物质的转化；变温促使种皮胀缩，便于胚根、胚芽突破种皮，有利于种子水分和空气进行交换，促进种子萌发。尤其是对于某些难萌发的种子（如芹菜、蓖麻、烟草等），变温更为有利。

（三）氧气

种子萌发是非常活跃的生命活动，通过旺盛呼吸作用不断地供给生长代谢所需的能量。因此，O_2 成为种子萌发必不可少的条件。如果种子萌发期间 O_2 供应不足，则会导致无氧呼吸，一方面贮藏物质消耗过多过快，另一方面产生乙醇引起中毒。

不同作物种子萌发时需氧量不同，一般作物种子需要空气含氧量在 10%以上才能正常萌发，尤其是含脂肪较多的种子（如大豆、花生、向日葵）比淀粉种子（如麦类、玉米）要求更多的 O_2；若空气含氧量下降至 5%以下时，多数作物种子不能萌发，但也有些植物种子（如马齿苋和黄瓜）在含氧量低到 2%时仍可萌发；而水稻种子对缺 O_2 有特殊的适应本领，可在无氧条件下萌发，不过缺 O_2 时幼苗生长不正常，芽鞘迅速伸长，且根系生长受阻或不发根。土壤气体含氧量随土层深度和土质黏重增加而逐渐降低。土壤板结、水分过多、播种太深、镇压太紧等均会因 O_2 不足而影响种子的萌发和壮苗的培育。

（四）光照

光对大多数植物种子的萌发没有明显影响。有些植物种子的萌发需要光，在暗中不能萌发或萌发率很低，这类种子称为需光种子（light seed），如烟草、莴苣、胡萝卜等。而另外一类种子萌发受光的抑制，在黑暗下易萌发，称为嫌光种子或需暗种子（dark seed），如瓜类、茄子、番茄、洋葱、苋菜等。在需光和嫌光种子中，需光和嫌光的程度又因品种不同而异，且与环境条件的变化及种子内部的生理状况有关。

需光种子中研究最多的是莴苣种子。在研究莴苣种子萌发时，发现种子萌发与光的波长有关。吸足水分的莴苣种子放在白光下能促进种子萌发；用波长为 660nm 的红光照射种子时，也会促进萌发；若用波长 730nm 的远红光照射种子，则抑制种子萌发；而且红光照射后，再用远红光处理，萌发也受到抑制，即红光作用被远红光所逆转（图 9-3）。

图 9-3　莴苣种子在黑暗、红光和远红光下的萌发（Kendrick and FranKland，1976）

如果红光和远红光交替多次处理，则种子发芽状况取决于最后一次处理的光的波长，而且这种可逆现象能在同一种子中反复多次（表 9-3）。现已证明，在植物体内能吸收红光和远红光并进行可逆转换的光受体是光敏素。植物体内的光敏素有两种不同的形式，即红光吸收型（Pr）和远红光吸收型（Pfr）。Pr 吸收 660nm 的红光后转变成 Pfr；而 Pfr 吸收 730nm 的远红光后又逆转为 Pr。Pfr 才是具有生理活性的形式，需光种子在 Pfr 型光敏素作用下才能开始萌发。

表 9-3　红光（r）和远红光（fr）的反复照射对莴苣种子萌发的影响

（在 26℃下连续以 1min 的红光和 4min 的远红光曝光）

照光处理	种子萌发率/%	照光处理	种子萌发率/%
黑暗	14	R+FR+R+FR	6
R	70	R+FR+R+FR+R	76
R+FR	6	R+FR+R+FR+R+FR	7
R+FR+R	74	R+FR+R+FR+R+FR+R	81

二、种子萌发过程

从生理学的观点看，当胚根伸出种皮时认为种子已经萌发了；而从农林业生产的观点来看，种子萌发应该包括从干种子播入土壤到幼苗出土的全过程。因此种子萌发的过程可分 5 个阶段。

1. 吸胀吸水期　吸水是种子萌发的第一步，起初主要依赖于原生质亲水胶体的吸胀作用，即衬质势吸水。吸水的量取决于种子的成分，富含蛋白质的种子吸胀力大，吸水多，其次是淀粉种子，油料种子吸水量最小。

2. 细胞恢复活跃的生理活动　种子吸水达到一定量时，细胞质由原来的凝胶态转变为溶胶态，呼吸增强，各种代谢活动逐渐恢复活跃状态。子叶或胚乳中的营养物质分解并运往胚，在胚细胞中重新合成细胞生长所需的各种物质。

3. 胚细胞恢复分裂和延长　随着胚细胞合成代谢增强，以及生长素、细胞分裂素等恢复生理活性，胚细胞开始分裂和伸长。

4. 胚根和胚芽伸出种皮　随着细胞的持续分裂，胚根和胚芽相继顶破种皮，通常胚芽向上伸出时上胚轴或下胚轴呈弯钩状，以保护顶端生长点免遭土壤的破坏。禾本科植物种子在萌发时，胚芽鞘和胚根鞘先突破种皮，保护其内的胚芽和胚根。而后，胚根和胚芽再突破胚根鞘和胚芽鞘继续生长。

5. 幼苗形成　胚根突破种皮后继续向下生长，形成主根，继而形成根系，而胚芽向上生长形成茎叶系统。根据种子萌发后（形成幼苗）子叶出土还是留在土里，将幼苗分为子叶出土型和子叶留土型两类。子叶出土型的幼苗，其种子在萌发时下胚轴迅速伸长，将上胚轴和胚芽一起推出土面，结果子叶出土，如棉花、菜豆、蓖麻等。这些幼苗在真叶未长出前，子叶见光后发育出叶绿体，进行光合作用。一般子叶出土的幼苗不宜深播。

子叶留土型的幼苗，其种子在萌发时上胚轴伸长，而下胚轴不伸长，结果子叶留在土壤里，如玉米、小麦、豌豆、蚕豆等。这类幼苗以子叶作为吸收和贮藏营养物质的器官，养料耗尽后脱落死亡。这类植物可以深播，以得到更多的水分和养料。

三、种子萌发时的生理生化变化

（一）吸水过程的变化

在种子萌发期间，整个吸水过程表现为三个阶段（图 9-4）。第一阶段为急剧吸水阶段，主要是由种子内亲水胶体的吸胀作用引起的，即由衬质势引起的吸水过程，这是一种物理过程，吸水迅速，无论种子是死的或是活的，也无论种子休眠与否均能进行。这一阶段的吸水量取决于种子的成分，通常是豆类种子＞淀粉种子＞油料种子。吸水速率与种皮的结构和组成成分有关，种皮致密而富含蜡质、脂质的种子吸水速率慢，反之则快。

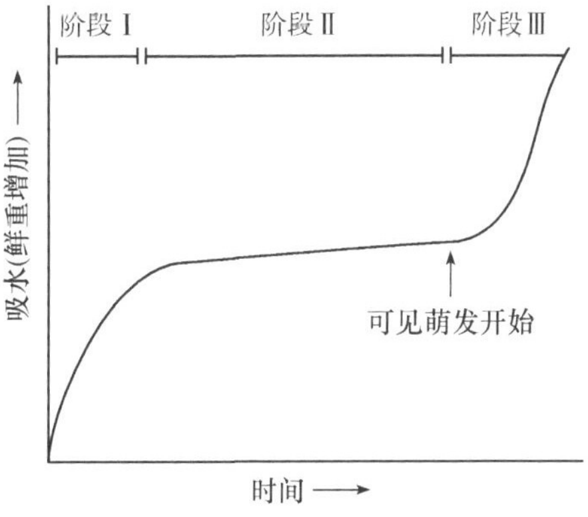

图 9-4　种子吸水的三个阶段

第二阶段是滞缓吸水阶段，种子鲜重增加趋于稳定，但是种子内部一些酶开始形成或活化，并进行着剧烈的物质转化，为萌发的形态变化做好准备。第二阶段时间的长短取决于种子的种类（如菜豆只需要 4h，豌豆需要 1d），并与温度密切相关。休眠种子或死种子即停留在第二阶段。

第三阶段为重新迅速吸水阶段，这主要是由于胚的生长引起的渗透性吸水，这一阶段由于生理、生化变化及生长的需要，种子吸水再度上升，鲜重又明显升高，但干重实际是在不断下降。

（二）呼吸作用和酶活性的变化

干种子的呼吸速率很低，几乎测不出 CO_2 的释放和 O_2 的吸收。随着种子吸水膨胀，气体交换加速进行。在种子吸水的第二阶段，即吸水滞缓阶段，种子呼吸作用产生的 CO_2 大大超过 O_2 的消耗，这表明初期的呼吸以无氧呼吸为主；当胚根突破种皮而伸出（俗称露白）时，O_2 的消耗量大大高出 CO_2 的释放量，说明此时以有氧呼吸为主。

种子萌发时，酶的来源有两类。一类是由种子形成时产生的，以非活性状态存在，在吸水后立即转变为活性状态，如β-淀粉酶、磷酸酯酶和支链淀粉葡萄糖苷酶等，其活性在种子吸胀后即迅速提高。有的酶是由预先在种子中形成的贮藏 mRNA（也叫长命 RNA），在萌发过程中进一步翻译形成的，一般在吸水几小时后就具有活性。另一类酶活性出现较晚，可能是在吸胀和激素处理后，使一些基因转录合成新 mRNA，再以 mRNA 为模板翻译成新的酶，如 GA 处理可促进 α-淀粉酶的合成等。

（三）贮藏物质的变化

种子萌发过程中各种有机物质的转变要经历水解、转移和重新合成过程。胚乳或子叶中的淀粉、脂肪和蛋白质等大分子化合物必须先经水解变成小分子的可溶性状态才能转移至胚中，用于胚的呼吸和合成胚的结构物质。

1. 淀粉的转变　种子萌发过程中，淀粉在淀粉酶和麦芽糖酶作用下分解为葡萄糖，再转化为蔗糖，运输到胚，再水解成单糖，供给胚作为新生细胞物质合成原料或作为呼吸基质。种子在发芽前仅含β-淀粉酶，发芽后才形成 α-淀粉酶。萌发后 10d 的玉米幼苗淀粉酶活性最高，其中 α-淀粉酶活性占总活性的 90%，β-淀粉酶占 10%。在淀粉酶的作用下，淀粉逐渐被水解为蓝糊精、红糊精、无色糊精，最后形成麦芽糖。麦芽糖又在麦芽糖酶的作用下，再转变为葡萄糖。

2. 脂肪的转变　油料种子萌发时，脂肪在脂肪酶作用下水解为甘油和脂肪酸。脂肪酸的积累，可提高细胞的酸性，因而脂肪酶具有自动催化的特性；由于脂肪酶在酸性条件下反应更快，所以油料种子贮藏时间过长或在高温、高湿条件下常易发生酸败。甘油通过糖酵解被呼吸利用或逆糖酵解反应而转变为葡萄糖、蔗糖等。

脂肪酸经过β-氧化分解为乙酰 CoA，其中少部分乙酰 CoA 通过三羧酸循环彻底氧化分解，其余的乙酰 CoA 通过乙醛酸循环而转变为糖。试验证明，蓖麻种子在萌发过程中，贮藏在子叶里的脂肪不断分解，含量下降，与此同时，首先是蔗糖随后是葡萄糖逐渐增加，说明油料种子萌发时脂肪主要转变为糖，种子利用糖作为幼胚生长和呼吸的原料。

3. 蛋白质的转变　种子萌发过程中，贮藏蛋白在蛋白酶和肽酶的作用下被水解为氨基酸或酰胺，并运输到胚中，合成新细胞的结构蛋白质和酶。因此，萌发过程中，种子内总氮量没有多大变化，但含氮化合物的类型却发生很大变化，蛋白质迅速减少，而氨基酸和酰胺则显著增多。大部分氨基酸用于新细胞的结构蛋白质和酶的合成，一部分氨基酸经脱氨基作用形成酮酸和氨。有机酮酸通过三羧酸循环彻底氧化分解或形成糖。氨可与谷氨酸、天冬氨酸形成酰胺暂时贮存起来，既可消除氨态氮大量积累而造成的毒害作用，又可重复利用形成新的氨基酸。

总之，种子萌发过程中，贮藏物质淀粉、脂肪、蛋白质等有机物经历了一系列的水解、运输和重建等代谢转变过程（图 9-5）。种子萌发经历从异养到自养过程，当幼苗叶片能进行正常的光合作用、制造有机养料后，才能进入自养过程。因此，种子内贮藏的有机物质越多，越有利于种子的萌发、幼胚的生长，故在播种前要选择粒大而饱满的种子。

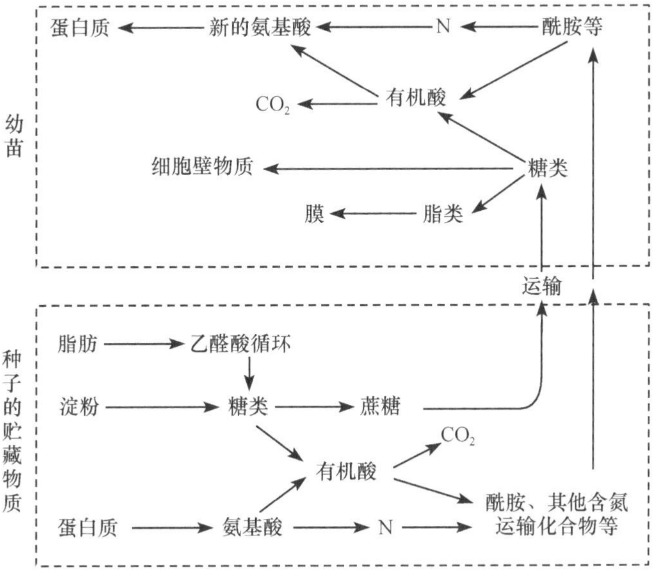

图 9-5　种子萌发时的物质转化情况

（四）激素的变化

种子萌发过程中有多种内源激素调节幼胚的生长、器官的分化和形态的建成。未萌发的种子通常不含游离态 IAA。但种子萌发初期束缚态 IAA 即转变为游离态，并且继续合成新的 IAA。落叶松种子经层积处理吸水萌发时，生长抑制剂含量逐渐下降而 GA 的含量则逐渐上升。同时，CTK 和 ETH 在种子萌发早期均有增加，而 ABA 和其他抑制物质则明显下降。

（五）植酸的变化

植酸即肌醇六磷酸，是种子内磷元素的主要贮存形式，占贮存磷的 50%以上。贮藏形式的植酸多为钙、镁的复合盐，所以又称植酸钙镁，因此是种子萌发生长时钙、镁的主要来源。种子萌发时，在植酸酶的催化下，植酸钙镁水解，产生肌醇，同时释放出磷和钙、镁等。

第四节　植物的生长

植物的整体、器官或组织在生长过程中常常遵循一定的规律，表现出特有的周期性、相关性和独立性等特点。

一、植物的生长曲线

植物包括细胞、组织、器官、植株以至群体在整个生长过程中，生长速率不是恒定的，一般都会表现出“慢—快—慢”的变化规律，即开始时生长缓慢，以后逐渐加快，进入快速生长期，然后生长速率又减慢以至停止。如果以植物（或器官）生长量对时间作图，可得到植物的生长曲线（growth curve）。而且不管用质量、表面积、高度、细胞数量甚至是蛋白质量，它们的增长曲线都呈“S”形；如以增长量变化（生长速率）来表示，生长曲线则为一条抛物线（图 9-6）。

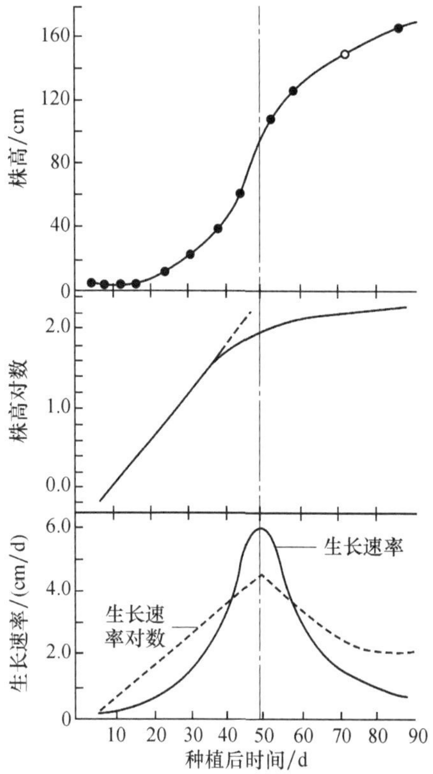

图 9-6　玉米株高及生长速率曲线

由图 9-6 可见，这条“S”形生长曲线可细分为 4 个时期。

（1）生长停滞期（growth lag phase），图中的 0～18d，细胞处于分裂时期和原生质积累期，生长比较缓慢。

（2）对数生长期（logarithmic growth phase），图中的 18～45d，细胞体积随时间而成对数增大，细胞越多，生长越快。

（3）直线生长期（linear growth phase），图中的 45～55d，生长继续以恒定的速率（最高速率）进行。

（4）衰老期（senescence phase），图中的 55～90d，细胞成熟和衰老，生长速率下降。

植物生长速率的“慢—快—慢”变化规律与细胞生长规律有关。生长初期细胞以分裂为主，细胞数量虽然增加较多，但体积小，因此表现为生长缓慢；当细胞进入伸长期，体积迅速增大，所以生长迅速；后期细胞以分化为主，体积不再增加，生长缓慢以至停止。植物组织与器官的生长是以细胞生长为基础，因此也表现出生长“慢—快—慢”的规律。但植物整株乃至群体生长速率的这种变化规律，其产生原因不能简单地从细胞生长情况来分析。生长初期因根系不太发达，叶面积小，光合能力弱，干物质积累少，表现生长缓慢；生长中期，根系扩展，叶面积增加，光合能力提高，干重急剧增加，生长加快；生育后期，植株处于衰老状态，根系停止生长，光合速率下降，干物质积累减慢，最后不再增加甚至减少。

了解植物的生长曲线在农业生产上具有重要的实践意义。一切促进生长或抑制生长的措施（如水分、肥料和生长调节剂的应用），必须在生长最快速率到来之前应用才能有效。

二、植物生长的相关性

植物体各个组成部分是一个统一的整体。高等植物各个部分之间保持着相当恒定的比例和相对确定的空间位置，植株不同部分的生长既相互依赖、相互促进，又相互制约，植物各个部分在生长上的相互促进和相互制约的现象称为生长的相关性（growth correlation)。相关现象广泛存在于细胞与细胞、组织与组织、器官与器官之间。

（一）地下与地上器官的相关性

植物地下部分和地上部分主要表现为相互依赖、相互促进的关系。生产上常用“根深叶茂”、“树大根深”形象生动地说明根与冠之间的关系。冠是指地上器官，根是指地下器官。产生这种相关性的原因是二者有营养物质和微量生理活性物质的交流。

地上部分的生长和生理活动需要根系供给水分、矿质营养，以及根中合成的氨基酸、磷脂、核苷酸、CTK、GA、ABA 等。其中 ABA 被认为是一种逆境信号，在水分亏缺时，ABA 在根系中快速合成并通过蒸腾液流输送到地上部分，调节和控制着地上部分的生理活动。

地下部分的代谢活动和生长则依赖于地上部分供给光合产物、维生素和生长素等物质。同时，叶片也会合成一些化学信号物质传送到根系，调节着地下部分的生长和生理活动（图 9-7)。

在某些情况下，地上部分和地下部分也会出现相互竞争的现象，如在水分、养料供应不足的情况下，地上部分与地下部分由于供求关系上出现的矛盾，导致它们对水分和营养物质的竞争，使二者表现出一定的相互制约关系。生产上常用根冠比（root-top ratio）来表示地上部分和地下部分的相关性。所谓根冠比是指某时期内植物地下部分与地上部分的干重或鲜重的比值，它能反映地下部分与地上部分相对生长情况以及环境条件对上下部分生长的影响情况。影响根冠比的环境条件主要有以下几点。

1. 土壤水分　增加水分供应，促进地上部分生长，使根冠比变小；减少水分供应，抑制地上生长，促进地下生长，使根/冠比变大。其原因是：根系是吸水的主要器官，土壤中通常含有一定的可利用水，所以，根系本身不易发生水分亏缺。而枝叶是水分蒸腾的主要部位，往往因蒸腾失水大于根系吸水而造成水分亏缺。特别是土壤干旱或供水不足时，根系吸收有限的水分，首先满足自身的需要，给地上部分输送的就很少。所以土壤水分不足时对地上部分的影响比对地下部分的影响更大，根冠比增大；相反，土壤水分多时，给地上输送的水分相对增多，促进地上部分的生长，使根冠比降低。俗话说“旱长根，水长苗”就是这个道理。

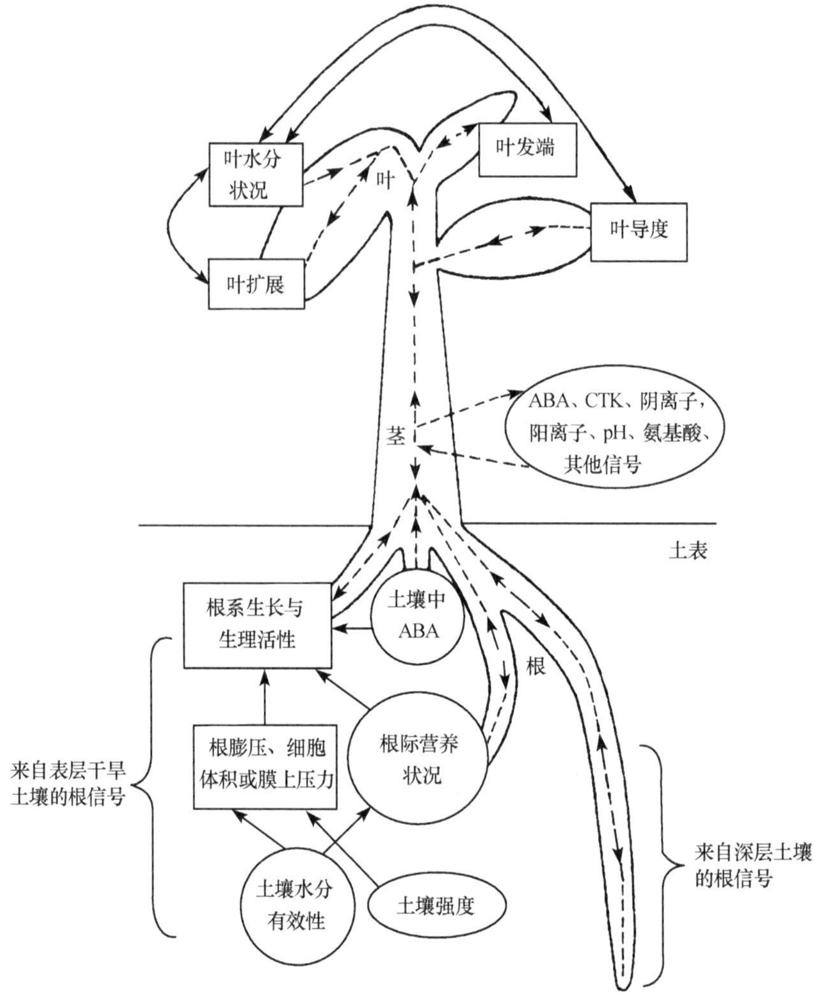

图 9-7　土壤干旱时根中化学信号的产生以及根冠间的通信

2. 氮肥　增加氮素供应使根冠比变小，减少氮素供应使根冠比变大。其原因是：根系吸收的氮素首先满足自身的需要，多余部分才向上运输。因此，当土壤缺乏氮素时，给地上部分输送的就很少，地上部分比根系缺氮更严重，这样地上部分合成蛋白质减少，积累糖分增多，而对根系供应的糖分也增多，从而促进了根系生长，使根冠比增大。如果土壤氮素含量充足时，则地上部分较多的氮素促进其生长，使根冠比降低。

3. 磷肥　增施磷肥使根冠比变大，减少磷肥供应使根冠比变小。其原因是：磷在碳水化合物的运输中起着重要作用，促进叶内光合产物向根系运输，有利于根系生长，使根冠比增大。在农业生产上，对于甘薯、甜菜等以根部为收获物的作物，调整根冠比对产量形成至关重要。一般在生长前期保证水和氮肥供应，使地上部分生长良好，形成较大的光合面积，要求根冠比为 0.2。到生长后期，减少氮肥供应，增施磷肥、钾肥，使根冠比在 2 左右，获得稳产高产。

4. 光照　在一定范围之内，光照强度提高使光合产物增多，对地上部分和地下部分的生长都有利。可是，在强光下大气相对湿度下降，植物地上部分蒸腾作用增加，往往产生水分亏缺，加上强光下对生长素的破坏，地上部分的生长受到了不同程度的抑制，使根冠比增大。光照不足时，光合产物减少，地上部分合成的光合产物先满足自己的需要，输送给根系的光合产物很少，对根系生长的影响比对地上部分生长的影响大，使根冠比降低。

5. 修剪　合理的修剪或整枝有减缓根系生长而促进地上部分生长的作用，使根冠比降低。这是因为修剪或整枝去掉了部分枝叶，减少了光合面积，使地上部分供给根系光合产物减少，制约了根系的生长。而地上部分（修剪后留下的枝、叶和芽）从根系得到的水分、矿质营养（特别是氮素）却相应地增加了，加上修剪后又刺激了侧枝和侧芽的生长。所以，修剪促进了地上部分的生长，抑制了地下部分的生长，修剪越重，表现越明显。

（二）主茎和侧枝的相关性

植物的顶芽长出主茎，侧芽长出分枝，通常主茎生长快，而侧枝和侧芽生长较慢或潜伏不长，如果剪去顶芽，侧芽则迅速生长，这表明顶芽的存在对侧芽的生长有抑制作用。这种顶芽抑制侧芽而优先生长的现象称为顶端优势（apical dominance）。顶端优势现象普遍存在于植物界，但各种植物表现不尽相同。木本植物针叶树，如桧柏、杉树等，主茎生长很快，侧枝从上到下的生长速度不同，距茎尖越近，被抑制越强，整个植株呈宝塔形。草本植物如向日葵、玉米、高粱、烟草、黄麻等顶端优势很强。只有主茎顶端被切除，邻近的侧枝才加速生长（图 9-8）。当然也有些植物的顶端优势不显著或较弱，如核桃、榆树、水稻、小麦等。顶端优势现象在根中也存在，主根根尖的存在能抑制侧根生长。

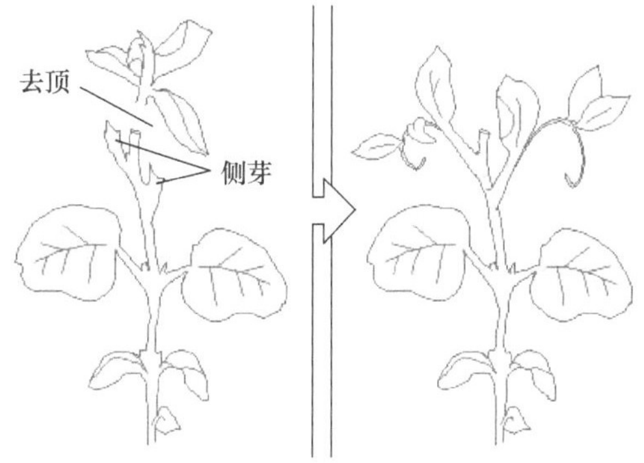

图 9-8　棉花顶端存在对侧芽的抑制现象

产生顶端优势的原因有多种解释，但一般认为这与营养物质的供应和内源激素的调控有关。

1. 激素抑制假说　Thimann 和 Skoog（1934）认为顶端优势是由于生长素对侧芽的抑制作用而产生的。植物顶端形成的生长素，通过极性运输，下运到侧芽，使侧芽的生长素浓度过高而使生长受到抑制。此假说最有力的试验证据是，如果去掉茎的顶芽，可导致侧芽的生长；如在断口涂上含有外源生长素的羊毛脂，那么，像完整植株一样，侧芽的生长就被抑制。这就证明茎顶端产生的生长素对侧芽有抑制作用。另外，使用生长素运输抑制剂，或对主茎做环割处理，阻止生长素向下运输，均可导致处理部位下方侧芽的生长。

2. 营养转移假说　Went（1936）认为生长素既能调节生长，又能控制代谢物的定向运转。植物顶芽是生长素合成的部位，高浓度的IAA使其保持为生长活动中心和物质交换中心，形成很强的代谢库，有利于营养物质调运到顶芽并促进顶芽生长；植物顶端产生的或者外源施用的生长素可以将植物生长所需要的营养物质调动到生长素产生或施用部位，从而使侧芽中营养物质被运走，导致侧芽由于缺乏营养物质而被抑制生长。研究表明，植物顶端产生的生长素可以决定矿质元素和同化物质在植物体内的运输方向及其分布。但也有一些试验结果与这一假说相矛盾。例如，将营养物质直接施到生长被抑制的侧芽处，并不能诱导生长。在植株去顶之后到可见的侧芽生长开始之前这段时间内，并未测到植株顶部内源养分含量增加。以上试验结果说明，营养物质并不是抑制侧芽生长的因素，植物顶端优势是由激素调节和控制的。

3. 细胞分裂素在顶端优势中有重要作用　在顶芽存在时给侧芽施加细胞分裂素，可诱导侧芽的生长；比较两种不同顶端优势强度的番茄品系发现，顶端优势强的突变种中细胞分裂素含量较低；在去顶及除去子叶的豌豆幼苗根部施加放射性苄基嘌呤，细胞分裂素在侧芽内浓度增加，侧芽萌发被促进。这些试验证据说明细胞分裂素能促进侧芽萌发，解除顶端优势。已知生长素可影响植物体内细胞分裂素的含量和分布，通常顶芽含有高浓度的生长素，生长素与细胞分裂素的浓度比值决定了顶端优势的强弱。如果除去顶端，消除高浓度生长素的来源，侧芽中由根部运来的和本身合成的细胞分裂素相对增多，其结果会促进侧芽的萌发和生长。可见，由根部合成而向上运输的细胞分裂素在侧芽部位与生长素对抗，细胞分裂素与生长素的比值高时促进侧芽生长，反之抑制侧芽生长。

在生产上有时需要保持顶端优势，如对用材林采取密植，去掉侧芽来加强顶端优势，以利于主干通直，提高用材比例和材质。有时需要解除顶端优势，促进侧芽生长，如一些经济林树种（茶树、桑树、香椿等）需要破坏顶端优势，以便得到较多的侧枝和叶量而增加产量。

（三）营养生长和生殖生长的相关性

营养生长（vegetative growth）与生殖生长（reproductive growth）是植物生长发育过程中两个不同的阶段，二者之间既相互依赖，又相互制约。

1. 营养生长对生殖生长的影响　营养生长与生殖生长表现为既促进又抑制的关系。植物的营养生长进行到一定阶段必然要进入生殖生长阶段，因此营养生长是植物生殖生长的基础，生殖生长所需要的养料大部分是由营养器官所提供的。没有健壮的营养器官，生殖器官就不可能获得足够的养分。因此，营养生长好，生殖生长才能正常，才能获得较高的产量；营养生长不好，生殖生长也受影响。

但如果营养生长过于旺盛，如发生徒长现象时，营养器官吸收和制造的营养物质大部分用于营养体的生长，会使生殖生长因营养物质的缺乏受到抑制，生殖器官分化推迟，生育缓慢或花芽分化不良，果小粒瘪，落花落果严重。在自然界常常可以看到许多枝叶长得极其茂盛的果树，往往不能正常开花结实，即使开花结实也会因营养不足而严重落花落果。

2. 生殖生长对营养生长的影响　由于生殖生长要消耗大量的营养物质，因此主要表现为生殖生长对营养生长的抑制作用。通常从花芽分化开始，生殖器官就消耗营养体的营养物质。在生殖器官生长时，根部得到的糖分减少，以致影响根对矿质元素吸收使地上部分生长也受到影响。一年生或多年生一次性开花结果的植物，一旦开花结果营养生长就几乎完全停止。对于多年生树木，如生殖器官的生长过于旺盛，会制约营养器官的生长。植株大量开花结果，很多的养分为花果所消耗，枝叶等营养器官的生长就会趋于停滞、衰退以致死亡。例如，黄桦和白桦树在大量形成种子的年份，其叶片细小或易脱落，枝条生长下降，年轮较密。翌年，枝条生长继续减弱，甚至有些枝条由此而死亡。但是，如果摘去正在发育中的果实，则枝叶等营养器官就能继续健壮地生长。

果树生产上的大小年现象就是营养生长和生殖生长不平衡造成的。在果实丰收的大年，大量正在发育着的种子和果实消耗了营养体过多的养分，导致当年的花芽分化少或发育不良。翌年，开花结果少，形成了小年。在小年由于结果少，营养物质充足，分化的花芽多，下一年又形成了大年。此外 GA 对花芽的分化也有抑制作用，在大年由于大量的幼果产生较多的 GA，GA 扩散出来也会抑制当年的花芽分化，使下一年成为小年。

在生产上，可利用这一生长相关现象进行调节来达到人们的目的。如以营养器官为收获物的作物（麻类、烟草、蔬菜、用材林等），通过加强肥水管理，促进营养生长；采取摘除花序等措施，抑制生殖生长，以获得高产。对于以果实和种子为收获物的经济林，可通过各种管理措施，协调好营养生长和生殖生长的关系，如整形修剪、适时适度的疏花疏果，以获得稳产高产。生产实践中总结出的“满树花、半树果，半树花、满树果”就是这个道理。

三、植物生长的周期性

植物的生长速率随昼夜和季节发生着有规律性的变化，这种现象叫做植物生长的周期性（growth periodicity），可分为昼夜周期性和季节周期性。

（一）生长的昼夜周期性

地球自转引起昼夜交替，导致影响生长的主要外界因素——光照、温度、水分发生着昼夜的变化，因此使植物生长呈现出昼夜的周期性，一般是白天生长慢，夜间生长快。这种植物的生长速率随昼夜变化而发生的有规律的周期性变化，称为生长的昼夜周期性（daily periodicity）。白天，光照强，温度高，相对湿度较低，植物蒸腾作用强烈，往往引起水分亏缺，生长速度减慢；同时，光本身对生长有抑制作用，因此白天植物生长减慢。夜间由于温度低，相对湿度高，蒸腾作用减弱，植物体内水分相对充足，细胞分裂和延伸生长顺利进行。加上没有光的抑制作用，所以夜间生长快。植物生长的昼夜周期性是植物在长期的系统发育中形成的对环境的适应性。有人观测到阔叶树的高生长白天占 33%，夜间占 67%。紫竹夜间高生长比白昼快 6 倍。

白天生长快、夜间生长慢的现象是有一定的季节和地域限制的，在温带和寒带的早春夜间，若低温的抑制作用超过黑暗的有利条件时，松树高生长速度的高峰会移至白天出现。在一些高纬度地区，即使是夏季也会因为夜间温度过低抑制生长，表现出白天生长快的现象。

（二）生长的季节周期性

地球公转引起日照长度季节性变化，植物在一年中其生长随季节变化而表现出的有规律的周期性变化叫做生长的季节周期性（seasonal periodicity）。产生生长季节周期性的原因除了受不同季节的温度、光照、水分等环境条件的影响外，还受植物内部生长节律的影响。植物通过长期适应原产地的季节变化，已形成植物的遗传本性（内因）。例如，温带的多年生木本植物，春季萌发，夏季茂盛生长，秋季落叶、休眠等，翌年又周而复始，年复一年，其变化原因既受四季温度、水分、光照等条件的影响，也受内因的控制。生长的季节周期性是由于季节的变化影响植物的代谢强度而引起的，其中季节变化引起植物内源激素种类和含量变化是主要原因。

在春季，随着日照延长，气温升高，促进了 IAA、GA、CTK 合成，生长激素在量上占优，代谢加强，生长加快；到了夏季，生长激素含量达到最高，生长条件也最适，进入一年中的快速生长期；到了秋季，日照变短，气温降低，叶片感受到短日照信号以后抑制 IAA、GA 等的合成，促进 ABA 等的合成，抑制激素占优，代谢减弱，生长极慢甚至停止，进入休眠；之后，随着休眠的加深，抗寒性逐渐加强。越过冬季到第二年春季，又重新开始生长，由此年复一年地重复，形成了生长的季节周期性。季节变化中刺激剂和抑制剂的消长是植物生活中对立统一的一种表现，也是构成外因通过内因而使植物生长呈现季节周期性的主要原因。

冬季来临之前，随着气温降低，日照长度缩短，叶片感受到短日照信号以后，导致植物体内发生一系列适应低温的代谢变化，生长停止，进入休眠。

四、环境因素对植物生长的影响

影响植物生长的环境因素有光照、温度、水分、氧气、重力和机械刺激等，其中光照、温度和水分是主要因素。

（一）光照

光对植物生长的影响有间接的和直接的两个方面。

光对植物生长的间接影响，主要是通过影响光合作用来影响植物生长的物质基础。因此光照好，光合产物多，生长的物质基础充足，促进生长。

光对植物生长的直接影响表现为光抑制生长，促进组织和细胞的分化，是植物形态建成的必需条件。植物只要有充足的有机营养物，在黑暗中也能生长，而且生长速率比在光下还快，但形态很不正常，表现出特有的黄化现象（etiolation）：植株呈黄色；叶片潜伏不生长；茎过度伸长；顶芽不伸直呈弯钩状；机械组织不发达（图 9-9）。

光对生长的直接影响包括光强和光质两个方面。

光强对植物生长的影响：强光抑制细胞伸长，促进细胞分化，株高降低，节间缩短，叶片浓绿，叶片小而厚，根系发达；在弱光促进细胞伸长生长，但不利于细胞分裂，分化推迟，纤维素少，细胞壁薄，节间伸长，株高增加，叶色浅，叶片大而薄，根系不发达，植株柔弱。在农业生产中常因种植密度过大，株间通风透光极差，易徒长倒伏，抗逆性降低。

光质对植物生长的影响：不同波长的光对植物生长的作用是不同的。红光抑制茎过度伸长，促进叶片展开，对解除黄化最有效；远红光可逆转红光的作用；蓝紫光明显抑制生长，阻止黄化现象；紫外光能杀死或损伤细胞，强烈抑制生长。研究表明，短波蓝光、紫光特别是紫外光，抑制生长的原因是提高 IAA 氧化酶的活性，降低 IAA 的水平。高山上的植物矮小，与高山空气层稀薄，紫外光容易透过，使植物体内的生长素遭受破坏有关。

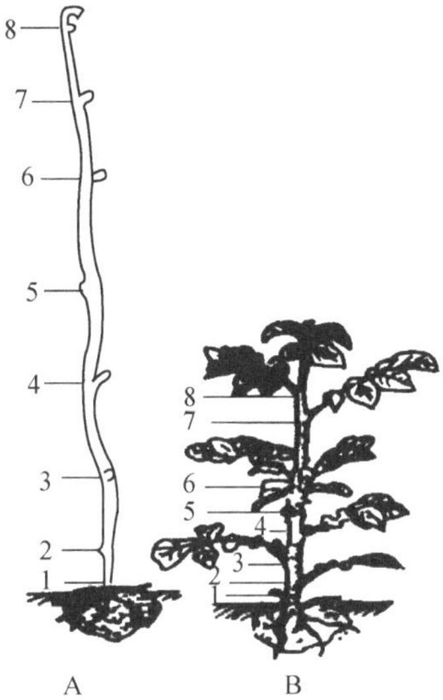

图 9-9 光对马铃薯幼苗的影响

A. 黑暗中生长的幼苗；

B. 光下生长的幼苗；

1～8. 茎上节的顺序

光对植物生长的直接作用，即抑制生长、促进分化，导致形态建成（如高矮、株型、叶色等），称为光范型作用（photomorphogenesis）。范型作用是一种低能反应，只暴露短暂的光即可完成。现已证实，植物生长接受光的色素也是光敏素。在光质中有效的光是红光（660nm），能使黄化苗转化为正常苗，促进叶伸长，抑制茎的过度延长，阻止黄化。

生产上薄膜育苗时采用浅蓝色薄膜，既能吸收大量橙光，提高膜内温度，又能透过 400～500nm 波长的蓝紫光，抑制徒长，使秧苗生长茁壮，分蘖多，增加鲜重和干重。

（二）温度

植物的生长是体内各个生理过程协调进行的综合表现，而各个生理过程又受温度的影响，因此，植物只有在一定的温度下才能够生长。一般情况下，低于 0℃时，高等植物不能生长；高于 0℃时，生长开始缓慢进行，随着温度的增高，生长逐渐加强，20～30℃时，生长速率最快，更高的温度反而使植物生长缓慢，如果再升高温度，生长将会停止。因此温度对生长的影响也存在着“三基点”现象，即最低温度、最高温度和最适温度。

生长的最适温度是生长最快的温度，而最低温度和最高温度是生长停止的温度。植物在生长最低和最高的温度下，尽管生长停止，但生命活动并未停止，有些生理过程如呼吸、物质运输等仍在进行。而生长受到抑制是因为不适宜的温度破坏了生理上的协调性。植物生长的温度范围要明显小于生存的温度范围，即生长温度的最低点要高于生存温度最低点，生长温度最高点要低于生存温度的最高点。通常植物生长的最适温度与最低温度之间相距较大，最适温度与最高温度范围相距较小，前者可达 25～30℃，后者仅为 5～10℃，这说明高温对生长有较大的破坏作用。

植物生长所需的温度范围常与植物地理起源和植物器官、生育期的不同有关。原产于热带或亚热带的植物所需的温度范围偏高，最低温度为 10℃，最适温度为 30～35℃，最高温度为 45℃；原产于温带的植物温度三基点略低，分别为 5℃、25～30℃和 35～40℃；原产于寒带的植物其温度三基点更低，在 0℃或 0℃以下时仍能生长，最适温度很少超过 10℃。根生长的温度三基点较低，地上部分较高，幼苗最适温度低，果实或种子成熟时最适温度较高。

应当指出，在生长最适温度下，虽然生长很快，但因消耗有机物质多，植株细长柔弱，不健壮。所以，通常将生长最快的温度称为生理最适温度，而把植物生长健壮的温度称为协调最适温度，协调最适温度比生理最适温度要低。

由于人工气候室的建立，人们能够在严格控制条件下研究昼夜温差对植物生长的影响。大量试验证明，日温较高且夜温较低，对生长有利。番茄在昼夜温度恒定的情况下，生长随温度升高而增加（5～26℃），而在昼夜温度变化时，以白天 26℃、晚上 20℃处理的生长最快，夜温高于或低于 20℃时生长下降。把昼夜温度变化对植物生长的效应，即白天温度高、夜间温度低对植物生长有利的现象称为温周期现象（thermoperiodicity growth）。产生温周期现象的原因是：①夜晚温度较低，适当降低呼吸作用，减少光合产物消耗；②较低的夜温有利于根系合成细胞分裂素，促进生长。如生长在 11℃和 20℃条件下的葡萄根伤流液中均含有细胞分裂素，而生长在 30℃下的却没有。了解植物生长的温周期现象，在温室及大棚栽培中调节昼夜温度变化，对提高作物产量具有重要意义。

（三）水分

植物的正常生长，不论是细胞的伸长还是分化，都需要足够的水分，尤其是细胞伸长需要较多的水分。同时，水分还影响体内各种代谢活动而间接影响生长。植物生长旺期也是植物需水最多的时期，如玉米、小麦、水稻、高粱等禾谷类作物，在拔节和抽穗期间，主要靠各节间细胞的伸长和扩张生长来增加植株高度。此时需要水分较多，如果严重缺水，不仅植株生长矮小，整体光合面积大大减小，而且影响抽穗，导致严重减产。

另外，在水分供应充足的条件下，植物生长很快，茎叶柔嫩，机械组织和保护组织不发达，植株的抗逆能力大大降低，易受低温、干旱和病虫的伤害。同时小麦等禾谷类作物，易后期倒伏，棉花易招致徒长，引起蕾铃脱落。因此，在作物苗期适当控制水分，是培育壮苗的重要手段之一。

（四）其他因素

1. 矿质营养 植物的生长需要多种矿质元素，每种矿质元素都有其独特的生理功能，缺乏它们，植物体内物质代谢就会遭受破坏，生长受阻。对作物苗期生长影响最大的矿质元素有氮、磷、钾和锌。因为苗期是作物迅速生长的时期，充足的氮素是大量合成蛋白质等原生质结构成分所必需的；足够的磷、钾元素是保证光合产物制造、运转并转化为纤维素等细胞壁成分所必需的；锌能促进生长素的合成，故可促进植株生长。

2. 机械刺激 植物的生长还受到机械刺激的调节。例如，给番茄幼苗支架、摇动等，均使幼苗的高度降低，节间变短，根冠比增大；人为碰撞摩擦甜瓜幼苗和果实，会使株高降低、叶片变小和果实早熟；迎风面的树冠枝条数多些，长得粗短；拔节期小麦受到机械刺激，茎秆矮壮，抗倒伏能力增强。田间生长的植株比温室的植株矮壮的原因之一，就是受到风、雨等机械刺激较多的结果。

第五节　植物的光形态建成

影响植物生长的诸多环境因素中，光的影响最为显著。光不仅通过植物光合作用影响生长的物质基础，而且也是植物整个生长发育过程的调节信号，如种子萌发、植物生长、叶芽与花芽的分化、开花诱导及器官衰老与脱落等。这种依赖光调节和控制的植物生长、分化及发育的过程，称为植物的光形态建成（photomorphogenesis）。光形态建成是低能反应，光只作为信号去激发光受体，推动细胞内一系列反应，最终表现形态结构的变化。光形态建成所需红光的能量较一般光合作用光补偿点总能量低 10 个数量级，如给黄化幼苗一个微弱的闪光（红光），几小时之内就会看到一系列光形态建成的反应（去黄化反应），如茎伸长减慢、弯钩伸展、叶绿素合成等。

光只有被植物接收才能起到对生长发育的调控作用。植物在长期的进化过程中，形成了完善的光受体系统，来感受不同波长、强度和方向的光，以便引起形态建成，适应环境。目前已知高等植物中至少有三类光受体参与了光调节反应，它们是光敏素（phytochrome，PHY）、蓝光受体（blue-light receptor）和紫外线-B 受体（UV-B receptor）。其中对光敏素的研究较为深入广泛。

一、光敏素

（一）光敏素的发现

早在 20 世纪初，德国植物生理学家 Sachs 就观察并描述了暗中生长的幼苗黄化现象，并用实验证明这区别于光合作用的形态建成。1938 年 Hammer 和 Bonner 发现用弱光打断短日植物的暗期长度、阻止短日植物开花的现象后，许多学者开始研究不同波长的光对暗期中断的作用。1945 年美国农业部的 Borthwick 和 Hendricks 利用差示光谱仪测定用单色光中断短日植物大豆与苍耳的暗期，确定其作用光谱在 600～680nm 的红光区内，并进一步发现红光与远红光中断短日植物暗期后的开花反应及其逆转效应。1952 年他们又发现在喜光的莴苣种子发芽时，红光对其有促进作用，但远红光可消除红光的效应，红光与远红光交替照射多次，发芽的效果则取决于最后照射的光质，这与红光与远红光在中断暗期控制开花上有类似的效果。红光与远红光这两种光波能够对植物产生生理效应，促使人们设想植物体内存在某种能够吸收红光及远红光并具有可逆转能力的物质。1964 年科学工作者终于从黄化的燕麦幼苗中提取纯化出了一种对光敏感的色素，定名为光敏素。目前发现许多生理现象受光敏素调节。光敏素的发现是 20 世纪植物科学中的重要成就，是植物光形态建成研究中的一个里程碑。

（二）光敏素的光学和生物化学性质

光敏素是一种能够接受光周期信号且可溶于水的色素蛋白，分子质量为 2.50×10^5Da。它由生色基团（色素）和脱辅基蛋白（apoprotein，Ap）共价结合而成。生色基团是由 4 个开链的吡咯环连接成的直链结构，具有独特的吸光特性。光敏素中的蛋白质带有许多极性基团，并且带有电荷。光敏素在植物体内有两种存在形式：一种是红光吸收型（red light-absorbing form，Pr），最大吸收波长为 660nm；一种是远红光吸收型（far-red light-absorbing form，Pfr），最大吸收波长为 730nm（图 9-10）。两种形式的光敏素吸收相应波长的光后可相互转换。

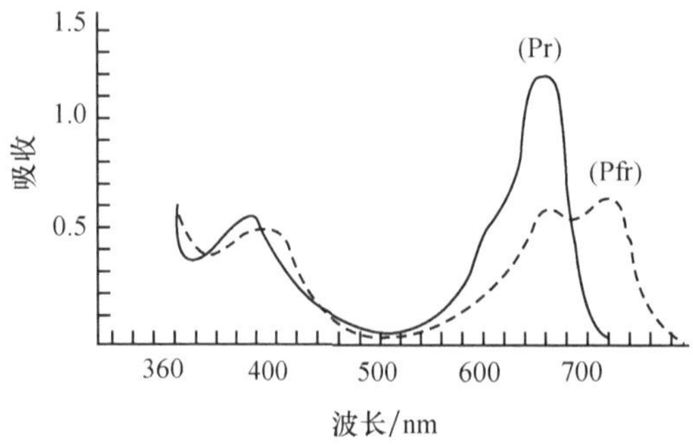

图 9-10　从黄化幼苗中提取的光敏素的吸收光谱

Pr 是生理失活型，经 660nm 的红光照射后可转变为生理激活型的 Pfr；Pfr 经 730nm 的远红光照射或在黑暗中又可逐步转变为 Pr。Pfr 型是具有生理活性的形式，其一旦形成，即和某些物质（X）反应，生成［Pfr·X］复合物，经过一系列信号放大过程，产生一系列的生理反应。X 的性质目前还不清楚，很可能是光敏素受体或膜的组分。Pfr 除吸收远红光后可转变成 Pr 型外，还可以在黑暗中逐渐转变成 Pr 型，即发生暗逆转；部分 Pfr 还会不断地代谢破坏。两种类型光敏素的转化可用下式表示：

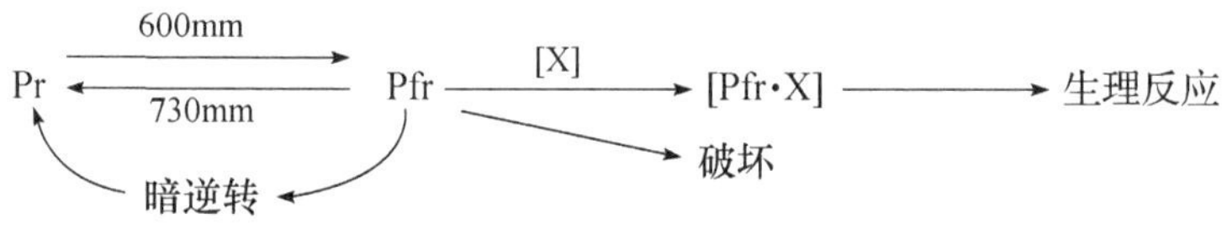

Pr 和 Pfr 相互转换时，生色基团和脱辅基蛋白也发生构象变化，这是由于生色基团吸收相应波长的光后吡咯环 D 的 C_{15} 和 C_{16} 之间的双键旋转，进行顺反异构化，导致 4 个吡咯环构象发生变化，同时带动蛋白质构象变化（图 9-11）。

（三）光敏素在细胞和组织中的分布

光敏素广泛存在于藻类、苔鲜、地衣、蕨类、裸子植物和被子植物中，在高等植物中的各个器官均有分布。黄化幼苗中光敏素含量高，通常比绿色幼苗多 20～100 倍。禾本科植物的胚芽鞘尖端、黄化豌豆幼苗的弯钩、各种植物的分生组织和根尖等部分的光敏素含量较多。一般来说，蛋白质含量丰富的分生组织中含有较多的光敏素。

光敏素在细胞中与亚细胞膜如质膜、核膜、粗面内质网和线粒体膜等结合而存在。

光敏素生色基团的生物合成是在黑暗条件下、在质体中合成的，合成过程类似于脱植基叶绿素的合成过程。生色基团在质体中合成后被运输到胞质中，与脱辅基蛋白装配成光敏素。

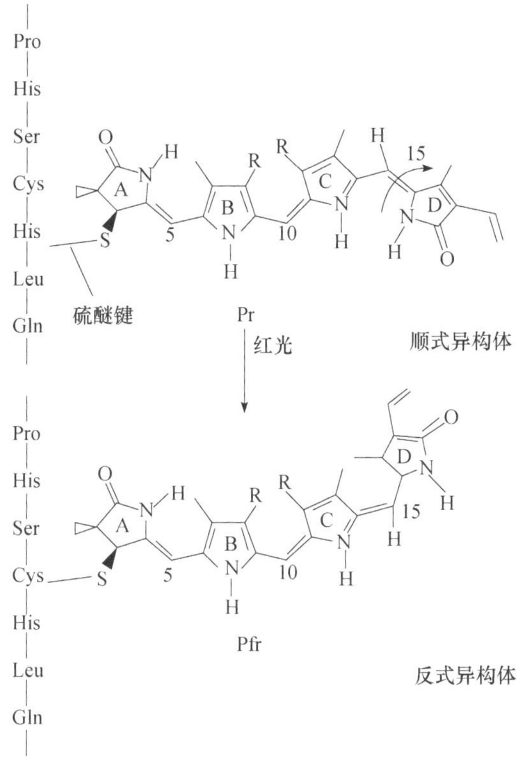

图 9-11　光敏素 Pr 和 Pfr 生色基团的可能结构及相互转变

（四）光敏素的生理功能

光敏素的生理作用相当广泛，它影响种子萌发，叶片、叶柄和茎的伸长，子叶扩大，叶绿体和叶片的运动，成花诱导等（表 9-4）。

表 9-4　高等植物中光敏素控制的某些生理作用（潘瑞炽，2004）

1. 种子萌发	6. 小叶运动	11. 光周期反应	16. 叶片脱落
2. 弯钩张开	7. 膜透性改变	12. 花诱导	17. 块茎形成
3. 节间延长	8. 向光敏感性	13. 子叶张开	18. 性别表现
4. 根原基起始	9. 花色素形成	14. 肉质化	19. 单子叶植物叶片展开
5. 叶分化与扩大	10. 质体形成	15. 叶片偏上生长	20. 节奏现象

（五）光敏素作用的细胞和分子机制

关于光敏素的作用机理，目前有两种假说。

1. 膜假说　该假说认为光敏素位于膜系统上，当发生光转换时，光敏素可能会调节膜上离子通道和离子泵等来影响跨膜的离子流动。这一假说得到很多光敏素调控的快速反应现象的支持，如含羞草、合欢叶片运动、叶绿体运动等。试验表明，转板藻属

（*Mougeotia*）细胞用红光照射 30s 后，在 3min 内可检测得到 Ca^{2+} 积累速度增加 2～10 倍，这一效应可被照红光后立即照射远红光 30s 而全部抵消。在蕨类植物球子蕨属（*Onoclea*）孢子萌发中，当给孢子提供外源 Ca^{2+} 时，孢子在光诱导下细胞内总 Ca^{2+} 浓度增加，这种刺激为随后的远红光处理所逆转。有关光敏素调节叶绿体运动，人们提出了转板藻受光照射后到引起生理反应所经历的信号转导途径：红光→Pfr 增多→跨膜 Ca^{2+} 流动→细胞质中 Ca^{2+} 增加→钙调蛋白活化→肌球蛋白轻链激酶活化→肌动蛋白收缩运动→叶绿体转动。

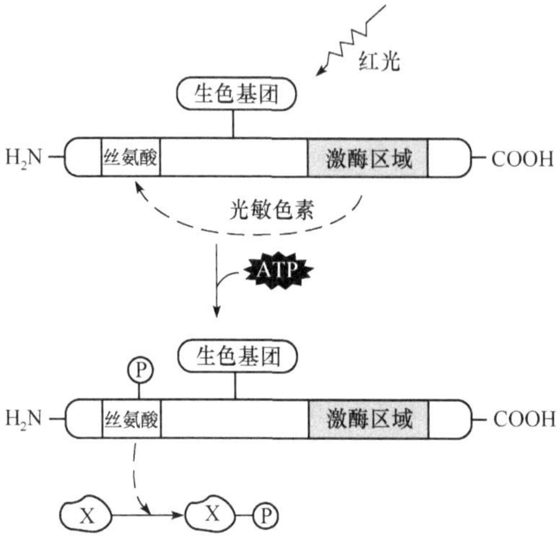

图 9-12　光敏素的激酶性质
（Taiz and Zeiger，2002）

2. 基因调节假说　多数光敏素诱导的生理过程需要较长的时间，不能用离子流动等快速反应来解释，如种子萌发、开花反应、酶蛋白的合成等，因此涉及基因的表达。1996 年莫尔（Mohr）提出了光敏素的基因调节假说，他认为光敏素对植物生长发育的调节是通过影响基因表达实现的。目前已知有 60 多种酶受光敏素调控。

近年来研究证明，光敏素是苏氨酸/丝氨酸激酶，具有不同的功能区域，N 端与生色基团连接，决定光敏素的光化学特性；C 端与信号传递有关。光敏素接受光刺激后，N 端的丝氨酸残基发生磷酸化而被激活，接着将信号传递给下游的 X 组分（图 9-12），X 组分有多种类型，所引起的信号传递途径也不相同。

目前已发现了一系列在光敏素下游的信号组分，图 9-13 表示了参与光敏素调控基因表达的信号转导途径和组分。红光首先使 PrA 和 PrB 转变为生理激活型 PfrA 和 PfrB，二者发生自身磷酸化后，PfrA 既可将胞质溶胶中的靶蛋白 PSK1（phytochrome kinase substrate 1）磷酸化，也可进入细胞核。在核内通过两条途径调控基因表达：一是直接参与光调控的基因表达，二是通过下游的信号组分 SPA1（suppressor of phyA-1）起作用。在暗中，光形态建成的负调节因子 COP1（也称 DET，现发现其基因位点有 11 个，称为多效性 COP/DET/FUS 位点）进入细胞核，与光形态建成的正调节因子 HY5 结合，使 HY5 被降解而无法启动光形态建成反应；在光下，SPA1 可与 COP1 发生相互作用，将 COP1 运送到胞质溶胶中使之失活，HY5 启动光形态建成反应。

PfrB 可以直接进入细胞核，在核内也可通过激活 PIF3（phytochrome interacting factor 3）启动光反应基因的表达。PfrB 也可通过激活 NDPK2（nucleoside diphosphate kinase 2）来调节基因表达。此外，PfrB 还可能与 PfrA 一样，进入核内后直接调控基因表达。

PfrA 和 PfrB 都可能与 G 蛋白发生相互作用，通过 cGMP、Ca^{2+} 和 CaM 等第二信使，激活核内的转录因子，从而调节基因表达。

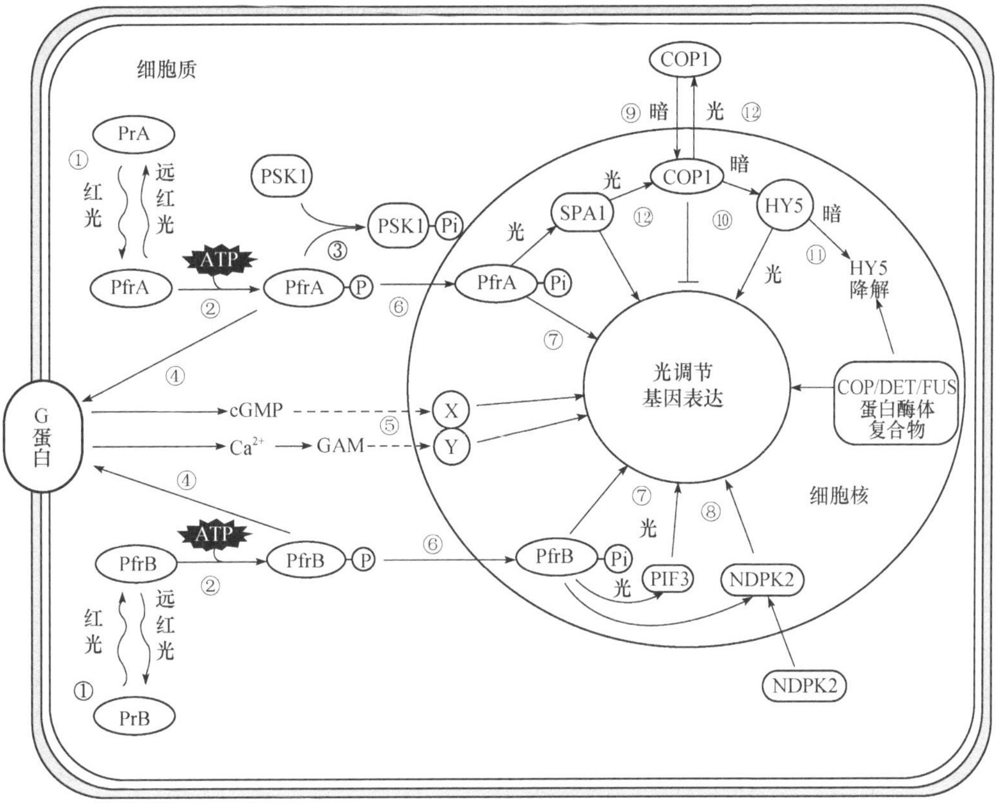

图 9-13 光敏素调节基因表达图解

①红光转变 PrA 和 PrB 为它们的 Pfr 型；②phyA 和 phyB 光敏素的 Pfr 型自身磷酸化；③活化 PSK1；④活化的 PrA 和 PrB 与 G 蛋白相互作用；⑤cGMP、CaM 和 Ca^{2+} 能活化转录因子（X 和 Y）；⑥活化的 PfrA 和 PfrB 进入细胞核；⑦PfrA 和 PfrB 直接调节转录或与 PIF3 相互作用；⑧PfrB 活化 NDPK2；⑨在暗中，COP1 进入细胞核，抑制光调节基因；⑩在暗中，COP1 泛素化 HY5；⑪在暗中，HY5 在 COP/DET/FUS 蛋白体复合物帮助下被降解；⑫光照下，COP1 直接与 SPA1 相互作用，输出到细胞质

（六）光敏素蛋白基因

光敏素蛋白的基因是多基因家族，已知拟南芥光敏素蛋白基因家族中至少有 *PHYA*、*PHYB*、*PHYC*、*PHYD*、*PHYE* 5 个基因，不同基因编码的蛋白质各自有不同的时间和空间分布，并表现出不同的生理功能。研究表明，存在于黄化苗中、见光易分解的光敏素（类型Ⅰ）是由 *PHYA* 编码的，而存在于绿色幼苗中、光下稳定存在的光敏素（类型Ⅱ）是由其他 4 个基因编码的。拟南芥的 *PHYA* 的表达在光下受抑制，而其他 4 个基因的表达不受光的影响，属于组成型表达。

光敏素的生色基团是在黑暗条件下、在质体中合成的，然后被运输到细胞质中，与 *PHY* 编码的脱辅基蛋白装配成光敏素（图 9-14）。

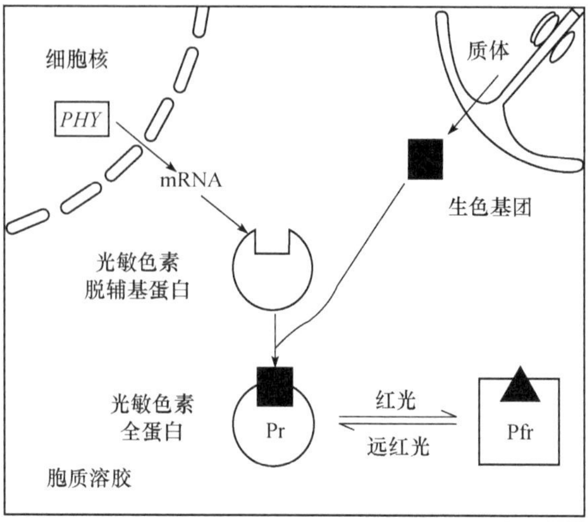

图 9-14　光敏素生色基团与脱辅基蛋白的合成与组装

二、蓝光受体和 UV-B 受体

（一）植物的蓝光反应和蓝光受体

现已证实，植物界存在的第二类光形态建成反应是受蓝光、近紫外光调节的。接收该波长范围光的受体称为蓝光受体。UV 可分为 UV-C（200～280nm）、UV-B（280～320nm）和 UV-A（320～400nm）。蓝光反应的有效波长是蓝光和近紫外光（UV-A），所以蓝光受体也称蓝光/近紫外光受体（blue/UV-A receptor），包括隐花色素（cryptochrome）和向光素（phototropin）两种。

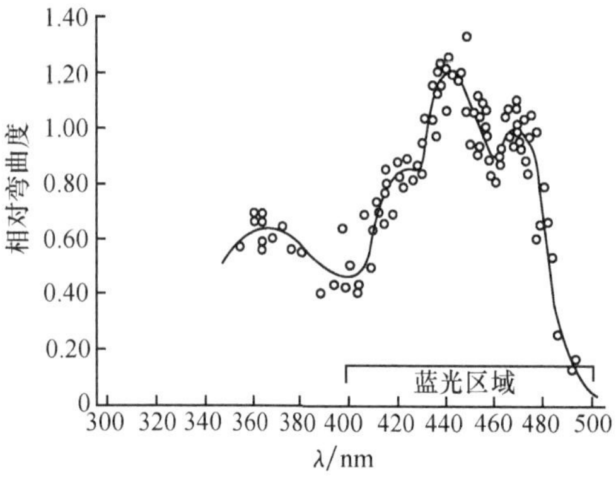

图 9-15　蓝光引起燕麦芽鞘向光性的作用光谱

隐花色素作用光谱的特征是在近紫外光 350～380nm 波段有一吸收峰，在蓝光部分有三个吸收峰，通常在 420nm、450nm 和 480nm 处，呈“三指”状（图 9-15），这是判断一个反应是否包含隐花色素存在（蓝光反应）的标准。

隐花色素也广泛地存在于高等植物中，如植物的向光性反应、气孔的开放、花青素的合成、叶绿体的分化和运动、茎和下胚轴的伸长及抑制等均受到蓝光和近紫外光的调节，而红光不起作用。一般认为蓝紫光抑制生长、促进分化、抑制黄化现象的产生，即属于隐花色素的蓝光效应。隐花色素的发色基团可能是 FAD 和蝶呤（pterin）。

向光素是在研究植物向光反应中发现的，其生色基团是 FMA。向光素主要调节植物的运动，如光反应、气孔运动、叶绿体运动等。

（二）紫外线B受体

紫外线B受体吸收光谱为280～320nm（UV-B），是引起光形态建成反应的光受体。UV-B对植物生长发育和代谢都有影响，如紫外线抑制生长、促进分化，引起植物子叶展开、下胚轴缩短，抑制茎节间延伸生长等形态变化。关于这个光受体的本质、特点等还尚不清楚。

第六节 植物的运动

高等植物的根系深扎在土壤中，因此不能进行整体自由移动，但是它的某些器官在一定范围内外发生有限的位置变化，这种器官的位置变化称为植物运动（plant movement）。植物的运动虽然常常不为人所觉察，但却贯穿于植物的一生中。

高等植物的运动按其与外界刺激的关系可分为向性运动（tropic movement）和感性运动（nastic movement），按其运动的机理可分为生长运动和膨压运动。

一、向性运动

向性运动是指植物器官由环境因素单方向刺激所引起的定向运动。根据刺激因素的种类又可分为向光性（phototropism）、向重力性（gravitropism）、向化性（chemotropism）、向水性（hydrotropism）等。

植物的向性运动是生长引起的、不可逆运动，包括三个步骤：第一步是刺激的感受，植物体中感受器接受环境中单方面的刺激；第二步是刺激的传导，感受器接受的刺激转换成一种信号，继而把信号传递到产生运动的器官；第三步是运动反应，生长器官接收信号后，发生不均等的生长，表现出向性运动。

（一）向光性

植物感受单方向光信号刺激而发生弯曲生长的现象，称为向光性。植物各器官的向光性有正向光性（如茎、叶等向着有光方向生长）、负向光性（器官生长背离光射来的方向）和横向光性（器官生长方向与照射来的光垂直）之分。向光性在植物生活中具有重要意义，也是植物生态适应性反应，形成叶片嵌合（leaf mosaics）使叶片尽量处于吸收光能的最适位置，以充分接受太阳光能，进行光合作用。某些生长旺盛的植物如向日葵、棉花等，它们的叶片能随着太阳的运动而转动。

有关向光性的原因，20世纪20年代Went提出，向光性是由于生长素在向光和背光两侧分布不均匀，导致生长不均匀引起的。近年来通过测定向光性的作用光谱，发现主要有两个峰区，即蓝光区（420～480nm）和近紫外光区（340～380nm）。高等植物对蓝光信号转导的光受体是向光素，位于植物的表皮细胞、叶肉细胞和保卫细胞的质膜上。它是黄素蛋白，蛋白质部分表现出丝氨酸/苏氨酸激酶活性，在单侧弱蓝光照射下，向光素磷酸化呈侧向梯度，于是诱发胚芽鞘尖端的IAA向背光一侧移动。当IAA一旦到达顶端背光一侧时，就运到伸长区，刺激细胞伸长，背光一侧生长快于向光一侧，发生向光弯曲。

20 世纪 80 年代，有人分别采用生物测定法和物理化学法重复了 Went 实验。以向日葵下胚轴为材料，用物理化学方法测定的结果显示，单向光照射后，生长素在下胚轴两侧的含量相同，但是抑制物质黄质醛含量不同，向光侧含量高，背光侧含量低（表 9-5）。此后在萝卜苗下胚轴、玉米胚芽鞘等中分离到生长抑制物质，还发现这些抑制物质的浓度在向光侧增加，而且与光强度呈正相关。由此表明，向光性运动并非是背光侧生长素含量大于向光侧所致，而是由于向光侧的生长抑制物质多于背光侧，生长受到抑制。

表 9-5　绿色向日葵下胚轴受单侧光照射后生长抑制剂活性的相对分布

刺激持续时间/min	向光面抑制剂含量/%	背光面抑制剂含量/%	弯曲度/°
0	51.5	48.5	0
30～45	66.5	33.5	15.5°
60～80	59.5	40.5	34.5°

注：测定采用水芹生物测定法。幼苗平均抑制物含量相当于每克鲜重 60ng 顺式黄质醛。

（二）向重力性

把任何一种幼苗水平放置，数小时后就会看到其茎向上弯曲，而根则向下弯曲。可见，植物的不同器官会表现出沿重力线方向生长的特性，这种特性称为向重力性（简称向重性）。试验证明，在无重力作用的太空中，将植物横放，茎和根仍径直生长，不会弯曲生长，证实重力决定茎和根的生长方向。根顺着重力作用方向生长，称为正向重力性（positive gravitropism）；而茎背离重力作用方向生长，称为负向重力性（negative gravitropism）；地下茎沿水平方向生长，称为横向重力性（diagravitropism）。

关于向重力性产生的机理，早在 19 世纪初，就引起某些学者的关注。1868 年，Frank 证实了重力导致的弯曲运动和向光性弯曲一样，都是由器官两侧的生长差异而引起的。植物如何感受重力？现在认为感受重力的细胞器是平衡石（statolith）。平衡石原指甲壳类动物一种器官中管理平衡的沙粒，起着平衡石的作用。植物的平衡石是指淀粉体（amyloplast），一个细胞内有 4～12 个淀粉体，每个淀粉体外有一层膜，内含 1～8 个淀粉粒。植物体内平衡石的分布因器官而异，根部的平衡石存在于根冠的柱型细胞中（图 9-16）。茎部的平衡石分布在维管束周围的 1 或 2 层细胞中，又称淀粉鞘。在植物器官位置改变时，这些淀粉体就会移动到与重力方向垂直的一边，从而对原生质产生一种压力，这种压力作为刺激而被细胞感受。试验指出，如果将根冠除去，虽然根尖生长速度并不降低，但由于失去平衡石，根尖对重力不再敏感。当根处于垂直方向时，淀粉

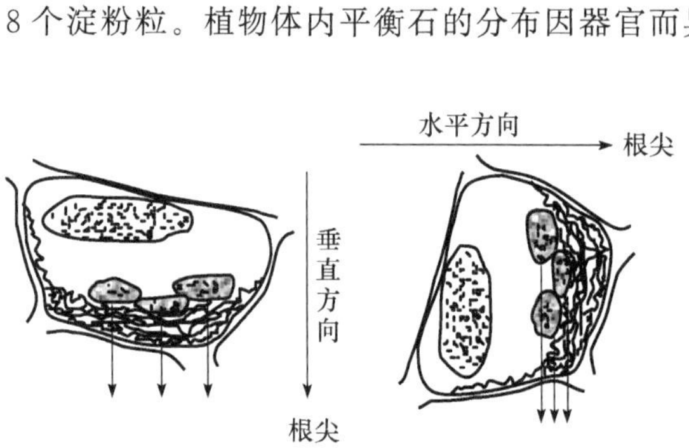

图 9-16　柱细胞构造及造粉体受重力的移动

体对内质网产生的压力均匀分布；当根处于水平方向时，根纵轴两侧内质网受到的压力不均。

1924 年 Cholodny 指出，向重力性的产生是与某种延长细胞物质的不对称分布有关，以后发现这种物质是 IAA。20 世纪 70 年代末，有人提出向重力性是根冠中产生的生长抑制物质 ABA 造成的。根横放时，根冠中的 ABA 向下移动，然后向根的生长部位运输，该处下侧的 ABA 含量较高，于是抑制该侧细胞的分裂和伸长。近年试验表明，Ca^{2+} 在向重力性反应中起着重要作用。均匀地外施 Ca^{2+} 于根上，水平放置，发现 Ca^{2+} 向根的下侧移动。将含有 Ca^{2+} 螯合剂（如 EDTA）的琼脂块放在横放玉米根的根冠上，无重力反应，如改用含 Ca^{2+} 的琼脂块，则恢复重力反应。进一步研究发现，玉米根内 Ca^{2+} 更多地运到受重力刺激的下侧。根据这些试验结果，有人提出 Ca^{2+} 和 IAA 在向重力性过程中重新分布模式（图 9-17）。根直立生长时，茎尖运向根冠的 IAA 在根中四周平均分布；当根从垂直方向转到水平方向时，根冠柱细胞中淀粉体向重力方向沉降，从而促进 Ca^{2+} 和 IAA 在下侧释放。Ca^{2+} 还增强 IAA 向基部运输，使 IAA 更多地经皮层运输到根的下侧。这种超过最适浓度的 IAA 抑制根下侧的生长，从而引起根向下弯曲的运动反应。

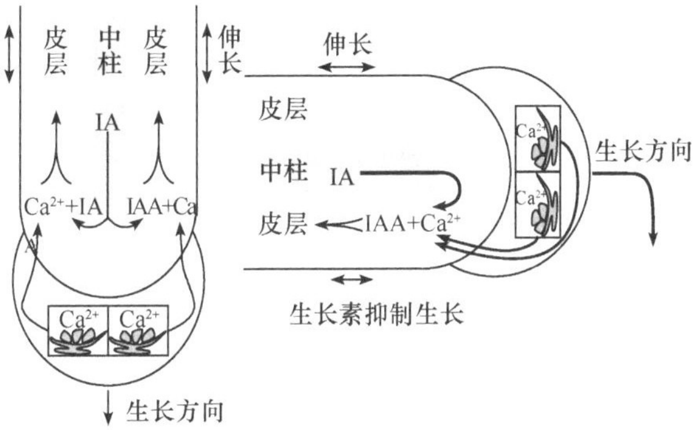

图 9-17 根向重力性 Evans-Moore 模型

根处于水平位置时，平衡石位移，而后刺激 Ca^{2+} 流向根下侧，高浓度 Ca^{2+} 导致高浓度生长素，抑制根下侧伸长。

茎的负向重力性反应机理可能与根的向重力性机理大体相似。谷类作物的重力感受部位可能是节间基部皮层组织中含有淀粉体的薄壁细胞，以及叶鞘基部含叶绿体的细胞。当把这些植物的茎横放或植株倒伏时，感受器官中的平衡石在 2～10min 内便沉降到细胞下侧，15～30min 内开始呈重力反应。研究指出，横放处理后燕麦茎及叶鞘中的 IAA 分布不均，下侧的 IAA 比上侧 IAA 高 1.5 倍，比对照（垂直）高 7 倍，同时横放后下侧游离态的 GA 增加。由此看来，茎的负向重力性反应是茎横放后，IAA 和 GA 在茎中的不对称分布引起的，即下侧浓度高，促进茎细胞伸长，从而使茎向上弯曲。

（三）向化性

向化性是某些化学物质在植物周围分布不均匀而引起的生长运动。植物根系生长的方向就是向化性现象，根总是朝着肥料较多的土壤区域生长，以便吸收更多的养分。在种植香蕉时，可以采用以肥引芽的方法，把肥料施在人们希望它长苗的地方，以达到调整香蕉植株分布均匀的目的。高等植物花粉管的生长也是向化性运动，亲和的花粉在柱头上萌发后，花粉管沿着 Ca^{2+} 浓度梯度方向进入胚珠，达到受精坐果的目的。

向水性也是一种向化性。当土壤水分分布不均匀时，根部总是趋向潮湿的地方生长运动。干旱土壤中根系能向土壤深处伸展，其原因就是土壤深处的含水量较高。

二、感性运动

感性运动是指无一定方向的外界因素均匀作用于植株或某些器官所引起的运动。

（一）感夜性

许多植物的叶片和花的开合受昼夜变化的影响，这种昼夜光暗变化引起的运动称为感夜性运动（nyctinasty）。感夜性是由环境光暗信号和植物内源生物钟相互作用所控制的。

豆科植物大豆、花生、合欢、四季豆、含羞草等的叶片白天水平展开，夜晚合拢或下垂，这种开合运动是由于叶柄基部叶枕细胞随着光暗变化而发生周期性膨压变化所引起的，这种由细胞膨压变化而导致的运动又称为膨压运动（turgor movement）。通过解剖结构，叶枕上部细胞的细胞壁较厚，而下部的细胞壁较薄。在白昼，叶片合成许多生长素，主要运输到叶柄的下半侧，K^+ 和 Cl^- 也运输到生长素浓度高的部位，水分就进入叶枕下部细胞，细胞膨压增大，导致叶片高挺；在黑夜，生长素运输减少，K^+ 和 Cl^- 也从叶枕下部细胞渗出，水分流出，细胞膨压降低，组织疲软，而叶枕上部细胞保持膨胀状态，叶片下垂。

酢浆草、睡莲、蒲公英的花以及一些菊科植物的花序也是昼开夜闭，而紫茉莉、晚香玉、烟草、花生、甘薯、月见草等的花则是夜开昼合。这都是由于光暗信号变化引起的感夜运动。具有感夜性的植物运动器官具有上下表皮对称结构，由于光暗变化引起器官上下表面生长素分布不均匀，导致生长不平衡引起上下运动。现在认为植物的感夜运动受光敏素的调节。

（二）感震性

感震性（seismonasty）是由于机械刺激而引起的植物运动。含羞草在感受震动刺激几秒钟内，复叶叶柄下垂，小叶合拢。经过一定时间，整个植物又可以恢复原状。刺激含羞草的复叶时，发生动作的部位是叶柄基部下的叶褥，期间必定要经过一定距离的信号传递，到达复叶叶柄基部叶褥，引起叶褥细胞膨压变化，导致复叶运动。叶褥的上部与下部细胞结构不同，上部的细胞壁较下部细胞壁厚，并且下部细胞的间隙比上部细胞的大。当受到机械刺激时，下部细胞的透性很快加大，细胞内的水分排入到细胞间隙，细胞膨压下降，复叶叶柄下垂（图 9-18）。小叶的运动过程与此相同，只不过小叶叶褥的结构与复叶的叶褥结构正好相反，所以当受到机械刺激时，小叶即成对地合拢起来。食虫植物的触毛对机械震动产生的捕虫运动是一种反应速度更快的感震性运动。

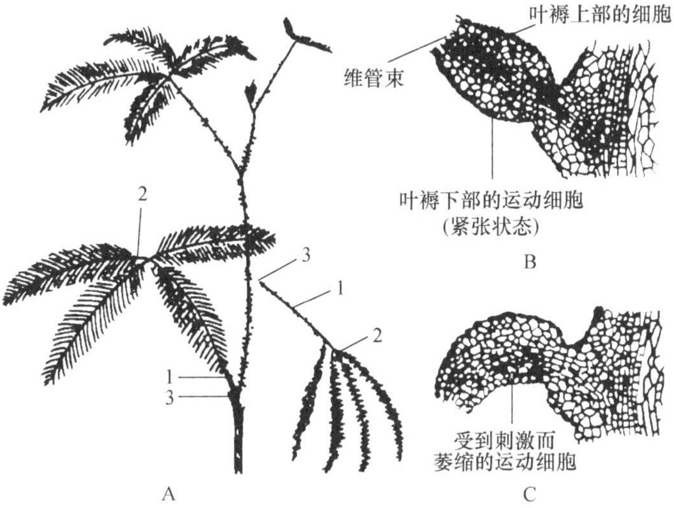

图 9-18　含羞草的感震性运动

A. 含羞草的叶序结构；B. 未受刺激时叶褥的结构；C. 受刺激后叶片下垂的叶褥细胞

1. 总叶柄；2. 小叶柄；3. 叶褥

一些研究者认为感震性运动是电信号传递震动刺激细胞兴奋，引发动作电位（action potential），该动作电位有一个特征高峰。含羞草的叶片、捕虫植物的触毛接受刺激后，其中感受刺激的细胞膜透性和膜内外离子浓度发生瞬间改变，即引起膜电位的变化。感受细胞的膜电位变化还会引起邻近细胞膜电位的变化，从而引起电位传递，这种电位通常称为动作电位。动作电位可传向动作部位，使动作部位细胞膜透性和离子浓度改变，从而造成膨压变化，引起感震运动。含羞草的动作电位类似动物神经细胞，但传导比较慢。有人测定含羞草的动作电位幅度为 103mV，传递速度为 1～20cm/s，捕虫植物的动作电位幅度为 110～155mV，传递速度可达 6～30cm/s。有些学者认为还存在化学信息传递。目前已分离到一些化合物，它们能引起含羞草、金合欢等植物的叶褥膨胀，这类物质称为膨压素（turgorin），它是含有β-糖苷的没食子酸，可随着蒸腾流传到叶褥，迅速改变叶褥细胞的膨压，导致感震性运动。

（三）感温性

植物因温度变化而引起的生长运动，称为感温性（thermonasty）。这是由于温度变化导致器官两侧生长不均匀引起的。例如，郁金香和番红花的花通常白天温度高时适于花瓣内侧生长，花朵开放，夜间温度低时，花瓣外侧生长而使花瓣闭合。当把这些植物从较冷处移至温暖处，3～5min 就能开花，从温暖处移至较冷处花即闭合。它们对温度非常敏感，有时温度上升不到 1℃就开花。感温性的植物器官也必须具有上下表皮的对称结构。这类运动的产生也是由于温度的变化引起生长素在器官上下两面分布不均匀，从而引起生长不平衡所致。植物发生感温性运动，有利于植物在适宜的温度下进行授粉，并且保护花器官免受不良环境的影响。

第七节 生 物 钟

一、生物钟的概念

1729年，法国天文学家Jean Jacques d'Ortuous de Marian观察到含羞草（*Mimosa pudica*）植株叶片的24h变化规律，发现即使在没有阳光的黑暗房间中，植株继续在白天展开叶片，在夜间闭合叶片。所以，他认为这种运动不是外部力量作用的结果，而是一种内生性质。在20世纪30年代，德国的Bunning和Sterrn用记纹鼓记录了菜豆叶片昼夜运动的现象，将这有规律的变化称为生物钟（biological clock）。后来发现，在黑暗中或在连续弱光下叶片开合的时间不是准确的24h，而是20～28h，因此又称为近似昼夜节奏（circadian rhythm）。

关于生物钟目前有多种定义，通常是指生物控制生物功能和活动（如代谢、睡眠和光合作用等）周期性变化的内生机制。研究者们认为所有的生物（包括微生物）都有生物钟。在植物中受生物钟控制的昼夜节奏活动包括叶片和花瓣的运动、气孔的开闭、花朵香气的释放、休眠以及许多代谢活动特别是与光合有关的活动。生物钟也影响植物生命活动与季节变化的同步性。例如，控制植物开花的光周期系统显然是依赖生物钟去测量日夜的长短，从而监测季节进程的。

二、生物钟的生理作用

生物钟将生理过程与环境因子的日、月和季节的循环变化，以及发育和衰老的阶段联系起来。据研究，昼夜节奏产生于早期的细胞。在生命起源的早期阶段，细胞为了防止白天的强紫外线对正在复制的DNA的伤害，将这种复制活动转至夜间进行。真菌*Neurospora*至今仍然保持着这种时钟调节机制。

生物钟的存在允许生物进行测时和预测环境的变化，并作出相应的准备来适应环境。美国加利福尼亚州大学的研究者发现植物茎生长的迸发（spurt），既受体内生物钟控制，也受光照控制。他们发现在恒定光强下拟南芥幼苗生长主要发生在下午的晚些时候；而当将植物移到更接近自然的光/暗周期下，生长的迸发后延数小时，刚好在黄昏之前。在自然条件下，这个时间的可用水分通常是更充足的。剑桥大学的研究者也发现植物的生物钟有助于增强光合作用，使植物在光合作用开始前即做好与光合有关的代谢准备，从而使植物光合作用更强，植物生长更快。

在植物中，受生物钟调节的基因大约占基因组的5%，在拟南芥中为1000多个基因。这些基因的节奏功能控制许多过程，包括前面提到的叶片和花瓣运动、气孔开闭、花朵香气的释放以及许多与光合作用有关的代谢活动。

三、生物钟的特点

生物钟有三个特点：①在环境稳恒条件下（如无光的条件下）昼夜节奏仍然能够运转，这个特性使生物能够在各种条件下维持与外部环境的同步性。生物钟在稳恒的条件下持续地运转，称为自由运转。②昼夜节奏可被环境条件重拨，使生物能与当地的昼夜变化同步。生物钟是可以改变的，受光照和光周期的长度的调拨，这允许生物预期季节变化和对变化的日长作出调整。③昼夜节奏的周期不随环境温度的频繁变化而改变，这使生物钟能够精确地计时。生物钟是生物体内少数几个对温度不敏感的生物系统之一，在正常情况下，许多系统的活性随着温度变化改变。例如，酶催化的反应在较高温度下比在较低温度下有更快的速率。

四、生物钟的运转机制

生物钟由三个部分组成：①计时装置或中央振荡器（central oscilator），是生物钟的核心部分，控制循环的相位、周期长度和振幅；②将环境信号（通常是光）传递给计时器的输入系统，如以光敏素和隐花色素作为光受体；③信号输出途径，在节奏周期的特定时间被中央振荡器激活，从而将节奏钟的信号与生理过程联系起来。这些过程包括基因的转录和翻译、膜转运蛋白活性、酶的活性和细胞分裂的调节等。在分子水平上，生物钟是一个蛋白质水平的振荡系统，由转录因子控制。一般情况下，在白天的时候，转录因子打开某些生物钟基因，这些时钟基因反过来引起其他基因转录去合成其他蛋白质；在夜间，这些蛋白质积累使基因关闭，蛋白质生产停止。

小　结

植物的生长是指由于原生质的增加而引起植物体的体积或质量的不可逆增加，是通过细胞分裂增加细胞数目和细胞伸长增大细胞体积来实现的，是量变。分化是指遗传上同质的细胞转变为形态、结构、机能以及化学组分上异质的细胞，是质变。分化可以在细胞水平、组织水平和器官水平上表现出来。发育是指个体生命周期中植物体的构造和机能从简单到复杂的有序变化过程，是植物的遗传信息在内外条件影响下有序表达的结果。发育只能在整体上表现出来。生长、分化、发育之间关系密切，生长是量变，是基础；分化是局部的质变；发育包含了生长和分化，是整体的质变。

植物整体生长发育以细胞生长和分化为基础。细胞发育可划分为分裂、伸长和分化三个连续的时期。细胞的生长和分化最后导致植物的生长和形态建成。

种子是植物特有的延存器官，一般把种子萌发看成是植物进入营养生长阶段的第一步。种子萌发需要足够的水分、充足的氧气和适宜的温度，有些种子还需要光照条件。脱离休眠状态的健全种子，在适宜环境条件下首先吸水膨胀，恢复原生质胶体状态和代谢活动，将贮藏物质降解，运往胚的生长部位，再度合成为细胞结构物质或供呼吸和萌发初期幼苗生长利用。

植物的生长是体内各个生理代谢活动协调进行的综合表现，主要受光照、温度、水分、矿质的影响。光不仅通过光合作用间接影响生长，而且还作为环境信号直接影响植物的形态建成。植物感受光的受体有光敏素、隐花素和紫外线-β受体。光敏素在需光种子萌发、光形态建成、成花诱导等各种生长发育过程中起重要作用。

植物作为一个整体，各器官或部分间在生长上存在相互促进、相互制约的相关性，主要表现在主茎与分枝、地上部分与地下部分、营养生长与生殖生长的相关等。掌握和利用植物生长相关性在生产上有重要的意义。

即植物的生长具有昼夜周期和季节周期性。高等植物的某些器官在内外因素的作用下发生有限的位置变化，称为植物运动。植物的运动可分为向性运动（向光性、向重力性、向化性等）和感性运动（感震性、感夜性、感温性等）。向性运动由光、重力等单方向刺激产生，其运动方向取决于外界刺激的方向。感性运动由外界刺激或内部节奏而引起，运动方向与刺激方向无关。生物钟通常是指生物控制生物功能和活动（如代谢、睡眠和光合作用等）周期性变化的内生机制。

生物钟有三个特点。①在环境稳恒条件下（如无光的条件下）昼夜节奏仍然能够运转；②可被环境条件重拨；③不随环境温度的频繁变化而改变。

复习思考题

1. 简述植物生长、分化和发育的概念以及细胞发育三个时期的形态及生理特点。

2. 何谓“植物细胞的全能性”？有何应用价值？

3. 种子萌发需要什么样的环境条件？为什么？

4. 简述种子萌发时发生了哪些生理生化变化？

5. 光、温度、水分对植物的生长有何影响？

6. 试分析“高山矮态”形成的原因。

7. 何谓植物生长的相关性？植物地上部分与地下部分有何相关性？生产上可采取哪些措施控制植物的根冠比？

8. 何谓“顶端优势”？产生这种生长现象的原因是什么？

9. 植物的营养生长与生殖生长有何相关性？为什么？

10. 试述光敏素的概念、性质及其在植物生命活动中的作用。

11. 什么是生物钟？有何生理意义？它的运转有何特点？

第十章　植物的成花与生殖

高等植物的开花对植物和人类都十分重要。开花是高等植物生活周期中的一个质变过程，是植物个体发育的中心环节，是物种延续的有效方式。在农业生产上，人们利用植物开花结实这个有性繁殖过程，获得各种果实、种子等产品，从而满足人类生活和生产需要。研究高等植物的生殖和开花过程，阐明其调控机制，无论在理论还是在应用上都具有重要意义。

第一节　生殖器官的形成与性别分化

一、植物的发育阶段

植物的生活周期一般分为营养生长和生殖生长 2 个阶段，而现代植物发育生理学认为植物发育包括胚发育和胚后发育。胚后发育包括幼年期和成年期，而成年期又包括成年营养生长期和成年生殖生长期。幼年期与成年营养生长期的主要区别是后者能够形成生殖结构，即被子植物的花或裸子植物的球果。花芽分化是植物由营养生长转为生殖生长的重要标志。然而，成年阶段植物的开花能否实现，还往往依赖于特定的环境信号。

（一）幼年期

植物的幼年期（juvenile phase）是植物具有开花能力之前的发育阶段，在此期间，任何处理均不能诱导开花。高等植物幼年期的长短因植物种类不同而有很大差异。一般草本植物的幼年期较短，约几天或几周，还有的草本植物根本或几乎没有幼年期。例如，花生种子的休眠芽中已出现了花序原基，随着植株的生长，花芽也分化完成；油菜、日本矮牵牛、红黎等植物几乎没有幼年期，在适当的环境条件下，刚刚发芽 2～3d 的植株就可以长出花芽。大多数木本植物的幼年期较长，一般从几年到几十年不等。例如，果树的幼年期一般为 3 年以上，所谓“桃三杏四梨五年，枣树当年就赚钱”指的就是幼年期，而欧洲水青冈（又称山毛榉）的幼年期则长达 30～40 年。如何促进植物的生长、缩短幼年期，尽早进入成花生殖阶段，是植物生产工作者，特别是园艺工作者经常思考的问题。

幼年期除在开花能力上与成年期不同外，有些植物还在其他生理和形态上与成年期有明显的区别。例如，洋常春藤（*Hedera helix*）在形态上，幼年期叶片为 5 裂掌状叶，茎具花色素，节间有大量气生根，枝成攀缘状态，而成年期叶片为全缘卵形叶，茎无花色素，节间无气生根，枝呈直立生长；在生理上，洋常春藤植株进入成年期后，形成气生根的能力几乎完全丧失。试验表明，幼年植株离体材料的生根率为 100%，而成年植株仅为 16%。早在 1929 年 Gardner 就报道，植株的年龄与其离体材料形成不定根的能力有关，随着植株年龄的增大，不定根的形成能力明显下降，成年期植株可能完全丧失生根能力。

（二）成年营养生长期和成年生殖生长期

植物成年期由幼年期转变而来，分为成年营养生长期（adult vegetative phase）和成年生殖生长期（adult reproductive phase）两个阶段。成年营养生长期具有感受环境信号及进行花芽分化能力，亦称为花熟状态（ripeness to flower state 或 ripeness to respond）或成花感受态（floral competence）。成年生殖生长是指生殖器官的形成过程，也就是花、果实和种子的形成过程。

植株从一个发育阶段过渡到另一个发育阶段称为转变（phase change）。植物的幼年期向成年期的转变受多种因子的影响：①植株的大小；②年龄；③叶片数；④植物的生长环境和营养状况。幼年期植株虽不具备感应环境信号进行开花的能力，但其生长好坏对以后的生长发育影响很大。

二、植物开花的过程

植物开花通常可划分为三个顺序过程：①成花诱导（floral induction），指经某种信号诱导后，特异基因启动，使植物改变发育过程，进入了成花决定态（floral determination），即将进行营养生长的顶端分生组织转向生殖生长，生长点一旦完成成花决定，其顶端生长点就获得了花发育的程序，即使将其与植株分开也不会改变；②成花启动（floral evocation），指分生组织在形成花原基之前发生的一系列反应，以及分生组织分化成可辨认的花原基，该过程也称为花发端（initiation of flower）；③花发育（floral development），指花器官的形成过程。

三、植物成花启动的内部、外部条件

植物的成花过程是对内、外环境信号刺激的感受和植物相关基因在时间和空间上差异性表达的结果。植物的成花启动受一系列内、外因子的调节控制。影响植物成花启动的内部因子有：①相关基因表达；②特定的生化反应；③昼夜节奏；④自动调节。在某些植物中，成花启动由外部因子诱发，主要是光周期和低温（图 10-1）。

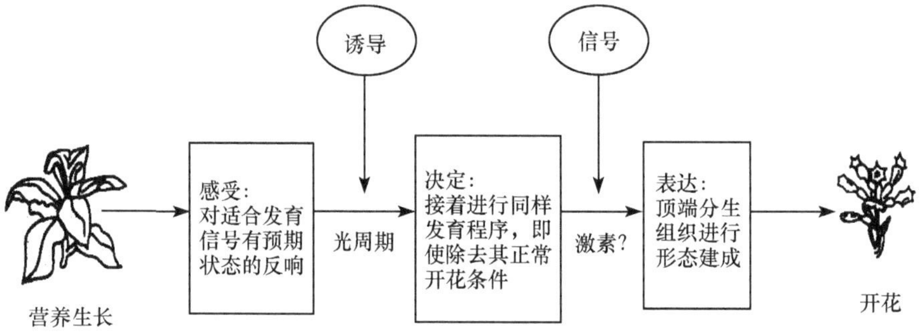

图 10-1　枝条顶端分生组织进行花形态建成

根据成花启动对环境的要求，可将植物分为如下三种类型。

（1）光周期敏感型。这类植物以成熟叶片为感应器，将外界光周期信号传递到生长点，决定是否进行生殖生长或继续保持营养生长状态。

（2）低温敏感型（春化型）。这类植物以生长点为感应器，当植物长到一定大小时，茎尖感受低温信号，决定以后是否进行生殖生长。

（3）营养积累型。这类植物对光周期和低温均不敏感，而是当营养生长到一定时期，便自动进入生殖生长状态。因此这类植物何时进行成花启动主要取决于年龄、生长量和营养水平。

四、植物的花芽形成和分化

花原基形成以及花芽各部分形成、分化与成熟的过程，称为花发育（floral organ development）、花芽形成（flower bud formation）或花芽分化（flower bud differentiation）。在花芽形成和分化初期，茎端分生组织在形态上和生理生化方面发生显著的变化。

1. 形态变化　一般植物成花反应最明显的标志是茎端分生组织在形态上发生显著的变化。不论是禾本科植物的花序分化还是双子叶植物的花芽分化，在经过低温或光周期诱导后，最初的形态变化都是生长锥的伸长和表面积的增大。例如，小麦春化后，生长锥开始伸长，其表面的一层或数层细胞分裂加快，而生长锥的内部细胞分裂较慢并逐渐停止。由于表层和内部细胞分裂速率不同，使生长锥表面出现皱褶，由原来分化叶原基的生长点开始形成花原基，再由花原基逐步分化出花器官的各个部分。短日植物苍耳在接受短日诱导后，生长锥由营养状态转变为生殖状态的形态变化过程如下：首先是生长锥膨大，然后自基部周围形成球状突起并逐渐向上部推移，形成花原基并分化为花芽，将此分为 8 个阶段，并称之为成花阶段（图 10-2）。

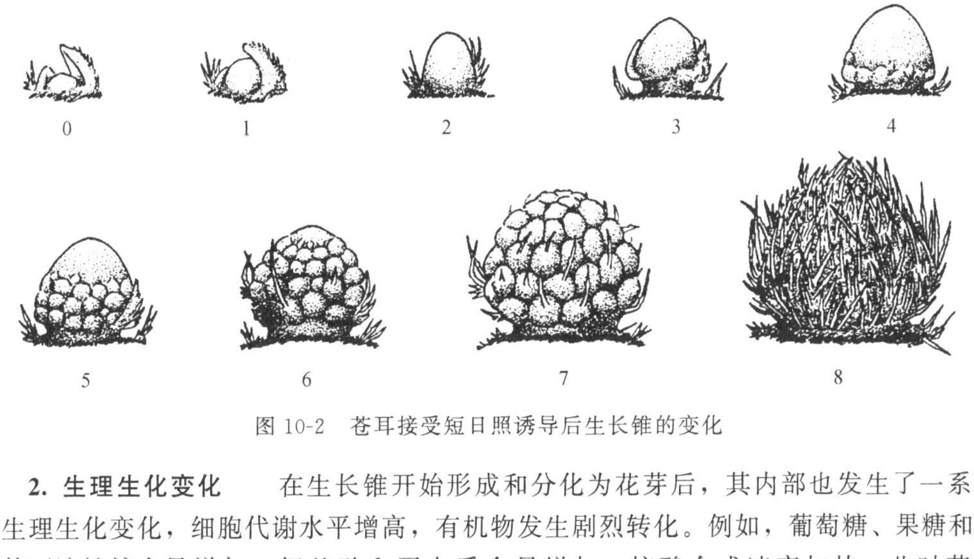

图 10-2　苍耳接受短日照诱导后生长锥的变化

2. 生理生化变化　在生长锥开始形成和分化为花芽后，其内部也发生了一系列的生理生化变化，细胞代谢水平增高，有机物发生剧烈转化。例如，葡萄糖、果糖和蔗糖等可溶性糖含量增加；氨基酸和蛋白质含量增加；核酸合成速率加快。此时若用

RNA 合成抑制剂 5-氟尿嘧啶或蛋白质合成抑制剂亚胺环己酮处理植物的芽，均能抑制营养生长锥分化成为生殖生长锥，这说明生长锥的分化需要核酸和蛋白质的代谢变化。试验表明，与花芽形成和分化有关的特异 mRNA 的转录发生在茎端分生组织区域。

在高等植物的生活周期中，花芽分化是营养生长向生殖生长转变的转折点，标志着植物幼年期的结束和成年期的到来。

五、调节花器官发育的基因

开花是有花植物最主要的发育特点，这一过程由环境信号和内源信号诱导，由许多基因控制。目前，开花的分子生物学研究成果主要来自拟南芥和金鱼草。与植物开花有关的基因非常多，仅在拟南芥中就有近百个与开花有关的基因被克隆。这些基因包括三类，即开花时间决定基因、花分生组织特征基因和花器官特征基因（图 10-3）。

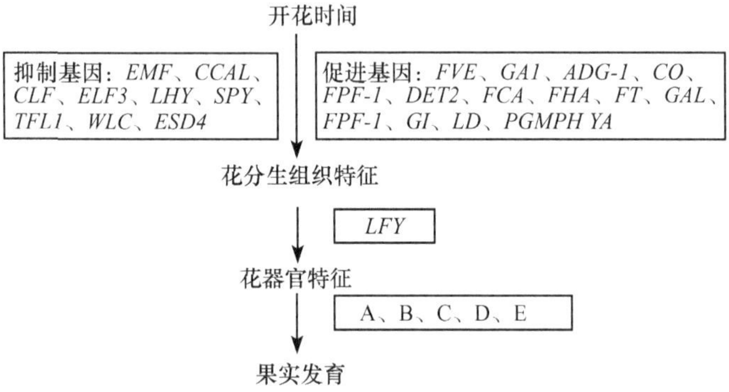

图 10-3 花各发育阶段的调节基因

1. 开花时间决定基因（flowering time gene） 开花时间决定基因的表达可激活花分生组织特征基因而影响植物开花。例如，*FVE*、*GA1*、*ADG-1*、*CO*、*FPF-1*、*DET2*、*FCA*、*FHA*、*FT*、*GAL*、*GI*、*LD*、*PGMPH YA* 基因促进开花，而 *EMF*、*CCAL*、*CLF*、*ELF3*、*LHY*、*SPY*、*TFLl*、*WLC*、*ESD4* 等起抑制作用。还有一些基因通过影响生物钟而改变花期。

2. 花分生组织特征基因（meristem identity gene） 茎端分生组织（shoot apical meristem，SAM）向花分生组织的转变由花分生组织特征基因控制。这类基因在成花转变中被激活，又控制着下游花器官特征基因和级联基因（cadastral genes）的表达。*LFY* 是控制茎向花转变的一个主要基因，属于转录因子，其强突变体基部花完全转变为叶芽，顶部花表现出部分花的特性。但即使在 *LFY* 基因失活的情况下，植物最终还是会成花。*AP1* 是另一个重要的花分生组织特征基因，*AP1* 的功能与 *LFY* 部分冗余，其表达时期晚于 *LFY*，二者能相互促进表达。*AP1* 在 *LFY* 表达之后开始表达，*AP1* 缺失后，营养生长不能正常向生殖生长转变。

3. 花器官特征基因（floral organ identity gene） 花器官的形成依赖于器官特征基因在时间顺序和空间位置的正确表达。花器官特性基因控制花器官的发育，该类基因又称为同源异型基因（homoerotic gene）。同源异型（homoerotic）指在正常情况下，属性相同的分生组织由于发生变异，最后生成不同的器官和组织。同源异型突变则泛指分生组织不正常发育，产生异型的器官或组织。引起这种突变的基因也就是同源异型基因。这些基因的时空表达模式十分精确，在某一细胞中特定的基因组合即决定其发育形态。

六、花器官发育基因控制的 ABC 模型

通过对拟南芥和金鱼草花的同源异型突变的研究，Coen 和 Meyerowitz（1991）提出了花发育的 ABC 模型（图 10-4）。该模型认为，典型的花器官从外到内分为花萼、花瓣、雄蕊和心皮 4 轮基本结构，控制其发育的同源异型基因划分为 A、B、C 三大组。花的 4 轮结构花萼、花瓣、雄蕊和心皮分别由 A、AB、BC、C 组基因决定，而且 A 组与 C 组基因在功能上拮抗。因此，若 A 组基因发生突变而丧失功能，C 组基因的功能即扩大到整个花的分生组织；相反，若 C 组基因发生突变而丧失功能，A 组基因的功能即扩大到整个花的分生组织。即：A 组基因功能丧失会使萼片变为心皮，花瓣变为雄蕊；B 组基因功能丧失会使花瓣变为萼片，雄蕊变为心皮；C 组基因功能丧失会使雄蕊变为花瓣，心皮变为萼片。在拟南芥中，对应于 A、B、C 组的基因分别是：*AP1*（*Apetala 1*）、*AP2*（*Apetala 2*）；*AP3*（*Apetala 3*）、*PI*（*Pistillata*）；*AG*（*Agamous*）。

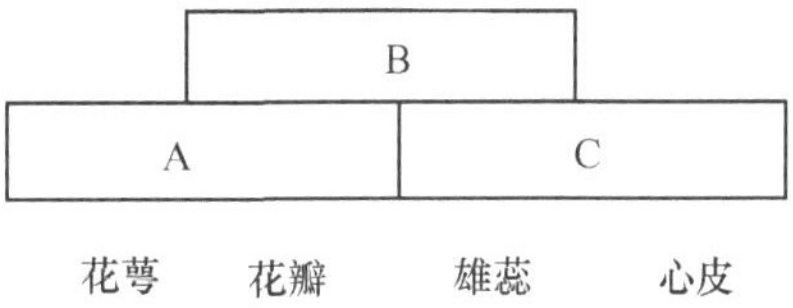

图 10-4 花器官发育基因控制的 ABC 模型

ABC 模型可以解释野生型和各种同源异型突变体的形成，预测基因缺失时花原基的发育状况。但随着研究的深入和花同源异型基因数量的增加，出现了许多该模型解释不了的现象。例如，在研究胚珠发育的调控时，从矮牵牛中克隆的 *FBP11* 专一在胚珠原基、珠被和珠柄中表达。若异位表达 *FBP11*，转基因植株的花被上形成异位胚珠或胎座；抑制 *FBP11* 表达，在野生型植株形成胚珠的地方会发育出心皮状结构。*FBP11* 被认为是胚珠发育的主控基因（master control gene），命名为 D 功能基因。这样，经典的 ABC 模型被扩展为 ABCD 模型，即四因子模型。随着更多花发育控制基因的发现，更是提出花发育的 ABCDE 五因子模型，甚至 ABCDEF 六因子模型。

七、植物的性别分化

植物在花芽分化过程中进行着性别分化（sex differentiation），主要表现为花器官构造上的差异。很多植物如玉米、瓜类和银杏等的产量取决于雌雄生殖器官的数目和质量；许多工业上很有价值的油料果实如油桐、山毛榉、胡桃和大麻等，它们的油产量与质量也往往取决于雌花发育的多少与好坏。在雌雄异株植物中，尤其是木本植物如银杏、油桐等，只有在栽培多年以后才开花。为了发展雌株栽培，如何在苗期就鉴别出树木的性别是非常重要的。

（一）花的性别表现类型

多数植物的花分生组织中都产生雌蕊和雄蕊的雏形。随着发育，性器官发生变化，

或共同发育，或某一性器官退化，形成以下不同的性别表现（sex expression）类型。

（1）雌雄同株同花。绝大多数植物在同一花中分化出雌雄两性器官，即分化出同时具有雌蕊和雄蕊的两性花，如小麦、水稻、大豆、棉花、番茄等。

（2）雌雄同株异花。这类植物的雌雄两性器官共存于同一株体上，但彼此分开，各自成为雌花和雄花，如南瓜、黄瓜等瓜类作物和玉米、蓖麻等。

（3）雌雄异株异花。这类植物的雌花与雄花分别着生于不同的植株上，如菠菜、大麻、银杏、杨、柳、杜仲、番木瓜等。

此外，还有雄花、两性花同株，雌花、两性花同株和雌花、雄花、两性花同株。有的植株在发育中有过渡状态的中间类型出现。例如，玉米的雄花上有时结出籽粒来，大麻雄株的雄蕊尖端出现柱头状结构，番木瓜也会出现杂性植株（既有雄花又有两性花）。中间类型的存在说明植物的性别是可以转化的。

据研究，有花植物开始进入生殖阶段时，已分化出雌蕊与雄蕊的原基，只是由于某种原因使一方得到继续发育，另一方受抑制而退化，于是出现单性花。但在某种因子影响下，这种抑制作用被部分或全部解除，于是就产生了性别转化的现象。必须注意的是，植物的性别分化只是一种表型性状，并不改变植物的基因型。

（二）性染色体和性别基因

大多数雌雄异株植物有性染色体，雄性为 XY 型染色体，雌性为 XX 型染色体。已知石刁柏常染色体数 10 对，正常雌性为 XX，雄性为 XY。异株女娄菜常染色体数 11 对，正常雌性为 XX，雄性为 XY。另外，对一些遗传突变体的分子生物学研究表明，在性染色体上存在性别基因。现已鉴定出影响黄瓜性别表现的多个基因位点，它们调节雄花和雌花产生的位置及时间；玉米有许多不连锁的等位基因，5 个 *ts* 位点对顶端穗状花序产生雄花起调控作用，*ts1* 和 *ts2* 决定雄花或雌花，它们的突变并不影响营养体发育，而是影响正常的性别决定过程。

（三）雌雄个体的生理差异

（1）雄株的呼吸速率高于雌株，如桑、大麻、番木瓜等植物。

（2）雌雄株氧化酶活性不同，雄株的过氧化氢酶活性比雌株高 50%～70%，银杏、菠菜等植物雄株幼叶的过氧化物酶同工酶数目少于雌株。

（3）雌株具有较高的还原能力，而雄株具有较高的氧化能力。例如，千年桐雌株组织的还原力高于雄株。

（4）在内源激素含量上，大麻雌株叶片中 IAA 含量较高，雄株叶片中 GA 含量较高。玉米也发现类似现象：在雌穗原基中 IAA 含量较高，GA 含量较低；但在雄穗原基中恰恰相反，IAA 浓度较低，而 GA 浓度却较高。此外，在雌雄异株的野生葡萄中还发现，雌株的 CTK 含量高于雄株。

（5）在核酸含量上，雌株的 RNA 含量以及 RNA 与 DNA 的比值高于雄株。

（6）在其他物质方面，如叶绿素、胡萝卜素和碳水化合物的含量，雌株也高于雄株。

（四）性别表现的调控

1. 植株年龄对性别表现的影响　在雌雄同株异花植物中，雌花和雄花出现早晚不同，通常是雄花早于雌花。例如，西葫芦最初只形成雄花，以后雌花、雄花同时出现，然后只形成雌花。黄瓜也有类似现象，不同枝蔓上的雄花与雌花比例不同：主枝 32∶1；一级分枝 15∶1；二级分枝 7∶1。由此可见，植株从下部花到上部花，雌花比例逐渐增加。

2. 环境因子对性别表现的影响　这方面的影响主要包括光周期、温周期和营养状况等。

（1）光周期。长日植物和短日植物经过适宜光周期诱导后才能开花，而且，诱导后的光周期还影响植物的雌雄花的比例。总体而言，适宜长度的日照促进多开雌花，不适宜长度的日照则促进多开雄花，即长日照促进长日植物多开雌花；短日照则促进短日植物多开雌花，长日植物多开雄花。例如，蓖麻是长日植物，在花芽形成前 10d，若每天光照延长至 22h，雌花大大增加；黄瓜为短日植物，如给予连续光照，雄花数量急剧增加，而雌花寥寥无几。试验表明，光周期对某些植物种类性别表现产生更加深刻的影响，如长日植物菠菜，光周期诱导后给予短日照，雌株上也可形成雄花。

（2）温周期。低温与昼夜温差大对许多植物的雌花发育有利。例如，番木瓜低温雌花占优势，中温雌雄同花比例增加，高温雄花发育占主导。夜间低温对菠菜、麻、葫芦等植物的雌花发育有利；而对黄瓜则相反，夜温低雌花减少，夜温高雌花增加。

（3）营养状况。通常水分充足、氮肥较多促进雌花分化；土壤较干旱、氮肥较少促进雄花分化。

3. 生长物质对性别表现的调控　植物激素、多胺、生长调节剂具有控制性别分化的作用。

（1）IAA。对性别分化的影响十分稳定，一般总是增加雌株和雌花，这对雌雄同株植物尤为明显。例如，用 IAA 处理黄瓜，不仅可降低第一朵雌花的着生节位，而且增加雌花数目。

（2）GA。与 IAA 恰好相反，其主要促进雄性器官的发育，不利于雌性器官的分化。这种作用对雌雄同株的瓜类与雌雄异株的大麻更加明显，如大麻用 GA 处理之后，雄株由 50%增加到 80%，而雌株却由 50%下降至 20%。

（3）CTK。有利于雌花的形成，如促进黄瓜增加雌花数量。

（4）ETH。与 IAA 的作用一样，促进雌花发育。

（5）多胺。有人在天南星科植物中发现，雄花和雌花中酚酰胺的组成是有差异的。例如，雄花比雌花含有更多的中性酚酰胺，而雌花比雄花含有更多的碱性酚酰胺。根据花中所含酚酰胺的种类与数量，可区分出雄花和雌花。

（6）生长调节剂。人工合成的植物生长调节物质对植物的性别表现也产生一定的影响。例如，三碘苯甲酸和马来酰肼可抑制雌花的产生；矮壮素则能抑制雄花的形成。这类物质对植物性别分化，很可能是通过调节内源激素的水平而起作用的。

GA 与 CTK 的比值影响到雌雄异株植物的性别。在自然情况下，根系主要合成

CTK，叶片主要合成 GA。根部与叶片形成的激素一般是保持平衡的，因此雌性植株和雄性植株出现的比例基本上是相等的。用雌雄异株植物大麻和菠菜进行试验，在去掉根系时叶片中合成 GA 运转到茎的顶芽，促使顶芽分化成雄性，当去掉叶片时，根内形成的 CTK 被运送到顶芽，促进雄性花分化。

4. 栽培措施对性别表现的影响 例如，熏烟可增加雌花的数量，其原因是烟中含有 ETH 与 CO。CO 对黄瓜性别表现影响显著，用 0.3% CO 处理黄瓜幼苗，可大大增加雌花与雄花的比例，而且雌花出现提早，CO 的作用是抑制 IAA 氧化酶的活性，保持较高水平的 IAA，有利于雌花的分化。机械损伤也能改变某些植物的性别，黄瓜的茎折断后长出的新蔓全开雌花，番木瓜植株的根部受伤或地上部分折伤后新长出的枝条全部开雌花。这可能与植物受伤后产生的 ETH 有关。

第二节 春化作用

1918 年 Garssner 用不同的温度对黑小麦进行处理（最低温度 1℃，最高温度 24℃），结果发现，只有经 1～2℃ 处理的冬黑麦植株能够开花。1928 年苏联李森科（Lysenko）的研究也发现冬小麦春播不能开花结实，如用低温处理后再春播则可开花结实。李森科将这些研究结果应用于农业生产，并把低温诱导植物开花的过程称为春化作用（vernalization）。完成春化以后，植物能稳定保持春化刺激的效果，直至开花。在春化过程结束之前，如遇高温，低温效果会削弱甚至清除，这种现象称为脱春化作用或去春化作用（devernalization）。一般而言，解除春化的温度为 25～45℃。例如，冬黑麦在 35℃下 4～5d 即可解除春化作用。此外，缺氧也能解除春化。通常，春化时间越长，解除春化越困难。在高温下解除春化之后，在低温下又可重新春化。这种解除春化之后再次恢复春化的现象称为再春化作用（revernalization）。

一些二年生植物（如胡萝卜、萝卜、芹菜、白菜、葱、蒜、荠菜、甜菜、鸢尾、郁金香、天仙子等）和冬性一年生植物（如冬小麦、黑小麦等）在花原基分化之前需要低温的诱导，否则不开花或开花延迟。

一、春化作用的类型和条件

植物开花对低温的需要程度有两种类型。第一种类型植物对低温的要求是绝对的、专性的。二年生和多年生草本植物多属于这种类型。它们在第一年只进行营养生长，形成莲座状的营养体，并以这种状态过冬，经过低温诱导，于第二年夏季抽薹开花。如果不经过一定天数的低温，就一直保持营养生长而不开花。第二种类型植物对低温的要求是相对的，如冬小麦等越冬性一年生植物，低温处理可促进它们开花，未经低温处理的植株会延迟开花。随着低温处理的时间加长，到抽穗需要的天数逐渐减少。上述植物在低温之后还需长日照才能开花。

春化作用的条件包括以下几个方面。

（1）低温和持续时间。低温是春化作用的主导因素。通常，春化的温度范围为 0～15℃，最适春化温度是 0～2℃，并需要持续一定时间。不同作物的春化温度不同，如冬小麦、萝卜、油菜等冬性作物为0～5℃，春小麦为5～15℃。一般春化温度的上限为9～17℃，下限以植物组织不结冰为限度。植物在系统发育和进化的过程中，形成对完成春化作用的低温条件和时间长短有所不同的特性。例如，根据原产地不同，冬小麦可分为冬性、半冬性和春性三种类型，不同类型所要求的低温范围和春化天数不同。据研究，我国小麦以北纬33°为界，33°以北的栽培品种，要求温度为0～7℃，经过36～51d处理，才能通过春化作用；而33°以南的栽培品种一般要求0～12℃，需12～26d处理即可通过春化。一般来说，冬性越强，要求的春化温度越低，春化的天数也越长；春化效应随低温处理时间的延长而增加。

(2) 水分。试验表明，植物通过春化作用需适量的水分。吸胀的小麦种子可以感受低温通过春化，如将已萌动的小麦种子失水干燥，当其含水量低于40%时，再用低温处理，不能通过春化。

(3) 氧气。充足的氧气也是植物通过春化作用必需的外界条件。试验证明，在真空、氮气中或缺氧条件下萌发的小麦种子含水量超过40%，并给予必要的低温仍不能完成春化作用。

(4) 养分。通过春化时必须供给足够的营养物质，否则低温处理无效。例如，小麦种子去掉胚乳，将胚培养在富含蔗糖的培养基中，在低温下可通过春化，但若培养基内缺乏蔗糖，尽管其他条件都具备，依然不能通过春化。

(5) 光照。一般将需要春化的植物在春化之前进行充足的光照才能开花，对其通过春化有促进作用，这与植物通过光合作用贮备了足够的营养物质有关。

二、植物感受低温的时期和部位

不同植物感受低温诱导的时期和部位不同。多数一年生植物在种子吸胀后即可接受春化（种子春化），而多数二年生或多年生植物只有当营养体长到一定大小时才能接受春化（绿体春化）。甘蓝幼苗只有茎粗达0.6cm、叶宽达5cm以上时才能通过春化；而月见草至少要有6或7片叶片时才能感受低温诱导。一些植物感受低温诱导需要具有一定的绿体，这可能与植物感受低温诱导前需要积累足够的与低温诱导相关的物质有关。小麦对春化时期的要求不太严格，种子和幼苗都能通过春化，其中以三叶期最快。冬小麦等一年生冬性植物，萌动的种子可通过春化，但实际是胚在感受低温诱导。黑麦的离体胚在含蔗糖的培养基上也能接受低温处理。椴花离体叶片经5℃处理，再生植株就具有成花能力；如将叶基部0.5cm处切除，再进行冷处理则不能通过春化，因为细胞具有分裂能力的部分被切除了。另外，椴花正在展开的幼叶也能感受低温完成春化，而成熟组织则不能。绿体春化的植物接受低温刺激的部位是茎尖生长点（茎尖分生组织）。例如，将芹菜种在温室中，只在茎尖生长点给予3℃低温处理（用细胶管缠绕起来，并通过冷水）的芹菜，均通过春化，在适宜光照下开花结实；如果芹菜种在低温条件下，给予茎尖25℃的较高温度处理（细胶管中通过温水），则不能开花。这些试验说明在春化过程中，植物感受低温的部位是分生组织和进行细胞分裂的部位。

三、春化效应的传递

关于低温刺激效应能否在植物体内传导，有两种截然相反的结果。

(1) 能够在植株间传递。20 世纪 30 年代，德国学者梅尔彻斯（Melchers）等利用嫁接试验研究春化效应的传递。例如，从通过春化的菊花植株上剪下的枝条扦插成活后就能开花（其花甚至比母株还大）；将已春化的天仙子枝条（或一片叶）嫁接到未春化的同一品种的植株砧木上能使后者开花；用甜菜、甘蓝、胡萝卜等所做试验亦取得类似结果。我国科研人员将已春化的天仙子枝条分别嫁接到烟草和矮牵牛植株上，结果这两种植物都开花。上述试验表明，春化刺激不仅可以在品种相同的株体内传递，而且可在不同属之间传递。Melchers（1939）最早提出假说认为，植物经过低温处理后可能产生某种可以传递的特殊物质，并通过嫁接传导，诱导未被春化的植物开花，这种物质被命名为春化素（vernalin）。但这种物质至今没有从植物体中分离出来。

(2) 只通过细胞分裂传递。如将菊花部分枝条的顶端给予局部低温处理可开花，但另一部分未被低温处理的枝条则仍保持营养生长而不开花；将菊花已春化的植株和未春化的植株嫁接，未春化植株不能开花。若将未春化的萝卜植株顶芽嫁接到已春化的萝卜植株上，则该顶芽长出的枝梢不能开花。这些试验表明，低温诱导效应不是以某种物质的形式在植物体内传递，而是通过细胞分裂由母细胞传给子细胞，而且经过多次分裂其效应并不减弱。

四、春化效应的生化机制

根据各种代谢抑制剂试验，人们提出了春小麦春化进程的代谢方式顺序性改变的多步骤概念，将春化进程分为氧化磷酸化、脱氢酶活性增强、与春化相关的核酸代谢、蛋白质代谢、低温诱导 5 个时期。春化处理 21～35d 进入核酸与蛋白质代谢时期，有新的核酸与蛋白质出现。可以认为，春化过程是基因启动、表达与代谢调节的复杂过程，某些特定基因被诱导活化，促进了特异的 mRNA 和新的蛋白质合成，进而导致一系列生理生化变化，促进花芽分化。

五、春化效应的分子机制

分子遗传学研究表明，在植物的春化过程中，低温促进开花的效应是低温影响某些特定基因表达的结果。

1. 低温诱导促进开花基因的表达 遗传学分析表明，在冬小麦中有 4 个基因控制着春化特性，它们是 *Vrn1*、*Vrn4*、*Vrn3* 和 *Vrn5*。大麦中控制春化反应的基因有 *Sh1*、*Sh2*、*Sh3*。在拟南芥中观察到 *fy*、*fpa*、*fve*、*fca* 及 *fe* 5 个对春化敏感的基因，而豌豆中至少有 8 个基因控制开花过程。

研究表明，低温春化诱导的基因表达与 DNA 去甲基化（demethylation）有关。例如，用 DNA 去甲基化剂 5-氮胞苷（5-azacytidine）处理拟南芥晚花型突变体和冬小麦，总 DNA 甲基化水平降低，开花提早；而拟南芥早花型突变体和春小麦对 5-氮胞苷不敏感。研究认为拟南芥晚花型突变体之所以开花迟，是由于其基因被甲基化不能表达，由此提出春化基因去甲基化假说。

2. 低温诱导开花抑制基因（*FLC*）的表达 对拟南芥不同生态型和突变体的研究表明，开花抑制基因（*FLC*）（FLOWERING LOCUS C）可能是春化反应的关键基因。在拟南芥非春化植株的顶端分生组织中，*FLC* 强烈表达，但低温处理后，*FLC* 表达水平就减弱。低温处理时间越长，*FLC* 表达越弱。低温抑制 *FLC* 表达，最终使植物转向生殖生长。最近，人们通过对春化相关基因的克隆与功能分析，发现春化基因通过对 *FLC* 染色质组蛋白的修饰，改变 *FLC* 染色质的空间结构，进而抑制 *FLC* 基因的表达，促进植物开花。

六、春化作用在农业上的应用

1. 调种引种　不同地区的气温条件不同，北方纬度高而温度低，南方纬度低而温度高。在南北地区之间引种时，首先必须了解所引品种在成花诱导中对低温的需求，考虑到引种后能否顺利通过春化作用。例如，北种南引时，因温度较高而不能完成低温诱导过程，植株不开花（或仅有少部分开花），处于营养生长状态；南种北引时，植株很快完成低温诱导过程，会使南种过早开花，缩短营养生长期，造成产量损失。所以，引种时必须考虑引种地和种植地之间的气温差异，从而正确选择引种地区。

2. 调节播期　将需要进行低温诱导的植物种子吸水萌动后进行低温处理，可以加速成花的诱导，提早开花和成熟。春小麦在播前进行春化处理，可提早成熟 5～10d，避开干热风的不利影响；冬小麦已萌动的种子埋在雪地里越冬，第二年春播，照样抽穗结实，这对于小麦幼苗难以越冬的严寒地区更有意义。农民用“闷麦”处理冬小麦，使其通过春化作用，就可用于冬麦春播或春季补苗。在育种工作中利用低温处理冬性作物可缩短生育时期，在一年中培育出 3～4 代冬性作物，加速育种进程。

3. 控制开花　在花卉栽培上，用低温预先处理，可使秋播的一、二年生草本花卉改为春播，当年开花。例如，用 0～5℃ 低温处理石竹可促进花芽分化；园艺生产上可利用解除春化方法抑制洋葱开花，避免它在生长期抽薹开花从而获得大的鳞茎，增加产量和经济效益。我国四川省种植的当归为二年生药用植物，当年收获的块根质量很差，不宜入药，往往需要第二年栽培。为此，第一年将当归块根挖出，贮藏在高温下而不能通过春化。从而减少第二年的抽薹率，又能提高块根的质量，增加药用价值。

第三节　光周期现象

地球上不同纬度的温度、雨量、日照长度等随季节发生着有规律的变化。经过长期的适应，其生长发育形成了温周期性和季节周期性。在各种气象因子中，日照长度变化是季节变化最可靠的信号。北半球不同纬度地区随季节日照长度的变化见图 10-5。

一天之中白昼与黑夜的相对长度称为光周期（photoperiod）。植物在生长发育过程中，必须经过一定时间的光周期后才能开花，否则一直处于营养生长状态。这种植物开花对昼夜长短的反应称为光周期现象（photoperiodism）。除开花外，植物的休眠，落叶，以及鳞茎、块茎、球茎等地下贮藏器官的形成也都受到日照长度的调节。例如，菊芋块茎的形成需在短日照下，马铃薯块茎、洋葱鳞茎的形成则要求长日照。

光周期现象是 Garner 和 Allard 于 1920 年发现的。他们发现一种烟草新品种与其他品种不同，在夏季不开花，到早秋还继续旺盛的营养生长。将盆栽烟草移入温室后，

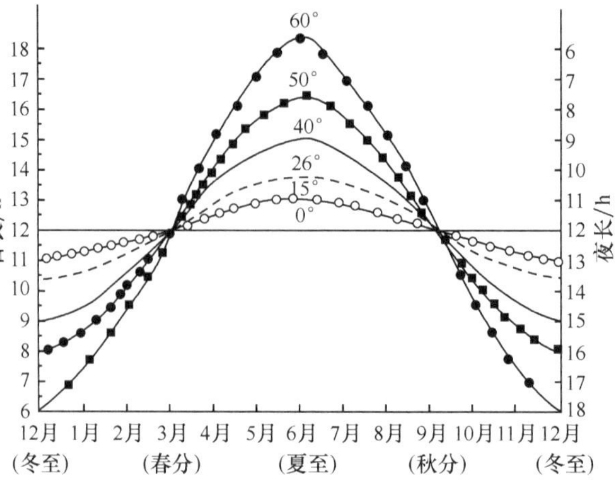

图 10-5　北半球不同纬度地区昼夜长度的季节变化

它们终于在秋末开花。进一步研究证明，如果日照长度超过 14h，这种烟草便不开花。不仅烟草如此，许多品种的大豆、紫苏、水稻、苍耳及菊等都有类似现象。水稻光敏核不育（HPGMR）突变体农垦 58S。在短日照下雄性可育，但在花粉形成过程中，在一定温度和长日照条件下，可诱导雄性不育。这样可在育种上将传统的三系育种改为两系，将不育系和保持系合二为一，通过控制光照长短使其行使雄性不育系或保持系的功能。

一、植物对光周期反应的类型、影响因素和地理分布

（一）光周期反应类型

根据植物开花对光周期的反应，将植物分为三种类型。

（1）长日植物（long-day plant，LDP）。要求每天日照长度大于某一临界值（临界日长，critical-day length）时才能开花。如果延长光照可提早开花；而缩短日照，则延迟开花或不能分化花芽。属于这类的植物有小麦、大麦、白菜、菠菜、萝卜、胡萝卜、甜菜、豌豆、油菜、芹菜、山茶、杜鹃、天仙子等。温带地区初夏日照逐渐加长时开花的植物多属此类。冬小麦、油菜和菠菜等在长日照诱导前，还需要完成春化作用，植株才能开花。

（2）短日植物（short-day plant，SDP）。要求每天日照长度短于临界日长才能开花。如果适当地缩短光照可提前开花。属于这类的植物有大豆、紫苏、晚稻、海岛棉、高粱、玉米、苍耳、菊、烟草、一品红、落地生根、日本牵牛等。温带地区秋季日照逐渐缩短时开花的植物多属此类。菊花在短日照诱导前需植株完成春化作用，才能开花。

（3）日中性植物（day-neutral plant，DNP）。这类植物的开花不受日照长短的影响，只要其他条件适宜，在任何日照长度下均能开花，如番茄、四季豆、黄瓜、菜豆、月季、向日葵、凤仙花等。一些日中性植物如蚕豆、甜豌豆需要低温春化才能开花。

除了上述三种类型外，还有一些植物的花诱导和花器官形成要求不同日长，是双重

日长植物（dual daylength plant，DDP）类型。例如，大叶落地生根成花需要长日照诱导，但完成诱导后，必须在短日照条件下才能成花，这类植物称为长短日植物（long-short-day plant，LSDP）。风铃草恰好相反，成花诱导在短日照下完成，花器官的形成要求长日照条件，这类植物称为短长日植物（short-long-day plant，SLDP）。还有一类植物，只有在某一特定范围的日照长度下才能开花，如甘蔗只有在11.5～12.5h的日照长度下才能开花，超出这个范围都抑制其开花，这类植物称为日中性植物（intermediate day plant，IDP）。

需要注意，在植物的光周期现象中，长、短日植物的划分不是依据植物所受光照时数的绝对值，而是依据植物开花时需要超过还是短于某个临界值。一般来说，长日植物在比临界日长更长的条件下，日照越长，开花越早；短日植物在比临界日长更短的条件下，日照越短，开花越早。

许多植物属于典型的长日植物和短日植物，都有明确的临界日长，称为绝对长日植物或绝对短日植物。但有一些植物的光周期反应没有明确的临界日长，在长时间不适宜的日照长度下，也能或多或少地形成一些花，称为相对长日植物或相对短日植物。

（二）光周期反应类型的影响因素

植物的临界日长有时随植株年龄和环境条件会发生变化，而且不同光周期反应类型在一定条件下可相互转化。例如，豌豆、黑麦和苜蓿在较低的夜温下，失去对日照长度的敏感性，成为日中性植物；甜菜在较低温度下（10～18℃）也会失去对日长的要求，可在短日照（8h）下开花；二色金光菊在低温下为长日植物，在高温下为日中性植物。

某些植物的春化作用与光周期效应有时可以相互替代或相互影响。甜菜是长日植物，若将其低温春化时间延长，则可在短日条件下开花；冬性禾谷类的植物用短日照处理，可以部分或全部代替低温春化，这种现象称为短日春化现象（short day vernalization）。

（三）光周期反应类型的地理分布

不同种的植物开花对日照长短的反应是植物长期系统进化适应的结果，反应了原产地的光周期变化。我国地处北半球，南方纬度低日照时间短，因此，多为短日植物；在中纬度地带，夏季有长日照、秋季有短日照，加上夏秋季节温度适合植物生长发育，所以长日、短日植物都有，长日植物在春末夏初开花，短日植物在秋季开花；在高纬度地区的东北，由于短日照时期温度过低，不适合植物生长，只有长日照温度适合时植物才能生长，故一般为长日植物。

二、植物感受光周期的时期和部位

植物只要得到足够天数的适合光周期，以后再放置于不适合的光周期条件下仍可开花，这种现象叫光周期诱导（photoperiodic induction）。

叶片是植物感受光周期刺激的主要部位。1936年苏联柴拉轩（Chailakhyan）用短日植物菊做试验（图10-6），发现植株在长日照条件下无花，在短日照条件下有花，当顶端接受长日照而全部叶片做短日照处理时，植株有花，反之则无花，证明植物光周期的感受部位是叶片。1938 年哈姆纳（Hamner）和邦纳（Bonner）将生长在长日照条件下的短日植物苍耳，用短日照处理一个叶片，就可以形成肉眼可见的花原基。植物的叶片必须达到一定的叶龄（叶的生长节位）才能感受光周期刺激。而就生理年龄来说，刚刚充分展开的叶对光周期最敏感，幼叶和老叶的敏感性较低。

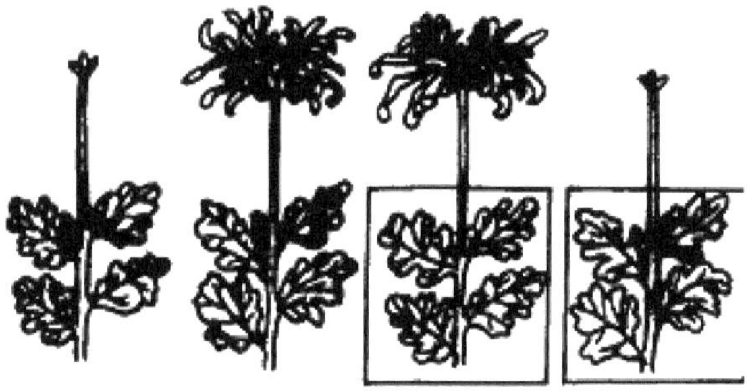

图 10-6　菊花的光周期感受部位试验

A. 全株长日照；B. 全株短日照；C. 叶片短日照；D. 顶端短日照

在一定条件下，植物的其他部分也可能接受光周期刺激。一种藜（*Chenopodium anranticolor*）去叶后仍能接受短日照的诱导而成花。在这种情况下，接受光周期诱导的器官可能是茎，但也可能是顶芽中非常年幼的叶。

三、影响植物光周期诱导的因素

1. 暗期在光周期诱导中的作用　中断光周期中的光期和暗期实验表明，暗期对植物的光周期诱导更为重要。用短暂的黑暗打断光期，不影响光周期诱导；用闪光处理中断暗期，短日植物不开花，处于营养生长状态，相反却诱导长日植物在短日条件下开花（图 10-7）。暗期中断最有效的光是红光，而且其效应可被随后照射的远红光所逆转。研究表明，短日植物开花需要暗期大于临界夜长（critical dark period），长日植物开花需要暗期小于临界夜长。据此，短日植物又称为长夜植物，长日植物又称为短夜植物。

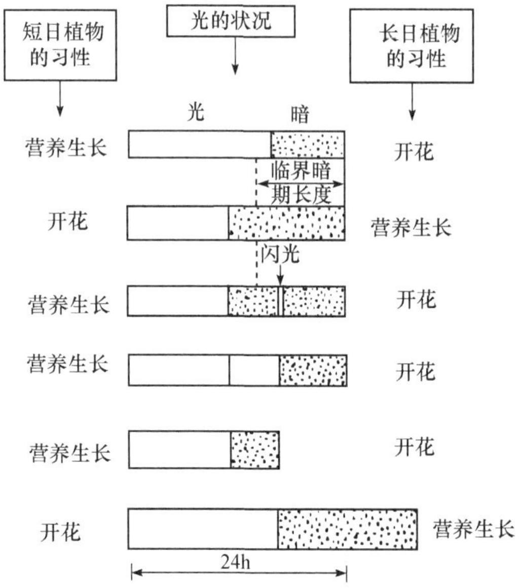

图 10-7　暗期长短对开花的影响

2. 光周期诱导的周期数　植物开花所需要光周期诱导的周期数因植物种类而异。有的植物如苍耳、日本牵牛、毒麦、菠菜等只要一个光周期（1d）的诱导处理，天仙子需要 2～3d，大麻要 4d，胡萝卜需要 15～20d。多数植物的光周期诱导需要几天、十几天到二十余天。

3. 温度对光周期诱导的影响　见光周期反应类型相关部分。

四、光周期诱导的机理

（一）光周期诱导的生理生化机理

1. 光周期信号从叶片传递到茎尖分生组织　植物光周期反应所需光照大大低于光合作用所需之光强，为 50～100lx。也就是说，植物光周期诱导开始和停止于太阳处于地平线下的清晨与傍晚。这表明它是一个不同于光合作用的反应，是一个光信号的反应。

植物感受光周期诱导的部位是叶片，而接受诱导之后引起成花反应的部位却是茎顶端的生长点。在这两部分之间隔着叶柄和一段茎。因此，存在着叶片合成的诱导信号自叶片传导至茎顶端的问题，即光周期刺激的传导。对此柴拉轩（Chailakhyan）采用嫁接试验给出了证明。柴拉轩把 5 株苍耳嫁接在一起，只要一端植株的一片叶接受适宜的光周期（短日照），即使其他植株在不利于开花的长日照条件下，所有的植株都能开花（图 10-8）。

图 10-8　苍耳叶片中产生的开花刺激物的传递

2. 光周期诱导植物产生成花刺激物质　嫁接试验说明，叶片感受适宜的光周期诱导之后，产生成花物质，并可通过嫁接在植株间进行传导。此外，经过短日照处理的短日植物高凉菜通过嫁接可引起长日植物八宝开花。长日植物天仙子与短日植物烟草嫁接，不论在长日照条件下或短日照条件下两者都开花。所有这些试验结果均表明：①植物感受光周期后所产生的成花物质能够传导；②无论长日植物或短日植物所产生的成花物质没有什么区别。1958 年，柴拉轩提出了成花素（florigen）假说。他假定成花素是由赤霉素和开花素（anthesin）所组成。长日植物在长日条件下和短日植物在短日条件下都具有赤霉素和开花素，因此都能开花；长日植物在短日条件下缺乏赤霉素，而短日植物在长日条件下缺乏开花素，所以都不能开花；日中性植物本身具有赤霉素和开花素，所以不论在长日或短日条件下均能开花；冬性长日植物在长日条件下虽具有开花素，但若无低温条件，即无赤霉素的形成，所以仍不能开花。赤霉素是长日植物开花的限制因子，而开花素是短日植物的限制因子。遗憾的是，至今尚未分离出所谓的开花素。

光周期诱导效应传递速率的研究也证明在叶片中有开花刺激物质的合成。Evans 在短日植物接受 1 次暗期诱导之后，每隔一定时间将全部叶子去掉，结果发现：第一，暗期结束时立即去叶的植株不能成花；经数小时后再去叶的植株能够开花。第二，长日植物与短日植物的成花物质运输速率相差很大，并与光合产物的运输速率亦相差甚远。利用环剥方法证明，成花物质运输的途径是韧皮部。

3. 光周期诱导解除或拮抗植物开花抑制物质 长日植物天仙子、短日植物草莓和藜在不适合的光周期下不能开花，但是将全部的叶片去掉时，这些植物在任何日照长度下都能开花。短日植物紫苏在长日条件下只对一片叶进行短日处理并不开花，但是将其他所有的叶片去掉则能够开花。将长日的烟草与短日的烟草嫁接，在长日条件下两种烟草都开花，而在短日条件下都不开花，而将短日的烟草与日中性的烟草嫁接，在任何光周期条件下两者都开花。这些结果暗示长日植物叶片在非诱导的光周期下产生开花抑制物质，而光周期诱导可能抑制这类物质的产生或通过开花刺激物进行拮抗。

4. 植物激素参与光周期诱导的调节 有多种植物激素参与光周期对成花的诱导，其中最主要的是赤霉素，它可以代替长日照诱导一些长日植物在短日条件下开花。脱落酸可以代替短日条件诱导一些短日植物在非诱导条件下开花。IAA 可抑制某些短日植物开花，促进一些长日植物开花。但目前还没有发现一种激素可以诱导所有光周期特性相同的植物在非诱导条件下开花。

5. 碳水化合物可能参与光周期诱导的调节 Klebs 在 20 世纪初期经大量试验，提出了成花的碳氮比（C/N）理论，认为当植物体地上部分的糖类含量高于含氮化合物时，即 C/N 高时，植物开花，反之植物进行营养生长不开花。后人通过控制光强来调节番茄植株内的含糖量，并施以不同量的氮肥来调节体内的含氮量，得出 C/N 高时促进开花，反之延迟开花或不开花。但碳氮比理论解释不了短日植物的开花，其开花不与 C/N 的增加相一致。

6. 光周期诱导的植物开花转变是多因子控制的 如前所述，目前既没有从植物中分离出开花素，也没有发现一种植物激素在诱导植物成花过程中具有普遍的作用，而且植物的光周期诱导的性质还受温度的影响，种种迹象表明在光周期诱导下植物的成花转变是多因子控制的（图 10-9），单一因子对植物开花的诱导作用都是有限的。

（二）光周期诱导的细胞和分子机理

1. 光周期变化的感知 光敏素（phytochrome）是植物感受光周期变化的主要受体。一般认为，光敏素在植物成花过程中的作用，不是取决于植物体内光敏素 Pr 或 Pfr 的绝对含量的高低，而是取决于 Pfr/Pr 或光稳定平衡值的大小（$\Phi=[\mathrm{Pfr}]/[\mathrm{Pr}]$）（图 10-10）。短日植物开花要求低的 Pfr/Pr 值，而长日植物开花要求较高的 Pfr/Pr 值。对短日植物来说，光周期结束时其体内积累的 Pfr 水平较高，从而阻止开花刺激物的合成，进入暗期后，随着 Pfr 转变为 Pr 或 Pfr 而减少，使 Pfr/Pr 值逐渐降低，当 Pfr/Pr 降低到一定的阈值时即可诱发开花刺激物的形成而促进开花。如果在暗期中用红光或白光中断，则可使 Pfr/Pr 值升高并超过阈值，开花刺激物的合成受阻，从而抑制短日植物开花。长日植物则相反，长日条件或短日条件下进行暗期中断，均可使 Pfr/Pr 值升高，从而促进长日植物开花。

2. 光周期诱导的细胞信号转导 试验表明，钙、钙调素（CaM）、光敏素蛋白激酶、蛋白磷酸酯酶等参与光周期诱导的信号传递，但具体的途径还有待阐明。

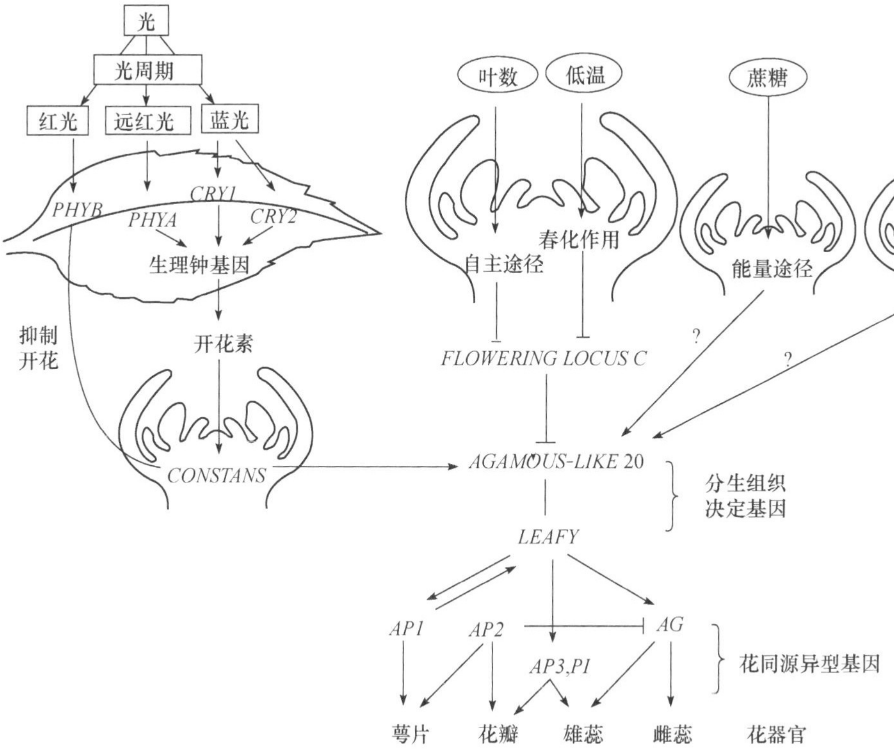

图 10-9　拟南芥开花的 4 条发育途径

→ 促进；⊣ 抑制

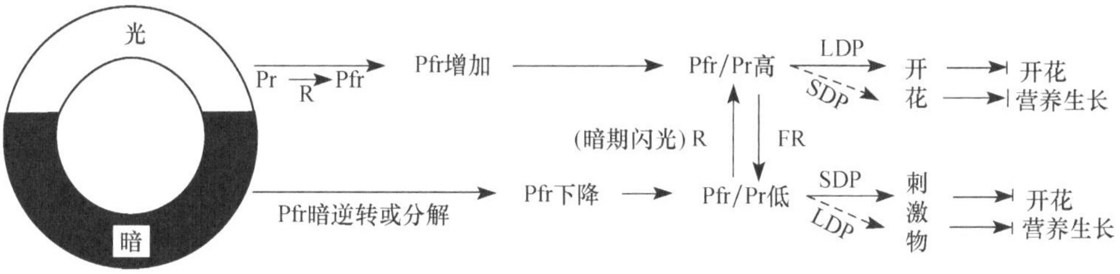

图 10-10　两种类型光敏素在暗期间断中的转化及其与不同光周期类型植物开花的关系

3. 光周期诱导的基因表达　许多决定花分生组织特征的基因都受光周期诱导的调节。CO 是一个与锌指蛋白相似的转录因子，在促进开花的长日条件下上调。但是，光周期诱导信号最终发挥作用需要促进 *LFY*、*AP1*、*CAL* 等基因的表达，对光周期如何调节这些基因表达的机制还不清楚。这也是光周期诱导领域研究的热点内容。

五、光周期现象在农业上的应用

1. 育种

（1）人工调节花期。用不同植物材料进行杂交育种时，往往会遇到花期不遇问题，给育种带来困难可通过人工调节光周期解决。例如，早稻与晚稻杂交育种时，可在晚稻秧苗 4～7 叶期进行遮光处理，缩短日照，促使提早开花，以便与早稻花期相遇，进行杂交授粉。

(2) 加速世代繁育。通过人工光周期诱导，可以加速育种材料的繁育，缩短育种年限，在较短的时间（一年内）培育出两代或多代。例如，将苗期冬小麦在温室为连续光照进行春化，而后一直给予长日照条件，就可使生育期缩短 60～80d，一年内可繁殖 4～6 代。根据我国气候多样的特点，还可进行南繁北育。例如，水稻和玉米是短日植物，冬季可在海南岛繁育种子；小麦是长日植物，夏季在黑龙江、冬季在云南繁育种子。这样，一年内可繁殖 2～3 代，加速育种进程。

2. 引种 农林生产上常常需要从外地引进优良品种，以便获得优质高产。对此，应该注意两点：第一，必须了解被引进品种的光周期反应特性（长日植物、短日植物或日中性植物）；第二，必须了解作物原产地与引种地生长季节日照条件的差异。在我国将短日植物从南方引到北方，花期延迟，应引种早熟品种；而从北方引种到南方花期提前，应引种晚熟品种。长日植物的引种则相反，从南方引种到北方，会提早开花，应选择晚熟品种；若从北方引种到南方，会延迟开花，应选择早熟品种。

同纬度地区的日照长度相同，温度差异基本不大，相互引种容易成功。

3. 维持营养生长 对以收获营养体为主的作物，可采取适当措施抑制其开花。例如，烟草为短日植物，原产热带或亚热带，南种北引（至温带）可提前至春季播种，利用夏季的长日照以及高温多雨，可提高烟叶产量。麻类也是如此，南种北引可推迟成花，可提高纤维产量，并改善品质。此外，利用暗期中断，即夜间闪光处理可抑制短日植物甘蔗开花，从而提高茎秆和蔗糖的产量。

4. 控制开花时期 采用人工控制光周期的方法，可以提早或延迟花卉植物开花。菊花是短日植物，在自然条件下秋季开花。为使其提早开花，可进行完全遮光处理，可在 6～7 月开花。对长日照花卉（如杜鹃、山茶花）进行人工光照，满足长日要求，能够提早开花。

第四节 植物的授粉与受精

大田作物和果树的生产及栽培，主要以收获种子和果实为目标。当植物受精后，受精卵发育成胚，中央细胞发育成胚乳，胚珠发育成种子，子房壁发育成果皮，于是形成了果实。受精作用（fertilization）是植物开花后，经花粉在柱头上萌发，花粉管伸长进入胚囊，精子和卵细胞完成融合的过程。受精与否直接影响着农作物的品质和经济产量。玉米的“秃顶”、小麦水稻的空瘪粒、果树棉花的落花和落果，一般是因未完成受精引起的。花粉和柱头的生理活性是影响受精的关键因素之一。

一、花粉生理

（一）花粉的结构和化学组成

1. 花粉的结构 种子植物的花粉在花药中形成，是产生在花粉囊中的雄配子体。

花粉形成所需要的物质由绒毡层细胞供给，在花粉与绒毡层中进行着活跃的代谢和交换，并发生碳水化合物、脂肪、蛋白质和核酸的运输，pH 的变化和生长素含量的增加等。花粉形成后脱离母体并在一定时期内保持生活力，

花粉粒通常由两层壁组成，外壁坚固，由纤维素和孢粉素（亦称花粉素，sporopollenin）构成。孢粉素是类胡萝卜素和类胡萝卜素内酯的氧化多聚化的衍生物，具抗酸和抗生物分解的特性，对花粉贮藏很重要。不同植物类群的花粉外壁具有非常稳定的特征，是植物重要的分类标准。同时，由于花粉素不易降解，花粉外壁的特征也是古植物分类鉴定的重要依据。内壁主要由果胶和纤维素组成，最内层含有纤维素，外层含有果胶。内壁的厚度变化很大，在萌发孔的下面是最厚的。内壁对水有较大的亲和力而且容易膨胀，尤其在萌发孔的下面，其膨胀有助于萌发孔膜破裂和花粉管生长。

2. 花粉的化学组成　花粉内含物是一种丰富的浓缩物。新鲜花粉的含水量为12%～20%，干燥花粉仅含约 6.5%的水。花粉的化学组成因植物种和环境条件而不同，其主要组成如下。

(1) 蛋白质。花粉中含有蛋白质（酶）和游离氨基酸，其中蛋白质含量为 7%～30%，平均约 20%。花粉中含有全部组成蛋白质的氨基酸，其中游离精氨酸和丙氨酸相对较少，而游离脯氨酸含量特别高。脯氨酸含量与可育性密切相关，正常硬粒小麦花粉中含较多脯氨酸，而不育花粉中几乎不含脯氨酸。

(2) 糖和脂类。不同植物花粉中，糖的含量及糖的组成是不同的。松科花粉中游离糖的 93%以上是蔗糖，而被子植物中蔗糖占游离糖的 20%～25%，玉米花粉中糖类约占 40.1%。花粉中含有多少不等的脂肪，松科花粉总脂肪占花粉干重的 0.79%～1.33%，矮牵牛花粉则高达 4%以上。

(3) 矿质元素。花粉含有钙、氯、钾、钠、镁、硅、硅和许多微量元素。精细胞含有较多的磷、钙、钾元素，少量的锰、硅、镁和微量铬等元素。在不同植物种中，精细胞和花粉管尖的元素组成比较相似，但花粉粒表面的元素组成差别较大。

(4) 激素。花粉中含有生长素、赤霉素、细胞分裂素和芸薹素等激素类物质。

(5) 色素。大多数花粉含花色素苷、花黄色素或类胡萝卜素。成熟的花粉具有颜色，这是由于色素物质以油脂的形式存在于外壁的缘故。这些色素的存在，一方面可吸引昆虫，另一方面可防止紫外线对花粉的伤害，防止萌发率降低，当正常的花粉颜色改变时，常导致萌发率降低。

(6) 维生素类。维生素作为酶的辅基，在花粉中广泛分布，而抗坏血酸在松科和椰科植物中含量较多。

（二）花粉的生活力与贮藏

在自然条件下，各种植物花粉的生活力差异很大。果树花粉的生活力能维持较长时间，如梨、苹果可保持 70～210d，向日葵可保持一年。一般作物花粉的生活力较短，水稻约为几分钟，小麦约为数小时，玉米 1～2d。在杂交育种中。如果亲本花期不育，就必须将花粉收集起来备用。因此了解花粉的生活力及贮藏的条件是很重要的。花粉的生活力一般与外界环境条件有关。在高温条件下，花粉很容易丧失生活力，如棉花开花

时，遇到40℃以上的高温，花粉粒就不能萌发。极其干旱或者特别潮湿的情况下，花粉也容易丧失生活力，一般来说，相对湿度6%～40%情况下，贮藏花粉最好。但禾本科花粉要求40%以上相对湿度。低温可降低花粉的代谢强度，延长贮藏期。花粉可忍受－20℃甚至－20℃以下的低温。一般花粉贮藏的最适温度是1～5℃，干燥、低温、增加 CO_2 和减少氧气，有利于保持花粉的活性。

二、柱头生理

花粉形成后，借助于地心引力、风、昆虫、鸟和其他动物等各种媒介，传播到柱头上，并在柱头上萌发，这就是授粉过程。授粉能否正常进行，与柱头的授粉能力、花粉与柱头的相互识别及花粉萌发和花粉管生长等有密切关系。

1. 柱头的生理特点 柱头一般是由许多乳突状细胞或毛状细胞所构成，呈毛刷或羽毛状。成熟的柱头可分两类：①湿润型：柱头表面有由表皮细胞产生的分泌物，主要为十五烷酸、1,2-羧基硬脂酸、亚麻酸等脂肪酸，还有蔗糖、葡萄糖、果糖及硼酸等，所以柱头为酸性。柱头分泌物的作用是黏着花粉，促进花粉萌发和花粉管生长，并对花粉发生识别和选择作用。②干燥型：柱头表面不产生分泌物，但表皮细胞的外表面有蛋白质膜存在，对花粉有识别作用。

2. 柱头的生活力与授粉能力 柱头的授粉能力和持续时间长短与柱头的生活力有关。柱头的生活力一般能持续一个时期，比花粉的寿命要长一些。在一般情况下，开花后的柱头就具有授粉能力，以后加强，达到高峰后下降，最后丧失授粉能力。例如，水稻柱头的生活力为6～7d，以开花当天授粉的花粉萌发率及结实率为最高。小麦柱头在麦穗从叶鞘抽出2～5h就有授粉能力，抽穗后第3天结实率最高，通常可维持9d，但第6天以后结实力明显下降。玉米花柱（即花丝）长度达穗长一半时柱头就有授粉能力，花丝抽齐后1～5d授粉能力最强，6～7d后开始下降，第9天则急剧下降。

三、花粉与柱头识别的分子机制

落在柱头上的各种花粉能否萌发并完成受精作用，取决于花粉与柱头之间的“亲和性”。研究表明，细胞相互识别是亲和性的前提。所谓识别（recognition），就是一类细胞与另一类细胞在结合过程中要进行特殊的反应，从对方获得必要的信息，这种信息可以通过物质的或化学的信号加以表达。植物的亲和性分为杂交亲和性和自交亲和性。若具有亲和性，花粉与柱头能相互识别；若没有亲和性，花粉与柱头相互排斥。

花粉与柱头的相互识别可分为两种类型。

（1）识别与花粉所含特殊色素和柱头所含特殊酶类有关。例如，药用植物连翘具有雌雄蕊异常的两种类型的两性花：一种是雌蕊长雄蕊短，称为长柱花；另一种是雌蕊短雄蕊长，称为短柱花，且两种花同株。因此，连翘不仅自花不育，而且异株同型花授粉亦不育。研究表明，长柱花的花粉中含有槲皮苷，短柱花的花粉中却含有芸香苷，这两种物质均抑制花粉的萌发；长柱花的柱头中含有分解芸香苷的酶（不能分解槲皮苷），短柱花的柱头中却含有分解槲皮苷的酶（不能分解芸香苷）。这样，长柱花的花粉只能在短柱花的柱头上萌发，而短柱花的花粉也只能在长柱花的柱头上萌发，从而保证不同类型的异花授粉受精。

(2) 识别与花粉外壁糖蛋白和柱头乳突细胞表面的蛋白质（识别蛋白）有关。例如，菊科与十字花科植物的花粉落在柱头上立即吸水，接着花粉外壁的糖蛋白释放出来，与柱头表面的外膜蛋白相互作用，进行识别。在这里，来自绒毡层的花粉外壁糖蛋白是识别物质，柱头乳突细胞表面是识别的“感受器”。

自然界中有很多植物都表现出自交不亲和性，在远缘杂交中出现不亲和的现象更是普遍。在进化意义上，自交不亲和是植物丰富变异、提高环境适应能力的基础，而杂交不亲和则是植物繁衍过程中物种稳定的保证。不亲和的类型一般有两种：一种是配子体型不亲和，由花粉本身的基因所控制，花粉的花粉管穿过柱头进入花柱后，生长停止、破裂，无法到达子房完成受精；另一种是孢子体型不亲和，由雌蕊的基因所控制，花粉的花粉管不能穿过柱头，而在柱头表面停止生长。

（一）花粉萌发与花粉管伸长

1. 花粉萌发　花粉落在柱头上，经过识别之后，在适宜条件下，花粉粒开始从柱头的分泌物中吸取水分，发生水合作用，使其内部压力增大，花粉粒的内壁从外壁上的萌发孔向外突出形成细长的花粉管，这个过程称为花粉的萌发。

落在柱头上的花粉萌发时间因植物种类而异。例如，水稻、高粱和甘蔗等的时间很短，几乎是在授粉后立即萌发，玉米需 5min，有些作物所需时间较长，甜菜为 2h，棉花为 1～4h，甘蓝为 2～4h。

2. 花粉管伸长　花粉管长出后，在角质酶的作用下，穿过柱头乳突已被侵蚀的角质膜，经乳头的果胶质——纤维素壁，向下进入柱头组织的细胞间隙，向花柱生长。花粉管生长时，细胞质处于流动状态，并且仅仅是在花粉管先端几微米到十几微米的区间进行生长。在高倍光学显微镜下可看到花粉管末端有一较透明的半球区域，称为帽区。实际观测表明，花粉管处于生长状态时，帽区存在；当花粉管停止生长时，则帽区消失。在帽区末端有许多小泡，其内含有丰富的多糖类、RNA、酶类，这些物质参与花粉管新区壁物质的形成。在帽区之后的细胞质中有线粒体、高尔基体、内质网、造粉体、油滴等各种细胞器。

花粉管在雌蕊中的生长是定向的，总是朝向花柱、子房、胎座、胚珠、胚囊方向伸长。据研究，在雌蕊中存在着控制花粉管生长方向的“向化性物质”。20 世纪 60 年代曾有人发现，钙对金鱼草等植物的花粉管伸长有明显的诱导效应，并且钙在金鱼草的雌蕊（从柱头到胚珠）的分布呈一定的梯度。因此，把钙看成是雌蕊中诱导花粉定向生长的向化性物质。但后来发现，钙的这种作用并不具有普遍性，即在其他植物未被证实。由此看来，花粉管的向化性生长不是由单纯一种物质决定的，而可能是几种物质综合作用的结果。

3. 花粉萌发与花粉管伸长的条件　花粉萌发和花粉管伸长生长所需要的营养物质等，一方面靠花粉本身贮藏的物质提供，另一方面来自雌蕊体系。

(1) 糖。在人工培养条件下，向培养基中加入蔗糖能促进花粉萌发和花粉管伸长。

蔗糖不仅是维持花粉渗透平衡的调节物质，而且是花粉萌发时的营养物质（能源与碳源）。适于花粉萌发的蔗糖浓度为5%～25%，常用10%。

（2）硼。硼对花粉的萌发和花粉管的伸长生长很重要。一般花粉本身含硼量较高，但向培养基中加硼仍能显著地促进花粉萌发和花粉管伸长，特别在高温下效果更好。硼不仅与糖形成复合物促进糖的吸收与代谢；还参与果胶物质的合成，参与花粉管壁的形成。许多农作物和果树，在开花期喷施100～150mg/L的硼酸，可提高结实率。

（3）钙。有人研究了钙离子对46种园艺植物花粉生长的影响，发现钙促进每种植物的花粉萌发和花粉管伸长。钙之所以有刺激作用，可能是钙与花粉壁的果胶物质结合，使细胞的透性降低和管壁硬度增大，保护花粉管不受生长抑制物质的抑制而正常伸长。目前认为，钙作为第二信使参与花粉萌发与花粉管的伸长。

（4）钴。柱头和花柱的钴含量随花的成熟而显著增加，相反，在授粉后的花柱中钴含量明显减少，在子房各个发育阶段没有大的变化。一般来说，花粉粒的钴含量明显地比柱头和花柱少。钴可能与花柱组织的物质代谢和花粉管的伸长有关。

（5）氨基酸。北重楼的花粉在蔗糖琼脂培养基上几乎不萌发，但如果在培养基中添加一些氨基酸即可萌发，如天冬氨酸、谷氨酸、组氨酸和半胱氨酸。在水稻的花粉中可以观察到，当向培养基中添加花粉和雄蕊中富含的氨基酸成分，如丝氨酸和丙氨酸时，就会明显促进花粉的萌发。

（6）温度和湿度等环境因子。通常，花粉萌发的最适温度与开花温度差不多，一般是20～30℃，如苹果为10～25℃，葡萄是27～30℃，水稻为28～30℃。玉米在花期遭遇高温，雄花会受到危害，影响花粉萌发和生长，造成"晒花"。花期雨水过多，花粉易破裂，但太干燥（空气相对湿度低30%）会抑制花粉萌发，水稻花粉萌发最适湿度为70%～80%。

（7）集体效应。落在柱头上的花粉密度越大，萌发的比例越高，花粉管的生长越快，这种现象叫做集体效应（group effect）。这是因为花粉中存在着生长促进物质IAA。花粉数目多时，IAA也就越多，所以促进花粉萌发和花粉管生长。

（二）授粉后花粉与柱头的代谢变化

1. 花粉的代谢变化　花粉落在柱头上，经过相互识别，亲和的花粉在柱头上吸水，开始萌发，各种代谢活跃。

（1）蛋白质合成加强。花粉从柱头上吸水后mRNA与rRNA数量增多，蛋白质合成增强，用于花粉萌发和花粉管伸长。

（2）呼吸速率升高。在柱头的酸性条件下，花粉中的酶类活性提高（如磷酸化酶、淀粉酶、转化酶的活性提高数倍），呼吸速率加快，某些酶类分泌到花柱中，加速花柱中物质转化。

（3）高尔基体活跃。花粉管开始突出前，高尔基体非常活跃，产生许多分泌囊泡，其内含有多种酶与果胶质等造壁物质，花粉不仅可利用自身的贮藏物质，而且利用雌蕊中的物质，进行花粉管壁的建成，以使其伸长。

2. 柱头的代谢变化　授粉后，花粉的萌发与花粉管的伸长对柱头、花柱和子房产生极为深刻的影响。这是因为花粉管在伸长过程中，在摄取柱头与花柱内物质的同时，还主动分泌一些物质到雌蕊中。

(1) 呼吸速率升高。授粉后雌蕊组织的呼吸速率通常比未授粉时增加 0.5～1.0 倍。例如，兰科植物授粉几十小时后花柱的呼吸速率和过氧化氢酶活性约增加 1 倍。

(2) 物质代谢加强。授粉后雌蕊组织吸收水分与矿质元素的能力大大加强。例如，兰科植物授粉后雌蕊吸水增加 1/3，花被中的氮、磷向雌蕊转移。

(3) IAA 含量激增。授粉后雌蕊中 IAA 含量急剧增加。一是由于授粉后花粉中的 IAA 扩散到雌蕊中；二是在花粉管伸长过程中花粉中含有使色氨酸转变为 IAA 的酶系分泌到雌蕊中，引起雌蕊合成大量的 IAA。IAA 代谢与子房发育有关，往往不授粉的柱头，其子房不会生长。

四、受精生理

受精作用（fertilization）是雌、雄性细胞，即卵细胞与精子相互融合的过程。绝大多数植物花粉落在柱间上后花粉后生长速度很快，一般从花粉附到柱头上，到吸胀、花粉壁破裂、萌发、花粉管伸长，穿过柱间突起的角质层进入柱头，可以在几十分钟内完成。兰花的花粉管则需要数周时间甚至数月才能到达胚囊，裸子植物的受精也需要数月。

1. 受精过程 被子植物的卵细胞位于胚囊内，必须借助花粉管将精子送入胚囊中。对一个成热胚囊来说，包含 7 个细胞：接近珠孔端有 3 个细胞，中间为卵细胞，两侧为助细胞；群集在合点端有 3 个反足细胞；胚囊中央为一个带有 2 个极核的大细胞。

花粉落在柱头上，萌发伸出花粉管，花粉管可能在向化性控制下，沿着柱头、花柱、胚珠、胚囊的方向顺序生长。在花粉管进入胚囊以前，花粉粒中的 2 个细胞核之一的生殖核，通过有丝分裂形成两个精核，而另一个细胞核——管核，则不进行这样的分裂。精核和大部分的细胞质增多，集中于花粉管顶端，花粉管进入胚囊后，其顶端即自行解体，释放出 2 个精核。一个精核与卵核结合，另一个精核与 2 个助细胞结合形成 3 倍体的非胚性化初生胚乳核，即双受精过程。胚囊中的其他助细胞、反足细胞随后在胚囊中解体。

2. 受精方式 不同的植物受精方式不同。就被子植物而言，通常有三种方式。①珠子受精：花粉管到达子房后沿子房内壁经珠孔进入胚囊，完成受精作用，大多数作物均属此种方式；②合点受精：花粉管进入子房后沿子房内壁表皮经合点进入胚珠进行受精，如胡桃、鹅耳枥等；③中部受精：花粉管进入子房后经珠柄（如黄连木属）或珠被（如南瓜属）进入胚珠。

3. 受精作用的特点

(1) 双亲遗传性。受精作用实质上是雌、雄性细胞相互同化的复杂过程。雄性配子是以裸露的核还是以整个精细胞进行受精，一直是有争议的问题。近年来，应用电镜研究，证明不少植物（如小麦、红萼月见草、白雪花等）的雄性配子是以核与细胞质同时进入雌性配子完成受精作用。而且证明，红萼月见草的受精卵中含有来自精细胞的质体；白雪花是一种胚囊中没有助细胞的被子植物，它的受精卵和中央细胞受精后都含有精细胞的质体和线粒体。由此证明，父本的细胞质遗传物质可能通过受精作用传递给后代。

（2）精卵选择性。由于受精时两个精细跑中细胞器的分配数量不是均等的，所以在胚与胚乳中雄性细胞质的遗传信息是不对称的。例如，白雪花与营养核相连的较大的精细胞中含有较多的线粒体（约250个），它与极核融合发育成胚乳，另一个较小的精细胞含有较多的质体（50个），与卵细胞融合发育成胚。这说明雄性配子有识别雌性配子的能力。

（3）花粉多重性。通常，许多花粉粒落在柱头上而萌发，然而只有一个花粉管进入胚囊完成受精作用。但有时是多个花粉管进入胚囊，叫做受精的多重性。这一现象对花粉萌发、花粉管生长、胚与胚乳的发育均有促进作用。

（一）受精的代谢变化

在受精过程中，子房发生强烈的代谢变化。

（1）呼吸速率提高。据测定，棉花雄蕊受精时的呼吸速率比开花当天高2倍，百合花受精时子房即刻出现呼吸高峰，同时呼吸商也发生变化，受精前为1.10～1.15，受精时上升为1.30，受精后再上升至1.43。呼吸商的变化反映了物质合成方向与合成速率的剧烈变化。

（2）内源激素含量提高。除了IAA之外，在香蕉幼果和受精后3周的苹果果实内发现有CTK的存在。

（3）物质的运输与转化提高。由于IAA的迅速增加，子房成为一个竞争力很强的代谢库。

（4）细胞质中各种细胞器数量增加并进行重新分布。大量的造粉体与线粒体围绕核排列，按蛋白体数量增加并聚集成多核糖体，高尔基体的囊泡增加，代谢活动增加，说明壁物质的合成旺盛，内质网增多，如胚乳细胞中既有粗面内质网又有光面内质网。

总之，雌蕊由于传粉受精而发生许多生理变化，使植物的生长中心转向种子和果实，使大量的有机质向种子和果实中集中。

（二）无融合生殖与单性结实

1. 无融合生殖　被子植物的胚通常是受精卵发育而成的。但有些植物的卵不经受精作用可直接发育成胚，或由胚珠内的反足细胞、助细胞发育成胚，形成种子，产生有籽果实，即不经受精作用而产生有籽果实的现象，叫做无融合生殖（或无配子生殖，apomixis）。无融合生殖有三种类型。

（1）单倍体胚无融合生殖。胚囊母细胞进行正常的减数分裂，形成单倍体的胚囊。这又有三种情况：①单倍体孤雌生殖，胚囊中的卵细胞未经受精而形成单倍体的胚，如天麻属、蒲公英属的一些植物；②无配子生殖，胚囊中的卵细胞由于某种原因未形成胚，而由助细胞、反足细胞等不经受精而发育成单倍体的胚，如葱属、百合属、鸢尾属、兰科等植物；③单雄生殖，由于卵细胞已退化、解体，不能与精子结合，进入胚囊的精子单独分裂产生单倍体。在自然界中单雄生殖现象在玉米、水稻、百合、曼陀罗等植物中均有发现。这三种情况所形成的种子虽有生活力，但一般不育，需用秋水仙素处理，使染色体数目加倍成为二倍体，则可得到纯合自交种子。

（2）二倍体胚无融合生殖。胚囊中未经减数分裂的孢原细胞（胚囊母细胞），或者珠心组织中某些二倍体细胞可形成胚（二倍体）。

（3）不定胚无融合生殖。有些植物可由胚囊外面的珠心或珠被细胞直接发育成胚（二倍体），叫做不定胚。例如，柑橘具有多胚现象，其中只有一个胚是通过受精作用由合子发育来的，其余的胚由珠心、珠被细胞进入胚囊而发育成的不定胚，其后代是可育的。由其繁育的实生苗叫珠心苗，因无父本基因，表现为母本性状。

2. 单性结实　植物不经受精作用而使子房膨大形成无籽果实的现象，叫做单性结实（parthenocarpy）。单性结实分为两类。

（1）天然单性结实。凡不经授粉或其他任何刺激而形成无籽果实的现象，叫做天然单性结实。例如，葡萄、柿子、香蕉、无花果、无核蜜橘等的个别植株或枝条发生突变而形成无籽果实，把突变枝条剪下进行无性繁殖可形成无核品种。天然单性结实的发生，一方面是花粉败育，另一方面由于子房中的IAA大量增加，促使子房不经受精而膨大。另外，环境条件（如低温）也能引发植物单性结实，如低温条件下茄子发生单性结实。

（2）刺激性单性结实。在外界环境条件的刺激下而引起的单性结实。例如，较低温度和较高光强可诱导番茄产生无籽果实；短光周期和较低夜温可引起瓜类作物单性结实等。因此，利用某些生长物质处理花蕾也可引起子房膨大而形成无籽果实。

有些植物授粉受精后，由于各种原因而使胚停止发育，但子房或花托继续发育，亦形成无籽果实，这种现象叫做假单性结实（或伪单性结实），如无核柿子和无核白葡萄。

值得注意的是，胚珠较少的植物（如桃、杏、李等）一般没有单性结实；而易出现单性结实现象的植物（如西瓜、番茄、柑橘等），其子房内通常含有多枚胚珠。

综上所述，有籽果实通常为受精的结果，但受精后不一定都形成有籽果实；单性结实形成无籽果实，但无籽果实不一定都是单性结实所致。单性结实的发现和诱导，在生产、生活和育种方面都得到了较好的应用。

小　结

一般植物在开花之前需达到一定年龄或是达到一定的生理状态，称为花熟状态。之前的幼年期，即使满足成花所需要的外界条件也不能诱导成花；成年期的植物，也只有在适宜的温度和光照条件下才能诱导成花。因此，幼年期长短、低温和光周期是控制植物开花的三个重要因素。

一般一年生冬性植物和大多数二年生植物的开花都需要经过春化作用。植物感受低温的部位是茎尖生长点，多数一年生植物在种子吸胀后即可接受春化，而多数二年生或多年生植物只有当营养体长到一定大小时才能接受春化。春化作用调节控制成花基因的表达。

根据植物成花对光周期的要求，可将植物分成长日植物、短日植物和日中性植物等类型。在昼夜的光暗交替中，暗期长短对植物的成花起决定作用。暗期光间断抑制短日植物开花，而促进长日植物开花。植物感受光周期信号的部位是叶片，叶片感受光周期信号后，产生的成花物质传递至发生花芽分化的茎生长点，诱导营养生长锥向生殖生长锥的转变。

植物成花生理的春化作用和光周期理论在农业生产上有重要的指导意义，并已被广泛地应用于品种繁殖、异地引种、控制花期、调节营养生长和生殖生长等实践中。

花器官的分化受同源异型基因的调节，同时也受多种环境因子的影响。光照强度和长短、温度、水分、肥料及内源激素是主要影响花器官形成的条件。

花粉生活力因植物种类而异，且受环境条件影响。花粉的壁蛋白与柱头乳突细胞表面的蛋白质薄膜之间的亲和与识别，是花粉能否正常萌发、花粉管能否在花柱中伸长的关键调控机制。

复习思考题

1. 什么是春化作用和去春化作用？设计试验证明植物感受春化低温的部位。
2. 什么是光周期现象？举例说明植物的主要光周期反应类型。设计试验证明植物感受光周期的部位及开花刺激物的传导。
3. 举例说明春化作用、光周期理论和 C/N 值理论在生产实践中的应用。
4. 简述花器官形态发生 ABC 模型的主要内容。
5. 简述光敏素在植物开花中的作用。
6. 试述花粉与柱头相互识别的物质基础和过程。

第十一章　植物的成熟与衰老

植物受精后，受精卵发育成胚，中央细胞发育成胚乳，胚珠发育成种子，子房壁发育成果皮，子房及花的其他部分（如花托、萼片、花序轴等）形成果实。种子与果实形成时，受一系列基因控制，不只是发生形态上的变化，而且发生剧烈的生理生化变化。种子与果实的发育好坏，不仅对植物下一代的发育极为重要，同时也决定作物产量的高低与品质的优劣。多数植物的种子和某些植物的营养繁殖器官在成熟后不能立即萌发，进入休眠。对一年生、二年生的草本植物来讲，种子和果实形成之后就趋向衰老，有的器官还发生脱落。这些生理现象均与作物生产紧密相连。所以，成熟生理和衰老生理的研究在理论及实践上均有重要意义。

第一节　种子的发育

被子植物通过双受精过程分别形成合子（zygote）和初生胚乳核，合子发育成胚（embryo），受精极核发育成胚乳（endosperm），珠被发育成种皮（episperm，seed coat）。胚、胚乳和种皮共同构成种子（seed）。受精过程本身往往是短暂的，但受精前后的变化是剧烈的。受精前的变化与授粉作用密切相关。受精后的合子是新的孢子体世代的第一个细胞，它将经由胚胎发生过程形成成熟的胚，最终与成熟的胚乳一起组成种子的主要部分，导致种子的形成。

一、种子的发育过程

1. 胚乳的发育　胚乳的发育在胚发育之前就开始了。极核受精后，一般不经过休眠，初生胚乳核就开始分裂，首先按游离核分裂方式在细胞化之前分裂成许多游离核后，再细胞化形成胚乳细胞。胚乳是禾本科植物水稻、小麦、玉米等的贮藏器官，主要贮藏物质为蛋白质、淀粉。椰子为液体胚乳，其中含糖、激素和维生素，在组织培养中椰子乳可促进胚的生长。双子叶植物在胚发育过程中，胚乳组织被吸收，因此，胚成熟后无胚乳，子叶是贮藏器官，如大豆子叶以贮藏蛋白质、脂肪为主，豌豆子叶以贮藏淀粉为主。胚乳和子叶均为胚的发育和生长提供营养。

2. 种胚的发育　种胚是种子中最主要的部分，由卵细胞受精后发育而来。卵细胞在受精后表现出明显的极性，如荠菜卵细胞受精后，在珠孔端为液泡所充满，而在合点端则是细胞质和核。随着受精卵发育，细胞体积不断扩大，多核糖体形成，细胞开始不均等分裂，分裂成两个细胞，其中一个为较大的近珠孔端液泡化的基细胞，主要与胚柄的形成有关，在有些植物（如油菜）中，基细胞也参与种胚发生，如胚根的形成；另一个为较小远离珠孔端、细胞质浓密的顶端细跑，以后主要形成幼胚，在很多植物（如豌豆）中顶端细胞也参与胚柄的形成，参与程度因植物而异。胚柄用来维持胚的定位和定向，使胚能伸入到胚乳体中吸取营养。

细胞分化、器官发生等形态变化往往在胚胎发育的早期便已开始了，随着胚细胞不断分裂，形成大量二倍体细胞，进而开始器官和组织的分化，胚柄逐步退化。例如，荠菜胚胎发育阶段从16细胞阶段开始，就可以将其内部形成分生组织的细胞团和外层形成表皮细胞的组织区分开来，以后不同的胚胎发育阶段其形状分别为球形期、心形期、鱼雷形期和子叶期等。球形期已分化出明显的胚和胚柄，心形期二裂片发育成子叶，而子叶期的胚已发育成根分生组织和茎分生组织。在胚成熟过程中胚经由细胞扩大达到它最终大小，这个时期是有机物合成、贮藏和分解时期。最后，在胚成熟后期，RNA和蛋白质合成结束，种子失去95%以上水分，胚进入休眠状态。

3. 种皮的形成 受精之后，在胚和胚乳发育的同时，珠被发育成种皮，包被在种子最外层起保护作用。少数植物在种皮之外有假种皮，它是由珠柄、胎座发育而来的，如荔枝、龙眼的肉质可食部分就是珠柄发育成的假种皮。

二、种子成熟过程中的生理生化变化

高等植物的种子成熟实际上包括两个过程：一是受精后的合子经过细胞分裂，形成了能够发育成新个体的种胚；二是从营养器官运入的可溶性低分子化合物（如葡萄糖、蔗糖、氨基酸等），在种子内逐渐转化为不溶性的高分子化合物（如淀粉、脂肪、蛋白质等）贮藏起来。并且，伴随着物质的转化与积累，种子逐渐脱水，使细胞质由溶胶状态逐渐转变为凝胶状态。于是，种子进入生理上不活跃的休眠状态，以便度过不良的外界环境条件。

（一）贮藏物质的变化

1. 糖类的变化 小麦、水稻、玉米等禾谷类种子和豌豆、菜豆、蚕豆等豆类种子，其贮藏物质以淀粉为主，通常称之为淀粉种子。在成熟过程中这类种子伴随着可溶性碳水化合物含量的逐渐降低，而不溶性碳水化合物含量则不断增加。例如，小麦种子成熟时胚乳中的蔗糖与还原糖（果糖和葡萄糖）的含量迅速减少，而淀粉的积累急剧增加（图11-1）。而且，在形成淀粉的同时，还形成构成细胞壁的不溶性物质（纤维素和半纤维素）。禾谷类种子成熟要经过乳熟、糊熟、蜡熟和完熟。淀粉的积累以乳熟和糊熟两个时期最快，因此干重迅速增加。同时，催化淀粉合成的酶类活性提高，这些酶主要是Q酶、淀粉磷酸化合酶、腺苷（或尿苷）二磷酸淀粉转葡萄糖基酶。这些酶的活性变化与种子内淀粉增长率相一致。

2. 脂肪的变化 大豆、花生、油菜、蓖麻、向日葵的种子中脂肪含量很高，因此称之为脂肪种子。这类种子在成熟过程中，一般先积累糖类，然后才积累脂肪和蛋白质。脂肪代谢具有明显的特点：第一，脂肪是由碳水化合物（果糖、葡萄糖和淀粉等）转化来的，因此伴随着种子质量的不断增加，脂肪含量不断升高，而碳水化合物含量相应降低；第二，酸价（中和1g油脂中游离脂肪酸所需KOH的毫克数）逐渐降低，这说明种子成熟初期形成大量的游离脂肪酸，以后随着种子成熟，游离脂肪酸用于脂肪的合成，含量降低；第三，碘价（100g油脂所能吸收碘量的克数）升高，这表明组成油

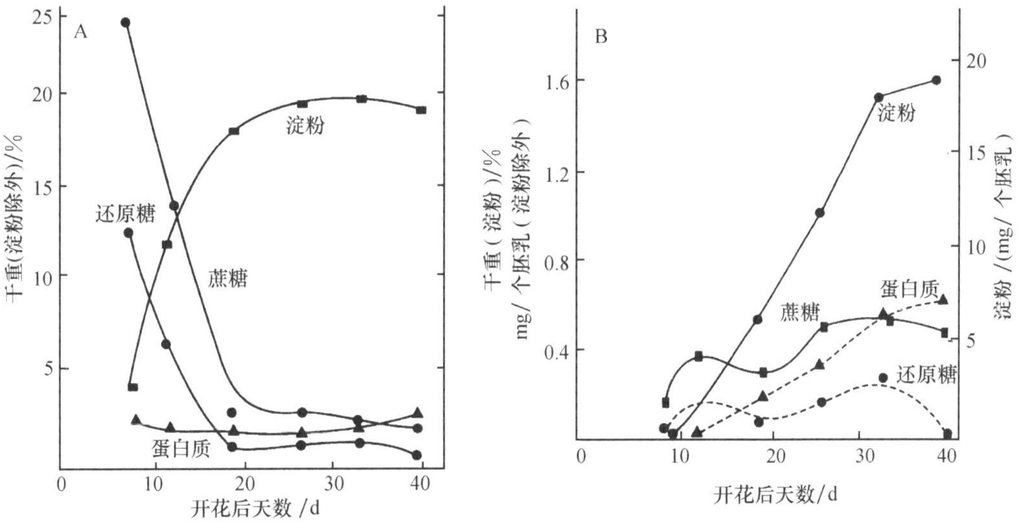

图 11-1　小麦开花后主要物质的变化（曹宗巽和吴相钰，1980）

脂的脂肪酸不饱和程度与数量提高，说明在种子成熟过程中，初期先合成饱和脂肪酸，以后在去饱和酶的作用下，饱和脂肪酸转化为不饱和脂肪酸。

3. 蛋白质的变化　豆科植物种子富含蛋白质（小麦等淀粉种子也含较多的蛋白质），因此有时也称豆科植物种子为蛋白质种子。这类种子积累蛋白质的特点是：首先，叶片或其他器官中的氮素以氨基酸或酰胺的形式运至荚果，在荚皮中氨基酸或酰胺合成蛋白质，暂时贮藏；然后，暂存的蛋白质分解，以酰胺态运至种子，转变为氨基酸，再合成蛋白质，用于贮藏。

4. 非丁的变化　种子成熟过程中，由茎叶运来的有机物大多数是与磷酸结合的，如磷酸蔗糖。磷酸蔗糖在种子中转变为淀粉时要脱下磷酸，可是游离的磷酸却不利于淀粉的合成。因此要使游离出来的无机磷酸转化为结合态的磷，其主要途径是磷酸与肌醇及钙、镁结合为肌醇六磷酸钙镁，即非丁（phytin），或称植酸钙镁。

水稻成熟时，有80%的磷以非丁的形式贮存在糊粉层。非丁是禾谷类等淀粉种子中磷酸的贮备库与供应源，当种子萌发时非丁分解释放出Pi、Ca、Mg，供胚生长之用。

（二）其他生理生化变化

1. 呼吸速率的变化　种子成熟过程是有机物质合成与积累的过程，需要呼吸作用提供大量能量。因此，种子内有机物质的积累与其呼吸速率存在着密切的关系。研究表明，干物质积累迅速时，呼吸速率亦高；干物质积累缓慢（种子接近成熟）时，呼吸速率也逐渐降低（图 11-2）。

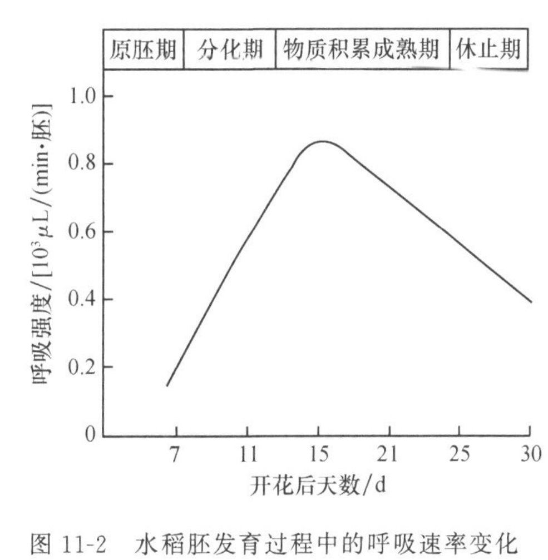

图 11-2　水稻胚发育过程中的呼吸速率变化

2. 种子含水量的变化　随着种子的成熟，含水量逐渐降低。因为有机物质的合成伴随着脱水过程，所以种子的含水量与干物质的积累相反。同时，种子成熟时幼胚中具有浓厚的原生质而无液泡，自由水含量极少。随着含水量的下降，种子的生命活动由活跃状态转入休眠状态。

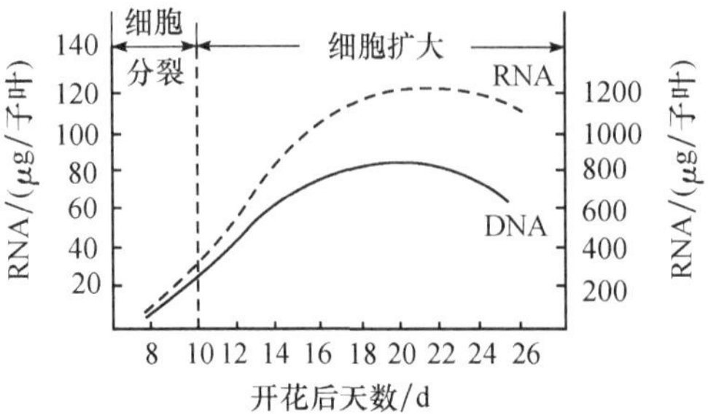

图 11-3　豌豆子叶发育过程中核酸含量的变化

3. 核酸含量和酶活性的变化　水稻开花后 15～25d，核酸含量增加缓慢，但 RNA 含量增加明显，同时蛋白质含量亦相应增加；在小麦的成熟籽粒中 RNA 含量比 DNA 含量高 10 倍；豌豆种子 RNA 与 DNA 的含量随着子叶鲜重的增加而增加，当达到最大值时开始缓慢降低（图 11-3）。在 RNA 变化的同时，作为基因表达产物的酶类及其活性也随之变化，如在胚胎发育过程中磷酸酯酶、呼吸代谢酶类、过氧化物酶等活性均发生相应的改变。

4. 内源激素的变化　种子成熟过程中受到多种内源激素的调节与控制，因此种子中内源激素的种类与含量在不断地发生变化，以小麦为例：①CTK，胚珠受精前其含量极低，受精末期达到最高，然后下降；②GA，受精后籽粒开始生长时其浓度迅速提高，受精后第三周达到高峰，然后减少；③IAA，胚珠内含量极低，受精时略有增加，然后减少，籽粒膨大时再度增加，当籽粒鲜重最大时其含量最高，籽粒成熟时几乎测不出其活性；④ABA，籽粒成熟时期其含量大大增加。种子发育过程中，内源激素的顺序出现及其有规律的变化（图 11-4）可能与这些激素的功能有关：首先出现的是 CTK，可能调节籽粒形态建成的细胞分裂过程；其次是 GA 与 IAA，可能调节有机物质向籽粒运输与积累的过程；最后是 ABA，可能与控制籽粒的休眠过程有关。

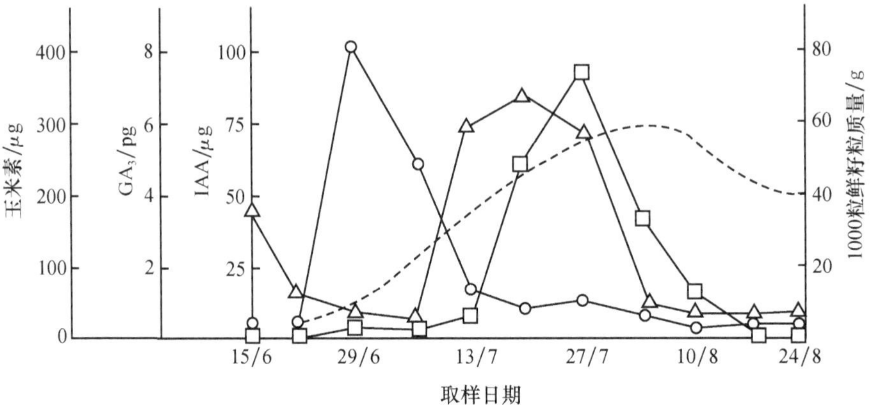

图 11-4　小麦籽粒发育时期玉米素(○)、GA(△)、IAA(□) 含量的变化

三、种子成熟过程中的基因表达

从受精卵的不均等分裂开始的植物胚胎发育过程是一个有次序的、选择性的基因表

达过程，在胚胎发育的特定阶段、特定部位，特定的基因在细胞核内有选择地转录，使特异的 mRNA 水平发生改变，从而合成特异的蛋白质或酶，最终导致胚成熟和种子的形成。

在种子发育的任何一个阶段大约有 2 万个不同基因在 mRNA 水平上表达，同时胚轴、子叶以及非胚性化的胚乳组织中也有相似数量的基因表达。

（一）与种子贮藏物质有关基因的表达

种子发育的一个重要特点是合成及积累贮藏蛋白，所以在种子发育过程中，绝大部分的 mRNA 是种子贮藏蛋白的 mRNA，而且直接与贮藏物质的加工、包装、运输、贮藏有关的基因也表达。

在已研究的植物中，绝大多数种子贮藏蛋白的基因都是多基因家族（gene family）。玉米的 α-醇溶蛋白的基因数目估计高达 75 个，油菜 2S 水溶蛋白的基因数目为2～5 个，巴西坚果 2S 富含硫的水溶蛋白大概由 10 个基因编码。这种多基因家族的存在就使得同一种子中存在不同的蛋白异构体。贮藏蛋白基因的表达主要受激素和营养因素调控。脱落酸与种子发育的关系最为密切，具有促进种子发育的作用，有研究表明，当其含量提高时，会增加种子贮藏蛋白基因的表达。在众多的矿质营养中，人们对硫的研究最为深入，环境中缺硫时，种子中含硫的蛋白质含量减少，不含硫或含硫少的蛋白质含量增加。在豌豆中的研究发现，蛋白质的变化与 mRNA 的变化是一致的。

（二）与种子生理相关基因的表达

种子发育的最后阶段是成熟及休眠，是种子从发育到萌发的演变过程，以种子脱水为特征。因此，与种子发育有关的基因进入暂时停顿的状态，而与种子成熟有关的基因开始活跃表达。

胚胎发育后期高丰度表达的蛋白质（late embryo abundant protein，即 Lea protein）或者成熟蛋白（maturation protein）是所有在种子成熟过程中表达的蛋白质的总称。这类蛋白质在胚发育后期含量很高，在种子萌发早期迅速消失。目前将已鉴定出来的 Lea 蛋白基因分为三类：小麦、玉米等的 *Em* 基因；水稻的 *RAB* 基因和大麦的 *Dehydrin* 基因；胡萝卜 *Dc3* 和 *Dc8* 基因、大麦的 *PHVal* 基因及玉米的 *MLG3* 基因。这些基因编码的蛋白质在种子发育的中、后期可能起很重要的作用。第一，由于这些蛋白质富含不带电荷的氨基酸，并且具有高度热稳定性，所以可保护细胞的结构和代谢，参与种子抗脱水过程，使种子在后期脱水时不致被破坏。在这一时期种子中积累渗透调节物质，有人认为 Lea 蛋白可能作为渗透物质的调节蛋白。第二，某些 Lea 蛋白带有正电荷的保守区域可以和核酸结合，调节基因表达和发育事件。随着对 Lea 蛋白基因表达的研究深入，推测这类蛋白质中有与种子休眠直接相关的蛋白质。

四、影响种子发育的环境因素

环境条件不仅影响种子的成熟过程，而且对种子的成分也有一定的影响。

（一）温度

温度主要影响有机物质的运输与转化。温度适宜有利于干物质的积累，促进成熟；温度过高时呼吸消耗大，籽粒不饱满；温度过低时不利于物质的运输与转化，延迟成熟，种子瘦小。据研究，水稻种子成熟时的最适温度为25～35℃，温度过高或过低都容易形成瘪粒甚至空粒。温周期也影响籽粒成熟，昼夜温差较大有利于成熟，产量高。这是因为夜温低延迟叶片衰老，灌浆期长，减少呼吸消耗，有利于干物质积累。

温度还影响种子中贮藏物质的组成。例如，油料种子，南方温度高，含油率低，油脂中饱和脂肪酸含量高（碘价低），蛋白质含量较高；而北方温度低，恰好相反，含油率高，油脂中不饱和脂肪酸含量高（碘价高），蛋白质含量却低。

（二）光照

种子内的贮藏物质来源于光合产物，因此光照直接影响种子内有机物质的积累。例如，水稻的穗粒干物质的2/3来源于抽穗后的叶片光合产物，此时光照强，同化物多，产量高。此外，抽穗结实期的光照也影响籽粒的蛋白质含量和含油率。

（三）空气湿度

如果阴雨多，湿度高会延迟种子成熟；若环境中湿度较低则加速成熟，但空气湿度过低，出现大气干旱，不但妨碍物质运输，而且合成酶活性低，水解酶活性高，减少干物质积累，导致种子小而产量低。我国西北地区常因这种气候而使小麦减产。通常，在低温干旱条件下小麦籽粒内蛋白质含量较高，而温暖潮湿条件下淀粉含量较高。

（四）土壤含水量

土壤干旱会破坏作物体内水分平衡，严重影响灌浆，造成籽粒不饱满，导致减产。土壤含水量过多，会使根系由于缺氧而受到损伤，光合速率降低，种子难以正常发育。北方小麦成熟时，降雨量及土壤水分比南方少，种子中蛋白质含量较高。

（五）矿质营养

通常，氮肥适中而增施磷钾肥有利于成熟，多施氮肥（尤其是生育后期）则引起贪青晚熟；增施氮肥能提高种子的蛋白质含量，但对油料种子则降低含油率；而磷钾肥却提高油料种子的含油率，并促进糖分向块茎、块根中运输，促其膨大，提高产量。

第二节　果实的发育

果实是由包裹胚珠的组织发育长大而成的整个构造。根据其包含组织的不同可分为真果和假果：纯由子房长大形成的果实称为真果，如番茄、桃等；由子房、花托、花萼或花序轴等部分共同发育而形成的果实称为假果，如苹果、梨等，它们的食用部分主要是由花托发育成的。果实的发育指从子房受精到果实成熟的整个过程。

一、肉质果实的生长曲线

果实的大小和形状与构成果实的细胞数目、细胞体积、细胞密度有关：果实在收获时的细胞数目是果实在其形成过程中进行细胞分裂的结果；分裂后细胞的扩大决定了细胞的体积；而细胞的密度则是由有机物积累和水分相对增加决定的。

（一）肉质果实的生长曲线

用果实生长量与时间绘制曲线，虽然有很多种形式，但归纳起来基本有两种类型：单S形曲线和双S形曲线。苹果、番茄、梨、豌豆、草莓和白兰瓜等果实生长属单S形曲线，桃、李、杏等果实呈双S形曲线。但就一个果实的各个组成部分来说，各有其自身的生长行为。例如，大豆荚先生长，然后胚和胚乳进行生长，虽然单个果实生长是单纯的S形曲线，但种子的生长呈双峰曲线。葡萄果实的生长与种子有关，有种子的果实呈双S形曲线，无籽果实双S形曲线不明显。

为什么会形成不同类型的生长曲线，目前还不是很清楚。但对于果实生长呈双曲线，有人认为中期生长的减慢是由于植株其他部分生长，如营养枝或花芽分化，用去了营养物质，使果实得不到充足的有机营养供应的缘故。但也有人用环割或疏果方法消除这些影响，仍不能改变双S形生长曲线，看来果实生长可能与其内在遗传因子也有关系。

在果实生长过程中，常由于水分、营养供应、病虫害、不良环境的影响，使果实的局部组织生长受抑制而长成畸形的果实。例如，柑橘缺钙而镁含量高、钾含量低时，果皮平滑、果实畸形，缺硫、硼时也会影响果实发育而出现畸形，苹果缺锌时也会出现畸形。

（二）激素与果实生长

内源植物激素的变化与外源生长物质的处理都对果实的生长和发育有深刻的影响。常常可以观察到，授粉受精以后子房就立即迅速生长起来，不经过授粉受精的子房就衰败了，说明授粉受精与子房发育有密切的关系。进一步研究表明，受精后的胚与胚乳很快成为生长素产生的中心，产生的生长素可以刺激子房不断发育。以后在果实中又相继发现了赤霉素、细胞分裂素、脱落酸、乙烯等植物激素。不同果实的生长可能由不同的激素调节，或者由不同激素间的平衡调节，不存在一种对所有果实都起作用的激素。如当用激素进行人工诱导单性结实时，生长素很容易引起番茄、草莓、茄子等单性结实，而对仁果类则无效，相反，赤霉素则能诱导仁果类单性结实。此外，果实生长的不同阶段会有不同的激素代谢变化以及对激素的不同反应敏感性。

果实生长需要大量有机营养物质的供给，植株一旦着生果实，果实即成为代谢中心。用$^{14}CO_2$处理豌豆，发现着生在被处理叶腋处的豆荚集中了90%以上的标记蔗糖，以^{32}P处理最先开花节位上的叶片时，大部分标记磷转移到该节的荚中。营养物质的分配受激素调节，其中生长素起重要作用，生长素活性较高的部位（如子房），常吸引大量有机物质而促进果实膨大。生产上，茄子、葡萄、番茄等植物，不经授粉而用生长素处理所结的果实与授粉后所结的果实一样大。人工摘芽或喷施 B_9 等生长抑制物质也可增加坐果率。

（三）种子与果实生长

在许多果实中，种子数目与果实的最终大小之间以及种子的分布与果实的形状之间有显著的相互关系。这是因为受精以后，种子是产生激素的中心，它使胚珠、子房与营养器官之间形成一个较高的代谢梯度，使营养物质从营养器官向生殖器官转移。草莓上部分的瘦果如果未经授粉，或在授粉后的早期将其人工摘除，则这部分的果肉不能生长，形成畸形的果实，草莓的瘦果数与花托质量呈正相关。苹果如果只有一侧有种子，则只有有种子的一侧充分发育，结果生成不对称的畸形果实，苹果果实的大小也和种子数量呈正相关。梨在无种子时常呈卵形，而有种子时为典型的梨形。

在呈双S形生长曲线的果实中，种子的发育与果实生长有一定的矛盾，果实生长停顿的时间，也就是种子迅速生长的时间，这可能与两者竞争养分供应有关。

二、果实发育过程中的生理生化变化

（一）果实发育过程中有机物的积累和转化

果实作为植物的一个主要代谢库和贮存器官，在其发育过程中不断进行着有机物质的积累和转化，由于这种积累和转化直接与以果实为商品的水果、蔬菜的品质有关，因此采取适当的生产措施，使果实的有机物质转化向有利于商品价值的方向发展，是植物生理学要研究的一个重要课题。

1. 糖类　果实所含有的糖类可分为贮藏性糖和结构性糖两类。贮藏性糖主要包括可溶性糖和淀粉。可溶性糖以蔗糖、葡萄糖、果糖为主。不同植物在果实发育过程中积累不同的糖类：一类植物以积累可溶性糖为主，而很少积累淀粉，如柑橘、葡萄、白兰瓜；另一类以积累淀粉为主，如香蕉、苹果等。果实中积累的糖类在发育过程中也是变化的，如葡萄在未成热时，果实中葡萄糖占总糖的 85%，成熟期葡萄糖与果糖比例接近，而在成熟果实中，果糖略占优势。苹果果实在生长初期积累淀粉，生长中期达最高峰，随后淀粉含量急剧下降，转化成可溶性糖。在成长的绿色香蕉果肉中，淀粉占鲜重的20%～25%，成熟后，淀粉水解，只剩下 1%～20%；反之，绿色果实果肉内含糖量 1%～2%，成熟后达 15%～25%。贮藏性糖的变化影响到果实的可食性，如甜度等。

结构性糖主要是指果胶类物质，它是构成果实细胞的细胞壁物质，由多聚半乳糖醛酸组成，常以其甲基酯形式存在。结构性多糖主要存在于胞间层和初生细胞壁中，果实成熟时果胶在果胶酶的作用下水解，细胞分离，果肉变软。

2. 有机酸　各种果实都具有一定酸味，这是含有机酸的缘故。果实中的有机酸一般以游离酸、酯或糖苷等形式存在。每种果实以一或两种有机酸为主，如葡萄以酒石酸、苹果酸为主，苹果和梨以苹果酸为主。在果实发育过程中，有机酸含量逐渐增高，但当生长停止进入成熟阶段时，一部分有机酸转化为糖，一部分被呼吸消耗，另一部分被钾离子、钙离子等中和为盐，含量下降，酸味降低，如苹果、葡萄、柑橘均如此变化。

3. 维生素　果实内含有丰富的各类维生素，它是人类摄入维生素的主要来源之一。其中对水果营养价值十分重要的是维生素 C（抗坏血酸），不同果实含维生素 C 差别很大，以 100g 鲜重计算，鸭梨 1～4mg，香蕉 1～9mg，白兰瓜 10mg，番茄 8～33mg，红辣椒 128mg，而毛花猕猴桃达 1000mg，刺梨可高达 2000mg。在果实成熟过程中，维生素 C 含量下降。

4. 色素　果实的颜色与其商品价值有密切关系。一般果实在未成熟时为绿色，至成熟后大多数果实转为黄、橙、红等颜色。脂溶性色素存在于质体中，水溶性色素分布在液泡中。脂溶性色素包括叶绿素和类胡萝卜素，前者使果实呈绿色，后者呈黄、橙、红色。水溶性色素主要是花色素，以糖苷形式存在，它属于类黄酮物质，苹果、草莓、李、桃、葡萄等多种果实的红色或紫色均出自于花色素苷。

5. 单宁　果实中广泛存在单宁物质，在柿子、香蕉等果实未成熟时含得很多，难以食用，成熟后单宁被过氧化物酶氧化或转变为不溶性的物质，涩味消失。

6. 芳香物质　在果实成熟过程中产生一些有香味的物质。这些物质包括脂肪族与芳香族的酯和一些特殊的醛类物质，如香蕉的芳香物质主要为乙酸戊酯、葡萄为邻氨基苯甲酯、橘子为柠檬醛等。

（二）果实的呼吸跃变

果实呼吸速率的高低同果实的发育时期有密切关系，伴随着果实的细胞分裂、细胞伸长、成熟与衰老等发育时期的推移，果实呼吸作用也发生着规律性的变化。在细胞分裂迅速的幼果期呼吸速率很高，当细胞分裂停止，果实体积增大时期呼吸速率逐渐下降，果实体积长成和进入成熟之前，呼吸又进入一次升高期，几天之内达到最高峰，然后又下降直至很低的水平，果实在成熟之前发生的这种呼吸突然增高现象，称之为呼吸跃变（respiratory climacteric）。许多研究证明呼吸跃变标志着果实生长发育阶段的结束与衰老阶段的开始，因而是果实生命过程中的一个关键时期，它对于果实贮藏质量有重要影响。也有一些果实在成熟前不表现呼吸跃变现象，这些果实由幼果期一直到成熟衰老期，呼吸速率一直在稳定地下降。根据是否发生呼吸跃变，一般可将果实分成跃变型果实和非跃变型果实，属于跃变型果实的有香蕉、苹果、梨、桃、杏、白兰瓜、番茄、哈密瓜、樟梨等，属非跃变型果实的有葡萄、橙子、柠檬、草莓、凤梨等。

研究表明，呼吸高峰的出现与果实内乙烯含量的变化密切相关（图 11-5），在果实呼吸峰正在进行或正好开始前，果实内乙烯的含量明显增加，乙烯的增加使果皮细胞透性加大，内部氧化过程加速，从而使呼吸速率加快。而乙烯本身的生物合成，又促使更多乙烯的产生，呼吸速率进一步增加，出现呼吸高峰。

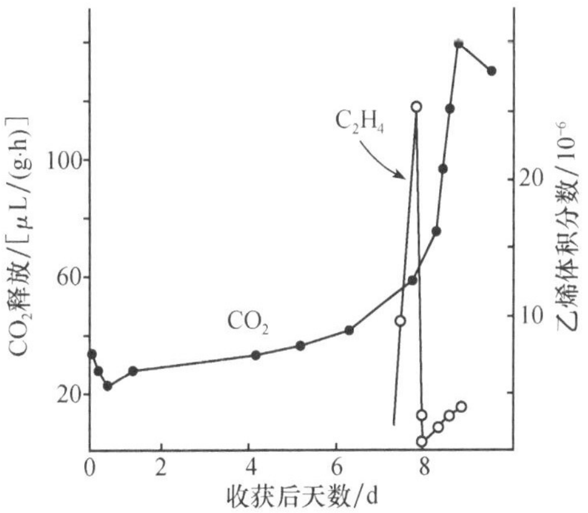

图 11-5　香蕉跃变期乙烯产生与呼吸高峰的关系

跃变果与非跃变果的主要区别在于对乙烯的反应上。乙烯对跃变果的刺激作用，只有在跃变前期才能发生，它可引起呼吸出现跃变与乙烯的自我催化作用，但不改变跃变高峰的高度，它所引起的反应是不可逆的，一旦反应发生后，即可自动进行下去，即使将乙烯除去，反应仍可进行，而且反应的程度与所使用乙烯的浓度无关。非跃变型果实在任何时候都可以对乙烯发生反应，乙烯引起的呼吸反应大小与所用乙烯浓度的高低成比例，但乙烯处理不能触发果实内源乙烯的产生，一旦除去外源乙烯，其影响也就消失。有人认为跃变果与非跃变果在成熟机理与代谢变化方面没有本质上的区别，只是非跃变果的成熟变化进行得很慢，延续的时间较长，而跃变果实则集中在较短时间内很快发生。

三、果实成熟过程中的基因表达及调控

果实成熟过程中的生理生化变化与不同基因的表达密切相关，番茄果实成熟后易腐烂变软的特性使之成为研究果实成熟的理想材料。在番茄果实成熟过程中，既有mRNA的消失，又有一些新的mRNA出现。例如，*PTOM5*、*PTOM6*、*PTOM13*、*PTOM36*、*PTOM99* 和 *PCVV4A* 等基因在成熟的番茄果实中大量表达，RNA合成量增加。其中 *PTOM13* 和 *PCVV4A* 均与乙烯的生物合成密切相关。研究表明，ACC合成酶和ACC氧化酶都由多基因家族编码，*PCVV4A* 为ACC合成酶基因，*PTOM13* 为ACC氧化酶基因，而 *PTOM6* 基因编码番茄果实中多聚半乳糖醛酸酯酶（PG）。

乙烯具有明显的果实催熟作用，ACC作为乙烯生物合成直接前体直接影响着乙烯的生物合成，所以在基因水平上控制与ACC代谢有关酶的表达成为植物果实延熟及抗衰老的一个研究热点。将ACC合成酶cDNA的反义系统导入番茄，得到的转基因植物的乙烯合成被抑制了99.5%，果实不出现呼吸高峰，在植株上或在常温下贮存3～4个月也不变红、变软且无香味，用乙烯处理则果实成熟。成熟果实与正常果实无明显差异。多聚半乳糖醛酸酯酶（PG）是主要的胞壁水解酶之一，在果实成熟过程中，PG的mRNA大幅度增加，其活性和果实成熟及软化程度正相关。目前筛选到一些番茄成熟突变体，如成熟抑制突变体 *rin*（ripening inhibitor）和不成熟突变体 *nor*（non ripening）等，其PG酶活性降低，果实不软化，没有呼吸高峰，果实不能正常成熟。一种永不成熟突变体 *nr*（neverripe）的PG酶和番茄红素的合成减少，果实软化缓慢，保持绿色。此外利用基因工程改变果实色泽、提高品质方面的研究也有很多成功的报道。

四、影响果实发育的环境因素

果实发育期环境条件的好坏直接影响着果实的发育。环境条件不仅影响果实的成熟过程，而且对果实的品质也有一定的影响。

（一）温度

温度不仅通过影响有机物质的运输与转化影响果实的发育，温度过高或过低均不利果实的生长，而且发育期间的温度条件直接影响果实的发育进程。以荔枝为例，不同年

份荔枝果实发育期出现早晚及其持续时间的长短差异明显，其差异与发育期间所经历的温度条件有关。荔枝花序至果肉出现期间，日生长温度偏高的年份果实发育进程加快，发育期间隔天数缩短；反之，日生长温度偏低年份，果实发育进程延缓，发育期间隔天数延长。结果还表明荔枝果实发育期间的日生长温度累积值比有效日生长温度累积值更能反映温度条件对荔枝果实发育的影响。此外，昼夜温差大有利于糖分的积累和转化，新疆的瓜果甜就是这个道理。

（二）光照

果实内的贮藏物质来源于光合产物，因此光照直接影响果实中有机物质的积累。在阳光充足的条件下，果实中含酸少而糖分较多，甚至同一棵树上的果实，树冠外围枝条向阳处结的果实最甜，着色也较好。因为充足的阳光有利于光合作用，增加了糖的含量，同时也有利于花色素的形成。

（三）气体组分

气体组分主要指空气中 CO_2 和 O_2 的含量。降低 O_2 的浓度或提高 CO_2 浓度，一方面会促进光合作用，增加有机物质的积累，另一方面可以延迟果实呼吸高峰的出现，延迟果实成熟；而提高 O_2 浓度降低 CO_2 浓度，在降低光合作用的同时又促进“呼吸高峰”提前出现，加速果实成熟。

（四）矿质营养

果实发育所需的营养主要包括细胞膨大所必需的蛋白质、碳水化合物、核酸、脂肪酸及矿质元素和水分。氮和磷是蛋白质、氨基酸、核酸等的重要组成，钾和硼对碳水化合物的合成运转起着重要作用，同时，钾还能促进液泡的迅速发育及液泡中各种物质的积累，所以在果实发育期间保证矿质营养的均衡供应非常重要。

瓜类果实发育形成期间需要大量矿质元素，果实中氮、磷、钾吸收量占全株总吸收量的 60%～80%，在此期间如果矿质元素的种类和含量比例失调会引起裂果。研究表明叶片中氮和钙的含量较高时，裂果现象相对减少；枝条中钙和硼含量不足时也引起裂果；果实中氮和钾的比例失调，也会引起裂果。

（五）湿度

湿度包括土壤湿度调节与空气湿度两个方面。不同类型、品种的果实对湿度有不同的要求。以番茄为例，它的地上部分比较发达，蒸腾量较大，所以需水量也很大；但番茄根系吸收能力较强，因此又具有半耐旱性。一般结果期要求土壤相对湿度在 75%～80%，番茄对空气湿度要求较低，以 50%～60%为宜。空气湿度大时不仅阻碍正常的授粉，而且易发生各种病害，如青枯病、晚疫病等。

五、果实成熟的激素调节

乙烯是与成熟关系最为密切的激素，一般情况下，主要通过控制乙烯来调节果实的成熟。乙烯对果实的成熟的调节取决于乙烯浓度、作用时间和果实对乙烯的敏感性。不同果实成熟对乙烯浓度的要求有很大的差异，如芒果和梨，二者相差 90 倍。只有在果实停止增重，呼吸速率降低后，才对乙烯敏感。有研究认为未成熟果实对乙烯不敏感，此时乙烯不能诱导果实成熟，因此在应用乙烯进行果实的催熟处理时，要注意以上几个因素。近年来采用乙烯（或乙烯利）催熟，已经给番茄、柿子和香蕉生产带来了巨大的经济效益。乙烯利催熟棉花还可使一部分霜后花变为霜前花，使其吐絮集中，提早收获，从而提高了产量和质量。相反，乙烯生物合成的抑制剂或作用的抑制剂可用来延迟果实的成熟。

其他激素也参与果实成熟的调节。脱落酸可通过刺激乙烯的产生促进果实成熟和衰老。许多跃变型果实在成熟期间，脱落酸水平的变化与乙烯水平变化紧密相关，脱落酸水平的上升或伴随着乙烯的跃升，或发生在乙烯水平上升之前；而对于非跃变型果实，只有脱落酸的增加而没有乙烯的增加。生长素会影响果实成熟的启动时间，一般可延缓果实的成熟，但不影响果实的成熟程度。细胞分裂素不影响成熟起始时间，但降低成熟度。赤霉素的作用和细胞分裂素类似。综合来看，果实成熟可能是多种植物内源激素平衡作用的结果。

第三节　植物的休眠

植物只有和一定的环境条件相协调时才能维持生命，繁衍后代。在漫长的进化过程中，植物体形成了完整的保护性或自卫性机制来适应多变的外界条件，尤其当某些恶劣的环境来临时，植物能以某些必要的方式度过逆境。例如，一年生植物通过开花结实以种子作为延存器官繁衍后代，而多年生植物除结实外，或以器官脱落或以延存器官甚至整株进入休眠（dormancy）状态，这样既繁衍了后代，又躲避了恶劣的环境。不管是种子休眠，还是营养器官休眠，其外部表现都为生长的暂时停顿，在休眠状态下，植物对外界不良环境条件的抵抗力大大增强，因此休眠是植物赖以生存的主动适应过程。

一、休眠的器官与类型

很多一、二年生植物以种子为休眠器官，刚成熟的种子即使外界环境条件适宜，也不一定能萌发，必须经过一段时间低温贮藏才能萌发，即种子处于休眠状态。而另一些植物以营养器官休眠。多年生木本植物如遇不良环境时，节间缩短，芽停止抽出，并在芽的外层出现“芽鳞”的保护性结构，以便度过低温或干旱的环境。当逆境结束后，芽鳞脱落，新芽伸长，或抽出新枝（叶），或开出花朵（花芽）。由此可见，叶、枝、花等均是以“芽”的原始体形式通过休眠期（dormancy stage）。多年生草本植物遇到干旱、高温或低温等不良环境，可在地下形成变态的器官，如球茎、鳞茎、块茎、块根等进行休眠，并且在这些变态器官中不仅具有休眠芽（dormancy bud），而且贮藏大量养料，以维持其生命活动。

由于休眠期间植物的生命活动并未完全停止，所以按其深度与阶段可分为两种类型。一种是真正休眠，又称绝对休眠，是一种自发性的休眠。绝对休眠的植物，在休眠的中期阶段（冬季温度最低的时期），休眠器官的生长活动接近最低点，原生质含水量极低，这时如提供适宜的生长条件植物也不会萌发，这似乎还受内部系统支配控制，另一种为强迫休眠，亦称相对休眠。当植物在生育期内遇到低温或干旱时，迫使其生长趋于缓慢或暂停状态；如此时给以适宜条件，植株又开始萌发抽枝，恢复生长。原产于热带和亚热带的常绿树休眠始终处于强迫休眠或相对休眠的状态。在相对休眠期内，植物依然进行缓慢的细胞分裂和体积增大以及花芽分化，只是外观不易觉察。

二、种子休眠

（一）种子休眠的原因

引起种子休眠的原因很多，且因植物种类不同，分为以下几个方面。

1. 种皮障碍　种皮不透水、不透气或机械强度过大，使胚得不到水分或氧气供应而不能生长，或胚不能突破种皮而不能萌发。例如，豆科、锦葵科、藜科、百合科、茄科等多种植物的种子，种皮厚且坚实，不透水，农业上称为“硬实”。有一些植物的种子，如桃、李、杏、梅及花生、向日葵等，种皮表层由排列紧密的厚壁细胞构成，种皮内还含有油质和蜡质，或种皮上有厚而致密的蜡质、角质覆盖，成为厚实难破的保护层，水分和氧气很难进入。苍耳果实含两粒种子，下位的种子大，氧气较易透过，上位的种子小，不透气，限制氧的进入，休眠程度更深。

2. 胚未发育完全　一般植物种子成熟时，胚已经完成生长分化。但有些植物如白蜡、银杏、冬青、当归、人参等种子，虽然已经完成有机物质的输入，并已脱离母体，但胚的生长和分化未完成，采收后胚尚需从胚乳中吸取养分，继续生长，发育完全后方能萌发。

3. 种子未完成后熟　某些植物种子如蔷薇科的苹果、桃、樱桃和松柏类种子，胚的形态结构已发育完全，但在生理上尚未成熟，即使剥去种皮在适宜条件下也不能萌发。这类种子必须经过一段时间的后熟作用，即经过一系列的生化反应，完成与萌发有关的激素等有机物质的积累，才能萌发。研究表明在一些植物种子的生理后熟过程中，激素的主要变化规律是 ABA 含量降低，GA 含量升高，因此用 GA 处理可促进这类种子的萌发。

4. 种子内含有抑制萌发的物质　有些植物的种子不能萌发，是由于种子或果实内含有抑制萌发的物质。它们可以存在于果肉（梨、甜瓜、柑橘等）、种皮（苍耳、甘蓝）、胚乳（鸢尾、苹果）或子叶（菜豆）中。这些抑制物质的种类很多，因植物而异，如 ABA、水杨酸、香豆素、氨、氰化物、芥子油、植物碱及醛酚等。例如，香豆素抑制莴苣种子萌发；ABA 存在于洋白蜡树的休眠果皮和种子中。田芥的种子对氧气的透性很小，去除种皮可给胚供应更充足的氧气，但胚对氧的消耗量并未增加，因为氧分压升高的作用是使抑制物的生成减少，从而促进萌发。

有些植物种子的休眠不是单一因素引起的，而是多种因素共同作用的结果，如小麦的种皮不透氧，同时胚也需要经过后熟。

（二）人工打破种子休眠的方法

自然条件下，处于休眠状态的种子经过冷（冻）暖交替、干湿交替、雨水冲洗、动物的消化和破坏，以及土壤微生物的作用而破除休眠。但通过这种作用打破休眠所需要时间长，萌发也不整齐，不能满足生产和野生植物开发及保护的需要，因此实践上人们采取多种人工措施来打破休眠。

1. 机械破损　由于种皮的限制不能萌发的种子都可用机械损伤种皮的方法促进萌发，如紫云英、苜蓿、莱豆类种子因种皮过厚或坚实不透水不能萌发，可用碾破、擦破种皮促进萌发。

2. 低温湿沙层积法　低温湿沙层积法（stratification）也称为沙藏法。对于胚未发育完全的种子、胚已长成但需要生理后熟的种子、含有抑制物质的种子、种皮不透水不透气的种子，如蔷薇科的苹果、桃、梨及松柏类的种子，都可以利用层积法打破休眠。具体做法是把当年收获的种子在冬季将其与湿沙相混或与湿沙分层堆积在室外背阴处或地窖中，在0～5℃低温下数个月，即可打破休眠。层积所需要的时间因植物种类而异（表11-1）。如果将层积法与变温处理结合会收到更好的效果。

表11-1　某些植物种子生理后熟所需的温度与时间

种　类	最适温度/℃	有效温度/℃	所需天数/d
山楂	5	5	135
柏	1	1～10	60
柿	10	5～10	60
龙胆	1	1～5	60～90
胡桃	3	1～10	60～120
桧	5	5	100
枫	1～10	1～10	30～60
杨梅	5	1～10	90
云杉	1～5	1～10	30～60
松	1～10	1～10	30～90
杏	5	1～5	150
桃	5	5～10	60～90
梨	5	1～5	60～90
野蔷薇	5	5～8	50
花楸	1	1～5	60～120
杉	5	1～10	30
侧柏	5	1～10	30～60

3. 晒种或加热处理　棉花、小麦、黄瓜等种子，在播种前晒种或在35～40℃高温下处理一定时间，可促进后熟，提高发芽率。

4. 化学药剂处理　用乙醇处理莲子，可增加莲子种皮的透性；用氨水（1∶50）处理松树种子，98%浓 H_2SO_4 处理皂荚种子1h，清水洗净，再在40℃清水浸泡86h（此法必须注意安全）等，都可以打破休眠，提高发芽率。

5. 生长物质处理　多数没有经过生理后熟的作物种子可用 GA_3 来促进萌发，如 GA_3 可有效促进人参、银杏种子萌发。

6. 流水冲洗　由于果肉或种皮含有抑制物质而不能萌发的种子，如番茄、甜瓜、西瓜等种子，可用流水冲洗，以除去种皮或附着在种子上的抑制物质而解除休眠。

7. 物理方法　用X射线、超声波、高低频电流、电磁场处理种子，也有破除休眠的作用。

三、芽休眠

一些植物除以种子形式休眠外，还以营养器官形式休眠，主要是芽休眠。

（一）芽休眠的原因

1. 光照　日照长短是诱发和控制芽休眠的重要因素，植物接受光照并诱导芽休眠的部位是叶片。但是，有些植物（如桃树、毛桦）在无叶的情况下，芽或茎顶端分生组织也能接受光周期诱导而进入休眠状态。

对于大多数冬休眠植物来说，秋季的短日照是植物进入休眠的信号。短日照信号阻止植物枝条节间伸长、叶片展开，延缓生长，诱导芽休眠。促进休眠的短日照时数必须少于临界日长，大多数植物所需的临界日长为8～12h。诱导休眠所要求的短日照天数随植物种类而异。例如，美国鹅掌楸需8h的短日照约10d就能停止生长，而湿地槭却需要8周，美国槭需要20周；锦带花则要12h的短日照2周。对于冬休眠植物来说，休眠的诱导或解除，往往取决于GA/ABA的值。短日照条件促进内源生长抑制物（如ABA）的合成，并运至芽；长日照条件促进内源生长刺激物（如GA）的合成。秋季来临，日照越来越短，ABA合成加强，GA/ABA值变低，诱导休眠；春季来临，日照越来越长，GA合成加强，GA/ABA值升高，解除休眠。同时，叶片中的光敏素也参与了植物芽的休眠。如在短日条件下，休眠芽的形成受暗期闪光处理（暗期中断）的影响，并与光的波长有关。用红光中断处理，促进生长抑制休眠；而用远红光处理时则抵消红光的效应，即抑制生长促进休眠。

由于短日照和低温相继出现，所以植物芽休眠的程度也与低温密切相关。

但是，某些植物（如梨、苹果、月桂等）对短日照反应比较迟钝；还有些树木（如山毛榉）只有长日照才能引起休眠，即夏休眠。如常绿植物和那些原产于夏季干旱地区的多年生草本花卉（水仙、百合、仙客来、郁金香）则是夏季的长日照促进休眠。

2. 休眠促进物　促进休眠的物质中最主要的是脱落酸，其次是乙烯、氨、芥子油、多种有机酸等。短日照能诱导休眠的原因是短日照促进了脱落酸含量的增加。研究表明，短日照条件下桦树中的提取物（含ABA）能抑制长日照条件下桦树幼苗的生长，延长处理时间后形成的芽具有冬季休眠芽全部特征。

（二）芽休眠的调控

1. 芽休眠的解除

（1）低温处理。低温是解除芽休眠的重要因子，一般休眠芽经1～2个月的低温处理后，在适宜的环境条件下即可萌发，但低温解除休眠的效应却不能在植物体内传导，仅仅保留在直接感受低温的芽中。例如，把休眠植物置于温室中，只让一个枝条经受低温，次年春天也只有这个枝条能够解除休眠，开始长叶，而植株的其他部分仍然处于休眠状态。

（2）长日照处理。在秋季短日照的诱导下树木的芽进入休眠，在休眠的初期即在“暂时休眠”阶段，给予长日照处理可解除休眠、恢复生长。短日照诱导的时间越长，其恢复生长需要的长日照时间也越长。

（3）激素处理。木本植物的芽休眠、马铃薯块茎以及其他贮藏器官的芽休眠等，都可用一定浓度的 GA 处理来解除。例如，刚收获的马铃薯块茎切块，冲洗过后，用 0.5～1.0mg/L 的 GA_3 处理 10～30min，就能破除休眠而萌发。

2. 芽休眠的延长 在农业生产上也经常需要人工诱导或延长休眠。诱导休眠（induced dormancy）就是在休眠季节尚未到来之前，采取特殊措施诱导植物提前进入休眠状态。生产上经常采用的方法有：缩短日照（通过遮阴把每日光照时数减至接近于深秋的光照时数）；低温处理（逐渐降温）；激素处理［如 ABA、马来酰酐（MH）等］；干旱处理（逐渐降低土壤含水量）等。

例如，马铃薯在长期贮藏后，度过休眠期就会萌发，这样就失去它的商品价值，所以要设法延长休眠。在生产上可利用 0.4%萘乙酸甲酯粉剂（用泥土混制）处理马铃薯块茎，可安全贮藏。洋葱、大蒜等鳞茎延存器官也可用萘乙酸甲酯延长休眠。

第四节 植物的衰老

植物随着生长发育的进行，便会在细胞、组织、器官乃至整体的各种水平上呈现出生活力逐渐下降，即衰老的迹象，直至死亡。衰老（senescence）是植物体生命周期的最后阶段，是成熟的细胞、组织、器官和整个植株自然地终止生命活动的一系列衰败过程。衰老过程导致死亡，它既有消极的一面也有积极的一面。对于一年生植物，在衰老死亡过程中，其器官中的营养物质降解后可转移至种子或块茎、球茎等贮存器官中，以备新个体形成时再利用。这样，通过种子繁殖，避开严冬不利条件，使种群中的个体迅速轮换，不仅防止环境对老个体的破坏，而且使具有优良遗传特性的个体以最快速度传播增殖，有利于保持种的优势。对于多年生植物，衰老（尤其是器官衰老）可使其器官维持弃旧出新，这不仅能够主动适应寒冷或干旱等不良环境条件，而且可使衰老器官中的分解产物得以回收和再利用。

图 11-6 植物中的一些衰老类型

黑色区域表示衰老部分；白色区域表示未衰老部分

一、植物衰老的类型

衰老是一个非常复杂的生理过程，其类型也多种多样。Leopold（1961）提出植物衰老的 4 种类型（图 11-6）。

（一）整体衰老

整个植物衰老，如季节性的或一年生

的草本植物。

（二）地上部分衰老

植物地上部分的器官随着生长季节的结束而死亡，由地下器官生长而更新，如多年生草本植物与球茎类植物。

（三）叶片同步衰老

由于气象因子的胁迫导致叶片季节性衰老脱落。例如，旱生植物霸王子夏季落叶以度过干旱，北方的阔叶树于秋季落叶以度过寒冬。

（四）渐近衰老

绝大多数的多年生木本植物较老的器官和组织逐渐衰老与退化，并被新的组织与器官逐渐取代，然而随时间的推移，植株的衰老逐渐加深。

二、衰老过程中的生理生化变化

植物衰老是以细胞、组织和器官衰老为基础的。植物衰老首先从细胞、组织和器官的衰老开始，然后逐渐引起整株衰老。

（一）细胞超微结构的变化

在叶片衰老过程中，大部分有膜的细胞亚单位破裂。

(1) 随叶片衰老，叶绿体膜相变温度升高，部分膜脂固化，叶绿体膨胀，类囊体解体，间质积累嗜锇体，随之外膜破裂。

(2) 核糖体和粗面内质网减少。

(3) 在叶片衰老时线粒体稍有膨胀和嵴发生扭曲，但出现的时间较晚。

(4) 在衰老时，细胞核在形态上变化很少，有时在黄化期还可以观察到完整的核。

(5) 在衰老过程中，液泡膜破坏，释放水解酶，使细胞自溶解体。

(6) 在衰老时，质膜透性增大，选择功能丧失。水稻离体叶片细胞膜透性不断升高，在叶片黄化时剧烈升高，而活体叶片在黄化前细胞膜透性变化较小，只是在黄化时才发生较大变化。

（二）光合速率下降

光合速率下降是叶片衰老的早期事件，当叶片面积达到最大值，不久就开始下降。据研究，光合速率的下降有三个原因：①气孔阻力增大；②光合细胞活力下降；③光呼吸速率相对增加。光合速率下降使叶片的同化物质减少。

（三）呼吸速率变化

呼吸作用在衰老的前、中期平稳，而在后期发生跃变，然后迅速下降。例如，离体燕麦置于暗中衰老，第二天或第三天叶片变黄，呼吸速率比开始增加 2.5 倍，然后迅速下降。在离体叶片衰老时，呼吸底物也发生改变，由利用糖类物质转变为利用衰老时产生的氨基酸。在衰老过程中氧化磷酸化解偶联，ATP 合成减少，从而影响细胞的生物合成更促进衰老。

（四）叶绿素含量下降

叶片衰老过程最明显的一个特点是叶绿素含量不断下降，外观上叶片由绿变黄，这就是经常用叶绿素含量作为叶片衰老指标的原因。小麦等植物的离体叶片在暗中强迫衰老时，叶绿素含量稳定下降。在活体叶片衰老过程中，叶绿素含量也不断下降，叶绿素含量下降晚于光合速率的下降，但当叶绿素含量降低时，光合速率剧烈下降。随叶片衰老，叶绿素 a 降解快于叶绿素 b，因此，叶绿素 a/b 值可作为衰老的指标。有试验证据表明，叶绿素的降解与细胞中的水解酶作用有关：①从黑暗中衰老的燕麦离体叶片分离的叶绿体在 26℃下 7d，叶绿素含量下降 5%～10%，而完整叶片在相同条件下叶绿素含量则下降 80%；②丝氨酸是蛋白酶活性中心的组成部分，促进叶绿素降解；③RNA 合成抑制剂放线菌素 D 能抑制叶绿素降解。

（五）蛋白质含量降低

在离体叶片和活体叶片衰老过程中，蛋白质含量下降并早于叶绿素降解。例如，燕麦离体叶片在暗中第一天蛋白质含量即下降，但叶绿素分解则晚一些。当大麦、黄瓜等叶片充分展开后，Rubisco 酶活性和含量就开始下降。

离体叶片蛋白质降解时，氨基酸积累。但活体叶片衰老时游离氨基酸并不积累，而是运到植物的其他部位。蛋白质分解是由蛋白酶引起的。然而有试验表明，在叶片衰老时，水解酶活性并不升高，但蛋白质的合成能力下降。例如，旱金莲离体叶片将 ^{14}C-亮氨酸掺入蛋白质的能力下降，用延缓衰老的激素处理，其掺入量稳定在一定水平，而用促进衰老的 ABA 处理，则掺入量低于对照。因此，衰老叶片蛋白质含量下降是由于蛋白质代谢失调、分解速率大于合成速率所致。

（六）核酸含量降低

在叶片衰老时，RNA 总量下降，其中 rRNA 减少最明显，DNA 含量也下降，但下降速率小于 RNA。例如，烟草叶片衰老 3d，RNA 下降 16%，DNA 只减少 3%。对菜豆叶片的研究表明，在衰老时，核酸酶活性下降，用细胞分裂素处理，使衰老延迟，但核酸酶活性并不降低，而是升高。核酸含量的下降趋势与蛋白质一致。

（七）不饱和脂肪酸比例下降

随着叶片衰老，不饱和脂肪酸比例下降。

三、衰老的机理

（一）营养竞争假说

一稔植物在开花结实之后通常导致营养体衰老、凋萎、枯死，这是由于通过养料征调和同化物的再分配再利用，将株体营养器官中的养料大量运入生殖器官，这样会促使营养器官衰老。许多试验表明，若摘除花果，可延迟叶片和整株的衰老。

（二）核酸损伤假说

1. 差误理论　核酸对植物衰老起着决定性作用。Orgel 等提出了与核酸有关的植物衰老的差误理论。该理论认为，植物衰老是由于蛋白质合成过程中引起差误积累所造成的。当错误的产生超过某一阈值时，机能失常，出现衰老、死亡。这种差误是由于 DNA 的裂痕或缺损导致错误的转录翻译，并在蛋白质合成轨道的一处或几处积累无功能的蛋白质（酶）。无功能蛋白的形成或是由于氨基酸排列顺序的错误所致，或是由于多肽链折叠的错误而引起。例如，曾在马铃薯中发现了氨基酸顺序错误的无功能酶，结果造成代谢紊乱，启动衰老。

2. 核酸降解　许多研究表明，在行将衰老的组织中核酸（尤其是 rRNA）会降解。相比之下，核糖体 RNA（rRNA）降解早且速度快，而 tRNA 则较晚。RNA 含量降低的原因，一是 RNA 聚合酶活性下降，合成减少；二是 RNA 酶活性上升，分解加速，因而影响蛋白质的生物合成能力。

（三）自由基假说

由于自由基的化学性质非常活泼，氧化力极强，能够严重地损伤细胞，其主要破坏表现在：损伤核酸，造成遗传变异；损伤脂类，造成膜透性增大，细胞代谢紊乱，损伤蛋白质，造成生物功能丧失。这些均对植物产生极大的危害，加速衰老进程。

（四）内源激素失衡假说

ABA 和 ETH 具有促进植物衰老的效应，可称为衰老激素。因为 ETH 能促进果实成熟，而果实成熟乃是衰老的早期阶段；ETH 与 ABA 能促进器官脱落，而脱落常常是器官衰老的必然结果。也有人认为，ETH 促进衰老的作用在于，它能使黄素蛋白酶（FAD）的电子转移发生转向，将电子转到抗氰途径。ETH 引起的这种电子转移比对照增加 4～6 倍，物质消耗多，ATP 生成少，造成空耗浪费而促进衰老；也有人认为，ETH 刺激 O_2 的吸收，并使其活化形成过氧化物（如 H_2O_2），使植物受害衰老。至于 ABA 促进衰老的作用，可能与增加膜的透性有关。

（五）程序性细胞死亡理论

所谓程序性细胞死亡（programmed cell death，PCD）是指胚胎发育、细胞分化及许多病理过程中，细胞遵循其自身的程序，主动结束其生命的生理性死亡过程，也称细胞凋亡。它以 DNA 降解为特征，通过主动的生化过程使某些细胞衰亡。程序性细胞死亡是一种由内在因素引起的非坏死性变化，包括一系列特有的形态学和生物化学变化，这些变化都涉及相关基因的表达和调控。目前发现在植物胚胎发育、细胞分化和形态建成过程中普遍存在程序性细胞死亡。叶片衰老即是一个程序性细胞死亡过程。

四、植物衰老的调节

同其他发育阶段一样，衰老的过程也受一些内外因子的影响。天然生长的调节物质对衰老过程有重要的调节作用。一般来说，赤霉素和生长素，特别是细胞分裂素抑制衰老，而脱落酸、茉莉酸，特别是乙烯对衰老有促进作用，油菜素内酯和多胺物质中的腐胺、精胺、亚精胺也抑制衰老。衰老不仅受某一种内源激素的调节，而且激素之间的平衡也起着重要作用。例如，生长素类激素在低浓度时可延缓衰老，但浓度升高到一定程度时可诱导乙烯合成，从而促进衰老。脱落酸对衰老的促进作用可被细胞分裂素拮抗。

植物叶片在光下比在暗中衰老得慢。光的影响可能与气孔开闭有关，如果叶片保持在一个低渗溶液中，引起气孔关闭，则叶片衰老的速度在光下与暗中相同。使用引起气孔关闭的脱落酸则促进衰老，使用引起气孔开放的细胞分裂素则抑制衰老。光的影响还表现在光质上，红光对衰老有延缓作用，而远红光可消除这种延缓效果，这表明光敏素可能介入到衰老调节中。

短日照或营养亏缺也会促进衰老，其中氮、钾、磷、镁的营养亏缺对衰老的影响更大。相反，长日条件或供给 NH_4NO_2 将抑制衰老。各种不良环境如热害、低温、干旱、大气污染都不同程度地促进叶片衰老。

第五节　植物器官的脱落

植物器官衰老的结局往往是脱落，但器官的脱落并不意味着整株植物都衰老了。植物器官（如叶片、花、果实、种子或枝条等）脱离母体的现象称为脱落（abscission）。植物器官的脱落常常给农业生产带来巨大损失，如棉铃脱落率高达70%左右。因此，采取必要措施减少器官脱落在生产上具有重要意义。但在某些情况下，脱落也具有特定的生物学意义，如合理分配养分、减少水分散失、延缓营养体衰老进程等。

一、脱落的类型

根据引起脱落的原因，可将脱落大致分为三类：一是由于衰老或成熟引起的脱落，称为正常脱落，如叶片和花朵的衰老脱落、果实和种子成熟后的脱落，这是正常的生理现象；二是因环境条件胁迫（高温、低温、干旱、水涝、盐渍、污染）和生物因素（病、虫）引起的脱落，称为胁迫脱落；三是因植物本身生理活动而引起的脱落，称为生理脱落，如营养生长与生殖生长的竞争、源与库不协调（尤其是库大源小）、光合产物运输受阻或分配失控均能引起生理脱落。胁迫脱落与生理脱落都属于异常脱落。在生产上异常脱落现象比较普遍，如茄果类，果树都存在落花落果问题，尤其是棉花和大豆（花荚脱落率高达70%～80%）。

二、离层的形成

一般说来，器官在脱落之前必须形成离层（separation layer）。离层位于叶柄、花柄、果柄及某些枝条的基部。离层是脱落器官基部离区（abscission layer）的一部分薄壁细胞。现以叶片为例说明离层形成过程。在叶柄基部经横向分裂而形成的几层细胞，其体积小，排列紧密，有浓稠的原生质和较多的淀粉粒，核大而突出，这几层细胞就是离层。离层是器官脱落的部位，于叶片达到最大面积之前形成；而在叶片脱落之后暴露而木栓化所形成的一层组织叫保护层，使植物免受干旱和微生物的伤害。

器官脱落时离层细胞先行溶解，溶解的方式有三种：一是位于两层细胞间的胞间层发生溶解，于是相邻两个细胞分离，分离后的初生细胞壁依然完整；二是胞间层与初生壁均发生溶解，只留一层很薄的纤维素壁包着原生质体；三是一层或几层细胞整个溶解，即细胞壁和原生质均溶解。前两种方式通常出现在木本植物的叶片，后一种方式则在草本植物的叶片中较为常见。

绝大多数植物只有在离层形成后叶片才脱落，但也有例外。有些植物不产生离层（禾谷类），叶片照样脱落；有些植物虽有离层但叶片却不脱落；还有的植物（如烟草）既不产生离层，叶片也不脱落。由此可见，离层的形成并不是脱落的唯一原因，然而它却是绝大多数植物脱落的一个基本条件。

三、影响器官脱落的因素

（一）内在因素

1. 激素与脱落　脱落是植物衰老的结果，而衰老又与内源激素的变化密切相关。因此，器官的脱落必然受植物体内各种激素的调节与控制。

(1) IAA。IAA 对器官脱落的效应与 IAA 的浓度、处理部位有关。一般说来，较高浓度 IAA 抑制器官脱落，而较低浓度 IAA 则促进器官脱落。用四季豆切取具叶柄的茎段试验发现，如果处理离层远茎端（距茎远的一端）可降低脱落率；若 IAA 处理离层近茎端（距茎近的一端）可提高脱落率（图 11-7）。这说明脱落与离层两端的 IAA 含量密切相关，这可用 Addictt 等于 20 世纪 50 年代提出的生长素梯度（auxin gradient）学说加以解释。该学说认为，以离层为界，其两端 IAA 相对含量（远轴端/近轴端）的变化决定该器官是否脱落。当远轴端与近轴端的 IAA 比值较高时，抑制或延缓离层形成；当两者比值较低时，会加速离层形成。根据这一学说，幼嫩器官 IAA 含量高，使 IAA 浓度远轴端与近轴端比值高，不产生脱落；而衰老器官 IAA 含量低，远轴端与近

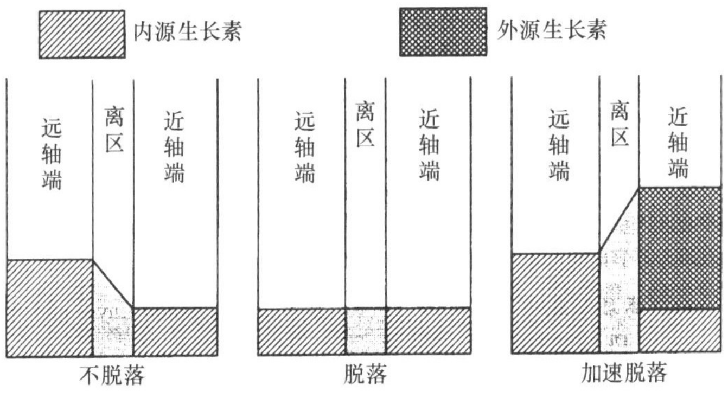

图 11-7　叶片脱落与叶柄离层两侧生长素相对含量的关系

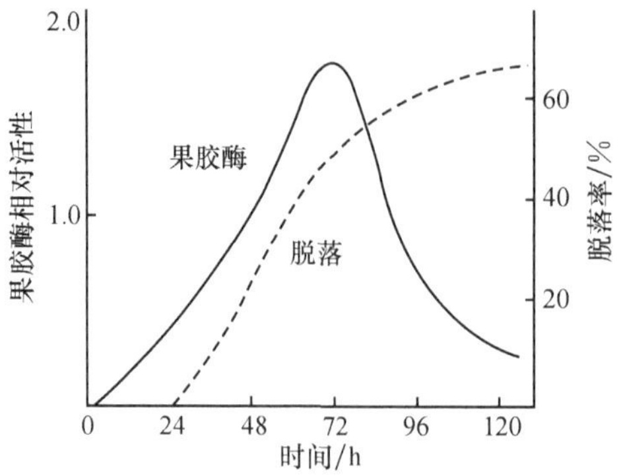

图 11-8 四季豆叶柄外植体脱落率与果胶酶活性的关系

轴端的 IAA 比值偏低，因而产生脱落。这是什么原因呢？有人推测，IAA 含量高的器官是个强库，能够“吸引”更多的营养物质。

（2）ETH。ETH 不仅能诱发果胶酶、纤维素酶的合成，而且能提高这两种酶的活性，从而促进离层细胞壁的溶解，引起器官的脱落（图 11-8）。

据测定，脱落前离层纤维素酶的活性要比周围组织高 2～10 倍。双子叶植物的离层内存在着特殊的 ETH 反应靶细胞，受 ETH 激发，其分裂扩大，并产生和分泌多聚糖水解酶，使细胞壁中层和基质结构疏松，导致脱落。可是，禾本科植物的叶片不存在离层，因而 ETH 对这类植物的落叶无效。所以，脱落的一个重要内因是组织对 ETH 的敏感性，而这种敏感性又受内源 IAA 含量的影响，IAA 含量越高，离层细胞对 ETH 越不敏感。有人认为，叶片脱落前 ETH 作用的最初部位可能不在离层，而在叶片，因为叶片各 ETH 含量可阻碍 IAA 向离层转移（极性运输），这样就提高了离层细胞对 ETH 的敏感性，即使在 ETH 含量不再增加的情况下也可导致脱落（图 11-9）。此外，ETH 能提高 ABA 的含量。

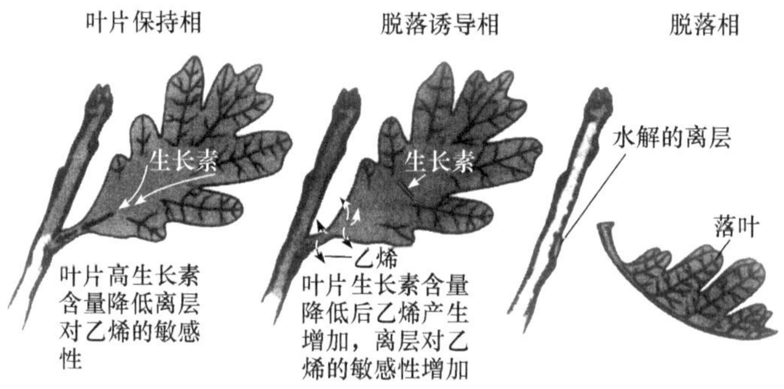

图 11-9 生长素和乙烯调控叶片脱落的作用模型（Taiz and Zeiger，2002）

（3）ABA。ABA 促进叶片脱落。正常生长的叶片中 ABA 含量极微，而在衰老叶片中含量增高，秋天短日照促进 ABA 合成，因此该季节落叶与此有关。ABA 促进脱落的机理可能与其抑制叶柄内 IAA 的传导和促进分解细胞壁酶类的分泌有关。但 ABA 促进脱落的作用低于 ETH。

（4）GA 和 CTK。GA 和 CTK 能够拮抗 ABA 的作用，故能抑制器官的衰老和脱落。

综上所述，器官的脱落并非受某一种激素的控制，而是多种激素相互平衡的结果，Addicott（1982）曾用图来表述各种激素对离层活动的综合效应。由图 11-10 可见，在离层进行着截然相反的两种过程：一是由果胶质和纤维素组成的细胞壁水解为糖类，可由 ABA 诱导从 DNA 经转录和翻译合成的水解酶来催化这一反应；二是由糖合成为果胶质等建造细胞壁，可由 IAA 诱导而产生的合成酶来完成这一过程。因此，当离层内 IAA/ABA 的值增大时，合成过程占优势，延缓器官脱落，当 IAA/ABA 值变小时，则水解过程占主导，加速脱落。由于 ETH 有抑制 IAA 的作用，因而减弱合成，促进脱落。

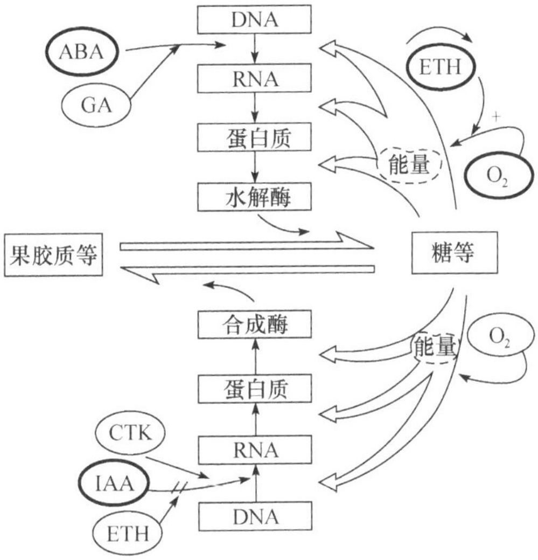

图 11-10　植物激素作用于离层的图解

2. 营养与脱落

（1）矿质。矿质缺乏则代谢失调，易引起脱落。其中，氮、锌是 IAA 合成必需的，钙是细胞壁中胶层果胶酸钙的重要组分，所以缺乏氮、锌、钙导致脱落；此外缺硼常使花粉败育，导致不孕或果实退化，也能引起脱落。

（2）糖类。在各种有机养料中以糖对植物脱落的影响最大。许多试验表明，花、果的脱落主要是因糖类供应不足所致，因为大量的糖类通过呼吸提供能量和可塑性中间产物，用于形态建成。例如，棉花开花时子房的呼吸速率提高 2 倍以上，需要糖类物质较多，如供应不足（遮阴），极易引起脱落；若人为增加蔗糖可大大降低棉铃脱落率。

（二）环境条件对脱落的影响

1. 光照　光照强度和日照长度均能影响器官的脱落。强光抑制或延缓脱落，弱光则促进脱落，如作物密度过大、光照不足常使下部叶片过早脱落。其原因在于弱光下光合速率降低，糖类物质合成减少。长日照延迟脱落，短日照促进脱落，可能与 GA 和 ABA 的合成有关。

2. 水分　干旱引起叶、花、果的脱落，这是植物的保护性反应，以减少水分散失。干旱提高了植物体中 IAA 氧化酶的活性，使 IAA 含量降低，同时也降低了 CTK 含量，但提高了 ETH 与 ABA 的含量，新建立起的内源激素平衡状态促进了离层形成，引起脱落。此外，淹水条件也造成叶、花、果的大量脱落，其原因是淹水使土壤中氧分压降低，并产生逆境 ETH。

3. 温度　异常温度加速器官脱落。高温一方面提高呼吸而加速物质消耗，另一方面易使土壤干旱而引起植物缺水；高温也妨碍花粉管的伸长。低温既降低酶的活性，又影响物质的运输；低温还影响植物的开花传粉，造成花果脱落。

4. 氧气　不正常的氧分压均导致脱落。其直接原因与 ETH 有关，不仅高 O_2 促进 ETH 合成，而且因淹水所致的低 O_2 也促进 ACC 形成，进一步转化为 ETH。此外，高 O_2 导致光呼吸加强，光合产物消耗过速，低 O_2 抑制呼吸，对水分与矿质的吸收能力锐减，植物发育不良。

四、器官脱落的调控

（一）防止脱落

防止脱落、保花保果是园艺生产中保证高产稳产的重要环节。除加强水肥管理和病虫害防治外，科学地使用植物生长调节剂也是非常重要的。2,4-D 可防止茄果类植物（如茄子、番茄等）落花；在苹果、橘子等果实膨大期间常出现大量落果，用低浓度的 NAA、2,4-D 均可保花保果，提高坐果率。此外，其他许多生长延缓剂（如 CCC、PPP_{333} 和 B_9 等）也有防止落果的功效。

（二）促进脱落

生产上有时也需要促进脱落。在果树生长中，坐果太多使果实变小或畸形，严重影响产品质量，合理疏花疏果既能保证当年产量，又能调节大小年，从而使植株营养分配更趋合理，有利于植株健壮生长。一般用 NAA 进行果树的疏花疏果，其作用可能是通过增加乙烯的形成诱导离区水解酶活性而实现的。此外，萘乙酰胺、乙烯利也可作为疏果剂。在生长上还常用氯酸镁和乙烯利作为脱落剂，使叶片全部脱落，便于机械采收。

小　结

种子在成熟过程中，主要进行有机物质的合成，将可溶性有机物（如蔗糖、葡萄糖、氨基酸等）转化为不溶性的有机物（如淀粉、蛋白质、脂肪）积累在子叶或胚乳中，呼吸速率与有机物积累速率呈平行关系。在这个过程中，首先由细胞分裂素调节籽粒的形态建成，然后由赤霉素和生长素调节有机物向籽粒中调运和累积。

果实的生长模式主要有单 S 形生长曲线和双 S 形生长曲线。肉质果实在成熟过程中有呼吸跃变的现象，呼吸跃变的出现与果肉内乙烯含量明显增加有关；同时，伴随着一系列有机物的变化，使果实变甜、酸味减少、涩味消失、香味产生、由硬变软和色泽变艳。

休眠是植物一个重要的适应现象，是生理或环境因素引起的生长暂时停顿的现象。种子和芽是植物休眠的主要形式。种子休眠的原因主要有种皮障碍、种子未发育完全、种子未完成后熟和抑制物质等；可利用机械破损、低温湿沙层积、晒种或加热，以及化学药剂或生长物质处理等方法打破休眠。短日照和 ABA 能够促进芽休眠，而长日照、低温和 GA 能够打破休眠。

衰老时，蛋白质、核酸和叶绿素含量下降，光合速率减慢，呼吸速率在衰老前期较稳定，到衰老末期才迅速下降。衰老的原因有多种假说：营养竞争假说、自由基假说、内源激素失衡假说、核酸损伤假说等。

器官的脱落是植物适应环境、保存自身和保证后代繁衍的一种生物学现象。脱落包括离层细胞的形成、离层细胞的溶解及器官的脱落。生长素和细胞分裂素延迟器官的脱落，脱落酸和乙烯促进器官的脱落。

复习思考题

1. 简述种子成熟过程中有哪些生理生化变化。
2. 说明跃变果实与非跃变果实对乙烯反应的差别。

3. 简述果实成熟过程中的生理生化变化。
4. 试述种子休眠的主要原因，并说明在生产上如何打破休眠。
5. 引起芽休眠的主要原因有哪些？如何对芽的休眠进行调控？
6. 如何调控植物器官的衰老和脱落？
7. 植物衰老时有哪些生理生化变化？
8. 简述衰老的机理。

第十二章　植物抗性的生理基础

在自然界，植物并非总是生活在适宜的环境条件下，植物所需的一些物理的、化学的或生物的因子经常会低于或超出植物的正常需要，从而影响植物的生长发育，甚至对植物产生伤害或导致植物死亡，如干旱、低温、高温、盐碱、病虫、杂草，以及大气、土壤和水体污染等。在农业生产上，不适宜的环境条件是影响作物产量和品质的最重要的因素，加强这一领域的研究和探索，揭示植物在不良环境条件下的生存与生长发育的规律和调节机制，对创造良好的作物生态环境、采取适当的栽培措施和培育抗性品种都具有重要的意义。

第一节　植物逆境生理概述

一、逆境的概念和种类

对植物生存与生长不利的环境因子称为逆境（environmental stress），亦称为环境胁迫或胁迫（stress）。逆境的种类很多，就其性质可划分为两大类，即理化逆境（physicochemical stress）［亦称为非生物逆境（abiotic stress）］和生物逆境（biotic stress）（图 12-1）。其中，理化逆境是植物生理学研究的重点。

- 逆境的种类
  - 理化逆境
    - 温度胁迫
      - 低温
        - 冷
        - 冰冻、霜冻
      - 高温（热）
    - 水分胁迫
      - 湿、涝
      - 土壤、大气及生理干旱
    - 化学胁迫
      - 杀虫剂、除草剂、化肥
      - 盐碱
      - 气体污染等
    - 辐射胁迫
      - 离子辐射（α 射线、β 射线、γ 射线、X 射线）
      - 可见光（过强或过弱）
      - 红外线、紫外线
    - 其他物理胁迫
      - 雪、雹、冰等
      - 风、雷、电、磁等
  - 生物逆境（侵染与竞争）
    - 病
    - 虫
    - 杂草

图 12-1　逆境的种类

逆境的产生有多种原因，但总体来说有两大方面，即自然的和人为的。自然产生的逆境包括干旱、高温、低温、盐碱、水涝、辐射等，人为逆境则包括污染和次生盐碱化等。

二、植物抵抗逆境的生理和发育机制

生活在自然环境中的植物对于环境胁迫有一定的适应和抵抗能力，也就是具有一定的生存或进行生长发育的能力，称之为植物的抗逆性（stress resistance）。植物对逆境的抵抗方式在生理和发育水平可分为两类，即御逆性和耐逆性。

御逆性，亦称为避逆性（stress avoidance），是指植物通过各种途径摒拒逆境对植物产生的直接效应，维持植物在逆境条件下正常生理活动的能力（表 12-1）。御逆性的本质是植物不与逆境达到热力学平衡。例如，仙人掌等植物具有变态的叶片和发达的角质层，以避免水分的散失；一些旱生植物有异常发达的根系，在干旱环境下通过增加水分吸收来弥补蒸腾造成的水分损失；一些抗盐植物具有泌盐的功能，从而避免体内的盐分含量升高。

表 12-1　逆境对植物产生的直接效应及御逆性与耐逆性比较

逆境种类	逆境的直接效应	植物的反应	
		御逆性	耐逆性
低温	植物体降温	植物体不降温	植物体降温
高温	植物体升温	植物体不升温	植物体升温
干旱	植物体含水量降低	植物体含水量不降低	植物体含水量降低
盐碱	植物体含盐量升高	植物体含盐量不升高	植物体含盐量升高
水涝	植物体缺 O_2	植物体不缺 O_2	植物体缺 O_2
辐射	植物体吸收	植物体不吸收	植物体吸收

耐逆性（stress tolerance）是指植物虽然经受逆境的直接效应，但可通过代谢反应阻止、降低或修复逆境造成的伤害的能力（表 12-1）。具有耐逆性的植物，在逆境条件下不能避免与逆境达到热力学平衡，但可避免或减轻达到平衡后产生的伤害。例如，耐低温和耐冻植物，尽管体温与环境达到平衡，但可不受到伤害。

需要指出的是，英文中的 stress escape（可翻译为逆境逃避或避逆性），是指在逆境来临之前完成生活史的能力，典型的例子是一些沙漠上的短命植物，在短暂的雨季完成萌发、生长、开花结实的全过程，然后以种子形式度过随后的干旱季节，因此这种能力不是一种真正的抗逆性。

三、植物的适应性与抗性锻炼

植物的抗逆性是一种在长期进化过程中形成的适应性（adaptability）反应，是由基因型决定的，但是这种特性只有在特定的因子诱导下才能逐步地表现出来。植物对不利于生存和生长发育的环境的逐步适应过程，称为锻炼（hardening）或驯化（acclimation）。锻炼可在自然条件下进行，如越冬作物经受秋季逐渐降低的温度的锻炼，可以忍受冬季的严寒。锻炼也可人为进行，如在春季温室的植物移到户外前需要用逐渐降低的温度处理，诱导植物产生对户外低温的抵抗能力。所以，逐渐恶化的环境因子的作用是诱导植物抗逆遗传特性的表达。

植物抗逆性的诱导具有交叉特性（cross induction）。例如，植物经过抗旱锻炼后可提高其对低温等逆境的抵抗能力，说明植物对逆境的抵抗反应具有共性或具有一定的交叉性。

四、植物对环境胁迫的反应

植物对环境胁迫的反应与环境因子的性质和胁迫的特性有关，包括胁迫的持续时间、胁迫的强度、环境因子的组合、胁迫的次数。植物对环境胁迫的反应还与植物自身的特性有关，包括植物的器官或组织、植物的发育阶段、植物的受胁迫经历和植物的种类或基因型（图 12-2）。

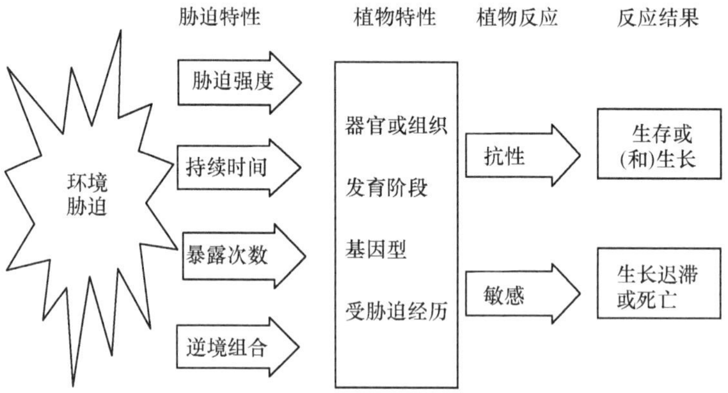

图 12-2　植物对胁迫的反应

植物对逆境的反应可分为 4 个水平，即整体水平或称为生理或发育水平、细胞和代谢水平、分子水平、信号转导水平。植物在整体水平上对逆境的抗性反应往往称为系统抗性，包括发育时期改变、根系的扩大、地上部生长放缓、叶片脱落、叶片萎蔫等。植物在细胞水平上对逆境的抗性反应一般称为细胞抗性，包括进行渗透调节、增强活性氧清除能力、激素平衡发生变化、积累保护性物质、膜组分和结构发生改变等。在逆境条件下，植物的基因表达所发生的相应变化属于植物在分子水平上对逆境的反应。在逆境条件下，植物通过信息传递的变化将发育水平、细胞和代谢水平、分子水平的反应整合在一起，使植物在整体上对环境胁迫作出应答。

五、环境胁迫对植物的一般生理效应

在逆境条件下，环境胁迫直接或间接地引起植物体发生一系列的生理生化变化，包括有害变化和适应性变化，不同胁迫引起的变化存在一定的共性。

（1）生长速率变化。植物地上部分的伸长生长对环境胁迫非常敏感，尤其是在干旱胁迫下，还未检测到光合速率的变化时，叶片的伸长生长已经变缓甚至停止。然而，在干旱的开始阶段或在较轻的干旱胁迫下，根系的发育受到促进。

（2）水分亏缺与渗透调节。许多环境胁迫都能导致植物体的水分亏缺，如在干旱和盐胁迫下，由于环境的低水势，直接影响植物的水分吸收，导致植物组织发生水分亏缺；零度以上的低温胁迫影响根系的吸水能力，引起生理干旱；冰冻胁迫在细胞间隙结冰时引起原生质体脱水，导致水分亏缺；越冬的木本植物地上部通过升华失去水分，由于得不到补充而使植物组织发生水分亏缺。植物应对水分亏缺的重要生理机制之一是进行渗透调节，即积累可溶性的渗透调节物质，降低细胞水势，增强吸水和保水能力。

（3）光合作用的气孔和非气孔限制。在环境胁迫下，植物的光合速率下降。研究表明，光合速率下降是气孔因素和非气孔因素双重作用的结果，但在不同的胁迫阶段，二者所起作用的大小不同。在各种逆境下，当植物的水分供应受到限制或发生水分亏缺时，气孔保卫细胞的水势下降，气孔开度减小或部分关闭，进而影响 CO_2 的供应，使光合作用降低。在严重环境胁迫下，叶绿体的膜系统受到破坏，光反应和暗反应受到阻碍，这时尽管 CO_2 供应充足，但是光合速率仍然下降，这就是光合作用的非气孔限制。此外，环境胁迫也使植物生长受到抑制，叶面积减小而限制光合作用。光合作用降低导致植物碳素营养的不足。

（4）呼吸作用变化。在环境胁迫下，植物呼吸作用的变化明显，主要表现在三个方面：①呼吸速率的变化，在逆境下呼吸速率有时会出现升高的现象（冷、旱），但很快下降；②呼吸代谢途径的变化，在多数环境胁迫下，植物的糖酵解-三羧酸循环途径（EMP-TCA）减弱，磷酸戊糖途径（PPP）相对加强；③呼吸的效率降低，由于线粒体在逆境下的结构和功能改变，导致氧化磷酸化解偶联，ATP 的合成减少，以热形式释放的呼吸能量增加。

（5）合成代谢减弱，分解代谢加强。参与合成作用的酶往往是多亚基酶或以多酶复合体的形式存在，并且存在于膜上或功能受膜结构和功能的影响，当植物受到胁迫时，由于脱水效应（干旱、盐碱）、疏水键减弱（低温）、离子胁迫（盐碱）等使酶变性失活，从而导致合成作用的减弱。水解酶多是单亚基酶，活性受逆境的影响小，而且在逆境条件下，由于膜结构的破坏，还往往从所存在的细胞器中释放出来与底物接触，水解作用得到促进。

（6）活性氧的积累和清除。在环境胁迫下组织活性氧的产生和积累增加是一个普遍的现象，也是多数环境胁迫引起伤害的重要机制之一。抗逆性强的植物在环境胁迫下会增加活性氧的清除能力（酶系统和非酶系统），防止活性氧的积累，减少伤害。

（7）激素平衡改变。植物正常的生长发育与体内的激素平衡调节密切相关。在逆境下脱落酸积累是一个普遍反应，研究表明脱落酸参与植物抗逆反应的调节，因此被称为胁迫激素。在一些胁迫条件下植物体内的乙烯产生量增加。

（8）基因表达变化与逆境蛋白的合成。环境胁迫抑制植物的一些基因的表达，但是同时也诱导植物一些与抗逆性有关的基因的表达。这些基因主要分为两类，一类是直接与植物抗逆生理生化反应有关的功能基因，如逆境蛋白等；另一类是调节蛋白基因（转录因子）或参与抗逆细胞信号转导的蛋白质［如磷蛋白（phosphoprotein）等］的基因。后一类基因的表达是环境胁迫的早期事件。

（9）细胞膜结构改变与选择透性丧失。细胞膜是各种逆境引起伤害的原初作用部位。在逆境条件下，细胞膜结构受损，选择透性丧失，细胞可溶性内含物质外渗。引起膜损伤的原因，一是逆境的直接效应，如干旱脱水、高温液化、低温相变；另一个是间接效应，如活性氧引起细胞膜脂的过氧化分解。植物对膜结构损伤的应对反应有渗透调节、改变膜脂饱和及不饱和脂肪酸的比例、积累保护性物质和提高活性氧的清除能力等。

第二节　渗透调节与植物的抗逆性

渗透胁迫是指环境的低水势对植物体产生的水分胁迫，包括土壤干旱、盐渍、低温和冰冻也会对细胞产生渗透胁迫。在渗透胁迫下，植物细胞失水，膨压减小，生理活性降低，严重时细胞完全丧失膨压，最后导致细胞死亡。在一定范围内，某些植物细胞可通过自身的渗透调节作用抵御外界的渗透胁迫。渗透调节（osmotic adjustment）是植物的一种适应渗透胁迫的生理生化机制，它通过主动增加细胞内溶质的作用、降低渗透势来促进细胞吸水从而维持细胞的膨压。植物是否具有渗透调节能力最主要的标志就是细胞有无主动增加溶质的能力，渗透调节能力的强弱也可以通过细胞膨压的变化来衡量（图 12-3）。

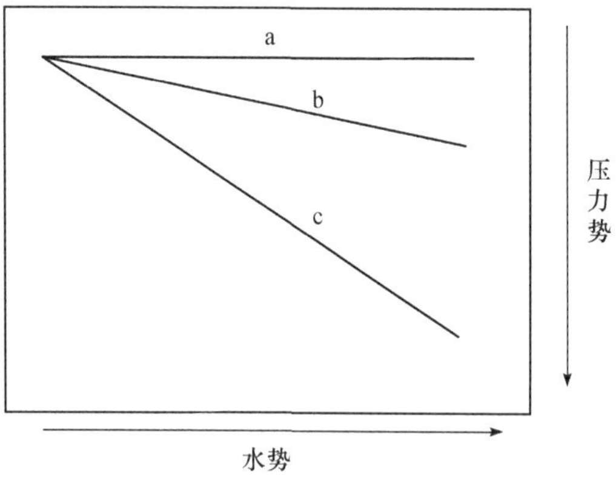

图 12-3　渗透调节与水势和压力势的关系
a. 植物有较强的渗透调节能力；b. 植物有一定的渗透调节能力；c. 植物没有渗透调节能力

一、渗透调节的作用及特点

植物渗透调节作用的存在，可以在一定范围内维持细胞的膨压和一定的含水量，这对蒸腾作用、光合作用、呼吸作用、细胞生长、细胞膜运输、酶活性都是十分重要的。但是渗透调节作用具有一定的局限性，主要表现在渗透调节作用的暂时性、调节幅度的有限性，此外，植物渗透调节能力的表达还需要逐步的诱导，将植物突然置于高强度的渗透胁迫下植物表现不出来渗透调节能力（渗透休克）。

二、渗透调节物质

参与细胞渗透调节的物质（osmolyte）主要有两大类。一类是细胞从外界吸收的无机离子，包括 K^+、Cl^-、Na^+ 等，主要贮存于液泡中，这类离子若在细胞质中高浓度地积累，将会对细胞产生伤害，因此被称为不相容溶质（noncompatible solute）；另一类是细胞内合成的有机物质，主要有可溶性糖、可溶性蛋白、脯氨酸、甜菜碱，以及其他物质，包括甘油、山梨糖醇、甘露糖醇等有机物质，由于有机渗透调节物质在细胞质中的存在对细胞没有毒害作用，因此被称为相容溶质（compatible solute）。不同植物在逆境下积累的渗透调节物质的主要种类不尽相同。但是作为渗透调节物质，它们具有共同的特征：①分子质量小，可溶性强；②能被细胞膜保持而不易渗漏；③在生理 pH 范围内不带正电荷，不影响细胞的 pH，对细胞无毒害作用；④生物合成迅速，不易分解，能在细胞内迅速积累。

下面介绍几种常见的渗透调节物质。

（1）脯氨酸。脯氨酸是水溶性最大的氨基酸，具有较强的与水结合的能力。正常生长条件下，植物体内的脯氨酸含量较低，在植物受到干旱、盐、低温胁迫时，其含量明显增加。脯氨酸有两种合成途径——鸟氨酸途径和谷氨酸途径。在胁迫下，后者占优势。许多研究表明，脯氨酸的诱导合成与植物的抗逆性增强呈正相关。

（2）甜菜碱。甜菜碱是植物的一种重要的渗透调节物质。在干旱、高盐、低温胁迫下，许多植物细胞中积累甜菜碱类物质，以维持细胞的正常膨压。甜菜碱的渗透调节作用与脯氨酸相似。甜菜碱包括甘氨酸甜菜碱、丙氨酸甜菜碱、脯氨酸甜菜碱等。甜菜碱的生物合成主要在叶绿体中，合成途径由胆碱经由甜菜碱醛生成甜菜碱。胆碱单氧化酶（CMO）和甜菜碱醛脱氢酶（BADH）是合成甜菜碱过程中需要的两种酶。研究表明，在渗透胁迫下，BADH 和 CMO 含量增加，酶活力也成倍增加。

（3）多元醇。多元醇在植物中普遍存在，具有多个羟基，亲水力强，在细胞中积累能有效维持细胞的膨压。高水平的多元醇的存在与渗透胁迫有关，在植物抵御干旱、高盐中发挥作用。多元醇包括甘露醇、山梨醇、肌醇等。

第三节　活性氧与环境胁迫

活性氧（reactive oxygen species，ROS）是指化学性质活泼、氧化能力极强的含氧自由基及衍生的含氧物质的总称。自由基（free radical）是指含有不配对电子的原子、分子或离子。在植物体内，含氧自由基主要有超氧阴离子自由基（$O_2^{\cdot-}$）、羟自由基（$HO^{\cdot}$）、脂氧自由基（$RO^{\cdot}$）、脂过氧自由基（$HOO^{\cdot}$）等。化学性质活泼的氧代谢产物包括单线态氧（$^1O_2$）和过氧化氢（H_2O_2）。

自由基由于含有未配对电子，具有极强的夺取其他物质电子而配对的倾向，因此氧化能力极强，极易与其他物质发生反应。它引发的反应具有链式循环反应的特点，即反应开始后就持续不断地进行，直到新形成的自由基被清除或相互碰撞结合成稳定分子，反应才能停止。

一、活性氧的产生

在正常生理代谢条件下，植物也有活性氧的产生，但数量较少，而且产生与清除基本平衡，但是在逆境，如高温、低温、干旱、盐碱、大气污染等条件下，植物的活性氧的产生增加。活性氧产生的主要途径是氧分子进行单电子还原形成超氧阴离子自由基，再经过其他途径形成其他活性氧。在正常生理条件下，生物体内 96%～99%的 O_2 可通过有氧呼吸由细胞色素氧化酶等催化而还原为水，仅有 1%～4%的 O_2 产生 $O_2^{\cdot-}$ 和 H_2O_2，又由于超氧化物歧化酶（SOD）、抗坏血酸过氧化物酶（ASA-POD）、谷胱甘肽过氧化物酶（GSH-POD）等的清除作用而不会积累到伤害的程度。

1. $O_2^{\bar{\cdot}}$ 的产生　$O_2^{\bar{\cdot}}$ 通过氧分子发生单电子还原生成：

$$O_2 + e \longrightarrow O_2^{\bar{\cdot}}$$

氧分子的单电子还原也称为 Mehler 反应。还原 O_2 的电子可以来自光合电子传递链和呼吸电子传递链，一些还原剂（如还原型核黄素、黄素核苷酸、黄素腺嘌呤二核苷酸、半胱氨酸、还原型谷胱甘肽），以及一些酶反应，如黄嘌呤氧化酶催化黄嘌呤分解产生 $O_2^{\bar{\cdot}}$。

2. $HO^{\cdot}$ 的产生　$HO^{\cdot}$ 自由基主要来自 Haber-Wiss 反应和 Fenton 反应。

$$H_2O_2 + O_2^{\bar{\cdot}} \xrightarrow[\text{Haber-Wiss 反应}]{Fe^{3+}\text{-螯合剂}} HO^{\cdot} + OH^- + {}^1O_2 + Fe^{2+}$$

$$H_2O_2 + Fe^{2+} \xrightarrow[\text{Fenton 反应}]{} HO^{\cdot} + OH^- + Fe^{3+}$$

H_2O_2 光解也产生 $HO^{\cdot}$。

$$H_2O_2 \xrightarrow{\text{光}} HO^{\cdot} + OH^-$$

3. H_2O_2 主要通过酶促反应产生

$$2O_2^{\bar{\cdot}} + 2H^+ \xrightarrow{SOD} H_2O_2 + {}^1O_2$$

其他一些氧化酶催化的反应也产生 H_2O_2，如：

$$\text{乙醇酸} + O_2 \xrightarrow{\text{乙醇酸氧化酶}} \text{乙醛酸} + H_2O_2$$

4. ${}^1O_2$ 的产生　有许多途径可产生 ${}^1O_2$，如 $O_2^{\bar{\cdot}}$ 将电子传递给其他物质，就转化为 ${}^1O_2$。此外，激发的叶绿素也可使 O_2 转变为 ${}^1O_2$。

二、活性氧的伤害

活性氧引发细胞膜中不饱和脂肪酸发生膜脂过氧化作用（图 12-4），这个反应是一个链式循环反应，将导致膜脂的分解，破坏膜的结构，同时产生丙二醛（MDA）等产物。MDA 可以与蛋白质进行反应，使蛋白质发生内部交联或蛋白质之间发生交联，从而使蛋白质发生变性失活，所以 MDA 是膜脂过程的一个重要指标。

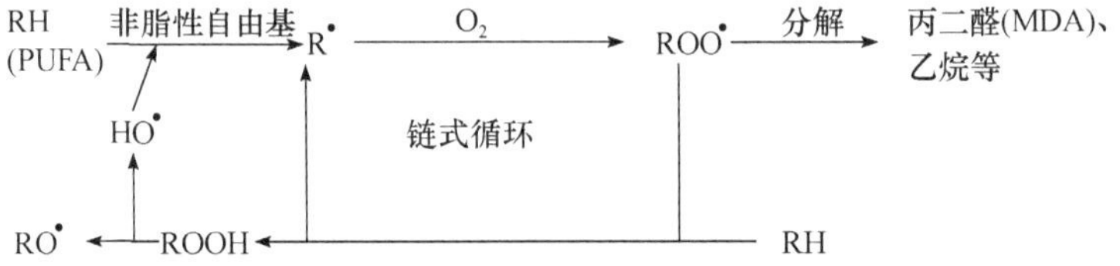

图 12-4　自由基引起的膜脂过氧化链式循环反应示意图

RH（PUFA）. 不饱和脂肪酸；ROOH. 脂氢过氧化物；ROO˙. 脂过氧自由基

活性氧还对蛋白质和核酸产生破坏作用。例如，脂性自由基使蛋白质中的硫氢基氧化为二硫键，或夺去蛋白质的 H，形成蛋白质自由基，蛋白质与另一分子蛋白质结合，形成二聚体蛋白质，从而改变蛋白质结构，影响蛋白质的活性。

三、活性氧的清除

在正常情况下，植物也产生活性氧，但是由于体内存在其清除机制，不会造成积累和产生明显的伤害，但是在逆境条件下，活性氧的产生增加，同时活性氧的清除系统受到抑制，导致活性氧的积累和破坏。植物体内的清除机制包括酶系统和非酶系统。

1. 酶系统　酶系统主要有超氧化物歧化酶（superoxide dismutase，SOD）、过氧化物酶（peroxidase，POD）、过氧化氢酶（catalase，CAT）。完全清除活性氧需要整个系统的协同作用。

（1）超氧化物歧化酶。它催化超氧阴离子自由基的分解（O_2^-）。SOD 为含金属的酶，在细胞质为 Cu-Zn-SOD，在原核生物和真核生物的线粒体中为 Mn-SOD，在少数植物和原核生物中还存在 Fe-SOD。在植物体内 SOD 有多种同工酶，同工酶之间存在对环境胁迫反应的差异。例如，玉米线粒体中含有 4 种 Mn-SOD 同工酶，分别为 SOD3.1、SOD3.2、SOD3.3 和 SOD3.4，除 SOD3.1 都受 ABA 的诱导。

$$2O_2^- + 2H^+ \xrightarrow{SOD} H_2O_2 + {}^1O_2$$

（2）过氧化氢酶（CAT）。主要存在于过氧化体中，催化 H_2O_2 的直接分解。

$$2\ H_2O_2 \xrightarrow{CAT} 2H_2O + O_2$$

（3）过氧化物酶（POD）。催化 H_2O_2 与底物（AH_2）如抗坏血酸进行反应，从而消除过氧化氢。POD 对 H_2O_2 的亲和力高于 CAT。在叶绿体中清除的酶主要是抗坏血酸过氧化物酶（ascorbate peroxidase，ASA-POD）。

$$AH_2 + H_2O \xrightarrow{POD} A + H_2O$$

2. 非酶系统　生物体内一些非酶物质具有自由基和活性氧的清除功能，如抗坏血酸、类胡萝卜素、谷胱甘肽等。类胡萝卜素是植物体内重的$^1O_2$ 的猝灭剂，它可猝灭三线态叶绿素阻止$^1O_2$ 的产生，也可直接猝灭已生成的$^1O_2$。抗坏血酸可与 O_2^-、脂自由基、羟自由基反应，分别生成 H_2O_2、水和脂肪酸。谷胱甘肽不仅可以直接清除 H_2O_2，在叶绿体中还可与抗坏血酸协同作用清除 H_2O_2。

第四节　逆境响应基因和逆境蛋白

理化逆境对植物的生存、物质的同化和积累产生不利的影响。在长期进化过程中植物形成了对逆境的一定抵御能力，在代谢水平、生理水平和整株发育水平上作出适应性的反应，但是赋予植物最终抗逆能力的是植物的基因型和在环境胁迫下的基因表达规律。理清植物抗逆性的分子基础是当今植物逆境生理研究的关键问题。

在环境胁迫下，植物表达的基因和蛋白质主要有两种分类方法。一是根据诱导其合成的环境因子和合成的发育阶段进行分类，如热激蛋白（heat shock protein，HSP）、水胁迫蛋白（water stress protein，WSP）、冷胁迫蛋白（cold stress protein）、厌氧胁迫蛋白（anaerobic stress protein）、盐胁迫蛋白（salt stress protein）、胚胎发育后期丰富蛋白（late embryogenesis abundant protein）和 ABA 响应蛋白（ABA responsive protein)。另一种是根据蛋白质在植物的逆境反应中所起的作用分类，一类是功能基因，其编码产物直接参与植物对逆境的保护反应；另一类是调节基因，其编码产物是调节基因表达的转录因子或感受和传递胁迫信号的蛋白激酶。后一分类方法更为合理，但是目前仍有相当数量的胁迫蛋白的功能还不清楚，不能将明确的归入某一类。厌氧多肽(anaerobic polypeptide，ANP)、LEA 蛋白和热激蛋白都包含多种功能的蛋白质，其中的一部分蛋白质的功能还不清楚。

因此，明确各种逆境蛋白的功能是植物逆境分子生物学努力的方向。

一、环境胁迫诱导表达的植物基因和蛋白质

（一）功能基因和蛋白质

（1）渗透调节物质合成酶基因。渗调物质如甜菜碱、甘露醇、海藻糖及脯氨酸等合成酶基因，如脯氨酸合成关键酶基因（Δ-1-吡咯啉-5-羧酸合酶，P5CS)、鸟氨酸-δ 氨基转移酶（δOAT）基因、海藻糖合成酶基因、海藻糖-6-磷酸合酶（TPS）基因和海藻糖-6-磷酸磷酸酯酶（TPP）基因等。研究表明，干旱和冷胁迫都上调（促进）二氢吡咯-5-羧酸合成酶（脯氨酸合成途径中的酶，P5CS）基因的表达和下调（抑制）脯氨酸脱氢酶(ProDH）基因的表达，从而导致脯氨酸的积累。植物受到低温和干旱胁迫时，甜菜碱醛脱氢酶（BADH）活性增强，*BADH* 基因的表达量增加，从而使甜菜碱大量积累。

（2）保护蛋白基因。在逆境条件下植物表达保护生物大分子及膜结构的蛋白质基因，主要是 LEA 蛋白基因家族。其主要作用有：①作为渗透调节物质；②作为离子猝灭剂，许多 LEA 蛋白氨基酸序列的保守区域可形成双亲性 α 螺旋结构，提供一个疏水区的亲水表面，螺旋的疏水面可形成同聚二聚体，处于亲水表面的带电基团可螯合细胞脱水过程中浓缩的离子，而组成 LEA 蛋白的氨基酸多为碱性、亲水性氨基酸，因此可以重新定向细胞内的水分子，束缚盐离子，以减轻脱水引起的离子强度增大对生物膜和功能蛋白的毒害；③作为分子伴侣，确保蛋白能够正确折叠；④抗冻蛋白（anti-freezing protein，AFP）的表达，该蛋白质最先发现于极地海洋鱼类中，它能降低体液冰点，并通过吸附于冰晶的表面有效地阻止和改变冰晶的生长。现已证明，低温驯化的冬黑麦、雪莲和沙冬青等植物中都有内源 AFP 的产生。

（3）转运蛋白基因。水通道蛋白（aquaporin，AQP)、脯氨酸转运蛋白（proline transporter，PROT)、Na^+/H^+ 反向转运蛋白的基因等。

（4）解毒酶。活性氧清除系统酶的基因。各种胁迫都诱导植物各种抗氧化酶基因的表达，使编码产物增加，如超氧化物歧化酶（SOD)、过氧化氢酶（CAT)、抗坏血酸过氧化物酶（AsA-POD)、谷胱甘肽-硫-转移酶（GST）和谷胱苷肽过氧化酶等，还包括乙醇脱氢酶（alcohol dehydrogenase，ADH)、乳酸脱氢酶（lactate dehydrogenase，LDH）等。

（5）不饱和脂肪酸合成基因。在低温下，一些植物的甘油-3-磷酸酰基转移酶基因(GPAT）和编码叶绿体脂肪酸去饱和酶（FAD7）基因的表达加强，从而增加不饱和脂肪的合成，增大其在膜脂中的比例。

(6) 代谢酶的基因。包括 PEP 羧化酶 (phosphoenol pyruvate carboxylase, PEPC)、蔗糖合成酶 (sucrose synthase, SS)、苹果酸脱氢酶 (malate dehydrogenase, MDH)、丙酮酸脱羧酶 (pyruvate decarboxylase, PDC) 等。

(二) 调节蛋白基因

调节基因是指在环境胁迫响应中调控抗逆基因表达的转录因子基因和参与信号转导过程的信号蛋白的基因，如 DREB 转录因子 (DREB1 a、DREB1 b、DREB1 c)、DREB2 (dehydration responsive element binding protein, 脱水响应元件结合蛋白)、CBF1、CBF2、CBF3、CBF4 (C-repeat-bonding factor, C-重复序列结合因子)、AREB (ABA- responsive element-binding protein, ABA 响应元件结合蛋白)、MYB 转录因子、MYC 转录因子及 bZIP (basic leucine zipper) 转录因子等，以及感受和传导胁迫信号途径中的蛋白激酶、磷脂酶 C、磷脂酶 D、G 蛋白、钙调蛋白等的基因。

二、植物逆境响应基因的表达模式

图 12-5 是植物对各种理化逆境反应的信号转导途径的可能模式。①植物通过细胞质

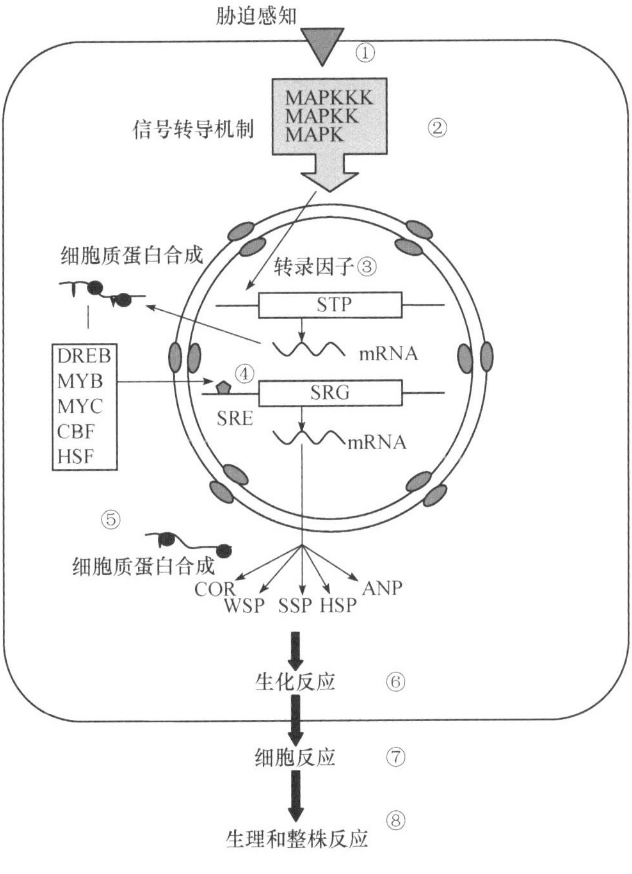

图 12-5 植物对各种理化逆境反应的信号转导途径可能模式

膜上的受体感知环境胁迫；②所感知的信号通过细胞信号转导系统进行级联放大，其中涉及磷脂酶、Ca^{2+}-结合蛋白、MAP（mitogen-activated protein）蛋白激酶；③通过信号分子胁迫信号被传递到细胞核，活化的转录因子与胁迫转录因子（stress transcription factor，STF）基因的启动子序列结合，导致基因的表达，转录新的 mRNA 转入细胞质中进行翻译，合成转录因子 DREB、MYB、MYC、CBF、HSF（heat shock transcription factor），并回到细胞核内；④胁迫响应基因（stress responsive gene，SRG）在转录因子的作用下表达；⑤在细胞中合成功能蛋白，如冷调节蛋白（COR）、水胁迫蛋白（WSP）、SSP（salt stress protein）、热激蛋白（HSP）；⑥生化反应改变；⑦细胞反应；⑧生理的和最终植株的整体反应。

第五节 脱落酸与植物的抗逆性

当植物经历环境胁迫时，将建立一个调节水分代谢、矿质营养、碳素营养、形态结构的中心反应系统，以增强植物对逆境的抵抗。干旱、水涝、低温、盐渍、辐射、氮缺乏、氧缺乏等逆境下，植物体内游离 ABA 迅速积累，大量增加，一般超过原来的十几倍乃至几十倍。外源的 ABA 诱导许多植物对逆境的反应。利用突变体的研究表明，植物的许多逆境反应与内源 ABA 的存在有关。在环境胁迫下，ABA 调节气孔的开度，促进初生根的生长及器官脱落，参与细胞的渗透调节作用，诱导许多基因的表达，因此 ABA 是植物对逆境反应的重要调节者。

一、ABA 响应的类型

根据在逆境胁迫下植物表达基因对 ABA 的反应，可分为三类。①ABA-依赖（ABA-dependent 或 ABA-required）基因，这类基因没有 ABA 的存在不能表达。例如，玉米野生型线粒体中有 4 种 Mn-SOD 同工酶，分别是 Mn-SOD3. 1、Mn-SOD3. 2、Mn-SOD3. 3、Mn-SOD3. 4，在野生型中，这 4 种酶的编码基因既受渗透胁迫的诱导也受 ABA 的诱导。但是在 ABA 缺乏突变体中，后三种只被 ABA 诱导，说明在野生型中，渗透胁迫是通过 ABA 起作用的。*Em* 基因是既受甘露醇渗透胁迫也受 ABA 诱导的基因，甘露醇并不改变 ABA 的水平，但当 ABA 的含量极低时，甘露醇失去诱导作用。②ABA 响应（ABA-responsive）基因，这类基因既受 ABA 的调节，也受其他环境胁迫的诱导。例如，拟南芥的 *rd29A* 基因有两个顺式作用元件，一个受 ABA 调节，另一个受低温、高盐和脱水调节。③ABA 不响应（ABA-irresponsive）基因，这类基因的表达不受 ABA 的调节。

二、ABA 在植物逆境响应信号转导途径中的作用

虽然人们对 ABA 在植物逆境反应中的重要作用有较多的了解，但是对逆境下 ABA 诱导的信号转导途径还不是很清楚。图 12-6 给出了 ABA 诱导的信号转导的可能途径及其与冷胁迫、干旱胁迫和盐胁迫诱导的信号转导的关系。图中 DRE（dehydration-responsive element）和 CRT（C-repeat element）是 ABA 不响应的顺式作用元件，受低温、干旱和高盐调节。图中虚箭头表示可能存在的途径。

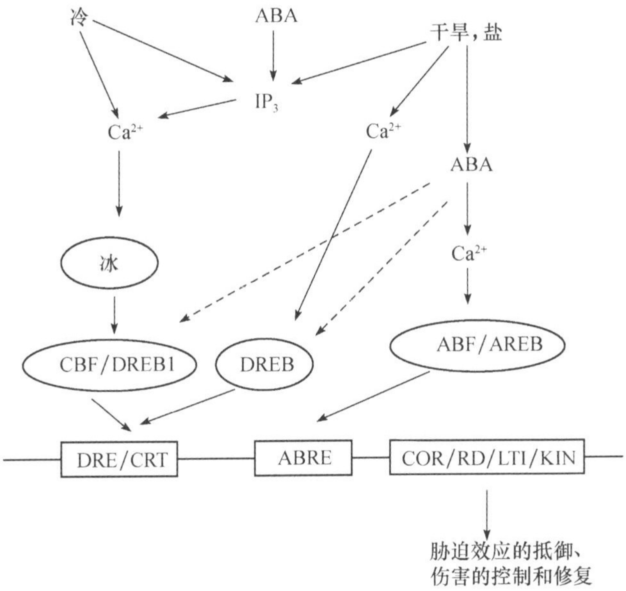

图 12-6　ABA 在植物逆境响应信号转导中的可能作用

三、ABA 生物合成的调节机制

在干旱胁迫下，植物水势很快下降，同时伴有大量的 ABA 合成，因此早期认为 ABA 合成的启动依赖水势阈值，后来又认为膨压是控制 ABA 合成的关键，当膨压接近零时 ABA 才大量合成，但这无法解释淹水条件下的 ABA 合成。后来研究发现保卫细胞原生质体在渗透胁迫下仍然积累 ABA。所以细胞中可能存在类似细菌中的“双组分渗透感受器”系统来感受渗透势的变化，从而调节 ABA 的生物合成基因，增加其含量。“双组分渗透感受器”系统在细菌中广泛存在，由 EnvZ 和 OmpR 两种蛋白质组成，前者是一个组氨酸（His）激酶，在低水势环境下自身发生磷酸化，起感应器的作用；后者是反应调节器，含有天冬氨酸（Asp）残基，接受来自 EnvZ 的磷而被磷酸化，磷酸化的 OmpR 可作为转录因子而将来自 EnvZ 的信号输出。这种渗透感应器在酵母中也有存在。尽管植物中还没有找到典型的“渗透感应器”，但在拟南芥中已发现酵母“渗透感应器”的同源蛋白，可在脱水胁迫下被激活。

目前，渗透胁迫调节 ABA 的生物合成已取得一些进展。几种 ABA 生物合成的基因已被克隆。玉米黄质环氧酶（ZEP）催化玉米黄质的环氧化作用和环氧黄质为紫黄质。NCED 为 9-反-环氧类胡萝卜素环氧酶。*ABA3* 又称为 *LOS5*，编码硫酸化酶，其激活的钼协同因子使 ABA 醛氧化酶催化完成 ABA 合成的最后一步（图 12-7）。

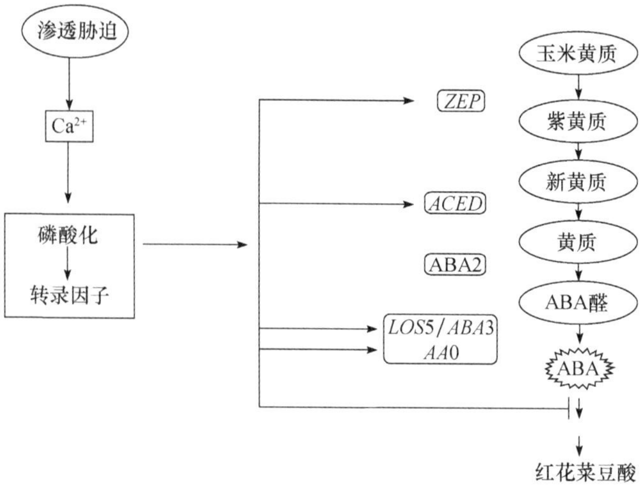

图 12-7　渗透胁迫对 ABA 生物合成的调节

小　　结

对植物生存和生长产生不利的环境因子称为逆境。植物在逆境下具有一定的生存或进行生长发育的能力，称为植物的抗逆性。在生理和发育水平，植物对逆境的抵抗方式可分为御逆性和耐逆性。植物的抗逆性是由基因型决定的，但是只有在特定因子的诱导下才能逐渐表现出来，即通过锻炼或驯化。植物对环境胁迫的反应与环境因子的性质、胁迫的特性和植物自身的特性有关。

植物对逆境的反应可分：整体水平（或称生理或发育水平）、细胞和代谢水平、分子水平、信号转导水平。植物在整体水平上对逆境的抗性反应往往称为系统抗性；植物在细胞水平上对逆境的抗性反应称为细胞抗性，包括渗透调节、活性氧清除、激素平衡变化、积累保护性物质、膜组分和结构改变等。

渗透胁迫是指环境的低水势对植物体产生的水分胁迫，包括土壤干旱、盐渍，低温和冰冻。参与细胞渗透调节的物质（osmolyte）主要有两大类：细胞从外界吸收的无机离子和细胞内合成的有机物质。

在逆境条件下，植物活性氧增加，引发细胞膜中不饱和脂肪酸发生过氧化作用，蛋白质和核酸产生破坏作用。在植物体内活性氧的清除机制包括酶系统和非酶系统。

植物在环境胁迫下表达的蛋白包括：热激蛋白、水胁迫蛋白、冷胁迫蛋白、厌氧胁迫蛋白、盐胁迫蛋白、胚胎发育后期丰富蛋白和 ABA 响应蛋白等。

ABA 是植物对逆境反应的重要调节者，诱导在逆境胁迫下的植物基因表达。

复习思考题

1. 比较植物抵御逆境的不同生理和发育机制的特点。
2. 如何理解植物的抗性锻炼？
3. 植物对环境胁迫的反应与哪些因素有关？为什么？
4. 在逆境条件下植物发生哪些生理生化变化？
5. 何谓渗透调节？它在植物抗性中有何作用和局限性？
6. 何谓活性氧？活性氧对植物有什么危害？植物如何能够避免或减轻活性氧伤害？
7. 植物逆境调节基因和（或）蛋白质是如何分类的？它们在植物的抗逆反应中有何作用？
8. 为什么称脱落酸为胁迫激素？
9. 何谓植物的交叉适应？交叉适应有哪些特点？

第十三章 植物的理化逆境生理

第一节 干旱胁迫与植物的抗旱性

水分是影响植物生长发育的重要因子之一。对植物产生有害效应的环境水分过多或过少称为水分胁迫（water stress）。水分过少即为干旱。在植物逆境生理上，干旱（drought）实际上是指破坏植物的水分平衡、对植物产生脱水效应的环境状态，由此对植物产生的伤害称为旱害（drought injury）。干旱是限制植物生长发育的重要环境因子，也是目前制约农业生产的一个全球性问题。全世界干旱、半干旱地区的总面积约占总陆地面积的43%。我国是世界上主要的干旱国家之一，全国干旱、半干旱地区约占总国土面积的50%左右。旱灾是我国最频繁发生的自然灾害之一。研究植物水分胁迫及其伤害生理，在理论上和实践中都有重要意义。

一、干旱胁迫的类型

干旱对植物的直接效应是脱水，从而引起植物的水分亏缺。根据导致植物发生水分亏缺的原因可将干旱分为三种类型。

（1）土壤干旱，是指土壤中可利用的水分不足或缺乏，植物根系吸收的水分满足不了叶片的蒸腾失水，植物组织处于缺水状态，不能维持正常的生理活动，使植物生长停止或导致植株干枯死亡。

（2）大气干旱，是指空气过度干燥，相对湿度过低（10%～20%），使蒸腾加快，破坏植物体内水分平衡，从而使植物受到伤害。“干热风”是大气干旱的典型例子。如果大气干旱持续过久也会导致土壤干旱。

（3）生理干旱，是由于不利的环境条件抑制根系的正常吸水，从而使植物发生水分亏缺的现象。这时土壤中并不缺乏水分，只是因为土温过低、土壤溶液浓度过高或积累有毒物质等原因，妨碍根系吸水，造成植物体内水分平衡失调，从而使植物受到脱水危害。

二、干旱胁迫下植物的生理生化变化

在干旱胁迫下，植物体内发生的生理生化变化主要包括以下几个方面。

1. 细胞膜结构遭到破坏 当干旱胁迫时，由于脱水使膜系统受到损伤，原生质膜的组成和结构发生明显变化，细胞膜选择透性被破坏，使大量无机离子、氨基酸和可溶性糖等小分子物质被动地向细胞外渗漏。干旱胁迫程度越强，原生质膜受害越大，严重时造成细胞不能维持其高度稳定的有序结构而受害死亡。

2. 呼吸作用急剧变化 干旱对呼吸作用的影响比较复杂，与植物种类、器官和

年龄有关。有的植物（如黄豆、玉米和向日葵幼苗等）随水分亏缺的加剧，呼吸速率一直下降；有的植物（如小麦）则是随水分亏缺加强，呼吸速率先升后降。小麦幼苗叶片和根的呼吸速率变化模式不同，叶片呼吸在水分亏缺初期升高，然后随水分亏缺加重而急剧下降，抗旱性强的品种下降幅度小；根的呼吸随水分亏缺而呈指数下降。干旱过程中呼吸升高是由于干旱导致水解反应加强，细胞内开始积累较多可溶性呼吸基质，促进了呼吸速率的升高，但干旱也使氧化磷酸化解偶联，P/O 值下降，消耗有机物过多，最后导致呼吸下降。

3. 光合作用减弱 水分胁迫下光合速率的下降受气孔因素和非气孔因素的双重限制。此外，也由于水分胁迫使生长受到抑制、叶面积减小而限制了光合作用。

在轻度水分亏缺下，光合作用降低的原因是气孔性限制造成的。土壤水分不足或空气湿度降低引起气孔保卫细胞的水势下降，气孔开度减小或部分关闭，进而影响 CO_2 的供应，使光合作用降低。

在中度至重度的水分胁迫下，气孔虽然部分或全部关闭，但叶组织内 CO_2 浓度反而升高，此时光合速率下降并不是由气孔关闭造成的，而是由非气孔因素造成的。研究表明，此时叶绿体的超微结构发生明显的变化，基粒类囊体膨胀或减小，囊内空间增大，类囊体发生严重扭曲，使叶绿体的膜系统遭到破坏，导致叶肉细胞的光合性能降低，如 PSⅡ活力下降，电子传递能力和光合磷酸化活力下降，使同化力（NADPH 和 ATP）减少。同时，RuBP 羧化酶、PEP 羧化酶和 1,6-二磷酸果糖磷酸酯酶等光合酶的活力下降，而 RuBP 加氧酶和乙醇酸氧化酶活性提高，使光呼吸增强。另外，叶绿素的破坏和叶组织内 CO_2 扩散阻力的增大都是光合作用非气孔限制的原因。

4. 内源激素代谢失调 干旱胁迫可改变植物内源激素平衡，使细胞分裂素（CTK）含量降低，乙烯（ETH）含量和脱落酸（ABA）水平显著增加。在供水良好的情况下，叶片中的 ABA 主要分布在叶绿体中，而缺水时 ABA 从叶绿体中释放出来，解除了 ABA 合成的反馈抑制，从而促进了叶绿体中 ABA 的生物合成。保卫细胞不能合成 ABA，叶肉细胞合成的 ABA 进入保卫细胞促进了气孔的关闭，减少了水分消耗。乙烯合成过程中 ACC 合成酶是限速的关键酶，水分亏缺可使该酶大量增加，然后导致乙烯的大量合成，促进叶绿素降解、叶片衰老和脱落。细胞分裂素（CTK）主要是在根中合成，水分亏缺时向地上部供应的 CTK 减少，同时地上部的游离型 CTK 变为无活性的束缚型，使 ABA/CTK 值增大，促进气孔关闭，有利于改善水分状况。

5. 核酸代谢受到破坏 水分亏缺时 RNA 和 RNA/DNA 值都显著降低，主要是由于核糖核酸酶（RNase）活性随水分亏缺而增加，加剧了 RNA 的分解；而 DNA 受水分亏缺的影响较小。RNase 活性增加的原因有：①水分亏缺使水解酶在细胞中的"区域化"削弱或消失，酶蛋白从膜或细胞器中释放出来，参与水解活动；②RNase 是具有四级结构的二聚体，正常情况下和质膜相连，而水分亏缺时与膜分离，并转入可溶性区域，分解成两个活跃的亚单位，比二聚酶的活力高出 3～4 倍。RNase 活性的加强首先促进 mRNA 的分解，并使多聚核糖体降解成亚单位或单核糖体，从而抑制了蛋白质的合成。

6. 积累渗透调节物质 干旱通常引起植物渗透胁迫，耐旱性强的植物体内积累许多与渗透调节有关的小分子物质，通过渗透调节以降低水势，保证细胞正常的生理功能。

7. 保护酶活性改变　干旱对植物的伤害与植物体内活性氧积累导致脂质过氧化引起的膜伤害有关。

8. 干旱诱导蛋白　干旱诱导蛋白是指植物在受到干旱胁迫时新合成或合成量增加的一类蛋白质。按其功能可分为两大类：第一大类是功能蛋白，其在细胞内直接发挥保护作用，主要包括离子通道蛋白、LEA 蛋白（late embryogenesis abundant protein）、渗调蛋白、代谢酶类等；另一大类是调节蛋白，参与水分胁迫的信号转导或基因的表达调控，间接起保护作用，主要包括蛋白激酶、磷脂酶 C、磷脂酶 D、G 蛋白、钙调素、转录因子和一些信号因子等。

9. 营养失调　水分亏缺使植物营养失调。从无机营养看，根量减少，土壤中离子向根的运输减慢，吸收活力降低；蒸腾速率降低影响离子在植物体内的运输，也影响离子的吸收。从有机营养看，合成减少，分解消耗增加，造成营养亏缺。在田间，干旱往往伴有高温强光条件，这正好促进了呼吸而抑制了光合，使物质消耗增加，特别是首先造成碳水化合物的亏缺。

三、植物抗旱的生理和发育机制

植物适应和抵抗干旱的能力称为抗旱性（drought resistance）。它包括系统抗旱性和细胞抗旱性。系统抗旱性主要是指植物在干旱条件下，通过形态结构的改变和生理反应来维持植物的正常生长发育的能力，如株形变小、根系发达、根冠比变大、气孔下陷、气孔关闭及蒸腾面积减小等，都具有防止植物脱水的作用。细胞抗旱性主要指在干旱条件下植物通过细胞生理生化变化来抵御环境干旱胁迫的能力，如稳定膜结构、产生渗透调节物质脯氨酸、甜菜碱、渗调素及增加抗氧化能力等，都具有提高植物抗旱能力的作用。

抗旱性是植物对干旱胁迫的一种适应。由于地理位置、气候条件和生态因子等原因，植物形成了对水分需求的不同类型：水生植物（生存环境水势在－1.0～－0.5MPa 以上）、中生植物（生存环境水势在－2.0MPa 以上）和旱生植物（生存环境水势在－4.0MPa 以上）。研究植物的抗旱机制，一方面要注意旱生植物的生理生化特点；另一方面要着重研究抗旱性强的中生植物形态和生理生化特征。

（一）抗旱植物的一般特征

通常植物的抗旱性主要表现在形态与生理两方面。

1. 形态结构特征　抗旱性强的植物往往根系发达，伸入土层较深，根冠比大，能更有效地利用土壤水分；叶片的细胞体积小，可减少干旱失水时细胞收缩产生的机械伤害；叶脉致密，维管束发达，有利于水分运输；单位面积气孔数目多，有利于蒸腾的气孔调节，也有利于光合气体交换；有的植物在干旱时叶片卷成筒状，以减少蒸腾损失。

2. 生理生化特征　抗旱性强的植物，细胞渗透势较低，吸水及保水能力强；原生质具有较高的亲水性、黏性和弹性，黏性增大可提高细胞保水能力，弹性增高可防止细胞失水时的机械损伤；缺水时合成反应仍占优势，而水解酶类活性变化不大，如RNA酶、蛋白酶和脂酶等保持稳定，减少生物大分子的分解，使原生质稳定，生命活动正常。另外，脯氨酸、甜菜碱等物质积累。

（二）植物抗旱的生理和发育机制

植物整体适应干旱的机制可归为三类：避旱性、御旱性和耐旱性，其中御旱性和耐旱性又称为抗旱性。

1. 避旱性 避旱性或称为干旱逃避（drought escape），是指植物在土壤和自身发生严重的水分亏缺之前，完成其生活史。具有此特性的植物称为避旱型植物。较典型的例子是沙漠中的短命植物（ephemeral），它们在营养器官很小的情况下就具有开花结实的能力，因此可以在短暂的有雨季节完成生活周期，然后以种子形式度过随后的干旱季节。这类植物实际上在生活周期中并没有真正经历干旱胁迫。

2. 御旱性 御旱性（drought avoidance）是指植物在干旱胁迫下保持植株内部组织高水势或高含水量，维持其一定程度的生长发育的能力，实际上是植物在干旱胁迫下避免脱水（dehydration avoidance）的能力。御旱性又可分为三种类型。一类是耗水者（water spender），这类植物的根系密度较大而分布较深，吸水能力强，在遇到持续少雨或无雨时，通常能使植株体内保持较高的含水量和水势。一些沙漠植物具有很强的吸水器官，它们的根冠比为（30～50）∶1，一株小灌木的根系就可伸展到850m^2的土壤。但是在降水少、地下水又有限的地区，绿化时要慎用这类植物。第二类是节水者（water saver），大多数旱生植物和一些中生植物属于这个类型。这类植物的角质层很发达，通过角质层散失的水分很少，降低蒸腾，从而增强植物的抗旱性；节水型植物的气孔还对水分亏缺非常敏感，从而防止水分不必要的损失，如CAM植物气孔白天关闭、夜间开放，从而限制叶片水分的散失。第三类是介于以上两种类型的中间型大多数植物都属于这种类型，在干旱条件下既有一定的根系吸水能力的增大，又有一定的地上部保水能力。植物受旱时，发生的显著变化是根冠比趋向增大。

3. 耐旱性 耐旱性（drought tolerance）是指植物在受到干旱胁迫时能够在较低的细胞水势或含水量下生存的能力，实际上这是一种脱水耐性（dehydration tolerance），植物真正经历了干旱胁迫引起的水分亏缺。耐旱型植物的主要特点是细胞较小，束缚水比例高；干旱时细胞内积累可溶性糖、氨基酸和有机酸等保护物质，稳定膜和蛋白质结构；活性氧的酶促与非酶促清除系统，对胁迫形成的活性氧积累作出积极反应；组织中高水平表达LEA蛋白，保护细胞免受干旱脱水的伤害；体内ABA含量显著增加，诱导抗旱相关基因的表达。

需要指出的是，对于大多数植物而言，它们的抗旱机制是介于御旱性和耐旱性之间。

四、植物抗旱的分子和细胞机制

植物无论在生理上还是在发育水平上，对干旱的抗性都与植物体内的基因表达有关。

（一）干旱胁迫诱导的基因表达

目前，已陆续发现受干旱胁迫诱导的相关基因。根据抗旱基因作用方式的不同，将抗旱基因分成两类，即编码功能蛋白的基因和编码转录因子的调节基因。

（1）编码功能蛋白的基因。是指受干旱胁迫诱导表达的基因，其编码产物在植物抗旱性中直接起保护作用，一般在干旱胁迫数小时后表达，属于晚期表达基因。例如，保护生物大分子及膜结构的蛋白基因（LEA 蛋白基因和 *AQP* 基因），渗透物质生物合成及调节的相关基因。

（2）编码转录因子的调节基因。调节基因是指在干旱胁迫响应中调控抗旱基因表达的转录因子和参与信号转导过程的信号蛋白的基因，如 DREB 转录因子等。

（二）植物对干旱胁迫反应的细胞信号转导

有研究认为，植物以组氨酸激酶（histidine kinase 1，HK1）感受干旱胁迫，然后通过三条途径活化组成型转录因子。①可能通过 MAPKKK 引发的级联（cascades）磷酸化反应。MAPK（mitogen-activated protein kinase）是分裂原激活蛋白激酶，在细胞信号转导过程中起着重要的作用。这个途径中的其他蛋白激酶是 SIMKK/SIPKK 和 SIMK（stress-induced MAPK，胁迫诱导的分裂原激活蛋白激酶）/SIPK（salicylic acid-induced protein kinase，水杨酸诱导蛋白激酶）。②通过磷脂酶 C（phospholipase C，PLC）、IP_3（inositol-1,4,5-triphosphate，三磷酸肌醇）和 CDPK（calcium-dependent protein kinase，依钙的蛋白激酶）途径。③通过磷脂酶 C、DAG（1,2-diacylglycerol，甘油二酯）和 ROS（reactive oxygen species，活性氧）途径。组成型转录因子活化后再通过依赖 ABA 和不依赖 ABA 的途径诱导抗旱有关基因的表达，从而引起抗旱反应。在这两个反应途径（图 13-1）中，DREB1 代表脱水响应元件结合因子 1（dehydration-responsive element-bindingfactor 1）；CBF 代表 C-重复序列结合因子（C-repeat binding factor）；RD 代表脱水响应蛋白（responsive to dehydration protein）；COR47 代表冷调节蛋白（cold regulated protein）；KIN 代表冷诱导蛋白（cold induced protein）；LTI 代表低温诱导蛋白（low-temperature induced protein）；ABI 代表 ABA 不敏感基因蛋白（ABA-insensitive gene）；ABF 代表 ABA 响应元件结合因子（ABA-responsive element binding factor）；AREB 代表 ABA 响应元件结合蛋白（ABA-responsive element binding protein）；RD22 和 RD29B 代表脱水响应基因蛋白（dehydration responsive gene）；RAB 代表 ABA 响应基因蛋白（ABA-responsive gene）。

植物对干旱胁迫反应的细胞转导途径见图 13-1。

五、提高植物抗旱性的途径

提高植物抗旱性的最根本途径就是选育抗旱性强的品种。从植物生理学的角度出发，可采取一些措施提高植物的抗旱性。

（1）抗旱育种。采用基因工程技术提高作物抗旱能力和培育抗旱品种。鉴定、克隆、转化与抗旱相关的目的基因并加以利用，已经成为培育抗旱品种的重要途径之一。

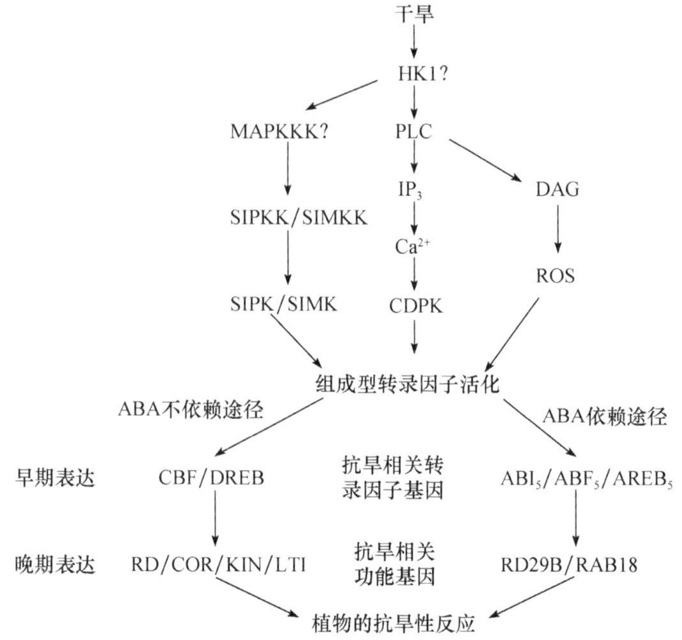

图 13-1　植物对干旱胁迫反应的细胞信号转导

（2）采取抗旱栽培措施。建立与抗旱品种相配套的抗旱栽培技术体系。

（3）抗旱锻炼。人为创造不同程度的干旱条件，使植物在生理代谢上发生相应的变化，提高植物对干旱的适应能力。在农业生产上已提出很多锻炼方法。例如，玉米、棉花、烟草和大麦等广泛采用在苗期适当控制水分，抑制生长，以锻炼其适应干旱的能力，通常把这种方法称为“蹲苗”。蔬菜幼苗起出后适当萎蔫一段时间再栽植，称为“搁苗”。甘薯剪下的藤苗很少立即扦插，一般要放置阴凉处一段时间，称为“饿苗”。除“蹲苗”、“搁苗”和“饿苗”外，还有播前的种子抗旱锻炼，其方法是：将种子吸胀刚刚露出胚根时放在阴凉处风干，再吸水、再风干，如此反复 3 次，然后播种，可提高植株适应干旱的能力。经过锻炼之后植株原生质亲水性提高，增强了对不良环境的适应能力，在干旱时能维持较高的合成水平。

（4）合理施肥。合理施肥可使植物的抗旱性提高。磷、钾肥能促进根系生长，提高保水力。磷能促进蛋白质合成，提高原生质胶体的水合度；钾能改善碳水化合物的代谢，并增加原生质的水合度；硼和铜也有助于作物抗旱力的提高。但施氮素过多促进植物过度生长对作物的抗旱不利。一般枝叶徒长的作物，蒸腾失水增多，易受干旱的危害。

（5）化学调控技术。使用生长调节剂和抗蒸腾剂等都能有效地调控植物的生长发育，提高作物的抗旱能力。目前应用较多的植物生长调节剂有 6-苄基腺嘌呤（6-BA）、赤霉素（GA）、矮壮素（CCC）、多效唑（PP333）及烯效唑（S-3307）等。抗蒸腾剂中应用较多的有甲草胺、三唑酮（粉锈宁）、黄腐酸（FA）和高岭土等。脱落酸可使气孔关闭，减少蒸腾失水。矮壮素和 B9 等能增加细胞的保水能力、促进根系生长。6-BA 和 FA

等能提高 SOD、POD 和 CAT 等保护酶的活性，减少膜脂的伤害，提高作物抗旱性。

第二节 涝胁迫与植物的抗涝性

陆生植物生长环境水分过多称为涝胁迫，由此对植物产生的伤害称为涝害（flood injury）。广义的涝害包括两层含义，即涝害和湿害。涝害（flooding）是指田间积水淹没植物的局部或全部时所受的伤害。涝害会使植物生长不良，甚至死亡。我国几乎每年都有局部的洪涝灾害。经常发生于低洼、沼泽地带、河边以及发生洪水或暴雨之后，常有涝害发生。湿害（water logging）是指旱田作物在土壤水分过多（饱和）时所受的危害。湿害和涝害对植物的影响在本质上是相同的。

一、水涝胁迫下植物的生理生化变化

水分过多的危害并不在于水分，而是由于水分过多引起的缺氧，从而产生一系列的次生胁迫，对植物产生危害。如果排除了这些间接的原因，植物即使在水溶液中也能正常生长（如溶液培养）。

（1）水涝对植物形态与生长的效应。水涝缺 O_2 既降低植物地上部分的生长，又降低根系的生长。例如，苋菜和玉米生长在含 O_2 量为 4%的环境中，20d 后干物质产量分别降低 57%和 32%～47%。受涝的植株矮小，叶色变黄，根尖变黑，叶柄偏上生长。水涝缺 O_2 还影响细胞的亚显微结构。例如，小黑麦根细胞因缺 O_2 使线粒体数量减少，体积增大，嵴数减少；如果缺 O_2 时间达 24h 以上，可导致线粒体解体。

（2）水涝对植物代谢的效应。玉米和菜豆生长在含 O_2 量为 4%的环境中，光合作用明显下降。据研究，缺 O_2 对光合作用的抑制并非 O_2 本身的直接作用，而是间接影响：第一，可能是淹水影响了 CO_2 的扩散；第二，可能与同化物运输有关，如大豆在淹水条件下光合本身并无多大改变，但同化物外运受阻，造成光合产物积累而抑制光合速率。水涝对植物呼吸的影响尤为明显，有氧呼吸受抑，无氧呼吸加强，如菜豆淹水 20h 就会积累大量的无氧呼吸产物（如丙酮酸、乙醇和乳酸等）。许多植物淹水时，苹果酸脱氢酶活性（有氧呼吸）降低，乙醇脱氧酶和乳酸脱氧酶活性（无氧呼吸）升高。所以有人建议，用乙醇脱氢酶和乳酸脱氧酶的活性作为作物涝害的生理指标。

（3）水涝引起 CO_2 积累对植物的效应。在自然条件下，O_2 缺乏与 CO_2 积累同时发生。例如，水涝时豌豆种子内部的气体中含有 11%的 CO_2。高浓度的 CO_2 一方面强烈抑制线粒体的有氧呼吸活性，促进无氧呼吸；另一方面削弱植物本身的解毒能力，如高浓度 CO_2 对光下大麦叶片中的过氧化氢酶、乙醇酸氧化酶和硝酸还原酶的活性产生抑制作用，不利于植物的解毒和氮素利用。

（4）水涝引起乙烯增加对植物的效应。许多研究指出，在淹水条件下植物体内乙烯（ETH）含量增加。例如，水涝时，向日葵根部 ETH 含量大增，美国梧桐 ETH 含量提高 10 倍。高浓度的 ETH 引起叶片卷曲、偏上生长、脱落，茎膨大加粗，根系生长减慢，花瓣褪色等。水分过多引起 ETH 增加的原因可能有三：一是 ETH 合成能力加强；二是植物体内的 ETH 在淹水时向空气扩散的数量减少；三是淹水时土壤微生物合

成的 ETH 增多。ETH 合成是个需氧过程，为什么涝害缺 O_2 时反而会促进 ETH 合成呢？研究证明，水涝时促使根系大量合成 ETH 的前体物质 ACC（1-氨基环丙烷-1-羧酸），上运到茎叶后接触空气即转变为 ETH。

（5）水涝引起的水分亏缺效应。涝害的第一个症状就是叶片的萎蔫。由于田间渍水，氧气不足，能量供应减少，有毒物质乙醇、乙醛等产生并积累，细胞分裂素、赤霉素等激素合成减少，根系吸收能力降低并腐烂，造成地上部缺水，间接地引起水分亏缺。

（6）水涝引起的营养失调效应。经水涝的植物常常发生营养失调，一是由于根系本身受到水涝伤害，如根尖变黑，同时无氧呼吸降低根对离子的主动吸收；二是缺 O_2 使嫌气性细菌（如丁酸菌）活跃，土壤溶液酸度升高，氧化还原势降低，土壤内形成有害的还原性物质，如 Fe^{2+}、Mn^{2+} 和 H_2S 等，使 Mn、Fe 和 Zn 等元素易被还原而流失，引起植物营养亏缺。

（7）水涝引起的活性氧积累效应。水涝时叶片仍处在有氧环境中，为氧的还原提供了可能。水涝时植物的叶绿体、线粒体的结构和功能受到伤害，O_2 产生 O_2^- 和 H_2O_2 等活性氧的产生量增加，清除能力减弱，使活性氧积累造成伤害。

二、植物抗涝的生理和发育机制

植物对积水或土壤过湿的适应和抵抗能力称为植物的抗涝性（flood resistance）。植物的抗涝性因种类、品种及生育期而不同，油菜比番茄和马铃薯耐涝，高粱比烟草和芝麻耐涝，而水稻比高粱更抗涝；水稻对涝害最敏感的时期是孕穗期，其次是开花期。作物的抗涝性强弱则决定于其形态上和生理上对缺 O_2 的适应能力。

（1）植物抗涝的形态和解剖特征。抗涝性强的作物（如水稻）与抗涝性弱的作物（如小麦）相比，其体内有发达的通气组织，可以把 O_2 从叶片输到根部，即使地下部淹水，也可以从地上部分获得 O_2。近年来发现，通气组织的形成可能与乙烯有关，即受淹植物 O_2 亏缺，促进乙烯合成，刺激纤维素酶和果胶酶的活性提高，使发育较弱的细胞解体，促进通气组织的形成与发展（图 13-2）。

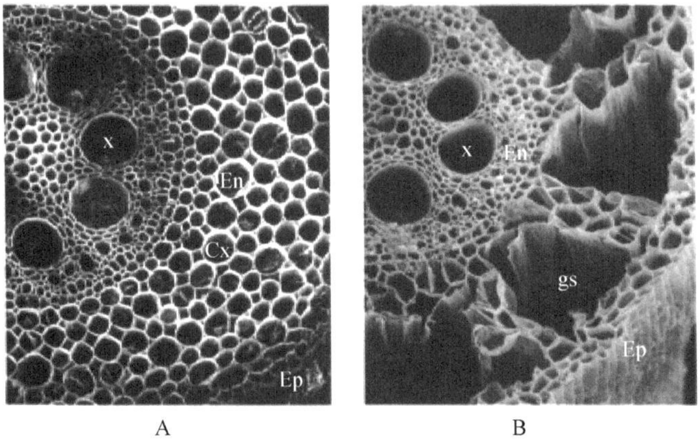

A　　　　B

图 13-2　缺氧诱导玉米根尖通气组织的形成

Ep. 表皮；gs. 通气组织；Cx. 皮层；En. 内皮层；x. 木质部

(2) 植物抗涝的生理特征。抗涝主要是抵抗缺 O_2 带来的危害。例如，甜茅属植物在淹水时改变呼吸途径，开始时缺 O_2 刺激糖酵解途径，以后戊糖磷酸途径占优势，从而防止有毒物质的形成；水稻根内具有很高的乙醇氧化酶活性以减少乙醇的积累，提高有氧呼吸的能力；玉米根缺 O_2 通过细胞色素 c 的活性提高来维持线粒体膜上的电子传递。

三、植物抗涝的分子和细胞机制

淹水如同其他逆境一样会导致原来的蛋白质合成受到抑制，而同时诱导产生某些新的蛋白质或多肽。在以玉米为材料的厌氧条件下，研究发现新合成的蛋白质分为两类：一种称过渡多肽（transition polypeptide，TP），在厌氧处理的头 5h 内形成，并快速增加，但到 5h 后则很快下降；另一种称为厌氧多肽（anaerobic polypeptide，ANP），在缺氧 90min 后才开始形成，一直持续到 72h，到细胞死亡蛋白合成才相应降低。ANP 中有一些与糖酵解或糖代谢有关的酶，如由 *adh1* 和 *adh2* 基因编码的醇脱氢酶的同工酶等。但是，许多 ANP 和 TP 的功能目前尚不清楚。

四、提高植物抗涝性的途径

目前农业生产中常见的提高植物抗涝性的途径有：①水涝后如遇曝晒，水要逐渐排放，以免蒸腾过快造成体内水分亏缺；②通过各种育种技术，改良品种，筛选抗涝品种。

第三节　高温胁迫与植物的抗热性

温度是影响植物生长发育的重要因子之一。植物生长发育对温度反应有三基点，即最低温度、最适温度和最高温度。对植物产生有害效应的过低或过高环境温度称为温度胁迫（temperature stress）。温度过高也称为热胁迫（heat stress），由此对植物造成的伤害称为热害（heat injury）。在某些地区（如南方热害）是由于太阳曝晒所致，而在另一些地区（如西北和华北）则是因干热风造成的。导致热害的温度因植物种类而异，阴生植物和水生植物在 35℃左右，陆生植物则高达 40℃左右。一些肉质植物（如仙人掌）在夏季强烈阳光下仍能忍受 60～65℃的高温。干孢子和干种子常能在 100℃的高温下存活。一般作物，在中午太阳的直射光下，当土壤不缺水时，叶温比周围气温略低几度，但随着土壤水分的减少，植物发生水分亏缺，引起气孔的部分关闭或全部关闭，从而使叶温骤然升高造成高温伤害，这种状况持续时间越长伤害越重。因此高温胁迫常常与水分胁迫相伴发生，并相互加剧。

植物的热害症状是：叶片出现明显的死斑，叶绿素破坏严重，叶色变成褐黄；器官脱落；木本植物树干，尤其是向阳部分干燥，开裂；鲜果（如葡萄和番茄等）发生灼伤，以后在受伤部位与健康部位之间形成木栓，有时甚至整个果实死亡；出现雄性不育、花序或子房脱落等异常现象。

一、高温胁迫下植物的生理生化变化

高温对植物的伤害是复杂而多方面的，归纳起来可分为直接伤害与间接伤害。

1. 直接伤害 植物体受到高温后迅速出现热害症状，并从受害部位向非受害部位扩展。研究表明，高温对植物产生的直接伤害可能与引起生物膜和原生质的变化有关。

（1）膜脂液化。在高温作用下，构成生物膜的蛋白质与脂类之间的键断裂，使脂类脱离膜而形成一些液化的小囊泡，从而破坏了膜的结构，导致膜丧失选择透性与主动吸收的特性。膜脂液化程度取决于脂肪酸的饱和程度，饱和程度越高，液化温度越高，耐热性则越强。利用小球藻的试验表明，在20℃时亚麻酸（不饱和脂肪酸）占30%，当温度升高至55℃时膜脂中不存在亚麻酸，而且，在55℃下的膜脂比适合温度时减少一半，饱和脂肪酸的相对含量却增加3倍。高温下饱和脂肪酸含量提高可能与过氧化物酶的血红素基在高温下被钝化有关，即高温下过氧化物酶活性降低，对饱和脂肪酸的氧化和去饱和作用减弱。

（2）蛋白质变性。由于维持蛋白质空间构型的氢键和疏水键的键能较低，因此高温易使其断裂，破坏蛋白质的空间构型，即失去二级与三级结构，使蛋白质分子展开，失去其原有的特性。蛋白质的变性最初是可逆的，但在持续高温作用下很快转变为不可逆的凝聚状态。

各种蛋白质包括酶的热稳定性不同，一般在细胞内有保护物质存在时，对热比较稳定，但在离体条件下热稳定性降低。很多酶（如淀粉酶和蔗糖酶）在体内耐热，提纯后热稳定性显著降低。通常，高温下蛋白质的活性与结构并不同时发生变化，即蛋白质发生失活的温度并不等于蛋白质变构的温度。例如，溶菌酶，当温度在75℃以下，其蛋白质结构稳定，但其活性在50℃时开始下降，60～70℃时则完全失活。植物的抗热性与细胞含水量呈负相关，这是因为水分子参与蛋白质分子的空间构型，两者通过氢键连接起来，使氢键易受热断裂，因此蛋白质分子构型中水分子越多，受热后越易变性。另外，只有充足的水分蛋白质才能自由移动，并充分展开其空间构型，但也易发生变性作用。所以，含水量越少的原生质抗热性越强。干燥种子的抗热性一般高于其他器官，其主要原因就在于此。

2. 间接伤害 指在高温下导致代谢异常，使植物逐渐受害。其原因可能有以下几方面。

（1）水分代谢失调。高温常引起叶片过度地蒸腾失水，导致细胞脱水而出现一系列的代谢失调和生长发育不良。

（2）代谢性饥饿。植物光合最高温度通常比造成热害的温度低3～12℃，而光合作用的最适温度又低于呼吸作用的最适温度。例如，马铃薯叶片，光合作用适温为30℃，呼吸作用适温为50℃。如果植物处于温度补偿点（temperature compensation point）以上的较高温度，呼吸速率大于光合速率，贮藏的营养物质消耗加快，造成饥饿，较长时间处于高温环境下必然导致植物死亡。C_3植物由于乙醇酸氧化酶温度系数高，在高温下因光呼吸增加更易造成饥饿现象。

（3）有毒物质积累。高温使植物组织内的氧分压降低，使无氧呼吸相对加强，积累乙醛、乙醇等有毒物质。如果提高氧分压则可显著减轻热害。处在30～50℃下的中生植物，如氧分压为5%时即表现出典型的热害，如氧分压在20%时则可避免热害。此外，高温下蛋白质的分解大于合成，形成游离NH_3而致害。提高植物体内有机酸的含量可减轻NH_3毒害。仙人掌类等肉质植物有机酸代谢旺盛，有利于消除NH_3的毒害，因而抗热性较强。

(4) 蛋白质合成受阻。高温下不仅蛋白质降解加速，而且合成受阻。其原因在于，高温使细胞产生自溶的水解酶类或溶酶体破裂释放的水解酶类均使蛋白质分解；高温破坏呼吸电子传递与氧化磷酸化的偶联作用，不能产生ATP，使蛋白质无法合成；高温还破坏核糖体与核酸的生物活性，从根上降低蛋白质的合成能力。

(5) 生理活性物质缺乏。高温能抑制某些生化代谢环节，致使植物生长所必需的某些生理活性物质（如维生素、核苷酸和生物素等）不足，引起代谢紊乱。许多试验表明，腺嘌呤、维生素、核酸、IAA及麦角固醇等有提高某些植物抗热性的效果。其原因可能与降低氧化酶的热稳定性有关。氧化酶在高温下失活，会减轻对维生素C和谷胱甘肽的破坏，使代谢过程基本正常，因而提高植物的抗热性。

二、植物抗热的生理和发育机制

植物对高温胁迫的适应能力称为植物的抗热性（heat resistance）。通常，生长在干燥和炎热环境中的植物，其抗热性高于生长在潮湿和阴凉环境的植物。例如，景天和某些肉质植物半小时的热致死温度是50℃，而阴生植物如酢浆草等则为40℃左右。植物的抗热性与其地理起源有关。C_4植物起源于热带和亚热带，其抗热性高于C_3植物。C_3植物光合最适温度为20～30℃，C_4植物光合最适温度则为35～40℃，两类植物的温度补偿点也不同，C_3植物低，C_4植物高。当气温在35～40℃时，C_3植物因消耗贮藏物质导致饥饿状态，而C_4植物尚有净光合产物积累，故抗热性强。

植物在不同发育时期和植物的不同的部位，抗热性也表现出差异。成熟叶片的抗热性大于嫩叶，更大于衰老叶片；休眠种子抗热性最强，随着种子吸胀萌发，其抗热性逐渐降低，油料种子抗热性高于淀粉种子；果实越成熟抗热性越强。

植物的抗热性更与其体内的代谢有关。第一，与蛋白质（包括酶）的热稳定性有关，凡是抗热性强的植物，其蛋白质不致因高温而变性和凝聚，仍可维持一定的正常代谢。蛋白质的热稳定性主要取决于内键的稳定性与键能大小。据测定，分子内的二硫键键能高，热稳定性高，氢键键能低，受热易断裂。因此，凡是分子内二硫键多的蛋白质抗热性就强。键的强弱还受各种离子的影响，一价离子使蛋白质的键松弛，降低抗热性，二价离子（如Mg^{2+}、Zn^{2+}）能联结相邻的两个基团，增强分子结构的稳定性，因而使耐热性提高。核酸的热稳定性可维持正常的蛋白质合成，从根本上保证了蛋白质的代谢与更新。第二，与有机酸的代谢有关，因为有机酸可消除因蛋白质分解而释放的NH_3的毒害。有人发现，生长在沙漠和干热山谷里的植物有机酸代谢旺盛，抗热能力较强。

三、植物抗热的分子和细胞机制

植物在受到高温胁迫时进行热激反应（heat shock response，HSR），启动热激蛋白（heat shock protein，HSP）的合成。细胞在受到热激时，许多胞内蛋白会发生部分或全部变性，此时热激蛋白可识别暴露于变性蛋白表面的疏水性区域，协助它们重新折叠，或者将无法恢复的蛋白质转移给蛋白质降解系统，使之降解，从而避免细胞进一步受到伤害。因此热激蛋白对细胞具有保护作用。

四、提高植物抗热性的途径

（1）高温锻炼。高温锻炼能够提高植物的抗热性。例如，把鸭跖草属的一种植物在28℃下栽培5周，与生长在20℃下5周的对照相比，其叶片耐热性从47℃提高到51℃。

（2）培育和选用耐热作物或品种。培育、引用、选择耐热作物或品种是目前防止和减轻作物热害最有效、最经济的方法。在干热风经常发生的春麦区选育生育期短的品种，避开后期不利的干热条件。

（3）改善栽培措施。采用灌溉改善小气候，促进蒸腾，有利于降温；采用间种套作，高秆与低秆、耐热作物与不耐热作物适当搭配；人工遮阴可用于经济作物（如人参）栽培；树干涂白可防止日灼等，这些都是行之有效的方法。

（4）化学制剂处理。例如，喷洒$CaCl_2$、$ZnSO_4$和KH_2PO_4等可增加生物膜的热稳定性。给植物引入维生素、核酸、生物素、激动素及酵母提取液等生理活性物质，能够防止高温造成的生化损伤，但作为制剂大面积应用尚不可能。

第四节　冷胁迫与植物的抗冷性

对植物产生不利效应的低温称为低温胁迫（low temperature stress 或 cold stress），由此对植物造成的伤害称为寒害（cold injury）。冰点以上的低温称为冷胁迫（chilling stress），由此对植物产生的伤害称为冷害（chilling injury）。植物遭受冷害之后，最明显的症状是生长速度变慢，叶片变色，有时可出现伤斑。例如，水稻遇低温后，幼苗叶片从尖端开始变黄，严重时全叶变为黄白色；幼苗生长极为缓慢或者不生长，称为“僵苗”或“小老苗”。玉米遭受冷害后，幼苗呈紫红色，其原因是糖的运输受阻，花青素增多；木本植物受冷害后出现芽枯、顶枯、破皮流胶及落叶等现象；作物遭受冷害后，籽粒灌浆不足，常常形成空壳或秕粒，产量明显下降。

一、冷害的表现类型

根据植物不同生育期而遭受冷胁迫伤害的情况，可把冷害分为下面三种类型。

（1）延迟型冷害。是植物的营养生长期遇到低温，使生育期延迟的一种冷胁迫效应。其特点是，植株在较长时间内遭受冷胁迫，使生长、抽穗、开花延迟，虽能正常受精，但不能充分灌浆和成熟，故水稻青米多、高粱秕粒多、玉米含水量高，不但产量锐减，而且品质明显下降。东北地区的水稻、高粱、玉米等作物以及长江流域的晚稻常产生这种冷害。

（2）障碍型冷害。是作物在生殖生长期间，即生殖器官分化期到抽穗开花期，遭受短时间的异常低温，使生殖器官的生理功能受到破坏，造成完全不育或部分不育而减产的冷害。障碍型冷害还可再分为孕穗期冷害和抽穗-开花期冷害。例如，水稻孕穗期，尤其是花粉母细胞减数分裂期或小孢子形成初期（大约抽穗前 15d）对低温极为敏感，如遇到持续 3d 的日平均气温为 17℃的低温，便发生障碍型冷害。水稻在抽穗-开花期如遇到 20℃以下气温也会发生障碍型冷害，破坏授粉与受精过程，形成秕粒。

（3）混合型冷害。植物在生育期内同时发生延迟型冷害和障碍型冷害，即在营养生长时期遇到低温使抽穗延迟，在生殖生长时期（孕穗期、抽穗期与开花期）又遇到低温而造成不育，导致产量大幅度下降。

根据植物对低温伤害的反应速度，将冷害分为三类。

（1）直接伤害。植物受到冷胁迫后短时间（几小时甚至几分钟）内出现的伤害，一般认为是细胞质膜结构受到破坏，通透性突然增大使细胞内含物向外渗漏透所引起的。

（2）间接伤害。植物受到冷胁迫较长时间后，几天乃至几周内出现的伤害，是由代谢失调引起的。

（3）次生伤害。冷胁迫引起的其他胁迫对植物产生的伤害。例如，根系遇到 0℃以上低温胁迫，吸水能力剧烈降低，补偿不了蒸腾的水分损失，造成水分亏缺对植物产生的伤害。

二、冷胁迫下植物的生理生化变化

（1）生化反应失调。在正常条件下植物体内的生化反应是平衡的，但在低温下各种酶类的活性受到不同程度的影响，导致相关酶促反应失调。例如，当温度从 25℃降至 5℃时金鸡纳树的氧化酶活性下降，而 CAT 活性也下降，从而使 H_2O_2 积累而产生伤害。植物遭受冷胁迫后，水解酶类的活性常常高于合成酶类的活性，使物质分解过快。所以，幼苗处于低温条件下，蛋白质含量减少，可溶性氮化物含量增加，淀粉含量降低，可溶性糖含量提高。代谢也受膜透性降低的影响，如冷敏的棉花种苗在 5℃时，其乙醛酸体对琥珀酸的透性降低，导致琥珀酸在这一细胞器中积累并抑制柠檬酸酶的活性，于是抑制细胞中贮藏的脂肪通过乙醛酸循环转变为碳水化合物，从而降低棉苗的生长速率。代谢也受氧化磷酸化解偶联影响，低温下 ATP 含量的减少必然影响到植物体内的需能反应。

（2）呼吸代谢失调。冷胁迫使植物的呼吸速率大起大落，即开始时上升而后下降。冷胁迫初期，呼吸速率上升被认为是一种保护性反应，因为呼吸强，放热多，对抵抗寒冷有利，以后呼吸降低被认为是伤害反应。冷胁迫时，有氧呼吸受到抑制，无氧呼吸相对加强，这一方面因产能少而使物质消耗过快，另一方面形成乙醛和乙醇等有毒物质。同时，低温导致氧化磷酸化解偶联，ATP 含量减少。

（3）光合作用受阻。低温下叶绿素合成受阻，植株失绿，导致光合下降；光合碳循环的许多酶类受温度影响，低温也限制了光反应。所以，如果低温伴有阴雨，会使冷害更加严重。

（4）原生质流动受阻。试验表明，番茄叶柄毛细胞在 10℃下处理 1min，原生质流动便明显变慢。黄瓜根毛细胞在 12℃时原生质就停止流动。低温影响原生质流动的机理尚不完全清楚，但与 ATP 减少、原生质黏性增加有一定的关系。

（5）根吸收机能减弱。低温影响根系的生命活动，使其吸盐与吸水的能力下降，结果既限制了植物体内矿质元素的吸收与分配，也破坏了水分平衡，导致萎蔫甚至干枯。

三、植物抗冷的细胞和生化机制

目前公认冷害的原初部位是生物膜，植物在遭受冷胁迫时，不论是膜脂还是膜蛋白都会受到影响。

1. 膜脂相变与抗冷性 在正常情况下，细胞膜处于液晶态（相），随着温度的降低，由液晶相向固相转变，这种变化称为膜脂相变，发生转变的温度称为相变温度。如果相变引起脂质分子的收缩是均匀的，膜面积缩小，分子间排列更紧密，则会降低膜对水分和水溶性物质的透性。这也是冷敏感植物发生次生水分胁迫的主要原因。如果冷温突然来临，膜及其组分的收缩可能是不均匀的，这将导致机械损伤，使膜产生断裂或裂缝，出现离子和其他可溶性物质的渗漏。短时间的膜脂相变是可逆，回暖后可能恢复正常代谢，但如果在冷温下的时间延长，膜的损伤是不可恢复的，结果是引起植物生理生化方面的异常变化。目前，已将膜脂相变温度作为鉴定膜流动性的一种指标。

相变温度的高低与细胞膜中不饱和脂肪酸的比例有关。抗冷植物在进行低温锻炼过程中增加不饱和脂肪酸的合成，提高其在细胞膜脂中的比例。

2. 蛋白质构象变化与抗冷性 对于维持蛋白质的空间构象来说，疏水键更为重要。低温对蛋白质的直接作用是使其分子中的疏水键削弱，对蛋白质产生多种不利效应。

第一，疏水键的削弱可引起多聚酶解离为亚单位而失活，如多聚 tRNA 合成酶、PEP 羧化酶、丙酮酸磷酸双激酶和 RuBP 羧化酶等多聚酶均有冷失活现象。C_4 植物的丙酮酸磷酸双激酶在低温下就由四聚体解离为二聚体。细胞的微管和微丝是多聚蛋白结构，也可在低温下解聚，从而影响到细胞正常的结构和功能。例如，在低温下，微管蛋白解聚为 α 和 β 亚基，从而引起减数分裂和有丝分裂的纺锤体消失，这可能是造成某些冷敏植物花粉形成期在低温下败育的原因。ABA 提高植物抗冷性的作用也与其维持微管的稳定性有关。

第二，疏水键的削弱引起蛋白质（酶）构象发生变化，尤其是引起活性中心的构象改变，从而影响许多变构酶的活性和调节，导致代谢失调。例如，Rubisco 在冷温下可发生构象改变而暴露其蛋白质的—SH 和疏水区。许多植物在正常生长温度下积累淀粉，而在低温下则大量积累糖。甘蓝遇低温时，15～30min 内就引起叶中淀粉水解。这可能是由于低温对淀粉代谢有关酶活性的不均衡抑制引起的。例如，马铃薯在 2℃下糖酵解受抑制的程度大于蔗糖合成酶，从而出现蔗糖的净积累。

膜结合蛋白一般含有较多的疏水键，而且是通过疏水键与膜脂结合，当这些疏水键被低温削弱后，可以引起这些蛋白质的构象变化和从膜上脱落，从而导致蛋白质的冷胁迫失活。研究表明，在低温下 K^+ 的渗漏主要是通过膜上的蛋白质部位，这时通过脂层的透性并未因低温而改变。研究还发现，菜豆叶片中电解质的渗漏只有当冷（5℃）处理结合叶片部分脱水时才出现，如这两种处理单独进行，均不引起离子渗漏。因此，低温对细胞膜的伤害，应该是膜脂相变和膜蛋白损伤的共同结果。不能简单地把冷害的原因全部归于膜脂相变。

低温对蛋白质作用的原初反应虽然只是疏水键，但后续反应却是多层次、多途径的。所以，蛋白质的抗冷失活能力与植物的抗冷性密切相关。植物在锻炼过程中通过合成和积累保护物质，加强对疏水健的保护，如积累 LEA 蛋白、HSP、分子伴侣和渗透调节物质等。

3. 活性氧积累与抗冷害性 许多研究表明，冷敏感植物在冷胁迫下，活性氧产生增多，清除能力减弱，造成活性氧积累，进而引起膜脂过氧化和蛋白质（尤其是膜蛋白）的交联、聚合，使细胞膜系统的结构和功能受到破坏，导致细胞受害。光对冷胁迫下的膜脂过氧化有促进作用，水稻幼苗分别置于光照和黑暗下，用 5℃低温处理 48h，光下低温处理的脂质过氧化产物 MDA 的含量显著增加，同时叶绿体超微结构和叶绿素的破坏也都重于暗处理。

植物的抗冷性与活性氧的清除能力有关。用黄瓜幼苗的研究表明，随温度的下降，子叶中 SOD 活性的显著下降早于子叶电解质渗出率的升高；子叶叶绿体 SOD 对低温最敏感，酶活性下降最多，其次为线粒体，而细胞溶胶中的 SOD 最稳定，这个顺序也与各个部分对冷胁迫的敏感性相一致。过氧化氢酶（CAT）和过氧化物酶（POD）的活性也在冷胁迫时降低或失活。植物体内的抗氧化物质如抗坏血酸（ASA）和谷胱甘肽（GSH）等也随冷胁迫加重而减少。

抗冷植物在低温锻炼过程中提高抗氧化酶的活性和积累各种保护性物质。

四、植物抗冷胁迫的分子机制

（一）冷胁迫诱导的基因表达

近年来，大量研究发现低温诱导许多基因的表达，根据基因表达的蛋白质产物不同，可分为编码功能蛋白基因和调节蛋白基因两大类。前者直接保护细胞免受胁迫伤害，后者负责传递信号和调控基因表达。

1. 编码功能蛋白的基因

（1）渗透调节物质合成有关基因，如上调（促进）二氢吡咯-5-羧酸合成酶基因（*p5cs*）的表达和下调（抑制）脯氨酸脱氢酶（ProDH）基因的表达，从而导致脯氨酸的积累，使甜菜碱醛脱氢酶（BADH）活性增强，从而使甜菜碱大量积累。

（2）活性氧清除系统有关基因，如 SOD、CAT、抗坏血酸过氧化物酶（AsA-POD）、谷胱甘肽-硫-转移酶（GST）和谷胱苷肽过氧化酶等的基因。

（3）不饱和脂肪酸合成基因，如甘油-3-磷酸酰基转移酶基因（*gpat*）和编码叶绿体脂肪酸去饱和酶基因（*fad7*）表达加强。

（4）冷诱导基因加强表达。

2. 编码调节蛋白的基因 包括蛋白激酶（protein kinase）、CBF/DREB1 转录因子和其他低温诱导的调节基因。

（二）植物对冷胁迫反应的细胞信号转导

植物对低温胁迫、渗透胁迫和盐胁迫有共同的、交叉的途径，可能的过程见图 13-3。

图中 MAPK（mitogen-activated protein kinase）代表分裂原激活蛋白激酶；LEA（late embryogenesis abundant protein）代表胚胎发生后期丰富蛋白；CDPK（calcium-dependent protein kinase）代表依钙的蛋白激酶；SOS3（salt overly sensitive 3）是一种 Ca^{2+} 感受蛋白；SCaBP（SOS3-like calcium binding protein）是 SOS3 样钙结合蛋白；PKS（protein kinase S）代表蛋白激酶 S。

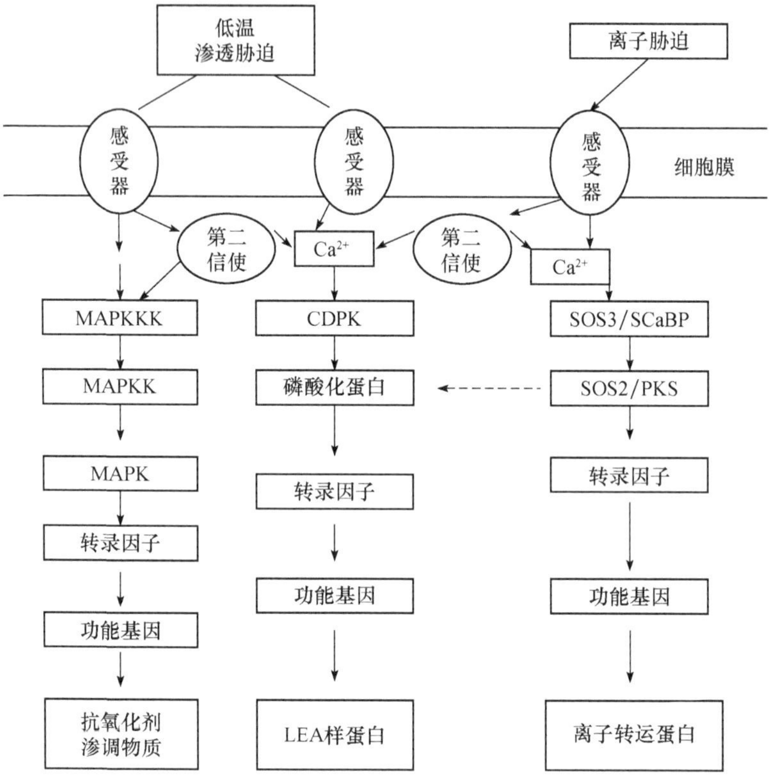

图 13-3　植物对低温胁迫、渗透胁迫和离子胁迫反应的信号转导途径

五、提高植物抗冷性的途径

根据植物的抗冷机理，降低膜脂的相变温度，稳定蛋白质结构，清除活性氧，都有利于抗冷性的提高。具体途径主要有如下几个方面。

（1）低温锻炼。试验表明，植物对低温的抵抗是个适应锻炼的过程。许多植物如果预先给予适当的低温处理，以后即可经受更低温度的影响而不致受害。突然的低温将使植物受到严重伤害。例如，番茄幼苗移出温室之前，经 1～2d 的 10℃ 预处理，栽后即可抵御 5℃左右的低温；黄瓜幼苗经 10℃ 锻炼则可抵御 3～5℃ 的低温。凡是经过锻炼的植株，其膜脂的不饱和脂肪酸含量增加，相变温度降低，透性稳定，细胞内 $NADPH/NADP^+$ 的比例增高，ATP 含量增加。

（2）化学物质处理。施用化学物质对植物进行预处理能提高抗冷性的报道有不少。

这种处理或是稳定生物膜结构，或是起激素的调控作用，或是影响代谢过程，作用不一。例如，用乙醇胺处理番茄种苗，使其磷脂随着 $C_{16:0}$ 和 $C_{16:1}$ 侧链的消耗，增加磷脂酰乙醇胺及磷脂酰胆碱中的 $C_{18:2}$ 酰基链，从而改变了膜磷脂的组成，即提高了不饱和性，增加了抗冷性。生长调节物质（如 CTK、ABA、2,4-D 和多效唑等）也能提高植物的抗冷性。

（3）合理施肥。在低温来临之前，适当增施磷肥和钾肥，少施速效氮肥，有助于植物抗冷性的提高。有人利用 KCl、NH_4NO_3 和 H_3BO_3 的混合液喷施瓜类叶片，可减轻低温的影响。Ca^{2+} 的作用近来引起广泛注意，Ca^{2+} 与蛋白质结合或与膜脂的极性头以静电引力结合，这对维持脂双层的基本结构和控制膜透性有重要作用。K^+ 能增强生物膜的持水能力，稳定膜结构和膜透性。硼能通过与糖脂和糖蛋白的结合稳定膜结构，从而提高植物的抗冷性。

第五节 冻胁迫与植物的抗冻性

冰点以下使植物组织结冰的低温称为冻胁迫（freezing stress），由此引起的伤害称为冻害（freezing injury）。根据结冰的位置，结冰又分为胞间结冰和胞内结冰。胞间结冰是指温度缓慢下降时，细胞间隙的水分结成冰晶的现象。当降温非常迅速或温度过低时，不仅胞间隙结冰，而且细胞内也发生结冰。根据冻温的发生时间，又可分为生长季的植物霜冻（frost）胁迫和越冬植物的冰冻胁迫。冻害在我国的南方与北方均有发生，尤以西北、东北的早春与晚秋以及江淮地区的冬季与早春为害严重。植物对这两种胁迫的反应和抗性有所不同。植物发生冻害的症状大致有叶片萎蔫、变色、漂白、出现水浸状，组织冻裂、萎缩和坏死，生长畸形、矮化，发育延迟、不育等。细胞的冰冻伤害可发生在结冰过程、结冰平衡后、融冰过程和融冰后。植物的伤害程度与降温的速度、结冰的持续时间长短、融冰的速度和冻融的次数有关。融冰的速度过快、反复冰融都会加重冰冻伤害。

一、冻胁迫对植物的伤害效应

冻害是由组织结冰而引起的，对植物产生的伤害既有组织结冰的直接效应，也有结冰的间接效应。研究表明细胞受损伤的主要机制是机械损伤和细胞脱水引起的次生伤害。当细胞间隙结冰时，细胞间隙的水蒸气压下降，而细胞内的水蒸气压仍然较大，使细胞内的水分子向胞间扩散，造成原生质脱水，结冰过程持续的时间越长，原生质的脱水越严重。此外，越冬植物结冰时，由于冰的升华而引起组织干燥脱水，称为“冻干”或“抽条”。

（1）结冰的机械伤害。当组织胞间结冰时，冰晶体积膨大对细胞产生机械损伤。此外，当温度骤然回升时，冰晶迅速融化，细胞壁容易恢复原状，而细胞质则较慢，易被撕破。如果冰冻时间较短，温度回升较慢，胞间结冰不一定导致细胞死亡。例如，白菜和雪菜等很多作物能够忍受胞间结冰。胞内结冰伤害主要是机械损伤，冰晶直接破坏质膜、细胞器和细胞质的超微结构，通常对细胞都带来致命的伤害。

(2) 细胞膜的损伤。膜对结冰最为敏感，是冰冻伤害的原初部位。研究表明，结冰温度改变膜脂与膜蛋白的正常排列，破坏膜与蛋白质的结合，使膜失去流动镶嵌状态，甚至出现孔道或龟裂，丧失对物质进出的控制能力。膜在冰冻胁迫下，细胞膜正常结构受到破坏，如柑橘细胞在－6.7～－4.4℃下，质膜、液泡膜、叶绿体膜及线粒体膜显著受损，以冰冻蚀刻法直接观察到受冻后细胞质膜脂双分子层的破裂；植物冰冻处理后细胞膜失去选择透性，内含物质外渗极为严重；细胞冰冻处理后发生膜脂相变，一部分与膜结合的蛋白（酶）脱落并失去活性。例如，叶绿体类囊体膜的光合磷酸化和线粒体内膜的氧化磷酸化解偶联，ATP 形成明显减少，导致代谢失调。引起膜伤害的原因可能有冻温的直接效应、冰冻脱水及膜脂过氧化作用等。

(3) 蛋白质的变性失活。在冻胁迫下，蛋白质（包括膜蛋白）变性失活是常见现象，其失活的机制可以用疏水键削弱（见本章第四节）和硫氢基假说解释。后一假说是 Levitt（1962）提出的，他认为结冰对细胞的伤害主要是低温下破坏了蛋白质空间结构（图 13-4）。当受冻的原生质脱水时，蛋白质分子外面的水层变薄，因而彼此靠近，两个相邻肽链外部的—SH 接触，氧化脱氢而形成—S—S—键；也可通过一个肽链外部的—SH 与另一个肽链内部的—SH 形成—S—S—键，于是蛋白质凝聚。而当细胞解冻吸水时，肽链松散，由于—S—S—键比较稳定，蛋白质空间结构被拉破，导致蛋白质失活。

(4) 活性氧伤害。培养在空气中的黄瓜幼苗在－2℃下一夜即被冻死，而在 2％的氧气和 98％的氮气中，温度降到－10～－7℃也未被冻死。常绿树在冬季长期低温冰冻并伴随强光照射的条件下，可发生光氧化伤害。欧洲赤松越冬期间针叶白热化，用遮阴和防冻两种措施都可以防止这种现象的出现。红松幼苗顶部针叶在冬季逐渐失绿，而遮光可防止这种现象的出现。用自旋共振（ESR）法可直接检测到冬季红松的自由基产生。

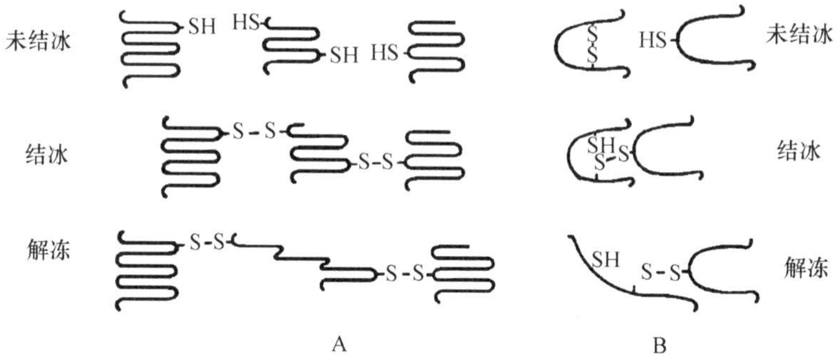

图 13-4　冰冻时由于分子间二硫键的形成使蛋白质结构破坏

二、植物抗冻的生理机制

导致植物发生冻害的温度，因植物种类、器官、生育时期和生理状态而异。通常，越冬作物（小麦、大麦、燕麦、苜蓿等）可忍耐－12～－7℃低温；一些针叶树、白桦可度过－45℃左右的低温；种子的抗冻性最强，短期内可经受－100℃以下冰冻而仍保持发芽能力；植物的愈伤组织在液氮中（−196℃）保存 4 个月仍有生活力。

（1）过冷作用。通常，植物组织或细胞的冰点往往低于纯水。当温度缓慢降低时，组织的温度可降至冰点以下而不结冰，这种现象称为过冷作用（supercooling）。植物可以通过过冷作用延迟组织结冰的发生。例如，马铃薯的冰点是−0.98℃，而过冷点是−6.1℃；甜菜根的冰点是−1.88℃，而过冷点是−6.83℃。有人认为，过冷现象的原因是水在活组织中受大分子约束而不能任意移位（dislocation），因此不易结冰，必须达到某一过冷点时方能结冰，所以活组织的结冰温度多低于冰点。一般说来，过冷点的温度常随组织、器官、年龄等不同而不同。

（2）渗透调节作用。经过低温锻炼的植物，体内增加渗透调节物质，降低冰点温度，防止原生质过度脱水，提高抗冻性。

（3）保护性物质积累，稳定膜和蛋白质结构。经过低温锻炼的植物，体内积累保护性物质、不饱和脂肪酸、逆境蛋白和渗调物质等积累稳定膜和蛋白质的结构，提高抗冻性。

（4）增强活性氧的清除能力，防止活性氧伤害。

三、植物抗冻的细胞和分子机制

在植物的冷驯化过程中，植物的基因表达发生变化，有新的 mRNA 和蛋白质的合成，所表达的基因和蛋白与冷胁迫相似（见本章第四节），此外，在冷驯化时还有抗冻蛋白（anti freezing protein，AFP）的表达，该蛋白质最先发现于极地海洋鱼类中，它能降低体液冰点，并通过吸附于冰晶的表面，有效地阻止和改变冰晶的生长。现已证明，低温驯化的冬黑麦、雪莲和沙冬青等植物中都有内源 AFP 的产生。

四、提高植物抗冻性的途径

植物对严寒的抵抗是逐步形成的一种适应性，不论哪种植物，抗冻性都不是固定的性状，而是在一定的环境条件下经过一定的锻炼过程才形成的。因此，抗冻锻炼是提高植物抗冻性的主要途径。

1. 抗冻锻炼　当冬季严寒来临之前，随气温的降低，植物体内会发生一系列适应低温的生理生化变化，从而提高了植物的抗冻能力，这种逐步形成抗冻能力的过程中称为抗冻锻炼，其生理生化变化主要有以下几方面。

（1）呼吸作用减弱。随温度的降低呼吸作用减弱到能够维持生命的最低限度时，植物的抗冻能力为最强。

（2）植株含水量下降。随着温度下降，根系吸水阻力增大，细胞内含水量降低，减轻胞内结冰的伤害。另外，经过锻炼的植物不饱和脂肪酸增多，膜相变化的温度降低，膜的液晶状态阻止了溶质的外渗，提高了蛋白质等对水的束缚力。尽管细胞内总含水量减少，但束缚水所占比例增高，而且束缚水不易结冰，降低了冰点温度，因而提高了植物的抗冻性。

（3）光合产物积累。秋季开始降温时，日照仍然比较强烈，植物还可以进行光合作用，虽然光合产物的总量减少，但由于生长逐渐停止，昼夜温差比较大，呼吸消耗减少，光合产物主要用于积累，还有落叶前叶内有机物质向茎内转移，因此越冬器官的细胞内积累较多的脂肪、蛋白质和糖类。

（4）积累保护性物质。保护性物质包括不饱和脂肪酸、逆境胁迫蛋白和可溶性糖等渗透调节物质、活性氧清除酶和物质，它们能稳定膜和蛋白质的结构，防止活性氧的伤害，提高细胞的保水能力，降低冰点，提高抗冻性。此外，脂肪也是一种保护性物质。据研究，越冬期间北方树木枝条尤其是越冬芽的胞间连丝消失，脂类化合物集中于细胞质表层，水分子不易透过，既防止脱水又防止结冰。

（5）内源激素的变化。经过低温锻炼的植物内源激素的水平发生变化，IAA 与 GA 含量下降，ABA 含量上升，从而抑制生长，促进脱落与休眠。同时，内源激素的这种变化更加有利于细胞内含水量减少、保护性物质增加和代谢强度急剧变缓，使植物逐渐进入深休眠的状态。

2. 化学调控 施用生长调节物质是提高植物抗冻性的一条途径。研究表明，赤霉素（GA）能降低植物的抗冻性，而生长延缓剂［如矮壮素（CCC）、比 9（B_9）、多效唑（PP_{333}）和烯效唑（S_{3307}）等］能提高抗冻性。这是因为生长延缓剂能抑制 GA 的合成，所以，应用一些生长延缓剂（如 CCC 和 PP_{333} 等）来提高作物的抗冻性，已开始实际应用。脱落酸（ABA）能提高植物抗冻性已得到比较肯定的证明，越冬植物抗冻锻炼要求短日照条件，与有利于 ABA 合成有关。细胞分裂素对许多作物（如玉米、梨树、甘蓝、菠菜等）都有提高抗冻性的效应。在冬季，用 6-BA 于叶面喷洒越冬作物，有提高越冬作物抗冻性的作用。

3. 农业措施 越冬作物应适时播种，促进幼苗健壮、防止徒长，合理施肥，注意提高磷钾肥的比例，提高抗寒性。

第六节 盐胁迫与植物的抗盐性

据联合国教科文组织和世界粮农组织的不完全统计，全世界盐渍土面积约为 $10^9 hm^2$，亚洲约为 $3.99\times10^8 hm^2$。我国盐渍土面积约为 $3.5\times10^7 hm^2$，相当于耕地的 1/3。此外，由于灌溉和化肥使用不当、工业污染加剧等原因，次生盐渍化土壤面积还在逐年扩大。我国盐渍土壤主要分布于西北、华北、东北和滨海地区，这些地区多为平原，土层深厚，如能改造开发，对发展农业有着巨大的潜力。

对植物产生不利效应的土壤中可溶性盐分过多，称为盐胁迫（salt stress），由此对植物产生的伤害称为盐害（salt injury）。含盐较多的土壤，根据所含盐分的主要种类分为碱土和盐土。以碳酸钠（Na_2CO_3）和碳酸氢钠（$NaHCO_3$）为主的土壤，称为碱土（alkaline soil）；以氯化钠（NaCl）和硫酸钠（Na_2SO_4）等为主的土壤，则称为盐土（saline soil）。对于大多数土壤，这两大类盐又常混合存在，故习惯上称为盐碱土（saline and alkaline soil）。

一、盐胁迫下植物的生理生化变化

盐胁迫引起一系列生理生化变化，包括有害反应和植物的适应性反应。

(1) 吸收水分能力降低。由于土壤含盐量高，土壤溶液水势低，植物吸水困难，植物组织的含水量降低，即引起生理干旱，从而引起一系列的生理异常，抑制植物的生长发育，严重时导致植物萎蔫或死亡。

(2) 膜选择透性改变。由于盐胁迫对植物产生的脱水效应和离子胁迫，破坏细胞膜结构，导致膜的选择透性的减弱或丧失，可溶性内含物质外渗，对植物产生伤害。

(3) 光合作用下降。在盐胁迫下，一方面使叶绿体中类囊体成分与超微结构发生变化，另一方面影响光能吸收和转换以及电子传递与碳同化。盐分过多使叶绿体趋于解体，PEP羧化酶和Rubisco活性降低，叶绿素和类胡萝卜素的生物合成受抑制，气孔关闭，从而造成植物光合强度降低，最终植物因不能通过光合作用获取足够的物质和能量而使生长受到抑制，甚至因“饥饿”致死。

(4) 呼吸作用不稳。土壤盐分浓度将直接影响植物的呼吸作用。低盐促进呼吸，高盐抑制呼吸。盐胁迫降低呼吸作用的效率，使电子传递和氧化磷酸化解偶联。一般在盐胁迫的初期，呼吸作用升高，而后随时间的延长逐渐减弱。因为在胁迫的初期阶段，植物需要合成一些新的胁迫蛋白以及其他有机渗调物质，需要积累或拒绝盐离子、修复损伤，因此需要消耗大量的能量。

(5) 产生离子胁迫。在发生盐胁迫的土壤中，Na^+、Cl^-和Mg^{2+}等离子的浓度过高，使营养元素K^+、NO_3^-和Ca^{2+}等吸收减少，使植物出现缺乏症状；植物细胞的许多酶只能在很窄的离子浓度范围内才具有活性，过量的Na^+、Cl^-和Mg^{2+}进入细胞后，会使原生质凝聚，叶绿素被破坏，蛋白质合成受到抑制，蛋白质水解作用加强，造成体内氨基酸的积累。部分氨基酸转化成为丁二胺、戊二胺及游离氨，当它们达到一定浓度时细胞就会中毒死亡。

(6) 改变蛋白质合成。盐分过多使许多植物蛋白质合成受阻，降解加快。其原因有盐胁迫使核酸分解大于合成，进而抑制蛋白质合成，同时高盐胁迫下氨基酸的生物合成也受阻。在盐胁迫下植物会合成耐盐蛋白。

(7) 积累渗调物质。盐胁迫下植物体内积累渗透调节物质，如淀粉和蛋白质分别分解成糖、氨基酸等小分子物质。这些小分子物质可以稳定细胞膜、蛋白质结构和原生质胶体，使植物细胞免受伤害或减轻伤害。

(8) 积累有害物质。盐胁迫使植物体内积累有毒物质，如大量积累氮代谢的中间产物（包括氨），以及由一些游离氨基酸转化而成的腐胺和尸胺，对细胞具有一定的毒性。盐胁迫还会引起体内活性氧的积累。

(9) 激素水平的变化。植物激素与植物抗盐性密切相关。盐胁迫下ABA和乙烯等激素水平增加可提高植物的抗盐性，消除盐胁迫的不利效应。

二、植物抗盐的生理机制

植物对盐分过多（盐胁迫）的适应能力称为抗盐性（salt resistance）。在生理层面上，植物的抗盐机制可分为避盐性和耐盐性。

（一）植物避盐的生理机制

植物通过某些生理机制避免体内盐分过多，称为避盐（salt avoidance），其途径有拒盐、泌盐、稀盐和隔离盐。隔离盐一般被划入耐盐机制中，但我们认为根据避盐和耐盐的定义，将它划入避盐更为合理。

（1）拒盐（salt exclusion）。一些植物的根对某些盐离子的透性很小，在一定浓度的盐分范围内，根本不吸收或很少吸收盐分，从而“拒绝”一部分离子进入细胞。另外，植物根部能向土壤分泌根系分泌物，主要成分为有机酸和氨基酸类，它们能与土壤溶液中的某些离子起螯合或络合作用，所以在一定范围内能减少对这些离子的吸收。植物的拒盐是一个被动的过程。

（2）排盐（salt excretion）。植物将吸收的盐分主动排泄到茎叶的表面，而后被雨水冲刷脱落，防止过多盐分在体内的积累。排盐也称为泌盐。盐生植物排盐主要通过盐腺（salt gland），如柽柳、滨藜。玉米和高粱等作物也有排盐作用。有的植物可通过吐水将盐分排出体外。

（3）稀盐（salt dilution）。植物通过加快吸收水分或加快生长速率来稀释细胞内盐分的浓度，如肉质化的植物靠细胞内大量贮水来冲淡盐的浓度。植物吸收盐离子的同时，通过叶片或者茎部不断的肉质化，形成发达的薄壁组织，贮存大量的水分，使得进入植物体内的盐分被稀释，盐离子始终保持在较低浓度水平。

（4）隔离盐（salt compartmentation，盐分区域化）。有些植物吸收的 Na^+ 和 Cl^- 等离子积累在液泡中使盐分与细胞质溶胶和其他细胞器隔离，不但避免了盐离子对细胞质中各种酶的影响，阻止了其对细胞质和叶绿体等生理代谢过程的干扰，而且增加了液泡的溶质浓度，降低水势，增强吸水能力，从而避免离子胁迫和脱水胁迫。还有些植物可将吸收的盐分转移到老叶中积累，最后老叶脱落，以此来阻止盐分在体内的过量积累。

（二）植物耐盐的生理机制

植物通过生理过程或代谢反应的改变来适应细胞内的高盐环境称为耐盐（salt tolerance），其主要方式有渗透调节、维持营养元素平衡、稳定膜系统及代谢调节等。

（1）渗透调节。盐胁迫下，由于外界渗透势较低，植物细胞会发生水分亏缺现象。为避免这种伤害，在盐胁迫下，植物细胞内会积累一些可溶性的渗调物质（如可溶性糖、甜菜碱和脯氨酸等）来降低细胞的渗透势，以保证逆境条件下水分的正常供应，防止细胞脱水。

（2）维持营养元素平衡。有些植物在盐渍时能增加对 K^+ 的吸收，有的蓝绿藻能随 Na^+ 供应的增加而加大对氮素的吸收，所以它们在盐胁迫下能较好地保持体内营养元素的平衡，防止某种离子过多造成的危害。

（3）改变代谢类型。盐胁迫对植物的直接效应是水分亏缺和离子胁迫。一些盐生植物和甜土植物具有一定的代谢调节能力以适应这些胁迫。例如，有些植物在盐胁迫时，碳同化途径由 C_3 途径转变为 CAM 途径，同时积累保护性物质，降低代谢反应对离子胁迫的敏感性。

（4）具有解毒作用。有些植物在盐渍环境下形成二胺氧化酶以分解有毒的二胺化合物（如腐胺、尸胺等），防止其毒害作用。

（5）维护膜系统的完整性。在盐分胁迫下，细胞质膜首先受到盐离子胁迫影响而受到损伤，使膜透性增大，细胞可溶性内含物质大量外渗，外界的 Na^+ 和 Cl^- 等盐离子大量进入细胞，导致细胞伤害。耐盐性强的植物细胞膜具有较强的稳定性，从而减小或完全排除盐胁迫对质膜损伤。

（6）增强活性氧清除能力。在盐胁迫下，植物体内会积累活性氧，耐盐性强的植物具有较强的清除活性氧酶活性和较高含量的抗氧化物质。

三、植物抗盐的分子机制

（一）盐胁迫诱导的基因表达

盐胁迫可以诱导许多植物基因的表达，根据这些基因产物的作用，可以分为两大类。一类是功能基因，包括编码渗调物质（如甜菜碱、甘露醇、海藻糖及脯氨酸等）合成酶的基因，编码维持离子平衡的转运蛋白（如 Na^+/H^+ 反向转运蛋白）的基因，编码活性氧清除酶（如超氧化物歧化酶、谷胱甘肽过氧化物酶、谷胱甘肽还原酶）的基因，编码直接保护细胞免受盐胁迫伤害的功能蛋白（如胚胎发生后期丰富蛋白、伴侣蛋白和水通道蛋白等）的基因。另一类为编码调节蛋白的基因，包括调控基因表达的转录因子，如 DREB 转录因子、MYB 转录因子、MYC 转录因子及 bZIP（basic leucine zipper）转录因子等，以及感受和传导胁迫信号途径中的蛋白激酶基因等。

（二）植物对盐胁迫反应的细胞信号转导

见本章第四节图 13-3。

四、提高植物抗盐性的途径

通过育种手段或转基因技术培育抗盐新品种是提高植物抗盐能力的有效手段。此外，植物还可以通过抗盐锻炼、使用生长调节剂和改造盐碱土等措施来提高植物的抗盐性。

（1）抗盐锻炼。将种子放在一定浓度的盐溶液中吸水膨胀，然后再播种萌发，可提高作物生育期间的抗盐能力。例如，棉花和玉米种子用 3%NaCl 溶液预浸 1h，可增强其抗盐力。

（2）使用生长调节剂。利用生长调节剂促进作物生长，稀释其体内盐分，如喷施 IAA 或用 IAA 浸种，可促进作物生长和吸水，提高抗盐性。ABA 能诱导气孔关闭，减少蒸腾作用和盐的被动吸收，提高作物的抗盐能力。

（3）抗盐育种。利用杂交育种和分子育种方法，选育抗盐品种，利用离体组织和细胞培养技术筛选鉴定耐盐种质。

第七节　环境污染与植物的污染抗性

随着工业的发展、现代交通工具的普遍使用、农业生产大量使用化学物质以及城市化等，人类社会所排放的废渣、废气和废水越来越多，扩散范围越来越大，环境污染日趋严重。环境污染（environmental pollution）可分为大气、水体、土壤和生物污染。其中以大气污染和水体污染对植物的影响最大，不仅范围广、接触面积大，而且容易转化为土壤污染和生物污染。

一、水污染与植物抗性

（一）水污染对植物的效应

含有各种污染物质的工业废水、生活污水和矿产污水大量排入水系，造成水体污染。污染物质和种类繁多，如金属污染物质（汞、镉、铬、锌、镍和砷等）、有机污染物质（酚、氰、三氯乙醛、苯类化合物、醛类化合物和石油等）和非金属污染物质（硒和硼等）。对植物危害较大是酚、氰化物、汞、铬和砷，即平常所说的“五毒”。它们的浓度分别达到酚 50mg/L、氰化物 50mg/L、汞 0～4mg/L、铬 5～20mg/L 和砷 4mg/L 时就会对植物产生危害。酚类物质损伤细胞质膜，影响水分和矿质代谢，在酚类物质作用下，植物叶色变黄，根系变褐、腐烂，植株生长受抑制；氰化物抑制植物体内多种金属酶的活性，抑制呼吸作用，在其胁迫下，植株矮小，分蘖少，根短而稀疏，甚至停止生长，枯干死亡；汞抑制光合作用，在其胁迫下，叶片黄化，分蘖受抑制，根系发育不良，植株变矮。铬可使水稻叶鞘出现紫褐色斑点，叶片内卷，褪绿枯黄，根系细短而稀疏，分蘖受抑制，植株矮小。铬不仅对植株直接产生毒害，而且使植物对其他元素（钙、钾、镁和磷）的吸收产生阻碍；在砷胁迫下，植物叶片呈现绿褐色，叶柄基部出现褐色斑点，根系变黑，严重时植株枯萎。

（二）植物的水污染抗性

植物对水污染有较强的抗性，有机污染物进入体内后，经过生化机制转化为有毒物质。其他机制与抗盐性类似，这里不再详述。

（三）植物在水污染净化中的作用

由于一些植物对水污染有较强的抗性，植物修复已经成为水污染净化的重要手段。水葫芦、浮萍、金鱼藻及黑藻等有吸收水中酚和氰化物的作用，也可吸收汞、铅、镉和砷。特别需要注意的是，对已积累金属污染物的水生植物，一定要进行特殊处理，不能作为饲料和绿肥，以免引起污染物转移和积累，影响人畜健康。

二、土壤污染与植物抗性

土壤污染源来自水污染、大气污染、工业生产和农业措施。以污水灌溉农田，有毒物质沉积于土壤；大气污染物受重力作用或随雨、雪落于地表渗入土壤内；工业废弃物弃于农田或经过雨水冲刷流入土壤；施用化学农药和化肥，有毒、有害成分残留于土壤。土壤污染物主要有各种金属（如汞、铬、铅、锌和铜等）、无机化合物（砷化物和氰化物等）、有机化合物（如烃类、酚类、醛类和胺类等），以及酸和碱。

植物对土壤污染也有较强的抗性，抗性机制与水污染抗性和抗盐性类似。植物对土壤污染物的吸收积累和转化功能目前正在用于污染土壤的修复。

三、大气污染与植物抗性

大气中的污染物包括各种气体、尘埃颗粒、农药和放射性物质等。对植物产生有害效应的主要有：①氧化物，如臭氧、过氧乙酰硝酸酯类、二氧化氮和氯气等；②还原物，如二氧化硫、硫化氢、甲醛和一氧化碳等；③酸性物，如氟化氢、氯化氢、氰化氢、三氧化硫和四氯化硅等；④碱性物，如氨等；⑤有机物质，如乙烯等；⑥各种粉尘等。其中二氧化硫（SO_2）、氟化物、臭氧（O_3）、氮化物与硝酸过氧化乙酰（PAN）等存在较普遍，危害较大。

（一）大气污染对植物的生理效应

1. 二氧化硫 二氧化硫（SO_2）是我国目前最主要的大气污染物，对植物的危害比较严重。不同植物对 SO_2 的敏感性相差很大。敏感植物在 SO_2 为 0.05～0.50mg/L 时，经 8h 即受害，不敏感的植物则在 2mg/L 下经 8h 后受害。一般来说，草本植物比木本植物敏感，针叶树比阔叶树敏感，落叶树比常绿树敏感。发生 SO_2 毒害时，叶片膨压降低，有暗绿色斑点出现。

2. 氟化物 氟化物包括氟化氢（HF）、四氟化硅（SiF_4）、硅氟酸（H_2SiF_6）及氟气（F_2）等，其中排放量最大、毒性最强的是 HF。当 HF 的浓度为 1～5μg/L 时，植物较长时间暴露即可使受害，叶尖、叶缘出现红棕色至黄褐色的坏死斑，受害叶组织与正常组织之间常形成一条暗色的带，枝梢常枯死，未成熟叶片易受害。

3. 氯气 氯气对植物危害程度是 SO_2 的 3～5 倍。氯气进入叶片后很快破坏叶绿素，产生褐色伤斑，严重时全叶漂白，枯干、卷曲甚至脱落。

4. 光化学烟雾 光化学烟雾是一种以一氧化氮和烯烃类为主的气体混合物，来自石化企业和汽车所排出的废气，这些物质在紫外线的作用下进行光化学反应，形成臭氧（O_3）、二氧化氮（NO_2）、醛类（RCHO）、硝酸过氧化乙酰（PAN）等有害气态物质，再与大气中的粒状污染物混合成浅蓝色的光化学烟雾。其中，臭氧是主要成分，其次是 PAN。

（1）臭氧。其浓度在 0.1mg/L 下，2～3h，烟草、苜蓿、菠菜、三叶草、燕麦、萝卜、玉米和蚕豆等植物就会出现受害症状。一般表现在成熟叶片上，先是伤斑零星分布于全叶，逐渐出现叶弯曲，叶缘和叶尖干枯而脱落。伤斑可分为 4 种：①红棕色、紫红色或褐色；②叶表面变白，严重时扩展到叶背；③叶片两面坏死，呈白色或橘红色；④褪绿，有黄斑。

（2）硝酸过氧化乙酰（PAN）。PAN 是由氮的氧化物与烷类的裂解产物通过化学反应而形成的，所以是次生的空气污染。PAN 有剧毒，空气中浓度达到 20mg/L 以上，植物就会被伤害。但各种植物对 PNA 的敏感性不同，最敏感的如番茄，浓度为 15～200μg/L 延续 4h，就会受害，而抗性强的玉米、秋海棠、棉花，当浓度为 75～100μg/L 延续 2h，一般不会受害。发生伤害时症状是：首先叶背呈银灰色或古铜色斑点，以后叶背凹陷、变皱、扭曲，呈半透明，严重时叶片两面都坏死，先呈水渍状，干后变成白色或浅褐色的坏死带，横贯叶片。

（二）大气污染危害植物的生理机制

（1）较长时间暴露于污染的大气下，植物细胞的膜结构受到破坏，选择透性丧失。
（2）妨碍光合电子传递系统，抑制 CO_2 固定和还原。
（3）呼吸作用异常，氧化磷酸化效率降低。
（4）过氧化物酶活性增强。
（5）刺激活性氧和乙烯的产生，抑制抗氧化酶的活性。

四、植物在环境保护和污染治理方面的作用

植物种类繁多，有些植物对各种污染物非常敏感，而有些植物又对污染具有很强的抵抗能力。植物的这些特性都可以用于保护环境和治理污染。

（1）作为环境污染的指示植物。一些植物对某一污染物质极为敏感，当环境污染物质稍有积累，呈现明显症状，人们利用这种“信号”来分析鉴别环境污染的状况，这种方法简便易行，便于推广。

（2）作为大气污染的净化器。植物除了通过吸收大气中的 CO_2 进行光合作用外，还对各种污染物有吸收、积累和代谢作用，从而起到净化空气的作用。例如，地衣、垂柳、臭椿、山楂、板栗、夹竹桃和丁香等吸收 SO_2 能力较强；垂柳、拐枣、油茶具有较大的吸收氟化物的能力；女贞、美人蕉和大叶黄杨有较强的吸氯能力。

（3）作为土壤污染修复植物。植物可用于修复被重金属和有机物污染的土壤，目前已经筛选到一些对重金属有超积累能力的植物。

小　结

干旱是破坏植物的水分平衡，对植物产生脱水效应的环境状态，由此对植物产生的伤害称为旱害。干旱对植物的直接效应是脱水，从而引起植物的水分亏缺。在干旱胁迫下，植物发生一系列的生理生化变化。植物抗旱的生理和发育机制包括御旱性和耐旱性。

陆生植物生长环境水分过多称为水涝胁迫，由此对植物产生的伤害称为涝害。土壤由于水分过多而引起缺氧，从而产生一系列的次生胁迫，对植物造成危害。作物的抗涝性强弱取决于其形态上和生理上对缺 O_2 的适应能力。

对植物产生有害效应的过高环境温度称为热胁迫，由此对植物造成的伤害称为热害。高温胁迫常与水分胁迫相伴发生，并相互加剧。高温对植物产生直接效应与间接效应。植物抗热的生理和发育机制是生物膜和蛋白质热稳定，有机酸代谢加强，消除因蛋白质分解而释放 NH_3 的毒害。植物在受到高温胁迫时进行热激反应。

对植物产生不利效应的低温称为低温胁迫，由此对植物造成的伤害称为寒害。冰点以上的低温称为冷胁迫，由此对植物产生的伤害称为冷害，根据发生时期可分为延迟型、障碍型和混合型，根据产生伤害的速度，可分为直接伤害、间接伤害和次生伤害。冷害的原初部位是生物膜。植物通过细胞膜蛋白质稳定、增强活性氧清除能力、抗冷相关基因的表达来提高抗冷性。冰点以下使植物组织结冰的低温称为冻胁迫，由此引起的伤害称为冻害。冻胁迫下，植物发生胞间结冰或胞内结冰。结冰引起细胞的机械伤害、细胞膜的损伤、蛋白质的变性失活和活性氧伤害。植物通过过冷作用、渗透调节、保

护性物质积累、增强活性氧的清除能力和抗冷相关基因表达来提高抗冷性。

对植物产生不利效应的土壤中可溶性盐过多，称为盐胁迫，由此对植物产生的伤害称为盐害。在生理层面上，植物的抗盐机制可分为避盐性和耐盐性。植物通过某些生理机制避免体内盐分过多，称为避盐，其途径有拒盐、排盐、稀盐和隔盐。植物通过生理过程或代谢反应的改变来适应细胞内的高盐环境称为耐盐，其主要方式有渗透调节、维持营养元素平衡、稳定膜系统及代谢调节等。

环境污染可分为大气、水体、土壤和生物污染。其中以大气污染和水体污染对植物的影响最大。

复习思考题

1. 干旱对植物有哪些伤害效应？
2. 抗旱植物有何发育和形态特征？
3. 怎样提高植物的抗旱性？
4. 涝害对植物有何影响？植物抗涝的生理基础是什么？
5. 高温对植物的伤害机理是什么？如何提高植物的抗热性？
6. 冷害过程中植物体内的生理生化变化有什么特点？
7. 组织结冰对植物产生哪些伤害？
8. 抗寒锻炼为什么能提高植物的抗寒性？
9. 试述生物膜低温下的伤害机理。
10. 植物耐盐和耐旱的生理机制有何异同点？
11. 植物耐盐的生理基础是什么？怎样提高植物的抗盐性？
12. 大气污染对植物有哪些影响？提高植物对大气污染抗性的途径是什么？
13. 植物在环境保护和污染治理中有何作用？

主要参考文献

曹仪植，宋占午. 1998. 植物生理学. 兰州：兰州大学出版社

曹宗巽，吴相钰. 1980. 植物生理学. 北京：人民教育出版社

陈润政，黄上志，宋松泉等. 1998. 植物生理学. 广州：中山大学出版社

陈晓亚，汤章程. 2007. 植物生理与分子生物学. 北京：高等教育出版社

陈阅增. 1999. 普通生物学. 北京：高等教育出版社

葛莘. 2004. 高级植物分子生物学. 北京：科学出版社

贺学礼. 2004. 植物学. 北京：高等教育出版社

李德全. 2004. 植物生理学. 北京：中国农业科学技术出版社

李合生. 2002. 现代植物生理学. 北京：高等教育出版社

李合生. 2003. 植物生理学——学习指导与题解. 武汉：华中科技大学出版社

李宗霆，周燮. 1996. 植物激素及其免疫检测技术. 南京：江苏科学技术出版社

龙良启，孙中武，宋慧等. 2005. 生物化学. 北京：科学出版社

孟繁静. 2000. 植物生理学. 武汉：华中科技大学出版社

潘瑞炽. 2001. 植物生理学. 4版. 北京：高等教育出版社

潘瑞炽. 2004. 植物生理学. 5版. 北京：高等教育出版社

孙大业，郭艳林，马力耕等. 2001. 细胞信号转导. 北京：科学出版社

特怀曼 R M. 2000. 高级植物分子生物学要义. 陈淳，徐沁等译. 北京：科学出版社

王宝山. 2004. 植物生理学. 北京：科学出版社

王镜岩，朱圣庚，徐长法. 2002. 生物化学. 3版. 北京：高等教育出版社

王忠. 2000. 植物生理学. 北京：中国农业出版社

王忠. 2009. 植物生理学. 2版. 北京：中国农业出版社

沃伊特 D，沃伊特 J G，普拉特 C W. 2003. 基础生物化学. 朱德煦，郑学昌主译. 北京：科学出版社

武维华. 2003. 植物生理学. 北京：科学出版社

武维华. 2008. 植物生理学. 2版. 北京：科学出版社

徐克章，张治安. 2005. 植物生理学. 北京，长春：高等教育出版社和吉林大学出版社

姚敦义. 2003. 植物学导论. 北京：高等教育出版社

余叔文，汤章城. 1998. 植物生理与分子生物学. 北京：科学出版社

曾广文，蒋德安. 2000. 植物生理学. 北京：中国农业科学技术出版社

翟中和. 2000. 细胞生物学. 北京：高等教育出版社

张继澍. 2002. 植物生理学——典型题解析自测试题. 西安：西北工业大学出版社

张继澍. 2006. 植物生理学. 北京：高等教育出版社

张立军，郝建军，刘延吉. 1999. 植物生理学. 长春：吉林科学技术出版社

张治安，陈展宇. 2009. 植物生理学. 长春：吉林大学出版社

赵寿元，乔守怡. 2001. 现代遗传学. 北京：高等教育出版社

Barker L，Kühn C，Weise A，et al. 2000. SUT2，a putative sucrose sensor in sieve elements. Plant

Cell，12：1153-1164

Bilushi S V，Shebunin A G，Babakov A V. 1991. Purification and subunit composition of a GTP-binding protein from maize root plasma membranes. FEBS Lett，291：219-221

Braun D M，Walker J C. 1996. Plant transmembrane receptor：new pieces in the signaling puzzle. Trends Biochem，21（2）：70-73

Buchanan B B，Gruissem W，Jones R L. 2000. Biochemistry and Molecular Biology of Plants. Rochville：Courier Companies，Inc

Chenk P W，Snaar-Jagalska B E. 1999. Signal perception and transduction：the role of protein kinases. Biochim Biophys Acta，1449：1-24

Hartl D L，Jones E W. 2002. 遗传学——基因与基因组分析. 北京：科学出版社

Lalondc S，Wipf D，Frommer W B. 2004. Transport mechanisms for carbon and nitrogen between source and sink. Ann Rev Plant Biol，55：341-371

Ma L G，Xu X D，Cui S J et al. 1999. The presence of a heterotrimeric G protein and its role in signal transduction of extracellular calmodulin in pollen germination and tube growth. Plant Cell，11：659-671

McKee T，McKee J R. 2000. 生物化学导论. 北京：科学出版社

Ptashne M，Gann A. 2003. 基因与信号. 北京：清华大学出版社

Reiskind J B，Madsen T V，van Ginkel L C et al. 1997. Evidence that inducible C4-type photosynthesis is a chloroplastic CO_2-concentrating mechanism in Hydrilla，a submersed monocot. Plant Cell Environ，20：211-220

Salisbury F K，Ross C W. 1992. Plant Physiology. Belmont：Wadsworth Publishing Company

Schroeder J I，Kwak J M，Allen G J. 2001. Guard cell abscisic acid signalling and engineering of drought hardiness in plants. Nature，410：327-330

Sinha A K. 2004. Modern Plant Physiology. Pangbourne：Alpha Science International Ltd.

Stone J M，Walker J C. 1995. Plant protein kinase families and signal transduction. Plant Physiol，108：451-457

Suzuki Y J，Forman H J，Sevanian A. 1997. Oxidants as stimulators of signal transduction. Free Radic Biol Med，22（1-2）：269-285

Taiz L，Zeiger E. 2002. Plant Physiology. 3rd ed. Sunderland：Sinauer Associates Inc

Taiz L，Zeiger E. 2006. Plant Physiology. 4th ed. Sunderland：Sinauer Associates Inc

Voet D，Voet J G. 1995. Biochemistry. New York，Chichester，Brisbone，Toronto，Singapore：John Wiley & Sons，Inc

Voznesenskaya E V，Franceschi V R，Kiirats O et al. 2001. Kranz anatomy is not essential for terrestrial C4 plant photosynthesis. Nature，414：543-546

Voznesenskaya E V，Franceschi V R，Kiirats O et al. 2002. Proof of C4 photosynthesis without Kranz anatomy in *Bienertia cycloptera*（*Chenopodiaceae*）. The Plant J，31（5）：649-662

Voznesenskaya E V，Franceschi V R，Edwards G E. 2004. Light-dependent development of single cell C4 photosynthesis in cotyledons of *Borszczowia aralocaspica*（*Chenopodiaceae*）during transformation from a storage to a photosynthetic organ. Ann Bot，93：177-187

Weise A，Barker L. 2000. A new subfamily of sucrose transporters，SUT4，with low affinity/high capacity localized in enucleate sieve elements of plants. Plant Cell，12：1345-1356